名老中医之路续编

卷一

张奇文　柳少逸　郑书翰 ◎ 主编

全国百佳图书出版单位
中国中医药出版社
·北 京·

图书在版编目（CIP）数据

名老中医之路续编：全四卷 / 张奇文，柳少逸，郑
书翰主编 . —北京：中国中医药出版社，2023. 12
ISBN 978 - 7 - 5132 - 8176 - 8

Ⅰ.①名…　Ⅱ.①张…②柳…③郑…　Ⅲ.①中医临
床 - 经验 - 中国 - 现代　Ⅳ.①R249.7

中国国家版本馆 CIP 数据核字（2023）第 089825 号

中国中医药出版社出版

北京经济技术开发区科创十三街 31 号院二区 8 号楼
邮政编码　100176
传真　010 - 64405721
山东临沂新华印刷物流集团有限责任公司印刷
各地新华书店经销

开本 787×1092　1/16　印张 189　字数 3078 千字
2023 年 12 月第 1 版　2023 年 12 月第 1 次印刷
书号　ISBN 978 - 7 - 5132 - 8176 - 8

定价　989.00 元（全四卷）
网址　www.cptcm.com

服 务 热 线　010 - 64405510
购 书 热 线　010 - 89535836
维 权 打 假　010 - 64405753

微信服务号　zgzyycbs
微商城网址　https://kdt. im/LIdUGr
官 方 微 博　http://e. weibo. com/cptcm
天猫旗舰店网址　https://zgzyycbs. tmall. com

如有印装质量问题请与本社出版部联系（010 - 64405510）

前　言

　　我以师带徒的方式学习医学，现在我也步入老年，深刻体会到中国医药学是一门博大精深的学问，要学好中医，必须有文、史、哲等中国传统文化修养，要学好经典著作，做到"上穷天纪，下极地理，中知人事"。更重要的是能理论联系实际，把理、法、方、药辨证论治思维体系吃透，圆机活法，因人因时因地制宜地处理各种病情，才能证药相符，疗效显著，取信于群众，做到药到病除。在这一漫长的探索过程中，除了靠自己的辛勤努力，还必须经过名师的指教，传道、授业、解惑，只有这样，才能使世代相传的中国医药学永盛不衰。

　　1981～1985 年，在我任职山东中医学院（现山东中医药大学）中医系主任和山东省中医药研究所所长期间，曾与周凤梧教授、丛林编审共同主编出版了《名老中医之路》三辑，载述了近现代 97 位名老中医的治学与成才之路，其中包括 32 位当时已作古的老中医，由其家人或弟子写就追忆文章。该书出版后，得到了广大读者的青睐，成为当时的畅销图书，并持续热销二十多年。

　　2007 年 6 月，我有幸应邀出席了在南通市召开的"首届著名中医药学家传承高层论坛"，会议间隙，十分高兴地拜访了多年前曾相识且过从甚密的全国著名中医学家邓铁涛、朱良春、任继学、路志正等十多位老前辈，通过他们的介绍，又结识了一些久闻其名但不曾相识的中医临床家和后起之秀。使我兴奋的是，不少老前辈已至耄耋之年，但个个神采奕奕，思维敏捷，对振兴中医大业充满了信心，对年轻一代寄予了深切希望。这是一次开得十分成功的会议，论坛的主题是"承接岐黄薪火，传承中医衣钵"，形式是继承人整理其导师的学术思想和临床经验，讲述继承的学术精髓和临证心得，由导师分别予以点评。与会者近 300 人，可谓群贤毕至，少长咸集，济济一堂，盛况空前。老前辈们的发言，画龙点睛，切中要害，字字珠玑，不时被热烈的掌声打断。他们甘为人梯和无私奉献的崇高精神，使我深受鼓舞与鞭策。

会议期间，不少前辈提到《名老中医之路》在传承中医药事业中的作用，并鼓励我再接再厉，继续组织编写出版。我也感到仍有必要继续下去，一代一代地传承薪火，把名老中医的成才之路和治学经验加以总结，为现今中医教育改革提供借鉴。但原主编之一的周凤梧教授早已仙逝，丛林同志也早已退休在家。南通传承会议后，我邀柳少逸、郑其国一同参与《名老中医之路续编》编写的组织工作。其征稿的主要对象是二十多年来涌现的新一代全国名老中医，以及本应在二十多年前选入该书但由于种种原因未能征集到的名医和身居海外及中国港、澳、台地区的中医界耆宿名老。入选条件仍然是之前的标准，即具备副高级以上职称，年龄在60岁以上，有丰富的临床实践经验，在全国和当地享有很高的威望，有一定数量和独具慧眼的理论与临床相结合的学术论文或著作。我们尤其关注那些身居荒山僻岭、少医缺药的农村，以中医的理论和方法处理疑难大症和常见病、多发病，受到广大群众信赖的"真正的中医临床家"。对已谢世的名医，我们请其子女或家人、入室弟子和学生通过回忆其医德、医术及学术见解，整理成篇。

《名老中医之路续编》编写的组织工作艰巨曲折，难点在于成稿率较低，原因一是名家或弟子繁忙，二是真正落笔又难有头绪，三是文章未能将名家医德、医风、医理、医术、医技等切实表达出来。尽管如此，经过十几年的努力，我们征集到223位名老中医成才之路的文章，并分六辑在中国中医药出版社出版。其间得到了许多中医前辈的大力支持，或题词，或写序，充分肯定了我们的工作，如朱良春、邓铁涛、路志正、何任、颜德馨、吕景山、马有度、李振华、唐祖宣、王琦等。同时《名老中医之路续编》得到了国家中医药管理局、中华中医药学会、中国中医药出版社及北京中医药大学等有关领导的首肯。

一转眼三年过去了，我已八十九岁高龄，中国中医药出版社拟将《名老中医之路续编》六辑重新整编出版，这使我兴奋不已。回顾四十多年来编写《名老中医之路》及其续编的过程，感慨万千。《名老中医之路》及其续编其实就是中华人民共和国成立以来中医药事业发展之路的纪实，是著名中医学家与老中医治学之路的真实写照，同时展现了老一代中医专家学习中医、实践中医的入门路径。

愿《名老中医之路》及其续编能激励后学者，并促其成才，不负我等振兴中医拳拳之心。

八十九岁张奇文癸卯初春于泉城济南

目　录

卷一

卷二

卷三

卷四

吴佩衡

吴佩衡（1888—1971），名钟权，原籍四川省会理县鹿厂红岩子乡。自幼受父吴兆瑞（号堃，字子祥）庭训，诵读过《三字经》《百家姓》《龙文鞭影》，稍长，又读了四书、五经等书。由于吴佩衡在学术上有一定的造诣，以及他对中医事业的献身精神，深受医界同仁和广大群众的敬重。1930年被昆明市中医界选为昆明市中医师公会（民办群众性学术团体）执行委员，同年冬季，代表云南中医界应邀赴沪出席全国神州中医总会，抗议汪精卫取缔中医之反动条例，其后留沪行医六载，于1937年2月返回昆明。1939年被选为昆明市中医师公会理事长，1942年成立云南省中医医师公会，又当选为公会理事长，并受聘兼任云南省中医考试主试委员及云贵考铨处中医考试襄试委员及检核委员。为进一步倡导中医学理，于1945年创办《国医周刊》以资促进中医学术交流。为发展中医事业，培养中医人才，于1948～1950年创立了云南第一所中医学校——云南省私立中医药专科学校，任校长兼教师之职。新中国成立后，吴佩衡先后任云南省中医进修学校副校长、云南省中医学校校长、云南中医学院院长、云南中医学院党委委员、云南省政协常委、中华医学会云南省分会副会长、《云南医药杂志》副主编等职。1956年、1959年两次赴京，出席全国政协会议及全国文教卫生群英大会，1959年加入中国共产党。

吴佩衡18岁时，到会理县城拜名医彭恩溥先生门下为徒，在彭师教诲之下，导入医学门径。从师卒业之后，回到乡间行医。秉承老师的学理，对外感内伤及各种常见杂病，每施以时方、验方而获得效果。但时值民国初期，农村经济落后，卫生条件很差，瘟疫疟痢等传染病流行。最初，他经验不多，遇到疑难重症，常感束手无策。他为了寻找行医创业的道路，也为了采风访贤，广开见识，务求在医学上的深入造就，于 1921 年离乡，从会理县来到了云南，一面临证实践，一面又研读中医经典，突破了当时的陈规陋俗，为滇省开创了经方学理，在医术方面逐渐显出了他超群的技艺和个人胆识。

吴佩衡积极响应党和人民政府的号召，欣然投身于新中国的中医保健及医学教育事业。当时他已年逾花甲，除坚持经常的诊务外，还承担起云南省中医进修学校、云南省中医学校及云南中医学院的教学任务，自编教材，亲自课堂讲授，毫无保留地把他数十年的经验传授给学生。晚年他曾深有感触地说："中医事业是一个伟大的事业，要为它做出一点贡献，必须付出艰巨的劳动，以至于毕生的精力。"吴佩衡从不放弃自己的信念，始终保持着坚韧不拔、百折不挠的精神，为祖国医学事业贡献了一生。

医学学术思想及临证经验

吴佩衡生平治学，从不以一隅之得为满足，他曾言道："医之为人所不可不习，尤不可不精于斯道矣。"他出师业医多年，仍感到中医学理十分奥妙，不勤求古训，博采诸家学理之长，仅凭师传口授，单方独技，是不能运筹帷幄而更好地解除患者疾苦的。他深入研究仲景之书，深受《伤寒论》仲景序言的启迪，溯本求源，又遍索《黄帝内经》《难经》《备急千金要方》《外台秘要》等经典医籍，反复研究，并就唐、宋、明、清诸大家、名家的学说而参酌之，将其所悟，付诸实践，获得了不少可贵的临证治疗经验。归纳起来，大体上可以从以下四个方面扼要地加以介绍：

1. 外感病的治疗

对外感病的治疗，吴佩衡首先注重表证的及时处理。强调贵在早治、急治，以免导致病邪转变入里之患。如伤寒表证初起，他能切实地把握住"太阳"这一关，采用桂枝汤、麻黄汤、麻黄杏仁甘草石膏汤或麻黄附子细辛汤等方剂分别施治，对证下药，往往一汗而解。同时根据人体正气的强弱、感邪的轻重，在方药配伍及剂量增减上灵活掌握，权衡变通，使之能多发汗、少发汗、微似汗出、不令汗出或反收虚汗，一方数用，均能奏效而不伤正。

（1）太阳伤寒表实证：王某，男，42 岁，某厂干部。患者于昨夜发热，体温 38.9℃，今晨来诊仍发热，头痛，颈项强直，肢体酸楚而痛，流清涕，泛恶欲呕，食减而不渴，脉浮紧，舌苔薄白。此系风寒伤及太阳肤表所致。《黄帝内经》云"其在皮者，汗而发之"，照仲景法，当以辛温发散以解表邪，拟麻黄汤加味主之。

麻黄6克，桂枝10克，杏仁10克，法半夏6克，防风6克，甘草6克，生姜3片。

嘱温服而卧，取汗自愈。孰料病者家属畏忌麻黄一药之温，恐燥热伤津，自行将药中麻黄减除，服一碗，未得汗。见其躁烦，热势反增，体温升至39.7℃，继服第二碗，则头痛如裂，身痛如被杖，恶寒较昨日更甚，疑为药不对症，邀他急往诊视。脉来浮紧急促，苔白腻，呼痛呻吟。虽言失治，幸喜表寒证型未变，释明其意，即嘱仍用原方，万不能再去麻黄。经照方服药二次后，温覆而卧，少顷汗出热退，表邪解，遂得脉静身凉而愈。

编者按：世有畏麻、桂如蛇蝎者，以为其性温而易伤津化燥，不知表寒实证无麻黄之辛散，何以开发腠理，驱邪外出，无桂枝之温通，何以助阳温经而散寒？不畏邪之伤于人，而畏药性之辛温，实为姑息养奸之弊也。盖用药不在医家之喜恶，而在于审证之明确，有是证用是药，用之得当则药到病除。用之不当，易变化莫测。阳热偏盛者，辛温固不宜用，营血不足，里虚内伤等证，亦不宜汗。倘确属寒邪束表之证，当用而不用，反以清凉苦寒抑其热，势必助邪伤正，表寒不解，热势更张，斯时宜以麻桂等剂因势利导，祛邪外出，切勿坐失良机而致表邪传里为患，此乃祛邪即所以扶正之法也。

麻黄开玄府，通达腠理。桂枝辛温通阳，助其疏泄。杏仁利肺气，降逆平喘。甘草保中气而生津液。方药化合，专发太阳伤寒肤表之汗，效如桴鼓。然服此方一二碗后，覆卧得汗即可，不必尽剂，更勿令其大汗淋漓以致伤津而耗气。俗云"方是死方，法是活法"，欲求其效，宜潜心钻研意旨，无异于炉锤之非易也。

（2）太阳表虚营卫不和证：柯某之长子，年一岁半，住昆明市原铁道分局。某年阴历九月初六日晨，寐醒抱出，冒风而惊，发热，自汗沉迷，角弓反张，手足抽搐，目上视，指纹赤而浮，唇赤，舌淡白，脉来浮缓。由于风寒阻遏太阳经气运行之机，加以小儿营卫未充，脏腑柔嫩，不耐风寒，以致猝然抽搐而成急惊风证。此为太阳肌表之证，以仲景桂枝汤主之，使中于太阳肌腠之邪，得微汗而解。

桂尖 10 克，杭芍 10 克，甘草 6 克，生姜 10 克，小枣 7 枚，加入粳米一小撮同煎，嘱服后温覆而卧，使得微汗。一剂尽，即熟寐，汗出热退，次日霍然。

编者按：此证利在急治，倘迁延日久，别生变故，难以预料。案内桂枝全方，力量甚足，故效如桴鼓。

（3）太阳表热证：李某，男，25 岁，昆明市人。某年 2 月 19 日，不慎感到外邪，初起头痛，肢体疲倦，恶寒，次日发热，体温 38.5℃，口中燥，喜凉饮，咽痛不爽，无汗，食减，小便色黄，其脉浮数，舌薄而不少津，此系太阳表热证，拟麻黄、石膏、杏仁、甘草主之。服一剂后，俄顷汗出，遂得脉静身凉，再剂霍然。

编者按：外感表热之证，宜凉散而解之，方药对证，故而立效。

（4）太阳少阴两感寒证：李某，男，40 岁，某中医学院人事干部。十余年前因患门静脉高压症做过脾脏摘除术。其后体质素虚，易患伤风感冒，某日又因起居不慎受寒起病，初起恶寒，头痛，肢体酸痛，倦乏力，发热，体温 39.5℃，饮食不进，辗转呻吟，虽厚衣重被，仍觉身寒而栗，咽痛口干，但不思饮，唯喜热饮一二口，刻诊面色晦暗，身无汗，舌质淡，苔白根部稍腻，脉象沉紧，此系少阴阳虚，复感外寒，寒邪束表，里阳无力抗邪外出，为太阳少阴两感寒证。《伤寒论》曰："少阴病，始得之，反发热，脉沉者，麻黄细辛附子汤主之。"照仲景法拟麻辛附子汤一剂以温热解表扶正祛邪。

附片 30 克，生麻黄 15 克，北细辛 8 克，加生姜 3 片。

附片先煎 2 小时，再入麻、辛、生姜煮沸一刻钟，温服一碗，覆被而卧，约一小时许，再服一碗，得汗出而身热遂平，次晨已脉静身凉，再以黄芪桂枝汤调理二日而痊愈。

2. 瘟疫与温病的治疗

吴佩衡认为人身真阳之少火决不可损，而邪热之"壮火"必须消灭。瘟疫、温病"壮火食气"之证，对人危害匪浅，论治之时，决不能对瘟毒、热邪忍手而姑息。《素问·阴阳应象大论》曰："壮火之气衰，少火之气壮，壮火食气，气食少火，壮火散气，少火生气。"此邪证之迥异也。

他本着《黄帝内经》"亢则害，承乃制"的基本精神，对热盛灼阴之证，能够当机立断，施以"急下存阴"或"养阴制阳"的治疗方法。早年他曾创用白虎（汤）承气（汤）合方，经腑两燔并蠲，挽救了阳极似阴的垂危重证。针对疫邪盘踞募原而有弛张之势者，巧妙地在达原饮（吴又可《温疫论》方）基础上加用了石膏，杜绝了邪陷内传的不良后果。在这方面，他既汲取了前人的经验，又不墨守成规，体现了创新精神，这是他勤奋好学、勇于实践的成果。

(1) 瘟疫病阳明急下证：陈某，四川省会理县鹿厂牛上坎农民。年虽六旬，体素健康。某年4月初，因事赴邻村，值村中时疫流行，遂被传染。返家数日，忽觉胸闷食少，头昏体困，口燥思饮而起病。初起即感凛凛憎寒，继则发热，渴思冷饮，头体疼痛，小便短少，其色如茶，病卧已七八日，自服发表消导药二剂无效，始请他诊视。脉来洪数，唇焦口燥，舌苔厚腻，边白中黄而生芒刺。但头汗出，余处无汗，壮热，烦渴饮冷，时发谵语，小便短涩但又随时点滴遗出。大便已六七日不通，腹满而不能食。此乃瘟疫误于表散，大伤真阴，疫毒传入阳明之腑，邪热内蒸而呈是状，急宜凉下以救真阴，拟仲景大承气汤加石膏、寸冬，急下救阴，犹釜底抽薪之意，务将胃肠中之邪热疫毒下尽为度。

大黄16克（泡水对入），芒硝3克（后放），枳实13克（炒，捣），厚朴13克（炒），生石膏30克（碎，布包），寸冬26克。

此方煎服三次后，畅下黑酱粪半小桶之多，臭不可当，身热退七八，口津渐回，苔刺变软，谵语止，小便已不滴遗，稍见清长，色仍黄，仍渴喜冷饮，当即索取石缸内冰凉冷水一碗予饮之，饮后病者自云心中爽快，再饮一碗，顿觉全身清凉，竟得安卧熟寐片刻。余热未尽，继拟小承气汤加清热养阴生津之品以治之。

(2) 瘟疫病热盛逼阴证：张某，男，川北人，年22岁，在四川会理县北街参将衙署当军士。1921年3月，值瘟疫流行，被染者多，张亦被传染而发病。发高热已十日，请吴佩衡出诊，刚到该处，见另一军士搀扶病者出门外小解，小便清长如水，旋即目珠上视，其势欲脱。速诊其脉，沉数而细，唇焦口燥，苔黄黑而起刺，以手试之，则口气蒸手，仓促之时，药石不济，恐阴液脱绝，急以冷水灌之，连喂两碗，目珠始返回如常，神志转清。询及由来，始知病已十日，壮热烦渴，大便不通，小便短赤，曾服发表退热药数剂，汗后身热不退，反见溺多清长。又述及前有两个军士，同患是病，发表之后，亦见小便清长，旋即死去。此系邪热内盛，复被发表劫汗，重伤阴液，逼阴外脱之险象，幸喜急灌冷水以救之，水源不枯竭，真阴未致立亡，急宜凉下以救真阴，主以承气白虎汤治之。

生石膏30克（碎，布包），知母13克，枳实13克（炒，捣），生大黄16

克（泡水对入），厚朴 13 克（炒），芒硝 10 克，川黄连 10 克，粳米 10 克。

次日复诊，大便已通，下出酱黑燥屎若干，身热已退六七，小便反见短赤，此邪热已经溃退，阴液尚未恢复，脉仍沉数，喜饮清凉，照原方去黄连加麦冬 26 克。

第三日继诊，病者已汗出热退，脉静身凉，烦躁止，口津生，唇舌转润，舌苔已退去大半，稍能进食，小便渐转清长，但仍喜冷饮，以生脉散加味养阴生津而清余热。

沙参 15 克，寸冬 15 克，五味子 6 克，当归 16 克，生地黄 15 克，杭芍 15 克，生石膏 15 克（碎，布包），甘草 6 克。

连服两剂再诊，舌苔已退净，津液满口，渴饮止，神食较增，小便已清利如常。遂照原方去石膏加黄芪 26 克，生地黄改为熟地黄 15 克，连服三剂而愈。

（3）瘟疫病狂汗：张某，男，四川人，年 24 岁，住四川省会理县北街，禀赋充盛。1920 年 4 月感瘟疫病邪。病已三日，请他诊视，发热而渴，不恶寒，小便短赤，大便三日未解，脉来洪数，舌苔白腻如积粉，舌尖绛红而燥，面部垢腻。此系募原疫邪有渐入于里化热之势，宜输转募原之邪，兼消入里之热，加味达原饮治之。

槟榔 13 克，厚朴 10 克，草果 10 克，知母 13 克，杭芍 16 克，黄芩 13 克，甘草 6 克，生石膏 30 克，葛根 13 克，大黄 13 克（泡水对入）。

服一剂后，病者旋即发狂乱奔，病家以为误服凉药之咎，促他再行诊视，见其口舌转润，脉象已较前转平，且有微汗。当即告知病家，此乃"狂汗"，系病退之征，稍待汗出即愈，遂嘱再服前药。服药一碗，即令使覆卧。俄顷，大汗淋漓，约三刻钟后，狂躁止，脉静身凉，霍然而愈。

编者按：吴又可《温疫论》云："狂汗者，伏邪中溃，欲作汗解，因其人禀赋充盛，阳气冲击，不能顿开。"今得药力相助，输转募原之邪以达于表而解，邪随汗去，则狂证焉有再作之理？

3. 阳虚阴寒证的治疗

吴佩衡对阳虚阴寒证的治疗经验尤为丰富，十分尊崇《伤寒论》温扶阳气的治疗大法，对于人体须保存"元气"的重要意义有深刻体会。《素问·生气通天论》曰："阳气者，若天与日，失其所，则折寿而不彰，故天运当以日光明。"李中梓《内经知要》注曰："此明人生全赖乎阳气也，日不明，则天为阴晦，阳不固，则人为夭折，皆阳气之失所者。"又曰："火者（即少火），阳气也，天非此火，不能发育万物，人非此火，不能生养命根。"他常言："多一分阳气，便有一分生机；多一分阴霾，便多一分杀气。"他主张对于阳虚阴寒证的治疗，必须抓住温扶先天心肾阳气这一主要环节，方能获得阳复阴退、克敌制胜的效果。他认为扶阳祛寒，宜温而不宜补，温则气血流通，补则寒湿易滞。临床上他擅用长沙诸方，很少用滋补药品，采用四逆汤、通脉四逆汤、白通汤、麻黄附子细辛汤等扶阳散寒之剂，治愈许多阳虚阴寒病证，时值阴寒危笃重证，敢于以温热大剂力挽沉疴。对附子一药，较有研究，在临床应用方面，具有独到之处。附子药性温热，能温中扶阳、散寒、除湿、止痛。

据他多年临证体验，但凡面色淡白无华，或兼夹青色，倦怠无神，少气懒言，力不从心，动则心慌气短，自汗食少，畏食酸冷，溺清便溏，诸寒引痛，易感风寒，甚或形寒怕冷，手足厥逆，恶寒蜷卧，喜暖向阳，多重衣被，口润不渴或渴喜热饮而不多，舌质淡，或兼夹青色，舌苔白滑或白腻，脉象多见沉、迟、细、弱、虚、紧等，都可以用附子进行治疗。只要谙熟其药性，配伍及用量适宜，炮炙煎煮得法，且不违背辨证论治的精神，附子的临床应用范围是很广泛的。临床上他常用附子加入辛温发散剂中治疗阳虚感冒，取其温经解表，辅正除邪，祛邪而不伤正气；用附子配合温里药，增强扶阳散寒除湿的效果；与补气药同用，以追复散失之元阳，与补气药共伍，以滋润不足之真阴。经验证明，依照他的理论和方法进行治疗，不仅能促使人体因各种原因导致的"阳虚""阴寒"病证得以恢复，而且用于治疗沉寒痼疾或某些危急重证，尤能显示出化险为夷之巨大作用。

（1）阳虚感冒：见外感病治疗中太阳少阴两感论寒证案例。

（2）伤寒病少阴寒化证：曾某，男，17岁，住昆明市环城东路。始因饮食后受寒起病，发热，恶寒，头体痛，延某中医诊视，以辛凉解表药二剂无效，当即送入本市西山脚下某医院住院治疗。住院已十九日，施以针药，发热虽退，然病势则日益沉重，延请数医会诊，一致诊断为"肠伤寒"，且有肠出血或肠穿孔之虑，决定施用输血方法挽救。输血后病势未减，愈见危笃，竟宣告无救，遂于1943年10月25日请他诊视。他到达该医院，已是晚间九时，询知患者病已十九日，身已不发热，但腹中鼓胀，小腹疼痛，不时呻吟，小便短赤，大便有七八日不通，饮食不进，日夜眼不交睫，卧床身不能转侧，但见护士随时以矿泉水予之饮。舌苔白滑而厚腻，不渴饮，脉搏弦紧，重按则无力而空。诊毕，当即告以病势十分危重，系伤寒坏病，病邪深入少阴之脏寒证，阳气内虚，阴寒太盛，寒水阴气内结如冰霜，腹内阴霾四布，发热虽退但里寒已极。二便不通，乃系阴寒凝结，真阳大虚，无力运行，非热结之证可比也。一线生阳有将脱之势，病势垂危，颇为费治。唯有扶阳抑阴温化之法，使在上之寒水邪阴，由口中吐出，中下之寒水邪阴，由二便排泄使除，阳回阴退，方可转危为安。就以仲景通脉四逆汤加吴茱萸、上肉桂治之。并告知病家，倘若服药后发生呕吐涎痰或大便泻下切勿惊疑，为病除之兆，一线生机，可望挽回。

白附片 160 克，干姜 30 克，上肉桂 16 克（研末，泡水对入），茯苓 26 克，吴茱萸 6 克，甘草 6 克。

10 月 26 日再诊：昨服上方后，旋即呕吐涎水碗许，系病除之兆。脉搏弦紧已退而转和缓，大便溏泄一次，小便解三次，唯小腹尚痛，时作时缓。缘病程日久，阳神太亏，里寒太重，虽已见效，然病重药轻，力不胜病，犹兵不胜敌，犹幸气不喘，痰不鸣，手足温暖，脉和缓较有神，继以大剂扶阳温化，务使阳回阴退，渐可转危为安。

白附片 260 克，干姜 60 克，吴茱萸 20 克，上肉桂 16 克（研末，泡水对入），公丁香 6 克，茯苓 30 克，西砂仁 6 克。

10 月 27 日三诊：昨日清晨服药后，又呕吐涎水约两碗，下午服药后又吐一次，大便泻利数次，均属"冰霜化行"，病毒邪阴由上下窍道溃退。舌苔仍厚腻，舌质红活，面唇色泽亦转红润，体温如常，脉搏和缓，较有神根，腹胀微痛，鼓胀已减去十之六七。大关已过，然病久阳神太亏，邪阴尚未除净，仍以大剂扶阳辅正主之。

白附片 300 克，干姜 60 克，上肉桂 16 克（研末，泡水对入），甜马槟榔 6 克（去壳，捣），吴茱萸 6 克，台乌药 4 克，西砂仁 6 克，茯苓 30 克。

10 月 28 日四诊：服药后昨日夜共排泄大便十六次，每次多少不一，今晨又大便二次，均为夹水分之稀薄粪便，始而色乌如酱，今晨渐转黄色，此系胃中生阳渐复之兆。体温 37℃，脉搏每分钟 80 次。今日解小便六次，色淡黄而清，但于每次小便时，均觉茎中刺痛，良由病毒下泄刺激作痛，非热盛之证可比。昨夜见渴喜热饮者，缘腹中阴霾四布，水邪滔天，今得离照当空，阴霾四散，寒水化行，唯以阳神太虚，无力化气生津，滋润缺乏，故喜热饮灌溉滋养百骸，非热甚灼阴之渴饮也。偶尔喜食冷物者，厥阴之气不相顺接，阴阳不和也。矢气连连，腑道已通，浊气下降也。病状虽已大减，险象已脱，唯肝肾之阴气尚未肃清，元阳正气尚未全复，故左腹留有痞块作痛。最可欣慰者，今晨已略进食物，显见胃气转和，生阳来复，可期痊愈矣。大病初退，宜调护谨慎，勿使过食伤胃，过劳伤神，避受风寒为要。仍以扶阳辅正主之。

白附片300克，干姜50克，茯苓30克，薏苡仁16克，上肉桂18克（研末，泡水对入），白蔻仁3克（捣），西砂仁6克（捣），甘草10克，白胡椒2.6克（捣）。另合服乌梅丸2枚。

10月29日五诊：脉已和缓，每分钟72次，体温37.6℃，大便六次。小便已较清长而淡黄，茎中微觉刺痛，腹中痞块已全消，面色渐转红润，鼻准亦现光泽，舌苔已退去十之六七，胃口已开，食量较增，腹痛已愈。大病已退，元阳渐复，可逐步转入善后调养，病退药减，仍以扶阳辅正主之。并嘱其忌服生冷水果、酸寒食物、嫩鸡蛋、甜酒及一切黏腻之品，慎风寒，节饮食。

白附片160克，干姜30克，茯苓16克，上肉桂10克（研末，泡水对入），白蔻仁5克（捣），薏苡仁16克，甘草6克，元肉5克，大枣3枚。

10月30日六诊：今晨体温正常，脉搏和缓，舌根仍白腻，大便二次，稀溏量少，小便淡黄清长，腹中微感闷胀不舒，食量日增，考虑其脾胃尚虚，消化力弱，每餐均予定量粥食。因大病初愈，余寒邪阴尚未肃清，元阳正气亦未全复，仍坚守扶阳辅正之大法，数剂即克，绝无生变之虑。拟方之后，书引四言一首以为志。

"阴云四合日光微，转眼真龙便欲飞，辛甘化阳离火现，何愁大地不春归。"

白附片300克，干姜50克，甘草10克，上肉桂16克（研末，泡水对入），吴茱萸6克，白蔻仁6克（捣），茯苓30克，白胡椒3克（捣）。

10月31日七诊：今晨体温、脉搏均正常，便泻已止，此乃腹中病毒陈莝已排泄殆尽，小便亦清长，腹中胀痛已全消，食量较佳，唯舌根尚白腻，寒温余邪尚未全清，元阳正气尚待继续温扶。

白附片300克，干姜30克，甘草10克，上肉桂10克（研末，泡水对入），西砂仁10克（捣），薏苡仁10克。

11月1日八诊：舌腻苔已退，稍有薄白苔，脉搏、体温正常，小便清长，腹部宽舒，无他痛楚，食量日佳，每餐节制仅食至六七分，以免过食又伤脾胃，睡眠转佳，唯阳神初复，尚不能同守而多梦，正气未充，起坐感到头昏足软无力。仍以扶阳辅正，使真阳旺盛，邪阴消尽为度。温扶真阳绝不会伤其真阴，真阳回复反而有助于滋生真阴也。此即"阳生阴长""天一生水"的道理。阴阳调平则诸症可愈。

白附片 300 克，干姜 36 克，甘草 10 克，西砂仁 10 克，朱衣茯神 30 克，炙远志 10 克，上肉桂 10 克（研末，泡水对入）。

11 月 2 日九诊：脉搏、体温如常，舌根微薄白，舌质红活，睡眠佳，饮食增进，胃气大开，但仍须节制饮食，七八分为度。今晨起坐头已不昏，足尚软，仍以扶阳辅正。

白附片 160 克，干姜 30 克，上肉桂 10 克（研末，泡水对入），小茴香 3 克（微炒），茯苓 16 克。

11 月 3 日十诊：水气化行，腹中汩汩作鸣，眠食均佳，行动时两足尚感无力，足征阳神未充，仍守前法。

白附片 160 克，干姜 30 克，甘草 10 克，上肉桂 10 克（研末，泡水对入），西砂仁 6 克，白胡椒 3 克（捣）。

11 月 4 日十一诊：病已痊愈，精神饮食均佳，形神尚弱，拟四逆汤加味一剂，继以黄芪建中汤、桂附理中汤及归脾养心汤等善后调理十余日，精神渐复，出院回家休养。此后体质恢复如常。

（3）伤寒病少阴阴极似阳证：杨某，男，31 岁，云南省姚安县人。某年 3 月，已病二十日。始因微感风寒，身热头痛，连进某医方药十余剂，每剂皆以苦寒凉下并重加犀角（现用代用品，下同）、羚羊角、黄连等，愈进愈剧，犹不自反，殆至危在旦夕，始请他诊视。斯时病者目赤，唇肿而焦，赤足露身，烦躁不眠，神昏谵语，身热似火，渴喜滚烫水饮、小便短赤，大便已数日不解，食物不进，脉浮虚欲散，此乃风寒误治之变证。缘由误服苦寒凉下太过，已将真阳逼越于外而成阴极似阳之症，外虽现一派热象，是为假热，而内则寒冷已极，是为真寒。如确系阳证，内热熏蒸，应见大渴饮冷，岂有尚喜滚饮乎？况脉来虚浮欲散，是为元阳有将脱之兆，昔寒凉下，不可再服，唯有大剂回阳收纳，或可挽回生机。病象如此，甚为危笃。急拟白通汤加肉桂一剂治之。

附片 60 克，干姜 26 克，上肉桂 10 克（研末，泡水对入），葱白 4 茎。

拟方之后，病家云及是晚因无人主持，未敢煎服。次晨，又急请他来诊，他仍执前方不变，并告以先用上肉桂泡水试服，若能耐受，则照方煎服，舍此别无良法。病家乃以上肉桂水与服之。服后旋即呕吐涎痰碗许，神志稍清，自云内心爽快，遂进上方。服一剂后，病情减轻，即现出恶寒肢冷之象。午后再诊，身热退一二，已不作烦躁谵语之状，且得熟寐片刻，乃以四逆汤加上肉桂主之。

附片 100 克，干姜 36 克，甘草 12 克，上肉桂 10 克（研末，泡水对入）。

服上方后，身热退去四五，脉稍有神，小便赤而长，略进稀粥。再剂则热退七八，大便始通，色黑而硬，唯咳嗽痰多，痰中兼带有血。病家另延数医诊视，皆云热证，出方总不离苦寒凉下之法。由于前医所误之鉴，又未敢轻试。后因病人吃梨一个，当晚忽发狂打人，身热大作，又如前状，又急邀他诊治，始言吃梨之事。他视之，舌白而滑，仍喜滚饮，此阳神尚虚，阴寒未净，急欲扶阳犹不及，反与滋阴清凉之水果，又增里寒，病遂加重。即告以禁服生酸水果冷物及清凉苦寒之药为幸，他仍主以大剂回阳祛寒之剂治之。照第二方加倍分量，并加茯苓 30 克，半夏 16 克，北细辛 4 克，早晚各服一剂，共连服六剂。三日后再诊，身热已不作，咳痰渐愈，饮食增加，小便淡黄而长，大便转黄而溏。又照方去半夏、细辛，加砂仁、白术、黄芪，每日一剂，连进十余剂，诸病俱愈。后体健胜于前。

4. 内科杂病的治疗及寒热辨证要领

吴佩衡在内科杂病治疗方面不仅继承了我国传统医学的基本学术思想，还有自己的发挥和见解。他善于运用六经与脏腑密切联系的辨证论治法则，以明辨阴阳为纲，谨守病机，严格辨证，因人制宜，独创一格而又不离法度，故而常能应手而奏效。创用四逆二陈麻辛汤治疗寒湿痰饮咳嗽；吴萸四逆汤治疗虚寒胃痛及血寒气滞的妇科疾病；以辛温扶阳之剂挽救了衄血、崩漏及寒闭危证；重用当归、杭芍治热痢下重，参麦阿胶适当配伍以收润燥养阴之功。他通过大量临床观察，结合前人的经验，从寒证、热证的各种临床表现中归纳了寒热辨证的基本要领，即热证为"身轻恶热，张目不眠，声音洪亮，口臭气粗"；寒证为"身重恶寒，目瞑嗜卧，声低息短，少气懒言"。真热证兼见烦渴喜冷饮，口气蒸手，真寒证则口润不渴，或渴喜热饮而不多，口气不蒸手。临床上不论患者症状如何繁杂多变，疑似隐约，通过全面诊察之后，以此作为指导辨证的要领，则热证、寒证不难以确立，在他的临证治验中，始终贯穿着这个精神。

（1）耐药性金黄色葡萄球菌性急性严重型肺脓肿：海某，女，19岁，昆明人，因病住昆明某医院。1959年1月3日邀他会诊。患者行剖宫产失血过多，经输血抢救后，突然高烧40℃以上。经用青霉素、链霉素等治疗，数日后体温降低，但一般情况反见恶化，神志昏愦，出现严重呼吸困难，白细胞高达20×10^9/L以上。因病情危重，不敢搬动，故未行X线检查。当时西医未明确诊断，继续以大量广谱抗生素治疗，并配合输液及吸入氧气，均未见效。延某医则投以麻杏石甘汤一剂，病情更趋险峻，西医会诊亦提不出有效方案，乃请他诊视。患者神志不清，面唇青紫灰暗，舌质青乌，鼻翼扑扑扇动，呼吸忽起忽落，似潮水往复，十指连甲青乌，脉弦硬而紧，按之无力而空。盖此病已入厥阴，肝肾之阴气内盛，非传经病，系真脏病，心肾之阳衰弱已极，下焦之真阳不升，上焦之阴邪不降，一线残阳将绝，已现衰脱之象，危殆费治。唯有扶阳抑阴，强心固肾，尽力抢救垂危。主以大剂回阳饮（即四逆汤加肉桂）。

附片150克，干姜50克，上肉桂10克（研末，泡水对入），甘草20克。

因附片需要先煨三四小时，方能煨透无毒，故让患者先服上肉桂泡水，以强心急救之。并预告病家，服此方后可能有呕吐反应，如呕吐之后喉间痰声不响，气不喘促，舌质较前转红，尚有一线生机可以挽回。若不如此，则为难治。

复诊：昨日服上方后果如他言，呕吐涎痰后已见转机，神志较前清醒，嗜卧无神，已能缓慢回答询问，可以吃流质饮食，舌尖已见淡红色，舌苔白滑厚腻，口唇青紫减退，两颊紫红，鼻翼不再扇动，呼吸仍有困难，但已不再起伏如潮，开始咳嗽，咳大量脓痰，脉仍弦滑而紧，按之而空。衰脱危候大为减轻，仍以扶阳温化主之。

附片150克，干姜50克，上肉桂10克（研末，泡水对入），半夏10克，茯苓20克，甘草8克。

三诊：神志清醒，语音清楚，面颊微转红润，指甲唇舌青紫已退十之八九，鼻头、目眶微青，午后潮热，喘咳气短，咳大量脓痰，唯喉间时有痰阻，脉弦滑，病情已有转危为安之象，再以上方加减主之。

附片200克，干姜100克，茯苓30克，上肉桂10克（研末，泡水对入），公丁香5克，法半夏10克，橘红10克，甘草8克，细辛5克。

四诊：面颊微红润，口唇、舌质青紫已退，呼吸渐趋平稳，午后潮热已退，咳嗽、咯脓痰稍减少，胃气已开，能进食，神志言语已近常态。大便溏泄，系病除之兆。夜卧多梦，此系阳不胜阴，邪阴扰乱，神驰不宁所致。脉转和缓。

大病已初退，唯坎阳尚虚，寒温邪阴未净，再以扶阳温化主之。连服三四剂可望康复。

此时患者情况好转，可以搬动，经 X 线检查发现双肺有多个大小不等的圆形空洞，内容物已大半排空。血液细菌培养报告，检出耐药性金黄色葡萄球菌。医院最后诊断为"耐药性金黄色葡萄球菌性急性严重型肺脓肿"。

附片 150 克，干姜 50 克，广陈皮 8 克，杏仁 8 克（捣），炙麻茸 8 克。

连服四剂，一周后诊视，患者喜笑言谈自如，精神、饮食业已恢复，病状若失，至此痊愈。

（2）阴瘅证（慢性胆汁性肝硬化）：方某，男，28 岁，未婚，河南省人，昆明军区某部战士。患者因肝脾肿大，全身发黄已八年，先后住昆明军区某医院及省市级医院治疗，效果不显著，继而出现腹水肿胀，腹围达 98 厘米，黄疸指数高达 100 单位，经军区医院行剖腹探查，取肝脏活体组织行病理检验，证实为"胆汁性肝硬化"。遂于 1959 年 7 月由市级某医院转来中医学院门诊部就诊。患者病体羸瘦，面色黄暗，晦滞无光，巩膜深染，周身皮肤亦呈深暗黄色，干枯瘙痒可见抓痕。患者精神倦怠，声低息短，少气懒言，不思食，不渴饮。小便短少，色深黄如浓茶水，腹水鼓胀，四肢瘦削，颜面及足跗以下浮肿，两胁疼痛，尤以肝区为甚。扪之，肝肿大于右肋沿下约二横指，脾肿大于左肋沿下约三横指。脉沉取弦劲而紧，舌苔白滑厚腻而带黄色，少津。因阳虚水寒，肝气郁结不得温升，脾虚失其运化，湿浊阻遏中焦，胆液失其顺降，溢于肌肤，故全身发黄。阳虚则湿从寒化，水湿之邪泛滥于内，脾阳失其运化，日久则成为腹水肿胀之证。肤色黄暗不鲜，似阴黄之象。此病即所谓"阴瘅证"。法当扶阳抑阴，疏肝利胆，健脾除湿为治则。以四逆茵陈五苓散加减治之。

附片 100 克，干姜 50 克，肉桂 15 克（研末，泡水对入），吴茱萸 15 克（炒），败酱草 15 克，茵陈 30 克，猪苓 15 克，茯苓 50 克，北细辛 8 克，苍术 20 克，甘草 8 克。

二诊：服上方十余剂后，黄疸已退去十之八九，肝脾肿大已减小，小便色转清长，外肿内胀渐消，黄疸指数降至 20 单位，面部黄色减退，已渐现润红色，食欲增加，大便正常，精神转佳。然患病已久，肝肾极为虚寒，脾气尚弱，寒湿阴邪尚未肃清，宜再以扶阳温化主之。

附片150克，干姜80克，茵陈80克，茯苓30克，薏苡仁20克，肉桂15克（研末，泡水对入），吴茱萸10克，白术20克，桂尖30克，甘草10克。

三诊：服上方六剂后，肝脾已不肿大，胁痛若失，小便清利如常，面脚浮肿及腹水鼓胀已全消退，饮食、精神倍增，皮肤及巩膜已不见发黄色。到市级某医院复查，黄疸指数已降至3单位。脉象和缓，舌苔白润，厚腻苔已全退。此水湿之邪已除，元阳尚虚，再拟扶阳温化之剂调理之，促其正气早复，以图巩固效果。

附片150克，干姜80克，砂仁15克，郁金10克，肉桂15克（研末，泡水对入），薏苡仁30克，佛手20克，甘草10克。

服上方七八剂后，患者已基本恢复健康。一年后随访，肝脾肿痛及黄疸诸症均未再发作。

（3）痰饮咳嗽：李某，男，年四旬余，昆明市人，患痰饮咳喘病已八九年，经中西医屡治未愈。诊其脉左弦右滑，两尺弱，心脉细短，肺脉滑大，按之则空，舌苔白滑而腻，面色青暗，目下浮起如卧蚕。咳痰气喘而短，胸闷痰滞，头痛目眩，食少无神，畏食酸冷，渴喜热饮而不多，小便短赤，咳时则遗。入夜难眠，行卧维艰，值阴雨天寒尤甚。良由脾肾阳虚，饮邪内泛，脾不运化，寒湿水饮上逆犯肺则作痰作咳。肾虚不纳，则短气喘息而遗溺，痰湿阻遏，清阳不升，浊阴不降，肺肾之气不相接，遂成痰饮咳喘之证。《金匮要略》曰："病痰饮者，当以温药和之。"此为痰饮病治本之法，拟方小青龙汤加减主之。

附片20克，北细辛4克，麻黄3克，干姜15克，法半夏15克，五味子1.5克，甘草3克。

次日复诊。昨服一剂，头痛、咳痰稍减，痰较易咯，乃照原方加倍分量。服后痰多咳吐如涌，胸闷减，喘息较平。

服二剂后，头痛若失，喘息减大半。服三剂后，稍能食，行卧已较轻便，唯痰多，气仍短，小便转长而色仍赤。盖湿痰饮邪得阳药运行，在上由咽喉气道而出，在下则随小便而去，乃病退之兆。仍照前方加减治之。

附片100克，北细辛10克，半夏10克，干姜40克，上肉桂10克（研末，泡水对入），茯苓30克，桂尖20克，五味子3克，甘草10克。

服二剂后，喘咳平，痰已少。三剂后，胸闷气短均愈，饮食倍增，弦滑之脉已平，腻苔已退。唯精神未充，后以苓桂术甘汤加附子、黄芪，连进十剂，遂得痊愈。

附片 150 克，黄芪 30 克，茯苓 20 克，桂尖 20 克，白术 20 克，甘草 10 克。

（4）经行血崩及口鼻出血不止：过某之妻，年 35 岁，湖南籍，住昆明市，素患经痛不调，经某医诊治，拟方以破气除癥之法，方中配伍桃仁、红花、三棱、莪术、川芎、当归等，并嘱可作常服，冀使经信通调。如是方药已服十年有余，攻破太过，致气血大伤。1961 年 6 月下旬，因打骂小孩动气生怒，忽然经行血崩不止，急往某医院就诊，经治数日，子宫仍出血未止，又复鼻衄频仍及牙龈出血，身发紫斑，病势日重。

7 月 1 日，家属主动要求出院改请某中医诊治。医者立案为"血不归经之候"，拟方二剂。内服以酒炒生地黄 50 克，醋炒侧柏叶 30 克，艾叶 30 克，炒杭芍 30 克，浙寸冬 30 克，姜炭 30 克，藕节二个，生草 20 克，点童便少许并加发灰为引，嘱服二剂。外治用附子面 100 克，酒炒，包足心涌泉穴。孰料服药次，上、下出血更甚，呻吟不已，气短欲脱，举家惶恐万状。

7 月 2 日清晨前来就诊，见患者面色淡黄、晦暗无华，唇舌亦淡白，苔白滑，唇、舌、口腔内两颊黏膜均有大小不匀之紫黑血疱，舌心血疱一枚，约拇指大小，鼻及牙龈仍见出血，色暗红不鲜，用物填塞鼻孔，则血块阻于咽喉，渐从口中咳吐而出，亦为紫黑血块及血水。四肢及胸背皮肤起青紫血斑，神情淡漠、声低息短，呻吟不已，但觉心中慌跳，气虚难接。日不思食，夜不能寐，唯少喜热饮一二日。六脉芤虚，重按若无。缘由攻破太过，气血两亏，气虚无力摄血，阳不守阴，血虚则气无所依，阴不恋阳，以致血不归经，游溢妄行，气随血耗，散漫无羁。如继续流血不止，恐血尽气亡，阴阳俱脱。盖气血两亏失血之证，当以治气为先，气足则血自能止，血止之后，方能言补益之法。当此证候，主以扶阳收纳，固气止血。

黑天雄 150 克，炮黑姜 30 克，黑荆芥 6 克，上肉桂 15 克（研末，泡水对入），茯苓 20 克，桂尖 30 克，甘草 6 克，大枣 2 枚（烧黑存性）。

7 月 3 日复诊：服上方后已见效，出血减少。然气血太亏，一时难以尽复，口鼻及下部仍流出淡黑血水，心泛呕逆，仍不思饮食，神志尚弱。由于气血所亏，原患寒湿痹痛旧疾复发，左手肩臂疼痛。照上方佐以温经散寒之剂治之。

附片 200 克，炮黑姜 10 克，干姜 10 克，上肉桂 15 克，甘草 10 克。

7 月 4 日三诊：脉象较有神根，各部出血减少十之八九，唇舌转红润，口舌血疱已瘪，昨夜得熟寐。小便转长，喜热饮，稍能进食。唯头部昏重作痛，左肩臂筋肉仍痛，然病势已见大减，渐可转危为安。

附片 200 克，炮黑姜 10 克，干姜 15 克，上肉桂 15 克（研末，泡水对入），桂尖 30 克，北细辛 7 克，法半夏 15 克，公丁香 5 克，甘草 10 克，麻黄根 10 克。

7 月 6 日四诊：上方连进两剂，口鼻出血已止，口舌紫黑血疱全退。舌质红润，苔尚薄白，下部仍稍流黑血，极腥臭。此系已离经败坏之血得阳药温化而下行，非新出之血液也。腑气已通，数日以来始有大便，色黑而干。精神、食量均较佳，脉已和缓较有神，唯左臂仍稍掣痛，延及左侧头项，再以扶阳温化通经散寒治之。

附片 200 克，干姜 50 克，北细辛 10 克，桂尖 50 克，羌活 5 克，独活 6 克，薏苡仁 15 克，麻黄 5 克，上肉桂 15 克（研末，泡水对入），甘草 15 克。

7 月 8 日五诊：病状大减，头痛止，肩臂痛已大为减轻，遂照原方去麻黄，服两剂后，诸症已愈。再以四逆汤加黄芪、当归、白术、薏苡仁数剂调理而善后，遂得康复。

结语

吴佩衡临证六十余年，临床验案众多，以上仅概略介绍。他一贯认为，医学关系着人身生命安全，不认真研究疾病的规律，不探求它的至理，盲目从事，就会贻误后人。他坚持理论密切联系实际的治学精神，博览群书，从理论中得到启发，在实践中锻炼提高，临证时一丝不苟，他不仅认真总结自己的经验，也不回避以往失败的教训，正反两面都能立案备查。常言道："古今医理，极而难穷，欲得一守约之道，实未易也。"他所谓的"守约之道"，就是精益求精，博而约之的意思。

他曾言："盖凡一种学问，非寝馈其中数十年，断难知其精义之所在。"他亲身感受到党对中医事业的重视和发扬，更是信心百倍，精神焕发，年愈老而志愈壮。古稀之人还自编教材，亲自到课堂讲授，毫无保留地把他数十年的经验传授给学生，诚不愧为我省中医界之桃李天下者。吴佩衡从不放弃自己的信念，始终保持着坚韧不拔、百折不挠的精神，为中医学贡献了一生。他给我们留下了可贵的学术经验和医疗经验，应该加以继承并发扬光大。

郑汝谦

郑汝谦（1894—1978），名永安，号朴园，字子静，安徽郑家集人。扬州"谦"字门中医儿科第四代传人，副主任中医师，江苏省名老中医。16岁受业于扬州儿科医师陈景谦，8年后，应聘于南门街商办"乐善中医院"，任儿科医师约四年，后悬壶院东街。曾兼任江都县医师协进会主任委员、《江都国医报》编委。1938年，扬州沦陷，避寇于城北槐子桥行医济世。抗战胜利后回扬州，时霍乱流行，为贫民免费诊治。中华人民共和国成立后，被推选为扬州市第一届人民代表，并应市长扬祖彤之邀，参与市救济委员会工作。1956年应苏北人民医院聘请来院工作，创办了苏北地区第一个中医儿科。他行医六十余年，临证经验丰富，多有创见，提出了麻疹再发论，对疹、麻、痘、疹、疳、惊风等疑难杂证有独到之术，尤擅治小儿温热病。相关著作有《小儿临床急证荟萃》《郑汝谦晚年医案》。

勤奋攻读，博采众长

扬州中医儿科谦字门至今二百余年，誉满江淮大地。乾隆后期，徽医陈畿（里谦）先生将其医术传于刘佩谦，刘佩谦先生又传于扬州陈景谦等。郑汝谦先生师从陈景谦先生习医8年。白天随师侍诊，晚间整理笔记，学习经典，每日要背诵经典。春日学友都去郊游，先生仍孜孜不倦，在家学习。先生治学严谨，熟读《黄帝内经》《伤寒论》《温病条辨》《温热经纬》等，后贤名著，如汪昂《素问灵枢类纂约注》，雷少逸《时病论》，江诚、程曦、雷大震共纂之《医家四要》，石芾南《医原》，钱乙《小儿药证直诀》，许豫和《许氏幼科七种》，叶天士《临证指南医案》，程钟龄《医学心悟》等，亦细心研读。先生常说"开卷有益"，其他科医书如《伤科补要》也阅读过，直至八十多岁他仍手不释卷，有一年夏天，到先生家中，先生正阅读《蒲辅周医案》，同我谈蒲辅周治疗梅核气的用方。

先生十分重视综合运用各家学说，认真实践"勤求古训，博采众方"的仲景精神，尤其重视清代温病学派几位大家的著作，特别重视叶天士先生的《温热论》和《临证指南医案》，先生诊所病人很多，且以治温病及疑难杂症为特长，几分钟就要诊治一位病人，不容有过长时间的思索。在苏北人民医院中医门诊部儿科，每日门诊量达一百人左右，如果对温病和杂病没有娴熟的诊疗方法和技巧，是难以完成任务的。诊病期间，先生常背诵各种医书的原文警句和方歌。先生在从医的过程中阅读过很多医书，并能采撷精粹而用于实践。

先生认为，作为临床医师，每日要诊治很多患者，遇到很多病种，要解决很多疑难病证，如偏执于一家之言，是不够应用的，要综合各学派的优点，把一切有用的治病方法拿来，解决患者的痛苦。临证坐堂，应当机立断，如果拘泥于一家之言，难以解决面临的复杂而疑难的疾病。

注重临床实效

先生在治病过程中，很重视临床实效，先生认为前人说过"千方易得，一效难求"。中医历史悠久，方书"汗牛充栋"，一个方剂究竟有无疗效，须医生自己判断，治愈患者才是真正有效，不能因某些书上讲得美妙动听而轻信。先生处方用药很审慎，常说：医生要认真审度病情，首先要识其常，才能知其变化。只要辨证准确，用药适当，小儿病易于速效。处方少则 4~5 味，多则 9~10 味，先生的观点是"轻可去实"，只要辨证准确，虽方小量轻亦能奏效。先生常说：看病要分清表里、寒热、虚实。辨证准确了再开处方，小儿病变化快，治病也要灵活运用。清代汪讱庵说的"加减临时在变通"成为他的一句口头禅。先生认为："温（药）为君子，凉（药）为小人。"温药运用，不偏不激，有伸屈余地，温药谓"中庸之道"，"小儿病多变化，用药不可连剂，中病即止，效不更方"，"用药不离乎常品，不要矜奇"，先生用药轻灵纯正，经常用平淡之药，治愈疑难重症。

高尚的医德医风和敬业精神

先生私人诊所收费较低，诊金随病家给，给得少从不计较，对穷苦人不收诊金，还施以药费。

1938 年扬州沦陷，先生避寇于邗江槐子桥行医济世，抗战胜利后回扬州行医，当时霍乱流行，先生为贫民解除疾苦，实行免费医疗，还资以药费，救治了很多病人。

中华人民共和国成立前，有穷人家的小孩患暑温，他医认为无救，家人弃之于路旁，先生得知后，用金汁灌服紫雪丹，救活了小孩。

先生为人坦诚直率，临诊之时，不论患者是政府要员，还是平民百姓，是商贾巨富，还是贫寒之士，皆一视同仁，悉心诊治。

先生至苏北人民医院工作后，每天准时到班，上午开诊以后，常忙到中午 12 时左右，家中送饭到诊室，午间稍事休息，继续应诊直至傍晚。先生八十多岁时仍坚持上班，直到卧病在床。在病中还为几位患重病的儿童诊治。"春蚕到死丝方尽"，先生为儿童的健康贡献了一生。

临证精于辨证，医术精湛

中华人民共和国成立前，有一富家子，因营养过甚，胃气壅遏，食后即吐，诸医从虫症治，病转剧，先生验其所吐之物，投以五味中药，病很快就痊愈了，从此先生医名大振。先生临证，精于辨证，医术精湛，名播扬城、镇江、无锡等地，妇孺皆知。国民革命军将领王柏龄曾赠送金字匾额，誉为"婴幼福星"。兹将其治疗小儿发热和疑难杂证的经验介绍给同道。

（一）擅长治疗小儿发热

1. 小儿发热，首重祛邪

先生概括小儿病因，"外因，风为百病之长；内因，百病多因痰作祟"。六淫中寒、湿、燥、热诸邪多依附风邪而侵犯人体，如风寒、风热、风湿等，痰则随气之升降流行，内而脏腑，外而筋骨皮肉，形成多种病证。病邪一日不除，发热一日不退。张子和指出："夫病之一物，非人身素有之也，或自外而入，或由内而生，皆邪气也，邪气加诸身，速攻之可也，速去之可也，揽而留之，何也？虽愚夫愚妇，皆知其不可也。"邪存体内是导致疾病的根本原因，先生在治则上，首重祛邪，称之为"开门逐盗"，邪去则正安，正安则热退。

2. 外感发热，轻清宣透

《素问·至真要大论》曰："风淫于内，治以辛凉，佐以苦甘，以甘缓之，以辛散之。"其强调辛凉宣疏。先生治疗小儿外感发热尚在卫表时，辛凉解表之法使用较多，认为慎毋骤用寒凉，以免凉遏冰伏。若冬季或初春，天气寒冷，小儿外感风寒轻证，表现为发热不甚，鼻塞，喷嚏，流涕，先生多选用杏苏散合葱豉汤加减，以轻疏肌表。吴鞠通认为，杏苏散乃"苦温甘辛法"，用治外感凉燥之证，而燥为小寒之气。后世医家对葱豉汤多有推崇。王士雄说："叶氏春温篇，于新邪引动伏邪，亦主是方，盖此汤为温热初病开手必备之剂。"当代中医学家蒲辅周先生说："葱白气香味辛，色白中空，最能入肺卫以通阳气，再加豆豉挥发内外郁热，为表郁必用之方。"

若小儿发热5天以上，烦闹不安，夜不安寐，先生则选用栀豉汤。此方适于热在胸膈，既不居里之表，又未入腑之里，白虎、承气之法均不可行。独在半表半里，热在胸中，故烦而躁，小儿外感热病常见此等证候。先生选用栀豉汤宣发胸中郁热，即所谓"火郁发之"之义，往往效如桴鼓。

若小儿肺炎喘嗽，先生选用栀豉汤合上焦宣痹汤治之。上焦宣痹汤载于吴鞠通《温病条辨》上焦篇，原治太阴湿温，气分闭郁而哕者，方由枇杷叶、郁金、淡豆豉、射干、通草组成，功能宣肺解郁，清热化痰。先生于小儿肺热甚者加炒黄芩，喘者加桑白皮、生甘草，清热泻肺平喘。

《素问·五常政大论》曰："必先岁气，无伐天和。"先生治疗小儿发热，强调季节性。如夏季多选用新加香薷饮去厚朴，加六一散、荷叶等。先生认为，暑气宜升散，从汗而解。

3. 里滞发热，釜底抽薪

先生治疗小儿发热，强调要分清表里、寒热、虚实。对于里滞发热，多用釜底抽薪法。

当今儿童平日多进高蛋白、高热量的饮食，体内易蕴热，一旦感邪，外感与内在积滞相结合，风热相激，熏灼蒸腾，遂现高热，夜间热甚，腹胀，大便不通，甚至谵语，舌苔多黄糙。先生形象地将其形容为炉中煤多火旺，若撤去炉膛中燃烧的煤炭，则火熄热退。发热里滞重，若舌苔白厚腻，先生常用栀子厚朴汤、枳实栀子豉汤（里滞轻，则将枳实改为枳壳），取厚朴、枳壳合用理气以通便；若舌苔黄厚腻，则用栀豉汤加郁金、瓜蒌皮、杏仁、枳壳、莱菔子、槟榔，组成苦辛通降轻剂，以润肠行气通便，使邪热从下而去。夏季小儿发热，大便不通，常加入治外感暑湿致身热不退、大便不畅、小便短赤的七液丹（鲜萝卜、鲜佩兰、鲜侧柏叶、鲜藿香、鲜紫苏叶、生大黄、鲜荷叶、滑石）。先生用药轻灵，盖儿童不宜峻猛攻下，足可师法。

4. 治疗发热，重视脾胃

小儿发热往往影响脾胃受纳、运化的功能，常见饮食欠香，甚至不思饮食等脾胃症状，先生临证重视脾胃的调理。小儿发热初起，常在相应方剂中加葛根、焦山楂、生姜皮三味药。葛根归脾、胃经，甘润，性平而偏凉，有升散、退热、生津的功效，凡邪郁肌表，身热不退，不论口渴或不渴，有汗或无汗，都可应用。尤其是小儿出疹性疾病初起，疹未见时，与感冒症状类似，葛根又具透疹之作用。山楂归脾、胃、肝经，味酸而甘，微温不热，功擅助脾健胃，促进消化，为消油腻肉食积滞之要药。生姜皮味辛，性凉，有消浮肿、腹胀、痞满及调和脾胃之功。故此三药宜于小儿发热初起。在治疗过程中，先生根据脾胃不同症状用药，热退后调理脾胃以善后。脾胃健运，可防止病邪深入，增强抗病能力，促进病情早日康复。

5. 久热不退，顾护正气

小儿久热不退，先生擅用归葛饮（当归、葛根），以养血滋阴。若兼气虚，加炙黄芪、太子参，以顾护正气，正胜则邪自却也。归葛饮原为张介宾《新方八阵》中所载："治阳明温暑，大渴大热，津液枯涸，阴虚不能作汗等证。"王旭高云："此用当归养血，是助干葛以为汗也……此证表里俱热，故以药冷饮，所谓生津自能作汗，清里亦能解表，为治温暑之大法。此葛根汤之变局，又白虎汤之先著也。"张锡纯云："当归之性虽温，而血虚有热者，亦可用之，因其能生血即能滋阴，能滋阴即能退热也。"先生运用此方治小儿久热不退，屡用屡验。

（二）擅长治疗小儿疑难杂证

1. 宣上通下治愈中毒性肠麻痹

陈某，男，2 岁。1968 年 10 月 2 日初诊。

患儿于注射"白喉预防针"菌苗后，发热 3 天伴惊厥，腹胀如鼓，住本院西医儿科病房，入院后诊断为"中毒性肠麻痹症"，因经治疗无效，转请先生会诊。

患儿身热 5 日不解，少汗，无涕，无泪，舌苔腻，痰多，气粗不平，肚腹膨胀如鼓，呕恶时作，夜烦不宁，便解不爽，小溲黄少。此肺气失宣，腑气痹阻，有闭厥之险，且虑痉变，法以宣上通下。

炒山栀、射干、陈皮、黄郁金各 5 克，香豉、杏仁、大腹皮、猪苓、茯苓、炒莱菔子各 6 克，七液丹 10 克（包），鲜枇杷叶 2 片（去毛布包），桔梗 3.6 克。1 剂急煎，频频饮服。

先生嘱咐：服药后肠鸣就有救治的希望，否则无效。

患儿服药后肠鸣矢气，解下酱色大便，气秽异常，腹胀略松，继则去炒山栀、香豉、茯苓，加大豆卷、大贝母宣上，并用糖瓜蒌、苏子以润下，枯芩、赤芍清热，得大便畅解，诸症悉愈。

按：此例西医诊断为中毒性肠麻痹症，先生用《温病条辨》上焦宣痹汤为主方以宣肺，加入主治外伤暑湿、身热不退、大便不畅、小便短赤的七液丹等以通下，合而宣上通下，驱邪外出而获效。肺与大肠相表里。石芾南的《医原》中说："若肺气未开，而里证又急，又必于宣通肺气之中，加以通润胃肠之品。肺主天气，天气通，地气乃行耳。"

2. 清宣温化法治疗深秋伏暑

戴某，男，8 岁。1973 年 10 月 4 日初诊。

病经两候余，身热不退，夜间热甚，烦躁少宁，时或谵语，舌苔垢，胃脘痛，腹膨胀，溲黄，邪滞互伏，气机不利。宜从宣通三焦，理气疏导法。

炒山栀、黄郁金、炒枳壳各 5 克，香豉 10 克，炒川朴 3 克，陈皮、杏仁各 6 克，建曲、法半夏各 10 克，生姜皮 1.5 克。

1 剂药后，夜间仍发热，仍有谵言，舌苔厚腻，胃脘胀痛，大便稀溏，原方加炒薏苡仁、白蔻仁，取三仁汤意以宣化。服药 8 剂后，身热渐清，胸次按痛，邪滞尚重，用栀豉汤、栀子厚朴汤合瓜蒌薤白半夏汤宣化，次第选用炒莱菔子、海南子、黄郁金以通滞，后身热退净。嘱慎饮食，调理而愈。

按：小儿温病有新感、有伏气（即"伏邪"），先生力主伏邪发病理论。对伏邪温病中的伏暑病，主张清宣温化。伏暑为时令病，雷少逸先生《时病论》

中曾详论之："伏天所受之暑者，其邪盛。患于当时，其邪微。发于秋后，时贤谓秋时晚发，即伏暑之病也。是时凉风飒飒，侵袭肌肤，新邪欲入，伏气欲出，以致寒热如疟，或微寒或微热，不能如疟分清，其脉必滞，其舌必腻，脘痞气塞，渴闷烦冤，每至午后则甚，入暮更剧，热至天明得汗则诸恙稍缓。日日如是。必要二三候外，方得全解，倘调理非法，不治者甚多。"盖此证湿与热结，湿处热外，热处湿中，胶结不化，不若风寒之邪一汗而解，温热之气投凉则安。拟用清宣温化法，使其气分开则新邪先解，而伏气亦得随之而解也。先生认为，伏暑初起，既不可过用辛温以发其汗，亦不可过用苦寒以遏其邪，力主清宣温化，辄用三仁汤加减。若里滞重，外感轻者，需令其大便通畅，解下酱色大便，病即好转，瓜蒌薤白半夏汤或枳实导滞丸等可选择使用。

3. 开郁理气治疗心肌炎

土某，女，13岁。1974年10月18日初诊。

患儿发热已2个月，胸闷，心悸，西医诊断为"心肌炎"，曾用天王补心丹加青蒿、丹皮未见效，前来就诊。

刻诊患儿身热夜甚，心悸，太息不舒，脘次作痛，舌苔薄白，饮食欠香。邪滞互伏，香化为法。

炒山栀、陈皮、杏仁、藿香梗、黄郁金各6克，白蔻仁2.4克，苏梗、金橘皮各5克，香豉、法半夏各10克。3剂。

复诊时脘次已不痛，舌苔薄白，大便不畅，遂增入苏子5克、炒莱菔子6克以通滞，服药后身热渐退，仍见胸闷、叹气。前方加木香3.6克、金铃皮6克以理气开郁，诸恙悉愈。

按：经曰："必先岁气，无伐天和。"又曰："谨候其时，病可与期。"中医治疗外感热病，必须掌握季节性。患儿发热已2个月，而初发于夏秋季节，太息不舒，脘次作痛。先生认为此是夏秋暑湿遏伏，肺气失于宣降所致。痰邪扰心则心悸，心神受扰，脉行失调。重要的是要宣畅肺气，逐寇外出，以安内宅。故用栀豉汤宣解郁热，二陈汤化痰，复以杏仁、苏梗、黄郁金、木香、白蔻仁、金铃皮宣畅气机，行气以调血，三诊即愈。

4. 清血分热治疗亚败血症

吴某，女，9岁。1974年4月24日初诊。

患儿反复发热伴关节疼3年余，曾在上海某医院住院治疗1年，诊断为亚败血症，治而未愈。此次于 3 个月前发热至今不退，当时检查白细胞 $38.8 \times 10^9/$ L，嗜中性粒细胞百分比 90%，淋巴细胞百分比 10%，血沉 50mm/h。

先生诊视后意见：病经 3 年余治而未瘥，身热不解，夜甚于昼，肌瘦体痛，舌苔白滑，饮食欠香，肤现红颗不痒。此气血两亏，先予扶正，正胜则邪自却也。

太子参 10 克，当归、葛根、白术各 6 克，白芍、茯苓、苡仁、炙黄芪各 10 克，炙甘草 3 克，枯芩、木香各 5 克，红枣 3 枚。3 剂。

服药后患儿身热渐减，周身乏力，时而抽筋。此蕴热未清，仍以归葛饮为主方加赤芍、丹皮、连翘、枯芩以清血分之热，葛根、苡仁缓解拘挛筋急，复加炒山栀、青蒿清热。治疗过程中，患儿一度上肢红肿疼痛，右足底红肿。前方加晚蚕砂（包）、忍冬藤、连皮茯苓各 10 克，生甘草 5 克。患儿先后服药 20 余剂，身热净退，随访 3 载，未再复发。

按：经云："病发而不足，标而本之，先治其标，后治其本，谨察间甚，以意调之，间者并行，甚者独行。"患儿反复发热 3 年，久热不退，气血已虚，正虚邪实，以正虚为主。先生先予扶正，继则清化蕴伏之热邪，3 年之痼疾，终于治愈，要在辨证准确。此病发热、汗出、肌肉烦痛，缠绵时日，多夹湿热内郁，湿郁久化热。薛生白《湿热病篇》云："郁甚则少火皆成壮火，而表里上下充斥肆逆。"王士雄曰："日久已从热化，在气不能清解，必至逼营。"先生认为久热不退，多为热伏血分，先生用忍冬藤、连翘、枯芩、赤芍、丹皮、山栀、青蒿清热，用晚蚕砂、连皮茯苓、白术、苡仁化湿，用药层次井然，极有章法。

先生是扬州中医儿科一代名医，默默无求，奉献一生。先生去世时，江育仁、朱良春、周筱斋、耿鉴庭等发来唁电、唁函悼念。扬州百姓至今仍在缅怀。我忝列门墙，成为先生的关门弟子。先生的医德、学术思想、经验使我受益终生，我常感念师恩，谨以此文纪念先生。

孙镜朗

孙镜朗（1901—1974），名铭勋，字镜朗，以字行，山东省济宁市人。早年授业于南京名医石云轩先生。1929年，曾以山东代表身份参与抵制国民政府提出的"废止中医案"。1934年，经南京中央国医馆考核，获"国医"资格。先后在济南、南京、济宁等地悬壶。中华人民共和国成立后，参加山东省第一期中医研究班，任著作审核组组长。1957年7月，由周凤梧、吴少怀介绍加入中华医学总会。先后在济宁市立医院（现济宁医学院附属医院）、济宁市中

医研究所工作。曾担任山东省中医学会理事兼分会会长，济宁地区中医学会副理事长，济宁中医学会名誉会长，济宁中医第七联合诊所所长，济宁市政协委员。1963年，由济宁市人民政府确认为市"四大名医"之一。主要著作及论文有《黄帝内经素问白话解》《治疗传染性乙型肝炎的体会》等。

幼承庭训，济世活人立誓愿　捍卫中医，建业升堂始悬壶

孙镜朗先生伴着20世纪初我们民族的灾难来到了这个世界上。

他生于一个手工业者家庭。其祖父益太公曾参加太平天国起义军。清同治年间，流落到苏州，开济源公镖局，但他英年早逝，家道中落。父亲士章公，以缫丝为业，养家糊口。半封建半殖民地的社会现实、家庭生活的窘迫，使年轻的孙镜朗明白了一个人生的道理：欲拯此困厄，非太息咨嗟之所能济！他有悟于心，牢记庭训，幼年立志："受尽十年寒窗苦，不为良相，当为良医。"凭着十年苦学奠定的文化基础，孙镜朗于17岁时初览医籍。闭门青灯阅黄卷，启牖昏晓送流年，他系统地阅读医学经典，历经六载，医理盛乎胸中，继而又负

笈南京,拜名医石云轩先生为师。石老饱学岐黄,善脉理,决安危,勤求古训,为一代名医,在江浙、金陵一带颇负盛望。石老尤其喜爱镜朗聪敏、勤奋,悉心传教。又历时六载,未及而立之年,镜朗先生便医业大进。至此而入室升堂,迈出了实现医国医民人生目标的坚实步伐。

早年接触进步思想的经历,使得镜朗先生有着强烈的忧国忧民意识。20 世纪 20 年代末,先生客居武汉时结识了革命家任弼时,并受其进步思想的熏陶。这段人生履历,对镜朗先生的一生有着重要的影响。1929 年,国民政府第一次中央卫生会议召开,余云岫抛出了当时轰动全国的"废止旧医案",并制定了取消中医的六项办法。斯时,先生正游学南京,他毅然参与了抵制"废止旧医案"的活动,国民政府被迫取消了该项提案。他用实际行动捍卫了中医学的尊严,同时也奠定了他在名医荟萃的金陵大都市从事医业的坚实基础。5 年后,他在济南参加考核被录取的基础上,参加国民政府中央国医馆考核,以优异成绩考取"国医"资格,被授予"国医孙镜朗"称号及铜质匾额一面,随后在南京建康路设诊室挂牌行医。其间,进步人士于右任、国术馆馆长张之江、民族英雄范筑先、梨园名家奚啸伯等社会名流,常向镜朗先生咨询健康之道。此外他们更乐于跟这位饱读诗书、年轻沉稳的文人国医纵论古今,点评时弊,赋诗抒怀,鉴赏字画,品茗对弈。正所谓"长啸歌罢大江东,几许诗朋酒侣,恍如名山春梦,知己几人逢,别久殷殷问,潇洒意更浓!"

德被桑梓,里人同道齐称颂　愤抗倭寇,举义竭诚济难民

1936 年,中华民族被进一步推向苦难深渊的前夜。

这年,孙镜朗先生因其父病重告急回乡省亲。老父亲一见外出游学的儿子回来了,病情竟自好了一多半。待父亲痊愈了,镜朗先生心情却愈加沉重了,阔别十年后的家乡比过去更凄惨。听说先生回家了,前来求医的群众络绎不绝。面对一个个需要他医治的病人,面对一张张面黄肌瘦的容颜,尤其对视那一双双祈望着先生妙手回春的眼睛,他的心被震撼了:"医者,义也!风光一生一世,不如急人所需于一时。事业在我乡!"是啊,医者无义,何谈医德? 名医之所以能够成为名医,除了要具备高超的医术外,更重要的是要有一种职业道义感和社会责任感。他毅然放弃在南京即将形成气候的事业,在济宁创办"镜朗

国药小室"，开业后每天患者盈门。民间流传着许多先生治病救人的佳话。如当时曾有一位靠卖粥维持生计的沈老太太，年过六旬，生活极困窘。因患失血症，大口吐血，盈碗而出，注射止血针无效，他医束手，患者奄奄一息，行将就木，家人已备整寿衣。在准备老人后事的同时，患者家人请来镜朗先生以图最后的希望。先生察色按脉，认为可治，返回家中取来人参一根，嘱咐其家人煎熬，是谓独参汤，给患者频服。果然，沈老太返还了生机，一家人念念不忘先生的救命之恩。

镜朗国药小室开业年余，东洋倭寇的铁蹄开始蹂躏我河山。先生毅然将药室关门罢业，以示抗议。由于战乱，尸横遍野，腐朽秽气致使瘟疫流行，为害甚烈。镜朗先生责无旁贷地每天为难民义诊，并携带药物。他选定了治疗瘟疫的药方普济消毒饮，用大锅煎熬，凡有过路人均劝其饮服一大碗，有效地控制了瘟疫的流行。从1937年到1947年，历时十一载的兵荒马乱，中华民族处在水深火热之中，遭受着一场又一场灾难。孙镜朗先生作为生活在旧社会的一个文弱知识分子，饱尝了亡国之辱和战乱之苦，全家人的生活常常处在颠沛流离中。在那样一个民不聊生的旧时代，先生尽管刻苦研习与苦苦追求，在医术上取得了令同辈钦佩的成就，然而，作为一个爱国忧民的知识分子，这些成就对他的内心世界毫无宽慰可言，更谈不上人生的喜悦。在他年届半百之际，他欣喜地迎来了一个崭新的时代！

喜逢盛世，抖擞精神做新民　春华璀璨，传承术业留后人

中华人民共和国成立后，孙镜朗先生在党的领导下，焕发了新的生机，同时也迎来了献身祖国医疗卫生事业的春天。在济宁市各界人民代表大会上，他作为医学界代表受到市领导的专门接见。他响应政府号召，参加了中医学会，任卫生工作协会分会主任委员和济宁市中医学会名誉会长。他感激党和政府的知遇之恩，同时，他也深刻地认识到，他所钟爱与从事的医学工作属于我们党的医疗卫生事业！他将珍藏多年的稀世珍本《褚氏遗书》《医经小学》及早已绝版的《心印绀珠经》等文献捐出，刊印行世，为发掘中医学遗产做出了贡献。

在身体力行的同时，他更注重抢救濒临失传的医术，并使之发扬光大。中华人民共和国成立初期，年届七旬的我市著名针灸学家毛玉会先生因患病向镜

朗先生求治。他不失时机地对毛老谈了一番肺腑之言:"旧社会,我等从医之人各自为业,生无保障,虽各怀绝技亦难对国家有一番作为。而今政通人和,政府提倡发展中医,且给我们以政治地位。作为报答,当以自身一技之长传授后人,并发扬光大。先生康复后,何不开课授徒?"毛老点首称是,慨然应允。于是先生让出寓所,与毛老联合开办了济宁市第一期针灸进修班,培养造就了中华人民共和国成立以来济宁市第一批针灸新人,他们后来均成为医界的骨干力量。

自此以后,镜朗先生把更多的精力用在培养中医后备力量和学术研究上。1955年,济宁专区举办了第一期中医进修班,先生作为讲师团成员,担纲讲授《伤寒论》。他凭着自己的才学和三十余年的实践经验,深入浅出,由博返约地将该部医学经典剖析串解,使那些以往对伤寒学仰望已久的学员们得到透彻的领悟。次年他以名医的身份参加山东省卫生厅组织的第一期山东省中医研究班,任著作审核组组长。他提议并主持编著《黄帝内经白话解》(1958年人民卫生出版社出版)。其间,又为邹县名医孙馨亭编写的《药性赋注解》做了审改、充实、定稿并签发出版。同年8月1日《山东卫生报》创刊号刊登了镜朗先生等四位名老中医编审医籍时的照片。回济宁后,先生为西学中班讲授《内经》《伤寒论》等四大经典著作,使从事西医的学员们体会到中医学的博大精深。至今他们脑海中还浮现着先生讲课时的音容笑貌。

"文革"前,济宁市人民政府为了更好地继承、整理、研究、发掘名老中医的医疗经验,向孙镜朗先生推荐当时已取得一定成就的两名高徒。一位是孙隆久,曾任济宁市医学会会长;另一位是王作民,出生于中医世家,系名医王维周先生次子。市卫生局为此举行了隆重的拜师大会。先生对自己的两位高徒言传身教,悉心指导,诲人不倦,做经师,为人师,谱写了一段师生情谊的人生佳话。

桃李不言,下自成蹊。一位受过先生教诲的学生深情地写道:"辛苦了,老师!是岁月的漂粉,是粉笔的飞尘,染白了您的双鬓。一根白发系着一颗青年的心,天南地北都有您讲课的回音。您给了我一把金钥匙,帮我打开了科学的大门。您给了我一粒奇异的种子让我结出果实献给人民!"

祛除瘟神,竭力救治司天职　普受惠泽,无悔此生做医人

至今,人们也没有忘记镜朗先生为我市防治传染病所做出的贡献。

1957 年夏，由于水灾泛滥，蚊蝇滋生，乙型脑炎开始在济宁市流行传染。卫生主管部门决定由孙镜朗先生担任抢救组组长，主持抢救工作。当时全国都在推广石家庄的治疗经验，而他凭着自己的经验，认为鲁西南的"乙脑"症与水灾泛滥有关，在辨证论治上应考虑水灾为患的湿邪致病因素。据此他制定了治疗的原则：针对偏热、偏湿，以及热盛于湿、湿盛于热者，应审证求因，辨证分明。接着他带领医护人员投入到紧张的抢救工作中。针对重型患儿，他亲手制备"醒脑散"，用于临床，喷入患儿鼻孔，待药效发挥，鼻窍流出黏状物，即为排出浊滞，患者顿觉目系灵活，收效神奇。

在患儿得到治愈的同时，先生却累病了，过高的血压，加上脑动脉硬化，他的左眼突然失明。毕竟他已是年过六旬的老人了，领导和群众劝他休养，他却说："在这患儿性命攸关的时刻，我怎能安逸下去！"此刻他心里想的是，除了要恪守一个做医生的天职外，更重要的是不能辜负组织上的期望与重托。人们在病房里看到他手中多了一根拐杖，他病弱的身躯仍然亲临抢救第一线。其实，支撑他站立不倒的是他的信念——对党的医疗卫生事业无限忠诚的信念！这种信念促使他要把温暖送到每一位病人的心坎上。先生凭着自己精湛的医术和高度的责任感、使命感，圆满地完成了上级交给的任务，赢得了广泛的赞誉。由他首创的医治乙型脑炎的疗法，作为一项新成果在济宁市文教卫生展览馆向社会展示，"醒脑散"被命名为"脑炎新药"。

此后，肠伤寒、流行性乙型肝炎、猩红热又在济宁市相继流行，组织上均委派他主持抢救工作。1963 年，济宁市流行白喉，镜朗先生与喉科名医徐大元先生赴市传染病院主持治疗，采用仙方活命饮、养阴清肺汤化裁加减，治愈百例患者。徐老撰写了《白喉要略》，镜朗先生增补了《调养篇》，以五字韵律编写而成。该书将付梓时，镜朗先生欣然应邀作序，并赋诗赞曰："仲师未著白喉篇，喉疫延患几许年。妙解医林千古恨，君书哪得不流传！"

非常年代，清白自奉心无愧　医德垂世，遗风余韵满杏林

"文革"期间，先生受到不公正的待遇，被定为"反动学术权威"，作为一个与 20 世纪同步的老人，六十多年的生命中，每一次历史的变迁都没有轻易地与他擦肩而过。他所经历的太多了。岁月的沉重并没有压垮他的意志，相反，

他老而弥坚，愈发感到生命的轻松。"赋闲"在家的日子里，他仍然履行着救死扶伤的天职，每天在家里接待前来求医的患者。他没有时间更没有心思去考虑个人的荣辱得失。相反，他始终笑对人生！他对病人望闻问切的同时，总是和颜悦色地对病人谈病因、宽胸怀、去心病。他的心与病人的心始终是相通的！

他一生不知医治了多少病人，不知救助过多少穷人。他生命的蜡炬深情地眷恋着光明，静候明朝曙光的出现……就在那个夜晚，突发的脑出血病魔伴着风雪向先生袭来，他倒下了，他无力自救。他也不能再去救助那些需要他帮助的人们了。昏迷一年多的时间里，他在仅有过的几次片刻清醒中听到的两个消息使他满足，给他安慰。1973年，成立济宁市中医院的消息传来，先生了却了一件心中事。还是在1963年，他以市政协委员的身份提交了关于成立济宁市中医院的提案，得到上级的重视，只是由于财政方面的原因，10年后先生的夙愿才成为现实。这年7月，当家人把政府为他恢复名誉、落实政策的消息告诉给躺在病榻上的先生时，他听得很清楚，很清楚，两行浊泪顺着眼角流出，无声地表达着先生内心最深处的感情——先生和他的家人得到的是党和政府真诚的关怀和无限的温暖！

1974年5月10日，孙镜朗先生与世长辞，享年74岁。他走的时候无怨无悔无遗憾，他留下了一世的清白。

孙镜朗先生不但精于医，兼通佛学、法学、周易、历数学，雅好韵律诗词歌赋，又喜好收藏及鉴赏书画金石。他性情豁达豪放，喜交游，健谈吐，稠人广坐，往来者多鸿儒之士。遇困难者，不惜解囊相助。先生平易随和，不拘于世俗礼节，凡得其薪传、受其惠者，都对他怀有由衷的敬意。他的清高与潇洒，皆源于学养，出乎禀性，正如他的诗文所说："德在无声方去私，名传有权不为豪。"先生的一生即是一部书。有人评论：镜朗先生书不如文，文不如诗，诗不如医，医不如人！

在先生逝世一周年缅怀之际，著名诗人王伴村填词以纪念：

水调歌头——纪念济宁名医孙镜朗先生

好学岐黄术，保健出良工，杏林春暖普受，病患起东风。有说奉亲温清，棠棣之华可称，饱暖应始终。每向先生拜，灵犀自心通。

究哲理，明辨证，擅律宗。韩康余事，长啸寄声大江东。不少诗朋酒侣，恍似秋波春梦，知己几人逢，识得拈花意，潇洒情更浓。

逝者已矣，身后留得千金术　生者如斯，继往开来承家学

先生一生医治了无数患者，留给后辈大量宝贵的学术经验，其学术思想概括如下：

（一）精研内科，深究温病

先生业医五十余载，诊病论证，能机杼善发。他进与病谋，退与心谋，治内科杂病往往能信手而愈。论治温病，更能自辟蹊径。譬如：关于湿温病辨证，先生指出，首先分清偏热、偏湿，论治以三大法则，即苦寒法、芳香法、淡渗法。针对湿热交结的特点，凡热盛于湿者，治疗以苦寒法为主，芳香淡渗为辅；湿盛于热者，治疗以芳香淡渗为主，苦寒为辅；对失治误治而湿已阴化者，湿伤阳气，法当扶阳，但不可滥用温热扶阳之品，只需使用淡渗利湿之药，便可收到通阳之效，此即叶氏"通阳不在温，而在利小便"之论。湿从阳化者，热伤阴血，湿以化燥，法当清润，淡渗当禁。温热证最易伤人阴分，劫津耗液。先生治疗温病十分重视顾护患者津液，认为津液是患者的生机，津液之存亡，关系到病势的逆顺，在顾护津液方面，常选用三才汤、人参白虎汤、竹叶石膏汤、加减复脉汤、黄连阿胶汤等。温病初期，仅在卫分、气分，此时虽尚无津亏征象，但辛凉解表方中必加石斛、天花粉、芦根之类，或用重剂白虎汤，此即叶氏"务必先安于未受邪之地，恐陷入易易耳"的预防思想，倘有气阴两亏之证，症见大汗不止，汗出如珠，肢冷脉伏，虚阳外脱之候，当急投益气养阴之品，佐以扶阳固脱之味，以挽救垂绝之阳。然投扶阳之品，重要在于阳复辄止，切不可鲁莽滥用温补。

（二）方小量轻，以寡胜强

先生临证用药素以"四两拨千斤"而著称，深得叶、吴遣方用药之诣，极擅轻灵，立法定方，详辨精审，药虽少，而克病之力强，量虽轻，而奏效之功著。方小量轻，中病辄止。先生治病，从不以药少而邀功，亦不以量大而求速。譬如：早年治疗一失血症患者，女性，年已六旬，突发呕血，盈碗而出，已奄奄一息，行将就木，家人已完备后事，欲图最后希望，求治于先生。察其脉，

虽极伏微，尚有缓象，遂煎熬独参汤，合用童子便研上好京墨半杯频服，果然转危为安，又以扶正之品调理，前后用药不过三五味，而得以返还生机。

（三）组方之巧，善用药引

先生处方，十分重视药引的应用，以为药之有引，如舟之有楫，引药归经，直达病所。先生所用的药引，种类繁多，别具一格。如治疗心脾两虚之证，心悸怔忡，神疲力乏，用大枣、龙眼肉为引，借其甘温，补益心脾；脾胃不和，纳差食少，用荷叶炒大米和煎，具有升发阳气，补助脾胃之功；虚寒胃痛，加生姜以温中；下利清谷，用煨姜以暖胃；小便短赤，用甘草梢或灯心草，以清利心经移热于小肠之火；肝胆气盛而致眩晕头痛，用鲜荷梗二尺，取其色青入肝，能和解少阳，又不伐其生生之气；中风闭证，痰蒙清窍，用淡竹沥、生姜汁为引，冲服苏合香丸，以起豁痰开窍、清热启闭之功；气阴两亏，汗出津伤，心液耗损，用大定风珠冲鲜鸡子黄；肺阴亏虚，干咳少津，入蜂蜜一勺；内、外痔，加荷叶脐；大便下血，用荷叶脐炭；月经不调，加红糖一撮和服；闭经，用黄酒半盅对饮；清解痘疹余毒，用鲜芦根等。先生治疗血证采用的药引更为奇特，如：呕血之症，血出于胃，用伏龙肝为引，取古代黄土汤之意，具温中燥湿、镇呕止血之功；治咳血之症，痰中带血，用京墨（陈久者尤良）浓研其汁为引，对药和服，有清肺润燥、收敛血络之功；治痨瘵久咳，肾气亏损，骨蒸劳热之症，用童子便为引，以取其咸寒入肾，育阴润燥，有金水相生之功。

（四）遣方之道，重视炮制

先生极其重视药物的炮制，认为临床疗效与其应用药物的精当炮制密切相关。先生采用炮制既有遵古之法，亦有个人发挥，总以切合病情需要为原则。如表虚自汗，营卫失调之证，用桂枝炒杭芍，寓桂枝汤之意；肝气犯胃，两胁疼痛之证，用吴茱萸炒黄连，法取左金丸之意；治心肾不交证，用肉桂炒黄连，法取交泰丸之意；诸风掉眩之证，用鲜荷叶包炒全蝎，以荷叶引导息风柔肝、育阴潜阳之全蝎，直入厥阴少阳之经；产后外感发热者，用炒黑芥穗为主药，以其既入血分又可引邪外出，取其轻扬发散之功。其他常用的药物多用古法规范炮制。先生深究药学，精于炮制，熟谙运用，尤其讲究随用随制，保持新鲜纯正。

（五）调养之法，长于食疗

先生认为食物调养常能辅助药物巩固疗效，尤其药不能及之时，每于食疗收功。他常说："治病虽主以药物，而久服亦能伤脾败胃，体虚之人更难接受，食物既治病又益身，药物唯疗疾而不养人，虽滋补之品，亦止于祛病而已。"先生应用食疗，多针对慢性虚损患者，如虚劳之证，用白毛公鸭一只（乌骨者良），取新鲜胎盘（学名紫河车）三具，截成块状，一具喂饲公鸭两天，六日喂完，隔日将鸭宰杀洗净，慢火炖至脱骨，令患者食之。鸭为水禽，性降入肺肾，为益阴上品，紫河车乃元阴元阳之体，为滋补之佳味，先生名之曰"金水胎元汤"，常在冬至交节后令患者食用，凡阴虚盗汗，哮喘、肺痨、梦遗等虚损证候，每获良效。治疗脾胃虚弱，或脏器脱垂，慢性泄泻等，用粳米、百合、芡实、莲子、糯米、菱角米、大枣熬粥，粥成入白色鲜荷花数朵，清香透发，大醒脾胃，先生名之曰"荷花八宝粥"，具有升发阳气、益气举陷之功。其他常见病，如红痢初起用云南普洱茶，食积宿垢用西湖龙井茶，便秘、内外痔用广东甘蔗汁，清瘟败毒用鲜梨煮茶，清解暑热用西瓜汁，小儿疳积、厌食用山楂羹等。食疗之法简便易行，患者喜而乐受。先生的食疗思想，渊源于《内经》"五谷为养，五果为助，五畜为益，五菜为充"的食疗医学观。

先生留下的医学经验是一笔宝贵的财富，如今先生已经离开我们三十多个春秋了，然而在这片故土上，先生的后人们不仅传承了先生的学术经验，而且继承了先生的医义医德医风，依然用岐黄之术服务着一方百姓！

查少农

查少农（1904—1987），安徽省庐江县人。出生于中医世家，幼承庭训，热爱中医药，少年时即能背诵大量医药歌赋。青年时就读于安庆师范并以第一名的成绩毕业于该校。后又考入安徽大学中文系就读，在求学期间挤出时间刻苦自学中医药，博览医学书籍，以撷采众长，增进学识，并通过了中医师执业资格考试，以优异成绩取得了中医师资格。

1946年受南京中国特效药研究所之聘，任中药临床试验组研究员。1951年当选为皖北医务工作者协会副主委，之后又奉命到芜湖市创办安徽省中医进修学校，主持教务兼教医史、针灸和中药等课程，1956年该校迁址合肥。历任安徽中医学院教授、中华全国中医学会针灸学会委员、中华医学会安徽分会副会长、中华全国中医学会安徽分会副会长、省针灸学会主委、《医学百科全书·针灸分卷》副主编及安徽中医学院中药教研室主任等职。为第一届安徽省人民代表大会代表、安徽省第四届政协委员。学术著作主要有《简明实用新针灸治疗学》《针灸疗法入门》《增图神农本草经通俗讲义》《单方草药选编》《中草药外治验方选》和论文7篇；另外还主持或参加编写了《安徽药材（第一辑）》《针灸学辞典》《安徽中草药》《中国医学百科全书·针灸学》《中国针灸荟萃·腧穴分卷》等。

一

查少农先生，安徽省庐江县人，出生于中医世家。其祖父牧斋先生为清代秀才，能文善医，对奇证异疾发无不中；父墨村先生，先事于药，后工于医，创立"安安堂"医庐，名噪乡里。先生自幼耳濡目染，秉承庭训，热爱中医药，少年时即能背诵有关医药歌赋。查少农先生青年时就读于安庆师范并以第一名的成绩毕业于该校，后又考入安徽大学中文系就读，在求学期间挤出时间刻苦自学中医药，经常到图书馆或书店博览医学书籍，撷采众长，增进学识，提高医术。因此同学们有病常求助于他，多一帖药而解，故有"查一帖"之美誉。一次，一同学之婶娘患血崩证久治未愈，慕名前来求诊，亦竟一帖药而愈。谁知此事让当时安庆名医国医馆馆长金某知晓，因该病人是他的老病号，经治多年未能治愈，自感无地自容，故恼羞成怒，状告先生为无照的江湖游医应予取缔。为此，安庆市警察局医政科传唤了先生，经说明事实经过而免于处罚。经过询问交谈，医政科科长发现先生对中医药很有研究，就告诉他为了将来行医合法应考取中医师执照，当即拿试卷进行了考试，结果先生成绩优秀顺利通过，自此取得了中医师资格。后先生因贫而辍学，遂走上了亦教亦医之路，一面在安庆某小学任教，一面在课余之暇对外应诊。抗日战争爆发后，他逃难到重庆，经教育部分配到南泉小学任校长，并行医于重庆和成都等地。当时先生治愈了许多达官显贵的病，如陈果夫多年未能治愈的骨结核病；同时还救治了许多平民百姓，如当地一次麻疹大流行，先生将自费油印的防治麻疹传单散发给乡里，凡用先生传单处方和经其治疗者无一例死亡，因而医名大噪。1946 年，先生受南京中国特效药研究所之聘，任中药临床试验组研究员，开展抗疟、抗肺结核的临床验证工作，取得了一定成果，发表了《油浸白果对肺结核之疗效》一文。1951 年，先生当选为皖北医务工作者协会副主委，之后又奉命到芜湖市创办安徽省中医进修学校，主持教务兼教授医史、针灸和中药等课程。1956 年该校迁址合肥，1958 年经进一步充实、扩大，晋级为安徽中医学院。先生于 1978 年被安徽省政府任命为中医教授，先后担任了中华全国中医学会针灸学会委员、中华医学会安徽分会副会长、中华全国中医学会安徽分会副会长、省针灸学会主委、《医学百科全书·针灸分卷》副主编及安徽中医学院中药教研室主任等职，并担任第一届安徽省人民代表大会代表、安徽省第四届政协委员。学术著作主要有《简明实用新针灸治疗学》《针灸疗法入门》《增图神农本草经通俗讲义》《单方草药选编》《中草药外治验方选》和论文 7 篇；另外还主持或参加编写了《安徽药材（第一辑）》《针灸学辞典》《安徽中草药》《中国医学百科全书·针灸学》《中国针灸荟萃·腧穴分卷》等。

二

先生的学术思想渊源于《灵枢》《素问》，效法于仲景。先生勤求古训，博采众方，上自《内》《难》之典，下及诸家本草，莫不精研细读、探幽发微；对民间单方草药，亦广搜历试，择善而从；又受新思想的影响，对现代医学亦能兼收并蓄，做到古为今用，洋为中用，着力刻意求新，而不执一家之说，在中医原有理论基础上能结合现代医学知识，提出新的见解。

查少农先生从事中医药教学、科研、临床工作六十余年，学术理论与临床经验俱丰，现就其主要内容分述如下。

（一）整体观与大脑皮层

整体观和阴阳学说是中医基础理论的重要组成部分，它贯穿在中医学理论体系的各个方面，历来被奉为中医理论的指导思想。整体观主要表现在内环境统一和外环境统一两个方面。先生认识到人与外环境的统一即古人所说的"天人合一"，是人体健康的重要因素。尝云："人生活在自然界里，必然受到自然界变化的影响，人们要想生存于自然界，必须要和自然界变化相适应才行。"又云："人体和自然界是息息相关的整体，必须具有适应自然界一切变化的调节机能与外在环境求得平衡统一，才能保持身体健康生活下去。否则，便要发生疾病，甚至引起死亡。"但是，更重要的是内环境的统一即以五脏为中心的阴平阳秘，应认识到人体脏腑阴阳某一方面的偏盛偏衰是导致疾病发生的根本所在。因此，先生认为："人体一切生理活动即体内机能平衡协调之表现；一切病理现象即阴阳互相偏盛，体内机能不相协调之象征。人体要保持健康主要是体内的阴阳平衡，故有'阴平阳秘，精神乃治'之说。"（《对中医药学里几个问题之管见》）然而起调节作用的是什么呢？先生认为："人体是一个有机的内外统一的生体，其所以能够成为一个完整的生体，以及其内外环境能够统一，主要是依靠神经系统。因为神经系统是生体内部和生体对外部的联系者和调整者，它能使生体各器官恰当地配合运动，保证着生体与环境的平衡，以维持生体的正常生活。其中尤以神经系统高级部分——大脑皮层起着主导作用。也就是说，人体能与外界环境保持平衡，必须归功于大脑皮层的作用。"（《针灸疗法入门》）

（二）调理阴阳与内病外治

先生极为重视用阴阳学说来指导临床，并认识到辨证之时不能只停留在笼统的阴证和阳证之辨上，必须辨清病因病机和脏腑的寒热虚实，才能做到深中肯綮，故而有"人体如果受了外感或内伤，影响了脏腑的阴阳平衡，发生了病变，医者便可按照治病的基本原则，即寒则温之，热者清之，虚则补之，实则泻之，来进行补偏救弊，调理阴阳，使人体各种机能趋向平衡，以恢复健康"的论述（《中草药外治验方选》），可谓得其要领，把握了阴阳学说之核心。

先生在前人内病外治理论的启示下，认识到改变给药途径可以减少病人痛苦和副作用，且经济、简便、安全、应用广泛，疗效亦高。他通过几十年的探索、搜集、验证了许多较为有效的中草药外治验方，整理成册，付梓出版，这是其在中草药外治法上的一大贡献。中草药外治，在理论上先生推崇清代吴尚先《理瀹骈文》"外治之理即内治之理，外治之药亦即内治之药，所异者法耳"的看法，并认为用药物在体表适当部位加以敷、贴、涂、擦，或吹、点、熏、洗等，便可以达到防病治病之目的，主要在于"人体是一个有机的内外统一的整体，体表与内脏，由于经络的纵横交错遍布全身，在大脑皮层的指挥下，全身的各器官系统是既分工负责，又相互协调来维持各机能的活动，既有运行脏腑气血作用，又有调节脏腑阴阳平衡的功能"。体外用药，药物分子或离子可以通过人体外表的器官或组织如眼、鼻、皮肤、汗腺等，吸收渗透，循经弥散直达病所，或刺激穴位以疏通经络，调理气血，"激发人体机能的机转，调整人体的阴阳平衡"（《中草药外治验方选》）。由于增强了抗病能力和防御机能，从而使人体的健康得以恢复。

（三）针灸学理的探讨

先生对针灸亦有较深的研究，20世纪50年代即有针灸专著问世，晚年又参与了《针灸学辞典》《中国医学百科全书·针灸学》等书的编纂工作，耗费了大量心血，为继承、整理、普及和传播针灸学做出了突出贡献。现代人们对经络的研究较多，学说亦多，从经络与周围神经系统相关说到第三平衡系统说等，但实质是什么至今仍然是个谜，还有待今后进一步揭示。先生则认为经络与神经系统关系密切，认为针灸的作用机理是"利用针或灸的刺激引起神经适当的兴奋或抑制，借以促进大脑皮层的机转，使其趋向正常的状态，从而调整体内各部门活动，进而加强人体的代偿机能，增加抗体，消灭外来的或内在的伤害，乃至修复其他一切受损的组织或器官，以达到治愈疾病的目的"（《针灸疗法入门》）。当时先生的这一看法与今天所揭示的针灸的三个基本作用，即调整作用、增强防御免疫能力的作用及促进组织修复的作用，基本上是一致的。先生还认为"灸法不仅是利用艾火热刺激的物理疗法，同时也是利用艾叶中所含的各种化学成分，通过人体穴位的皮肤毛细孔透入人体经络脏腑的化学疗法"（《值得推广运用的灸疗法》），从而突破了前人认为灸法只是温热刺激的观点。另外，他还对古代的一些禁针、禁灸穴提出了质疑，认为"可能是古代的针粗，或者是由于深刺出了危险的记载，以细毫针浅刺或以灸条行适当的温和灸，并无妨碍，且收效甚好"（《简明实用新针灸治疗学》）。

（四）对中药整理提高的见解

先生不但精于医亦精于药，由于家学渊源，他广搜博采，实地考察，临床验证，对药物的形态、生活习性、真伪优劣及性味功效都了如指掌。先生在四川期间曾多次到深山老林采集珍贵的药用植物标本达四千多份，后又在安徽中医学院校园内建立了药用植物园，栽培药用植物曾达一千余种，还建立了药材标本室以供教学之用。他在担任中药教学期间主编了《增图神农本草经通俗讲义》《安徽药材（第一辑）》《单方草药选编》，参加编写了《安徽中草药》等著作。先生曾针对当时中药品种混乱、真伪不分、炮制不遵法度等不良倾向，提出了《中药应怎样整理提高》的合理见解。他认为中药整理提高应从六个方面着手：一要注意品种的鉴别；二要注意采收及时；三要注意传统炮制；四要进行化学分析；五要从事药理实验；六要从事剂型改革，并认为鉴别中药品种对临床疗效具有重要意义，因"古代本草书籍对药材的形态描述简单，又没有精确的图谱作参考，传授方式不统一，出现了同名异物者或同物异名者，造成了药物品种、名称的混乱，如不加以严格的鉴别与正名，不但影响疗效，甚至可造成医疗事故"。他又提出："为了对中药的整理提高，首先必须注意品种的鉴定。"先生认为："今后中药提高的方向，要在化学分析、药理实验和剂型改革上狠下功夫。"先生还研制出了一些有中医特色的治疗疑难病的特效药，并指出"应依据古代医药文献的记载和各地中医的临床经验，以及民间常用的有效药方去进行，才不致浪费时间或迷失方向"（《中药应怎样整理提高》）。

（五）辨证用药简便廉验

先生治病立足辨证和辨病结合，处方用药主张简便廉验，治病不拘单方草药、针灸推拿及各种外治法，且药无虚发、方必有功，这是其医术精湛的具体表现。先生认为"一个人生了病，不仅他本身感受痛苦，还会影响到他的家庭，如果医生处方用药，任意地开大方、用贵药，加重病家的负担，则是有损医德的。我则认为不管是单方或复方，只要能治好病就是好方。且我阅读经典著作《伤寒论》见所载113方中，超过10味的仅有3个处方，其余都是小方和单方。张仲景为中医界的先哲，他勤求古训，博采众方，所选用的方剂也是以小方和单方为多。因此，更增强了我的信心，一直坚持简便廉验为原则，非属病情十分复杂，绝对不开大方，不用贵药，这是我从事临床工作的一管之见与医疗作风"（《从事中医药工作六十周年的回忆》）。无论从先生编著的《简明实用新针灸治疗学》对每一疾病所选穴位，还是《单方草药选编》《中草药外治验方选》对每一病种所选的方药来看，都充分体现了他的这一主张。

三

查少农先生在临床工作中积累了丰富的医疗经验，他精于中医内、妇、儿、外、针灸等科，擅治各种疑难杂症。他临证治疗，察病细微；辨证求因，思路清晰；用药精当，法度谨然，出奇制胜。他尝云："治病之要，贵在调理阴阳""治病用药不在乎多，在乎精"。临证注重"脾胃为后天之本"学说，处方用药首先探明脾胃之盛衰，看病人食欲是否正常，大便是否通调，并结合察颜诊脉看其胃气之有无。有胃气者主吉，无胃气者主凶。用药必须顾护脾胃，并注意药物的用法对疗效的影响，对每一个病人都不厌其烦地介绍不同性质和质地的药物煎煮时应控制的火候、掌握好服药时间等。由于对药物有较深的研究，先生发现了一些特效药物并创制了一些特效方剂。以止血药为例，他特别推崇地锦草，认为地锦草为万能止血药，可以用于多种出血症，其中以斑地锦（叶上有紫斑者）止血作用最强，常以地锦草配荠菜或白茅根治尿血；配马兰治血小板减少性紫癜；配益母草治功能性子宫出血；配旱莲草治外伤出血；配地榆治大便下血；配白及治肺或胃出血等，常常是药到病除。又如其用望江南配子公鸡（未啼鸣的小公鸡）治风湿痹痛；用子午虫（云实树中之蠹虫）治骨结核；用洋金花制成的止咳定喘烟治喘咳；以蒲公英配甜酒酿治慢性胃炎；以及用茶叶、粳米等配制的"速止水泻茶"止泻，均有特效。其发明的这些方剂均经得起重复验证，如"速止水泻茶"经临床验证有效率达100%，已被药厂制成中成药推广应用。先生尚根据外治法的原理和中草药外治的经验，为安徽无为县服装厂研制了中草药保健服装、为泗县鞋厂研制了防治足癣药物保健鞋，均受到国内外市场的青睐，双双被评为省科技成果四等奖；为省体育科学研究所和省药物研究所研制的运动员营养补剂提供了配方，并研制成"十佳口服液"，经运动员服用，增强了体质，提高了运动成绩，为安徽体育做出了贡献，在第24届奥运会中国代表团专用运动饮料、营养补剂评比中，"十佳口服液"被评为1988年运动营养补剂银奖。

查少农先生一生诊疾无数，获效甚多。现举数则验案，以示其临床经验之一斑。

例1 骨痨（骨结核）

汪某，男，6岁，1982年11月26日初诊，由其父代诉。经某省级医院骨科摄片、化验等检查，片示腰椎3、4破坏严重，有碎骨，诊断为腰椎结核，曾经抗痨治疗1年余，效果不显。刻下患者面色无华，精神萎靡，骨瘦如柴，不能直立，病灶部位有瘘管，长期流稀脓，管口凹陷，周围皮色紫暗，午后潮热（体温在37.5～38℃波动），夜间盗汗，胃纳差，舌质红少苔，脉沉细数。证属阴虚火旺之骨痨病，治当养阴清热。然先生改变常法，嘱其服用子午虫，每日1条。经服用7条后死骨排出，服25条后脓液渐止，饮食转佳，潮热退清，肌肤渐润。3个月后创面愈合，经X线摄片显示骨损部位明显改善，骨痂开始形成，停服子午虫，半年后行走如常人。追访3年未见复发。

按：骨结核目前仍是较难治的常见病，先生在研究民间单验方时发现，生长在云实树中的蠹虫——子午虫是治疗骨结核疗效较好的药物。凡经其治疗的骨结核患者几乎都恢复了健康。先生认为子午虫具有补精益髓、壮骨生肌、托毒透疹的功效，不但能治疗骨结核，还可用于疮疡肿毒、小儿痘疹不透、疳积等证，是一味值得进一步研究开发的药物。

例2 尿浊（乳糜尿）

胡某，女，24岁，1981年10月16日初诊。自诉尿浊多年，经省级某医院诊断为乳糜尿，经治疗 3 个多月不见好转，经友人介绍前来求治。患者形体消瘦，面色萎黄，头晕，神疲乏力，腰酸肢冷，小便浑浊呈乳白色，有时带凝块，每食油荤后则更加重，但小便时无痛感，舌质淡，苔薄白，脉沉细。此属脾肾两虚，湿浊下泄。治以健脾利湿、补肾固涩。方用肉苁蓉、茯苓、莲子肉、芡实各 15g，山药 30g，大蓟、小蓟、鸡冠花各 10g，生白果 10 粒，水煎服。15 剂后，乳糜试验正常，即告愈。追访 3 年未见复发。

按：乳糜尿多属中医"尿浊"范畴。先生认为本病的发生与脾肾二脏的关系最为密切。本例病程较长，表现为脾肾阳虚。由于脾虚运化失职，肾虚气化不行，以致湿浊下注，故用肉苁蓉温补肾阳；山药、芡实、莲子肉、白果健脾益肾固精；合以鸡冠花、大小蓟、茯苓除湿以止白浊，因而药到病除。

例 3　鼓胀（肝硬化腹水）

王某，女，46 岁，1976 年 5 月 12 日初诊。自诉 3 年前曾患肝炎经治疗而愈。近 3 个月来人感乏力，脘腹胀满，纳食减少，食后作胀，病情日渐加重，经西医诊断为肝硬化，住院治疗月余未见好转，经人介绍慕名来诊。刻下面色晦暗，掌有赤斑，腹大膨隆，振之有水声，肝区时有疼痛，扪之胁下有块，下肢浮肿，按之有凹陷，纳食不香，食后即胀，口渴而不欲饮，小便短赤，大便秘结，舌尖红苔黄腻，脉弦细而数。证属湿热蕴结、瘀血阻滞、肝脾肾俱病之鼓胀证。法当益气健脾、活血利水。方用西洋参 5g，茯苓 15g，黄芪 15g，白术 10g，垂盆草 30g，汉防己 15g，葶苈子 15g，丹参 15g，赤芍 15g，炮山甲（现用代用品，下同）10g，炙鳖甲 15g，青皮 10g，炒二芽各 15g，陈佛手 7g，水煎服。另每天加服黑白丑头末 6g，拌红糖 15g，分两次服下。3 剂后二便通调，7 剂后腹水大减，腹胀肢肿亦减轻，胃纳增加。后按此方加减治疗 3 月余腹水全消，全身症状好转，体力逐渐恢复，前后治疗 1 年余而恢复健康，正常工作。追访多年未见复发。

按：肝硬化多属中医学"鼓胀""积聚""癥瘕"范畴，属重症。先生认为本证为湿热之邪久羁，元气大伤，用药既要祛邪又要扶正，务必要使脾胃气旺。故方中用西洋参、黄芪、白术、茯苓等益气健脾养阴生津而扶元，配丹参、赤芍、山甲、青皮、鳖甲、防己、垂盆草、葶苈子等以活血行气利水达疏肝软肝之效，更用黑白丑通便利水以增强疏泄之效，达到扶正祛邪之目的。药证相当，故能取得较好效果。但应早治，晚之则难矣！

四

查少农先生是安徽中医教育事业的创始人之一，为振兴中医药事业奋斗了六十余年，为继承和发扬中医学遗产做出了突出贡献，主要表现在以下几个方面：

（一）学术方面

先生认为内外环境的统一是人体健康的保证，调节内外起主导作用的是大脑皮质；认识到人体脏腑阴阳的偏盛偏衰是导致疾病发生的根本原因，故补偏救弊、调理阴阳是根本的治疗大法；提倡内病外治，减轻病者的痛苦。另外，先生对针灸的研究突破了前人认为灸法只是温热刺激的观点，认为灸法不仅是温热刺激的物理疗法，也是化学疗法。

（二）中药方面

为寻找和发掘治疗疑难病的特效药做了大量的研究工作，发表了一系列学术论文和专著，并提出今后中药发展的方向应从中药的品种、理化、剂型的改革上多下功夫，但应以前人的经验为基础才不致迷失方向。

（三）针灸方面

为传播普及和整理提高针灸学不遗余力地做了大量工作，编写出版了多部针灸学专著。

（四）临床方面

立足辨证和辨病结合，擅治疑难杂证，处方法度谨然，提倡简便廉验，用药精简轻锐，常以单方草药出奇制胜。他将自己用毕生精力实践研究所获得的宝贵经验编著成书，无私奉献给后人。

林耀东

林耀东（1905—1971），江苏省六合县石涧乡人。8岁入私塾，19岁随师学习中医，24岁悬壶行医，名闻乡里。抗日战争时期，散尽千金，送子参军，支持新四军抗日。抗战胜利后跟随新四军北撤，先后到山东日照国营商店、江淮军区、蚌埠军管会、皖北党校、安徽省农林厅等单位任职。1954年调入安徽省卫生厅，受命组建安徽中医进修学校，并任副校长；1958年8月从江苏省中医学校教学研究班（卫生部委办）毕业，随即参与筹建安徽中医学院，并任科学研究室主任；1959年再次受命，筹建附属医院，并任副院长（主持工作）。主持制定了安徽中医学院"科学研究十年规划"，重点开展了经络本质、养生学及阴阳五行学说的研究，承担国家级课题2项，省级课题2项，为学院经络研究所的成立奠定了基础。自编有《内经知要讲义》《各家学说讲义》等教材，著有《对祖国医学经脉的几点体会》《张从正六门三法及其临床应用》《王清任生平贡献和学术思想》等学术论文，留存有诊籍、教案和论文资料十余册，在基础、临床和文献研究上都取得了初步进展。"文革"中受到迫害，身心受到摧残，66岁因脑出血而离世。

学医济善，投身革命

1905年农历9月16日，林耀东出生于江苏六合县石涧乡上林村一个普通的农耕家庭里，父亲是一名手艺不错的篾匠，以种田、帮工、做手艺为生，为养家置产，还曾到上海闯荡谋生，母亲操持家务。父母对子女要求颇高，希望他们将来长大成人以后要有大出息。林耀东8岁开始上私塾，诵读四书五经，半农半学，农忙帮忙，农闲读书。私塾先生是当地一位有功名的名流绅士，上私塾的学生则大多数是富家子弟，清高傲慢。与他们在一起，林耀东自惭形秽，幼小的心灵颇受刺激，从此暗暗下定决心，狠下苦功，立志要学到真本领。读书10年（1913~1923年），林耀东系统接受了学而优则仕、积善积德的传统思想，也打下了较好的国学基础。

1924年，19岁的林耀东开始为自己谋划前程，主动提出要学医行医，遂拜邻近的天长名医、清末举人杨敬基为师。除口传心授给两个儿子外，林耀东是这位名医唯一的徒弟。为了自己的生存和出路，林耀东抱定克勤克俭的决心，努力学习医术，钻研医经。四年学徒期间，他白天烧饭浇花，晚上读背医经，系统学习、诵读了《内经》《伤寒论》《金匮要略》、本草等中医典籍，打下了比较扎实的中医基本功底。

1929年学成出师之后，24岁的林耀东开始行医乡里。他骑着毛驴悬壶出诊，行医于六合、八百、四合、马集一带。接受了传统伦理道德熏陶的林耀东，无论是贫贱百姓还是达官贵人，均一视同仁，普同一等，看病同样悉心认真、一丝不苟；尤其对贫苦农民怀有深切的同情心，本着积善积德做好事的思想，为贫穷病人诊病不要钱，免费开方，并且尽量使用同样灵验的便宜药物，时而还自己掏钱周济贫病交加的乡亲。他给富人诊病则明码标价，处方用药也不考虑贵贱。由于医道好、医术高，上至县官贵族，下至平民百姓，无论有钱无钱，生病都要去找林先生。渐渐地，林先生的医术闻名于四里八乡，并常被南京、扬州病家邀请，受到尊重和拥戴。渐渐地，林家开始富裕起来了，林耀东本人也成了地方上有身份、有地位的名流绅士。

1939年，新四军开辟淮南津浦路东抗日根据地，在六合县建立了人民政府。他积极动员自己17岁的大儿子林干参加新四军，并向新四军捐赠财物。作为地方上的开明绅士，林耀东也受到党和政府的特别器重。1941年冬季，淮南津浦路东专员公署参议会成立，林耀东被推选为参议员。1942年，他又毅然决然地送其他三个年幼的儿子林杰、林凯和林辉到来安县半塔镇新四军办的子弟学校读书学习，接受共产党的培养和教育。其本人当时没有加入新四军，主要是考虑到要为当地乡亲行医看病；同时，在国共合作时期，行医于世也便于在公开场合与国民党六合县及周边的头面人物接触周旋。

在共产党的影响下，林耀东逐渐地认识到，家国天下一体，没有国家的兴盛、民族的解放，就不可能有个人小家庭的幸福和安康。他开始接受了共产主义启蒙教育，积极献粮捐款，支持新四军抗日。其间，林耀东与时任淮南津浦路东地委副书记、新四军天高支队政委的李世农，时任新四军六合县县长（也是第一任县长）的刘力行等革命同志相识相知，之后也常有书信往来。后来林先生回忆起自己这段走上革命道路的经历时，感慨万千，赋诗以明心迹，其女儿还依稀记得其中的两句——"散尽千金为革命，换取万家得幸福"。

抗日战争胜利后，国共两党和平谈判破裂，国民党疯狂向淮南进攻，革命进入低潮。但林耀东不怕牺牲，不怕艰难困苦，随着共产党撤退淮南而北上。1946 年初夏，他领着一家男女老少，跟随李世农、魏心一率领的新四军第六支队北撤。因渡淮河困难，妻女儿媳等女眷被动员回家，他和二子、三子、幼子渡过了淮河，时年三个儿子分别仅有 19 岁、15 岁、14 岁。过河时林耀东父子所在的那一支分队共 127 人，讨河后只剩下 26 人了。到了后方，林耀东作为地方送来的保护干部和开明绅士，与三个孩子一起被送到淮安新四军华东医科大学学习。而在六合老家，家门已挂上了"匪属"的牌子，其女眷家属幸得一位当区长的国民党结拜兄弟担保，才得以保全下来。

1947 年 1 月 ~ 1948 年 3 月，林耀东在山东日照国营商店（后改为新华公司）工作，负责联络外商。1948 年 4 月起跟随李世农书记、魏心一专员回到淮南民主革命根据地工作，在江淮军区总务科担任副科长。1949 年 2 月加入中国共产党，调任蚌埠军管会交际科副科长兼管理科长，5 月调任蚌埠市卫生科副科长，10 月 1 日中华人民共和国成立，调任皖北党校秘书处秘书兼总务科科长。1950 年 8 月在皖北行署农林处工作，被推选为皖北行署委员。1952 年 4 月，林耀东来到合肥，调任安徽省农林厅水产公司苏浙办事处主任。1954 年 5 月调入安徽省卫生厅，受命组建安徽中医进修学校。

回到淮南民主革命根据地后，尤其在党校里，林耀东与时任蚌埠市委书记、江淮区政委、皖北区副政委的李世农，江淮一专署专员魏心一，江淮行署民政处长刘力行等革命同志，进一步结下了深厚的革命友谊。在他们的关心引导下，林耀东系统地接受了马列主义、毛泽东思想和唯物辩证法思想教育，积极向上，努力工作。1949 年 2 月 8 日，他光荣地加入了中国共产党。在表明自己入党动机时，他借引《钢铁是怎样炼成的》作者奥斯特洛夫斯基的名言这样写道：人生在社会上只有一次而已，若能将衰老的残躯贡献给人民，为光荣的革命事业而工作，到了回首往事的时候，也不会因庸庸碌碌、虚度年华而羞耻。

兴学办医，不遗余力

1946 年 6 月～1954 年 5 月，林耀东服从革命需要，在不同岗位上兢兢业业地工作。但他意识到自己是行医出身，忙于一般事务非己所长，只有行医才能更好地为人民服务。所以，他每每在填报履历表时，都在特长栏里填上"擅长中医治病"，并多次向组织提出干老本行、希望从事中医工作的请求，其间有机会为革命同志诊脉看病。中华人民共和国成立不久，安徽省政府为振兴中医，邀请省内各地名中医筹办安徽中医进修学校，林耀东在被邀请之列。1954 年 5 月，他如愿调入省卫生厅，在安徽中医进修班基础上，受命参与筹建安徽中医进修学校，担任副校长（校长由省卫生厅副厅长兼任）。

林耀东在省卫生厅的支持下，改变了进修班重西轻中的办学方向，其办学宗旨是"传授中医医疗技术，在继承我国民族医学传统的基础上，吸收先进的科学知识，提高中医业务水平"。中医课程比重占 50% 以上，教师则聘请有扎实理论基础和医术水平较高的老中医。开始以经典原著授课为主，后来自编试用教材，采取个人备课、集体讨论、统一见解和试教等多种方式，逐步规范教学内容，提高教学质量。其中学校所编《黄帝内经》《伤寒论》《金匮要略》和《神农本草经》四部通俗讲义，还由安徽人民出版社正式出版发行。学校 1953～1959 年先后开设针灸、中医、中药各科培训班 20 余期，培养各类中医药人才近千人，其中留校任教的王乐匋、吴锦洪、李济仁、周夕林、汤琢成、许业诚、巴坤杰等，后来都成了省内外乃至全国知名的专家教授。学校在极其困难的条件下，还努力结合医疗教学开展科研工作，1955 年 3 月还成立了中医药研究组，1956 年扩大为中医药研究所，由省卫生厅拨款兴建了办公大楼。在办学模式和医疗、科研等方方面面，中医学校都做了积极有益的探索，为中医学院的建立奠定了基础。

1957 年 11 月，林耀东被选派到江苏省中医学校（南京中医药大学前身）教学研究班进修学习一学年。这是唯一一届由卫生部委办的教学研究班，目的是把全国各中医院校的教师集中在一起，对中医教学工作进行研究并互相学习，以进一步办好各省的中医教育事业。当时江苏省中医学校的副校长，就是鼎鼎大名的中医药学家叶橘泉。

1958 年，毛主席发出"中国医药学是一个伟大的宝库，应当努力发掘，加以提高"的号召，安徽省卫生厅党组决定，在安徽中医学校基础上，升格筹建安徽中医学院。1958 年底，刚进修回来的林耀东再次参与了筹建工作。作为筹建时期的主要负责人之一，他为此做了大量艰苦细致的工作，凡事亲力亲为。他在日记中写道：我要明确自己有革命的职责，凡人民所交给的任务，我一定以钻研的精神深入思考，掌握工作规律，努力完成任务。

1960 年 3 月，学院成立了由林耀东、孙弼纲等 8 人组成的"科学研究室"，林耀东任研究室主任。1962 年，林耀东主持制定了学院"科学研究十年规划"，随后几年研究室重点开展了经络本质、养生学及阴阳五行学说的研究，承担国家级课题 2 项，省级课题 2 项，在基础、临床研究和文献整理上都取得了初步的进展，为学院后来经络研究所的成立奠定了基础。正当出成果、出效益的时候，却因暴发"文革"，科研工作被迫搁浅。

1959 年 9 月，学院开始招生。当时全国的中医工作正处于举国初创时期，刚刚兴办的几所中医院校还没有统一的中医学教材。中医四大经典《黄帝内经》《伤寒论》《金匮要略》《温病条辨》、各家本草问世少则数百年，多则数千年，尤其《内经》成书于两千多年前，文辞古奥，理论深晦，金元四大家学说也问世于八百多年前，均较难理解，直接作教材学员们很难听瞳。作为中医学院的"科学研究室"，承担中医教材的编写工作，责无旁贷。林耀东主任一切从零开始，精读细研中医经典，自行编写《内经知要讲义》《各家学说讲义》等教材，运用于教学之中，深入浅出，简明易懂，使学员们能越过艰深的文字障碍而豁然开朗。到 1965 年，林耀东和他的研究团队共自编教材 6 种，基本满足了中医学的教学需求。

林耀东于中医科研等工作以外，同时还肩负着学院基础课的教学工作。先生是一个上进好强、学习努力的人，不仅科研工作有声有色，教学上也不甘示弱，对自己要求很严格。虽然其课程不多，但非常认真，备教案、列提纲、写讲稿，很下苦功，讲解深入浅出，尤其对经典古籍滚瓜烂熟，《黄帝内经》《伤寒论》信手拈来，背诵如流。特别是做专题学术报告，就非常能够体现出他的学术水平。他培养的学生遍布江淮大地、大江南北，许多现在都已是安徽中医界医教研的骨干和中坚力量。

在开展科研、教学工作的同时，1960 年底林耀东又受命筹建安徽中医学院附属医院，担任主持工作的副院长，为安徽中医学院附属医院第一任负责人。先生亲自看门诊、查病房，视病人如亲人，望闻问切仔细认真，理法方药细致周详。尤其是上门诊，业务非常好，病人特别多，排队的病历堆得很高，病人也往往会为先来后到的事情而发生争执，以至于管理护士也多有怨言了。先生耐心地安慰劝导病人，病人挂了号不看完绝不下班，而这下子司机又有意见了。当时医院配备了双排座的三轮专车，用以接送老中医上下班。别的医生都下班了，而他却忙得不可开交，下不了班，只好请司机先走。每逢先生回乡探亲，家乡方圆百里来看病的乡亲就摩肩接踵。

术著岐黄，活人无数

1954 年开始，林耀东一直工作在中医临床、科研及教学岗位上。在安徽中医学院附院，他主持门诊和病房的业务建设及行政管理工作，坚持不脱离临床，全心全意为病人服务。他中医基础理论功底厚实，临证经验甚丰，医术精湛，活人无数，这里略举数案，以飨读者。

如治查某，男，85 岁，铜陵工宣队队员。1969 年 12 月 28 日就诊。诉胃病出血，十年未愈，多方求治无效。诊时见胃脘作痛，食入则痛缓，呕吐酸水，脉象沉缓，舌色淡。治以苦温养胃之法，吴萸、黄连、丹参、元胡、正丁香、制香附、五灵脂、桃仁、原红花、桂枝、杭芍、粉草。用药仅 3 剂而愈。其后常来常往，随访多年未有复发。

再如李某，女，36 岁，肥西县检察院工作人员。1964 年 2 月 5 日就诊。患者述 8 年前产后出现肚腹胀大，查腹中有硬块，合肥二家大医院诊为腹膜结核，均认为是不治之症。先生望闻问切后认为，其产后正气未充，瘀血夹气逗留冲任，以致少腹且胀且痛，经行过期、量少，头昏腰重，脘闷不舒。延期 8 年之久未愈，妨碍生育。脉来六部细涩。治以培补冲任，兼辖气温经之品投之。药用巴戟天、破故纸、胡芦巴、大茴香、沉香片、老木香、光香附、乌贼骨、桃仁、藏红花、粉归尾、川牛膝。4 月 17 日复诊，服前方 18 剂，少腹硬块已消，胀痛已止，但有时头昏腰重，胸腹微膨微闷，嗳气、矢气则舒，经前脘中作烦，心中嘈杂，脉来六部缓大，舌色干白。此为冲任虽充、肝血未充之象，再以养肝调气之品投之。药用白壮芪、粉归身、沙苑子、怀山药、老木香、藏红花、陈香橼、佛手片、薄荷叶、制香附、菟丝子、川杜仲、白干参（另炖），5 剂。5 月 20 日更方，去沙苑、香橼、佛手、薄荷，加茴香、续断、粉草、乌贼骨、丹参。再服十多剂，腹胀消失，病情逐渐好转。1970 年 10 月，又因中脘作痛连及少腹而来诊，方知其一年前已大产一胎，知其大症已治愈矣。本次治以畅气活血，调理而安。

在治疗痹症方面，先生更有独到之处。如治张某，男，60 岁，合肥师范学院（安徽师范大学前身）教师。1965 年 6 月 16 日初诊。下肢瘫痪，蚊虫叮咬无知觉，腿肿如树皮，已历年余。1 年前始则四肢作麻，继则手足萎弱，行动举止不便，左侧偏重，甚则肌肉惕动。诊时头昏心战，夜眠不静，纳谷减少，面色萎黄，两足漫肿。脉来左三部沉缓，右三部缓大。舌色嫩红少津，左半侧微腻。系正气先虚，风中血分，夹寒夹湿，妨碍周身血液运转之象，仿黄芪五物汤加通经活络之品治之，药用炙黄芪、粗桂枝、炒杭芍、防风、防己、淡附片、左秦艽、威灵仙、清水全蝎、干地龙、当归身、粉草、鲜姜、大枣，另加人参再造丸。用药 6 剂，自觉四肢由木已作麻，手足由僵硬转萎弱无力。原方加木瓜，连服 9 剂，自觉头部和胸部得微汗，汗处出现小疹，食欲增多，夜眠得静，手足经脉由木转发麻。上方再进 10 剂，参桂再造丸一盒。8 月 16 日来诊，自觉右上肢能举，上半身发痒有汗，肌肤出红疹至腰节，两足知痒，食增爱眠，下肢仍枯硬，肌肤近年未透汗，微有抽筋酸痛，食量每天五两。气血未充，风邪未尽，原方加西羌活、乌梢蛇，增减用药。9 月 30 日来诊，脚转麻，作痒作痛，连及四肢。原方加乌梢蛇、鹿蹄筋、活络丹、虎潜片等。经治疗四个多月，服通经活络养血之品 10 余剂，四肢枯废转润，两足得以能步，食量尚好，唯夜卧少寐。脉来六部缓大，舌质滑润。再以益气养血、通经活络为治。1966 年 1 月 9 日来诊，步履姗姗，自己能走两丈远，食眠正常。2 月 28 日来诊，连服益气养血、通经活络之剂，四肢转润，稍能活动，牵步虽能缓行，但运力缺乏，再按方加减。予炙黄芪、粉归身、杭白芍、生地、粗桂枝、五加皮、鹿角霜、鹿蹄筋、威灵仙、汉防己、宣木瓜、川牛膝、乌梢蛇、怀山药、粉草、天花粉、粉葛根、何首乌、琥珀、猪苓、炒内金等辨证增损，另加再造丸。至 7 月 31 日，连服益气养血活络剂，手足筋骨自觉有力，食饭、大小便均能自理，能扶杖而行，每日纳谷六七两，精神正，汗能自头至腰，但腰以下至足无汗，两足及腿部微麻微木肿。再以原方加减：炒苍术、炒黄柏、威灵仙、怀牛膝，宣木瓜、汉防己、生黄芪、当归、桂枝、鹿蹄筋、琥珀、薏苡仁、粉草、山药、大内金，每日早晚服，反复调理。至1966年底，经约一年半的治疗调理，逐渐康复，下肢瘫痪竟奇迹般地治愈了，令病家同道们啧啧称奇。

林耀东对内、外、妇、儿和针灸各科都很精通，尤以治疗妇科病、内科痹证和小儿科病症见长。从其留下来的医案来看，很多四处求医、久治不愈之妇科患者，经其诊治后，少则一二诊，服药三五剂，多则三五个月即可告愈。这里随附一例，如治宣某，女，34岁，1961年2月28日初诊。大产九胎，其中两次难产开刀，生育过繁，失血亦多，后又行结扎术，天癸年余一潮，现经常头昏，口苦咽干，目眩，日晡畏寒，肢厥内热，自汗，右少腹胀肿，腰酸带下，左脉细涩，右寸虚大。此奇经已伤，仿芎归胶艾加味治之，川芎、归身、杭芍、干地黄、鹿角胶、川芪、於术、山药、桂枝、柴胡、炙甘草、小茴香、生姜、艾绒。3剂而效，加减继进3剂而治愈。

战争年代，很多革命同志身负重伤，流血过多，就落下了后遗症，每有发病，先生对此也颇费心思，研究考量，临床每每见效。如治李某，男，54岁，住上海。1970年12月22日初诊。于战争时期身负重伤，流血太多，兼之左半身挤压伤，致成左半侧作痛，连及头痛，夜卧不宁，十余年矣。现则大便稀溏，脉象细缓，舌色胖嫩。法以当归补血汤益血养络治之，炙川芪、当归、怀山药、何首乌、南川芎、粗桂枝、广木香、元胡、紫丹参、鸡血藤、天花粉、粉葛根、云苓片、粉草。再如李某，男，43岁，1962年12月3日初诊。十数年负伤流血过多，肝缺营养，气虚妄动，上腾则头昏，时眩时晕，郁结则左肋时胀时痛，下坠则少腹作痛，连睾丸亦痛，呛咳，夜梦不静，脉来左三沉涩无力，右缓，舌色淡白，法以益血和肝之品投之，川绵芪、粉归身、南川芎、川楝子、元胡、老木香、白芥子、秋桔梗、橘核仁、桃仁泥、怀山药、粉草、大枣。

先生的四个儿子在部队多有从事卫生工作的经历，但接受的是西医的理论，儿媳们更是对中医心存疑虑。1965年7月，其孙儿小毛4个月大时，突然得痢疾，呕吐，腹泻，里急后重，每日下痢几不间断，高热不退，体温高达39.5℃。先生开好了药方，但四媳妇是省人民医院的西医，不相信中医，不让服用中药，而入省人民医院儿科就诊。诊为中毒型痢疾，住院治疗。在病房里用冰袋敷不能凉其体，使用抗生素不能退其热。到了第二天，又出现面色苍白、腹部鼓胀、谵语乃至抽风等症状，病情加重，医院认为孩子不行了，发出了病危通知书。中午将孩子接回家后，先生急速邀来陈粹吾一起来会诊商量。陈粹吾是一位学验俱丰的名老中医，时任省卫生厅副厅长兼中医学院院长，先生每遇疑难病症一时难以决断时，常邀其一起切磋。经辨证分析后认为，小儿稚阳之体，寒伐易虚，真阳失护，当以益气护阳之品为主治之。药用直参须（另炖）、冬术、砂仁、老木香、云苓片、石菖蒲、钩藤、粉草、大枣、鲜姜等药，儿童剂量，速煎灌服。结果中午服药后，下午三四点就开始退热，面色转好，安静入睡，病情明显减轻。增减再用两剂，热即退尽，精神转好，调理而愈。而同住一个病房的另一个小孩，同样诊断为中毒型痢疾，结果不治身亡。

先生认为，小儿疾病难就难在诊断，但病情一般并不复杂，只要诊断准确、用药对证，往往能很快治愈。他不赞同小孩生病动辄就挂水输液，稚嫩之体，元气未充，不见得都能承受得起化学药品的作用，一般情况下，用中药治疗，完全可以解决问题。事实也说服教育了儿媳，从此她们相信中医了，无论大人、小孩生病，首先想到的是求助公公开中药、服汤方。

先生在保健医疗上亦有特长，他自己生病时，往往也自己开方治疗。1969年4月，他因受刺激而第一次脑出血，偏瘫不能说话，就与前来看望的师兄弟杨雨初（恩师杨敬基的二儿子）等，在纸上相互商量研究，选穴针刺，处方用药，渐渐地就好了起来，基本治愈后又能上门诊看病了。

先生常常说，学医难，做一个很好的医生更难，做一个混饭吃的医生容易，但学医不精害人不浅，凭几个有效的单方验方施药、几个有效的穴位进针，知其然而不知其所以然，不思进取，不全盘掌握中医原理并与实践相结合，遇到复杂病变时就会束手无策，误人性命。

学术精华，弥足珍贵

林耀东非常注重医术的积累、总结和提高，业务上精勤不倦，每每融会新知，将自己诊疗的医案和经验体会付诸笔端。20 世纪 60 年代，他虽身处逆境，还是挤时间撰写了不少有价值的学术论文；更为可贵的是，他还有记录医案、撰写心得的习惯，每诊治一个病人，望闻问切，理法方药，初诊复诊，记载周详，一目了然，几十年来积累了大量诊治疾病的医案。可惜的是，"文革"时期

"破四旧"，这些凝聚了先生独特临床经验和学术思想的文字，被批判为厚古薄今，搞封建迷信，在数次抄家中，有的被烧毁，有的已经残缺不全。万幸的是，我们在整理其相关遗物时，发现了他在家乡和合肥的部分诊发、教案及论文资料十余册，工笔行楷，弥足珍贵。特别是其中的诊籍医案，亟待深入发掘、整理和研究。这里仅就先生所撰写的几篇学术论文和专题教案试进行初步概括归纳，从中以窥其学术思想之一斑。

在《对祖国医学经脉的几点体会》一文（约1.6万字）中，先生强调，经脉是人体的一个有机组成部分，与人体各部分共同构成一个灵活完整而又统一的整体，好像大气中地球一样，在伟大的宇宙间旋转；认为古人将自然现象分为三阴三阳，足以说明事物阴阳两个方面及其互相维护、互相依存、不可分割的关系，而人体三阴三阳脉是古人借取宇宙的自然现象，本着"人与天地相应"观相比拟而命名的；他从不同的角度、层次和方面，具体阐述了人体经脉与自然之间相互为应的密切联系，结合临床实际，深入浅出地阐明了生理病理的经脉机制，认为机权就在于掌握人体与自然界正常关系与变化关系，以及适应"天人相应"的关系。关于经脉的分布与"洛书""八卦"的关系，他结合实际做了具体分析，认为经脉的分布规律等如"洛书"的分布规律，伏羲八卦与人体脏腑经脉流行衍变也是相符合的，将洛书和八卦综合绘图与人体相配合也是一致的。经脉所反映的是真实的情况和真正的本质，便于诊断，便于处方用药。他通过医经的学习，发现人体经脉有循行固定的一面，又有机制灵活的一面，前者是"体"，后者是"用"，体用当结合。也就是说，经脉有规律，治疗需灵活。他指出，偏重书本知识、缺乏临床实际经验，或偏重经验知识、忽视中医学原理，在研究经脉机制中即便能得出结论，也是不够全面的。只有掌握中医全盘的理论，再经过临床验证，理论与实践共同参合研究，才能寻得确切的机制。所以他主张，要以马列主义唯物辩证法原理为指导，按照党的"系统学习，全面掌握，整理提高"的十二字中医方针，来分析研究中医经脉学说的机制原理。

在关于"张从正六门三法及其临床应用"的教案（约2.7万字）中，先生在分析《儒门事亲》书名取义之后，从攻邪的根据、来源、社会背景、适应证、药物性味、内涵外延、禁忌等多方面，举具体病例和方药加以分析说明。张子和是金元四大家之一，攻下派的代表人物。先生指出，汗吐下三法来自《内经》

《伤寒论》，张子和在方药灵活运用上有丰富的经验，实践中充分发挥了《内经》和仲景的理论，对中医学有一定贡献。先生将张氏三法概括为以下五个论点：一是实则应攻，虚则用补；二是有邪应先攻邪，邪去则正复；三是攻邪应就其邪追而驱之；四是养生当用食补，治病当论药攻；五是药不宜久服，中病则止。他认为，汗吐下三法是张子和针对当时医生和病人流行好补惧攻的不良风气，针对庸工唯补误人的种种弊病，为纠正这种偏向反其道而行之，实矫枉必须过正之举。其实张从正也并不是完全不用补法，其所谓补，损有余即能补不足，如泻心火即补肾水，吐自有汗，下自有补，也即从"人之偏胜者"着手，则"其所不胜者自平"。这种思路不仅用意很好，其灵活运用经验也值得学习。先生还十分赞赏"强中生百病"的思想，对张氏"君子贵流不贵滞""贵平不贵强"的理论，结合实际做了分析说明。同时也指出，饮食之补并不能代替药物之补，张从正反对六种补法，论中风只论实证而无脱证，都是不够全面的。他明确告诫说：我们学习"攻邪说"长处的同时，也应舍弃其偏见，既不能好补惧攻，更不能因此产生忌补的拘泥思维，从一个极端走向另一个极端。

在评介清代医学家王清任生平贡献和学术思想的教案和论文（约1.5万字）中，先生首先肯定，王清任是一个富有革新和创作精神的人，对人体内脏腑解剖确有不同于古人的发现，并改正了古人不少的错误。他能于荒郊义冢、刑杀之后观察标本，坚持42年而最终有所发现，撰成《医林改错》一书，是十分难能可贵的。王清任主张著书立说必须亲治其证，屡验其法，反对脱离实际的空论，也值得肯定。先生对王清任的创新发明做了具体分析，认为王清任补气消瘀理论及论痘非胎毒说等，超乎前人，发前人之所未发。其强调和倡发《内经》气血学说，补气方面创用补阳还五汤、黄芪防风汤等十余首方，逐瘀方面创用血府逐瘀汤、膈下逐瘀汤、少腹逐瘀汤等方。更有意思的是，他把行气补气与活血化瘀结合起来，补气中又看重行气补血，可以说，补气药和消瘀药的合用是王清任在学术上的显著特点。同时，先生也客观地分析了王清任的粗略和偏激之处，指出其轻易否定经络和脉学明显是错误的。

在这些专题教案和论文中，特别是在有关周易、河图洛书、子午流注等的教案文书中，都附有大量的图解，图文并茂，而且还有固定在纸上的可以运转活动的平面示图，可见其备教案、撰论文之精细与认真。先生对周易、河图洛书、子午流注等研究颇为用心，其文古奥深刻，每有结合实际的阐发。其遗存中还有不少手抄辑录的中医古书，如录彭县唐宗海容川著《医易通》，录蜀都茂亭氏罗定昌著、天长屹塘氏杨钦崇述之《易象阴阳脏腑全图说》，录新安罗东逸辑《名医汇粹》，录婺源江永慎《人身督脉任脉手足经脉应洛图先天八卦图》等，这些手抄本字迹工整清晰，一丝不苟，足见其学习之认真与努力。

林耀东身兼学院科学研究室主任和附属医院副院长两职，科研教学与医疗业务并重，临床上非常注重学用结合、学以致用，尤其强调理论与实践的结合。他指出，同样的病其理论原则相同，但不同的病人还要考虑各种实际情况区别对待，不能生搬硬套、千篇一律，对待具体病人还要讲究实际，具体分析，靠自己用脑去钻研，用实践去证明，强调知识是从实践中来的，无实践就是无源之水、无根之木。

作为中医，六十多岁的年龄正是大有作为、收获成果的黄金岁月，而先生却不逢其时，花甲之余正处于"以阶级斗争为纲""破除四旧"的不正常年代，逆境之中所取得的成果尚难保全；能够保存下来的部分医案、教案和论著，又因其过早离世而未能加以整理研究。

木秀于林，风必摧之

林耀东不仅学问深厚，医术精湛，而且为人厚道善良，医德高尚，对待病人如亲人，看病没有节假日，病人随到随看，极端热忱，一心一意地为病人服务，被病人称赞为"白求恩式"的老中医。由于医术高明，病人常常找上门来看病。"文革"时期，学院、医院停课闹"革命"，师生员工下放，处于混乱状态，很多病人只好找到先生家里等候看病，他都一一认真诊断处方，态度和蔼，到了吃饭时间也一定要把病人看完才吃饭，吃饭时如有病人来，他立即放下碗筷去看病。有一次他自己生病了，感冒发烧，老伴外出时就将其反锁在家中，让他静养。而当病人找上门来时，他打开窗户把钥匙递给人家。病人一来，好像他自己的病倒好了一样。老伴不无责备地说，身体是革命的本钱，你这么大年纪了，身体累垮了怎么为人民服务啊？他回答说，人家大老远地赶来看病，不容易，我看好了病人，病人病好了再去为人民服务，不是一样吗？凡找他看过病的人，无不认为林院长是一等的好人。医术高、医德好，他自然深得省内外尤其是合肥周边地区和家乡六合一带无数患者的拥护和爱戴，声望和威信日隆。每逢重大节日，省市领导都要来拜访和看望他。

战争年代条件艰苦，不少老革命、老干部染上沉疴痼疾，中华人民共和国成立后又操劳太过，积劳成疾，从省部军区领导到厅局干部和地市高校领导，找先生诊治者不在少数。由于医术高超，能真正解决病痛问题，反映良好，故他们关系甚笃，相互之间十分信任。譬如 1964 年春节，省委李世农书记、省人事局局长江音夫妇就为求安静，在秘书、司机的陪同下，大年初一冒着大雪来到先生家，度过了一整天。

"文革"浩劫，腥风血雨。从 1966 年起，林耀东就开始受到冲击，从没完没了地写检查开始，到大会小会无休止地揭发、检举、批判、斗争，不断升级；被打成"资产阶级反动学术权威"后，抄家挨斗是家常便饭，无数次地挂牌游街、戴高帽、受训、罚跪、"架喷气式飞机"，甚至被拳脚相加，且常常在晚上进行，造成他第二天上门诊不能看病，头痛心慌，全身颤抖，汗流如注；最后，干脆作为专政对象被关进了牛棚。对林耀东打击最大的，是参加革命最早、在上海工作的大儿子含冤自杀而亡（"文革"后已平反昭雪）。最让先生不能接受的，一是自己费尽心血参与创建的中医学院被撤并，为此他痛心疾首，寝食不安，夜不能寐，一直都想不通；二是剥夺了他看病的权利，进牛棚前医院药房就已接到通知，不得为他开的处方抓药付方，病人到先生家看病，被污为"地下黑门诊"。"文攻武卫"小闯将们时不时地要来"冲门"，如检查时发现有病人找来，就将先生训斥一顿，命令看病要向他们汇报。在残酷迫害、无情打击下，受人尊敬的老院长逐渐变得唯唯诺诺、战战兢兢。当年意气风发，豪情万丈，而如今面对懵懂无知的小青年，也不得不垂手而立，悚然听命。读史读到伤心处，也使英雄泪满襟。

1969 年 4 月 13 日晚，身心受到极大摧残的林耀东，在家里与军代表谈话时，突然嘴眼歪斜，不省人事，这是第一次脑出血。1970 年底他被作为第一批"三结合对象"宣布解放，结合到革委会，恢复了他的组织生活，其档案也送到了省委组织部。1971 年 1 月 9 日下午学习元旦社论时，林耀东激动地发言说："我虽然年纪大了，身体不好，但还要继续革命，紧跟伟大领袖毛主席……"说着说着戛然而止，头一歪，再次突发脑出血，这一次就再也没有醒过来。而就在这一天的上午，他还在门诊看了最后至少 6 个病人。

广大干群对被打倒的林耀东给予了深切的同情和力所能及的帮助。"文革"

初期，在他挂牌游街、扫厕所扫大街时，常常有人悄悄地跑过来帮忙扫上一程；挂牌扫街，去掉牌后他又被带到门诊部去为病人看病，看完病到长江饭店食堂就餐时，常常有服务员偷偷地把他拉到里边，不用排队就安排好就餐，尽可能地为他改善伙食。他去世后很长时间还有很多病人找上门来看病，有的病人一听说先生不在了，当场就哭了起来。

作为安徽中医学院及其附院的创始人之一，林耀东在安徽中医医疗、科研、教育事业上有筚路蓝缕之功。他革命几十年，工作上认真负责，医术上精益求精，兴学办医功绩卓著，为中医药事业做出了不可磨灭的历史性贡献。他的一生，是革命的一生，是致力于继承和发扬中医事业的一生，是全心全意为病人服务的一生。

陈可望

陈可望（1907—1993），祖籍安徽省怀宁县。出身中医世家，为陈氏中医的第四代传人，曾祖父陈万济为宫廷御医，伯父陈撄宁悬壶沪上，20世纪20年代即蜚声江南。因伯父无胤，可望自幼过继给伯父为子。20世纪20年代初，考入上海国医学院学习，受陆渊雷、章次公、秦伯未、许半农诸名医亲授，又尝请业丁章太炎、谢利恒、曹颖甫诸名家，深得医林三昧。毕业后，随父执业于沪、杭等地，声名渐起。早在20世纪30年代，即于上海出版专著《小儿热症指要》《临证要诀》，译著《杂病补亡论》（日译汉）。中华人民共和国成立后，在从事中医临床的同时，又致力于中医高等教育与科研事业，是安徽省中医高等教育与科研事业的创始者之一。一生著述颇丰，多次主持编写中医高等院校教材、中西医结合教材和函授教材，发表论文百余篇。晚年主持研究成功"陈可望诊治冠心病电脑系统"，为国内首个通过鉴定的心血管系统电脑专家软件，获科技进步三等奖，被卫生部（现国家卫生健康委）选送参加1985年日本筑波国际科技博览会展出，引起国际同行的广泛关注，先后有十几个国外医学代表团前来参观学习，该成果被国内数十家医疗单位引进用于临床。历任安庆市卫生局副局长，安徽省中医研究所副所长，安徽中医学院附属医院副院长，安徽中医学院副院长、教授、主任医师、中华全国中医学会常务理事、安徽分会副会长，中华全国中医内科学会顾问，中华全国中西医结合学会安徽分会名誉会长，安徽省政协第三、四届常委等职。为安徽省首批享受国务院政府津贴专家。曾获卫生部全国卫生先进工作者、农工民主党为"四化"做贡献全国先进工作者、安徽省从事高教工作四十年等荣誉称号和证书。

1985 年的日本筑波国际科技博览会荟萃了世界各国高科技尖端研究成果，中国馆内正在向各国朋友演示的我国最具代表性的 5 个电脑专家系统吸引了众多惊异的目光，其中，"陈可望诊治冠心病电脑系统"更以它高端的科技含量、灵活的人机对话、逼真的模拟、灵巧多变的思维推理，再现了中医辨证论治的全过程，使大家啧啧称奇，无不为古老的中国医学和现代高科技技术的完美结合而感到不可思议。当讲解员介绍主持这项研究的是一位年近 80 岁的老专家时，参观者不禁由衷地钦佩，很多业内人士提出要拜访这位老人，他就是安徽中医学院资深学者陈可望教授。

老骥伏枥　再创辉煌

20 世纪 80 年代，个人电脑刚刚进入我国，涉及的科技领域还非常狭窄。陈教授从有关资料中了解到电脑的运算速度非常快而且能模拟人的思维过程，就找来有关资料认真学习，并虚心向中国科技大学计算机专家蔡庆生教授请教，掌握了电脑初步知识。经多次交流，陈可望教授和蔡教授达成共识，决心为电脑在中医领域的应用、为古老中医学的现代化探索出一条新路。在省科技厅有关领导的全力支持下，于 1981 年 3 月确立了"陈可望诊治冠心病电脑系统"这一重点科研课题。在两年多的研究时间里，为了达到研究的高水平，陈教授不顾自己年事已高，不知熬过了多少个不眠之夜，共查阅了 100 多万字的资料，写出心得、札记、笔记 20 多万字，听计算机课及讲座 50 多学时，并亲自向课题组成员举办中医专题讲座 28 次。"梅花香自苦寒来"，辛勤的汗水终于换得了丰硕的成果，1983 年 5 月，在省科技厅召开的成果鉴定会上，来自全国的计算机和中医专家对这套系统给予了高度评价，一致认为陈教授治疗冠心病的经验独特新颖，电脑技术先进，居国内先进水平，具有很高的学术价值，值得推广应用。新华社向全世界播发了此成果的电讯，全国及港澳 30 多家媒体转发了消息。此成果获得同年度科技进步三等奖，全国包括中国中医研究院（现中国中医科学院）在内的 40 多家科研、教学机构及医院引进了该专家系统软件，美国、加拿大、日本、澳大利亚等国家的十几个医学代表团来安徽中医学院（现安徽中医药大学）参观学习，并提出互派访问学者，受到了国内外的广泛关注。

针砭时弊　推出新说

电脑专家系统的编程是以陈教授的临床经验和学术思想为蓝本的，所以陈老的学术经验直接影响到电脑软件的水平，那么，陈老诊治冠心病的学术经验究竟有哪些独到之处呢？

20 世纪 70~80 年代，冠心病是严重威胁人们生命的疑难病症，采用活血化瘀法治疗冠心病盛行已久，以至于中西医尤其是中青年医生都普遍认为凡治疗冠心病者，必活血化瘀无疑。陈教授通过自己多年研究认为，这虽是中西医学互参的新成果，但也有以西概中的偏见，有以偏概全的弊端，仅执此一说，就丧失了中医学辨证论治的精髓。陈教授通过对古代文献的深入研究和对自己临床经验的系统总结，认为中医学对冠心病的认识是全面和深刻的，尽管中医学并没有"冠心病"的病名，但对长沙马王堆汉墓出土女尸的解剖证明冠心病的病情是古来有之的。在古代医家的相关论述中，尽管有"痛则不通""通则不痛"的著名论点，但只能说明是众多医论中的一种观点，不能以点代面。如《医学心悟》说："心痛有九种，一曰气，二曰血，三曰热，四曰寒，五曰饮，六曰食，七曰虚""诸痛为实，痛无补法，亦非也。如人果属实痛，则不可补，若属虚痛，必须补之"。《医门法律》说："胸痹总因阳虚，故阴得乘之。"《素问·举痛论》亦说："经脉流行不止，环周不休。寒气入经而稽迟，泣而不行，客于脉外则血少，客于脉中则气不通，故卒然而痛。"《类证活人书》说："包络之痛，亦有失血之后，瘀血留滞，亦有痰涎停伏，窒碍不通而痛，更有本经血滞气郁，久从火化而虚……皆经所谓心痛也。"由此可以看出，心痛不仅由寒凝、气滞、血瘀、痰饮等邪实而致，也不乏由阳虚、气虚、血虚等本虚所因，还可由实及虚。通过临床实践，陈教授认为，由于活血化瘀法盛行日久，以致芳香走窜、辛温燥热、破血破气之药信手而用，甚至重下久施，全然不顾忌其虚虚实实之戒，故临证中正气受损、瘀滞不化者屡见不鲜！临床中经常听到患者反映，在使用活血化瘀药物后，出现身疲乏力、精神倦怠等症，甚至疲软在床，无力起坐；或肢沉如铅，举步吃力，气急而喘；更有甚者，心绞痛症状非但无减反而较用药前加重，这说明活血化瘀如滥施无度或不切证而用则易戕害正气。不唯如此，上海中山医院心血管研究所的研究结果证实：丹参及复方丹参制剂可造成动脉内膜的损伤，而党参、黄芪无此损伤作用。现代病生理研究证实：动脉内膜的损伤是动脉粥样硬化的起始。因此，陈教授从理论和实践两方面系统地提出了中医辨证论治冠心病的学术思想，即"调补法治疗冠心病"的新学说，即以调理阴阳气血和脏腑功能为根本大法，不用或少用活血化瘀药物来治疗冠心病。其主要学术观点如下：

（一）调补法的四种基本法则

1. 益气养阴法

益气养阴法又叫益气生津法。此法适用于气阴两虚、心阴亏虚、肝肾阴虚等证。处方：太子参、寸冬、五味子、旱莲草、女贞子。此方系生脉散、二至丸参合而成。方中以太子参易人参变大补为平补，更切合老年人的体质状况，且四时之令用之皆宜。虽药味不多，而兼补、滋、清、敛四法，即补气、清热、滋阴、敛阴，立意周全。养阴能增加气血的来源，益气能行血，故益气养阴同时又能促进活血化瘀的作用。

2. 补益气血法

此法适用于气血双亏、心气不充、心血不足等证。处方：太子参、寸冬、五味子、黄芪、白芍、当归、白术。为何不用八珍汤、十全大补汤、炙甘草汤、人参养荣汤等方剂？因为对气血两虚的冠心病人来说，补气不宜辛热，养血不宜滋腻，故仍以生脉散为基本方，从四物汤和当归补血汤中选出黄芪、白芍、当归三味药合白术组成。当归为血中气药，其性走动可使补而不滞。根据《内经》"津液和调，变化而赤为血"之说，以寸冬、五味子养阴生津、滋液化源，白术启动中州以健脾开源。

3. 调补心脾法

此法适用于心脾两虚、脾胃不和、肝脾不和、心神不宁等证。处方：太子参、白术、云苓、佛手、黄芪、合欢皮、夜交藤。此为协调心脾、补益气血之方。而气血之补，需从所藏、所生、所统以治，且重在所生——后天之脾气。因脾生血，心行之，血脉的运行，虽为心气所主，然也须得助于脾气的生化传输，此古人所谓壮子益母之意，乃治本之法也。方由归脾汤增删而成，为切合老年人的体质，取参、术、苓温文尔雅之性，而以黄芪之力助之。木香嫌其辛燥，枣仁经现代药理研究证明多用可引起心肌损害和传导阻滞，一般不宜为冠心病人所用。陈老认为远志化痰安神力薄，故另取夜交藤、合欢皮养心安神，且合欢皮又能疏肝和脾，安养五脏，扶助身体正气，佛手理气和中，醒脾开胃。

4. 温煦心阳法

心阳不足系心气不足的重症。此法适用于心阳不振、肾气不足、脾肾阳虚等证。古人说"心包相火附于命门"，心阳不足的根源乃是命门火衰。立方以桂枝、附片益肾中真火。《名医方论》说："火少则生气，火壮则食气"，故不用肉桂而用桂枝，且桂、附的用量也不宜过大，其用意在于冉冉生火，以防过燥伤阴。另据张介宾所言"善补阳者，必于阴中求阳"之义取生脉散益气养阴，则"阳得阴助而生化无穷"。寸冬、五味子又能反佐桂、附，使其温而不燥。此法的基本方是：附片、桂枝、太子参、寸冬、五味子。

（二）调补法应用中的四宜一忌

对冠心病病人使用调补法，不但要切合病机辨证论治，还要有整体观念，即要考虑到体质状况。老年人多为阴虚之体，又往往虚不受补，且不能补而助邪，故用辛热、味厚、滋腻等性猛、性黏和大补之品往往并不相宜，多以清补、平补、缓补、调补建功，谓之四宜。清补：方剂的组成补中寓清、兼清，不一味呆补，使无恋邪之弊；平补：多选用性味平和之品，不用或少用大补、味厚、滋腻之品；缓补：根据病情和循序渐进的原则掌握补药的配伍和剂量，勿药过病所，操之过急；调补：补之本义旨在调整脏腑的功能，故用药应注意协调五脏之气。一忌：忌滥补，即补须得度。陈老曾谈到有一位女性病人，形体丰腴，气短乏力，入冬后畏寒，感冒频作，舌苔厚腻。病人问陈老能否进补人参，陈老说不可。因为此病人痰湿甚重，湿邪困脾，清阳不升，肺卫不固而致畏寒，易感外邪，乃邪实重于正虚，故不宜峻补。病人于将信将疑之中，仍于睡前服了少量参汤，谁知夜半胸憋闷如窒，喘息大作，不得不挂急诊抢救方转危为安。陈老认为此乃峻补助邪，痰浊上泛，阻滞气机所致，可见对体虚之人必须分清邪正的偏盛，切病下药，并非但补无害。以上各方，似乎并不奇特，但陈教授认为，临床应用当中如能注意组方的周全和配伍的精当，如补不助邪、补不碍胃、补之能受、补之适时等，用药恰到好处，则可于平淡之中见奇效。

陈教授的以上学术思想，在 1980 年于武汉召开的中华中医药学会首届内科学术会议上做了系统全面的阐述，得到了与会专家的赞誉和同道的共识。全国著名中医专家沈仲圭、关幼波教授等分别致函陈教授，表示了对他取得成绩的祝贺和对他学术思想的支持。

胡子周

胡子周（1907—1983），副主任医师，江苏省赣榆县人。少入私塾，后从教习医，1936年悬壶乡里，踪迹所至赣榆、日照、莒县一带。1955年奉调胶州专区人民医院。业医五十春秋，精研医理，潜心临床。曾任山东省中医学会理事，历任昌潍地区中医学会副理事长、胶州市政协委员，曾被评为山东省劳动模范。发表学术论文20余篇。

筑牢根基起高楼　持之以恒尚严求

我于1964年高中毕业，名落孙山后，心情十分沮丧，但先父却不以为然，对我说："考不上没什么，学医吧。"自小耳濡目染，对中医已有些许兴趣，后经昌潍地区卫生局批准我就正式学医了。万事开头难，怎么学，心中茫然。先父告诉我："你是高中毕业，有点学问基础，先从《内经》《伤寒论》《金匮要略》《神农本草经》开始吧！"先父要求很严，除每日学习功课外，还要求我每天写两篇大仿，先柳后颜。他认为作为一名中医，书法很重要，写一笔好字终生受用。

先父认为学医必须筑牢根基，夯实基础，"高以下为基"，必读之书，不可不读，不可不多读。须知之事，又不可不知。积土木石玉，才可成其大厦。打好根基就必须在中医基础理论上下一番苦功，也就是说首先要求读好中医书。历代流传下来的中医医籍，可谓"汗牛充栋"，穷毕生精力也仅达"沧海一粟"而已。况人生几何，孰能预料，唯有慎重选择为上。1964年，全国中医学院统编教材修订的第二版出版了，先父看后认为该套教材作为学习入门之书非常适合，参与统编者均是当时名家，从基础理论到临床各科都比较平正，而且又以现代汉语为主编写而成，使初学者易于接受。先父遂即四处托人购买了一套。于是我就按先基础后临床的次序开始了学习。首先学习《内经》，先父多次对我说，学中医，不先学好《内经》就打不好基础。《内经》是中医学的渊薮，治学不学《内经》，犹如无本之木、无水之源。从张仲景到金元四大家，尽管都有发挥，但无不渊源于《内经》。只有先学好了《内经》，才谈得上打下了中医的理论基础，基础牢固了，才能进而学习临床各科，学习历代医家著作就可以事半功倍，左右逢源。这才是学习中医的正路子。如何学习《内经》，先父要求做到如下几点：

第一，选好篇，解好题。第二，读得熟，知其义。第三，重点掌握，要在运用。

《内经》包括《素问》81 篇，《灵枢》81 篇。这部医学巨著其文简，其意博，其理奥，其趣深。它"上穷天纪，下极地理，远取诸物，近取诸身"。内容包括阴阳五行、摄生、藏象、经络、诊法、病证、病因病机、治则、五运六气、针刺等方面。先父要求将重点放在《素问》上。教材附编《医经选读》选了《素问》29 篇，《灵枢》20 篇，就以此为准。在读经文之前一定先解好题，也就是把篇名题目及其精神实质理解好。如《阴阳应象大论》，这篇主要提示了事物阴阳属性及其运动，并用取类比象的方法阐述了有关生理病理、诊断治疗等问题。

又如《灵兰秘典论》，"灵兰"是黄帝藏书之所，"秘典"即秘藏之典籍。这篇主要论述了人身十二脏腑功能及各个脏器的相互联系，尤其是运用当时政体制度中的十二种官职来形象地加以说明，颇值得玩味。另外特别指出"心"是五脏六腑的主宰。每学一篇之前都先要这样做，然后再读原著。

《内经》文字古奥，言简意赅，加之成书年代久远，错简衍脱在所难免，这就给学习带来了很大困难，所以要精读细品，一步一个脚印。对于原文及各家注释，要边读、边想、边记。不懂的篇文要参阅注疏及工具书，从字到句细细读。清代申涵光说过："读书有不解处，标出以问知者，慎勿轻自改窜，银根之误，贻笑千古。"可谓金玉良言。多读才能成诵，读熟才能牢记。在读熟的基础上要深究其义。这就需要加强独立思考，解惑释疑。宋代朱熹曾说过："读书无疑者，须教有疑；有疑者却教无疑，到这里方是长进。"《素问·六节藏象论》里有一句"肝为罢极之本"，先父曾问过我，"肝为罢极之本"其义何在？当时我支吾了半天，也说不到点子上。先父对我说："这句经文，历代医家看法不一，有说'罢'同'疲'，有说'罢'疑当'能'字，而'能'可读'耐'，'极'为疲困，所以肝为'能极之本'。"先父认为"罢"读"爸"音，有免除、停止或抑制之义。"极"有穷极、困惫之义，取困惫为宜。这句经文后还有一句"魂之居也"，由于肝藏血，主筋，人之运动，在于筋力，如肝脏功能正常，是可以除掉疲困状态的，这样人才可有神，"随神往来谓之魂"，魂之所居则安矣。既要看前句，又不要舍去后句，这样才可体会到肝之所用。

再如病机十九条，这是一篇很重要的经文。先父在讲解前，首先要求必须背熟"五火四热风寒湿，上下各一五脏记"共十九条，然后，再弄懂一个"诸"字和"皆属"两字，搞清楚这几个字，再释全文。"诸"者，众也，"许多"的意思，不可当"之于"讲。"皆属"中的"皆"字，作"都"讲。"属"字，不可作"属于"讲，在条文中作"有关系的"之义讲，比较恰当，且要读"蜀"音，不要读"主"音。明白了这几个关键字的意义，就能更好地理解原句的含义。就"诸风掉眩，皆属于肝"这句经文而言，句中"风"字指风邪，"掉眩"是指肢体动摇不定和头晕眼花两个不同的症状。那么这条经文可以解释为许多因风邪而导致的肢体摇动、头晕目眩的病证都与肝有关。

先父认为学习《内经》非一日之功，是钻研一辈子的学问，学问之大，难于穷尽，所以学时要抓住重点，注重掌握基本理论。如阴阳、藏象、经络、诊法、病机、治则等有关内容应当作重中之重。《医经选读》基本满足了上述要求。先父很赞赏明代胡居仁所言"读书务在循序渐进，一书已熟，方读一书，勿得鲁莽躐等，虽多无益"。

读《内经》也要如此，读熟一篇，吃透一篇，方可读另篇，读时抓住篇中要点，前后联系，全面理解，掌握其精神实质。

墨子云："士虽有学，而行本焉。"古人又云："博学之，审问之，慎思之，明辨之，笃行之。"学习的最终目的都落脚到一个"行"和一个"笃行"上，学以致用。先父曾有诗云："寻得岐黄精秘处，爰将古法治今人。"学习《内经》，最重要的是紧密联系临床实际。先父常说，临床上遇到一些病证，辨证时趑前蠆后之际，忽忆经典之句，真有顿开茅塞、柳暗花明之感。我记得有一盗汗病人求先父诊治，展阅病历，前医皆作阴虚论治，生脉散、当归六黄汤、六味地黄丸等都用过，然病证未除。先父询问病人，除了盗汗之外，还有哪些不舒服的地方，病人说，经常口苦、周身不适时有冷热感，食欲不好。先父诊过脉，脉呈沉弦之象，观其舌苔薄，质略红。先父思忖再三，突然嘱我开小柴胡汤加霜桑叶，我甚不解其意。病人走后，我问先父，何如开小柴胡汤，先父遂告诉我，盗汗一证多重阴虚，前医所用方药无效，当另辟蹊径。《内经》中曾说过："胆足少阳之脉……所生病者……汗出。"病人有少阳证，邪伏少阳，少阳为枢，热邪迫津外泄，阳加于阴可为盗汗，故予以小柴胡汤最合拍，病人服六剂后盗汗即止，使我明白了盗汗非尽阴虚之理。

先父又治一顽固腹胀病人，患病达两年之久，西医检查无器质性病变，诊为神经官能症，无药可医。但病人甚以为苦，不得不求助中医诊治。延医数人，疏肝和胃，利胆，理气，顺气，降气之法，中成药汤剂叠用，病如故，总觉上腹部胀满，难受不适，重时坐立不安，畏食乏力。先父看过病人后，断然采用"塞因塞用"之法，予以大剂补中益气汤，二剂。病人再诊，喜形于色，诉说服药后肚子从来没有这样舒服过。继服三剂，病竟告愈。实践证明，《内经》理论对于临床确有重要的指导意义。所以先父反复强调，要吃透经文，哪怕少而精，也要联系临床，学而不用，门面功夫要不得。

学习完《内经》后，我便开始学习《伤寒论》。对于《伤寒论》的学习，先父要求"读熟背诵，掌握全貌，抓住提纲，细辨方证，善于运用"。开始先背《伤寒论》序，背过后再仔细揣摩《序》中的含义，方知张仲景精究伤寒之用心良苦，真是字字珠玑，语重心长。先父说："读《伤寒论》不背《序》，则不知仲景苦衷，即便学，也打不起精神来。"这话很有道理。《伤寒论》共397条112方。初学必须通读、熟读，读得有法。先父曾说过，他在东北学医时，读《伤寒论》不得法，曾受当地名医张文汉老亲自指点。张老为清朝拔贡。张老说，《伤寒论》是一波三折的文章，读时要细品，比如辨太阳病脉证并治上第一条，"太阳之为病"为一，"脉浮头项强痛"为二，"而恶寒"为三，读时要抑扬顿挫。当年先父读此条的音容宛在眼前。正如陈修园所言："《伤寒》愈读愈有味。"读熟后，开始背诵。先父告诉我，《伤寒论》最好全部或大部背熟，如果达不到，那么六经辨证总纲"病有发热恶寒者，发于阳也，无热恶寒者，发于阴也""病人身大热，反欲得衣者，热在皮肤，寒在骨髓也；身大寒，反不欲近衣者，寒在皮肤，热在骨髓也"，以及六经病提纲"太阳之为病，脉浮头项强痛而恶寒""阳明病，胃家实是也"……112方之方证诸条，是必须背诵的。先父说："背熟了《伤寒论》就如同古人说的'熟读唐诗三百首，不会吟诗也会吟'，熟能生巧，出口成章了，没有用不上的时候。"熟读的时候，要注意过好文字关。《伤寒论》用字用句都有定法，特别有些字，如"主之""宜""与之""不""反""当""者"等，都要留神注意。比如用方时言"主之"，是为主证，首选方，病证不变，可一方到底。"与之"某方，表示原方不变，与试之。再如"者"字在《伤寒论》中使用频率较高，注意在一条之中有两个"者"字，要仔细揣摩"者"字含义，往往提示前后方证有别，这是对比章法，仲景惯用。

《伤寒论》是中医的基础学，同时又是临床实用医学。实践证明，直至今天，仍不失为治疗万病之大法，足见该书之重要。先父指出，《伤寒论》实际是一篇朴实无华的大文章，仲景用的是大手笔，行文朴素，不尚空谈，更无玄理，论中无五行说便是明证。学习时要依照原有条文，编排次序进行，如果断章取义，有失经旨，亦忤仲景原意。先父要求掌握全貌。记得当时学习时先父写了一段文字给我并要求背诵，内容是古人谈学《伤寒论》之心得。其文为："总观六经之变化，三阳病则抵抗力均未衰弱，故三阳病无死证；三阴病则抵抗力均感不足，故三阴病多死证。抵抗力未衰者，可以汗、可以吐、可以下、可以和，治之甚易。抵抗力已衰者，汗、吐、下、和皆不可施，唯有温之一法。统而言之，即三阳病唯恐其热，三阴病唯恐其寒；三阳病唯恐其实，三阴病唯恐其虚。一部《伤寒论》盖如是而已。"我看了以后，虽未全懂，但随着学习的深入便体会到这篇短文的重要性。

先父几次与我谈掌握《伤寒论》全貌的问题。辨太阳病脉证并治篇，太阳病提纲必须掌握。然后辨清太阳病经证、腑证、变证。辨阳明病脉证并治篇，首先对于阳明病提纲中的"胃家实"要理解透彻。胃家包括肠胃。"实"字一者指经证、腑证，热邪盛极而实，食物积滞而实；一者专指阳明腑实证。对于阳明病要重点掌握好阳明病经证、腑证。辨少阳病脉证并治篇，掌握好少阳病提纲，重点吃透小柴胡汤证及其他适应证，三阴病首先明确皆以虚寒为病根。辨太阴病脉证并治篇，掌握好太阴病提纲，病情特征为"自利"，然后重点掌握太阴病脏寒证，即四逆汤证与理中汤证。少阴病脉证并治篇，掌握好少阴病提纲，病情特征"但欲寐"，重点掌握住少阴病的寒化证与热化证。厥阴病脉证并治篇，掌握好厥阴病提纲，病情特征厥、吐、利，重点掌握厥阴病的寒热错杂证、寒证、热证。掌握《伤寒论》全貌，对伤寒就有了一个大概的了解，也使学者初步做到心中有数，然后分别在方证上下功夫。仲景之书，重在证候，依证立法，依法立方，所以学习时要细辨方证。如桂枝汤类、柴胡类、泻心汤类、苓桂类、四逆辈等都应反复琢磨，用归纳、分析、比较的方法，掌握其要领。《伤寒论》的方药，验之临床，无不有效。先父曾说过："伤寒之方，一旦认准证，弹无虚发，即是无效也示人以戒。"对此，我在长期的临床实践中深有体会。陈修园所云"经方愈用，愈神奇"不我欺也，运用好《伤寒论》中的方药，实是不易之事。有药无方，只能治症，不能治病。有方无药，不会加减是死治。"活泼圆通医家诀，不离不泥是津梁"。学习了伤寒方药要善于使用，且要活用。先父常喜用桂枝汤，他认为桂枝汤一方大有文章。此汤既可治中风表证，又可治杂病的阴阳气血失和证。这要深究活看桂枝汤，它主要作用在调和营卫，解肌。桂枝本为解肌，肌可与脾相合，解肌就能理脾。脾为后天之本，营卫源于脾胃所化生的水谷之气。营行脉中，卫行脉外，营卫和则"阴阳相随，外内相贯"，明乎此，则可知桂枝汤通过滋阴和阳以调理脾胃，进而调和全身阴阳气血。这一下子就拓展了桂枝汤的应用范围。何以临床上用桂枝汤可治多种疾病，收到很好的效果。其义自见。

《金匮要略》与《伤寒论》不同，共25篇，二版教材选了前22篇，比较切合临床实际。书中有一篇一个病的，有一篇二三个病的。凡是一篇一病的都有其特殊性，应十分重视，如疟病、奔豚病、水气病、黄疸病、妇人妊娠病、产后病等。一篇有二三个病者大都有相关性。学习《金匮要略》，重点应放在张仲景的辨证治证与辨证治病方面。凡是主病主方、主证主方者一定要熟读牢记，这样在临床上起码可达到"见此病，便与此方"。

20世纪60年代末，胶州地区乙脑暴发流行，住院病人床满为患，我经常跟随先父会诊查房。先父告诉我，乙脑属温病范畴，所以你要学习一下温病。我便又开始学习《温病学讲义》。在讲解温病时先父指出应掌握的几个主要问题：①明辨温病与伤寒之别。在发病原因、感受途径、病机、证候乃至脉象、舌诊、治法等方面，温病与伤寒都有不同之处。如伤寒是感受寒邪而引起，温病是感受温热病毒而产生。伤寒由皮毛而入，温病多由口鼻而入。伤寒是邪袭足太阳膀胱经，温病是首先犯肺。伤寒易于伤阳，温病易于伤阴。伤寒起病多恶寒重，发热轻，而温病是恶寒轻，发热重。伤寒初起脉浮紧，而温病脉浮数。温病极重舌诊，在治法上伤寒以扶阳为主，温病以救阴为主。初学温病以上几点必须首先明晰。②温病病机：卫气营血三焦。病在卫分、气分、营分、血分的主要症状及出现这些症状的机理再结合三焦理论，这些必须掌握娴熟，因为它对于临床辨证十分关键。比如上焦手太阴肺经开始传入中焦足阳明胃经，这相当于由卫分入气分。当"温邪上受，首先犯肺，逆传心包"时，这是病由肺而传心包，即相当于由卫分入营分，示病情危笃。③关于温病的治则要牢记叶天士的四句名言："在卫汗之可也"，"到气才可清气"，"入营犹可透热转气"，"入血就恐耗血动血，直须凉血散血"。我看到先父在治疗乙脑时，除了仔细辨清卫气营血三焦外，在治疗上总离不开叶天士所提出的原则，尤其是入营透热转气。先父曾问过我："你知道透热转气是什么意思？"当时我回答就是清热解毒。先父说，你不明白透热转气的真实含义。营分之热多从气分转入。病邪初入营分，可通过外透解决，使其转出气分而解，这是治疗温病的最关键时刻。病在营分，除了营热、阴伤之外，还要注意其他病邪作祟，如痰湿、秽浊、瘀血、食滞等，这些病邪可阻滞气机使营热加重，因此在治疗上除了清营之外还必须宣通气机，给营热外达一个出路，所以在用药上除了清热解毒药外，还要相应地选用几味芳香化湿药、化瘀祛痰药、息风定痉药，甚至清心开窍药，这才是透热转气的真实目的所在。临床实践证明，先父当时灵活地运用这一治法，使不少患者转危为安，使病死率、致残率大大下降。

先父常说："书好读，医难成。"就是说读几本书容易，但要成为一个好的中医就比较难了。难在何处，主要是缺乏恒心。学贵有恒。学习中医目的要明确，要树立目标，持之以恒，不得浅尝辄止，见异思迁。古人说治学要"天圆地方"，这"天"指头脑，头脑圆才能灵活，才会思辨；这"地"是指屁股，屁股"方"才能坐得住，而且要坐得住冷板凳，耐得住寂寞。当今的社会时代与过去相比不可同日而语，学习与事业要想取得好的成就还是应该如此这般的好。我随父学医主要靠自学，每周三、五下午集体授课，我总是提前到，认真听，课后按照我自己制订的课程表按时完成笔记的整理，昼夜寒暑未敢懈怠。现在我翻阅当时的课本、笔记，感慨颇多，当年的艰苦学习生活仍历历在目。我记得当时我抄了一首李时珍的诗："学如逆水船，心比铁石坚，望父全儿志，至死不怕难。"这使我坚定了学医的信心与恒心。

诸端辨证贵真切　伏主先因勿或缺

辨证论治是中医诊疗的精髓，是提高医疗水平，获得临床疗效的必备手段，也是衡量一个医者水平的标尺。古今大医无不精于此。辨证伴随着医者临床的一生，它可忽而使你清晰，忽而使你困惑，只有准确地辨证，才能更好地指导临床，从而确定治则，选用最佳方药。所以要使困惑渐行渐远，那就必须在"辨证"两个字上下大功夫，花大力气。

先父对于诸端辨证要求尽量做到准确。要达到这个标准必须充分掌握好辨证的理论基础。先父认为八纲辨证要先抓阴阳。《内经》云："善诊者察色按脉，先别阴阳。"张景岳也谈道："凡诊病施治必须先审阴阳乃医之大纲。阴阳无谬，治焉有差？医道虽繁，可以一言蔽之者，曰阴阳而已。"先父在授课时特别提到阴证阳证的问题。凡阳虚者，阴气必盛。可见于静者、弱者、俯者、屈者。病人可见面色无神，瞑目倦卧，少气懒言，畏寒，口吐清水，喜饮热汤，自汗肢冷，脉细微无力，见此即可断为阴证，简言之，多在气虚的基础上见有寒象即可拟为阳虚证。凡阴虚者，阳气必盛，可见于动者、亢者、仰者、伸者。病人表现为面目口唇色红，精神不倦，张目不眠，口渴喜饮，二便不利，六脉长大有力。见此即可断为阳证。简言之，多在血虚的基础上见有热象即可拟为阴虚证。当然细微之处还要审慎，如阴盛格阳、阳盛格阴证。总之抓住阴阳两大纲要，再论表里寒热虚实，临床所验，有时只要确认阴证或阳证无须迟疑，即可下手论治。先父曾治一口腔溃疡病人，经年不愈，甚以为苦，观其精神疲惫，面色无华，口腔内嫩红，有溃疡面色白，舌体时疼痛，但进热汤，反觉舒服，舌痛可减轻，据此先父诊为阴寒内盛，逼迫虚火上浮。遂与大剂附子理中汤加减十余剂病愈。对于脏腑辨证，先父认为这是辨证当中最重要也是最实用的，必须熟练掌握，尤其是五脏辨证。其中先父谈到五脏辨证中缺如的肺阳虚证，普遍认为临床上无肺阳虚证，实则不然。体虚感寒伤肺，喘咳日久，痰饮停积于肺，脾肾阳虚，无以培土生金，温煦肺阳，皆可致也。所以只要在肺气虚的基础上见有寒象，即可诊为肺阳虚证。这对肺系疾病的治疗很有指导意义。对于气血津液辨证，先父认为重点在气血，而又以"气"为主，气属阳，为火主动；血为阴，为水主静。两者相互依存，然阳为阴根，阴统于阳。气虚生化不足可致血虚、阳虚、气滞血瘀；气化不及可生湿、生痰、水液停聚。气不固可不统血，可不固精。气有余便是火，可伤阴，气不足便是寒，可损阳。正如前贤所言："人身一团血肉之躯，全赖一团真气运于其中而立命。"对于经络辨证，先父指出也不可忽视。辨证疑似之间，可向经络求索。古人说，不明脏腑经络，开口动手便错，不是没有道理的。因此必须掌握十二经脉循行路线及重要地界，背熟子午流注歌诀，熟记《丹溪心法十二经见证》。因为经络受邪出现的病证多与循行部位有关，脏腑病候与经脉所属部位相连，一经受邪可殃及他经。所以有时在临床上独取经络辨证，往往可收到意想不到的效果。先父尝治一背痛病人，用平胃散、桂枝汤加公丁香、砂仁等，二剂而愈。后谈起此案，先父说，背为足太阳膀胱经所行，脾俞、胃俞皆在此经，用桂枝汤先安受邪之地，用平胃散加公丁香、砂仁调理脾胃以至俞穴，使气血畅而痛止。现在我在临床常用此法，屡试不爽。辨证理论学习的扎实与否，直接关系到辨证运用。初涉临床，先父告诉我一定要把《内科学讲义》《妇科学讲义》中的每个病的辨证分型背下来，便于应付临床，然后再慢慢深入，结合经典及前人经验临证。于是我把内科 54 个病及妇科 43 个病，每个病的证型、治法、方药整理在一个小本子上，天天带着，一有时间便拿出来翻阅，时间长了，医技大有长进。治眩晕证，先父在查房时曾提问我，眩晕证有哪几个类型？我顺口说出了四个证型：肝阳上亢，气血亏虚，肾精不足，痰浊中阻。先父尚满意，我也有些沾沾自喜。可查完房后，先父对我说，证型固然要熟，但是古人对眩晕的认识论述也要了解，懂得多了，想得宽了，用起来就活了。《内经》指出："诸风掉眩，皆属于肝。""上气不足""髓海不足"可致眩晕。张仲景云："少阳之为病，口苦，咽干，目眩也。""心下有支饮，其人苦冒眩。"刘河间论风火致眩。朱丹溪云："无痰不作眩。"张景岳指出"无虚不作眩"。历代医家之言皆有可取之处，有一点是最值得注意的，就是凡眩晕皆是升降方面出了问题，所以治疗时应升清降浊并用。

用经典之言辨证论治常收桴鼓之效。先父戏称这叫"经典"辨证。对此个人临床近四十年，颇多体验。

记得先父还曾问过一个问题，何谓"必伏其所主，而先其所因"？我一时语塞。先父说："这是《素问·至真要大论》中的一句话，在临床上确是至真至要。要想制伏疾病之本，必先探求疾病原因。制伏疾病发生和发展的关键就在于了解疾病的本质，但首先必须要搞清楚疾病发生的原因，也就是要重视审明主因。不管病情多么错综复杂，都要透过现象看清本质，找出哪是主证，哪是主因，辨析详明，切中肯綮。"先父尝治一心悸病人，其每于饭后心慌不安，必待 2 小时后，方可缓解，久治罔效，求先父诊治，先父予以平陈汤加减三剂而愈。此证如据教材，按心神不安，心血不足，阴虚火旺，心阳不振的惊悸怔忡辨证，恐难入座。先父指出，病人主症是饭后心悸，其主因是胃之大络，上属于心，"食所入胃，浊气归心"，饭后胃气郁阻而致心气不舒故心悸。病之主因在胃气郁阻故用二陈汤合平胃散加减，和胃化滞而神安悸止，此乃心胃同治也。临床实践证明，要使辨证准确，抓主症，寻主因，最为得法。先父在晚年诊治疾病常使我觉得方不对证，有时了了几味药，反而效果不一般，至今我方悟出，先父的辨证治疗真是活泼泼地见精神，或"观其脉证知犯何逆，随证治之"，或"但见一证便是"，已达不辨之辨的境界。

选方审慎法乎中　用药精当必理明

先父在临证用药时，选方用药始终持慎重态度，他认为医生治病干系人之性命，又关系医者声誉，故不可不慎。所以先父要求我必须踏实学习好方剂与药物。方药同样是中医基础理论的重要部分。理法方药不偏不倚，丝丝入扣，这才是有学有术。先父说，《汤头歌诀》《药性赋》这两小经典是古人的东西，必背。教材是今人编的，仍以教材为准。先父让我先背方剂学和中药学讲义的目录，这等同于看书先看序、前言、凡例，书中点睛之处往往在其中。《方剂学讲义》中主方共 263 个，《中药学讲义》中药物共 245 味，每类方剂包括多少个？每类药物包括多少味？反复多次，终于记熟了，这时先父对我说，初学能把目录背下来，就有底了，比如一提麻黄汤、桂枝汤，即知是解表剂中的辛温解表剂，一提麻黄、桂枝，即知是属辛温解表药，这是学习方剂药物最起码要掌握的。我曾给学生讲过方剂学、中药学，同样要求学生这样做。实践证明，这最基本的方药知识正是以后运用方剂药物的指南。对于学习方剂药物，先父除了以上要求外，还提出以下两个必须掌握的较深层次的问题：①掌握好专病专方及其特殊作用，如甘麦大枣汤治脏躁，三宝开窍，茵陈蒿汤治黄疸，千金苇茎汤治肺痈，大黄牡丹皮汤治肠痈，养阴清肺汤治白喉，等等。紫苏解鱼蟹毒，威灵仙治骨鲠，地榆疗烫伤，仙鹤草除疲劳，王不留下乳，黄芩安胎，麻黄根止汗，等等。②方剂的功用、证治要点要牢记，方解要吃透。以上两个方面都关系到方剂辨证问题。据方辨证不同于一般的辨证，它不需经过先辨证后立法，再选方药的过程，只要某方的主治病证病机与患者的病证病机相符，即可大胆使用某方。这种辨证方法，简捷灵活，针对性强，便于掌握，疗效较好。当然这要求医者多背方剂，熟悉方证，实际上这也是衡量一个中医医术是否成熟的标志。我在随父学医及后来的临床过程中，体会到先父的辨证是多途径的。处方用药，轻灵纯正看似平平淡淡，无矜奇立异之品，更方易药，有理可言，方子一般八九味药，用药或病轻药重或病重药轻，或胸有成竹，或投石问路，或一日一剂，或一方半年。时至今日，有的患者还保留当年先父的处方而用于他人之病，有的患者还持当年先父之方前来兑药。

十年浩劫，先父深受其害，在蹲班房的日子里，终日提心吊胆，然而仍不忘指导我的学习。他曾耗费了大量心血和精力把内科学、妇科学讲义中所有的病种，从证治分型、主治、治法到方药，结合自己的临床经验全部写了下来，整理成册，尤其将每个方剂的用药剂量都一一注明，以便我出徒后临床应用。先父与我，舐犊之情，可见一斑，每念及此我常潸然泪下。之后先父又写了"最后一谈"。先父嘱告我：在诊病时，问诊尤为重要，能问便是名医。我常在与病人闲聊时获得病人的主证病因，这对于下一步治疗至关重要。在治疗方面要据证立法，按法处方，如肾虚用滋阴补肾法，用六味地黄等方。初涉临床工作，处方上的药味要简练，分量不要过大，以防病变。要知道中医是摸索治疗，不能有操必胜之权的想法，药后见效，再据处方或加或减，以希痊愈。在治疗过程中要分析处方是否符合诊断，并要详审一味药的性能对证候起到哪些作用，如清肝热的栀子、丹皮，清心经热的黄连等。在方剂中有些不常用的药物，其性能一时不了解，务必参考药物学中其药的性能及分量，特别要注意的是十八反、十九畏及妊娠忌服药物，不但应注意还应熟读牢记，以免病情突然变化发生危险，出现医疗事故。本子上所写的汤头及分量是一般常用的方剂和分量，可以试用，但也不能拘泥，本着据证加减为宜。临证时有些方剂，要慎重使用，如攻下剂、破血祛瘀剂、泻下剂等，最好攻下时用缓下剂，破血时用活血化瘀剂，泻水时用培土利水剂，循序渐进。注意观察病情变化，随证处理，或先攻后补，或先补后攻，或攻补兼施，希达祛邪不伤正的目的。先父的谆谆教导我至今不敢忘怀。先父善用逍遥散治肝病及杂症。慢性肝炎乃至肝硬化患者，据临床观察，以肝郁脾虚者居多，所以用逍遥散最合适。以此方为基础随症加减化裁，另外参考西医的化验检查，增损相应的药物，大都稳中取效而延长患者寿命。对于肝病的治疗我曾转换过多个方剂，然而转来转去却都不如逍遥散稳妥。先父治手足痛证，也以逍遥散加味而取效。对此先父曾谈到，手足痛不要拘于脾主四肢说，多数认为脾经之热，殊不知手足为肝之分野，肝木作祟，脾不敢当其锋，气散于四肢，结而不伸以致疼痛，如散肝木之郁结而手足痛自去。即使因肝气郁滞引起的手足、心腹一身尽痛尤以妇人多见者，也以治肝为主取柴胡、白芍、当归、甘草、苍术、茯苓、薏仁、栀子、陈皮，待大气一转，其气乃散，肝气一舒，诸痛自愈，这是逍遥散之变法，舒肝而又祛湿泻火，治一经而诸证无不愈也。先父治脱疽（脉管炎），根据患者病情辨为阳型、阴型、半阴半阳型。对于偏阳型者予以清热解毒、活血化瘀法，采用大剂四妙勇安汤加减；对于偏阴型者，予以温阳通滞法，采用阳和汤加减；对于半阴半阳型者，予以补气养阴解毒法，采用顾步汤加减。曾治疗20余例，多获满意疗效。先父根据《内经》"平治于权衡，去菀陈莝……开鬼门，洁净府"的原则，又宗张仲景之"诸有水者，腰以下肿当利其小便，腰以上肿当发汗乃愈"之旨，用麻黄连翘赤小豆汤、大橘皮饮、五皮饮加山药治愈多例急性肾炎患者。先父治小儿厌乳、足心热，常用黄连0.3g，如无黄连用竹茹15g，水煎零饮立效。治小儿水泻只用白术、车前子二味药而收奇效，盖取白术健脾祛湿，以顾中州，车前子利小便而实大便之效。治秋痢，不落窠臼，竟用苍术、菊花、川贝、杏仁、荔枝核五味药而收全功。先父临证50余年可以说认证准、选方当、用药精、药味少、价格廉、疗效好，别具一种医疗风格。

医德终生操守时 传薪唯恐夕阳迟

先父一生，为人治病从不敷衍塞责、马马虎虎或浮躁遑遑、得过且过。自来胶州后，老家病人来胶求治者长年不绝，父亲对无钱住院者予以资助，或亲自领去旅社，安排好住宿；如需西医检查亲自给病人挂号，并领到西医科室，请有关大夫会诊检查。病人来家一坐，均以礼相待，无论老幼年长，总是和颜悦色，边饮茶、边谈事、边问病，病人心情顿时舒畅起来，如同到家一样。待病人病情好转返回时，将病人带的礼物——返还，或购物相送。对无钱返回者常解囊相助。先父经常教导说："医者看病是应该做的事，千万不能要病家的东西，行医终生，务必注意这方面。"如今有时病人说起来，还常提到当年先父将病人礼物拒之门外的情景。先父不苟言笑，却极平易近人，和蔼可亲。尤其启迪后学，竭尽全力，从临床到教学，从不保守，遇有不惑之处，总是循循善诱，认真解答，不故弄玄虚，不炫耀一时，不闭门户，实事求是。每当看到青年人学业长进则及时勖勉，对于青年人的学习十分强调治学静心，要力避琐事，心不外驰。门墙桃李，对此，每多叮咛再三。

先父晚年，欣逢盛世，尤其自 1978 年以后，拨乱反正，百端待举，中医事业如同枯木逢春，否极泰来，振兴有望。先父喜不自禁，不顾衰朽，一如既往，边为病人服务，边给后生说医。唯恐夕阳残照，来日苦短，传薪失机，悔之不及。先父有诗为证：清风催送感韶华，漫说晚年去旧差。做到随时培子弟，愿将薄技理桃花。

高仲山

高仲山（1907—1986），吉林省吉林市人。出身中医世家，幼承庭训，学有渊源。1926年考入上海中国医学院，5年后以优异成绩毕业，获得中医学士学位。1931年8月赴哈尔滨悬壶开业，并联络各县中医在哈市创办了"汉医研究会"，被推为会长；其后创办"哈尔滨市中医讲学所"。中华人民共和国成立后先后领导创建了黑龙江省祖国医药研究所和黑龙江中医学院，并兼任所长和副院长。历任黑龙江省人民委员会委员、黑龙江省人大委员、黑龙江省政协委员、黑龙江省中医学会理事长、中华全国中医学会理事等职。学术上崇尚仲景，博采各家，治学严谨，勤于实践，业医50载，屡起沉疴，教书育人，桃李满天下，为当代著名中医学家、教育家。著有《汉药九散膏酒标准配本》《中医妇科学》《中医肿瘤学原始》等多部著作，发表学术论文150余篇。

高仲山1907年生于吉林省中医世家，其父高广德为吉林省名中医，学验俱丰，高仲山因聪颖好学，深得父亲慈爱，少年时期即伺诊父亲身边，深得家传，青年时期已能开方诊病，并卓有疗效。为了进行系统的理论学习，并博采各家经验，在父亲鼓励下，1926年他毅然考取了上海中国医学院。在学校学习期间，勤奋刻苦，熟读经书，尤其对四大经典，常能倒背如流，且学而不死，融会贯通，理论联系实践，所以进步飞速，深得恩师秦伯未先生的赏识和传授。秦伯未先生曾亲笔为其题写"高仲山内科医家"牌匾。1931年高仲山以优异成绩毕业，获医学学士学位。同年8月赴哈尔滨创办诊所，次年悬壶开业，从此独立行医，济世救民，为中医事业奋斗了一生。

力挺中医　不遗余力

高仲山自幼受父亲熏陶，亲眼看见中医之疗效，对中医深信不疑，热爱有加，在上海中国医学院学习期间，适逢国民党政府通过了余云岫之流提出的"废止旧医案"，将中医置于不合法的地位，目睹服务中国人民几千年，挽救无数生命，为国人健康做出重大贡献的中医学，一夜之间被废止，全国医界及人民大众群情激奋，高仲山更是挺身而出，被推举为赴南京请愿代表之一，他四处奔波，不辞辛苦，联络同学同道及各界人士，并发表演说，大力开展宣传活动，力挺中医，深得医界称道，返回学校后，仍继续开展保卫中医的斗争。在全国中医界和全国人民的抗议下，国民党当局不得不取消"议案"，斗争取得了胜利。高仲山在这次中医存亡的重大斗争中立场坚定，旗帜鲜明，为捍卫中医事业做出了自己的贡献。

为了开创中医事业的新局面，高仲山大学毕业后，离开家乡，离开父母，独立到哈尔滨开办诊所，由于深得家传，又进行了5年的系统学习，博采众家之长，学验俱丰，通过大量临床诊治病人，使理论不断升华，疗效也不断提高，很快便名扬哈市，不仅深得患者爱戴，也受到同道称赞。1932年高仲山联络各县中医在哈市创办了"汉医研究会"，并被推为会长。同年，在哈尔滨市创办《汉医学研究会月刊》杂志，并在该杂志上发表大量学术论文，不仅阐述理论，报道临床，还不断宣扬中医，扩大中医在社会上的影响。此后又创办了"哈尔滨市中医讲学所"，亲自授课，开始了黑龙江省的早期中医教育，从而使全省的中医事业不断发展壮大。

中华人民共和国成立后，因高仲山的威望高，1955年调任黑龙江省卫生厅副厅长，在他的带领下，1956年创建黑龙江省祖国医药研究所（现更名为黑龙江省中医研究院），并兼任所长。1959年创建黑龙江中医学院（现更名为黑龙江中医药大学），兼任副院长，使黑龙江省中医事业进入一个崭新时期，可以说高仲山是黑龙江省中医药事业的奠基人。

夯实基础　勤学苦练

高仲山经常教导学生："学习中医没有捷径，唯有勤学苦练，打好基础，然后不断临床，善于总结。"高仲山生于中医世家，自幼受家庭熏陶，勤于学习，精医学而通百家，有博有专，博则通读四书五经、文学、哲学、天文、地理、历史等书籍，从而拓宽知识面，丰富思想，启发思路，了解中医学术渊源和理论基础。专则对于中医的书籍在精读的基础上必须深刻理解，融会贯通，记忆背诵。特别是对四大经典《内经》《难经》《伤寒论》《金匮要略》，以及《温病条辨》《医宗金鉴》《汤头歌诀》《药性赋》《四百味》等，高仲山都能倒背如流，随口诵来，由此可见其中医之功底。他特别强调"书读百遍，其义自见"，即对以上书籍要反复读，反复记，直至能熟练背诵，背得越熟，临床上就会信手拈来，用的也就越广，很多时候就会自然理解其中的深刻内涵。

在强调书本学习的同时，高仲山还特别强调随师学艺，中医历代名医辈出，他们不仅具有丰富的理论，还有很多独特的临床经验，这些经验很多是在书本上学不到的，只有长期伺诊，才能有深刻体会。因此虽深得家传，但他仍不满于现状，毅然离开家庭，到上海求学，拜师于秦伯未等多位全国著名中医门下，从而使其中医理论和临床医术飞速进步，为今后发展打下了坚实基础。高仲山虽已名扬天下，但从不故步自封，作为他的学生，在随他学习伺诊时，经常鼓励我们抓住一切时间和机会向其他老师特别是名老中医学习，告诉我们只有这样才能不断提高自己。

学习的目的是为了实践，通过实践可以再提高再学习，光学不用的人，只能是空泛的理论家。因此高仲山特别强调注重实践，学用结合。他在随师伺诊时，就经常独立诊治病人，学成之后，25 岁就悬壶应诊，而且在实践中善于总结，因此医术不断提高，名气也越来越大，从而铸就了他光辉一生。

开办中医教育　培养中医人才

中医教育古代多以师带徒的形式，尽管有其优势，可以长期聆听目睹，手把手地教授，但弱点是学员较少，很难普及推广。至民国时期已有中医学校诞生，高仲山是早期学生之一，通过五年系统学习，不仅掌握了系统的理论知识和临床技能，而且也熟悉了办学方法，理解了办学的重要性。因此在其悬壶开业 7 年之后，随着理论知识和临床经验不断丰富，感觉有必要让更多人学习中医，了解中医，掌握中医，以造福于更多的病人，所以在 1938 年就创办了汉医讲习所，前后举办了三期，培养中医专业人才 500 余名，其中涌现出像马骥、金文华、张金衡、姜淑铭、赵正元等中医名家，他们大都成为黑龙江省乃至东北地区中医事业的栋梁砥柱。

中华人民共和国成立后他虽调任卫生厅副厅长，仍不忘中医教育，1959 年在其带领下，创建黑龙江中医学院，并兼任副院长，其后就将主要精力投入到中医教育事业之中，亲自授课，任《伤寒论》课程的主讲教师，为了培养出更多合格的中医人才，高仲山呕心沥血，编撰教材讲义，并精心备课，认真讲授，亲自带学生临床实习。在高仲山从教的几十年中，聆听高仲山讲课的学生数以千计，分布在全国各地，真可谓桃李满天下。

20 世纪 70 年代，以高仲山为首的伤寒教研室成绩斐然，走在了全国先列，1979 年受教育部、卫生部委托，在黑龙江中医学院举办了全国伤寒师资班，为全国中医院校培养了伤寒师资队伍。

1978 年恢复职称评定后，高仲山成为首批中医学教授。1979 年恢复研究生招生制度以后，以高仲山为首的伤寒专业获得全国首批硕士学位授予权。从此高仲山又开始了更高层次的教育，直至离休，共培养出了十余名硕士研究生。

高仲山常说"教学相长"，在授课中迫使你不断学习、不断提高、不断进步，他一生不为名利，倾其所有，投入到了中医教育事业，受到了广大学生和人民的爱戴。

精通《伤寒》《金匮》 重视温病时方

四大经典是中医之本源，《伤寒杂病论》包括《伤寒论》和《金匮要略》，又是重中之重，不仅创立了六经辨证方法，而且孕育着八纲辨证、脏腑辨证的内容，是第一部理法方药比较完备的辨证论治专著，它创立了辨证论治原则，是仲景一生的临床经验总结。他不仅保存和创新了诸多行之有效的方剂和剂型，也为后世温病学说和温病辨证方法的诞生打下了坚实基础。高仲山常常告诫我们，要想做一名好医生，就必须熟练掌握《伤寒论》《金匮要略》，要熟记于心中，活用于指下。高仲山在其父亲指导下，少年时期就能熟练背诵《伤寒论》《金匮要略》全文，在熟记的基础上又强调加深理解，灵活运用。在临床诊治疾病时，凡是与经方方证相符者，都是首先选用经方，具体应用时一般有以下几种情况：

一是临床表现与原文所述基本符合或病机相符，则用原方原药原法。病例甚多，如曾治一孙氏女性，产后半年患自汗证，时自觉身体烘热，但体温不高，随之汗出，量大，余症不显，他医曾用补气养血敛汗法治之，效微，查舌质淡红，苔薄白，脉缓少力。高仲山辨为营卫不和自汗证。考《伤寒论》54条曰："病人脏无他病，时发热，自汗出而不愈者，此卫气不和也。先其时发汗则愈，宜桂枝汤。"据此疏方：桂枝15g，白芍15g，生姜10g，大枣7枚，炙甘草10g，3剂。嘱水煎两遍，合一起，分3次服，每次最好在发热前服。患者复诊时日，只服1剂即明显见效，服3剂后自觉痊愈，问是否再服巩固，高仲山说中病即止，后未再复发，可谓药到病除。

二是临床表现较复杂，属于两方证或三方证合并者，则两方或三方合用。《伤寒论》《金匮要略》方大都比较精炼，除个别方外，药味大都在3~8味，最少者只有一味药，所治症状也比较单纯，若病人临床表现较复杂，出现二三方证的症状时，高仲山常将二方或三方合用，如麻黄汤与小青龙汤合方治外感风寒咳喘，麻黄汤与白虎汤合方治外感风寒不解又入里化热导致的高热，五苓散与真武汤合方治疗阳虚水肿，葛根芩连汤与白头翁汤合方治疗热利，白虎汤与大承气汤合方治疗里实高热，理中汤、四逆汤与厚朴生姜半夏甘草人参汤合方治脾肾阳虚、寒凝气滞腹痛泄泻等。曾治一患肾病男性，54岁，来诊时四肢高度浮肿，因用激素而满月脸，自觉心悸心慌，头晕身重，腰酸乏力，小便不利，大便溏薄，腹胀时痛，口渴，舌淡苔白，脉沉无力。高仲山辨为心脾肾阳气俱虚，伴水气泛滥，用桂枝甘草汤、五苓散、真武汤三方合方，服用1周，水肿大减，腹痛下利已除。唯乏力、头晕明显，后在三方基础上加黄芪50g，经调治月余，患者基本痊愈。

三是临床表现与原方证部分符合，则在原方基础上进行加减。曾治齐姓患者，男，57岁，有高血压、冠心病病史5年，后又出现心梗、心衰，长期服用地高辛。诊时见：心跳不安，眩晕，胸闷气短，神疲乏力，面色暗滞少华，上腹部浮肿，纳少，舌质胖嫩，有齿痕，苔白润，脉结代。血压160/90mmHg，心率110~120次/分。心电图示心房纤颤、ST-T改变。高仲山认为，该患脉结代、心悸、气短等症，属无阳以宗其气，无阴以养其心，即心血不足，心阳不振之炙甘草汤证。拟益气养血、温阳复脉：炙甘草50g，红参15g，桂枝10g，麦冬 10g，生地黄 20g，阿胶 15g，鲜姜 10g，大枣 10g，柏子仁 15g，水煎服。上方服 4 剂后，症状明显改善，心悸偶尔发作，脉象沉弱偶有结代，效不更方，继进 6 剂。两周后复诊，稍有胸闷乏力，神疲，上腹部仍见浮肿，复查心电图窦性心律，原方加茯苓 10g、泽泻 10g，嘱服 3 剂以冀巩固。高仲山用炙甘草汤常易方中火麻仁为柏子仁，名复脉饮，用治冠心病心律不齐，每获良效。

高仲山研究应用《伤寒》《金匮》理法方药几十年，曾撰写数十篇论文，发表在自己主编的刊物及新中国成立后出版的杂志上，对《伤寒》《金匮》许多理法方药，结合自己的临床经验进行过系统总结，如将仲景治水诸方归纳为十五法，即发越水气法、温经发汗法、发汗兼清郁热法、发汗兼化里饮法、温肠化气法、益气行水法、育阴利水法、和胃散水法、清热利水法、化瘀行水法、温肾利水法、补肾化气法、攻下逐水法、前后分清法、泻肺行水法等。这些归纳总结至今仍有较大的指导意义。

高仲山不仅精通《伤寒论》《金匮要略》，也非常重视温病学说及其理法方药，认为温病舌诊及卫气营血辨证、三焦辨证是对《伤寒杂病论》的补充和发展，弥补了仲景治外感病详寒略温之不足，对后世温病学派所创立的方药，也大都熟记于心，并灵活运用。高仲山行医之初，适逢哈市瘟疫流行，其凭家传及多年所学知识和临床不断总结，通过对《伤寒论》《金匮要略》，以及叶天士、吴鞠通等温病学家所创方剂深入研究，不断创新，又独创了一些新的方剂，用之临床，疗效卓著，治愈者甚众，也因此名扬天下。如治疗瘟毒发疹（斑疹伤寒），初起有表证，用连翘败毒汤。若斑疹已出，高热不退，烦躁口渴，耳聋目赤，甚至神昏谵语，舌红苔黄或厚腻，脉浮大滑数，用消斑青黛饮泻火解毒透疹，药用犀角（现用代用品）5～10g，青黛 10g，知母 15g，黄连 10g，生石膏 20g，栀子 7.5g，玄参 15g，生地黄 20g，柴胡 10g，生甘草 10g，人参 10g，大枣 10g，药煎好后加入米醋一匙。隔 5 小时服一次，可连续服用 4～5 剂。大便秘结者去人参加大黄 20g，神昏谵语者，加服安宫牛黄丸，每次 1～2 丸，日 3 次，用凉黄酒调服。治疗烂喉丹痧，初期用连翘败毒汤加减，表证去里热毒火亢盛者，高仲山用自拟喉痧汤主之。药用连翘 15g，双花 15g，菊花 20g，牛蒡子 10g，芦根 15g，黄芩 10g，生地黄 20g，玄参 15g，麦冬 15g，竹茹 15g，栀子 10g，水煎服，每 5 小时 1 次，可以连续服用，直至痧透热解，丹痧未透不宜攻下。如大便秘结者可加大黄 10g，若配合安宫牛黄丸 1～2 丸以凉黄酒调化，效果更为明显。治疗白喉用养阴清肺汤，药用生地黄 100g，南薄荷 15g，京玄参 40g，大寸冬 30g，川贝 20g，生白芍 20g，粉丹皮 20g，生甘草 20g，水煎服，每 3 小时服 1 次，每日连服 2 剂，重者每日 3 剂。高仲山认为，本方治白喉疗效确切，不可任意增减，且药量宜大。治疗痢疾常用加减导滞汤，药用当归 20g，白芍 20g，枳壳 15g，木香 5g，山楂 15g，肉桂 10g，槟榔片 15g，黄芩 10g，黄连 10g，吴茱萸 10g，厚朴 10g，甘草 10g，大黄 20g，水煎服。本方治疗高热不退，下利脓血，里急后重者，疗效卓著。

此外，高仲山对经方、时方，以及当代名医秦伯未、施今墨、蒲辅周等所创立之方也都兼收并蓄，随证应用，每获良效。

高仲山常说：学医是件苦差事，要干到老学到老。不要有门户之见，要多看书，勇实践，勤总结，会写作。只有掌握更多的辨证方法，掌握古今更多的名医经验，并加以临床总结，才能不断提高疗效。

注重食疗养生　强调未病先防

21 世纪是以预防医学为主要研究对象的时代，其实中医学历代都非常强调养生防病，早在《黄帝内经》里就记载着"不治已病治未病"的内容，高仲山宗《黄帝内经》之本义，特别注重食疗养生，强调未病先防，曾发表多篇相关论文。他认为食物与药物一样，在立方遣用上应遵循"热者寒之，寒者热之""形不足者温之以气，精不足者补之以味""辛甘发散为阳，酸苦涌泄为阴"等法则。他指出在食疗养生方面应注意以下几个方面：一是重五味调和，忌五味偏嗜。五味调和则骨正筋柔，气血以流，腠理以密。反之，多食咸则脉凝泣而变色，多食苦则皮槁而毛拔，多食辛则筋急而爪枯，多食酸则肉胝皱而唇揭，多食甘则骨痛而发落。故五味勿使过之，"谨道如法，长有天命"。二是重素食忌厚味。平素清淡素食，少食厚味肉类，对于防病健康乃至长寿意义重大。三是重饮食有节，忌暴饮暴食。"饮食自倍，肠胃乃伤"，正确合理地进食应是"食欲数而少，不欲顿而多"，同时不要过寒过热。四是重五味应时，忌五味所禁。"春宜省酸增甘以养脾，夏宜省苦增辛以养肺，秋宜省辛增酸以养肝，冬宜省咸增苦以养心，四季宜省甘增咸以养肾"。高仲山研究了众多古医书和食疗之书，认为中医学宝库中有关食疗的理法方药俯拾皆是，如果将这些丰富多彩的宝贵经验整理提高加以运用，对于保健和防治疾病都有较大意义。

　　未病先防除了注重食疗外，高仲山还强调起居有时，规避寒暑，特别是调节情志，尽量少生气恼怒，多交流畅怀，同时在年轻的时候就锻炼身体，并持之以恒。若能做到以上几方面，自能强身健体，远离疾病。

柳吉忱

柳吉忱（1909—1995），名毓庆，号济生，以字行，
山东栖霞人。8岁入本族私塾，民国入高小、中学，后拜
儒医李兰逊先生为师，尽得其传。曾先后毕业于天津于稼
谦、上海恽铁樵国医班。1941年参加抗日工作，从事地
下革命活动。中华人民共和国成立后历任栖东县立医院、
栖霞县人民医院业务院长，烟台市莱阳中心医院中医科主
任、主任医师。自1955年起历任山东省中医学会理事、
烟台市中医药学会副理事长、莱阳市政协常委。学贯《内
经》《难经》《神农本草经》及仲景诸经之旨，以及唐宋以后方书，临证澄心用
意，穷幽造微，审证候之深浅，明药性之紧缓，制方有据，每收效于预期。诊
务之暇，勤于笔耕，著述颇丰。1954～1960年，尚负责莱阳专区的中医培训工
作，主办了7期中医进修班，并亲自授课。1983年离休，仍以济世活人为己任。
1987年，受山东中医界的重托，创办山东扁鹊国医学校并出任校长，开创中华
人民共和国成立后民办中医教育之先河。

一

家父吉忱公，山东省栖霞县东林人。8岁入本族私塾，较系统地学习了四书
五经，及至民国入高小、中学，接受现代教育，19岁毕业于烟台育才中学。其
后，患类风湿关节炎多次延医，均罔效，幸得同邑清末贡生、儒医李兰逊老先
生诊治，用药仅20余剂，内服兼外熨，而病臻痊愈。诊治间，谈经说史，评论
世事，深得先生赏识。于是，先生进言家父习医："儒之从政，医之行道，皆以
救世济人为其责任者也。昔范文正公作诸生时，辄以天下为己任，尝曰：'异日
不为良相，便为良医。'盖以医与相，迹虽殊，而济人利物之心则一也。社会动

乱，尔当学医，以济世活人。"家父欣然应之，从而成为李老先生晚年的入门弟子，并赐号"济生"，济世活人之谓也。

兰逊公精通经史，熟谙岐黄之学，兼通律吕诸子百家，其于医学，深究博览，采精撷华，独探奥蕴，卓然自成一家。先生立法谨严，通达权变，常出奇有制之师，应无穷之变。在随师期间，家父见先生用阳和汤治疗多种疾病，弗明不解，请师释迷，问曰："昔日弟子患痹，师何以阳和汤愈之？"师曰："王洪绪《外科全生集》用治鹤膝风，列为阳和汤主治之首，君疾已愈，当晓然于心，王氏非臆测附会之语也。"又问："某君腰疾，师诊为痛痹，不予乌头汤，而以阳和汤愈之，恭听师言。"师曰："景岳尝云：'此血气受寒则凝而留聚，聚则为痹，是为痛痹，此阴邪也……诸痹者皆在阴分，亦总由真阴衰弱，精血亏损，故三气得以乘之。经曰邪入于阴则痹，正谓此也。是以治痹之法，最宜峻补真阴，使气血流行，则寒邪遂去。若过用风湿痰滞等药，再伤阴分，反增其病矣'。故今用治痹，非出臆造也。"

家父在先生指导下，首先阅读了《内经》《难经》《伤寒论》《金匮要略》及《神农本草经》等经典著作，并选读了一些名家注释，同时熟诵了后世本草、药性诸书，其后又学习了《千金方》《外台秘要》《景岳全书》《温热经纬》《温病条辨》等诸家之学。先生以"读书者，尚能细心研读自有深造逢源之妙"启迪，晚年辑生平所治验案若干卷付家父。公循以治病直如高屋建瓴，节节既得，所当无不奏效，故尽得先生之传。

1930年春，家父考入天津于稼谦国医班学习3年。其间应舅父之邀，去香港、广州经商、业医。1935～1938年就读于上海恽铁樵国医班，因受恽氏学术思想影响，家父临证师古不泥古，参西不背中，在辨病与辨证、中西医结合治疗多种疾病中，取得可喜成果。"七七事变"后，日军侵入胶东，家父于1941年参加了抗日工作，并化名"罗林"，以教师身份为掩护开展抗日活动，其间曾开设"济生药房"，以医药为掩护，从事地下革命活动。中华人民共和国成立后，家父曾先后任栖东县立医院、栖霞县医院业务院长，莱阳专署中医药门诊部主任，烟台市莱阳中心医院中医科主任等职。

二

家父吉忱公尝祝于医者曰："贵临机之通变，勿执一之成模。"成模者，规矩也。通变者，运巧也。不能运巧，则无所谓规矩。家父栖身医林几十载，深感于"神行于规矩之中，巧不出规矩之外"，尝云："中医学理论无一不是常规，临床实践处处有技巧，若津津于常规，则作茧自缚；因证用方，则出神入化。故既要重规矩，又要运巧制宜，庶几左右逢源。"湿与热是病理变化的反应，又同属六淫范畴。《内经》《金匮要略》及历代文献均有治疗规范。鉴于湿分内外，热有表里，湿能化热，热能转湿，临证则运巧。家父在临床中，根据季节、时令、气候变化和冷热失常，进行推理诊断、辨证求因与审因论治。临证从整体观念出发，脉症合参，分清虚实及外邪偏盛或正气偏虚，作为临证处方用药准则，因势利导，拨乱反正而愈病，并根据多年临床实践，归纳出"湿热证治十九法"。

辨证论治是中医学术特点的集中表现。就是对于现代医学诊断的疾病而言，中医治疗的主要依据仍然在于证，且不可受西医诊断之限，胶柱鼓瑟，束手受败。如静脉血栓形成与血栓性静脉炎，家父认为同属中医学"脉痹"范畴。二者虽均为湿热、瘀血痹阻脉络所致，然验诸临床，前者为瘀血阻络而致湿热蕴滞，故"瘀血"为病的主要矛盾，而"湿热"则居次要矛盾，治宜活血通脉，佐以清热利湿。1973年3月某部队医院接诊一右股静脉栓塞引起下肢淋巴水肿患者，处理意见：手术治疗。因病人不同意施行手术，故请家父会诊。病者患部水肿，皮色白而光亮，舌苔黄，脉沉数，为湿热之候；舌质紫暗尚具瘀斑，故血瘀为致病之主证。遂以上法治之，处以当归、川芎、赤芍、牛膝、桃仁、红花、防己、忍冬藤、白芷、丹皮、甘草。服药3剂而痛止，5剂而肿消过半，30剂后而病臻痊愈。血栓性静脉炎则为湿热蕴结，引起络脉瘀阻，故"湿热"为主要矛盾，而"瘀血"为次要矛盾。治宜清热利湿，佐以活血通脉。1974年12月，家父曾接诊一左下肢血栓性静脉炎病人，患病20余日，几经治疗罔效。查患肢皮肤灼热、潮红、肿胀，病人口干不欲饮，便秘，舌质深红，苔黄腻，脉滑数，遂以清热利湿、活血通络法治之。处以双花、元参、当归、赤芍、牛膝、苡米、苍术、木瓜、黄柏、泽兰、防己、土茯苓、甘草，共进20剂，肿势尽消，但患肢仍拘挛灼痛。又以原方去苍术、黄柏、苡米诸药，加鸡血藤续服5剂，症状悉除。

古人尝云："兵无常势，医无常形，能因敌变化而取胜，谓之神将；能因病变化而取效，谓之神医。"兵家不谙通权达变，无以操出奇制胜之师；医家不能圆机活法，无以操出奇制胜之功，其理同也。药贵合宜，法当权变，知常达变，着手回春；拘方待病，适足偾事。脑囊虫病实为临证难愈之疾，家父于前人之验，潜心体验，持循扩充，每屡获效验。如一孙姓男性患者，遍体黄豆粒大之圆形结节，质地不坚，推之不移，不痛不痒，且时发痫证，舌质淡红，白薄苔，脉沉缓。经皮下结节活体切片检查，确诊为脑囊虫并发癫痫，即以豁痰开窍、杀虫定痫为法而施治。药用半夏、陈皮、茯苓、白芥子、胆星、全虫、僵蚕、榧子仁、郁金、远志、苡米、甘草。水煎服，并以磁珠丸佐服。共进 20 剂，结节消失三分之一，痫证仅半月一发。即于原方加竹沥冲服，续服 30 剂，皮下结节消失殆尽，痫证偶发。拟健脾化痰、宁心定痫之剂，复进 30 剂，诸症悉除，体质康复，一如常人。囊虫病由绦虫的幼虫囊尾蚴寄生于人体组织而发病。脑囊虫病的临床主证为癫痫、失明，癫痫常反复发作。故其治法，宜先杀虫理气，后健脾养胃；囊虫病皮下结节，治宜化痰利湿、软坚散结；脑囊虫发作癫痫者，治宜豁痰开窍、杀虫定痫，平时治宜健脾化痰、杀虫散结。总之，以消补兼施、扶正祛邪为大法。

破伤风是一种严重急性外科感染性疾病，中医学根据其症状和感染途径有众多的病名。究其病因病机，家父认为皆由风毒经创口乘隙侵入肌腠经脉，营卫不得宣通，筋脉失濡而致诸证。甚则内传脏腑，毒气攻心，痰迷心窍，致病情恶化。故立祛风解痉、化痰通络之法。验诸临证，因《医宗金鉴》之玉真散祛风之力虽强，而解痉之功则逊，故合入"止痉散"，则祛风解痉之效倍增，合二方加味，立"加味玉真散"（胆星、白附子、防风、白芷、天麻、羌活、蜈蚣、僵蚕、蝉蜕、鱼鳔胶、钩藤、朱砂、甘草）作汤剂服，临证化裁，每收效于预期。

脑积水与中医学"解颅"一证相侔。因病者前囟宽大，头颅若升似斗，故俗称"大头星"，实属难愈之证。肾主骨生髓，脑为髓海，肾气亏损，脑髓不足，致后天气血亏损而发解颅。续发于温病者，多由热灼营阴，肝风内动，循行不利，脉络受阻，则青筋暴露而水湿停滞。在临床中，家父以常法内服补肾地黄丸（脾胃虚弱者用扶元散），而变通"封囟散"，立"加味封囟散"（柏子仁、南星、防风、白芷、羌活、猪胆汁）外敷（本方入选高等医学院校教材《中医儿科学》），治愈小儿脑积水 30 余例。"封囟散"方出《医宗金鉴》，意在疏风、温通、利湿、消肿。加白芷芳香透窍，有疏风、温通、胜湿之功；羌活辛平味苦，祛风燥湿，散血解痉，有治"颈项难伸"之能。加味封囟散养血解痉、利湿消肿治其标；设补肾地黄丸补肾益髓、益气养血培其本，标本兼治，内服外敷合用，协同奏效，俾肾强髓密，气充血足，痉解络通，囟封颅合，肿消水除。临床经验：先天亏损、气血两虚者易治，预后佳良；后天温热诸疾继发者难治，预后较差。1989 年一中年女子告知，其 30 年前因脑炎继发解颅，病情重笃，濒于危殆，经公治愈后，至今神志正常，智力很好。是以后天温热病继发解颅者，亦不能率以预后不良，而贻误病机。

夫六淫七情相同，而罹受之人各异，禀赋有厚薄，质性有阴阳，性情有刚柔，年岁有长幼，形体有劳逸，心情有忧乐，天时有寒热，病程有新久。家父认为：临证当洞悉天地古今之理，南北高下之宜，岁时气候之殊，昼夜阴晴之变，方能谙达病机，把握治疗。此即五运六气、子午流注学说在临床上的现实意义。例如 1966 年下半年烟台地区病毒性肝炎流行，循以常法茵陈蒿汤疗效不著。岁值丙午，少阴君火司天，阳明燥金在泉。在治疗上则宗《内经》"阳明在泉，湿毒不生，其味酸，其气湿，其治辛甘苦"的治疗原则，主以辛开苦降之剂，佐以甘味健脾之药，于是郁火得清，湿热得除，中州枢转，病臻痊愈。其后于 1972、1978 年该地区病毒性肝炎又为流行高峰年份，发病季节又均在农历七月左右，其地支又均分属子、午，为少阴君火司天，"其化以热""热淫所胜，佛热至，火行其政""四之气，溽暑至，大雨时行，寒热互至，民病寒热，嗌干、黄瘅"，俱湿热郁蒸之候，家父乃治以辛苦甘味诸药而获大效。

再如冠心病属中医学"胸痹""心痛"范畴，此病本虚标实、虚实错杂。痰浊为病变前提，气滞血瘀为病变结果。家父临证依据"急则治其标，缓则治其本"和"间者并行，甚者独行"的治则，根据不同阶段，各有侧重。将"通"与"补"两大治法有机地联系和密切结合，或标本兼治，扶正祛邪，或先通后补，或先补后通，或通补兼施。"不通则痛"，为痛证共同机理。然通有多法：调气以和血，调血以和气；上逆者使之下行；中结者使之旁达；虚者助之使通；寒者温之使通，无非通结而已。本虚应针对阴阳气血、脏腑的不同虚证表现，采取相应的补法。早期病急，疼痛剧烈，治标为主，以通为用，治本为辅。病情缓解或稳定后，则通补兼施，标本兼治。后期补虚纠偏以固本，而有"冠心病临证十法"传世。家父认为：临证若不识标本缓急，妄投芳香开窍之品，滥使活血化瘀之剂，则耗血伤阴，损气败阳，沉弊滋多，适足偾事。

再如对高血压病的临床治疗，鉴于引起高血压病之眩晕、头痛的主要因素是"阳亢"，治疗的当务之急是"潜阳"，故将"潜阳法"作为一个重要法则（但不是唯一法则）来探讨。鉴于阳亢之由多端，潜阳之法不一，故方药亦因之而异。所谓治标潜阳法，即"阳亢"为标证、兼证的方法，像痰火蕴伏、扰动肝阳者，肝脾同病而阳亢者，及阴阳俱虚而阳亢者，尤其后者，似于理不通，但临床上屡见不鲜。"阳无阴则不长，阴无阳则不生"，肾阳不足或肝旺于上肾亏于下，必波及肾阳，反之亦然。家父拟加味真武汤，验诸临证，每收卓效。方由真武汤加石决明、杜仲、寄生、桑椹子等药而成。其特点是附子与石决明等潜阳药物同用。附子为回阳救逆之必须，石决明为镇肝潜阳之要药，二药合用，交济阴阳，以求其平秘。药效殊异，确有异曲同工之妙。潜阳诸剂，潜降药物首当其冲，对高血压病而见肝阳上亢者，大有攻关夺邑、功效直截之誉。然潜阳药物质地沉重，药性沉降，且临证处方用药剂量较大，长期服用易出腹泻之弊端，故临床上要中病即止，不可久用。

三

1954～1960年，家父受莱阳专员公署指派负责胶东地区的中医培训工作。他先后主办了7期中医进修班，并亲自讲授《内经》《伤寒论》《金匮要略》、温病学、中药学和医学史等课程，为全地区培养了大批中医骨干。1960年又受聘于山东省莱阳中医药学校讲授温病学，家父结合个人临床经验和心得，阐发温病学源流、病因病机、辨证方法及方药，发挥己见，注重实践，内容广博，并示所编"温病舌诊歌诀"让学生诵记。以"伤寒为法，法在救阳；温病为法，法在救阴"两大法门启迪学生，并倡临证应冶寒温于一炉，方不致墨守成规，胶柱鼓瑟。由博返约、深入浅出是家父的教学特点。20世纪60～70年代又教子课徒十余人。《礼记·学记》云："凡学之道，严师为难。"在授课带教中，家父常以清代林珮琴语训之："学者研经，旁及诸家，泛览沉酣，深造自得，久之源流条贯，自然胸有主宰。第学不博，无以道其变；思不精，无以烛其微。唯博也，故腕行于应，则生面别开；唯精也，故悟彻于玄，而重关直辟。"故山东诸多名医多出自其门下。

1955年，家父为山东中医学会理事，后为烟台地区中医学会副理事长主任中医师、莱阳市历届政协委员，1980年为莱阳市政协常委及文史组副组长。他勤于笔耕，著述颇丰，诊务教学之暇，结合个人多年实践，先后著有《济生内经选读》《济生伤寒论注释》《济生温病讲稿》《济生本草经解》《风火简论》《中医外治法集锦》《济众利乡篇》《热病条释》《柳吉忱医疗经验》《脏腑诊治纲要》《周易卜筮》等书，并撰写了《运气学说之我见》《哮与喘的证治》《癫狂痫痴的证治》《崩漏治验》等几十篇学术论文。

家父喜咏"老夫喜作黄昏颂，满目青山夕照明"诗句，一生勤奋，堪为师表，栖身医林几十载，虽届耄耋之年，尚有"老骥伏枥，志在千里"之暮年壮志。1983 年 2 月家父因年迈而离休，但对登门求医者仍以医德为重，以"济生"为己任，以解除病人痛苦为最大的快慰。1987 年受山东中医界重托，家父与余创办山东扁鹊国医学校，并为首任校长。

家父名毓庆，源自《周易》"蒙，君子以果行毓德"；字吉忱，乃祥和诚挚之谓也；以其素恪守孔子"宽裕温柔足以有容""发愤刚毅足以有执"之教而以字行；李兰逊公赐号济生，亦取《周易》"天行健君子以自强不息""地势坤君子以厚德载物"之意也。"万物并育而不相害，道并行而不相悖"的中庸之道为其一生之立身；发愤忘食，乐而忘忧，仁以为己任是其一生之立品。故当外虏入侵之时，公虽一介书生，但仍舍生忘死从事抗日工作，彰显其为国家、为民族之爱国主义精神。

吕炳奎

吕炳奎（1914—2003），江苏省嘉定人。自幼立志从医，以济世活人为己任。15岁初中毕业后，拜嘉定名医汪志仁为师，强学力行，19岁悬壶嘉定独立行医。1938年抗日战争爆发不久，弃医从戎，变卖家产，购买枪支，组织嘉定外冈游击队，并出任队长。1939年7月在青浦加入中国共产党，由一位热血郎中成为一名在中国共产党领导下的战功卓著的优秀指挥员。先后担任江南抗日义勇军第三路第三支队队长，中共嘉定县县委委员，江抗东路第二纵队第三支队副队长、第二纵队组织股长，中共青昆中心县委委员兼军事部副部长，淞沪游击队政治部主任，中共路南地委委员兼军事部长，浙东军政分委书记，新四军浙东纵队四支队政治委员，中共浙东三东地委书记，中共三东地区特派员，浙东海防大队政委，中共三北地委委员，浙东东防处主任，浙东三北工商管理局局长兼三北税务局局长，浙东财委委员及浙东银行经理，中共浙东工商管理局监委兼浙东盐务管理局局长，海防大队政委等职。

在解放战争中光荣负伤。先后担任中共海上抢运委员会书记，苏北海防纵队副政委兼政治部主任，鸿济公司总经理，中共华中海上工作委员会书记兼华中海防纵队政委，中共江南工委副书记兼海防纵队政委，中共松江地委常委兼副专员等职。

1951～1954年，担任中共苏南党委统战部副部长、中共江苏省统战部副部长。1953年江苏省委责请其筹建省中医院、省中医学院。1954年秋出任江苏省卫生厅厅长兼党组书记，1956年9月中央决定调其任中华人民共和国卫生部中医司司长之职。"我来这里不是为了当官，而是为了中医事业。我是中医，一定为中医讲话，为中医事业工作，这就是我的决心。"从这掷地有声的肺腑之言开始，这位"中医司令"以其历尽艰辛的五十春秋，书写了其为中医事业发展奋斗一生的光辉篇章。2002 年 11 月，89 岁高龄的吕炳奎同志，仍关心中医的前途与命运，以"挽救中医，刻不容缓"为题上书中央。在 2003 年抗击"非典"期间，又组织中医专家成立了"非典治疗小组"。在生命最后时刻，还为中医事业而呼吁。2003 年 12 月 10 日，因病在北京逝世。

昔范文正公做诸生时，辄以天下为己任，尝曰："异日不为良相，便为良医。"故而有"先天下之忧而忧，后天下之乐而乐"之人生立品。吕炳奎是一位知名度很高的长者，他经历了为中华民族的存亡、中华人民共和国的建立及中医事业的发展而奋斗的"良医""良相"人生。其光明磊落，刚直不阿，忠心耿耿，矢志不移，赢得了人们的敬重。新闻界的朋友曾以"中医信赖的带头人""中医司令""中医泰斗""新中国中医事业奠基人"为题记述他的品德与业绩。

"芝兰生于深林，不以无人而不芳；君子修道立德，不为困而改节。"吕老是一位治中医发展之学的大学问者。

戎马郎中

吕炳奎先生 1914 年 1 月 3 日生于江苏省嘉定县望仙桥乡，幼年染病垂危之际，幸遇走方郎中救治，从此立志学医，以冀解人之难。17 岁初中毕业后，拜嘉定名医汪志仁为师。20 岁起，挂牌应诊，诊务繁忙，医名颇佳。

"七七事变"后，日本侵略军接着进犯上海，11 月 11 日上海失守，11 月 14 日嘉定沦陷。嘉定境内先遭国民党败军的骚扰，复遭日本侵略军的烧杀，满目凄凉，民不聊生，老百姓身在水深火热之中，中华民族处危急存亡之秋。这时，家住杨甸、在外冈镇开业应诊的中医吕炳奎，面对国仇家恨与父老乡亲的苦难，对日伪匪顽切齿痛恨，为了爱国抗日、保卫家乡，以行医防身为由变卖家产，先后购买了 10 多支枪，于 1938 年春节后，在抗战前夕杨甸乡壮丁训练小分队的基础上，建立了"杨甸民众自卫队"。这个自发组织起来不脱产的群众武装的领导人就是吕炳奎。此即"临患不忘国，忠也"。群众武装组织起来后，很快显示了威力。1938 年清明节前，四五个土匪窜到杨甸敲诈农民，群众武装把他们打跑了。群众武装还深入到朱家桥镇，捉拿做尽坏事的汉奸徐朴民、刘世民，并就地枪决。这一除暴安民的行动，在上海近郊影响很大，一时盛传"嘉定城外出了一支真正抗日锄奸的游击队"。

"杨甸民众自卫队"一身正气，是与吕炳奎的爱国心、正义感分不开的。吕炳奎身为有名望的乡村郎中，和四方村民有密切的联系，同时也和社会上的三教九流有广泛的接触。处在抗战初期的乱世之秋，有些当初的朋友爬上国府要员的宝座，有些当了伪军军官，有些成为土匪头目。在和这些人周旋的过程中，吕炳奎识破了他们，进而痛恨他们，反对他们。日、伪、顽把吕炳奎看成眼中钉，一面扫荡、袭击、暗算，一面拉拢、劝降，但都没有使吕炳奎胆怯、动摇。

吕炳奎的好友陆铁华向他的老同学吴雪之反映了外冈方面的情况，吴是一位老共产党员（中华人民共和国成立后曾任商业部副部长，全国政协常委）。其时，中共江苏省委也正在关注着吕炳奎这支部队。1938年9月初，中共党员邱生凡受党的委托与吕炳奎会面。吕炳奎向邱生凡详细介绍了杨甸地区的群众武装情况，并谈了嘉定地区日伪、匪顽方面的情况，认为只有扩大真正的抗日力量，外冈地区的抗日斗争才有希望。邱生凡向吕炳奎介绍了抗战形势、任务与共产党的主张，同意吕炳奎扩大抗日武装的计划。邱生凡回上海向党组织汇报了吕炳奎的部队情况，并动员上海难民收容所的青年前去参加部队。为了提高吕炳奎的阶级觉悟与思想认识，党组织安排吕炳奎去上海参观当时有"孤岛上的解放区"之称的由我党主办的难民收容所。

1938年10月初，根据中共江苏省委关于"注意隐蔽，稳步发展"的指示，虽是国民党的部队编号，实际在吕炳奎、邱生凡领导下的这支队伍，已成为党领导的一支独立的抗日人民武装。1939年1月，这支部队烧毁日本军用飞机，伏击日军运输汽车，剪断军用电线，截击日军汽艇，同时，进行了一连串铲除汉奸、土匪的行动，处决了作恶多端的土匪头子徐小根，枪决了阴谋诱降的伪科长秦冕才。匪徒及伪职人员受到很大震动，当地民众受到很大鼓舞。

1939年4月，国民党第三战区对江南新四军一面"画地为牢"，一面强令其担任阵地防御，妄图"借刀杀人"。陈毅军长部署新四军六团东进作战，六团为了防止国民党顽固派捣乱破坏，沿用"江南抗日义勇军"的番号（简称"江抗"），独立自主地扩大抗日力量，借机创建根据地，成立了以叶飞为书记的东路工作委员会。1939年7月7日，吕、邱率部与"江抗"汇合，歼灭暗中投降日军的许雷生部队，7月20日吕炳奎在青浦加入中国共产党，7月21日配合叶飞全歼邓敬烈匪部一千余人。7月24日经过整编，外冈游击队加入主力部队，编为"江抗"三路三支队,吕炳奎任支队长,邱生凡任支队政治处主任。从此,吕炳奎作为新四军的一员,指挥部队参加过多次抗日战斗。现代京剧《沙家浜》的故事就是取材于这支部队,而那位化装成走方郎中的县委书记的原型就是吕炳奎先生。

从 1939 年 8 月至 1945 年 8 月,在抗日战争期间,吕炳奎先后担任过江南抗日义勇军第三路第三支队队长,中共嘉定县县委委员,江抗东路第二纵队第三支队副队长、第二纵队组织股长,中共青昆中心县委委员兼军事部副部长,淞沪游击队政治部主任,中共路南地委委员兼军事部长,浙东军政分委书记,新四军浙东纵队四支队政治委员,中共浙东三东地委书记,中共三东地区特派员,浙东海防大队政委,中共三北地委委员,浙东东防处主任,浙东三北工商管理局局长兼三北税务局局长,浙东财委委员及浙东银行经理,中共浙东工商管理局监委兼浙东盐务管理局局长,海防大队政委等职。

从 1945 年 9 月到 1949 年 9 月,在解放战争期间,吕炳奎为新四军采购了大批物资,运送大批革命干部去延安。他带领的海防纵队为中国人民解放军第一支海上武装,曾缴获了敌人一艘登陆艇,是我军历史上拥有的第一艘现代舰艇。吕炳奎先后担任过中共海上抢运委员会书记、苏北海防纵队副政委兼政治部主任、鸿济公司总经理、中共华中海上工作委员会书记兼华中海防纵队政委、中共江南工委副书记兼海防纵队政委、中共松江地委常委兼副专员等职。在任鸿济公司总经理期间,为解放战争解决了大量急需物资。影片《51 号兵站》中"小老大"的原型就是吕炳奎先生。

一位热血郎中,在民族生死存亡之际,在家乡父老苦难之时,在上海近郊、紧靠嘉定县城的外冈地区,组织与率领抗日武装,几经安危,历尽艰险,沉重地打击了日寇的强化治安计划,粉碎了淞沪地区"曲线救国"的投敌阴谋。吕炳奎走过的革命道路,谱写的壮丽人生,是共产党教育和家乡人民哺育的结果,也是中医界崇尚医德、舍生取义的光辉典范。

铺路基石

1951 ~ 1954 年,吕炳奎担任中共苏南党委统战部副部长、中共江苏省委统战部副部长。1953 年初,江苏省委书记邀请几十位专家到家里过除夕,席间与专家们谈及中医问题。省委书记提出要创办一所中医院、一所中医学院，并说吕炳奎副部长抗战前是一位中医，在嘉定地区很有名，要他来负责组建中医院、中医学院，请他当院长，专家们一致赞成。吕炳奎当即表示愿重操医业，一辈子为中医事业奋斗。

1954 年 3 月，吕炳奎以省委统战部与省卫生厅的名义召开了江苏省第一次中医代表座谈会，应邀参加会议的中医专家有邹云翔（肾病专家）、承淡安（针灸专家）、曹鸣皋（内科专家）、叶橘泉（中药学家）等 70 余名。开幕式在省政府礼堂举行，时值上海市市长陈毅到南京视察，还在开幕式上讲了话。陈毅市长及省委省府负责人还参加了省交际处举办的宴会。会议举行得非常隆重，许多老中医感动得热泪盈眶。这次会议是全国首次，会后向中央做了报告，各省市也陆续召开了同样的会议。

会议之后，吕炳奎与卫生厅一起派人选择院址，确定省中医院按 300 张床位的规模筹办，这在当时来说是很有气魄的决定。当年秋，吕炳奎到卫生厅任厅长兼党组书记，他坚持在医院动工基建的同时，先维修旧房，开设门诊，邹云翔、曹鸣皋、叶橘泉、周筱斋等十几位名老中医都参加了门诊部的工作。成立中医学院的事，因为没有校舍、师资、教材，一时无法解决，改为先以原来卫生厅办的中医进修学校（是中医进修西医的）为基础，首先由各市县选派水平高的、30 岁左右的青年中医参加中医师资进修班，采取老师教、学生互教、师生互教等形式培养中医师资。经过学习，进修班学员理论水平和临床水平都有所提高，并以集体讨论形式编写了各科教材。经过两年多时间，共培养了 200 余名各科师资，编写出版了 27 种教材，积累了中医课堂教学的经验。如果有人问，新中国中医教育起步最早、功劳最大的是哪一家？江苏省中医师资进修学校当首屈一指，后来成立的中医学院基本上是借鉴这里的教材和教学经验，有些中医学院专科老师还是从这里调去补充的，尤其是支援北京中医学院的教师竟达四十位之多，他们大都成了全国一流的中医专家，如董建华、程莘农、杨甲三、王绵之、颜正华、刘弼臣、印会河、王玉川、姜揖君、施汉章、金起凤、江振济、孔光一、陈佑邦等。吕炳奎在江苏省工作期间，为成立南京中医学院创造了办学的基本条件。

忠诚卫士

1956年9月13日，吕炳奎先生奉命担任卫生部中医司司长之职，为了配合西医学习中医班教学工作的需要，他提出组织编写《中医学概论》的建议，要求从中医理论和临床实践相结合的角度，通俗易懂地阐明中医理论体系。这个想法得到郭子化副部长的赞同后，立即通知江苏省中医师资进修学校，由副校长带几位教师到北京详谈。1958年夏秋之间，《中医学概论》由人民卫生出版社出版，对当时的西学中教学工作和普及中医药知识发挥了很大的作用。该书至今一版再版，为读者所欢迎。

1956年9月15日晚，卫生部党组书记、副部长徐运北和中医司副司长何高民到住所看望吕炳奎，谈了一些工作情况，也谈到了中医司司长缺职的情况。吕炳奎意识到将要肩负的重任，向徐运北副部长表态说："徐部长，我来这里不是为了当官，而是为了中医事业。我是中医，一定为中医讲话，为中医事业工作，这就是我的决心。""为中医讲话，为中医事业工作"，这铿锵有力的表态，是吕炳奎发自肺腑的誓言。我们仿佛又见到那个在"中华民族到了最危险的时候"，"倾家无爱"投笔从戎的热血郎中。凡是了解吕炳奎为中医事业而遭到厄运的人，都应该知道，履行这一誓言所付出的代价是什么。诚如诸葛亮《后出师表》所云："受命之日，寝不安席，食不甘味，思唯北征。"

吕炳奎上任时的中医司有干部37人。卫生部有三位老中医任顾问，即秦伯未、章次公、沈德建，中医司科长中有李重人、龚志贤、魏龙骧等，以及路志正、何高民同志，其他同志都是卫生行政干部。是时，在卫生部大院充满歧视、排斥中医的气氛，中医受到不公正的待遇，中医司有的同志觉得低人一等，挺不起腰，抬不起头。吕炳奎对司里的同志讲："你们要抬起头走路，他们看不起中医，是奴才相的表现，你看不起我，我还看不起你呢。中医工作和其他卫生工作是平等的。"

吕炳奎上任后碰到的第一件难事，莫过于北京中医学院建院初期遇到的难题。北京中医学院筹建工作的条件很差，连学生的碗筷都没有准备，引起学生很大反感。校址只借用了北京中医进修学校的一层楼，开学时还未派出院长等主要干部，临时将中医司副司长陈育民调去当院长。8月24日陈育民到学院时，只有余无言、栾志仁两位教师。9 月 1 日开学时，打了上课铃，学生进入课堂，却没有教师，陈育民急中生智，自己走上讲台，宣讲中医政策。由于学院无教师、无教材，学生向卫生部提意见，向周总理告状。学生"闹事"，卫生部主管部门医教司经过半年周旋，仍无法解决办学的基本条件。这时，吕炳奎主动提议，南京方面有房子、教师、教材，暂时将学校迁至南京。这个意见得到了卫生部、中宣部、文教办的同意。吕炳奎带了三封介绍信直奔南京，向江苏省委求援。消息传到北京老中医的耳中，他们马上向周总理报告：北京中医学院不应该南迁，也不同意南迁。总理得知后，批评说："首都办不成一所中医学院，这不是笑话了！"同时亲自责成国务院副秘书长齐燕铭处理此事。

齐燕铭提出把北京市东城区海运仓中国人民大学的大院让给北京中医学院，卫生部出资 400 万元为人民大学在西郊扩建校舍。院址的问题解决了，但师资、教材仍无着落。吕炳奎又奔赴江苏求援，求得教师 40 名并带全部自编教材，使北京中医学院的教学工作走上了正轨。在短短三四年中，南京、北京、成都、上海、广州等中医学院都先后举办进修班，如北京的《内经》班，南京的温病、针灸班，成都的《伤寒》班，以培养师资，向全国推广南京的教学经验。到1960 年初，全国各中医学院的师资队伍已经形成，为新中国的中医教育奠定了基础。

1962 年底，北京、上海、成都、广州 4 所中医学院第一届毕业生走上工作岗位。北京中医学院总结 6 年的办学经验，评估教学质量，几位老教师认为毕业生的中医理论基础不够，运用中医理论指导临床的水平不够，建议加强中医课的分量，增加中医课的教学时数。任应秋、李重人、陈慎吾、于道济、秦伯未等 5 位老教师上书卫生部，拟出了加强中医课程、提高教学质量的意见书，吕炳奎作了修改后，交给徐运北同志（徐表示同意），这就是著名的"五老上书"。在"文革"那个狂乱的年代，"五老上书"被当作毒草加以批判，吕炳奎及 5 位老教师也被当作牛鬼蛇神加以批斗。本已为革命受伤致残的吕炳奎，竟又被"造反派"打断两根肋骨，关进了牛棚。

"守正为心，疾恶不惧"，为吕老一生之立品。1962 年，国家正值三年自然灾害，经济非常困难，教育系统大精简，高等院校要砍掉 40%，只留 500 所。因此，卫生部教育司提出 23 所中医学院只留 5 所老校，即南京、北京、上海、成都、广州。虽然南京于 1958 年才挂上学院牌子，但因中医教学以南京为先导，因此，南京也排在老校之内。为教育系统大精简召开的全国教育工作会议，在国务院文办主任林枫的主持下开了40多天，中医司与教育司协商多次，迫于当时形势，不砍掉几所中医学院是不行的，教育司同意中医司保留12所的意见。又过了10多天，得不到会议消息，吕炳奎心急如焚，就在会议结束尚未定案之前，国务院文教办梁济民同志（原卫生部干部）打电话告诉吕炳奎会议即将结束，第二天由周总理讲话，之后林枫做总结，中医学院只留5所，砍掉18所。"此诚危急存亡之秋也"。吕炳奎先生听后非常震惊，认为这是错误地对待党的中医政策，于是立即给周总理写信，恳请徐运北同志亲手交给总理。此即"思难不越官，信也"。第二天，徐运北同志果然把信交给周总理，并顺便讲了一句："中医学院问题，中医司不同意砍掉10多所。"等到讲话结束时，周总理专门讲了一句话："中医学院问题再考虑。"第三天林枫主任做会议总结时，最后提了句："中医学院不动。"就这样，在全国教育工作会议高校大精简中，原有的23所中医学院全部保留了下来，这是吕炳奎的意见得到周总理支持的结果。后来，河南洛阳正骨学院和河北中医学院因省内坚持而下马，所以，实际上保留了21所。

中医学院保留下来后，吕炳奎先生为提高教学质量，提出了修改教学大纲的建议。1962年10月初，研究了编写二版中医教材的计划，安排1963年分批审稿，1964年出齐。1964年秋季开始使用二版教材。不久，"文革"开始了，二版教材停用，但二版教材的作用和影响是很大的，中医学院师生及广大读者至今仍在称赞二版教材，并把它当作重要的教学参考书。

吕炳奎对西医学习中医工作也给予了热情的支持。1958年第一期西医离职学习中医研究班毕业时，为了总结经验，中医司会同中宣部体卫处、国务院文办文卫处，经过三个多月的讨论修改，于1958年9月25日，以"关于西医学中医离职班情况成绩和经验"为题以卫生部党组名义向中央报告。毛泽东主席10月11日在报告上批示："中国医药学是一个伟大的宝库，应当努力发掘，加以提高。"卫生部的这个报告，正是由吕炳奎先生主持起草的。在毛主席批示精神的鼓舞下，二年制西医离职学习中医班在武汉、上海、广州、成都等地相继举办，为我国中西医结合工作培养了一大批中坚力量。

吕炳奎先生对中医带徒弟的传统十分重视。从1955年到1960年，全国大约有5万名中医徒弟，为解决他们出师后的工作问题，中医司每年做带徒计划上报卫生部，但始终没有被列入卫生人员培养指标，因此，中医徒弟结业后不能分配工作，又不准自己开业，长期按学徒待遇。对这种不合理的现象，吕炳奎先生多次据理力争，但一直未得到卫生部领导的支持，直到 1983 年 8 月 3 日卫生部关于"进一步解决学徒出师的中医药人员和'西学中'人员职称问题的通知"下发后，此类问题才得以基本解决。

中流砥柱

1966 年开始的"文革"使中医药界遭受到严重摧残。老中医大多数被定为牛鬼蛇神、反动学术权威；中医学院被拆并，中医医疗、教学、科研队伍被搞垮，中医工作濒于毁灭的边缘。"四人帮"强制推行"中西医结合"是"医学发展的唯一道路"，就是说中医已不能独立存在和发展了。"文革"一开始，卫生部中医司就被取消，"文革"中成立的中西医结合办公室只搞中西结合，不搞中医工作整整八年。

1976 年"四人帮"垮台，中医百废待兴。1977 年吕炳奎接管中西医结合办公室工作。吕炳奎先生复职后，首先是调查研究，摸清情况，起草了一份关于对中医工作的认识和建议的书面材料，准备向中央报告，当时许多记者支持并由新华社发了"动态"，直送中央政治局委员。中央看到清样，即召集卫生部正副部长开会。中央领导同志说，关于中医药问题，吕炳奎的意见很好，你们根据这个意见写个报告，中央批示转发。这就是中央关于中医工作的〔1978〕56号文件的来历。

1978 年十一届三中全会后，实践是检验真理的唯一标准的大讨论启发了人们的思想。吕炳奎先生反复考虑中医工作之所以困难的症结所在，除了思想认识问题以外，在方针政策上有没有问题？他逐渐察觉到，以往"西医学习中医是关键"的提法，有否定中医学自身发展规律及其动作的偏向，贬低了中医的学术地位，也挫伤了中医的积极性。以往"中西医结合创造统一的新医学"的提法，忽视了现代医学与中医学两个不同理论体系的客观性，在理论上尚未能结合的情况下，必然是以西医理论检验中医、改造中医，中医得不到发展，中西医结合也就不可能得到发展，从而自然而然地得出一个结论：现阶段，中医、西医、中西医结合三支力量同时各自独立发展是正确的方向。经过多次讨论，卫生部党组明确了三支力量长期并存、共同发展的方针。

1979年10月的一天，陈慕华副总理约卫生部王伟副部长和吕炳奎、胡熙明到国务院开会，请胡乔木同志谈创造新医学派问题。乔木同志认为，关于学派，古今中外，都是自然形成的，最后得到社会的公认。不可能先出个题目，来创造一个学派，这是不科学的。乔木同志的见解，是对吕炳奎意见的肯定。

1980年初，卫生部党组通过了"三支力量"的方针，并写在中医、中西医结合工作会议的报告和文件中，但在贯彻执行时，出现了反对意见，阻力很大。卫生部党组下决心再用一年的时间进行全面调查，通知全国卫生部门进行。1981年调查结束后得出的结论，还是三支力量同时发展为好。为了更好地贯彻三支力量长期并存、共同发展的方针，卫生部党组决定在1982年召开两个会议，一是1982年4月16日至22日在湖南省衡阳市召开的全国中医医院和高等中医院校建设工作会议，一是1982年12月29日在石家庄召开的全国中西医结合和综合医院、专科医院中医科工作会议。

1982年4月召开的全国中医医院和高等中医院校建设工作会议，会址在湖南省衡阳市，目的是现场参观衡阳市中医院的办院经验。这是一次历史性的会议，会议强调中医教育和医疗工作要保持和发扬中医特色。衡阳会议是由崔月犁部长主持的，会议结束前全国人大决定任命崔月犁为卫生部部长，吕炳奎先生在会上宣布这个消息后，全场热烈鼓掌达五六分钟之久。全体代表听了会议总结，激动地跳起来，说："中医得救了！"衡阳会议的精神，一是将中医学院办成真正培养中医人才的学府，明确规定西医课（含见习）不得超过500学时；二是中医医院必须办成体现中医优势和中医特色的名副其实的中医医院。

1982年12月29日在石家庄召开的全国中西医结合和综合医院、专科医院中医科工作会议，集中讨论了中西医结合的具体措施，强调中西医结合工作尚在探索阶段，但要按一支力量来对待，中西医结合和中医、西医是平等的；强调认真贯彻党的中医政策，团结中西医。中西医结合工作的开展，是在中医、西医发展的基础上进行的，中医和西医的水平越高，团结合作得越好，开展中西医结合工作的基础也就越可靠，越能多出成果；强调认真解决中西医结合基地的队伍建设。

人们认为，经过衡阳、石家庄两次会议对中医、中西医结合工作的讨论和安排，可望开创一个新局面，取得更大的成就。

吕炳奎先生企盼着这个新局面的真正到来。

千里壮志

衡阳会议结束不久，吕炳奎先生由于年事已高离休了。他还没有来得及主持全国中西医结合工作会议，竟有人歪曲衡阳会议精神，进而攻击组织者吕炳奎。吕炳奎先生每谈及此事，都感慨万分地说："由于三支力量的方针被取消，中医教育、中医医院在中西医结合的路上爬行，中医理论体系在消失，中医疗效在下降，老中医感到中医后继乏人、乏术的局面难以扭转，都不愿多说话了。"面对这种状况，吕炳奎先生即致力于推进民办中医事业的发展，他和崔月犁同志等一道，创办了"中国民间中医药研究开发协会"和"光明中医函授大学"。

1984年底，当光明中医函授大学在全国政协礼堂宣布成立之时，得到了全国各省、自治区和直辖市名老中医的拥护。他们纷纷主动要求在当地成立光明中医函授大学分校（或辅导站），在短短的两三年里，各地相继建立了分校34所。吕炳奎先生以函大校长的名义聘请各地名老中医任分校校长，如郑伟达（福建）、张琪（黑龙江）、刘冠平（吉林）、史常永（辽宁）、王士相（天津）、刘渡舟、赵绍琴、曹希平（北京）、桑林（河北）、张海岑（河南）、刘炳凡（湖南）等。光明中医函授大学以坚持面向农村、面向基层、面向临床的办学方针，以寓医理于临床的教学思想，以造就一代既明医理又能治病的临床中医师为培养目标，吸引了大批酷爱中医者入学。到1992年底，中医专业已有2万多名毕业生，骨伤专业已有5000多名毕业生。吕炳奎先生寄希望于他们，寄希望于青年中医，希望在10年之后从他们中间能出现一批名中医，以继承全国名老中医为之献身的中医事业。十一届三中全会后，在中央的正确方针指导下，中医事业写入《中华人民共和国宪法》，并成立了国家中医药管理局，改变了中医依附于西医的从属地位。

吕老肩挑重担，风风雨雨几十年，离任后本该颐养晚年，享受天伦之乐，但他想到的不是个人的安逸，而是中医事业。他离而不休，继续发挥余热。他老骥伏枥，志在千里，抱着病残之躯，依然为中医事业奔波奋斗。他感到"文革"后虽各项中医工作基本进入正轨，出现了好的苗头，但中医队伍大有后继乏人、乏术之势，因此不顾年迈，与卫生部崔月犁部长一道，经过运筹，调动社会力量，不花国家一分钱，自筹资金、校舍，创办了全国第一家民办的中国民间中医药研究开发协会和"光明中医函授大学"，面向基层，面向农村，民主办学，既为国家储备了一批中医药人员，又给国家节约了大量经费。事实证明，民办教育也是一条培养人才的有效途径。

2001年4月28日，吕炳奎先生在北京保利大厦收名医郑伟达教授为徒，并举行了拜师仪式。

2003年"非典"期间，吕老不顾年高体弱多病之躯，依然组织起中医人员成立抗击"非典"战斗队，奔赴第一线，积极开展工作，此即"图国忘死，贞也"，并上书温家宝总理、吴仪副总理，要求发挥中医善治瘟疫的优势，运用中医中药防治"非典"。当吕老看到党中央、国务院批准中医药人员参与抗击"非典"的战斗，并取得较好疗效后，感到十分欣慰。

2003年，90高龄的吕老在他生命的最后时刻，还为保卫中医而呼吁，再次强调："中医学是中国文化的脊梁，脊梁断了，中华民族也就失去了独立性、民族性，这个后果是极其严重的、不堪设想的。抢救中医，是现时对中华民族最为重要的大事，是不能再拖延的了。"拳拳赤诚之心，感人至深。

2003年12月10日，吕炳奎先生因病在北京逝世，享年90岁。

"似兰斯馨，如松之盛"。吕炳奎先生为了中国人民的解放事业舍生忘死，浴血奋战；中华人民共和国成立后，为了中医事业而呕心沥血、殚精竭虑，奉中医如生命。其奋斗的一生，令世人敬仰。这使我们想到一位古人，战国时鲁国大夫叔孙豹，史称穆叔，参与诸多军国大事。《左传》载赵孟赞其"临患不忘国，忠也；思难不越官，信也；图国忘死，贞也。谋主三者，义也"。此亦吕炳奎先生之谓也。史尚载范宣子问穆叔："死而不朽，何谓也?"对曰："太上有立德，其次有立功，其次有立言。虽久不废，此之谓不朽。"吕炳奎先生亦"死而不朽"之谓也。

罗元恺

罗元恺（1914—1995），字世弘，1914 年阴历 10 月出生于广东省南海西樵山（今佛山市南海区）。其父以医为业，悬壶于南海、广州等地，对温病颇有研究。罗元恺自幼熟读方书，随父侍诊，1935 年毕业于广东中医药专门学校，并考取广州市中医师执照，留任该校之附属广东中医院医师，后兼任该校《金匮要略》课教师。抗日战争期间，在  粤北地区行医，并开设中医讲习所。抗战胜利后，重返母校任教，1949 年就任广东中医药专门学校校长，1951 年兼任广东中医院院长，其后兼任广东省中医进修学校副校长。

1956 年参与筹办广州中医学院，曾任该院进修部主任、妇儿科教研室主任。1962 年获"广东省名老中医"称号。1977 年成为全国第一批中医教授。1978 年开始招收中医学硕士研究生，1986 年招收中医妇科学博士研究生，是首批获中医妇科学硕士、博士学位授予权的研究生导师。兼任国务院学位委员会第一届学科评议组成员。1979 年担任广州中医学院副院长，主管教学和研究生工作。学术造诣深厚，勤于著述，撰著出版了《罗元恺医著选》《罗元恺论医集》《罗元恺女科述要》；主编了《中医妇科学》（五版教材）、《实用中医妇科学》等。在教材与专著中比较系统地整理和阐发了中医妇科理论，提出一系列新观点，构建了中医妇科学的学科体系。为中医研究生教育做了大量开拓性工作，在中医院校教育体系建设方面有卓越贡献，被誉为"医坛柱石，杏林泰斗"。

罗元恺是首批享受国务院特殊津贴的中医专家；中华全国中医学会第一届妇科分会副主任委员；全国首批老中医药专家学术经验继承工作导师；第五、六、七届全国人大代表。

家学渊源　悬壶济世

罗元恺出生于中医世家，其父罗棣华乃清末儒生，以儒通医，后参加北伐，善治热病。罗氏幼承庭训，有深厚的国学基础，并在父亲指导下诵读方书，立志以医为业。但他不以家传授受为满足，1930 年考入广东中医药专门学校。该校是五年全日制的高等中医学校，开设中医基础与临床课程，并设有西医基础课程，实行比较系统和规范的中医学教育。该校的许多毕业生都成为中医界的栋梁之材，如邓铁涛、黄耀燊、李国桥等。罗元恺是该校第七届学生，在学期间，他勤奋学习《内经》《难经》《伤寒论》《金匮要略》《神农本草经》等中医经典著作，并与同学组成"克明医学会"，共同研讨学习中的疑难，交流心得，撰写医学论文，还编印了《克明医刊》。1935 年，他以总成绩第一毕业，并在该校附属之广东中医院开始其医学生涯。1939 年，因日军占领广州，广东中医药专门学校迁往香港，罗元恺任《金匮要略》课教师，开始从事中医教育。抗日战争期间，他先后在粤北的韶关、连县行医，并创办了连县中医讲习所，自己编写讲义及讲授全部课程。

1945 年，抗日战争胜利。罗元恺返回广州，并筹划复办广东中医药专门学校和附属广东中医院。但学校和医院已被当局占作他用，设备也全部散失。几经努力，1947 年逐步收回校舍，同年秋招生复课，罗元恺回母校任儿科教师。

1949 年中华人民共和国成立，罗元恺积极参与新中国的建设，推动中医教育。1950 年 4 月，36 岁的罗元恺就任广东中医药专门学校校长；1951 年兼任附属广东中医院院长。他废寝忘食、夜以继日地辛勤工作，在课程设置、教学方法、医疗质量、学生管理等各个方面，事必躬亲，并广纳人才，使学校和医院的工作很快走上正轨。1951 年 12 月，卫生部发出了《关于组织中医进修学校及进修班的通知》。1953 年，广东中医专门学校被改为广东省中医进修学校，罗元恺被任命为副校长。按上级要求，中医进修学校主要讲授西医课程，以使原有的中医进修西医基本技能，成为西医士。这是将中医西医化的一种手段。罗元恺任职后，仍坚持安排讲授一些中医课程，努力使进修生的中医水平亦得到巩固和提高。

1954 年，周恩来总理在第一届全国人民代表大会上所做政府工作报告中指出："我国有几十万中医散布在全国广大的农村和城市，各级卫生部门应当认真地团结教育和使用他们，并且同他们合作来把中国医药中有用的知识和经验加以继承和发展。"同年11月，中共中央批转国务院文委党组《关于改进中医工作的报告》，中医医疗与教育事业得到复苏。1956年，周恩来总理根据毛泽东主席的指示，在北京、上海、广州、成都等地筹办4家中医学院。是年5月，罗元恺被任命为广州中医学院筹备委员，参与制订规划和选择校址等工作。学院成立后，任院务委员会委员兼《金匮要略》教研组组长；1958年广东省中医进修学校并入广州中医学院成为进修部，他就任进修部主任兼妇儿科教研组主任；1971年妇儿科分为两个教研室后，担任妇科教研室主任。

"文革"结束后，罗元恺于1977年12月由省政府任命为教授。由于全国各家中医学院建校以来尚未设教授职称，他成为全国第一位中医教授。1978年，中医研究生教育启动，广州中医学院中医妇科学是首批获得硕士、博士学位授权的学科点，罗元恺是第一批中医妇科学硕士、博士研究生导师。1980年，他被任命为广州中医学院副院长，兼任学位委员会主席，并担任国务院学位委员会第一届中医学学科评议组成员。当时，中医教育百废待兴，研究生教育刚刚起步，工作十分艰辛。他凭借数十年的教学、医疗与行政管理经验，依靠有经验的老教师，大力培育和扶持在"文革"中耽误了学业的中青年教师，举办教师培训班，邀请全国的著名中医专家授课，使许多中青年教师步入正轨，逐渐成为教学的主力军。他积极编写教材，恢复教学秩序，促进基础与临床学科的融会贯通，构建合理的中医教学体系。1983年由卫生部任命为广州中医学院顾问。

罗元恺毕生致力于中医事业，积极参加社会活动。1963年当选为第四届广东省人大代表；1978～1988年连续当选为第五、六、七届全国人大代表。他为振兴中医、发展中医教育提出了许多有益的提案，并曾担任中华医学会和中华全国中医学会理事、广东省医学会和中医学会副会长。

博学笃行　业精于专

罗元恺治学严谨，主张博学笃行，业精于专。他认为医学的发展不是孤立的，中医理论发源于中国古代哲学，并受到天文、地理、生物、物理、化学等多学科的影响，形成了中医的整体观、天人相应观和五运六气学说。故业医者应有广博的知识，才能在学术上有所发展。他崇尚张景岳之博学多才，认为景岳在著述中理论纵横，头头是道，主要归功于其多方面的学识。当时广东中医药专门学校还开设了西医基础课，使他掌握了解剖学、生理学、诊断学和药理学等现代医学知识，他对陆渊雷、张锡纯等中西汇通派医家的著述亦有所研习，认为中医与西医虽理论体系不同，但治病救人的目标是一致的，若相互取长补短，则相得益彰，二者不应互相排斥。罗元恺完成了广东中医药专门学校的学业后，继续深造并毕业于广州大学法律系；对哲学、法律、文史、天文、地理等均有涉猎，并爱好诗词、书法，为其学术上的发展打下了广博而深厚的基础。

罗元恺对中医经典钻研颇深。他认为，阴阳学说是中医理论的核心和纲领。中医学理论起源于古代自然哲学，以阴阳为自然界和生命变化的根本。仲景的六经辨证、景岳的八纲辨证，均以阴阳学说为基础。它不仅具有哲学的含义，而且还有着更为丰富的科学内涵，体现在脏腑、经络、诊法、辨证和治法方药等各个方面，是指导中医临证思维的总纲，是辨证论治中的两分法。故诊病首先要分清阴阳，以定病位所在之脏腑，然后分辨表里、寒热、虚实，再根据阴阳失调的情况定出治则，通过药物配伍或针灸补泻，以调摄阴阳，使之达到阴平阳秘的状态。因此，习中医者不可不知阴阳之理。

罗元恺特别欣赏景岳的两段名言："善补阳者，必于阴中求阳，则阳得阴助而生化无穷；善补阴者，必于阳中求阴，则阴得阳升而泉源不竭。""善治精者，能使精中生气；善治气者，能使气中生精，此自有可分不可分之妙用也。"他认为景岳所创的左归、右归、大补元煎、加减一阴煎等，为补剂之典范，甚为实用。究其原因，是景岳组方重视阴阳相配，以达到阴阳相长、精气互生的境界。如大补元煎以人参配熟地；右归饮以附、桂配熟地、山茱萸。唯有深悟阴阳学说的精义，才能灵活运用，彰显其效。

罗元恺根据《素问·上古天真论》中对于肾气、天癸、冲任在生长、发育与生殖方面作用的阐述，并参考张介宾对于"天癸"的解释："元阴者，即无形之水，以长以立，天癸是也，强弱系之，故亦曰元精。"认为"天癸"应是与生殖有关的内分泌激素，进而提出"肾－天癸－冲任－子宫轴"的概念，认为其是女性性周期调节的核心。他曾著《论肾与生殖》《肾气、天癸、冲任的探讨和对妇科的关系》等文阐述其观点，在妇科学术界影响颇大。

中医理论源远流长，《内经》以降，各家学说叠起，各持己见，各有所长，使中医学在学术争鸣中不断发展，并形成了一些有影响的学术流派，具有地域或时代的特色。罗元恺认为，各家学说的学术观点虽不免偏颇，但多有其独到之处，应勤求古训，博采众长，为我所用。他主张学无偏执，行有定见。一方面要广泛涉猎各家各派的医著，但不拘执于一派或一家之言，通过分析比较，融会贯通，法古创新。另一方面是以实践为准绳，临证之际，既取法于古人，又因时、因地、因证、因人而变通，不以一方一法为限，遣方用药，皆有定见。他颇欣赏孔子的名言："博学之，审问之，慎思之，明辨之，笃行之。"并以博学笃行为座右铭，认为"博学之后，应该经过不断思考、研究，以明辨是非，最终立足于实践。但实践应该有理论做指导，避免盲目实践而走弯路。医学的进程，应该本着'实践、认识、再实践、再认识，循环往复，以至于无穷'螺旋式上升的规律，才会有较高的成就"。

在妇科方面，罗元恺比较推崇陈自明、张介宾的学术观点，注重脾肾和气血，调理冲任，还融合了岭南温病学派养阴保津的学术观点，形成自己的学术风格。

陈自明《妇人大全良方》是现存较早的妇科专著，对妇科病的病因较注重风冷和劳伤，认为劳伤血气，或寒气客于胞内，损伤冲任之脉，是妇产科疾病的主要致病因素，治法常用调补气血和温经活血。罗氏认为，冲任损伤是导致妇产科疾病的主要病机，各种病因均可直接或间接影响冲任而致妇科疾患。

张介宾是明代医学大家，虽不以妇科闻名于世，但其妇科专著《景岳全书·妇人规》理论性较强，内容全面而系统。他重视阴阳之理，善用温补，着重肾与命门，注意维护元阴元阳。《妇人规》指出："女人以血为主，血旺则经调而子嗣。身体之盛衰，无不肇端于此。故治妇人之病，当以经血为先。"故"调经之要，贵在补脾肾以资血之源，养肾气以安血之室"。罗氏深谙调经种子之道，认为肾主先天，脾主后天，二者共为精气血之本，故与生殖有关的虚证，多责之脾肾。他提出妇科病的主要病机是冲任损伤，而调理冲任就在于调理肾肝脾的观点。他曾撰《补肾法的探讨和对一些常见病的运用》《调补肾阴肾阳对妇科病的作用》《脾胃学说与妇科的关系》和《妇科为什么特别重视肾肝脾》等文以阐述其观点。

医学是一门实践性很强的科学。"熟读王叔和，不如临证多。"中医离开了临床实践就难以发展。只有不断从实践中积累经验，归纳和总结诊疗规律，由博返约，才能在理论上发展和创新。罗氏从医 60 年，曾长期从事教学和行政工作，但从未中断其临证实践。他早年主要从事内科，抗日战争初期曾在广东中医院处理大量内科和外科急症，其后曾讲授《金匮要略》，继而从事妇、儿科，最后 30 年乃专于妇科。这是他在学术上由博返约的过程。专于妇科之后，他根据妇女经、带、胎、产的生理与病理特点，首先着眼于肾、脾，研究调补脾肾法在妇产科的应用及其机理，并提出中医生殖轴的概念，对肾、天癸、冲任的本质进行理论探讨，其后，又对妇科血瘀证与活血化瘀法进行研究。他主张引入现代科学的研究手段，采取物理、化学等方法，扩充中医四诊的内容，既了解整体的宏观变化，又洞察局部的微观表现，将中医与西医的诊法互相取长补短，使中医的学术继续向前发展。在他的倡导下，大学建立了妇科实验室，并派出人员到国内外知名学府学习新的研究方法，开展了多项省、部级课题的研究并取得水平较高的成果。现在，广州中医药大学的中医妇科学已成为国家级重点学科、重点专科和精品课程，在学术研究、人才培养和临床诊疗等方面都居同类学科前列。

医道精深　德高望重

罗元恺是全国著名中医学家，他医德高尚，医术精湛，对患者不分贵贱，一视同仁。当年下乡巡回医疗，病人经常在医疗队的住处等他看病，甚至在路上求诊，他亦有求必应。1984 年，他率中医代表团到泰国访问，在当地义诊之后，名声远播，回国以后，还有许多病人专程到广州求诊。到了耄耋之年，他仍坚持每周看 2~3 次门诊。有些病人慕名远道来诊，但挂不上号，他宁愿推迟下班，亦尽量满足患者的要求。他常说：医者父母心，病人满怀希望而来，怎能让他们失望而去？做医生就是要为病人解除疾苦，这是医生的职责。辛苦一点也是值得的。

罗元恺从医 60 年，擅长内、妇、儿科，尤精于妇科。对于崩漏、闭经、痛经、滑胎、不孕症，以及更年期综合征、子宫内膜异位症、子宫肌瘤等妇科常见病、疑难病，学验俱丰，疗效卓著。

（一）滋阴固气治崩漏，慎用温药乃岭南特色

崩漏是月经周期、经期、经量严重紊乱之病证，是月经病中的危急重症和

疑难病证。对崩漏的记载，最早见于《素问·阴阳别论》中"阴虚阳搏谓之崩"的论述。《景岳全书·妇人规》云："崩漏不止，经乱之甚者也。盖乱则或前或后，漏则不时妄行"，指出崩漏属于月经病的范畴。然而，后世许多医著将各种妇科下血症统称为崩漏。罗元恺认为，对崩漏的辨析，应首先认定为月经病，必须排除了妊娠、癥瘕、外伤等引起的阴道下血，才能做出正确的诊断和有效的治疗。若概念含混不清，导致误诊、误治，贻害匪浅。对于崩漏的治疗，他综合南北古今的论述，分析地域、体质之差异，指出治疗的异同：北方以寒证多见，自仲景之温经汤至傅青主之固本止崩汤，均善用温药；而岭南温暖潮湿，体质以阴虚或气虚、湿热多见，在治法上要注意顾及气阴。不宜过用芎、归之类辛燥走窜之品，以免动血，反增加其出血量。应首选首乌、桑寄生等守而不走的药物，以滋养并止血。而补气之药，亦以平为期，使血海宁静，不宜过于升散。他在长期的临证实践中创制了补肾益气固摄止崩的经验方"二稔汤"，以广东草药岗稔根、地稔根止血固崩，党参、白术等健脾益气以固摄，熟地、桑寄生等养肝肾益精血，续断固肾止血，棕炭、赤石脂收敛止血。固摄止血之余，兼顾肾肝脾三脏。下血缓解后，则继以其经验方"滋阴固气汤"巩固疗效，以菟丝子、山萸肉滋养肝肾，党参、黄芪健脾补气，阿胶固涩止血，既滋阴，又补气，亦兼顾了肾肝脾三脏，适用于崩漏之势稍缓者。崩漏止血后，需复旧以调整月经周期，因肾主闭藏，脾主统摄，冲任之本在肾，故复旧固本之法，旨在调补脾肾，使月经周期恢复正常。他自拟"补肾调经汤"，以菟丝子、桑寄生、续断平补肾阴阳，辅以党参、熟地黄、枸杞等补气养血，鹿角霜固涩肾精。以补肾为主，兼顾气血以调经。

（二）调经培元治不孕，标本兼顾贵在变通

不孕症病因复杂，关乎夫妇双方，证候有虚有实，故医无定方，须随证随人，灵活施治。罗老认为，妇女不孕症着重调经，所谓"经调而后子嗣"。月经正常且无痛经等病证，乃受孕的首要条件。艰于受孕者，往往有月经不调、崩漏、闭经、痛经等表现。其中，肾虚为不孕的重要因素。冲任之本在肾，而天癸的至或竭，亦直接与肾气的盛衰有关。罗老自拟促排卵汤治疗肾气虚损之排卵障碍，以菟丝子补益肾气；熟附子温补肾阳；熟地、枸杞滋肾养血；党参健脾益气。使肾之阴阳平衡，气血旺盛，冲任调和，则经调而子嗣。导致不孕之

实证主要是痰湿、瘀血，如子宫内膜异位症、慢性盆腔炎、输卵管阻塞等均以血瘀为主要病机，治疗原则以活血化瘀为主，兼行气、温经或清热。罗老善用三七化瘀止痛，在失笑散的基础上创制了"田七痛经胶囊"治疗寒凝血瘀和气滞血瘀之痛经，并获得1986年广州市科技成果三等奖。其后，又自拟"罗氏内异方"治疗子宫内膜异位症所致之痛经和不孕。

（三）封藏为本固胎元，静以制动防流产

罗元恺认为，胎孕之形成，主要在于先天的肾气，而长养胎儿又赖母体后天脾胃生化的气血所滋养。若禀赋不足，或劳伤肾气，肾失于封藏，则胎元不固，导致胎漏、胎动不安，甚则堕胎、小产、滑胎。安胎之基本原则，重在补肾以固胎元，使之恢复封藏之功；还须兼顾脾胃，益气养血。从先天以固胎元，从后天以养胎体。他在张锡纯"寿胎丸"的基础上创制了"补肾固冲丸"，已载入《中医妇科学》第四、五、六、七版教材，并研究开发中药新药"滋肾育胎丸"，获得1983年卫生部科技成果乙等奖，现为国家中药保护品种；其后还指导拟定健脾补肾并重以治疗免疫性反复流产的"助孕3号方"，做了大量的临床与基础研究，取得了丰硕的成果。"免疫性自然流产与免疫性不孕的中医治疗"获1997年广东省科技进步二等奖。他认为，补肾健脾安胎的方药，以菟丝子、党参二味为首选，以其药性平和，阴阳并济，且不燥不腻。

劳伤冲任是导致胎动不安的重要原因。劳伤，包括劳神、劳体和房劳。劳神者，忧虑过度伤心脾，郁怒则伤肝，惊恐可伤肾，悲伤易伤肺，可影响气机，使气虚失摄，或气机逆乱。劳体者，劳倦过度则伤脾肾，跌仆外伤则伤气血。房劳者，往往是妊娠早期不节房事，损伤肾气，伤动胎气。针对因劳而动胎的常见诱因，他提出："安胎之要，着重一个'静'字，药性宜静不宜燥，身体宜静不宜动，情绪宜静不宜躁。"主张以静制动，在药食、情志、生活起居等方面进行调护，以达到最佳的安胎效果。

（四）行气软坚消癥结，标本兼顾缓图之

癥瘕是妇科常见病，在《金匮要略·妇人妊娠病脉证并治》中已有"癥病"的记载。凡胞中结块或子宫增大者，如子宫肌瘤、子宫内膜异位症、卵巢囊肿、盆腔炎症包块等均可按癥瘕论治。罗老认为，妇女胞中结块，形成癥瘕，主要

是气滞血瘀或痰湿壅聚，均属有形之实邪，但往往由于久病或过用攻法而损伤气血，虚实错杂。治法上既要行气化瘀，以消肿块，或燥湿祛痰、软坚散结以治其标；也要益气养血以固其本。况且子宫肌瘤、子宫内膜异位症可引起月经过多，使阴血更虚，若一味峻攻，恐伤正气，总宜攻补兼施，适当运用。他主张以行气散结软坚之法缓图之，配合祛瘀、止血、止痛，佐以益气养血，达到祛邪而不伤正之目的。他创制的"橘荔散结丸"以岭南特有之橘核、荔枝核行气散结，配合行气止痛、益气止血、软坚散结、活血消癥之品，经近 20 年的临床应用，对于子宫肌瘤及其导致的月经过多、经期延长等具有良好疗效。妊娠合并子宫肌瘤者，亦可以在整个妊娠期内安全地使用。

良师善教　桃李满园

罗元恺不仅是一位中医临床学家，还是一位中医教育家。他终生执着于中医事业，工医善教，博学多才，乃德学双馨之典范。他在学术上的成就，奠基于治学、教学与研究的正确方法与长期积累。

罗老从 20 世纪 30 年代开始从事中医教学，曾担任《金匮要略》、内科杂病、儿科、妇科、医学史、中医基础理论等课程的教学工作，主编《中医妇科学》第五版全国统编教材，并主编了第一部《高等中医院校教学参考丛书·中医妇科学》，该书出版后经多次重印，已成为教师和学生的重要参考书籍，并在台湾重新排版发行。他还曾主编《中医儿科学》第一、二版全国统编教材。先后担任广东中医药专门学校校长，广州中医学院进修部主任、妇儿科教研室主任、副院长等职，既长期从事教学行政管理工作，又不脱离教学实践。他的学生有大学本科生，硕士、博士研究生，也有中医进修班、师资培训班、助教班、西医学习中医班、业余中医班等各层次的学员。他对中医教育事业倾注了毕生心血，在中医临床学科的课堂教学与实践教学方面有丰富的经验，并提出因材施教、广开思路、理论结合临床的教学方法，是现代中医教育的一代宗师。

罗元恺在长期的教学实践中，总结了中医教育的一些规律。他认为中医首先来源于临床，理法方药均应用于临床，故能够扎根于民众之中，而中医独特的理论体系，其哲学和科学的内涵，则是中医学在两千多年的历史过程中持续发展的基础。因此，现代中医教育不可偏废理论与临床。他提出中医教学的几条原则：①中医、中药各个学科都要以中医基础理论为纲，由中医基础理论派生出各学科的理论，并指导该学科的临床实践。②中医基础和临床课的教师都不应脱离临床，以医促教，理论联系实际。③对学生要因材施教，启发思路，培养临床与研究的技能。

在中国近代史上，由于西医、西药的传入和西医的迅速发展，中医曾一度受到压制，而中医理论受到的冲击更大，"中医不科学""废医存药"的论调使中医理论面临存亡的危机。中华人民共和国成立后，政府的支持使中医药得到了较好的发展，中医教育走上正轨。但在"文革"期间，重实践轻理论的实用主义倾向也严重影响了中医理论的教学与研究。有感于此，罗元恺在 20 世纪 70 年代撰写了《如何把临床课教学工作做好》一文，强调中医理论的重要性，认为中医基础理论是各科理法方药的指导纲领。如不掌握中医理论，则辨证不明，论证不确，若以方套病，对号入座，就丢掉了中医学的精华。而理论也要指导临床，并在实践中进行验证，以提升到新的高度，取得新的突破。

罗老在《漫谈中医的"学"与"教"》一文中论述了中医的教学与学习，认为学中医要循序渐进，善于自学，独立思考，勤学多练；教师应因材施教，根据学生的水平和基础，讲课的广度、深度、重点均应有所区别，并注意结合临床实际，使学生学以致用。他对教学极为认真负责，同一门课，对不同的班就有不同的讲课方式，备课、讲课均顾及学生的特点。对于本科班学生，因其未有临床经验，需要把诊断与鉴别、辨证与治法详做讲解；而进修班、西医学习中医班学员已有一定的临床基础，诊断与鉴别可以简略一些，重点是中医辨证论治的特点，并注意介绍临证中的经验教训；对于硕士、博士研究生，其层次较高，基础较好，就应该着重介绍学科的最新进展，并指出一些悬而未决的问题或有争议的观点，以启发思路，鼓励其深入探讨。在实践教学中还要注意培养学生的基本技能，使之掌握临床思维与诊疗方法。罗老在 70 高龄时还主办了全国中医妇科师资班，并亲自主讲，同时也邀请国内 10 多位著名妇科专家前来讲学，融会各家精华，取得良好的效果。

罗老认为教学也是一个学习的过程。在备课时大量查阅资料，并通过总结、归纳临床经验，温故而知新，在理论上加深认识。而在教学过程中，需要对一些学术上的疑难问题进行思考，也启发和促进了理论和临床研究，达到"教学相长"的境界。

笔者读硕士研究生时，在罗老指导下研究"月经周期的调节及其与月相的关系"，是从《黄帝内经》中"天人相应"观得到启发，结合现代时间生物学、时间治疗学的理论与方法，探讨月相、松果体与月经节律调节的机理，以及对月经病因时施治的方法。论文发表在 1984 年 12 月的《上海中医药杂志》和 1976 年 1 月瑞典的《Acta Obstetrics & Gynecology Scandinavia》上，得到国内外数十位学者的关注。该成果获 1987 年国家中医药管理局科技进步乙等奖。

罗老治学严谨，笔耕不辍，著有《罗元恺医著选》《罗元恺论医集》《罗元恺女科述要》等专集，点注张景岳妇科专著《妇人规》，主编《实用中医妇科学》，参编《中国医学百科全书·中医妇科分册》。

他以传播和振兴中医药学为己任，善于因材施教，桃李遍布海内外。他作为中华人民共和国成立后第一代中医妇科学术带头人，30 多年来勤恳耕耘，立业树人，以自身的成就带动了学科的建设和发展，培养和造就了第二、三代学科带头人，并培育了一批硕士、博士，其学术成就和医术在东南亚、欧美地区有较大的影响。罗老在晚年仍赴泰国、新加坡等国家，以及中国香港、澳门等地区讲学与诊病，并出席第二、三届亚细安中医药学术大会，在国内外颇有声望。他的生平和成就已被载入英国剑桥《世界名人录》和美国《国际名人辞典》。1991 年，罗元恺被遴选为全国第一批老中医药专家学术经验继承工作指导老师，其学术继承人张玉珍、罗颂平在 1994 年结业出师。

作为一位爱国民主人士，罗元恺积极参加社会活动，参政议政。20 世纪 60 年代当选广东省人大代表；70 年代到 90 年代连任第五、六、七届全国人大代表。他积极为振兴中医而奔走呼号，呼吁为中医立法，在杂志、报刊发表文章，为中医事业的发展献计献策。

1994 年 10 月，广东省中医药局和广州中医学院隆重举办了庆祝罗元恺教授从医从教 60 周年暨 80 华诞纪念会。当时的广东省副省长卢钟鹤亲临祝贺，罗老的许多学生、弟子从海内外回母校恭贺老师的寿辰。

罗元恺教授以其毕生的心血致力于中医事业，孜孜以求，自强不息，在学术研究、临证和中医教育等方面独树一帜，著述蔚为大观，影响深远。其品德高尚，仁心仁术，淡泊名利，治学严谨，造诣深厚。他对中医事业的贡献将永垂史册。

李乐园

李乐园（1914—2000），山东省梁山县人。早年学习中医，擅长内、妇科。临床近50年，经治疗者数十万计。医理精深，经验丰富，态度和蔼，平易近人。曾著《伤寒论选讲》一卷，并先后写出《中医诊断法望、闻、问、切》《三年来对治疗传染性肝炎的心得体会》《祖国医学对治疗流行性乙型脑炎的认识与治疗经验》《对冠心病的认识与治疗》等学术论文，以及科普论文30余篇，并在医学刊物发表。曾任中华全国中医学会理事，山东省第四届政协委员，中华全国中医学会山东分会副理事长，济南市中医医院内科主任、副院长。

李乐园家事清贫，先祖父负笈从师，刻苦攻读，考取邑庠生（秀才），以教读为业。李乐园8岁时，随祖父读书。10岁能属文，13岁读完"四书""五经"，兼学文史，15岁因凶年失学，转事农业劳动。祖父尝告李乐园曰："科举已废，仕途又无门径，你学医吧，学医能养生保健，又可养家糊口。"从此初步树立了学医信念。

吾十有九，而志于学

祖父略知医理，农闲时，教我读《雷公炮制药性赋》《汤头歌诀》《濒湖脉学》《笔花医镜》等基础医学。但自思半耕半读，一曝十寒，学难有成，至19岁时，我重习祖父业，任私塾教师，醉翁之意不在酒，在乎有较多的时间学习中医。从此，黄卷未酬经国志，青囊常贮活人书。

在教读之余，专心致志，学习中医，忙里偷闲，夜以继日。青灯照读，朗诵经典之文，鸡鸣而起，背诵昨夜之课。循序渐进，寒暑无间，孜孜不倦，惨淡经营，五年如一日。至 23 岁时，国民党下令取缔私塾，遂弃教行医。诊余攻读，沧桑不渝，迄今已历五十春矣。当时曾赋诗一首，以志决心：

> 幼承祖训读轩岐，
>
> 镂骨铭心念在兹。
>
> 熬得十年窗下苦，
>
> 何愁不做活人医。

学医二十四字诀

中医医籍，汗牛充栋，浩如烟海，学者多有望洋兴叹之感。我在学医道路上亦曾有过曲折，付出不少精力。抚今追昔，概括成二十四字诀，即"熟读强记，博览实践，由浅入深，由近及远，持之以恒，反骄破满"。

（一）熟读强记

我在私塾读书时，祖父强调熟读强记，读过之书，必须背诵。并要做到"三到"，即"心到、眼到、口到"。我想学医亦何尝不然，俗话云"熟能生巧"，又云"书读千遍，随着舌头转"。果能熟读背诵，博学强记，必然胸有成竹，思路开阔，在临床应用时，易如"探囊取物"，得心应手，左右逢源。

（二）从浅易知识学起

1. 中医学浅易知识，如《药性赋》《汤头歌》《笔花医镜》，阴阳、五行、藏象、经络、病因、治法等一般概念，作为入门。

2. 选书。为了便于熟读背诵，加强记忆，可选读编有歌诀之医籍。如陈修园医书中之《医学三字经》《医学实在易》《春温三字诀》《长沙方歌括》等。更为系统全面者，则有《医宗金鉴》之《伤寒心法要诀》《四诊心法要诀》《杂病心法要诀》《妇科心法要诀》《幼科心法要诀》等。

（三）由浅及深

经过两易寒暑，熟读背诵以上图书后，又发现问题，即在各书内容中，开宗明义，导源溯流，均上承《内经》《难经》《伤寒论》《金匮要略》乃至《神农本草经》等。其中有引用经典原文，正本清源；或将经义融汇在章节词句之中，或在字里行间寓有经典中之名词术语等。在学习道路上遇到不少暗礁、拦路虎及难懂费解之处。经过思考，悟出学中医而不读中医学经典著作，是犹无源之水、无根之木也。于是勒马返辔，攻读《内》《难》等经典著作。虽因文字古奥，学习不无困难，但我粗通古文，有一定之中医基础知识，在学习中，既能将学过之经典原文、名词、术语，在原著中找到来源与答案，又有触类旁通之效，犹如茅塞顿开，豁然开朗焉。

（四）博览实践

1. 儒之流派始于宋，医之流派始于金元。金元以后，诸子百家，各有长短。学医不能厚古薄今，应学古而不泥古，学今而不离古，古为今用，今从古来。此乃科学发展与历史进步之必然规律。因此，我除学习经典著作外，博览群书，兼汲取现代医学知识，为我所用，不断丰富武装大脑，开拓医学知识领域，提高医疗技术。例如：学伤寒而不学温病，则不明三焦，卫、气、营、血与逆传心包之理，不能应付一切流行性热病之变；学温病而不学《温疫论》（以吴又可、戴天章为代表），则不知"戾气""疠气"与"温邪"之异，及治温治疫之殊。又如学习东垣《脾胃论》而不学叶香岩养胃法，则不辨脾胃阴阳属性和喜恶不同及治法有别。盖"脾宜升则健，胃宜降则和，太阴湿土，得阳始运，阳明燥土，得阴自安，以脾喜刚燥，胃喜柔润也"。

东垣详于治脾而略于治胃，故立方多升阳温燥，得叶氏滋养胃阴之法，实补东垣所不及。再如汲取近代医学知识，特别是生理学、解剖学、病理学、诊断学等对中医临床中西医结合大有裨益。学古而不学今，则失之于疏略；学今而不学古，则失之于浮泛。凡此种种，皆宜深究。唯有博览群书，取长补短，庶可补偏救弊云耳。

2. "理论联系实际""一切真知来源于社会的实践"是科学问题，是思想路线问题。古云："医不三世，不服其药。"说明三代行医，实践多矣，经验丰矣，用药熟矣。又云："多涉（读书）知病，多诊识脉，屡用达药"，是指多读书则病理洞彻，多临床则辨证明确，多用药则药理通达，可谓要言不烦。俗谚云："熟读王叔和，不如临证多"，是说医生既要多读书，又要多临证，临证就是实践，通过实践进而检验理论和修正理论，再返而指导实践，久而久之，不仅可使理论与实践一致，而且不断提高理论实践水平，从而可以总结出常有规律性之新理论、新经验。

（五）持之以恒，反骄破满

《论语》曰："人而无恒，不可以作巫医（以巫代医，故日巫医），善夫。"言人贵有恒，人无恒心，巫医尚不可为，况其大者乎。故孔子以其言善者也。古人读书，如苏秦悬梁刺股，匡衡凿壁偷光，在极端艰苦条件下，而且自学不辍，此乃有极大之恒心，宜其学之有成也。古语云："铁杵磨成针，功到自然成。"又云："绳锯木断，水滴石穿。"以上谚语，皆寓有深意，学者宜玩味而三思焉。

"学问"是一学二问。孔子不耻下问，颜渊善与人同。《论语》曰："三人行，必有我师焉，择其善者而从之。"吾侪治学求知，应有虚怀若谷、不耻下问精神，切忌骄傲自满。《尚书》曰："满招损，谦受益。"《周易》曰："人道恶盈而好谦，谦尊而光卑而不可逾。"毛泽东主席说："学习的敌人是自己的满足，要认真学习一点东西，必须从不自满开始。"诚哉斯言也。吾人应当书作座右铭。余在学医时，曾写有勤学诗一首，以资勉励：

> 人而有恒学乃精，
> 虚怀若谷莫骄盈。
> 悬梁刺股苏秦志，
> 凿壁偷光汉匡衡。
> 挂角负薪传佳话，
> 囊萤映雪伴书声。
> 又闻铁杵磨针事，
> 功到方知自然成。

学思结合，灵活运用

古人云："读书只怕寻思（思索、揣摩）。"《论语》曰："学而不思则罔（教条主义，等于罔费），思而不学则殆（不学无术，误入歧途）。"孔子曰：

"吾尝终日不食，终夜不寝，以思；无益，不如学也。"孟子曰："心之官则思，思则得之，不思则不得也。"由此观之，善读书者，必须勤学三思，学思结合。在学习中，摘除疑难问题，务必寻流溯源，缘藤摸瓜，多加思索，兼求良师益友，借助"他山"。物色出根结所在，得出惬意答案。知其然而又知其所以然。不能囫囵吞枣，读书不求甚解。

我在学习《内经》时，发现《素问·阴阳应象大论》中"七损八益"一语，历代医家和近代医林贤达，对此各有发挥。"仁者见仁，智者见智"，众说纷纭，莫衷一是，乃对大论上下篇原文，反复阅读，探索思考而有所得焉。即"七损八益"，实指阴阳与阴阳消长而言。"七"为奇数、数阳；"八"为偶数，数阴。"七损"不能解为七（阳）当损；"八益"，不能解为八（阴）当益；也不能单纯解为男、女或其他。而应该从大论全篇经义去探索，从人生之本，阴阳消长，阴阳反作，阴阳更胜，阳病治阴，阴病治阳，调此二者奈何等全面分析研究，求得合理解释。否则七（阳）当损，而阳虚者又当损乎？八（阴）当益，而阴胜者又当益乎？再从本节经义推敲，如果解为七当损，八当益，或"阳常有余"当损，"阴常不足"当益，而上文"调此二者奈何"，下文"则二者可调"做何解释？亦即无所谓用其调。如此，则医生临床，只用损阳、益阴两法，则可以统治万病矣。学医何难之有？再从"年四十而阴气自半也，起居衰矣"。经文年四十而阴气自半也，是举一反三，启发后学之意。岂有人老阴气自半而阳气尚全乎？抑只有阴易亏而阳独盛或阴虚而阳不虚乎？必无是理也。兹从以下三方面进一步探讨之。

1. 《素问·生气通天论》云："夫自古通天者，生之本，本于阴阳。"人生受气于天（包括天地宇宙），乃所生之本。天地以阴阳五行，化生万物，故生之本，本乎阴阳也。《周易》序曰："万物之生，负阴而抱阳，莫不有太极（天一真气），莫不有两仪（阴阳）。氤氲交感，变化无穷。"事物一分为二，人身亦唯此阴阳而已矣。全篇以天地之阴阳，人身之阴阳，皆息息相通，故曰："生气通天。"《周易》曰："同声相应，同气相求，水流湿，火就燥。"盖言天地水火，四时五行，寒热气味，以及人之气血男女，脏腑形身，病机形能，养生长寿，脉诊察色，治疗针砭等，无不取法乎阴阳，其象相应，故曰"阴阳应象"。由此可见，全篇以阴阳为主体，贯穿全局，包括甚广，不应当在某一方面纠缠不休。

2. "七损八益"一节，是承上启下之文。上文言："阳胜则身热……能冬不能夏。阴盛则身寒……能夏不能冬。此阴阳更胜（偏胜）之变，病之形能也。"
下文则概言人身之形体，象乎天地，法乎阴阳，以及"邪风之至，疾如风雨"
等致病原因。继而进行诊察，如"察色按脉，先别阴阳，审清浊，视喘息，听
声音，按尺寸"等。最后予以针砭及药物治疗。"阳病治阴，阴病治阳，从阳引
阴，从阴引阳，审其气血，各守其乡。"达到阴平阳秘，而致和平。

3. "调此二者奈何"之"调"字是"画龙点睛"，至关重要。然调之之道，
即是"能知七损八益，则二者可调，不知用此，则早衰之节也"。又曰："知之
则强，不知则老。""七损八益"，明确体现上文"阳胜则身热……阴盛则身
寒"，阴胜则阳病，阳胜则阴病，阳胜则热，阴胜则寒，重寒则热，重热则寒
（物极必反），阐明阴阳消长，互为损益，互相制约，互相依存，以平为期，明
乎此理，则二者可调，思过半矣。以此养生则寿，以此诊察则明，以此治疗则
"十全为上"，以此度理则纲举目张。粗工不知用此，则养生无术，诊察不明，
治疗无效，度理不精，岂仅"早衰""强老"云乎哉。

学思结合，方能善读明理，而辨证论治，更应灵活运用。刘河间谓"古方
不能治今病"。古人云：用古方治今病，如拆旧屋，盖新房，必经工匠之手，取
长补短，方能成屋也。孟子曰："尽信书则不如无书。"又曰："能予人规矩，不
能使人巧。"夫为医者，在临证时，应因人、因时、因地制宜，随机应变，灵活
运用。《素问·异法方宜论》等篇言之详矣。如以人而论，则禀赋有强弱，天质
有智愚，乡居与城市异治，膏粱与藜藿不同，男女有别，老少各异。以地、时
而论，则四方有高下之殊，四时有非时之化，百步之内，晴雨不同，千里之外，
寒热差异。以病而论，有内伤、有外感，有阴、阳、表、里、虚、实、寒、热，
有新久、浅深、轻重、兼夹。以脉而论，则病之名有万，而脉不过二十八种；
有病同而脉异，有脉同而病殊；有一病可见数脉，有一脉可见多病；危重病人，
瞬息数变，则脉亦难拘一格；况脉理甚微，并非一言而尽，病情变幻，又岂一
脉能包。以治疗论，辨证论治，理、法、方、药之运用，更应机动灵活。有
"治未病"与"见肝之病，知肝传脾，当先实脾"之预防疗法；有"夫病痼疾，
加以卒病，当先治其卒病，而后治其痼疾也"之先后疗法；有是病则用是药，
如"有故无殒，亦无殒也"是也；有标本缓急，即"急则治标，缓则治本"是
也；有同病异治，异病同治；有舍症从脉，舍脉从症有一病而分治，意在各个
击破；有数病而合治，贵在捣其中坚。凡此种种，皆宜随机应变，随症治之。

至于处方遣药，更要随症加减，轻重适宜，圆机活法，不囿成规。方不在多，贵在加减得宜，或师其意而不用其方。约方犹约囊，应力求精当，用药如用兵，要达药知病，不能"胶柱鼓瑟，守株待兔"。

再以"暑病"为例，《素问·热论》云："凡病伤寒（指外感）而成温（指发热）者，先夏至日为病温，后夏至日为病暑。"缘夏至以后，气候炎热，大雨时行，天之暑热下逼，地之湿浊上腾，而《诗》有七月流火之喻。根据气候与人身之客观存在和"天人相应"之理，斯时也，人处其中而感受其气，焉有不应之者乎。土润溽暑，湿热交蒸，即俗所谓"黄霉"季节，盖外感之邪，春温、夏暑、秋燥、冬寒，随气而化，亦随时令而易其名也。《难经·十八难》"伤寒有五"，其中热病，实指暑病（暑湿）而言。吴鞠通曰：暑兼湿热，偏于暑之热者为暑温，多手太阴证而宜清；偏于暑之湿者为湿温，多足太阴证而宜温；湿热平等者，两解之。可谓得其要领。良由暑兼湿热，暑字从日，暑中有热，长夏病暑，暑又兼湿；土主长夏，又属脾胃；胃为阳土，湿从热化，最易化燥而伤肺，故多手太阴证；脾为阴土，则易聚湿而伤脾，故多足太阴证。热为阳邪，湿为阴邪，湿热二邪，均从暑来，源同而流异，此暑温、湿温之所由分也。至于宜清、宜温、宜温清两解，应当活看，不可执一。如单热宜清，纯湿宜燥，寒湿宜温，湿热平等则清燥两解。又如暑温兼表（表证），应汗而清之；湿温兼表应汗而化（化湿）之；暑伤元气，或虚人受暑，当区别阴阳，投以益气、养阴；病情夹杂者，又应顾及其兼症。兹为弄清问题，再举例阐明之：

（1）暑病偏热（包括暑温），初起有头晕痛，身酸痛，发热畏风，苔黄质红，脉浮洪数之表证者，不论有汗无汗，均用新加香薷饮合益元散为主方，以清暑解表（有汗无汗，汗多少，可增减香薷用量）。此乃遵《内经》"暑当与汗皆出勿止""体若燔炭，汗出而散"之意。发热较高者配以蒿、芩；高热口渴者复以白虎；苔黄质绛，再加芩、连；苔厚腻润，佐以芳化（藿香、佩兰、陈皮、荷叶）；昏愦肢厥，急加菖蒲、郁金、安宫、至宝；热盛动风，再加钩藤、菊花、竹叶、木瓜；伴有呕恶腹泻等症者，随症加减。

（2）暑病偏湿（包括湿温），症见低热畏寒，胸痞脘闷，呕恶便溏，苔白腻润，脉滑、濡、缓等症者，治宜解表芳化，以藿香正气散为主方；无汗高热，可合香薷饮；湿盛阻气，应用三仁汤；呕恶甚者，需加蔻仁、佩兰、竹茹；兼腹泻者，再加扁豆、泽泻、猪苓；昏愦肢冷，急进苏合香丸；感寒饮冷，另拟桂枝（汤）、大顺（散）。加减随宜，贵在变通。

（3）湿热相等，则尽照以上两法，清热化湿并用，以两解之。东垣云"暑伤元气"，虚人或老年病暑，或暑温日久，伤气耗阴，除参照上述诸法外，当根据患者阳虚、阴虚，采用清暑益气或生脉、三才。

综上所述，暑兼湿热，暑病治疗原则应是：

（1）有表证者，与其他外感病相同，只可彻其出表，不能困其入里。

（2）湿热在里，亦与其他湿热病同治，应注意燥（湿可化燥）湿，即燥热用药着眼于肺肾，湿热用药注意脾胃。推而广之，在夏秋季节中，举凡胃肠炎、痢疾、疟疾、瘟疫、乙脑等常见多发病，均与湿热有密切关系，在辨证施治中，亦应以湿热为重点，岂独暑乎。

学无止境，白首不倦

语云："学无止境""学问与年俱进""干到老，学到老"。堪称至理名言。孔子曾批评其故人原壤曰："幼而不逊弟，长而无术焉，老而不死，是谓贼。"意在幼而不学，长而无术，老而无用，饱食终日，无所用心，活得毫无价值。余回顾前瞻，深有体会。因此，我忙里偷闲，不忘自学，展卷有益，白首不倦，五十年如一日。其背景有三：一是我 15 岁失学，赖有天资之颖悟，祖父之谆谆教诲，在古典文学上略有基础，但缺少深造，根底浅薄。二是悬壶以后，即应接不暇，诊务繁忙，几十年来，颇有"一沐三握发，一饭三吐哺"之感。参加工作后，在党的教育培养下，政治觉悟与业务水平不断提高，不可避免地兼职较多，社会活动多，益以本身业务，用集一身。临床虽有点滴经验，但对中医学基础理论，不暇深研，基础薄弱。三是因工作繁忙，精力有限，对数十年诊治之大量病例，无暇记录和整理，总以为来日方长，今后整理不晚。1981 年忘年之交山东中医学院中医系张奇文主任，曾要我为《名老中医之路》撰写自己一生走过的道路，总结一些真知灼见，借以启迪后学，但我几次握管，总觉无从谈起，怕贻误后人。日复一日，光阴似箭，岁月流逝，以致未能积累和留下大量第一手资料，为现在整理经验带来了困难，自怨自艾，追悔莫及，更有负奇文老弟所嘱。人贵有自知之明，更不能故步自封。于是在力所能及，诊余假日，见缝插针，不忘自学，温故知新，借收之桑榆者聊以补东隅之失也。

余年近古稀，才疏学浅，对中医学继承不多，亦毫无建树。颇以有生之年，在中国共产党的领导下，中医界同道帮助下，同心同德，互学互勉，使中医学这门科学技术，为实现"四化"做出贡献。最后赋七律一首聊以明志：

青囊黄卷五十春，

此愿由来仲淹心。

书读五经今有用，

医究三世为活人。

才疏学浅空存志，

术而不精愧自深。

老马知途堪寄语，

学无止境在于勤。

张奇文按：李乐园老院长已仙逝多年矣，他长我 21 岁，乃余之忘年之交，在我省已故名老中医中，早负盛名，有济南四大名医之称，刘惠民、周凤梧、李乐园、吴少怀誉满泉城、齐鲁。1979 年我由潍坊市调济南前早已过从甚密，经常有书信往来，让其解惑答难，并邀请其到潍坊传授其学术经验。1981 年在与周凤梧、丛林二位主编《名老中医之路》一书时，我先后三次到其家中劝其撰文，收入第一辑中，直至 1985 年第三辑出版，李老才将此文交付于我。由于我工作屡经调动，一直保存至今，由此可见其淡泊名利之一斑。生前曾赠诗一首，激励我奋发向前，在此为纪念李老，公之于众，以说明先辈对后辈的厚望。"奇文一见方知奇，医术精深贯中西。砥柱中流肩斯任，由来张氏多良医。李乐园 1978 年 6 月于北京同客西苑宾馆首届中医学术会。"

马建中

马建中（1914—2005），字光亚，以字行。晚年行走缓慢，自号从容老人。湖南湘潭人，受业于外祖父彭文采公，主要靠自学成材。马氏在台湾从事中医临床与教育工作50余年，为台湾某医药大学教授，历任中医学系主任、医药研究所所长。在台湾以善治肝病著称，并为温病学专家。著有《台北临床三十年》《中风与昏厥之辨证与治验》《中医如何治疗肝病》《中医如何治疗肾病》《临床辨证与经验实录》《中医诊断学》等书，对中医教育与学术有突出贡献。

步入医林

马光亚出生于湖南省湘潭县马公堰。其所在湘水之滨，人杰地灵，贤才辈出。他自幼聪颖，5岁习文，6岁时随哥哥一同到蔚起堂读小学，读到三年级，因家贫而辍学，哥哥继续上学，他则回乡学庄稼种菜，以充家用。因尊翁元亮公和齐芝木匠（即白石老人）为好友，幼时即常帮忙磨墨、磨石、磨小刀，得沐白石老人艺术之风，晚年退休即以写字作画自娱，其画风颇有白石之味，与早年启蒙有关。而外祖父彭文采是清代秀才，善医，教习汤头歌诀，乃为日后以中医为职打下了基础。

12岁时（1926年），马家搬到芭蕉湾，为增加收入，乃在家中开设中药铺，并聘请一位唐师傅负责掌柜与制药，马光亚则在铺内帮忙店务并常随外祖父外诊，见习临床，慢慢对中医有了概念。晚上他在哥哥带领下，熟读《左传》《诗经》《尚书》《礼记》等，并旁及古文诗词，与时人文论，如梁任公新民说，为日后从事中医打下很好的基础。此外，每隔几日，要到外祖父家，读各种医书。外祖父家藏书甚丰，且多是木刻版善本书。外祖父除了要他熟读《神农本草经》《伤寒论》与《金匮要略》之外，还推崇《医宗金鉴》《医宗必读》等书，尝叮咛说："30岁以前要赶紧读书，重要的典籍要能背诵；到30岁以后，记忆力渐差，再读就不易记得了。"这也使马光亚养成记诵的习惯。

彭文采公临床常用古方，尤其熟悉汪昂《医方集解》，辨证精确，处方用药灵活效宏，深受乡人信赖。马光亚随诊抄方之余，受其浸染颇深。彼时，市上亦有一江西来的老医师——唐桂宗，远近驰名，马光亚亦搜集其处方研究，以广见闻。

24岁，马光亚开始在家乡看诊，成为乡下最年轻的中医。初时因马光亚与兄长的子女皆年幼，故对儿科特别用心研究，尤其熟悉《医宗金鉴·幼科》，并旁及《幼幼集成》及《陈修园医书七十二种·福幼篇》，对幼科颇有心得。

26岁，因机缘拜老医师马扬武公为师，学习外科、喉科及炼丹。

抗战伊始，中药来源困难，尤以沦陷区为甚。民间广采中草药，马光亚此时亦习得许多土方，并养成善用当地草药的习惯。因此来台后，亦常用台湾的草药，并获得很多宝贵的经验。他尝告诉我们：上天是爱护人们的，所以总在当地播种许多药材，以为当地人所用。像台湾常见的杠板归、白龙船花、咸丰草、鸡骨草等常入药使用。

此外，1935年湖南省政府举办小学教员考试，马光亚参加并获得取录，于是当了小学教员，从事教育工作，这也促成他日后在台重视中医教育与投入中医教育。

在担任教师期间，他常写文章投稿，因此结交文友甚多。1940年，县级党政机关聘他作抗日宣传工作，并在《湘潭民报》编副刊，他一时成为文化界的名人。1947年，他离开湘潭到南京担任前湖南省政府主席何键先生公馆秘书，其间重拾医书并参加考选部中医师检核考试并及格，准备来时仍以中医为业。1951年，经由何键先生申请来台，并介绍拜师于覃勤先生。覃先生为台湾某医药大学创办人，因此机缘，马光亚与台湾的中医教育结下不解之缘，多年来为中医在台湾的继承与发展，培育许多英才。

1952年5月，马光亚先于台北市宁波西街荣生中药行挂牌正式执业，1958年改聘于南昌街上海同德堂看诊。从38岁到59岁获聘为某医药学院教授，这段长达 20 年的台北看诊生涯，让他逐渐掌握宝岛的风土人情，临床疗效良好，诊务日渐繁忙，诊余更将临床心得，撰文发表，欲与同道分享，并启后辈。最后并结集著为《台北临床三十年》，由于书中所论多有良效，颇受台湾中医界重视，一时洛阳纸贵，人手一册。

洞察禀赋识风土　深入温病下苦功

马光亚在家乡看病，是以外祖父传授的《伤寒论》《医宗必读》《医方集解》等书为依据，用药偏重在温。

湖南的气候和台湾截然不同。台湾是地处亚热带的海岛，居民生病，以湿热证居多。来台之初，临床以在湖南家乡的见解来断证立方，治病多用《伤寒论》方，但往往效果不理想。如他第一次看咳嗽患者，即处用小青龙汤。麻黄、桂枝、细辛等都是辛温的热药，病人服了二帖后来复诊说："服药之后，咳嗽次数减少了，但痰咳得较深，且不易咳出，喉头觉痛。"马光亚知道这方子没有开好，肺经的热象增加了，痰在浅的地方，容易咳出，才是减轻。于是改方，不用麻、桂，而用泻白散加黄芩、知母、前胡、薄荷等清热宣肺之品，几剂即愈。因此，马光亚开始深思地域、气候的不同，及其对疾病影响的不同，乃决意深探温病堂奥。对《温热经纬》《温病条辨》《时病论》及时逸人《温病学》《中医伤寒与温病》等书深入研究，逐获良效，医名逐渐传开。

台湾四季如春，气候比江浙、闽粤更加湿热。湿邪外袭常使人身倦困重，而百姓多食海产与瓜果冷饮冰品，脾胃内伤尤为多见，更是慢性肝炎的好发地区。他认为这种情况相当符合薛生白所谓"太阴内伤，饮邪停聚，客邪再至，内外相引，则病湿热"。

他对这种湿热环境与肝病的关系评述如下："台湾四面环海，地处亚热带，居民易感湿热而生疾病，故台湾肝病患者特多。现代医学所谓肝炎即是中国医学上湿热病的一种，古无肝炎的病名，欲在肝炎的临床上有所成就，须着实从湿温证下一番功夫。"

马光亚从湖南来到台湾，经历地理气候的迥异，加上多年临证经验，使他对温病学的理论有独特体会，融合古今治法，进而修正、提升古人理论。他总是将古籍上的相关知识实际用于病患进行验证体会，例如运用风药治疗湿重型肝炎就是如此，也摸索出肝病治疗的新途径。他治疗肝病的经验正可反映出台湾的温病治疗特点。

寒温并用不偏废　经时合参妙化裁

马光亚是台湾治疗肝病的翘楚。他认为肝病不是什么特殊的病，然而却变化多端，即吴鞠通所谓："湿温门中，其证最多，其方最伙，盖土居中位，浊秽所归，四方皆至，悉可兼证，故错综参伍，无穷极也。"因此临证时，自然不可死守一法一方，必须如仲景所云："观其脉证，知犯何逆，随证治之"。

他处理肝病中湿热胶结的难题时，理论上宗法叶天士、薛雪，而实际运用上则从清末上海名医张聿青的湿温医案中发掘出许多宝贵经验。

他认为，肝病以湿热为病机，导致手少阳三焦气机不畅，足少阳胆经不通，郁而化热，酿生痰湿，而痰湿再进一步阻滞气机，形成恶性循环。所以他治肝病强调同调手足少阳，将《伤寒论》少阳病主方的大、小柴胡汤与《温热论》邪留三焦的分消走泄法同时使用，令上下内外之气机通畅则湿热自走，此恶性循环即可打破。常大柴胡汤（去大黄）与温胆汤、藿朴夏苓汤同用，此法是对叶天士"气病有不传血分而邪留三焦，亦如伤寒中少阳病，彼则和解表里之半，此则分消上下之势，随证变法，如近时杏朴苓或温胆汤之走泄"条文的高度体悟与运用，更是将伤寒六经辨证与温病三焦辨证两大系统融会贯通的治法展现。

然肝病的治疗，不能紧守湿热一隅。肝病湿热日久，或虽初起却滥用苦寒中药，常导致脾肾阳虚，此时伤寒经方的使用就极为重要。马光亚早年在湖南运用经方的基础使得他在面对肝病寒证时，能灵活使用理中、四逆、真武之属。而李东垣《脾胃论》也提供给他治疗肝病内伤脾胃的源泉，东垣所提出的升阳祛湿法及创制诸方，经马光亚用至慢性肝炎的治疗，获得很好的效果，而晚年他治疗肝硬化肝癌所使用的东垣中满分消汤，即是糅合理中、四逆与真武。他把这些经验写在他的三本医案医论中，最后还总结为《中医如何治疗肝病》一书。也因为这样的治疗经验，他认为经方与时方合用为时势所趋，无须囿于寒温之争，不要弃大好时方不用。

肝癌治疗的省思

马光亚治病重视人体当下状态，以恢复并维持正气为优先考量，借以调动人体抗病能力的途径，而不是只看病名或数据来开方治疗。此即《素问·至真要大论》所谓："谨察阴阳所在而调之，以平为期""善治病者，调阴阳而已"。

他强调治肝癌尤须辨证论治，致力恢复和谐有序的身体机能。唯有尽量恢复阴阳正常协调的动态平衡，以及气机正常的升降、出入、开阖，才能消除症状，减轻病痛，提升人体自身的抗癌功能。

而癌症末期患者体虚的状态与东垣所谓"脾胃内虚"者有相似之处，故马光亚治疗癌症首重脾胃，善用东垣学说，致力扶正，以脾胃为中心，补益脾胃，理气祛湿，佐以消导。尤重固护阳气，同调气机升降两大枢纽，兼顾脾胃升降与肝气升发的功能，恢复中焦健运。

中晚期肝癌多为脾肾虚寒，气滞水停，他对东垣中满分消学说深入体会，运用中满分消汤加减治疗，成功缩小肿瘤与延长患者寿命，可作为今后中医介入晚期肝癌治疗时研究参考。

重视中医的"法"才能找到突破点

中医宝贵之处，除了方药外，更在于前贤与疾病奋斗所积累的"治法"。方药犹如宝山中四处可见的宝矿，而治法却是可以不断开发宝石的工具。

临床工作中，首先必须经过"辨证"认识病机后，再以法统方，才能在与疾病的战争中，克敌制胜。例如马光亚治疗肝病，无论从分消走泄、和解少阳枢机或以风药升阳除湿，均围绕着"宣畅气机"，而经由相关治法，着力于调畅气机，排除导致升降出入失常的病理产物。倘非如此，只想一味地以"抗病毒"来思考，是绝对无法驾驭这些治法而收良效的。

马光亚曾告诫我们这些兼习现代医学的学生："中医在临床上能出奇制胜，妙在辨证论治，若仅单从研究药物着力而欲求效，是舍本逐末，削足适履，将来会丧失自己的根基，沦为西方医学之附庸。"

中医古籍的阅读

中国医学典籍汗牛充栋，读不胜读，到底哪些书较合乎临床需要？马光亚认为中医经典中，最重要的还是《伤寒论》，所以不仅要熟背，还要思考条文间的异同及其对身体生理与病机病理的论述。不仅要记，还要用，务求彻彻底底了解《伤寒论》，用《伤寒论》，这是中医要走远走宽的最基本功夫。

仲景而后，金元刘河间、张从正等倡温热学说，至明、清温热名家辈出，吴又可、叶天士、王孟英、吴鞠通、陈平伯、雷少逸等相继研究发挥，对中医理论，尤其是温热病有新的发展与成就。王孟英编著的《温热经纬》搜集有关资料最为详备，为研究温病最好的导师，要细心体会。而临床各科，马光亚要求学生再习《医宗金鉴》，他认为该书要而不繁，简而切合实用，并常以临床的治效病例提示我们其中要点。

除了以上诸书，他还常研读《景岳全书》《医学入门》《医学心悟》《张氏医通》《中西汇通医书五种》等书。他喜欢用毛笔把重要的地方写成笔记，写多了，就订成一册，闲空时，读自己的笔记，是平生一件乐事。

就是这样勤读书、勤做笔记、勤临床、勤记诵，造就了一代宗师。他常自我解嘲：我是中医的实践家，不是中医的理论家。实践的基础在坚持辨证论治，勤劳学习与验证。

临证须重视病史

"证"是病人所患疾病的表征，中医临床诊断治疗，以证为依据。但"证"是如何发生的，必定有其原因，也就是中医学所说的"病因"，临床不先求病因（疾病发生的原因），不认识病证（疾病发生的象征）与病机（疾病的演变与转归），就不能得到合适的疗法，也就无法冀求良效。

中医将人的情绪分为喜、怒、忧、思、悲、恐、惊七种，由情绪所导致的疾病，常常无法用仪器检查出来，但透过中医的辨证可以加以治疗。他曾举一病例说明：一位女中学生，功课很好，一天因考试成绩很好，由学校回家，由于过度兴奋，彻夜未睡，第二日，便语无伦次，时笑时哭，这是内因的疾病，由于过喜而发生的。将病人送到某大医院治疗，医师说这个学生是精神分裂了。医院给她服的药，大概是镇静剂，服了之后，一天到晚要睡，呆呆的不说话。马光亚发现病因是"火邪"，患者口唇四周青春痘甚多，舌上有黄苔，脉数，是火的证明，用《景岳全书·新方八阵》二阴煎加淡竹叶等，服了十余剂，便减轻了，继续服3个多月，完全好了，为巩固疗效，最后做了药丸吞服，患者一切正常，又恢复上学。二阴煎的生地、木通、淡竹叶、甘草是导赤散，是去心火的。酸枣仁、黄连、玄参、麦冬、灯草、茯苓等药可以清心安神。什么是"心火"，西方生理学，没有这样的认识。内因的病，临床常可遇到，火甚者清其火而愈，是合乎"理"而生效的。

他认为中医之长处，不全在药，现在也有人重视中医，但只专于研究药物，不提倡中医结果会使中医走上毁灭之路。马光亚认为，中医对任何难症，都可用辨证论治的方法取得疗效，甚至连一般认为的不治之症如癌症、白血病之类，都有治愈的机会。他曾在退休后治愈一例艾滋病，因患者舌淡嫩，苔白湿，脉沉弦无力，完谷不化，属虚劳，脾肾阳虚夹有毒邪（背见红斑、口中溃疡），故以附子理中汤温补脾阳，千金内托散托里消毒，并兼服解毒丸。其间患者并发带状疱疹，马光亚处以龙胆泻肝汤并佐砂仁、苍术、半夏以和胃护脾阳，仅服药6剂疱疹痊愈。感染科医师对此一免疫力极低之人竟可安然度过大感惊讶，再经某大医院检查后，发现HIV抗体呈阴性反应。

临证重视色脉合参

马光亚反驳民间传说中医看病，完全能凭脉知证。他认为有些病可以从脉上看出来，中医诊脉，是要知道病人虚、实、寒、热的病情，处方时可以作为根据，但临床要掌握病机，必须四诊合参。

自古论脉的医书很多，马光亚喜读《张氏医通》的《诊宗三昧》，幼时习医，外祖父教他读《医宗必读·四言要诀》，此与《医宗金鉴》的《四诊心法要诀》大同小异，可以受用，后来读到《诊宗三昧》，才知道脉诊与望诊会参之重要。张路玉对色脉合参之法，说得很透彻，许多病可以从望诊作分别，故诊脉必须配合望色。

马光亚认为，至少要熟读《四诊心法要诀》与《濒湖脉学》，临床多留心，才能体会到真谛之所在。此即俗语所说："熟读王叔和，不如临证多。"他一次遇到一个年轻的病人，左关独大，问知他是和妻子因事生气，而有此脉，后来再遇到左关独大的患者，问其情绪，大都有问题。此外，马光亚还发现，肝硬化和肝癌的病人，多数右关大于左关；肝炎患者，若右关紧大，则肝有硬化之可能。

多记方歌，左右逢源，加减临时在变通

马光亚认为，要做一个负责任的医师，开方子要有效，一定要从古方化裁而成，因为古方是经过千锤百炼的，所以方子要记得多，临证才能得心应手，左右逢源。

马光亚在台开业不久，病人不多，自知异地行医不易，于是决心多读书、多写笔记。他研究温病学并潜心研读《医宗金鉴》《景岳全书》。《医宗金鉴》的《杂病心法要诀》《妇科心法要诀》《幼科心法要诀》，重要的歌诀，读到能背诵出来。其好友武进奚南熏先生曾赠《王旭高医书六种》，书中选录许多前贤效方，均为方歌体裁，他亦时常记诵。

马光亚有一位知己是原籍广东的老医生梁春庭，也是喜读歌诀的，梁医师曾向马光亚提道："先父广东名医梁沃公毕生为医，享寿八十多岁，老时行医到好几县，出诊常远及百里之外，他自己临床好的经验，熟记不忘，方法是做成歌诀读熟，出诊经常乘轿，轿内带着几本医书，《医宗金鉴》《时方妙用》《医学心悟》等多种，遇了难症，必取出书来仔细研究，有了结果，才动笔开方，最有效的方子，一定编成歌诀，因此，他有很多的歌诀。"

马光亚喜读歌诀、撰写歌诀是受梁先生的影响，他选择《景岳全书·新方八阵》《时病论》《傅青主女科》中的常用有效方子写成歌诀，不时诵之，故临床选方有左右逢源之妙。这些歌诀均已写入《台北临床三十年》中。

诵读歌诀，似乎是很呆板的方法，但马光亚以做中医为志业，除偶作画写字之外，心无旁骛，读书到老，不但不嫌苦，且一直兴趣不衰，如果治好一个难症，还引以为乐呢！他下过这种扎实苦功，故能在临床辨证时，左右逢源，灵活加减，妙手回春，屡起沉疴。他把西人格言"每天读书半小时，积至十年，虽愚亦智"的话，作为座右铭，每天早起读书，不间断，因此读熟了许多歌诀。

见贤思齐，不耻下问皆为师

马光亚谦虚好学，常感自己学识不足，不耻求教于人，常与同道讨论并学习他人长处，只要对中医药有心得者，他皆请教学习，也因此结交许多朋友，擅用台湾中草药。如马光亚善用白蒲姜根治肿瘤及尿毒症，茄冬叶清肺热治肺炎。他治疗疮口久不愈时每在处方中加入鹿角胶三钱，效若桴鼓。此即马光亚年轻时在长沙时见一人生疮久不收口，一郎中处以鹿角胶三钱，苏梗两钱（怕久病不愈恐夹有风邪），服则效。

熟记经络，用药引经效胜针

马光亚虽不以针灸为专业，但他认为内科医师也必须对经络循行、流注时辰十分熟悉。先哲有云："不明经络，开口动手便错。"台湾过敏气喘患者众多，他注意到患者多在清晨三点至五点发作，此时正是肝经流注肺经之时，而患者多见阴虚肺肝热盛，故采用养阴平肝清肺热之法，疗效甚佳。

灵活用内科之法治外科疾病

内科须辨证论治，而外科也一样，马光亚曾举以下两个实例说明：

杨女士，突患全身肌肉结核，颈上、手臂上、腿上累累如桃李突起已1年，症状是发热恶寒，筋骨酸楚，脉数，舌苔白。由这些症状，诊为外感风寒，用荆防败毒散治之。初诊服3剂，寒热即退，结核稍见消退，二诊，未改方再服3剂，结核消去大半，三诊仍不改方又服3剂，共9剂而痊愈。

宋女士，手心生结核一颗，状如莲实，甚坚，不觉痛，腹泻如水，一日多次，脉缓，舌苔白湿。由这些症状知其为虚寒，用理中汤加白芥子，7剂即愈。

前一病为表寒证，用荆防败毒散解其表邪，后一病例为里虚证，用理中汤温其里寒，不治结核而结核全消。如不按证施治，而用治结核之药，恐不能有此效果。由此可知，辨证论治，优于现代医学于检验后施用手术切除或其他对症施治之法。

药物炮制要正确

马光亚因为年轻时在自家开设的中药店摸索过，常用的药大都能辨认，也懂得药的制法，很多药他都亲手去炼过、制过。白术古法用土炒，是因为白术淀粉质多，故制法有炒焦的一种，如果不炒焦，胃气不和的，服后会脘闷气胀，治脾虚消化不良用土炒，如利水则不须炒，不妨生用。至于苍术的制法，多数药店也用土炒，是错误的制法，苍术性苦温，含油质，味辛烈，古法须用米泔水漂去油质，不须火炒，炒后服之必发燥象。有些药店，制款冬花、枇杷叶、紫菀之类，都用蜜制，因防其生霉，蜜中加有防腐剂，这些药实无蜜炒之必要，张锡纯用药都用生的，一律不炒，古人用药，性寒者炒之以减其寒，如黄柏、黄芩之类；性烈者炒之以减去其烈，如南星之类。植物类的药，有的质松软，有的质坚硬，切片时质松软的不能浸水太久，太久则切后药片萎缩损耗甚重，效力亦减少。质坚硬的浸水不易透，要放坛中封紧，过数日取出始易切片，这是药店制药师传的学问，他都留心去学习过。矿物类的药，有的要久煅，如自然铜，煅红醋淬七次犹不易碾细；石燕、石蟹，醋淬一次即成粉，有些本草说要煅七次，这是著书者未曾实践而云然。制冰硼散，硼砂不炒枯，研成粉后，过不久即结成块状。乳香、没药、儿茶都要炒研，炒过火了，即熔结成焦炭，火色不够，又不能研成粉末。这些都要有经验才能做得好。

儒者风范与医德

马光亚用药极平实价廉，从不夸用高贵药。1980 年日本鹿耳岛富商岩崎与八郎因患中风半身不遂，手脚无力颤抖，视力不良，慕名来台，经马光亚治疗后病症大减，赞赏马光亚的药便宜合理而极有功效，并且未因他是富商巨贾而大敲竹杠，有中国儒者风范与医德。

同德堂资深员工萧小姐回忆说："马医师医术好，开的药很有效，但是太便宜，药店赚不了多少钱，由于马医师是镇店之宝，王老板也只能暗示说多开些高贵药，但马教授仍然一本初衷，该用什么就用什么，从不多作经济考虑。"马光亚处方通常一剂多在台币两百元上下，即使疑难重症如肿瘤、肝硬化腹水亦是如此，从不因为要赚钱而多开贵药。

马光亚大女儿回忆道："父亲之所以一直没有开业或开药店，就是怕会因为经济考量而影响他的看病。"

这种儒者风范与医德，正是这个时代所欠缺的，也是我们所应学习效法的。

马光亚的医学知识大多是靠自修而成。尤其难得的是在成名后仍不断进修。传统名中医多出自名师流派，马光亚这种努力学习的过程与成就，让今日大多没有机会跟从名师指导的后进，看到台湾的中医典范，可以效法学习，这也是他的可贵之处。

张沛虬

张沛虬（1916—2009），浙江宁波人。早年在宁波传华医院（今宁波市第一医院）研习西医，师从该院院长杨传华先生。因时逢战乱，伤寒、瘟疫肆虐，而青霉素尚未传入我国，西医对此类危重疾病尚缺少有效的治疗手段。怀报国救民之志，毅然弃西学中，于1934年考入上海新中国医学院（今上海中医药大学），受业于沪上名医朱小南、章次公、陆渊雷、祝味菊诸先生。1938年毕业后先后在镇海、宁波等地开办诊所，悬壶济世，声名鹊起。中华人民共和国成立后为贯彻落实党的中医政策，于1957年参与创办了宁波市苍水卫生联合诊所（今宁波市海曙区中医院）并任所长。"文革"结束后，于1977年与几位热心中医的同道们一起创建宁波市首家中医医院并任副院长。1992年被评为全国首批五百名老中医药专家学术经验继承工作指导老师之一。历任宁波市苍水卫生联合诊所所长，宁波市中医院副院长，宁波市中医药学会副会长，宁波市中医医院业务技术顾问，宁波市政协常委。从医70余载，熟谙岐黄之术，治学严谨，学验俱丰，开拓进取，勇于创新，倡导辨证与辨病相结合，擅以重剂猛药起沉疴，善用虫类搜剔之品蠲顽疾，巧选经方对药治杂病，尤其擅长治疗急危重症和肾病、肝病、痹证等。发表医学论文40余篇，主要著述有《中医临床备要》《药对经验集》《仲景方临床应用》《中医痹病治疗学》等。

矢志岐黄　承继师学

我于1916年农历正月初五出生于浙江省镇海县柴桥镇（今划归宁波市北仑区）一户贫苦农民家庭，幼年时在亲友的资助下进入学堂。因珍惜上学机会来之不易，读书非常勤奋，每年跳级，用别人一半的时间完成了高小学业。中学毕业后，在原小学校长（后成为我岳父）的帮助下，进入宁波传华医院学习西医，2年后又考入上海新中国医学院，1938年毕业后从事中医工作，迄今已70余年。

宁波是鸦片战争后五个通商口岸之一，建教堂、办学校、开医院、派遣留学生，均为国内的先行，20世纪30年代时，宁波教会医院和私人西医院、诊所等已有十余所。我的第一位授业老师是杨传华先生，在他那里我学习了西医的基础知识与诊疗技术，并深得他的器重，我的西医学基础就是在那时奠定的。我自幼研读医学书籍，对中医心仪已久，同时在医疗实践中清醒地认识到对于当时许多内科疾病，尤其是危难重症，中医中药的临床治疗方法较多，效验较好；特别是受到当时甬城名医范文虎先生的影响，遂立志钻研中医学。我不顾师长的挽留、亲朋的劝阻及社会上歧视中医逆流的影响，毅然弃西学中，考入上海新中国医学院，从此与中医学结下了不解之缘。

新中国医学院在当时是一所颇具革新精神的学府，为了不断吸收现代科学知识，设置了解剖、生理、病理、微生物、化学、诊断等西医基础课程，并具有相当规模的理化诊断设备。最重要的是学校有一批学验俱丰、锐意革新的师长，诸如朱小南、朱鹤皋、章次公、陆渊雷、祝味菊等。在这样的学习环境和条件下，我学业进步很快。特别是实习带教章次公老师，他师出名门，学识渊博，提出"发皇古义，融汇新知"的学术观点，主张"双重诊断，一重治疗"，平素体恤病家，博采众方，择善而从，深究药物，善用虫类，通晓文史哲，重视医史目录学。我在红十字会吉仁医院随师实习期间，聆听师训得益匪浅，他的良好学风和治学经验一直为我一生所师法。

业精于勤　锲而不舍

中医学博大精深，如要登堂入室，非下苦功不可。诚如《荀子·劝学》所云："锲而舍之，朽木不折；锲而不舍，金石可镂。"在从医经历中我深深体会到，学好中医应着重做到"勤"和"恒"两个字。我在校求学时，因出身贫苦，希望能学有所成，早日成为对社会有益的人才，在各位师长言传身教及历代医家治学精神的激励下，除课堂听课外，其余时间几乎均用于勤奋苦读，背诵了大量的经典条文和临床需用的歌诀等。坚持苦读、勤学、深悟，为我以后继续钻研和学习打下了良好的基础，而且这个习惯数十年来从未懈怠。此即"古人学问无遗力，少壮功夫老始成"之谓也。如新书出版先睹为快，杂志见刊及时参阅，只要一卷在握，便乐在其中，从而使自己既增进了不少新知识，又及时汲取了别人的经验。

读书临证 相得益彰

读书和临证是学好中医的两个重要方法，古人用"读万卷书，行万里路"来说明达到一个新境界的途径，对我们学中医的人来说也可以理解为多读书，多临证，以提高中医学术和临床诊疗水平。

（一）医史和目录

我在学医之初，受章次公先生的影响，对医学史及目录学、古文等均较为重视，陈邦贤的《中国医学史》及张赞臣的《中国历代医学史略》是我当时最喜欢的两部通俗医史书籍。在后来辅导学生时，我常就医学起源、医与巫之争、医学发展中各个时期的突出成就、代表性医家的贡献轶事掌故等，对他们进行有益的灌输，以增强他们学习中医的信心和决心。

医籍是先人留给我们的宝贵遗产，是一笔巨大的财富。我认为这些书籍内容丰富，卷帙浩繁，而从目录学入手可以较快地摸清读书的门径，明确治学的方法，从而迅速而准确地查到中医药学的各种专门知识和资料线索，这样就可以在前人工作成果的基础上更有效地进行学习和研究。善于继承和借鉴前人工作成果，这对于初学和深造，继承和创新，都是不可忽视的一个环节。《宋以前医籍考》《中国医籍考》《四部总录医药编》是中医学书目的入门书。

此外，我认为古文是学好中医的重要工具，要深入钻研中医文献，必须通过文字关，以提高阅读医学书籍的能力。我除致力于医学事业外，对古代的文、史、哲著作亦颇为雅好，二十四史、《资治通鉴》《古文观止》是我经常阅读的古籍。同时我还向学生们推荐《聊斋志异》这部文学名著，该书文笔流畅，文字简练，文体接近白话而古朴，值得我辈仿效。"磨刀不误砍柴工"，以上这些，对学好中医是大有裨益的。

（二）源流和方法

读医书，历来有两个途径，其一是从源到流，其二是从流到源。前者一般是先儒而后医者；后者多为民间的师带徒者。这两种途径各有所长，亦各有不足。前者重理论少实践，后者重实践轻理论。我认为，单纯注重一端都是片面的。经典著作，特别是四大经典著作，好比水之源头和树之根本，学医者必须扎扎实实地精研细读。因为经典著作是中医的基础，授人以规矩，掌握了它，以后就受用无穷。现在有些青年医生业务水平提高不快，写不出好论文，主要是这方面的功力不足，人云亦云，胸无成见。中医学是一门应用科学，必须随时接触临床，边读书边实践，业务水平才会有较大的提高；还必须熟读汤头歌、药性赋及通俗浅近的著作，如《医学心悟》等。我认为，习医之初两者同时进行，不但并行不悖，而且相互促进。

读书方式要分精读与泛览。四大经典著作及方剂学、药物学等均属精读之列。韩愈曾说过，读书要"手披目视，口咏其言，心惟其义"，也就是读书时必须手、眼、口、心并用，重要的段落还必须背诵牢记。背诵不但有助于记忆，而且还具有加深理解的作用，古人有"读书百遍，其义自见"的说法。对于经典著作，我每过一个阶段再阅读一遍，又会有新的收获。只有熟读精思才能熟能生巧，得心应手。历代各医家著作都是在经典著作的基础上各抒己见，有所发挥，除个别代表作外，大多属于泛览之列。现代著作刊物，在当今科学日渐昌明的时代，屡有新颖独特的见解和经验，我每记诸事端，并仔细推敲，反复揣摩，或采撷其理论方法，常有收获。

医案是临床治疗的经验总结或失败教训的借鉴，亦是中医实践的精华所在，是临床的第一手资料，我对此亦素有推崇，特别是余震的《古今医案按》、叶天士的《临证指南医案》及秦伯未的《清代名医医案精华》，均为我经常翻阅，我亦从中得益甚多。

（三）早临证，多实践

治学贵在实践，学用结合，勤于实践，这是学好中医的重要环节。学医的目的是治病救人，就是在医学理论的指导下，通过临床实践来解决问题，并在实践中检验理论，充实理论。我对此极为重视，早年在求学时，文体活动可以放弃，但临床实习从不缺课，见到所学理论在临床得到印证，感到由衷的高兴。章次公老师的高尚医德医风和渊博学识、师古不泥勇于创新的精神、二重诊断一重治疗的方法、熟谙药性善用虫类的经验，均是当时随师学习时耳濡目染而铭记在心的。离校六十余年来，尽管身兼数职，社会活动又多，但我始终坚持临床工作，因为临床是中医的用武之地。

辨证辨病　扬长补短

我早年在上海求学时深受章次公先生"发皇古义，融汇新知"和"双重诊断，一重治疗"思想的影响，主张辨证与辨病相结合。辨证论治是中医学的精华，中医治疗注重辨证，从总体上把握人体阴阳失调、邪正斗争的状态，把人本身的阴阳失调与外部环境结合起来，综合分析，强调因人、因时、因地制宜，因而历久弥新，是制病的利器。中医学和西医学尽管理论体系不同，但可以互相取长补短，这有利于医学科学的发展。采用现代医学诊断手段能提高对疾病的认识，在治疗上采取辨证与辨病相结合的方法，使遣方用药更有针对性，关键在于不受西医理论的束缚和制约，而是从中得到启发和借鉴，做到为我所用。我在辨证与辨病相结合的过程中，始终抓住中医辨证施治这一原则，参考西医诊断，在辨证用药的前提下，选择应用一些已被现代医学证实了的、具有某些药理作用的中药。具体用药有三种情况：一是针对病因选用，如抗菌选用黄芩、黄连、黄柏、败酱草、金银花、连翘、蒲公英等；抗病毒则选用大青叶、板蓝根、柴胡、虎杖等。二是针对疾病的病理变化选用，如胆囊炎、胆石症多为细菌感染，胆汁高度浓缩，炎性细胞浸润或结石梗阻，此时根据中医辨证，除采用疏肝理气或清热通腑的治疗手段外，还可配合具有利胆抗炎作用的蒲公英、大黄或具有溶石排石作用的金钱草、生茜草等。三是针对疾病的某一突出症状用药，如高血压头晕、头痛明显者，除应用平肝潜阳药外，再选用既有中医平肝功效，又有西医镇痛降压作用的天麻、钩藤、黄芩、蔓荆子、白蒺藜等；高血压伴有腰部疼痛者则选用既能降压镇痛，又可补肾通络的杜仲、桑寄生等；咯血或上消化道出血我习用泻火逐瘀之生大黄、白及粉、三七粉，定名为"三圣散"，小剂量分多次咽服，有迅速止血作用。

重剂猛药　可起沉疴

中医治疗急危重症自古有之，且治法多样。我坚决反对所谓"急性病看西医，慢性病看中医"，甚至将中医当成养生保健疗法的片面认识。事实上，中医治疗急危重症不仅有悠久的历史，而且有一套独特的理论和方法。我非常推崇古训"六腑以通为用"，常用通利疗法（泻下法）来排除燥屎、荡涤实热毒素、攻逐水饮、祛除痰浊瘀血虫积，达到"实则泻之""推陈致新"的目的。通利疗法不仅通导大便，排除燥屎，更有其广泛的含义，凡是攻逐里实的一类治疗方法均可列入通利法之范畴。通利法的作用主要有：①疏利中焦，通调升降。②上病取下，釜底抽薪。③荡涤邪热，存阴护液。对于内科急症，针对病情急、重的特点，最常用的方法当推效速力峻之下法，大黄为必用之药。因此，我自拟大黄清化汤治疗急性胆道感染、急性胰腺炎、急性肝炎、支气管扩张咯血、中毒性菌痢等，常获满意疗效。该方由大黄、柴胡、黄芩、枳壳、木香、金银花组成，以大黄为主药。大黄首载于《神农本草经》，其性寒，味苦，入胃、大肠、肝经，有泻热毒、荡积滞、行瘀血之功，向为历代医家所重视；柴胡有解毒、镇静、镇痛及抗炎作用；黄芩清热燥湿，泻火解毒；枳壳有行气宽中、化痰、消食之效；木香理气消滞；金银花清热解毒。全方具有清热化滞、宽中理气、通腑泻火之功。根据前人经验和现代医学实验成果，我认为大黄一味与相应药物配伍应用疗效迅速，为祛邪最有效的方法之一，其用量须达到 10～20 克方可取效。曾有一位持续高热的住院病人，临床疑诊为伤寒，经服藿香正气散合葛根芩连汤后仍高热不退且大便秘结。我查房后辨证为热重于湿、邪在气分、腑气不通之湿温，宜用白虎加苍术汤另加生军 10 克以清气泄热，化湿行腑。当时几位住院医师心存疑虑：既已疑为伤寒，若用生石膏、生军等苦寒泻下药是否会引起肠穿孔甚至肠出血？我以为既然辨证准确，尽可大胆用之，况且病人发病未到 2 周，一般不会出现肠穿孔，用大黄却可起到釜底抽薪、引热下行的作用。结果病人服药 1 剂后大便即通，3 剂后热退，待伤寒诊断明确时病人已临床痊愈。

我对痹久入络，关节肿痛畸形，久治不愈顽痹者常选自拟之四物马龙汤治疗。该方由当归四逆散合龙马自来丹两方加减组成，方中马钱子属于中药剧毒药。但我认为马钱子一药性味虽苦寒但不伤胃，只要审因用药，配伍适量，可寒可热，能补能行，一药多能，实为他药所不及。然而临床应用应从小剂量开始，渐增至适宜剂量为好，一般马钱子粉成人每次口服量在 0.3 ~ 0.5 克为宜，常能迅速止痛，控制临床症状。

虫类搜剔　蠲除顽痼

虫类药大都具有通络除痹、活血祛瘀、搜风剔邪、息风定痉、补肾助阳等功效，但药性多峻猛有毒，故一般医者不常应用。我对虫类药悉心研究几十年，用以治疗各种顽症痼疾，不但能控制症状，且每可收治愈之功。如我常用全蝎、蜈蚣、地龙、僵蚕治疗癫痫，其中全蝎、蜈蚣息风止痉，地龙、僵蚕既能泄热定痉，又可涤痰化浊。据药理研究，全蝎含有一种毒性蛋白质蝎毒素，蜈蚣则含有与蜂毒相似的两种有毒物质，两者均有显著的抗惊厥作用，故对癫痫有效。虫类药的应用往往随其配伍不同而异，如全蝎配钩藤、紫河车名"钩蝎散"，用于治疗偏头痛（血管神经性头痛）；配穿山甲（现用代用品，下同）名"蝎甲散"，可治流火丹毒；配白花蛇、蜈蚣名"蝎蛇散"，治疗增生性脊柱炎、类风湿性关节炎等。对于肝硬化失代偿期出现腹水，我常选蝼蛄、蟋蟀以利水消肿；若肝硬化腹水脾肿大明显时，则于处方中加入地鳖虫以活血散瘀、消癥破坚。支气管哮喘为发作性的过敏性疾病，发作期时我常选地龙、僵蚕以平喘祛痰，而在缓解期则以蛤蚧合紫河车、黄芪、五味子、地龙等药研粉吞服以补益肺肾、健脾益气。我还以自拟之"四物三色荆防草"（四物汤加黄芪、白蒺藜、首乌、荆芥、防风、甘草）治疗荨麻疹，对慢性屡发或久治不愈之风疹再加蝉衣、僵蚕则收效益佳。我在使用虫类药的实践中，总结出几点经验：①部分虫类药以研吞效好。②虫类药用量不宜过大。③尽量炮制后使用。④孕妇、妇女经乳期、年高体弱者均需慎用或禁用。

寒热并调　善用经方

寒热并用是指同一张处方中既有寒凉药又有温热药，此法应用最广者要属张仲景的《伤寒论》，在全书 112 方中，寒热并用的方剂约占四分之一，说明此种配伍是仲景治疗法则中的一个重要组成部分。仲景方结构严谨，遣方用药独具匠心，组方构思寓有深意，疗效确切，向称经方。我深谙仲景方寒热互用之妙，认为寒热并用法发展了《内经》"寒者热之，热者寒之"和"治寒以热，治热以寒"的立法理论，突破了寒证单用温热或热证单用寒凉的治疗。寒热并用法的作用特点主要表现在两方面，其一是利用药物各自特有的功效，针对病证的寒热错杂分别治之；其二是利用药物之间相互对立又统一的规则，充分发挥药物的最佳疗效。如临证时凡见腠理素虚，卫外不固，或脾胃虚弱，或年老体弱，伴有寒热发作，骨节酸楚者，我常投之以柴胡桂枝汤而取效。柴胡桂枝汤系张仲景专为治太阳表寒、正气已虚而兼少阳半表半里、寒热虚实错杂之证而设，用以治疗少阳证兼有太阳表证，全方寒热并用，共奏和解少阳、疏表散风之功。在具体运用时仍须仔细辨证，故用法有异。若恶寒发热并存但发热较重，则重用柴胡、黄芩以和解退热；若寒热发作而以恶寒为主，则重用桂枝以增强解肌发表之力。又如在风湿性或类风湿性关节炎急性发作期，症见发热、汗出恶风、关节肿痛，中医辨证属热痹者，我常选用祛风清热、化湿通络之白虎加桂枝汤，每获良效。对于顽固性的口腔溃疡，伴见咽痛干燥、脘闷纳呆、舌红苔腻者，此乃中焦湿浊内蕴化热、浊热上蒸所致，宜选苓桂术甘汤加芩、连治之，取苓桂术甘温药和之以化湿浊，黄芩、黄连寒药清之以除内热，一般服药3剂即可显效，服药5剂溃疡愈合。再如治疗上消化道出血，以三圣散（生大黄、白及粉、三七粉）吞服同时配以小建中汤之类，取温中药既可温胃健脾，又能监制大黄之寒性，助大黄止血而不留瘀。

对药验方　彰显奇效

辨证论治是中医学的核心。辨证可明脏腑之阴阳，施治则本于方药。所谓辨证立法，以法统方，如要精于方，必须精于药之配伍。中药的配伍变化很多，可直接影响治疗效果。如果随意凑合，势必出现杂乱无章或叠床架屋的现象。对药即是双味药的配伍应用，可增强药力，减少副作用，产生不同效应。对药的优点是通过药物的有机配合，提高药物的疗效，更有相互作用而产生特殊效果者，它包含了中药配伍中的相须、相畏、相反等作用，亦即现代医学所谓的协同作用与拮抗作用。至于对药与方剂的关系则是不同范畴的两个方面，是介于中药与方剂之间起着桥梁作用的，一个组织严谨、方义明确、疗效可靠的方剂，往往包含了若干药对，或以一药为主而组成。如麻黄本为发汗药，但若配合适量的石膏则可减轻它的发汗作用，而发挥其宣肺平喘或开肺利尿作用。荆芥为解表药，如配防风为辛温解表，配菊花或薄荷则成辛凉解表；如配白芷可治前额头痛，配川芎则治两侧偏头痛，配藁本专治颠顶头痛。再如黄连配肉桂可治心肾不交之不寐，半夏配秫米则治胃中不和之失眠。又如蝼蛄和蟋蟀均为利水良药，但前者性寒而力峻，后者性温而力稍缓，两药合用，则其效益宏。

博采众方，择善而用，体现了中医辨证用药的一大特色。我平时重视民间单方、验方的疗效，充分肯定其"简、便、廉、验"的优点，悉心搜集，辨伪存真，通过临床使用，验证其疗效，并设法通过配伍，减少其副作用，扩大其应用范围。我常用生麦芽 30～60 克配合八正散治疗前列腺炎，效果较为满意。又如治疗肺脓肿，在辨证论治的前提下加用金荞麦 30～60 克可增强排脓化痰之效。对牙龈肿痛者常用露蜂房 10～15 克煎汤含漱，消肿止痛作用颇佳。另外，我常以九节菖蒲 30～60 克配合柴胡疏肝散或承气汤类方，用以治疗腑实气滞腹胀满痛者（如单纯性阑尾炎）疗效较好，因九节菖蒲能促进肠蠕动，从而使阑尾腔内炎性分泌物排出加速。

善于继承　贵在创新

我在七十余年的医学生涯中，坚持对中医理论的不断探索和对临床经验的有效积累，同时又非常重视对现代医学的学习，主张取其所长，为我所用。正是这些学习习惯和治学经验，使我在继承和发展中医学术方面颇为得心应手。

我认为，除精读四大经典著作外，对历代流派中的代表性论著亦须作深入的了解，同时除对自己专业外的其他临床各科也需有基本的认识，这对指导临床实践和做好整理总结工作是十分有益的。在研读古籍时又必须知常达变，如《伤寒杂病论》有结构严谨的理法方药，并经后人千百年实践而得到验证。但由于历史条件的原因，对疾病的认识有一定的局限，治则用药还不够全面和广泛，我们不能一成不变地照搬。如我用大柴胡汤治疗胆囊炎胆石症、急性胰腺炎、急性腹膜炎等，就扩大了经方的治疗范围。

中医对疾病的辨证分型，有的过于烦琐，使初学者较难掌握。如以高血压为例，我认为高血压的病机是肝肾阴阳失调为主，因此降上逆之肝阳、滋下虚之肾阴就成为该病的治疗大法，故拟订了肝阳上亢用天麻钩藤饮加减、肝肾阴虚以首乌延寿丹加减的治疗方法。这种分型执简驭繁，很受同学们的欢迎。又如对慢性乙型肝炎患者，我根据久病多虚及虚实夹杂的病理现象，拟订了扶正祛邪的治疗方法，选用人参叶、生黄芪、淫羊藿、茯苓、柴胡、蒲公英、蛇舌草、虎杖等进行加减治疗，既增强了患者的免疫力，又抑制了乙肝病毒，促进了肝脏的修复，收效颇佳。

我平时比较重视资料的积累，门诊之余，温经典，查文献，联系临床，结合体会，摸索规律，每有心得，撰写论文。自1936年迄今已在国内发表了《类风湿性关节炎的辨证施治》等41篇论文，此外，还编著出版了《中医痹病治疗学》《仲景方临床应用》《药对经验集》《中医临床备要》等著作，以弘扬中医，哺育后人。

我虽年过九秩，仍然心系我终生挚爱的中医事业，心系我为之奉献毕生精力的广大病员。我决心在有生之年，继续为振兴中医事业尽我的绵薄之力。

（方洁、张子久协助整理）

裘沛然

裘沛然（1916—2010 年），原名维
龙，出生于浙江省慈溪市裘市村。7 岁
入私塾读书，11 岁起师姚江学者施叔
范先生学习两年，1928 年至 1930 年在
家自学经史百家之书，以及文学、历史
和自然科学书籍，1931 年只身来到上
海，求学于一代医孽丁甘仁先生创办的
上海中医专门学校，1934 年毕业后至
1958 年先后悬壶于慈溪、宁波、上海，以行医自给。临诊之余，勤研中医学和
历史、文学、哲学等。1958 年应聘进入上海中医学院担任教学工作，历任针灸、
经络、内经、中医基础理论、各家学说教研室主任。1980 年担任国家科委中医
组成员，1981 年任卫生部医学科学委员会委员，1984 年任上海中医学院专家委
员会主任。曾任上海中医药大学终身教授，上海文史馆馆员，《辞海》编辑委员
会副主编兼中医学科主编，华东师范大学和同济大学兼职教授，安徽中医学院
顾问，浙江中医药大学学术顾问，是全国首批老中医药专家学术经验继承工作
指导老师之一。1979 年被评为上海市劳动模范，同年担任上海市政协委员，
1983 年任市政协常务委员，1988 年兼任市政协医卫体委员会副主任，1991 年被
国务院批准享受政府特殊津贴。1995 年被评为上海市名中医。2008 年获上海市
医学贡献奖。2009 年 4 月被人力资源和社会保障部、卫生部、国家中医药管理
局评为首届"国医大师"。

锐志医学

裘沛然幼年就读于国学专修馆，当时在国学馆任教的为姚江施叔范先生。

除诵读经史百家外，还涉猎诗词歌赋，凭借勤奋与刻苦学习，使他在文字、音韵、训诂等方面奠定了初步基础。他对施公的博学通达及治学为人之道都深为敬仰，对他的一生影响极大，不仅学习施公如何做学问，更学习施公如何做人之道。施先生督学甚严厉，凡四子书及唐宋名家的文章诗词均须选读，并要求熟背成诵，故虽受学时间不长而获益很多。他一生之所以能坚持虚心好学，手不释卷的治学态度，以及仁爱好施之心，完全秉承了恩师的品格风范。他曾满怀深情地写下一首七律，即《怀念叔范先生》："少沐春风旧草堂，沪滨重见菊花黄。僻居应是须眉朗，薄醉悬知意念伤。老去江湖艰跋涉，晓行风露湿衣裳。文章灵气归何处，好句还同日月光。"直至耄耋之年仍然深情地回忆说："我今日能于经史辞章略窥门径，盖得力于先生教育启迪之功，因在儿童时已对国学奠定了初步基础。"

在 20 世纪二三十年代，正值军阀混战，他虽有匡时经世之志，而当时的时代思潮，"革新者"一面主张把中国古代文化扫地以尽，另一面则力图维护封建礼制，这些均与他的理想不合，乃锐志于医学。裴沛然叔父汝根先生通晓针灸学，为广西名医罗哲初的弟子。他 13 岁时便在课读之余，从叔父学习针灸，并常侍诊左右，开始对中医古籍及针灸临床粗晓其理。1931 年来到上海，求学于一代名医丁甘仁先生创办的上海中医专门学校。教师大多是沪上医学名家，在这良好的学习环境与氛围中，学习更为刻苦认真。为背诵中医古代典籍和中医理论，以及博览国学之经、史、子、集，"晓窗千字，午夜一灯"，是习以为常的。课堂学习外在丁济万（丁甘仁之长孙）诊所临床实习，在丁师悉心指导下，凭借厚实的古文功底，以及博学强记的天赋，用心钻研，基本掌握了中医四诊八纲、临床辨证施治的要领，尤其对中医重要著作《黄帝内经》《伤寒论》《金匮要略》《神农本草经》《温热经纬》中的主要内容，都能熟读掌握。并用蝇头小楷抄录了十多种医籍和讲义，因时代变迁，抄本多已散佚，现存《读医抄本拾遗》一书，已在上海中医药大学出版社影印出版发行，书中汇集的"伤寒论""温病学""舌苔学""妇科学"四本抄本均是 70 多年前抄录的笔记讲义，是在 2006 年初整理藏书时偶然拣得的仅存之本。

经过 3 年的刻苦学习和细心领会，他对丁济万先生的学术特点、遣方用药常规，以及经验效方，几乎熟极而流，故在侍诊之余，整理过丁师的临证处方，编成一本《丁方集成》，以便记诵，同学一时传抄，作为临证之助。临近毕业，除随师侍诊外，他又常请益于海上名家谢观、夏应堂、程门雪、秦伯未、章次公诸先生，得到诸前辈指教，受益匪浅，使医术日见长进。

1934年毕业后他自开诊所，先后在慈溪、宁波、上海等地悬壶济世，既为民众治病，也积累了一些经验。1956年政府为贯彻中医政策，全国成立4所中医学院，他于1958年应聘进入上海中医学院担任教学工作，从事中医教育、研究工作半个世纪，可谓桃李满天下。他为培养中医事业的后继人才，呕心沥血，忘我工作，数十年如一日。

临证心验

裘沛然教授自1934年从事中医理论和临床研究工作长达75年，他年逾九旬仍然坚持临床第一线为患者解除病痛，深得病家的拥戴。他对中医事业的敬业与执着精神，堪为中医界的楷模。他在治疗疑难杂病方面，有着丰富的经验。他精心总结的《治疗疑难病八法》，曾经荣获中国中医药学会优秀论文一等奖。

1. 大方复治建奇功

他特别服膺唐代医家孙思邈的学术经验，竭尽发掘之能事，为此，曾系统研究了《备急千金要方》《千金翼方》中近六千个处方，总结其处方遣药特点是简洁、平正、奇崛跳脱与杂而有章等，给人以深刻的启示。后世医家有嫌孙氏某些处方"庞杂繁乱"，但是具有睿智的目光和深厚的功底者，则深知孙氏其方之"杂乱"正是奥妙之所在，体现了处方"反、激、逆、从"之妙用。故在治疗重症顽疾时，多效法思邈，以大剂庞杂组方或奇特配伍而屡起沉疴危疾。

大方复治法是广集寒热温凉气血攻补之药于一方的治法。古代方书，列有此法，而后世在这方面似乎注意较少，以致良法日渐湮没，影响中医疗效的提高。裘沛然在行医早期时，多推崇丁氏处方平和轻灵，讲究丝丝入扣。经过长期的临床实践使他渐悟"大方复治法"之奥妙。他曾治一例痢疾危症，在各种治疗无效的情况下，为其处党参、熟地黄、当归、白术、黄连、车前子、泽泻、黄芪、干姜、附子、芒硝、大黄、黄芩、防风、羌活、乌梅、诃子肉等一张"大方"，仅服两剂，其病即愈，疗效之速，出乎意外。对治疗慢性肾炎，有时也常用本法。总结多种方法可随证结合应用，即一为清热解毒，二为温补肾阳，三为培益脾气，四为滋阴补血，五为祛湿利尿，六为辛温解表，七为收涩下焦，八为通泻肠胃等。一方之中，补血又祛瘀，补气复散结，培脾合攻下，温阳兼清热，收涩加通利，集众法于一方。看似药味庞杂，然而乱而有序，众法合一，治疗危疾重症，往往收到桴鼓之效。

2. 法无常法创新意

中医辨证论治，首在辨别阴阳与协调阴阳。考阴阳这一概念，其包含实质内容极为广泛。医者对此宜作详细辨析，否则将导致毫厘千里之误。例如辨证之表里寒热，脉之浮沉迟数，其他种种，皆有阴阳之别，知其偏胜，使之协调，为施治大法。故见脉迟为寒而用温剂，脉数为热而用凉药，固为施治常法。裘教授则认为，对某些疑难重症或顽症，应跳出常规思维，要懂得"常法非法，法无常法"的道理。如在某种情况下见脉数可用温，脉沉亦可用寒。例如他治一王姓男病人，远道来就诊，患心动过速症。诊脉时每分钟搏动达180次，自诉心跳不宁，神情恍惚，脉虽数疾而细软乏力，苔薄舌色淡红，面色苍白时有升火之感。诊为心阳式微而浮火上亢，心气不敛以致逆乱。以峻用温药治之，取法炙甘草汤加附子，药用桂枝达21克，嘱服5剂。复诊时病人自诉脉搏已减至每分钟130次，心悸之症大减。效不更方，嘱更服5剂。三诊时病人脉搏跳动已恢复正常，每分钟为80次，诸症悉除。当时程门雪先生与裘教授对座，程老亲按该病人之脉，乃兴"此事难知"之叹。本案以炙甘草汤加附子治疗心动过速症，较之炙甘草汤治疗脉结代、心动悸的原意则更具创新，如根据脉数为热之说，拘守"桂枝下咽，阳盛则毙"之语而用寒凉，则其后果自可想象。

3. 配伍相得多灵变

裘沛然治疗各种肾炎、慢性肾功能衰竭等具有独特的思辨方法及独到的配伍治疗经验。例如慢性肾病的病机，多与水肿病相联系，并有"其本在肾，其制在脾，其标在肺"之说。裘沛然则认为，本病多为脾肾气血亏虚与风邪、水湿、热毒、痰浊、瘀血相夹杂，多有表里夹杂、寒热错综、虚实并存等情况。针对复杂的病机，临证遣方配伍立法，可单独采用一法，或以一种为主，旁涉其余，或数种配伍方法熔于一炉。其中补泻兼顾的配伍最为习用。如数年前曾治一位来自宁波的7岁男孩，经某医院诊为肾病综合征伴慢性肾功能衰竭。住院治疗两月余，叠经各种西药治疗，未能收效，院方已数次发出病危通知，患儿家属焦急万分，慕名特来求救。当时，病孩仰卧家人抬着进诊室的，孩子的长辈数人叩求先生救孩儿一命。先生安慰家人云："我一定好好研究，尽力救治。"当时年近九旬的裘老随即俯身下跪，一膝着地为病孩诊脉，见病人面色苍白，神气消索，全身浮肿，腹大如鼓，胸膺高突，阴囊肿大透亮。家长代诉，病孩小便点滴难下。按其脉细微欲绝，舌体胖，舌质淡，苔腻而滑。此乃正气大虚，气不化精而化水，水湿泛滥，流溢肌肤。病经迁延，形神俱败，证情险笃。少顷即拟一方：生黄芪50克，土茯苓30克，黑大豆30克，大枣7枚，牡蛎（捣）30克。患儿服药3剂后，大便通畅，肿势消退，神气略振，脉较前有力。服药有效，原方加巴戟肉、黄柏、泽泻，再服一周，患儿尿量逐渐增多，水肿亦大减，阴囊肿势基本退尽，神态活跃，脉细有神。孩儿家长登门致谢，连连称道先生是救命恩人！继以上方增减而连服3个月，诸症全消，体检化验各项指标均恢复至正常范围，随访2年未复发。

4. 医患相得利于病

医患相得法，既是治疗疑难疾病的一种重要方法，又是临床所应注意的一个问题。本法首先要求医生对病人具有高度责任感，从而使病人对医生产生坚定的信心。医生和病人的精神如能糅合为一，这将为治愈疑难危重病症创造最佳的条件。"相得"还要施用"治神"的方法。"神"即意、志、思、虑、智等心理活动，它与脏腑机能之间有密切联系。故精神安定者，疾病多呈向愈之机，而"神不使"则往往预后不良。《灵枢·师传》所述"告之以其败，语之以其善，导之以其所便，开之以其所苦"之旨，即系治神之法。医者应使病人对疾病具有必胜之心，并采用针对性的语言疏导，多方设法解除病人心中的疑虑、顾忌、执着、愤怒、恐惧等思想，使其心神安定，激发起正气抗病的能力，发挥病人自身具有的对疾病的调控作用，然后药物才能起到更好的效果。

读书苦乐

裘沛然读书除了医学外，还博览哲学、史学、文学等，并对儒学及古体诗造诣尤深。根据长期的治学经验，还总结归纳了五点体会。

第一，读书先要弄清概念，循名责实。概念是从具体事物中抽象出来的，它有一定的内容作根据。在中医文献中，一个名词常常寓有多种含义，例如阴阳这一名词，就分之可千，数之可万，举凡气血、精气、脏腑、经络、上下、左右、前后、标本、升降、浮沉、表里、寒热、虚实、动静、水火、邪正等，同一阴阳，含义可以全不相同，稍不经意，便致错误。例如刘完素、张元素、李杲、朱震亨、张介宾等都在相关问题上见解各有不同，其中有不少是由于概念混淆所引起的争端。裴沛然认为，"名者实之宾"，初学者必先弄懂各种"名词"的含义，重要的是循名以责其实，不可为"名"所惑，这是他在治学中非常重视的一个问题。他经常告诫学生：凡读书尤当循名责实，名实明则义理自得。学习古人之法绝不能囫囵吞枣，并强调指出：那种不求甚解，学而不思，思而不化的读书方法绝对不可取。只有对书中知识充分领会，融化吸取，触类旁通，灵活运用，才能真正掌握其精神实质。

第二，读书要"猛火煮，慢火温"。所谓"猛火煮"，即在初学某一名著经典时，应下苦功夫，要熟读熟背，只有熟才能生巧，只有苦读才能甘来。对书中重要内容、学术理论要反复体验，认真思考，不断钻研，才能真正领会其中秘奥要旨。裴沛然治伤寒之学着实下了一番"猛火煮"功夫，对历代重要注家做过苦心研究。皇甫谧说"仲景垂妙于定方"，他对此尤为心折。目前临床上有些医生用仲景方往往疗效不理想，其原因是对诸如《伤寒论》一类名著还欠缺一些"煮"与"温"的功夫。"慢火温"，指对书中重要内容要反复思考，认真实践，领会其中的道理。先生常说，读书不可草草滑过。医理深邃，欲入堂奥，必先勤学苦练，循序渐进，方能逐步深入。

第三，读书贵在化。裴教授在中医学术方面卓有建树，绝非出于偶然。"水之积也不厚，则其浮大舟也无力。"在中国医药学的宝库中，祖先为我们留下了许多防治疾病的理论和方法，但学习古人之法绝不能生吞活剥，神明之妙贵在一个"化"字。

第四，学问求其博。一个中医师要成为一名高明的专家，除了要打好扎实的中医理论基本功外，还应精通中国传统优秀文化和现代科学相关知识。他曾提出"中医特色、时代气息"为学好中医的八字方针，认为传统文化是大道，大道学通了，医道就较易理解。历代名家诸如张仲景、孙思邈、朱震亨、张介宾、李时珍等无不如此。李时珍历经27年编写《本草纲目》而成为医药大家，除了阅读大量医药著作外，还阅读了数百种文、史、哲书籍，即是明证。裴沛然在医学上的成就也得益于其在文史哲方面的深厚造诣。当学问达到某种高度时，其中道理往往是相通的，又如文理、医理都必须深思熟虑，方能领会其用意。

第五，欲知甘苦要亲尝。医学是一门应用科学，前人的理论和经验必须经过躬身实践后才能成为自己的知识。他在半个世纪从事医学的生涯中，饱尝了昨是今非，今是昨非的甘苦，深深体会到只有临床治疗效果才是检验是非的标准。

医道精微

裴沛然先生经常告诉我们：在世界上有两门学问我们还知之甚少，一是宇宙，二是人体。我国元代医学家王好古曾经写过一本书，书名起得很好，叫作《此事难知》。王氏自谓：读医书已经几十年，虽然是瘝瘝以思，但总不容易洞达其趣，他很想寻访高明的老师，可是走遍中国而无有能知者。海藏老人的话引起裴沛然深深的思考。

裴沛然在学术上远绍旁搜，对《灵》《素》及仲景之学、历代医学理论的沿革发展研究颇深，并发表了许多新的见解。

1. 关于中医药学术构建的基本思想

长期以来，学术界对中医学的性质认识不一。先生的观点是，中医学是自然科学与人文科学的综合学科，其内涵是科学技术与中华文化的结合体。故在掌握藏象、经络、病机、治则的基础上，还必须通晓我国的哲学、文学、史学等知识，才能全面掌握中医学术。例如，《易经》《老子》等学术思想也与中医学术相通；通医理必先通文理；因时代和环境的变化，风俗习惯的不同，其辨证论治亦不同。所以《黄帝内经》有医者必须"上知天文，下知地理，中知人事"的明训。

裴沛然认为，人既是自然的人，也是社会的人。中医学始终把人的生命放在自然界与社会人事的双重背景之下，考察人的生命活动轨迹及在健康、疾病状态下的种种变化。人的生命活动受到自然变化资生与制约的影响，并具有适应自然环境的能力。中医在强调人自然属性的同时，也不忽视人的社会属性，认识到人的社会活动对人体心身活动的影响。所以中医的辨证施治，除了识别各种辨证方法外，还必须因时、因地、因人制宜，强调心身同治。因此，中医学具有自然科学和人文科学的双重属性。

从中医学的性质而言，其精髓就是效法自然，研究自然，探索人体生命活动的规律，并创建相应的理论体系和防治疾病的原则和技术。在整个中医学术体系中，始终突出"以人为本"的精神，而人与天地列为三才，在中华文化的影响下，主张遵循自然界生长收藏的规律，"法于四时，和于阴阳"，以保持身体健康。在疾病状态下，希望通过扶正达到祛邪，或祛邪以安正，以调整营卫气血、脏腑经络之偏盛偏衰，达到气血冲和，阴阳匀平。这些防治疾病的思想，就是裘沛然教授对中医学的基本学术思想。

2. 倡导"伤寒温病一体论"

汉代医学家张仲景著《伤寒论》，为治疗外感热病树立了圭臬，清代名医叶香岩创温病卫气营血理论，他以伤寒与温病为两门学问，形成对峙之局，倡言"仲景伤寒，先分六经，河间温热，须究三焦"，以温病只需辨明卫气营血即可。后世不少医家，遂以卫气营血辨证为治疗温病的枕中鸿宝，习俗相沿，以迄今日。由此引起伤寒和温病两个学派长期的争论。裘沛然的基本论点是：伤寒为一切外感疾病的总称，赅括温病。首先从《伤寒论》自序中可知，"死亡者三分有二，伤寒十居其七"，说明仲景所指的伤寒，绝非仅指一般感受风寒的病症。再从文献记载来分析，《素问·热论》有："今夫热病者，皆伤寒之类也。"《难经·五十八难》云："伤寒有五，有中风，有伤寒，有湿温，有热病，有温病。"晋代葛洪《肘后方》载："伤寒，时行，温疫，三名同一种耳。"即使是温病学家王士雄也承认"五气感人，古人皆谓之伤寒，故仲景著论皆以伤寒名之"。由此可见，伤寒为一切外感疾病的总称。近世所称之温病，包括风温、温热、温疫、温毒、暑温、湿温、秋燥、冬温、温疟等，基本揭示其端倪。所不同者伤寒还包括了外感寒性病，以及狭义伤寒等。

考伤寒、温病异途之说，创自叶天士、吴鞠通。叶天士倡"仲景伤寒，先分六经，河间温病，须究三焦"。继而吴鞠通亦说："伤寒论六经，由表入里，由浅入深，须横看；本论论三焦，由上及下，亦由浅入深，须竖看。"以此作为划分伤寒与温病的理论依据。裘沛然教授认为其说不妥，且不说"河间温病，须究三焦"之论查无根据，把完整的人体硬性分割成纵横两截，这是非常错误的。人体是一个完整的生命有机体，脏腑经络之间不可分割。六经是有经络脏腑实质的，如果不承认这一点，就无法解释《伤寒论》的诸多原文。六经和三焦原本是不可分割的，它们之间在生理病理情况下是互相联系的。如太阳病可见上焦症状，传阳明则出现中焦病状，太阳随经，瘀热水邪结于膀胱，可出现下焦症状。可见太阳一经已具三焦证候，其他诸经岂可脱离脏腑而为病？故六经病证足以赅括三焦。

据上分析，温病只是伤寒的分支。温病学说在某些方面丰富和发展了外感热病的认识和证治，但不宜将两者机械地"分家"，而应从实际出发，使伤寒与温病互相补充，成为一个整体。至于伤寒、温病的治法，初无二致，温病的辛凉、甘寒、淡渗，以及凉血清营、芳香开窍等法，仲景的麻杏石膏汤、葛根芩连汤，皆为辛凉解表之法，猪苓汤之滋阴利水，黄连阿胶汤之清热凉血，以及孙思邈的犀角地黄汤之清营，紫雪丹之芳香开窍，在汉唐时期早已应用。另有温病重在亡阴，伤寒重在亡阳之论，其实，伤寒对大汗与亡津液极为重视，叶天士"救阴不在血而在津与汗"之论，亦导源于仲景。研究学问须循名以责实，具体问题必须具体分析，温病方面的辨证与治法，确对前代有所充实和发展，但两者不能分家，须融会贯通，以提高外感热病的治疗，使之益臻完善。

3. 经络是机体联系学说

裘沛然教授首创此论，对针灸经络研究颇深。关于经络问题，历代文献及现代都有诸多阐述和假说，如经络是"神经体液说"，经络是"血管系统说"，经络是"人体解剖结构说"，等等。诸多文献和实验观察所阐述的理论及种种假说，均未能全面理解和真正揭示经络的实质内涵。裘沛然通过数十年的经验积累和研究探索，发现经络是中医学的机体联系学说，阐述人体各部分之间的相互关系及其密切影响，说明这些联系是人体生命活动、疾病机转和诊断治疗的重要依据，它体现了中医学理论中的整体观和恒动观。

具体而言，经络是人体中具有特殊联系的通路，而这种特殊的联系，在活的人体功能表现中，主要体现在三个方面：一是周身体表，与左右、上下，以及前后、正中、偏侧各部分之间的联系；二是某些脏腑和另一脏器之间的联系；三是周身体表和体内脏腑及其他组织器官的联系。这一切都充分反映了经络是机体联系的学说。

经络除在人体生理正常情况下担任着输转气血、运行营卫、联系脏腑、濡养组织等重要作用外，当机体发生异常变化时，经络更具有反映病候的作用。由于经络在人体分部循行的关系，故疾病的形证可从各经脉的隶属部位发生不同症状，这个反映作用，有表现为局部性的，也有属于全身性的。如《灵枢·邪客》说："肺心有邪，其气留于两肘；肝有邪，其气留于两腋……"经络脏腑的疾患也可反映于五官七窍等部位，如大肠经的齿痛、口干、衄、䪼、目黄等；在全身症状方面，各经都有它不同的病候，在《灵枢·经脉》中有十二经病候的具体载述。近代医家所发现的压痛点、皮肤活动点与过敏带等，也是经络反映的印证和充实。

经络还具有传导作用，是基于经络的循行表里相通，它把人体体表和内脏密切地连接在一起，因此，当病邪侵袭人体后，就可循经络而向内传导。经络还具有接受体表刺激传递于脏腑及其他组织器官的作用，针灸疗法就是凭借经络的这个作用而达到治疗目的。

经络，总的来说，它包括点、线、面三个部分。所谓点，除了三百六十几个经穴之外，还有很多奇穴，另有天应穴、不定穴等，所谓"人身寸寸皆是穴"，其多不可胜数。至于线，有正脉、支脉、别脉、络脉、孙脉、奇脉及经隧等各种纵横交叉和深浅密布的循行径路。全于面，在肢体的皮肉筋骨和脏腑组织，都有一般的分布和特殊的联系。中医辨证论治的奠基者张仲景说："经络府俞，阴阳会通，玄冥幽微，变化难极。"正是说明经络学说的深刻内涵及其临床应用价值。

4. 中医理论的光辉特色——天人相参思想

20 世纪 80 年代以来，学术界对于什么是中医学的特色，仁智互见，众说纷纭。裴沛然认为，天人相参思想是中医理论光辉特色的重要内容之一。

古代医家通过长期的实践观察，认识到人与自然界息息相通，自然界的运动变化无不直接或间接对人体发生影响。中医的这些理论，不仅是医疗实践和生活体验的概括，它还同古代各种哲学思想特别是道家、儒家思想在医学上的渗透分不开的。老子道德经中"人法地，地法天，天法道，道法自然"这个万物一元的理论，儒家《论语》中"天何言哉，四时行也，万物生也"的天人合一思想，都在中医学有关生命现象、生理机能、疾病原理、治疗法则的理论和方法上有充分反映。《黄帝内经》有"善言天者，必有验于人"之说，中医学的阴阳学说、藏象学说、经络学说、精气神学说、运气学说等，几乎无不根据天人相参的原理而阐明其所有的规律性。顺乎这个规律，则"以此养生则寿"；违背这个规律，则"逆之灾害生"。以时间生物学为例，大量研究表明，人的生命和生理活动同外界环境周期性变化如日、月、年的节律性基本上是相似的。中医学在这方面有很多精辟论述，必将日益为现代科学所汲取而有新的阐发。

绛帐薪传

1. 明堂事业费精神

裘沛然忧国爱民之心今犹昔若，尤为中医事业的振兴情怀耿耿，多方献计献策。1980 年担任国家科委中医组成员，1981 年任卫生部医学科学委员会委员，经常参加卫生部召集的论证中医工作和探讨医学的各种会议，提出过许多中肯的意见。早在 1958 年，当时兴起一股急于在短期内将中西医合流之风，裘沛然撰文"促进中西医合流的思考"，在文中建议成立中医学研究所，展开建设中医学新理论的研究工作，研究须遵循政府倡导的"系统学习、全面掌握、整理提高"之原则，合流需遵循发展规律，不可能一蹴而就。有一次在广州召开的全国医学辩证法研讨会上，被邀请作了《祖国医学的继承、渗透和发展》长篇学术报告，提出中医发展有三条途径：首先是提高中医理论和临床水平；二是采用多学科发展中医学；三是中西医要真正结合。此报告受到与会者的一致好评。

裘沛然 1979 年担任上海市政协委员，1983 年任常务委员，1988 年兼任市政协"医卫体委员会"副主任，经常在上海及兄弟省市的医药单位及教学单位进行调查研究和考察工作，对振兴中医事业和教育、卫生保健等问题提出了不少有益的意见。1990 年他以古稀之年率领市政协医卫成员及有关医药官员组团去外省各地考察市、县中医医院的情况，深感目前中医界的总体状况是"有喜亦有忧"。喜的是中医政策被纳入《中华人民共和国宪法》，把中医和西医摆在同等重要的地位，国务院确定成立国家中医药管理局，这些措施为中医事业的发展提供了政策和组织保证；忧的是中医医疗单位普遍存在资金匮乏、设备落后、管理水平不高、人才短缺等问题，不少中医院的中医特色正在逐步丧失。为此他寝食不安，忧心忡忡，一边利用市级各种会议呼吁领导关心中医药事业的发展，一边积极提出改正措施，为政府献计献策。

"古训勤求宜致密，新知博采要精研。""学如测海深难识，理未穷源事可疑。"诗为心声，从上述诗句中，可见他在时时关注中医药事业的发展。在当代科学技术迅速发展的今天，中医的路究竟怎么走已成为人们普遍关注的问题。裘沛然教授经过长期研究和思考，旗帜鲜明地提出了"中医特色、时代气息"八字方向，认为中医学必须在保持自身特色的前提下，努力撷取与之相关的科学新理论、新技术和新成果，为我所用，才能在挑战之中立于不败之地。八字方向在中医界激起了热烈的反响，得到了广泛的认同。

2. 要看东南后起

裘沛然教授对中医药的教学事业和人才培养事业，更是殚精竭虑、呕心沥血。为了学校的发展，经常组织专家们调查研究，对教学、科研及临床医疗的改革提高提出积极的建议，并为中医工作列入国家《宪法》向卫生部提出具体意见，发表文章向社会呼吁。同时，他还举办各种形式的学术讲座，大力弘扬中医学，为培养优秀中医药人才，倾注大量心血。正如诗句所表达的对中医药事业后继者的殷切期盼："焰续灵兰绛帐开，神州佳气拂兰台。老夫头白豪情在，要看东南后起才。"

裘沛然教授曾在《中医院校办学的反思》一文中谈及目前中医院校遍布全国，各地均有中医研究和医疗机构，已培养出几十万中医药人员，中医事业可称盛况空前，可是在中医学术的提高与发展创新方面，却尚未见有突破性进展，这未免有负国家和人民对发掘、发扬中国医药学宝库和推进医学发展的殷切希望。究竟是什么原因？政府的中医政策是英明具有远见的，中医药界亦并非没有优秀人才，其关键是在目前中医院校的办学方针和培养人才的具体措施有些问题。他说自己是一向主张中医现代化和国际化的人，当年想在中医院校多设置一些现代医学课程而与卫生部副部长郭子化谈及此事，郭老则别有见解，认为多设置一些现代医学课程与多搞些实验室，难道我不知道？你应该了解，中医院校的首要工作是要求学生奠定中医学基础，要在系统学习、全面掌握的基础上，通过临床实践应用，树立牢固信心，然后再灌输他们一些有关的现代科学和西医知识，使他们融汇古今，达到取长补短，以进一步发展中医学，这是我们长远的目标。而目前中医大学刚刚开办，如果多学西医，人心必喜新厌旧，见异思迁，必将损害中医院校高等教育继承发扬的根本目的。裘教授认为郭老看问题清楚、有远见。

"终信江河流泽远，源头活水自清新。"裘沛然教授指出：中医要创新，首先要对中医学有较深钻研和正确理解，才能取精用宏，有所前进，有所发现。他针对目前中医界存在的中医治疗的领域在逐渐缩小、中医的疗效有所下降、中医药人才的素质不高、中药的质量不尽如人意，以及中医医院管理中存在一些问题，有些人对中医药事业发展的前途悲观失望等，裘沛然教授不无忧心地说，"当前中医要念好'三自经'"，即自尊、自信、自强。这三个"自"是中医兴废存亡的关键。身为中医人要有民族自尊心，中医药是中华民族文化的瑰宝，只有热爱中医学才能学好中医学；自信来自临床疗效，中医学流传几千年而不衰，靠的就是临床疗效，它是我们中医学安身立命之本，所以我们应该在提高疗效上下功夫；要自强就要刻苦学习，要学习中医、学习传统文化、学习现代医学和相关的现代科学知识；要勤于临床，勇于实践，不断提高，在继承中求发展，在吸收中求创新。

1990 年由卫生部、人事部、国家中医药管理局共同发文，继承名老中医药专家学术经验，裘沛然成为全国首批 500 名指导老师之一，确定王庆其为其学术经验继承人。经过悉心培养和教诲，王庆其目前已成为"上海市名中医"。2005 年，上海中医药大学成立"裘沛然名师工作室"，王庆其、李孝刚、杨翠兰、裘端常、邹纯朴、梁尚华、王少墨、裘世轲成为工作室成员，聆听教诲，系统学习、整理裘沛然教授的学术思想和临床经验。2006 年国家科技部正式确定"裘沛然学术思想和临床经验研究"为"十五"攻关课题，2008 年"裘沛然治疗喘咳病的临床经验运用研究"又被确定为科技部"支撑"计划课题。

关注人学

历代中医名家有一个良好的传统，勤求博采，身兼多艺，多具有较好的文史功底，医术与文章名满天下者代不乏人。裘沛然教授继承了这一优良传统，他兴趣极为广泛，除医学外，对于文学、史学、哲学，乃至于自然科学均极有兴趣，其诗文不止是在医界享有盛誉，也广为文史界专家称赞。先生的诗名早已蜚声诗坛。其诗文集《剑风楼诗文钞》颇得海上文学艺术界的好评，60 余位书法家欣然为其诗濡墨挥毫；上海市文史研究馆编选的《翰苑吟丛》收录了裘沛然 15 首诗歌，对其诗推许再三："先生是当世大医，在中医理论和实践两方面都卓有建树，以善治疑难杂症著称，同时又具有深厚的传统文化及诗文造诣，以良医涉世，良相胸怀，好学不倦，老而弥笃。其诗沉郁而兼旷达，晚近之作理致与诗兴交融，臻浑成老境矣。"

裘沛然在长期的医疗实践中逐渐发现：道德修养、心理健康状况对于疾病具有重要的影响。做了好事，心情愉快，气血调和，对于健康很有裨益；而如果做了亏心事，虽然人或不晓，但是自己却内心紧张、担忧，气血紊乱，自然有损身心。

他是一个有心人，这样的事情见多了，便开始思索"做人"与"健康"之间的关系。随着思考的深入与知识的积累，他思维的触角早已超越了单纯医学的范围，而向史学、哲学领域延伸。对于现实生活中的方方面面，他也保持了高度的关注，特别有感于改革开放以来，虽然经济发展了，但是社会中仍然存在着许多丑恶现象，"仓廪实"却没有"知礼节"，这些都对他有很深的触动。因此开始了"如何做一个合格的人"的研究工作，这成了他晚年生活的重心。

2008 年岁末出版的《人学散墨》，是多年的思考、研究成果。

《人学散墨》"是专门论述如何能做一个'合格'的人而写的"。在《自序》中，他阐明了自己撰写此书的缘由：中国在几千年前，人早已自称为万物之灵，在西方，也早有称人为万物之尺度之说。然而，人虽然贵为万物之灵，却"对自己的形体、心理、情感的调控和人与人之间的人际关系的处理显得异常笨拙，从历史记载到现状目睹，人群之间，总是那么难以和谐，小则尔虞我诈，明争暗斗，大则白骨千里，尸山血海"，引起无数大大小小的惨剧。这巨大的反差引发了他深深的思考，由此开始了人学探究的道路。

裴沛然教授生来就喜欢迎接挑战，他是一个喜欢独立思考的人，善于从细节处发现问题。他发现孔孟所倡导的儒家学说中有许多关于论述做人道理的精粹思想，他们"既发现了人的可贵，又提示我们做人以和为贵的具体规范"，虽然有些具体的做法由于时代的变迁，在后世不适用了，但是孔孟儒学"以人为本""以和为贵"等人学原理却是超越时代的精粹，是做人应该遵循的永恒标准，对于个人在社会上生存、进取，国家间和谐相处，以及人类的未来的创造都具有极大的裨益。

在先哲时贤众多研究的基础上，结合自己的人生体验，对社会人情的思索，裴沛然形成了一整套完整的儒学观念。为孔孟儒学"拨乱反正"，阐发其"人学"思想的内涵，撰写《人学散墨》的想法就这样诞生了。

开始撰写这本书时，裴沛然已 87 岁。8 年间，"人学"在他的脑海里无时不在，或请教专家，或博览群书，或灯下沉思，或聚友商谈。《人学散墨》花 8 年之功，集众人之力，是裴沛然带领他的助手们探索多年的结晶。

由于写作经历了多年的深入思考，由于集思广益，《人学散墨》这本书一问世，就引起了社会各界的高度关注。《解放日报》《新民晚报》《文汇报》及东方卫视等沪上权威媒体纷纷予以详细报道。

裘沛然教授说："医人之病我写《壶天散墨》，治人心灵之病撰《人学散墨》。"他平生著作等身，主持编写学术著作40余部，但两部《散墨》不仅集中反映了他的博识才学，而且充分体现了他忧国忧民的博大情怀和一片仁爱之心。

（上海中医药大学裘沛然名师工作室王庆其、李孝刚、梁尚华、邹纯朴、章原、裘端常、王少墨、裘世轲整理）

朱良春

朱良春（1917—2015），江苏省镇江市人，为朱熹公第29世裔孙。1938年毕业于上海中国医学院，一直从事中医临床、教学、科研工作。擅长中医内科杂病，对风湿类疾病尤有体会，曾提出"顽痹从肾论治"的观点，研制的"益肾蠲痹丸"治疗类风湿关节炎，具有卓效，能修复骨质破坏，获国家科技奖。又喜钻研本草，著有《虫类药的应用》《朱良春用药经验》等书10余部，多发古人之未发，补前贤之未逮。其"辨证论治与辨病论治相结合""培补肾阳法"治疗慢性久病及以"先发制病，发于机先"的观点治疗急性热病，在临床实践中具有积极意义。先后撰写论文180余篇，其中40余篇获优秀论文奖。1987年获国务院"杰出高级专家"及卫生部全国卫生文明工作建设先进工作者称号，1991年享受国务院政府特殊津贴。

曾任南通市中医院首任院长、中华中医药学会理事、江苏省中医学会副会长、农工民主党中央委员、人民政协江苏省委员会常委、南通市政协副主席、中华中医药学会终身理事、中国中医药研究促进会常务理事、国家优秀中医临床人才研修项目专家指导委员会委员、国家中医药管理局中西医结合治疗"非典"临床研究特别专项顾问组成员、全国老中医药专家学术经验继承工作指导老师、中国中医科学院学术委员会委员、高等中医教材顾问委员会委员，以及南京、广州、浙江、黑龙江、长春中医药大学兼职或客座教授，新加坡中华医学会专家委员等职。

治学经历

余读中学时，因病辍学，甚感病痛之苦，一面服药，一面阅读中医养生保健书籍，萌发学习中医之念，征得父亲同意，初拜武进孟河御医世家马惠卿先生为师，背诵古典医籍，跟随临证抄方，初步打下基础。随后报考苏州国医专科学校，接触较多名师。抗日战争开始，乃转学上海中国医学院，插学四年级，有幸跟随章次公先生临床实习，并蒙章师介绍半天在世界红十字会医院为难民义诊，获得较多实践体会，半天在章师处实习，得到亲炙，学乃大进。章师之求实、革新精神，尤令吾侪受益终生。先生"发皇古义，融会新知"的治学主张，使余扩大了视野，形成了兼收并蓄的风格，为升堂入室铺平了道路。章师要求余等既要熟读《内经》《伤寒杂病论》等经典著作，又戒食古不化；既要汲取众家之长，又要有独立思考的判断能力；更要注重实践，体贴病员，这样才能成为一名德才兼备的合格医生。毕业临别时，章师赠送了一方镌有"儿女性情，英雄肝胆，神仙手眼，菩萨心肠"的印章给余，余一直以此作为行医做人的准则。余之所以有今日，师承、授业是很重要的，故余认为"读经典、拜名师、勤实践、重医德"是培养一个好医生的四要素，终生坚持，必得大益。

学术思想

（一）探本溯源，博采诸家

要成为一名合格的中医师，余认为必须探本溯源，博采诸家。首先深研经典，然后旁通诸家。中医学的基础理论和辨证的客观方法，集中体现在四大经典著作中。对经典著作的学习分四步：①通读原文，窥其全貌。例如《内经》一书，其"文简、意博、理奥、趣深"，不通读原文，就无法窥其全貌，理解全书的主要精神；不通读原文，更无法认识和辨别其中的精华和糟粕。②熟读警句，掌握精髓。"书读百遍，其义自见"。③独立思考，兼参校注。④前后对照，融会贯通。余一生悉心钻研经典，认为《内经》是中医基础理论的源流，病因病机、诊法治则之纲领、法则，悉蕴其中，必须下苦功认真熟读领悟，才能打牢基础，掌握深入堂奥的钥匙。同时对仲景学说也要进行认真研究，因为它是在《内经》理论指导下，又丰富发展了《内经》理论，把中医理论和临床实践加以结合而产生的中医辨证治疗学。仲景学说是质朴的、严密的、充满辩证法思想的。六经辨证法的客观规律不仅适用于外感热病，同时也适用于内伤杂病。翻开《伤寒论》，六经病都有一个客观标准和传变规律，因为病有常，就有变。《伤寒论》把正治、反治、斡旋、救逆诸法都讲得清清楚楚，但是它的核心又离不开阴阳，离不开正与邪的斗争这根主线。它讲辨证立法，但又离不开八纲的具体应用。例如《伤寒论》56条："伤寒不大便，六七日头痛有热者，与承气汤；其小便清者，知不在里，续在表也，当须发汗。"此条说明，"头痛有热"的症状在太阳病与阳明病均可见到，前者系风寒外束，后者因阳明燥热上冲。但要区别其为太阳表证抑为阳明里证，又当审之于"小便"，若小便黄赤，里热炽也；若小便清，则病在表也。其辨证之精细，于此可见。对明清崛起的温病学亦应进行研究，温病学是《伤寒论》的延伸和发展，不能把它们割裂开来，要从源到流地进行继承和发扬。对汉唐以来的历代主要著作如《千金方》《外台秘要》，以及金元四大家学说亦需浏览深研。对明代孙一奎所著的《赤水玄珠全集》，余赞赏他学本灵素，又善于融会变通各家之说，在临床上孙氏强调以"明证"为主，于寒、热、虚、实、表、里、气、血八字，谆谆致意，余认为这是既辨病症，又别病位和层次的辨证要领，执此则"证"自"明"矣。孙氏在学术上不存偏见，对于前人之说，总是择善而从，用其长而去其偏，这种治学方法非常值得后人学习效法。对前人的医案，余亦爱不释手，因为医案是医家的实践记录，是第一手资料，是最真实、最生动的素材，是活的经验。一部好的医案，往往是一位医学家数十年的经验结晶，其中有很多宝贵的东西，值得学习和借鉴，可以从中领悟到前人的辨证思想，学习到辨证论治的方法。对后世的诸家著作及近代医籍、杂志，均应浏览，汲取其中有益的内容，为我所用，融会贯通，既受其益，乐亦在其中矣。

（二）主张辨证论治与辨病论治相结合

辨证论治是中医临床学的特点，也是中医学的精华。辨证论治要求从总体把握人体的阴阳失调、邪正抗争的状态，把人体的阴阳失调与外部环境结合起来，综合分析，强调因人、因时、因证、因地制宜，因而历久弥新，是制胜克病的利器。但对"病"的认识，有时不免笼统，这就要求临床家不可囿于故知，要努力"发皇古义，融会新知"，既发扬中医辨证论治之长，又注意汲取西医辨病的优势。

余早在 1962 年就在《中医杂志》上发表专文，主张辨证论治与辨病论治相结合，以提高临床疗效。积数十年的临床经验，余对于辨证论治有较深入的研究，深得个中三昧。如在 2003 年广州 SARS（严重急性呼吸综合征）流行期间，余应邀参加广东省中医院的远程会诊，有一位 77 岁老翁在大手术后并发 SARS，昏迷不醒，汗出如雨，四肢冰冷，脉细如丝，病势危笃（进入重症监护室抢救）。主管医师用中西药治之不效，来电求教，余经过认真分析后指出：厥证有阳厥、阴厥之异，安宫牛黄丸是凉开，用于阳厥；此属阴厥，建议用温开的苏合香丸，用后果然立见效应，不久这位老人痊愈出院（见 2003 年 5 月 9 日《中国中医药报》）。此例患者的救治成功，充分证明了辨证论治的重要。但余不以此为满足，因为余在实践中发现，有很多疾病，不仅要辨证，而且需要辨病，例如肠癌早期似慢性痢疾或肠炎、病毒性心肌炎颇类热病后之劳倦证等，如不结合辨病，就易于因误诊、漏诊而延误病情。在对痹证的研究中，余发现同属于中医痹证的西医疾病多达几十种，如风湿性关节炎、风湿热、类风湿关节炎、肩关节周围炎、尿酸性关节炎、强直性脊柱炎、骨质增生、皮肌炎、硬皮病、狼疮、白塞综合征、干燥综合征、坐骨神经痛等，虽然从辨证的角度看，这些疾病有许多共同点（如疼痛、活动受限等），但从辨病的角度来看，却有很大区别。例如嘌呤代谢紊乱、血尿酸增高的"痛风"，从辨证看大多属于中医痹证中的湿浊瘀阻，如果能结合辨病，选择有利于调整代谢紊乱、促进血尿酸排泄的药物，即针对"病"的药物，疗效就一定会大有提高。余近年创制的"痛风冲剂"，即是在这样的思想指导下研制出的，患者服用后随着关节疼痛减轻或消失，血尿酸亦渐趋正常，而且没有西药排尿酸的副作用。

（三）系统运用虫类药的经验

虫类药的应用由来已久。早在《神农本草经》中，即收载虫类药 65 种，汉代张仲景《伤寒杂病论》记载含虫类药的方剂多首，如著名的鳖甲煎丸、下瘀血汤、大黄䗪虫丸、抵当汤等，开虫类药临床合理运用之先河。迨至晋之葛洪、唐之孙思邈、宋之许叔微，将更多的虫类药更广泛地用于内外妇儿各科；明代李时珍《本草纲目》收载的虫类药达 444 种；清代叶天士，近贤张锡纯、章次公等都善用虫类药起沉疴大病。余从青年时代起就对虫类药潜心研究，1963～1964 年，在《中医杂志》上连续发表了《虫类药的临床研究》，1981 年又出版了《虫类药的应用》一书，首次系统地总结了历代运用虫类药的经验，并结合自己的体会，有所阐发。余认为虫类药有攻坚破积、活血祛瘀、息风定痉、宣风泄热、搜风解毒、行气消胀、壮阳益肾、消痈散肿、收敛生肌及补益培本十大功用。因为蜈蚣、全蝎、蕲蛇、水蛭、地鳖虫、守宫等虫类药具有入络入血、搜剔病邪的特长，故用于恶性肿瘤、血液病、骨关节病、心脑血管病、慢性肾炎、肝硬化等诸多疑难重症的治疗，往往可以迅捷取胜，收到草木药不易取得的效果。这些论述从理论到实践，受到医林同道的关注，以至在很长一段时间内，同道皆以"虫类药专家"目之，引起国内外研究动物药者及临床医生的广泛关注。

（四）自创新方，追求临床疗效

蔡陆仙尝云："盖所谓方者，谓支配之法度也；所谓剂者，谓兼定其分量标准也"。故"方"是理法方药的重要组成部分，对于前人的方剂，应该下苦功夫钻研，从其药物组成、君臣佐使、主治功效、加减变化、煎服方法以至禁忌，都应认真掌握。为此，余在 20 世纪 60 年代初即与缪正来同志合作，编写过《汤头歌诀详解》一书，为初学者指点学习方剂的门径。学习方剂，主要还是要得其精神，因为前人之方不过体现了前人对证之法，如果证有变异，还死抱原方不丢，依样画葫芦，就一定会影响疗效，甚至误事，如果这样还自诩为"经方派"，那就无非是徒托名高而已。清代张睿《医学阶梯》云："欲查病者，务求善方，欲善方者，务求良法。"故为了提高临床疗效，应力求既"对证"又"对病"，尽可能使二者完美和谐地熔于一炉，这样才能创拟出有新意的方剂。如治疗顽痹（类风湿关节炎、强直性脊柱炎等）的"益肾蠲痹丸"，余针对顽痹具有久痛多瘀、久痛入络、久痛多虚及久必及肾的特点，确定了以益肾壮督治其本、蠲痹通络治其标的方针，又根据虫类药"搜剔、钻透、祛邪"的特性而汇集了 7 味虫类药于其中，通过 30 多年的临床观察证明，疗效较佳。1985 年曾系统观察此药治疗顽痹 200 例，总有效率为 97.3%，且经实验证明该药确有显著的抗炎、消肿、镇痛、调节免疫功能，以及修复致病因子造成的骨质破坏等作用。"益肾蠲痹丸"1989 年通过省级鉴定，申报后获得新药证书，1991 年获国家中医药管理局科技进步奖，同年其临床试验报告在北京国际传统医药大会上宣读，得到国内外学者的一致好评，有力纠正了类风湿关节炎骨质破坏不能修复的错误认识，受到原诺贝尔医学奖励基金会纳罗顿斯强主席的赞许及首肯。除此之外，余还在实践中探索出一些新方，如治疗慢性肝炎、早期肝硬化的"复肝丸"，治疗慢支、肺气肿的"咳喘胶囊"，治疗慢性痢疾、肠炎的"仙桔汤"，治疗痛风的"痛风冲剂"等，皆配伍得当，疗效显著，深得同道和患者嘉许。

（五）疑难病诊治技巧

所谓疑难病，是指目前医者在临床上辨治感到棘手的疾病，问题在于辨证之"疑"，论治之"难"。诚如清代杨旭东在《杨氏提纲》中所言："医之难，不难于治病，而难于知病。欲知病者，则在于望、闻、问、切，若不明于望、闻、问、切，自不能神、圣、工、巧，是不知病矣。"事实上大部分疑难病还是可辨可治的，关键是如何加强基础理论的熟练掌握和临床实践的灵活运用，不断探索总结，找到"证"的本质，明晰客观规律，辨"疑"不惑，治"难"不乱，充分发挥中医药的卓越作用，自可得心应手，化解疑难病为可辨可治之疾。所以，余总认为："世上只有'不知'之症，没有'不治'之症。"如果说不能治，那是因为我们尚未认识许多确有疗效的"未知方药"的缘故。《灵枢经》云："言不可治者，未得其术也。"正是此意。

"怪病多由痰作祟，顽疾必兼痰和瘀""久病多虚，久病多瘀，久病入络，久必及肾""上下不一应从下，表里不一当从里"。这是余对疑难病在辨治遇到困难时的一种解决思路，经常由此而消除困惑，问题得以解决。当须涤痰、化瘀、蠲痹、通络、息风、定痉时，如能在辨治原则下，参用虫类药，多可提高疗效，这是余近 70 年岐黄生涯的实践体验，屡试不爽。

（六）无私传授医术，培养发掘人才

余平生无特殊嗜好，一直以工作、读书为乐，写作是最好的精神寄托，治愈病人是最大的快乐。70 年来，余先后在国内外中医期刊上发表论文 180 余篇，已出版的著作有《中医学入门》（合著）、《汤头歌诀详解》（合著）、《传染性肝炎综合疗法》《章次公医案》《现代中医临床新选》（日文版合著）、《虫类药的应

用》《朱良春用药经验》《医学微言》《章次公医术经验集》《中国百年百名中医临床家·朱良春》《朱良春医集》等。余多次应邀外出讲学，足迹几遍全国，在古稀之龄时，还参加江苏省智力支边团远赴云南红河哈尼族彝族自治州等地区，为贫困山民诊病，为基层医务人员讲课，先后 5 次应日本东洋医学国际研究财团等单位之邀，赴日本东京、札幌、西尾等地讲学、会诊，载誉而归。此外，在新加坡、法国、马来西亚等国，也曾留下余的医迹。在培养人才方面，余付出了很多心血，对学生循循善诱，倾囊相授，毫无保留。子女及门人承所学，各有所成。在发掘人才方面，余在担任中医院院长期间，曾多次深入民间，礼贤下士，寻访有一技之长者，著名蛇医季德胜以及陈照、成云龙等"土专家"，均经余先后发掘并聘请至中医院工作，被誉为中医院的三枝花。1992 年在门人、子女的倡议下，余创办了"良春中医药临床研究所"，2006 年又创办了"良春风湿病医院"，为继承老中医的临床经验，总结弘扬其学术思想，做出了新的贡献。

余从医 70 年来，谨守师训，未敢逾越，虽有所成，但距离"上工大医"的要求还很远，余要坚持"自强不息，止于至善"的精神，争取为振兴中医事业多做一点有益的事，以答谢党和人民的厚爱。

门纯德

门纯德（1917—1984），字秉洁，河北蔚县人。山西省著名中医临床家、教育家。曾任山西省第五、六届人大代表，中华全国中医学会理事，山西雁北地区中医学会副理事长。性情磊落，倾志岐黄，治学严谨，医德高尚，为山西著名中医者宿，有山西中医临床"北门"之誉。在应用经方治疗慢性疑难杂病，尤其是血栓闭塞性脉管炎、银屑病、肿瘤等方面颇具见地，疗效显著。主要著述有《中医学基础》《中医治疗学》《名方广用》等。

从医之路

先生 1917 年出生于河北蔚县，时值乱世，家道中落。然先生天资聪颖，勤奋好学，深得家族长辈厚爱，故家族上下对他振兴家业无不寄予厚望，年幼即将其送入私塾接受儒家教育。短暂的私塾教育虽培养了先生在中国传统文化方面的涵养，但并不能满足其对新知的渴望。因此不久后，他就转入国立学校以求新学。在国立学校，先生初步树立了自然科学思想，其后又以全县第一的成绩考入国立工业职业学校学习纺织，进一步接受西方先进的自然科学教育，为其一生的学习奠定了良好的基础。

20 世纪二三十年代，政局动荡，战乱频仍，民生凋敝。先生自学校毕业之后，虽有一技傍身，但国家苦难，所学难为所用，加之先生在幼年时期即目睹了乡亲父老生活的艰苦，尤其是病痛缠身却无钱医治的困窘与无奈，遂愤而倾志岐黄，专研医道，以救民生于水火。先生当时 17 岁，凭借倾囊购得的几本医学典籍，开始了漫长的自学之路。因无师承和家学，他只能依靠自己的力量在医学道路上不断摸索、前进。此后的 1000 多个日日夜夜里，无论酷暑时的汗流浃背，还是寒夜中的刺骨冰冷，都无法阻挡他求知的脚步。在苦读 3 年之后，先生于 1937 年正式行医于乡里，时年抗日战争爆发，不久蔚县被日寇攻占。其间，先生与家族同仁因参加抗日活动，遭到日寇的追捕。为保护先生，其母与先妻被打成重伤，不过几日相继遇难。遭此变故之后，先生不得不身裹医书异地行医。面对战争中为疾病所苦的民众，他愈发潜心治学，勤于实践，历十几年不倦临证，终成当地名医。

中华人民共和国成立初期，先生响应政府号召，停办了私人诊所，出任山西省广灵县人民医院中医师。1957 年，调往晋北卫生人员训练班任教员兼业务班主任，负责晋北中医师的培训。他不畏辛劳，先后撰写教材并讲授 14 门中医基础及临床课程，广受好评，赢得了学生们的爱戴与尊敬，成为山西中医早期教育的实践者和探索者。数十年后，许多受过先生培训的学员已成为当地名医。1962 年，先生调至大同医学专科学校，先后任教员、讲师、副教授，至辞世前先生是山西唯一的中医副教授。先生生前一直辛勤工作在临床教学一线，为中医事业的继承与振兴呕心沥血。针对山西中医高等教育滞后的现状，他积极奔走呼吁，多次在山西省人民代表大会上提案积极兴办省中医高等教育，并于1978 年率先创办了山西省高等中医专科教育，至今已培养了数千名中医高等专业人才。先生是学生心目中的好老师，时至今日他培养的学生们依然铭记着先生深切的教诲。先生大医之风范，不仅影响了一代学子，而且更多的是在平凡的临床实践中树立了中医精神。50 多年的临床实践，他知行于恒，以高尚的仁德为各地求诊的患者义务诊病数十万人次，且分文不取。先生留下的 800 余本共数千万字的临床诊疗笔记，记录了数万例疑难病诊治过程。尤其在救治急危重症方面，先生有胆有识、颇具见地，许多动人的故事至今仍被人们传颂。先生一生忙于诊务，著述甚少，所留下的遗著大多是在十年动乱期间写下的，其中《名方广用》已被后人整理出版，并多次再版，其他著述正在整理中。先生的学术思想和临床经验至今仍被学界广为引用，有的还编入全国统编教材。1985 年国家出版的《中医年鉴》专篇记载了先生的生平业绩。

先生在中医临床实践中取得了极大的成功，医名赫赫，而其一生淡泊名利，倾注事业，殚精竭虑，即使在辞世前一天还强忍疲惫之躯应邀在太原为来自各地的学子们进行了多场学术讲座，终因劳累过度于 1984 年 8 月 24 日突发脑出血辞世。数十年后，当初听过先生最后讲座的学生们依然清晰记得先生的谆谆教诲，并深切缅怀他的学术思想和毕生倾注事业的风范。百姓怀念这位好医生，学生们更加怀念他们的好老师。1998 年 8 月，社会各界在大同隆重举办了"门纯德先生学术思想纪念会"，中华中医药学会、山西省卫生厅，以及先生生前好友著名学者刘渡舟先生等发来贺信，高度评价了先生的学术思想和治学精神。来自各地的学子和各界代表计 400 余人参加了纪念和学术交流会。先生的学术思想影响深远，先生的弟子也遍及各地，至今人们仍能看到先生"兴阳法救治疑难重症""联合方组论治慢性病""方精药简治疗杂病"等宝贵经验的传承。先生走了，他将毕生的心血奉献给了自己热爱的中医事业，他用宝贵的生命写就了大爱之"仁"，他的治学精神、医德风范在代代弟子中得到传承，他的事迹还在被不断地传颂。

治学方法

（一）由博返约触类旁通，点滴积累艰苦探求

中医学理论源远流长，历史悠久，历代论著汗牛充栋。先生认为，若不能博览群书，知新探源，是难于登堂入室的。读医籍首应着眼全篇，前后联系，相互印证，往往前书之疑恰为后书所解，也只有这样才能融会而贯通。同时中医学又是一门综合性科学，作为一名中医，虽说很难达到《内经》所言"上穷天纪，下极地理，远取诸物，近取诸身"的境界，但文、史、天、地、生等基础学科方面的知识都应该涉猎，如此方可广开视野，启迪心灵，触类旁通。先生晚年尤其对恩格斯《自然辩证法》、毛泽东《矛盾论》、王充《论衡》等哲学著作百读不厌，深得其旨。他认为，领悟医理的深浅在很大程度上取决于对知识掌握的多寡，只有知识渊博，才能性情豁达，思路开阔，辨证明晰，左右逢源，得心应手。故少壮之年，要博于医籍，精于经典，功于通理，以多记为好；老大之年，还应博于杂学，通于哲理，处深克难，广得辨识。当然，强调博学并非书书必读，而应有所选择与侧重，博学还须精专，由博返约很重要。先生强调，博学是为了约简，书要越读越少，而不能越读越多，切忌贪多求全，每

读一部书，只要心悟其理，提纲挈领，强记精要，能启迪智慧，学以致用即可。

学中医离不开平时知识的点滴积累，中医著述常文义深奥，初学时医理未开，兴趣未启，最易因艰难枯涩而废学，这就需要习医者具备极大的恒心与毅力，只有坚持不懈地苦学深钻，迎难而上，虚心求教，才能蓦然解惑。对此先生曾形象比喻说："学知识就得像庄稼人拾粪那样，随时身后背个筐，见一个捡一个，不放过任何一个机会，日积月累，一年下来也是好几车啊！"

（二）将心比心医德先，勤于实践经典路

先生博学多闻，医术精湛，一生忙于诊务。尤其是晚年，医名更著，各地的患者接踵而至，他虽劳碌不堪，应接不暇，但却无一丝怠慢，一味悉心诊治。他常言，医乃仁术，医者负有操人命、决生死之重责，不管患者多少，都要细诊详辨，尽心竭力，不可半点敷衍疏忽，不分病人贫富贵贱，皆一视同仁，全力救治。同时，对其方药的煎服、禁忌都要反复叮嘱，关心备至。先生常告诫后人，当医生不能只管开方，要将心比心，多替患者着想。先生白日勤于诊务，穷思方脉，夜里苦读医书，反思成败，遇有因一处不到而影响疗效的情况，常会反复查找原因，身负内疚之感。他给自己定的标准是，每送走一个病人，医者不能有"问号"，病家不能有"叹号"，要做到诊断、辨证、立法、处方、遣药等各个环节均无疑问，不能让患者满怀希望而来，叹声失望而去。先生对患者负责至极，几乎每诊必录，一般病证略记，疑难病证详记，临终前留下了800余本，总计数千万字的诊疗笔记病案。

知识要用于实践，先生常说："我有两个老师，一个是书本，一个是病人。"书本知识使实践有了准绳和指南，诊治病人的实践则加深了对书本知识的理解。只有理论和实践相结合，才能获得真知。若只是将书本知识束之高阁，不去付诸实践，再多再好的理论知识也是毫无意义的。先生临证善取各家所长，医籍杂志中凡遇有效方药都会研究推敲，试用于临床。他体会，实践是曲径通幽的钥匙，离开实践就很难透彻领悟和切实掌握中医学宝库之奥妙，先生一生行医不倦，其乐皆在于此。

先生从医50余载，开始时是走过弯路的，迨至壮年，渐悟《灵枢》《素问》乃中医之正路，仲景之书乃临证之准则，认识到临床不走经典之路则步履维艰，处处碰壁。仲景之书，文简而寓理深，药少而力专宏，用之得当，立起沉疴。

执教 30 年来，先生更潜心钻研活用于临床，曾治疗许多疑难之证。但同时他又反对那种口嚼经典条文、学而不用的医者。先生常云："为医之师，课堂上讲的，书本上写的，临床上用的，三位要一体，若有不符，必有谬悖。"几十年的临证实践，先生恒以经方为主，娴熟地活用于临床，收效显著，经验甚丰，为后学所推崇。

（三）多思多索出智慧，有胆有识勇创新

中医学理论较为抽象，大量应用类比方法，常以旁征博引阐明其理，往往给人以貌似模糊而内含哲理的感觉。先生认为，中医学是一个非常复杂的体系，单用精确定量分析研究似显局限，中医通过长期在实践中对人体各种信息的分析综合得出的对疾病规律的认识，自有其独到而科学的地方，人体的功能状态就是人体患病时可以反映出来最大的疾病规律，可幸的是中医学经过千年摸索发现并把握了这个规律，这是中医学认识疾病的特色所在，而对于功能状态的把握要基于对错综复杂的疾病因素的条分缕析与归纳概括，这就对医生个人思辨能力提出了更高的要求。孔子曰："学而不思则罔，思而不学则殆。"只学而不动脑子思索，只能生吞活剥或按图索骥，对于复杂的病证则无从着手，甚至易陷入困境。罗天益说："医之为病，病在不思。"先生常说，思维是人脑特有的功能，多思才能出智慧，诸事要多问个为什么，读书要思考，临证更要思考，要悟道理，寻规律。他认为，治急症要大刀阔斧，不愧大将之风，要抓一个"准"字，药精力猛，邪去正自复；治久病应面面俱到，不失良相之态，要抓一个"稳"字，恒守其法，循序渐进，正复病自去。他求学各科，广博群理，精灵善悟，从饲养雏鸟联想悟出了小儿口炎的预防方法；从熟皮子的去脂工艺悟出了化石法，研制了"化石丹"；受树木泌脂自护现象的启示，研制了治疗溃疡病的"活胃散"；从西医对银屑病皮损微观剖析中得到启发，提出了"通透宣发"的治法；对于慢性常见病长期摸索，悟出了一套"联合方组"的用药方法。

先生云：为医者，不能主观，但一定要有主见，要有胆识，有自信心，特别是对于危难重症，既不可草率逞能以沽名钓誉，亦不能畏首畏尾，明哲保身，要做到"胆大、心细，智圆，法活"。他临证谨守病机，辨证入微，常打破常规，独辟蹊径而获效，如用补中益气汤治疗腹胀重证、桃核承气汤加味治疗妊娠大出血、大黄牡丹汤加味治疗妊娠期肠痈、乌头类方治疗持续高热 11 个月的

变应性亚败血症、四逆辈方治疗肾萎缩等，临证中均取得良效。先生体会，面临危难重症，更要坚信医理之正确，只要汲取诸家之长，识证辨准，战略上藐视，战术上重视，潜心患者，大胆投方，常能克服疾病，解救患者于危亡。

学术思想

（一）注重阳气，长于温运

先生治学尊崇《内经》，尤将阴阳学说奉为圭臬，认为为医之道在于提纲挈领，把握关键，而阴阳者，实乃医道之纲领，尝云："能否明辨阴阳，是一个中医成熟与否的标志。所谓医道纯熟必是真正掌握了阴阳之道。"先生辨证施治，注重阴阳，而在阴阳之中，尤重阳气。人体阴阳之气虽互依、互制、互用，但其作用绝非均平，阳气是常占主导地位的，因阳气主动、主化、主生。正如《素问·生气通天论》所言："阴阳之要，阳密乃固。"先生善引景岳言"天之大宝，只此一丸红日；人之大宝，只此一息真阳……阳来则生，阳去则死"。他认为，在生理上，阳气决定生化的主要方面；在病理上，较之阴精，阳气受损，更易更速，阳气一旦受损，则人体机能下降，病发迅速，变证丛生；在治疗上，阳易骤生而阴难速长，故较之补阴，兴阳收效甚捷，兴阳得当可迅速扭转病势。临床若能注重护阳、兴阳，便是把握了关键。而观当今之医，用药多远热近寒，善治热证、实证，而拙于寒证、虚证。塞北地高天寒，临床病于阳者居多，若不能认识阳气的重要，不善治阳损之证，为医则失之大半矣！故其临证时注重阳气，长于温运。治阴阳俱损之证，常先兴阳而后资生阴分；治阴阳濒散，回阳尚须救阴，育阴兼敛阳；常见其治阴寒内盛、逼阳外越之危证，急亟引火归原，欲求速战；治邪热充斥，釜底抽薪，取荡取涤，意使水火阴阳臻平。先生应用"兴阳温经祛寒法"，治疗阳虚寒凝之证尤为擅长，对仲景之方运用准确，极为推崇。他用麻黄附子细辛汤治疗小儿病毒性肺炎；通脉四逆汤治疗冠心病；大黄附子汤治疗麻痹性肠梗阻；白术附子汤治疗不孕症；乌头桂枝汤治疗血栓闭塞性脉管炎；附子汤治疗口舌干燥证；桂枝甘草汤治疗久虚不寐等，均取得良好的疗效。

1979 年，先生曾治一已婚青年妇女，病人在北京某医院确诊为右肾萎缩，右肾功能完全消失，血压常持续在 190/120mmHg 左右。先生根据其四肢厥冷、脉沉细等症，辨为心肾阳虚，血脉痹塞之证，用四逆汤、当归四逆汤、附子汤等兴阳祛寒、温经通脉之方 90 余剂后，患者诸症消失，经原医院复查，右肾功能已完全恢复。本婚后 8 年不孕，1982 年竟顺产一女婴，一时惊为奇效。先生在使用温运诸方时，对附子、桂枝等药运用尤有体会，认为附子性虽大辛大热，走而不守，其副作用却少于肉桂、干姜，用于虚寒之证自不必说，即使阴虚内热、阳亢之证，用之得当，亦大有奇功。桂枝本具解表温经之功，然若配伍精妙，却兼有制悸、平冲、温补中焦、化气行水、理气、活血、通脉等多种效用。临证巧于方中加减使用桂附之类，只要辨证准确，配伍得当，确可事半功倍，取效良多。

（二）法药开宽，联合方组

先生在多年的临证实践中，既重视辨证，亦重视辨病，在遣方用药方面形成了自己独特的风格。整体观是中医学的基本特色，先生认为治疗慢性病，整体观更具指导价值，临证中他不仅用这种观点指导辨证之法，而且指导用方遣药。通过数十年对慢性疾病演变规律的摸索，逐渐悟出一种方与方的君臣佐使观，创造出方剂与方剂主次相应、相辅相成、循序渐进的治疗方法，即"联合方组"，临证娴熟地应用于许多慢性疾病的治疗上，取得了满意的疗效。

如治寒凝血滞型脉管炎，患者患处冰冷青紫，甚则溃烂脱骨，剧痛难忍。先生认为，此病以阳虚寒凝为本，气血瘀阻为标，治疗宜先温后通，当兴阳活血并治。而兴阳须本阳表阳兼顾，活血应与补气养血结合。常先以乌头桂枝汤兴阳祛寒，继以当归四逆汤温通四末，在此基础上再施以"活化汤"（自拟方）活血化瘀，养荣汤补气养血。四方主辅相承，互依互用，缺一不可。若只服乌头桂枝汤会化燥伤阴，甚至导致乌头中毒；单用当归四逆汤，则药单力薄，亦难收效；若避其兴阳温运，纯以活血化瘀就成了"冷活血，死化瘀""冰冻未解，水难成流"。只有四方配合，交替轮服，方可收"阳气兴、寒凝解、瘀血化、新血生"之效，如此稳扎稳打，步步为营，"温通活化"，方可渐收全功。

再如先生治疗肾病综合征之实例，亦可反映"联合方组"之妙用。一般认为，慢性肾衰竭病机常属肾阳虚衰，水邪内停，然"水之为病，其标在肺，其制在脾，其本在肾"。本病虽病主在肾，然与水气、脾肺之关系亦极为密切，病机复杂，治疗时若不识整体，单执一途，攻其一点，不及其余，效必不佳。每临此证，先生大都以下四方交替轮服：一方，半夏加茯苓、伏龙肝，冲服猪苓散（猪苓需捣细末，否则药力不达）；二方，香砂六君子汤；三方，胃苓汤；四方，真武汤。《金匮要略》曰："卒呕吐，心下痞，膈间有水，眩悸者，半夏加茯苓汤主之。"是证呕恶，水气上逆，故以小半夏汤降逆安中；饮停于胃，阻滞于膈，故加茯苓引水下行；伏龙肝调中燥湿，止呕很好，先生每用之；吐久则津伤，本宜少饮，令胃气复，但每见渴则多饮，胃气必弱，新饮又停，故以猪苓散健脾行水。"诸湿肿满，皆属于脾"。临床常可见肾病综合征患者因氮质等代谢物潴留而引起明显的呕吐、恶心等胃肠系症状。朱丹溪亦谓："诸家只识治湿当利小便之说，执此一途，用诸去水之药，往往多死……盖脾虚而胃败，愈下愈虚，虽求效于目前，而多损正气，然病亦旋踵而至，大法宜大步中宫为主。"故以香砂六君子汤除滞行湿，两和脾胃，中宫得益，再行利水，继以胃苓汤投之，取其健脾燥湿更具化气利水之功；真武汤温阳利水，是治疗本病之关键方剂，可取收功之用。肾之阳气充沛，阴霾散却，脾肺得肾阳之蒸煦，温暖敷布，水气得行，浊阴得化，阴阳既济，诸证得平。古云：文武之道，一张一弛。先生认为治病亦是如此，放放收收，补补攻攻，治疗中诸方次递徐进，有条不紊，先降水逆，继化浊阴，复燥湿健脾，补益中宫，缓缓图本，待阳气得复，阴霾渐消，然后扶助肾阳，鼓动命门之火，共奏水消阳生之功。先生应用此法仅在1981年内就先后治愈13例肾病综合征病人，治疗多用上四方，每日一剂，反复轮服，轮服20余剂后，体质增强，临床症状消失。

先生用联合方组治疗疾病，不止肾病、脉管炎，其他疾患凡属慢性的、顽固的、治难兼顾的，均可灵活施用。临证总不离乎或先治其本，进则图标，或先治其标，次而标本兼顾、缓缓图本的治疗原则。先生认为，临床很多慢性病，用药确难顾全，与其治其病，不如治其体。其联合方组，常基于此作为配伍原则，前后缓急，次递轮服，井然有序。尝云："他山之石，可以攻玉。治病也可以假途灭虢，旁敲侧击，对久病痼疾，即使是积聚结凝（包括肿瘤、癌症），也宜衰其大半而止，穷寇勿追，静以待时，养护正气，渐磨渐消，使人登寿域。"

先生从医从教，几十年如一日，焚膏继晷，孜孜以求；先生对待病人，不分贫富贵贱，一视同仁，诊治精心；先生治学严谨，做学问一丝不苟，有疑必问，有问必究；先生淡泊名利，志存高远，师德高尚，桃李满枝；先生热爱学习，一生知行一致，永远是我们学习的榜样。我们作为先生的弟子和学生，谨以此文纪念先生，同时也献给无数热心中医事业的同仁们。

吴惟康

吴惟康（1917—1998），字逸民，黑龙江省阿城县（现阿城区）人，中共党员。早年从教，后弃文从医，而自学岐黄之术，于1946年悬壶于阿城县里，医名渐噪，后迁至哈尔滨市坐堂行医。于20世纪40年代末任黑龙江省卫生协会中医诊所所长，50年代末，在北京中医学院（现北京中医药大学）教学研究班进修学习3年。其后历任黑龙江中医学院（现黑龙江中医药大学）医史各家学说、温病、内科和金匮教研室教师及主任。1982年荣聘为黑龙江中医学院金匮专业硕士研究生导师。先后担任黑龙江省中医基础理论研究会常务委员，哈尔滨市第五届人大代表，哈尔滨市政协第五、六届委员，哈尔滨市民盟支委，1985年受聘为河南张仲景国医大学名誉教授。平生潜心研修岐黄，法宗仲景，治学严谨，博采众长，全心致力于中医药事业，在中医临床、教学、科研及文献学研究方面做出了卓越的贡献。主要著作有《中国医学史简介》《中医各家学说及医案分析》《针灸各家学说》等，并在杂志上发表学术论文多篇。

勤奋博采　苦学成才

吴老先生生于书香之家，自幼受父辈影响，读了些"四书""五经"之类的书籍，加之日后从教数载，积攒了深厚的文学和古汉语知识，为后来弃文从医奠定了较为雄厚的基础。

吴老早年从教，曾先后任黑龙江省阿城县小学教师、校长，后因时局动荡，教书艰难，加之深感百姓疾苦，而自学岐黄之术。他苦读《内经》《伤寒论》《温病条辨》等古典医经，旁及各家学说、内科、妇科、儿科及医学史等学科，边读书，边实践摸索，亲朋邻里生病均细心观察他医如何诊治，并记录之。他日遇有类似病例即结合自己的读书心得而随证运用，终于 1946 年正式悬壶于阿城县，因疗效卓著，医德高尚，而医名大噪，就诊者甚多。后因工作需要，迁至哈尔滨市坐堂行医，于 20 世纪 40 年代末任黑龙江省卫生协会中医诊所所长，一面从事诊所的日常管理工作，一面出诊看病。由于吴老深感自己师承不足，故而更加勤奋，常常白天工作，晚上留在诊所内翻阅其他坐堂老中医的处方，从中学习、体悟中医用药规律，博采众家之长，补己之不足。该时期吴老在临床实践与中医理论深化方面又有了较大进步，于 50 年代末，有幸进入北京中医学院教学研究班进修 3 年，得以深造，医道精进。已近不惑之年的吴老，深深地感到新中国对中医药的重视，同时也感到身上的责任之重，心怀感激与责任，更加如饥似渴地深入研讨中医药学说与理论，虚心向老师、学友请教，曾得到北京多位名老中医的指点，医技大进，医理更明，治学思想渐成体系，后被聘任为黑龙江中医学院医史各家学说、温病、内科和金匮教研室教师及主任，1982 年受聘为黑龙江中医学院金匮专业硕士研究生导师。他俭朴廉洁，谦恭好学，白首之年，未尝释卷，治学非常注重学以致用。他说："学习经典，仅从书而始，至书而终，无异于把经典束之高阁，应放眼于临床。"平素临证，吴老既宗法《内》《难》，又博采众长；既用经方，又用时方，不拘一格，择善而从。自拟救阴止崩汤、利气汤、银翘地黄汤、香连芍药汤等，组方有法，配伍有制，疗效卓著。他强调遣方用药要灵活，不尚矜奇炫异，不为经典、条文所囿，古方新用，时起沉疴。在学术交流中，往往以其真知灼见为同仁称道。

他对各家学说研究有年，十分推崇和赞赏金元四家。他说："河间主火，并非专事寒凉；从正治病，并非仅用汗吐下；东垣主脾，并非执于温补；丹溪疗疾，亦非泥于滋阴，四家并无偏执，而偏执在于不善于学诸家之人。"他认为正是这些医家各创其长，才使中医理论不断完善和系统，从而促进中医学的不断发展。他在多年的理论研究和临床实践的基础上，编著了《中医各家学说及医案分析》一书。

吴老熟谙经典，尤长于仲景之学，对《伤寒论》《金匮要略》矻矻研求，颇有心得。他认为圆机活法、辨证施治才是仲景学说的真正精华，主张"师仲景法，而不泥仲景之方"，对仲景利水法、扶阳法、和法领悟颇深，用于临床得心应手，特别是对化瘀利水剂、柴胡剂的运用，颇有独到之处。吴老常常提到临证中针药分家的时弊，认为针灸与药物配合使用可相得益彰，强调业医者要知针用针，所著的《针灸各家学说》即是他治医治学的结晶之一。

吴老不仅广涉医书，对稗官小说、野史遗闻中有关医疗者，均悉心精研，以广见识，开拓心胸。经数年努力，于1984年初终于完成了《医药史料笔记选》的初稿，不幸因火灾，付之一炬。

在教学、临床过程中，吴老始终以严谨的治学态度、精湛的诊疗技术、高尚的做人品德，"愈患者之疾苦，育学生之德才"，筑就了治病救人、教书育人的大医之路。

临证贵博、贵精、贵识

吴老常以清代学者戴震之"学有三难：淹博难，识断难，精审难"作为治学之戒条，其意在提醒自己做学问要博采、兼容并蓄；要精审、深入研究；要有胆识，万不可臆断甚至误断。吴老在临床上亦是如此践行的。

（一）由博通精，非博难识

古人云："一事不知，深以为耻。"说的是治学宜多读、多问，历物应既深且博。治学如此，治医尤如此。多读书，多临证，广收博采，乃能获得真知。前人之书，为前人之经验结晶，如能信手拈来，为己所用，诚为治学之捷径。吴老主张学生们要善于"博览大书，精读小书"，正是此意。尤其对病情复杂、变化莫测、己所未经之奇异疑难之证，常或遇之，于此时往往如坠云海，茫然不知所措，如平时博览群书，为难处，一二字、三五语，往往可得一条明路，使人豁然开朗，顿悟其中奥妙。

吴老1965年曾遇一中年妇女，忽患暴盲。家人不知所措，皆掩面而泣。暴盲多实，吴老观其大体，无腹满便闭，非大承气汤证之"目中不了了，睛不和"之实证，亦无肝火暴攻之象。详询病情，知该患久病肺痨，辄服抗痨药物，其效不显，身体日渐虚羸，声音低微、语言不清、喘咳不甚；观其颜面虚浮而晄白，舌淡无苔，诊其脉微细而数。吴老想到《灵枢·决气》篇有云："气脱者，目不明。"《难经·二十一难》"脱阴者目盲"之语。细斟本证，一派气阴大亏之象，正合经意。即投本事黄芪汤，其中重用人参、黄芪、熟地峻补气阴。不料三剂药尽，病人竟然复明。暴盲来势急骤，病情复杂，有"外不伤乎轮廓，内不损乎瞳神，倏然盲而不见也"的病理特征，其虽以实证居多，然虚证亦有，本例即是，故其治应从虚而不应从实。吴老以其渊博的知识，在为难之处"柳暗花明又一村"。

"书到用时方恨少，事非经过不知难。"长期积累，才可一时得之，这是治学者切身之谈。朱子有云："一物不格，则缺了一物的道理，一书不读则缺了一书的道理，须要逐件与他理会过，然后方能豁然自有贯通之处。"正此之谓也。

（二）识须学也，学贵识也

古人谓："非学无以广才，非识无以成学。"言治学要有见识，能从平凡的事物中发现不平凡的道理。历史上，有许多人学富五车，可谓饱学矣。但可叹的是如此学富之士，却只能终身为人作注，没能有一己之创见。亦有另一种人，初涉学问，即不同凡响，多能于司空见惯、理所当然的事物中，发现别人看见而没有发现的真理。吴老即属于后者。

吴老常谓："治学如是，治医亦然。"阴虚内热、阳虚外寒，人参补气、大黄攻下，知此者以云学，却不足以云识。李东垣可谓医林高手，其发明气虚发热，倡甘温除大热，创补中益气汤，实为中医治虚热开一大法门。临证中，方方法法，皆寓奇功。只是有人熟视无睹，未能于此窥见蹊径耳。吴老曾治一72岁男患，自述患病十余年，心中烦热，且阵阵全身烘热，上冲牙齿，夜间尤甚，但触体并不热，略有凉感，夜不能寐，大便时稀，两胁胀痛。屡用滋阴清热药不效，而每服疏肝丸则自觉稍舒，但诸症不除。望其舌苔薄黄，舌质暗红，脉沉弦而数。诊毕，吴老以示诸生，学生皆云肝阴虚内热也，以一贯煎治之。吴老反诘曰："如阴虚何以屡用滋阴清热药不效？"诸生不能语其故，遂请吴老讲解。吴老处方：柴胡15g，赤芍15g，桃仁10g，红花10g，川芎10g，生地15g，枳壳15g，桔梗10g，牛膝10g，当归15g，青皮15g，竹叶5g，2剂，水煎服。诸生皆愕然不解，问何以用血府逐瘀汤治之。吴老笑曰："见证似为阴虚内热，兼疏肝郁，但其用药不效，可知另有缘故。岂不闻'身外凉，心里热，故名灯笼病（又名心里热），认为虚热愈补愈瘀，认为实火，愈凉愈凝，三两服活血热退'，本案即是。"该患者服两剂诸症大减，服四剂而痊愈。此即吴老贵在识证之意。

（三）他山之石，可以攻玉

方有专主，一方多能，这是中医的特色之一。吴老早年曾遇一患儿，发病三天，气急喘咳，鼻翼翕动，喉中痰鸣，手足躁扰不宁，面红目赤，壮热，舌红苔黄燥，脉洪数。成欲惊之势，据证似应投白虎、麻杏石甘之类，以清解实热，但虑及小儿稚阴稚阳之体，用此寒凉直折之剂，似有诸多不妥，但病势危急，不容细斟慢酌，为阻止病势发展，吴老便以清热镇惊汤投之，以缓解病情，防止作惊。不期二剂之后，热退身凉，诸症悉愈。清热镇惊汤原载《医宗金鉴·幼科心法要诀》，乃为主治小儿触异所致急惊风之要方，然吴老不以其治惊风，而以其退高热，且退热之效若神，其中必有道理存焉。吴老认为，方中药物柴胡为祛邪热要药，黄芩清肺热，黄连、栀子清心热，胆草泻肝火，寸冬滋肺阴，生甘草和中、清热解毒，木通、茯苓利小便，以除热排毒；而其中柴胡、黄芩、木通、茯苓辈对小儿实热尤宜。有此例验，此方于是便成为吴老治疗小儿高热之主方。随临证增多，吴老觉本方清热之力不足，又参入双花、连翘、僵蚕、蝉蜕四药，命名为加味清热镇惊汤，实践表明，其疗效较原方更佳。

诗云：他山之石，可以攻玉。中医方有专主，一方多能，主治之外，往往具有奇效。如未对一方一药有深刻体验，则方有一定，病变无常，守方索病，无异于按图索骥，以病凑方，亦难免胶柱鼓瑟，于万端病证之中，终不免手足无措。孙真人说："读方三年，便谓天下无病可治，及治病三年，乃知天下无方可用。"故学者必须博极医源，精勤不倦，不得道听途说，而言医道已了，此言良有深意，学子宜切究之。

（四）运用之妙，存乎一心

吴老谓：治医者如将，常谓用药如用兵，告诫人们不可杂投，须循一定之理法。如用兵者，同为三千甲士，可成不同阵容，权在指挥也。旷野厮杀，十万不足御敌，悬崖栈道，一夫便可当关，贵在运用也。用兵如是，用药也然。

成方成法，为前贤所创，后人以为规矩方圆也。用前人已效之方，本无可非。但古人成方，不下千万，杂剂纷投，难免多歧亡羊，泥守一方亦为缘木求鱼。无定者，病也；一定者，理也。以一定之理，范围乎无定之病。一定者，理也，无定者，心也；以无定之心，变通乎一定之理，神而明之，存乎其人矣。

临证用药，即贵在能以一理，范围万变之病，以吾心变通一定之理。果能如此，多可出奇制胜。吴老早年曾考察阴亏血崩之治疗，检前后贤医之书，所用者不外滋阴固涩止血之药，此亦在常理之中，临床验之，虽可取效，但往往疗效欠佳。成方成法故可师用，但能否于其中寻找一简捷途径，遂成吴老牵神之虑。经过日积月累，乃有所悟：中药治病，贵在配伍，如选药精当，配伍得法，虽不用纯阴固涩之品，亦当有滋阴止血之功。况中医早有辛甘化阳、酸甘化阴之说，此论如确为可靠，则酸甘之药相伍，既能益阴，又能止血。因酸能敛，甘能收，对阴亏血崩当为合适。既有如此之论，遣方用药，该不致师心自用。吴老虑之既久，乃自度一方，名曰救阴止崩汤，其组成甚简：当归 20g，山药 25g，龙眼肉 50g，五味子 30g，炒枣仁 15g。照理，当归、山药甘收，五味子、枣仁、龙眼肉酸敛，合之既能化阴生津，又能摄气止血，乃为标本兼治之法。于 20 世纪 50 年代初试临床，不期竟获良效。既有经验，更对本法本方深信不疑。

古人云：医者，意也。得医之意，神乎其技，不出规矩之外，不拘规矩之中，运用之妙，存乎一心也。业医也，当于此留意。

吴老中医功底深厚，临床师古而不泥古，在博采的基础上，积极探索创新，擅长治疗急症，如前所述血崩、暴盲、小儿高热、喘证等疑难杂症，常能识证准确，不囿常规，另辟蹊径，有的放矢，而疗效卓著，如治疗疑难杂病灯笼病、崩漏、三叉神经痛等。

学术师古而不泥古

吴老素谙经典，师法仲景，在研习经典、旁及各家的基础上，博采众家之长，既阐仲景之已发，又阐仲景之未发，他重视治法研究，在"扶阳气法""化瘀利水法"等中医治疗大法的创新拓展方面有很深的学术造诣。

（一）善用"扶阳气法"

吴老发现"扶阳气法"在仲景书中体现颇多，且成为后世立法处方之圭臬，但并不为其所泥，常引孙一奎所言"医以通变称良，而执方则泥"为戒。兹将吴师对扶阳气法的理解与运用，略予举隅，以示端倪。

吴老认为，阳气与阴气是构成人体的两大物质要素。扶阳气法是针对机体阳气虚弱而设，由于五脏各有阳气，所以又有扶助五脏阳气之别。因此，保扶阳气是临床极为重要的治疗原则。

1. 温阳通痹法

温阳通痹法适用于以肌肉、筋脉疼痛，重着，麻木等为主要表现的痹证。罹患该病，虽多因风寒湿诸邪，但阳气失煦、卫气不固，实为该病发生的关键。故痹证的治疗，首先应着眼于温通阳气。可选用三痹汤（人参、黄芪、茯苓、甘草、当归、川芎、白芍、生地黄、杜仲、牛膝、桂心、细辛、秦艽、独活、防风、姜、枣）；如痹证日久，血脉凝滞，可选用鸡血藤、地龙、赤芍、红花等活血通络之品；如关节肿胀、变形而不发热，可服用吴师自拟经验方：青风藤、海风藤、千年健、穿山甲（现用代用品，下同）各10g，用50度白酒500mL浸泡1周，日饮20mL，分2~3次服，连续服用2~3个月即可。

2. 温阳补肾利水法

温阳补肾利水法主要用于水气病久而不愈之证。水气病虽与肺脾肾三脏有关，而肾气虚、气化失常，又是本病发生、发展、预后和转归的决定因素。尤其水气病久治不愈，必致肾气更虚，水泛益甚。单利水则水暂去而复生。吴师认为治水不治肾非其治也，而治肾的关键在于温补肾阳。阳升火壮，离照当空，阴霾自散，水道即通。以肾气丸或真武汤主之。

3. 升助阳气法

阳气宜于升法，如阳气虚弱则清阳不升或下陷，出现少气懒言、气短、子宫脱垂、月经过多、胃下垂、便溏或便秘、便血、脱肛、腹坠等症。治疗时就应在补阳气药中加入升麻、柴胡、葛根、黄芪、防风等升提之品，以举陷助阳，调畅气机。脾胃居中，为气机升降的要冲，故升助阳气的关键在于补脾。本法以补中益气汤为常用之方。如气不摄血，月经量过多或崩漏下血者，可用举元煎（黄芪、人参、白术、炙草、升麻）；如气机下陷、小便不通，可用升麻黄芪汤（生黄芪、当归、升麻、柴胡），其中黄芪既能补气，又能升阳，故为本法之要药。

4. 温经祛瘀安胎种子法

适用于冲任虚寒、瘀血内阻的习惯性流产、胎动不安或不孕。一般治疗该病多用补法，如补益气血、滋补肝肾等，但临证中，也常见屡用补剂无效，而用温经祛瘀法取效甚捷。少腹逐瘀汤即是该法的代表方，王清任谓其是种子第一方。本方实取《金匮要略》治疗"漏下及妇人少腹寒，又不受孕"的温经汤合失笑散化裁。但许多医者每以其为攻剂，不敢用之。实则不然，全方具有温经散寒、活血祛瘀、消肿止痛的作用，对确具寒凝血瘀的滑胎或不孕等均可使用，即"有故无殒，亦无殒也"之意。

5. 温扶心阳法

温扶心阳法用于心阳虚证，以心悸、气短、自汗、胸闷、面色苍白、舌淡脉迟为主要症状。因心阳气虚，运血无力，每多见心脉闭阻，症见胸痛、面唇青紫、舌紫暗等，以瓜蒌薤白白酒汤合血府逐瘀汤主之。

（二）开创"化瘀利水法"

吴师学习古典医籍，善于抓住规律，如吴师在读《千金翼方》时，发现该书 65 卷中，有 44 卷用了利水药，于是进行归纳整理，又发现《温病条辨》辛凉解表的银翘散中也有竹叶、芦根等利水药，从而悟出了利水药在治疗中的多种作用。于是将利水药广泛应用于诸如瘀血、高热、淋证、痹证、痰饮、水气、结石、下利、呕吐、喘咳等多种病证，通过利水排邪，疗效卓著，拓展了《金匮要略》"化瘀利水法"在临床中的应用，极大地提高了临床疗效。兹举吴老验案五则以示之。

化瘀利水法是活血化瘀法的一个分支。在当今活血化瘀法的研究中，对凉血化瘀、解毒化瘀、开窍化瘀、温阳化瘀、益阴化瘀、行气活血、活血通络、活血祛风等都有广泛研究和应用。吴老在《金匮要略》化瘀利水理论与治法的指导下，师仲景之法，治疗了众多与瘀血有关的病证，将化瘀利水大法扩而充之，分别运用于肝硬化腹水、风心病心衰、冠心病心衰的治疗以及某些瘀血病等疑难大病的治疗。

1. 紫癜

邓某，女，28 岁，哈市卫协中医诊所工人。1956 年 4 月 28 日初诊。因肺感染在某医院注射青霉素，发生过敏，心慌，气短，颜面苍白，汗出，四肢冰冷，心音低钝，脉搏模糊难辨。血压 50/20mmHg，注射肾上腺素，心音及血压均渐恢复，但随即出现皮下出血，头身疼痛，头及颜面水肿，皮肤瘙痒，四肢发麻，口渴，遂转中医治疗。

检查：头及颜面高度水肿，面色暗黑，四肢及腰部臀部均呈斑状、片状皮下出血，所谓斑斑如锦纹，而以臀部最甚，融合为暗紫色瘀斑，按之不褪色。

脉象弦数，舌质暗红，白腻苔。

辨治：病属温毒蓄结，更感毒邪而发为紫癜。辨证要点为面目青，身痛，肌衄斑斑如锦纹。治以疏风清热，化瘀利水，除湿解毒。

处方：加味当归拈痛汤。

银花25g，连翘15g，生地15g，茵陈15g，粉葛10g，川羌10g，防风10g，泽泻15g，茯苓15g，苦参15g，知母15g，升麻10g，苍术10g，犀角5g。

2剂，水煎服。

二诊：头面肿消，紫癜减少，原方减犀角继服四剂后痊愈。

吴老按：当归拈痛汤与升麻鳖甲汤，从治法上看，升麻鳖甲汤的治法是清热、解毒、散瘀，升麻不但解毒，而且具升散之用。当归拈痛汤又加羌、防、葛根以助升麻之升散，用银花、连翘、犀角、黄芩、知母以清热解毒，当归、生地凉血散血以化瘀，茵陈、苦参、苍术、猪苓、泽泻以化湿利水。利水药用于化瘀活血剂中，更能增强活血化瘀的功能，这也是仲景活血化瘀的一个法门，本例为血瘀水阻，故用上方效如桴鼓。

2. 血崩（功能性子宫出血）

高某，女，31岁。1957年7月26日初诊。

病史：月经15岁初潮，30～35天1次，每次3～6天，经前与经期腹腰疼痛，血量时多时少，血色深红或紫黑，时有瘀块，生育3次，有胃脘痛病。7月25日因持重挫闪，经期未至而忽然大下。现出血不止，色紫黑有块，腰酸，腹痛拒按，面色微黄，形容枯瘦，舌淡红无苔，脉沉涩。

辨治：病属血崩。因瘀血阻滞，血不循经，导致崩中不止。辨证要点为经血大下，色紫黑有块，腹痛拒按，舌质暗红有瘀斑或正常，脉沉涩或沉而有力。治以和血化瘀利水。

处方：加味生化汤。

当归15g，川芎10g，桃仁7.5g，红花7.5g，丹参15g，黑姜5g，通草15g，琥珀2g（研细冲服）。

1剂，水煎服。

二诊：7月27日。出血大减，腰痛止，腹痛减轻，脉沉涩。继投加味生化汤1剂。

三诊：尚有微量出血，无瘀块，继续投原方2剂而愈，随访月经按期，痛经亦失。

吴老按：本方载于《傅青主女科》与《医宗金鉴》，两书药物略有出入，《女科》方有甘草无丹参，《金鉴》方有丹参无甘草，加味生化汤是依《医宗金鉴》方加通草、琥珀而成。生化汤是治产后儿枕痛、恶露不行、少腹痛、包块等症的常用方，习惯上只限用于产后病。今用生化汤活血消瘀，温经止血，加入利水化瘀安神的琥珀和开阴窍而利水的通草，治疗瘀血阻滞所致的崩漏证，即可起到化瘀利水、和荣止血的作用。

3. 输卵管积水

秦某，女，26 岁。1972 年 3 月 5 日初诊。

病史：结婚 5 年未生育，月经愆期，量少色暗，经前见少量白带。5 个月前，右下腹部疼痛，经哈市某医院妇科检查，宫体平滑，比正常略小，轻度后倾，右侧穹隆摸到鸽卵大肿物，表面光滑圆形，无压痛，左侧穹隆（－）。诊断：①子宫发育欠佳。②右侧输卵管积水。③原发性不孕。

建议肿物如鹅卵大时手术治疗。2 个月后又去该院检查，肿物如鸡卵大，患者因不愿手术，转中医治疗。现症：头昏，腹胀，右下腹部有时疼痛，纳谷略减，睡眠欠佳，舌质暗红少苔，脉沉涩。

辨治：证属冲任虚寒，气滞血瘀，水湿留聚。辨证要点为月经不调，逾期不至，口燥，五心烦热，久不受孕。治以温经补虚，化瘀利水。

处方：加减温经汤。

吴茱萸 10g，当归 15g，赤芍 15g，桂枝 10g，乌药 15g，茯苓 15g，丹皮 10g，桃仁 10g，丹参 15g，阿胶 10g，香附 15g，红花 10g，大腹皮 10g，三七粉 3g（冲服）。

15 剂，水煎服。

经服 15 剂后，诸症渐除，腹无痛感，饮食增加，体力增强，于 4 月 8 日午睡时，突然从阴道流出水液，无任何不适。4 月 9 日到哈市某医院检查，肿物消失，输卵管积水已不存在，之后月经按期来潮，一年后生一男孩。

吴老按：妇女月经与冲任密切相关，经行后期属寒，加之小腹冷痛，由于胞宫虚寒，而致气机不畅，血行受阻，水湿留聚，形成输卵管积水。

4. 风湿性心脏病

张某，女，36 岁，工人。1974 年 5 月 19 日初诊。

病史：患风湿性心脏病 5 年。现症：心悸，怔忡，胸闷，气短，轻度水肿，小便短少，月经超前，面唇紫暗，指端暗黑，舌质微紫，脉沉涩。

辨治：病属气滞血瘀，心血痹阻所致。治以活血祛瘀，温阳利水。

处方：加味血府逐瘀汤。

赤芍 15g，桃仁 15g，当归 15g，枳壳 15g，炙草 10g，红花 10g，柴胡 10g，桔梗 10g，川芎 7.5g，肉桂 5g，丹参 15g，通草 15g，炮姜 5g，琥珀粉 3.5g（冲服）。

2 剂，水煎服。

二诊：心悸、怔忡、气短减轻，胸闷得舒，尿量增加，水肿略减，舌质暗红，脉沉涩，原方 2 剂水煎服。

三诊：心悸平定，水肿消退，面唇紫暗大减，舌质淡红无苔，脉沉。继投原方 2 剂，巩固疗效。

吴老按：风湿性心脏病、充血性心力衰竭凡属气滞血瘀、心脉痹阻所致，以心悸，胸闷，或伴有阵发性心胸刺痛，两颧紫，唇及手指端暗黑，下肢水肿，舌质略紫或有瘀斑，脉涩或结代为主症，均可以活血通瘀，温阳利水法治之。若经气痹阻，胸部闷窒，酌加沉香、檀香、香附；若夹有痰浊，胸满闷痛，舌苔垢腻，加瓜蒌、薤白、半夏；若兼有气血阴阳亏虚者，应分别与补气、养血、滋阴、温阳等药同用。

5. 术后粘连

段某，女，48 岁。1983 年 12 月 23 日初诊。

病史：1982 年端午节前，因患子宫肌瘤行子宫摘除术，术后腹痛腰痛，少腹拘挛，不能伸展，大便里急后重，下坠窘迫，小便淋沥涩痛，小腹、腰及臀部畏寒喜暖，脉沉缓，舌淡红无苔。

辨治：证属阴阳气血被阻，致血瘀阻滞，冲任受累，治以温经活血化瘀利水之法。

处方：桂枝茯苓丸活络效灵丹合剂。

当归 15g，川芎 10g，赤芍 10g，炙草 5g，牛膝 15g，桂枝 10g，吴茱萸 10g，丹皮 15g，木香 7.5g，寸冬 15g，茯苓 15g，通草 15g，元胡 10g，三七粉 3g（冲服）。

10 剂，水煎服。

二诊：腹痛腰疼减轻，小便频数淋沥已愈，无里急后重和下坠窘迫感，小腹、腰及臀部已不畏寒。

当归 15g，丹参 20g，乳香 10g，没药 10g，桂枝 10g，茯苓 15g，桃仁 10g，丹皮 10g，赤白芍各 15g。

30 剂，水煎服。

三诊：疼痛基本停止，腰能伸展，运动自如，能下地工作，临床治愈。

桂枝 10g，丹皮 10g，桃仁 10g，茯苓 20g，赤白芍各 15g，丹参 20g，当归 15g，乳香 10g，没药 10g，红花 10g，郁金 10g。

20 剂，水煎服。

吴老按：术后粘连属肌肉与脏器纹理乖互扭结，荣卫不畅，气血受阻，三焦元真不能通会所致，常见术区及周围疼痛，活动受限，不能伸展，宜用化瘀利水法，常以桂枝茯苓丸活络效灵丹合剂主之。其中活络效灵丹系张锡纯方，载于《医学衷中参西录》，"治气血凝滞，疬癖症瘕，心腹疼痛，腿疼背痛，内外疮疡，一切脏腑积聚，经络湮瘀"。余用之治疗术后粘连者，有一定效果，疼痛减轻，但达不到治愈，后来以活络效灵丹与桂枝茯苓丸两方合用，效果显著，常可治愈。其他如跌打损伤等瘀血证，亦可采用此法治之。

水瘀互阻的病证在临床并不少见，且化瘀利水法较单纯的活血化瘀疗效显著，因而化瘀利水法也是值得探讨的一种治法，故凡活血化瘀方剂均可适当增加利水药，以增强活血化瘀的功能，促进瘀血的消除，提高临床疗效。

吴老一生默默无求，孜孜研习中医药精粹，全心致力于中医临床实践及理论的探索与提高，在学术思想上博采诸家，有继承、有提高、有创新；在临床实践中善于诊治疑难，常古为今用，疗效卓著；在中医文献学研究方面亦做出了卓越贡献，并为中医药教育事业的发展倾尽毕生心血。

笔者有幸蒙受师恩，承其学术思想与临床经验，受益终生，现忆及吴师，感其师德、师学，仍钦之佩之，故愿与广大中医药同道分享之。

阮士怡

阮士怡（1917—2020），男，河北省丰南县（现丰南区）人，教授，主任医师，博士研究生导师。我国著名中医、中西医结合专家，第五批全国老中医药专家学术经验继承工作指导老师、国家中医药管理局第一批传承博士后合作导师、天津市名中医，享受国务院政府特殊津贴。

1946年毕业于北京大学医学院研究生班。1955年调入天津市市立中医医院（现天津中医药大学第一附属医院），历任中医内科主任、研究室主任、天津中医药大学第一附属医院副院长，兼任天津市中医研究所副所长。一直从事心血管临床及实验研究工作。1964～1967年，参加天津市西医离职学习中医研究班，系统学习中医药。历任天津市中医药学会理事，天津市中西医结合学会理事及老年医学会副理事长等职。1980年被评为教授，主任医师，研究生导师，历届天津市高教卫生系统评审委员会委员。1989年阮教授因年龄已高主动请求辞去所有行政职务，专心从事中医药的临床研究工作。先后获省部级科技进步二等奖3次、三等奖5次，市卫生局医学科技进步一等奖3次；发表学术论文30余篇，出版《中医内科》《临床中医内科学》《中国长寿大典》等学术著作3部；培养研究生13名，并于1994年和2007年获教书育人"伯乐"奖，2014年获得"国医大师"称号。

一、学无遗力，中西结合立津门——从医经历传略

1917年2月，我出生在河北省丰南县宋家营镇，叔祖父是当地的中医郎中，家父曾业中药铺。我自幼便受到中医药文化的熏陶，幼年时父亲常教我《汤头歌诀》《医学三字经》这些启蒙读本。记得上学时每逢假期，常给父亲帮忙，也

从中学习了许多中药知识。从小耳濡目染，脑海中形成了对中医、中药的初步认识。我在家中排行最末，长兄阮士奇毕业于当时的北平大学医学院，后来在天津医科大学从事医教工作。所以说，家人对我今后从事中医行业的影响是不言而喻的。

1938 年我参加了北京高中数理化会考，以优异的成绩被北京大学工学院及辅仁大学同时录取，因当时崇尚理科，遂选择北京大学工学院土木工程系就学。时值侵华战争全面暴发，国难之时如无强健体魄，何以御外武强敌？为展国强体健的抱负，我于次年考入了北京大学医学院医疗系，开始走上医学之路。1944 年我从北京大学医学院毕业后，在日籍教授畑邦吉指导下，留校续读了 2 年研究生。1946 年我携爱人章秀玉（北京大学医学院妇产科研究生）回到天津，辗转铁路总医院、第五医院等多家医院，从事西医内科临床工作 10 余年。1955 年天津成立中医医院，又奉调协助建院，当时办中医院无前例可循，而我又是医院里屈指可数的临床医生，对于全院医疗活动的开展及诊疗水平的提高责无旁贷。一方面要照顾全局制定每年的工作计划，同时还承担了全院的会诊、急诊抢救等临床工作，经常会遇到各种疑难杂症，还有经西医院治疗无效的危重病人送至我院，在夜间急诊抢救任务是常有的，那时候是夜以继日，终日不离开医院，也就是那时候，艰苦的医疗条件和环境，坚定了大家对中医院医疗水平和环境改善的决心。为此，医院先后举办了两届"徒弟班"，培养了一批临床专科医生，并在当时首次成立我院的内科中医研究所，逐步提高了临床科研水平。我也亲眼见证了天津中医事业发展过程中的各种艰辛和曲折。

1964 年为了能更好、更系统地学习掌握中医药学，我个人要求参加了天津市第三期"西医离职学习中医研究班"。经过 2 年的学习，全面精读了中医基础理论，潜心研究中医古籍，虚心求教，深得系统学习之益。每读经典便体会到，2000 多年前古人能撰写出如此巨著，实在叹为观止。书中理论充满了哲学思想，是指导临床治病的"道"，是现代医学所不及的理论。"文革"期间，各行各业都受到不同程度的影响，许多知名的中医专家深受打击，甚至因此而辞世，很多中医的研究工作受到影响。由于种种原因，我也被免去了临床及研究所的各项职务。正因如此，我有时间可以静下心来，加强了中医基础理论的学习和研究，也有意识地拜访当时天津市几位名老中医，向他们学习，丰富了自己的中医理论和临证实践能力。"文革"结束后，院党委任命我为内科主任，恢复并主管内科诊室及病房建设。当时出版的《中医内科》就是天津市贯彻落实发展中医政策后的第一本书。我带领内科科研小组，接受了董晓初主任的"651"丸研制工作，初次将中药运用于动物实验当中，以验证和补充其临床疗效。历经7年的整理和研究，在全市举办的第一次中医科研成果鉴定会上，该成果获得了科技进步二等奖，受到同行和相关领导的认同和重视。此后"651"丸被更名为"通脉养心丸"正式投产，时至今日仍在市场畅销，造福广大患者。

20世纪80年代初，天津中医学院成立了中医研究所，建立了细胞培养室，为中医药研究工作的开展创造了更为有利的条件。我当时担任研究所副所长，心血管病研究室主任。我重视实验研究，积极提倡将现代医学方法和科学手段融入传统中医药的研究当中。中医药研究所也成了当时天津市最早开展中医药科研工作的单位。刚开始时科研仪器设备有限，早期也经历过一段坎坷和艰难，但随着科研工作的开展及人才队伍的壮大，逐步得到了发展。其间我先后带了几批研究生，有张伯礼、王化良、王学美、张军平、郭利平等，都是在研究所和实验室建立后培养出来的优秀学生，他们渐渐也都建立了自己的研究团队和研究领域。

我热爱中医事业，愿意解除病人的疾苦，尽力把我所学的知识最大限度地奉献给我的病人，病人的康复是我最大的欣慰。我一生崇尚"医乃仁术"的医德，自问做到了医德、医技并重。视患者如亲人，不使用大方大剂，不曾与患者疾言厉色。我愿做好榜样，将毕生所知所学授予好学求知之才，从中也能获得欣慰和鼓舞。我愿意做病患的知音，普及健康知识，让更多患者了解自己的疾病，通过报刊传授疾病的预防知识。从医70余年，对工作，我始终勤勤恳恳、任劳任怨；对医技，我始终虚心好学、精益求精；对患者，我始终一视同仁、合理诊治。而今我已经年过百岁，但我不会忘记当年立志学医的初衷，我会继续钻研医学，宣扬医道，发挥余热，造福百姓，"生命不息，工作不止"。

二、业精于勤，灼灼其华结硕果——学术思想及成果

（一）上下求索，临证立法治疗心系疾病

我行医70余年，总结我的经验就是"心-脾-肾三脏一体"，整体观防治心血管及老年内科疾病，益气养阴法治疗冠心病，"益肾健脾，软坚散结"法保

护血管，干预动脉粥样硬化进程。

具体而言，对于心系疾病的治疗，有益肾健脾、软坚散结、养阴复脉、利水强心四个治疗大法。首先，"治病求本，本于正气"是我一以贯之的治疗理念，肾为先天之本，脾为后天之本，所以我将益肾健脾法贯彻于自己的整个行医生涯。医学经典中我最推崇《黄帝内经》（下简称《内经》），《内经》从根本上解决了中医认识疾病、治疗疾病的疑问，我认为中医"治病求本"首先是"以人体正气为本"，即"正气存内，邪不可干"，而增龄性疾病中的正气受脾肾二脏影响最著，故冠心病的治疗应当以脾肾为本。如果肾精充足，脾气健运，则正气旺盛，内皮细胞健康，那么血中瘀血、痰浊则难以附于脉道，就不易发生动脉粥样硬化。如《医林改错》认为："元气既虚，必不能达于血管，血管无气，必停留为瘀。"因此，我主张以"益肾健脾"法贯穿老年冠心病防治的始终。其次，随着我对冠心病的进一步研究，发现冠心病虽然病位在心，但究其具体解剖形态，实为脉道之中产生明显的粥样硬化斑块，其为有形实邪，即中医所说的"积"。"积"直接影响了脉道的畅通，故在心发为"不通则痛"。所以我提出了"软坚散结"法治疗冠状动脉粥样硬化。发病机制中主要是着眼于气滞血瘀、痰瘀互结于心脉。立法处方多着眼于行气活血、化痰逐瘀。临床上常用鳖甲、海藻、昆布这类咸寒之品软坚散结，浙贝母祛痰散结，桃仁、丹参活血化瘀，夏枯草、连翘清热散结等。再次，我受到董晓初先生的影响，发现心气不足、阴血虚弱是冠心病的病理基础之一，调整心脏气血也是防治冠心病的一个重要途径，益气养阴之法在临床中往往可获佳效。因此，董晓初先生在炙甘草汤的基础上创制了中成药，取得了较好的临床疗效，但未得到广泛应用，我便在此基础上，经过改良、临床试验等，创制了"651"丸，并广泛应用于临床，最终转化为上市中成药"通脉养心丸"，临床疗效肯定。最后，冠心病常向心衰方向恶化，预后十分不良，所以我提出了"利水强心法"治疗心衰，也是借鉴了西医治疗心衰的思路。治疗上则在"利水强心"的基础上加用益肾健脾、软坚散结法，保护脉道，以期从根本上延缓心衰的发展进程。

基于以上经验，我带领研究团队通过临床与基础研究表明：

1. "益气养阴"法方药可有效缓解冠心病心绞痛，清除自由基，拮抗炎症反应，对缺氧损伤的心肌细胞具有明显的保护作用。在学习、吸纳董晓初先生治疗冠心病经验的基础上，研发了新药"651"丸，上市30余年，疗效显著，相关研究成果于 1981 年荣获天津市科学技术进步二等奖。

2. 从血脂水平、病理形态、炎症反应及氧化应激方面进行观察，探讨了"益肾健脾，软坚散结"法方药保护血管、延缓动脉粥样硬化进程的机理，研制了补肾抗衰片、降脂软脉灵 I ~ Ⅳ号、黏脂饮等治疗老年病的系列方药。相关研究成果荣获 1991 年和 2004 年天津市科学技术进步二等奖、2005 年中华中医药学会科技进步三等奖，并取得了较好的经济效益和社会效益。

3. "软坚涤痰强心"法治疗慢性心衰，开辟了心衰治疗的新途径，研制了新生脉散片，临床总有效率达 96.9%，其对症状和体征的改善作用优于地高辛。相关研究成果荣获 1991 年天津市科学技术进步三等奖，推动了中医药治疗慢性心衰的发展。《全国中医药防治慢性心力衰竭指南》采纳了以上研究成果。

（二）崇尚科学，推进中医客观化研究

辨证论治是中医学的特色，也是中医临床医生诊断、治疗所遵从的原则。但长期以来，中医学的治疗与研究缺乏客观化的指标，临床诊断通常依赖于医生的主观评价，缺乏客观标准，常常为人所诟病，这也阻碍了中医学的进一步发展及在世界范围内的推广。中医诊断的客观化建设是促进中医事业发展的一项任务。客观化的目的是更好地加强中医临床应用及中医基础理论的研究。

中医舌诊是望诊的重要内容，是中医诊断疾病、辨证论治的重要依据，有很高的临床应用价值。但舌象变化又受年龄、性别、营养、局部物理及化学刺激、生活嗜好等多种因素影响，因此在临床上可以看到有些患者舌象变化不显著，而一些健康人却出现异常舌象的情况。健康人中可以出现哪些舌象、哪些舌象具有病理意义、影响舌象的因素有哪些，这些问题必须通过临床流行病学调查方法才能解决。探索人群中舌象分布规律和演变特点，摸清中医舌象本质资料，对于舌诊理论研究及临床诊断水平的提高具有重要价值。

我一直致力于推进中医客观化的研究。指导了研究生张伯礼、徐宗佩、高秀梅开展了舌诊客观化研究，发现了舌下络斑与年龄、病种及中医证候之间的变化规律，揭示了舌下络脉与中医瘀血证的内在联系，总结了心肌梗死患者舌像演化的客观规律。1992 年，在我的支持与指导下，学生张伯礼带领课题组对 6708 例受试者进行中医舌象调查，为中医客观化研究提供了新的思路。

（三）衷中参西，倡导中医科研创新

中医学和西医学是两个医学理论体系，是从不同角度认识人体的生理规律和病理变化的，因此两者之间是相互独立的医学体系。但就其本质来讲，两种医学都是以人体的生理病理为研究对象，故两种医学之间又有着共同的生命科学研究基础。我认为，中医、西医各有所长，应取长补短，在临床诊疗过程中充分利用中医药学在几千年发展过程中形成的丰富医学内容，结合现代医学先进的诊断实验方法，充分发挥各自的优势，使科研为临床服务。在诊治疾病的过程中，既注重对"病"的诊断，又考虑到患者个体体质的差异，结合脏腑虚实和气血盛衰等特点进行辨证治疗。

中医是我国几千年来从人类保健、繁衍、疾病的治疗等方面总结出来的宝贵经验，依赖四诊八纲、辨证施治，对疾病的诊疗颇有疗效，证明中医诊疗疾病有不可抹杀的优势，说明中医理论能够反映疾病的内在规律，是我国古文化的宝贵遗产之一。随着现代自然科学和一些新兴分支学科的发展，越来越多的结论证实中医传统理论中的很多内容与现代科学相吻合。特别是中药毒副作用少，一般不出现抗药性，因此，中国传统医学逐渐为世界所重视。但由于历史与其他种种原因，对阴阳五行、气血精津、经络循行等古老医学文化的精华尚缺乏深入的理论阐述。我认为，中医理论需要用现代科学方法进行研究，使中医理论有新的飞跃，逐步代之新的客观性质指标。中医现代化的发展，关键在于用现代科学方法研究中医实质之所在，但此点亦非短期所能达到，应在实践中逐步探讨前进。

我认为，中医理论的实质还未完全被读通，应深入领会中医古籍中的精华，并运用在辨证施治的诊疗中，佐以现代医学实验结果作为参考，力求诊断准确，对证施治，取得确切疗效，使中医能逐步以各种现代科学为手段得到提高。我认为，应正确认识继承与创新的关系，继承是创新的基础，创新是继承的目的。中医药学是中华传统优秀文化的重要组成部分，是一个完整的科学体系，具有自身的特色和无可比拟的优势。我国传统的中医药学同其他优秀传统文化一样，都存在着一个继承和创新的问题。继承与创新二者是辩证统一的，没有继承，创新便成为无源之水，无本之木；只顾继承而不去创新，中医学的生命便会停止。要始终坚持"继承不泥古，发扬不离宗"的原则，只有先搞好继承，才能

够更好地创新。

中医在继承基础上的发扬、创新、发展，其方向就是要现代化。中医现代化是中医药主体理论和方法的发展、提高和升华，使传统中医药特色与现代科学（包括现代医学）的结合。只有这样才能使中医学更加具有自身的优势和现代科学技术的特征，也就越容易被国内外医学界和广大患者、民众所接受。但这需要一个较长的过程，不可急于求成。

此外，对于中医科研，我有以下几点看法：

1. 正确认识中医继承与发扬的关系

继承与发扬的关系可概括为：继承是发扬的基础，发扬是继承的目的。关于继承有两点，一是书本上的继承，二是活的继承——也就是继承老师或别人的临床经验。没有认真继承，发扬就是一句空话。在培养学生方面，我一直奉行"将毕生所知所学授予好学求知之才"的理念及"学术放任，鼓励实践"的教学方式，授业解惑，传承有道，因材施教，倡导学术自由及鼓励技术创新，其实也是这个理念。从 20 世纪 50 年代至今，中医的成果不够理想，只是呈现一种学术争鸣局面。要想发扬中医，必须以中医理论为基础，以现代科学为手段，参照西医成果，而不是中医西化。中西医结合研究的目的就是发扬中医。

2. 动脉粥样硬化与血脂的关系

中医的很多精华都包含在普通的几句话中，下面以动脉粥样硬化为例加以阐述。

多年来，人们一直认为血脂是导致动脉粥样硬化的主要因素。有关脂质代谢的研究及降脂的方药可以说数不胜数，很多有关研究冠心病、脑中风的文章都要涉及血脂，提到治疗动脉粥样硬化就降脂，调节脂质。实际上脂类是人体的重要组成部分，是组织细胞的组成成分，对线粒体和细胞膜的组成特别重要，是合成磷脂和前列腺素的必需原料。它能促进身体的发育和增长，能增进微血管壁的愈合，防止其脆性的增加，减少血小板的黏附性，防止血栓形成，还可以防止放射线照射引起的皮肤损伤及促进乳汁分泌与精子发育。缺乏必需脂肪酸会导致细胞的线粒体结构发生改变，生殖机能障碍，各种脂溶性维生素，如维生素 A、D、E 等不能吸收，还能引发脂肪肝等，可见人类不能缺乏脂质。

当然，任何事物过犹不及，脂质的摄入也不能过多。中医古籍中早有记载，过食肥甘及膏粱厚味，饮食不节，都会损伤脾胃。《素问·生气通天论》亦有记载："味过于甘，心气喘满，色黑，肾气不衡；味过于苦，脾气不濡，胃气乃厚；味过于辛，筋脉沮弛，精神乃央。是故谨和五味。"从这些记载中可以领会到饮食不能太过。少吃脂肪、糖类，来源少了，血脂也就不会高了。西医学也认为，血脂过高会引发动脉粥样硬化，于是发明了许多降脂药物，有3－羟基－3－甲基戊二酰辅酶 A（HMG－CoA）还原酶抑制剂，如他汀类的洛伐他汀、氟伐他汀等，苯氧酚酸类降脂药，如吉非贝齐、环丙贝特等，还有烟酸类等，其作用不外抑制血脂合成。这些降脂药不但副作用大，而且疗效也不十分满意。西方国家动脉粥样硬化所致的心脑血管病病死率及发病率仍居首位。

即使血脂过高能促发心脑血管病、动脉粥样硬化，也要另辟蹊径，改变研究方法。因血脂代谢与胃、肝、胰、胆、小肠等脏器有关，如合理摄入脂质及糖类，而血脂仍不正常者，应从多方面考虑，即血脂代谢不平衡是否与上述脏器功能不正常有关。研究高脂血症时，鉴于肝是主要的脂质代谢场所，而按中医理论，见肝之病当先实脾，因此可以考虑从肝、脾着手，将黄芪、生地黄、刺五加皮、丹参、鸡血藤、绞股蓝、女贞子、茵陈蒿、大黄等中药用于此证的治疗。

总之，血脂即使能侵害动脉，也绝不是元凶，所以研究动脉粥样硬化不要抓住血脂不放，应该在限制脂肪与糖类进量的同时，多考虑一下调理肝、脾等脏腑代谢。

3. 心脑血管研究及治疗的现况

几十年来，纵然有不少治疗心脑血管病的中西药，但心脑血管病在西方国家仍居发病率及病死率的第一位。在中国，据1997年的统计，心血管病死亡人数占总死亡人数的39.4%。据此推算，每年死于冠心病的人数大约在200万以上，且发病年龄呈年轻化趋势。这说明不论是西药还是中药，治疗本病疗效皆不理想。西药无非是硝酸甘油、硝酸异山梨酯、5－单硝酸异山梨酯、β受体阻断药、钙拮抗剂，中药以活血化瘀、芳香化浊、温化痰饮、益气养阴等治疗大法，也列出了不下百种中药，然观其疗效亦难肯定。心脑血管病的发病率在发达及发展中国家均呈上升趋势，故现有中西药物尚不能克服本病，只能是急则治标。

4. 遵从古人经验理论进行心脑血管病的研究

《内经》云："正气存内，邪不可干。"正气也叫真气，也可称自身的抵抗力、免疫力等。人与人之间的个体差异很大，比如有人可以冬泳，而没有经过训练的人，是不敢下冰水的，冬泳者的体内可以对寒冷产生抵抗力；再者，在有放射物质的环境中工作，有人不发病，有人就发生血液病，其原因到现在还是没有完全清楚，所以对正气应进行深入研究探讨。

动脉粥样硬化现在只能解释为老化所致。这种老化能否推迟或延缓呢？临床认为是完全可以的，因此动脉粥样硬化所致的心脑血管病也可以预防或推迟。在研究心脑血管病的发病原因时，应该强调内因，即动脉内膜抵抗力若完好无损，在动脉内膜完整的情况下，血脂稍高也不容易损伤动脉血管。病理学家也发现，在血管分叉处或动脉转弯处，血管内膜容易被侵犯，也是发生狭窄较多的地方。内科临床上也常见血脂并不过高而发生冠心病；而儿童及青年人患肾病综合征时胆固醇可高出正常数倍，但很少发生心脑血管病。因此，想要彻底解决动脉粥样硬化这个问题，降低心脑血管病的发病率，就要研究如何顾护正气，不该局限在降脂这一点上。《内经》云："治病必求其本。"这里所说的病不只是心脑血管病，其他多种内科病均是如此。如治疗肾炎只强调降尿蛋白，减少红细胞、白细胞数及管型，这不是真正的治疗方法，应首先除去导致肾炎的根本原因。

中医药学源远流长，对中华民族的繁衍昌盛做出了巨大贡献。今天的中医现代化绝不单单是用现代科学对中医理论和实践经验进行解释，而应该是更高层次上，对人类医学做出新的贡献。在中医现代化研究的呼声中应该坚持突出中医特色，发扬中医的精华，让中医药学巍然屹立于世界医学之林。

三、临证有思，良药验方济苍生——临床经验及医案

我认为，《内经》是我国古代医学领域的巨著之一，其内容包括生理、病理、诊法、诊断、疾病治疗、预防、养生等领域，论述深刻。深入研读后，我以其中3条理论作为自己临床诊疗疾病的指导思想：①《素问·四气调神大论》曰："故圣人不治已病治未病，不治已乱治未乱。"②《素问·评热病论》曰："邪之所凑，其气必虚。"《素问·刺法论》曰："正气存内，邪不可干。"③《素问·阴阳应象大论》曰："治病必求于本。"在70余年的临床工作中，我深切体会到中医学深奥的理论和丰富的实践经验是我国宝贵的文化遗产，中医药确切的临床疗效补充了现代医学对内科疾病治疗的不足。今列举几例如下，

供同道及后学参考：

（一）冠心病

李某，女，38 岁，医生。

患高血压近 10 年，自 1972 年 7 月始发心前区闷痛，并向左肩放射，日发 5~6 次，每次 5 分钟左右。1972 年 12 月来我院门诊就医。患者心前区疼痛，含服硝酸甘油可以缓解，每次 1~2 片，伴有心悸、气短、头晕、睡眠欠安，舌淡嫩苔少，脉沉细数。血压 160/100mmHg，心界向左扩大，心率 100 次/分，心律齐，未闻及杂音。胆固醇 4.99mmol/L，心电图 II、III、aVF、V_3、V_5 导联的 ST 段下降 1~1.5mm。

诊断：冠心病，心绞痛。

中医辨证：气阴两虚。

治法：益气养阴。

服用"651"丸 2 周后，心前区疼痛明显减轻，心悸、气短也有所好转。1 个月后，心前区疼痛基本消失，劳累后胸中稍有憋气感，复查心电图正常。

冠心病的发生多与年老体虚，肾气不足；饮食不当，损伤脾胃；七情内伤，气滞血瘀，思虑伤及心脾等因素有关。其病理有虚实两个方面：心、脾、肾虚是病之本，气滞血瘀、痰浊、阴寒是病之标。本例为气阴两虚型冠心病。所谓"气"是指人体中的能动力量，"阴"是脏腑、机体的营养物质。气阴损伤则血脉失荣，经脉空虚，凝泣痹阻，胸痹乃成。益气养阴法之"651"丸是由汉代张仲景《伤寒论》中炙甘草汤加减化裁而来，其功能为益气生津，滋阴复脉。益气药调整机体的气机，促进血液的运行，将痹阻之脉疏通，改善冠脉循环，进而使心肌对氧的供求得到平衡，养阴可以扶正、生津，津液得复则心阴旺盛，使心脉失养得到改善，心肌缺氧得到补偿、缺血得到供应，故服药后患者心绞痛可以减轻或消失，心电图恢复正常。

（二）高血压

张某，男，68 岁，干部。

患高血压 10 余年。头晕耳鸣，心前区疼痛，口干，寐纳尚可，右侧肢体活动不利，右手颤抖，持物时加重。舌淡胖，有齿痕，苔腻，脉弦数。心电图：

窦性心律，左心室肥厚，慢性冠状动脉供血不足。胸透：动脉粥样硬化性心脏病。血液检查：胆固醇 9.07mmol/L，高密度脂蛋白 4.14 mmol/L，高密度脂蛋白/胆固醇 0.3，纤维蛋白原 3.25g/L。红细胞电泳时间 14.2s/125μm，血小板聚集率 52%。

诊断：冠心病，高血压。

中医辨证：脾肾亏虚，痰浊内滞。

治法：益肾健脾，涤痰散结。

药用降脂软脉片 2 号。服药 10 天后诸症减轻，继服 2 个月后诸症较前明显减轻，偶有头晕、头痛、心前区疼痛等症，血压逐渐下降，血压（40～90）/（100～160）mmHg，肢体活动度较前灵活。舌淡胖，苔薄白，脉弦。复查心电图，T 波：Ⅰ双向，aVL 倒置。血液检查：胆固醇 5.69mmol/L，高密度脂蛋白 1.43mmol/L，纤维蛋白原 3.83g/L；红细胞电泳时间 13s/125μm；血小板聚集率 43%。

本例为冠心病合并高血压，属脾肾两虚兼有痰浊，为本虚标实之证，故治宜益肾健脾，涤痰散结。应用降脂软脉片 2 号后诸症明显好转，血压下降。复查心电图较前有所改善。血流变检查：全血黏度、胆固醇、血细胞比容均有明显好转。

（三）心肌炎

李某，女，25 岁，中学教师。

患者因心悸、疲乏无力 2 年余，加重 1 个月就诊。患者自幼易患扁桃体炎，常发热、咽痛。1 个月前因外感而发热，体温高达 39℃，伴喉痛，咽干，咳嗽，咳白痰，动则心悸，气短，全身疲乏无力，纳呆。白细胞 4.2×10^9/L，中性粒细胞 0.52，淋巴细胞 0.48；尿常规（－）。胸片未见病理性改变，心肌酶正常。经用西药数日，热退，喉痛消失，咳嗽好转。但仍疲劳乏力，时感心悸，动则汗出，下午尤甚。患者身体消瘦，面色苍白，慢性病容，形寒肢冷，体力活动稍强即感心悸、气短、体力不支。舌淡红，苔白，脉弱。

诊断：病毒性心肌炎。

中医辨证：心阳不振。

治法：温补心阳，安神定悸。

处方：党参 10g，黄芪 10g，麦冬 15g，丹参 15g，何首乌 30g，鹿衔草 10g，功劳叶 10g，女贞子 15g，牛蒡子 10g，炙甘草 10g。

每日 1 剂。

原方加减，继服 3 个月，自述心悸消失，体力大增，能正常工作，1 年后随访，育有一子，身体无恙。

患者自幼多病，损伤心阳，心失温养，故常心悸不安；心阳衰弱，不能温煦肢体，故而出现形寒肢冷。病毒性心肌炎常发生于小儿，有 20 余种病毒均可致心肌炎，但大多数处于潜伏期状态而不出现症状。但当身体遇到发热、缺氧、细菌或病毒感染、高度疲劳、精神创伤、手术、长期应用激素等原因，机体抵抗力下降，促发本病。我认为，心肌炎后遗症患者颇多，不过多无客观指标，仅仅时常感到疲劳不适、耐力降低、失眠、纳少等。很多小儿经常患上呼吸道感染，继而造成心肌损伤，不过多为轻度，不显病态，以至成年后常感到疲劳、心悸、失眠、头晕等全身不适症状，各种化验、器械检查均无异常。

（四）扩张性心肌病

张某，男，38 岁，自营企业。

患者因胸闷、心悸、动则喘息 1 年余，加重 1 个多月就诊。患者于 2006 年 4 月的某日下午无明显诱因而身感疲劳，重体力劳动后即感心悸，休息 20 分钟后缓解，后未系统治疗。2007 年 2 月，间患外感、低热，病愈后常感心悸、气短、乏力、活动后喘息。就诊时患者面色不华，短气乏力，舌干红少苔，苔薄白，脉弱而时结代。超声心动检查：左房 49mm，右房 49mm，左室 71mm，室间隔厚度 8mm，左室壁厚度 8mm，肺动脉压 43mm，左室射血分数 20%。动态心电图：心率 75～123 次/分，室性早搏频发，部分呈三联律，并有 ST－T 段改变。

诊断：扩张性心肌病。

中医辨证：气阴两虚证。

治疗：生脉散加黄芪 10g，鹿衔草 10g，功劳叶 10g，丹参 15g，川芎 10g，苦参 15g，炙甘草 10g。

每日 1 剂，共 5 剂。

二诊：诉精神及体力较前好转，早搏次数减少。原方治疗 3 周后已无胸闷、心悸，活动后喘息明显好转。以前方加减治疗 3 个月，复查心电图，早搏现象消失，ST 段恢复，仅有 T 波低平。超声心动检查：左房 38mm，右房 37mm，左室 63mm，室间隔厚度 7mm，左室壁厚度 8mm，肺动脉压 34mmHg，左室射血分数 41%。患者诸症消失，自觉无特殊不适。医嘱继续服药，坚持工作。

中医本无扩张型心肌病的记载，病属中医心悸、喘咳范畴。本病在心肌病中多发，约占全心肌病的 90% 左右，病因多与病毒感染有关，治疗应持之以恒，可望好转或得到控制。我用这个方法治疗扩张型心肌病数例，心衰均较前好转。几个月后复查超声心动图，扩张的心脏均有不同程度回缩。这也说明，中药具有特殊功效。

（五）肺心病

尚某，男，70 岁。

患者有肺心病病史 10 年，支气管炎病史 10 年，PCI 术后 6 年，有肺大疱病史。初起咳嗽喘息，痰多色黄，痰中带血，2005 年发作憋气伴大汗出，双下肢水肿，就诊于某医院，置入支架 2 枚，其后间断动则喘息，心前区疼痛稍显，2010 年 4 月又置入支架 1 枚。平素吸烟饮酒，每日 2 盒，已戒。平素服用单硝酸异山梨酯，每次 1 片，每日 3 次，索尼特每日 1 片，合心爽每日 1 片。现症：夜间常憋醒，不可平卧，颈部麻木，肩痛，腰部及下肢寒凉，胸部灼热感，双下肢不肿，血压 160/120mmHg。

西医诊断：肺心病。

中医诊断：肺胀。

中医辨证：肺肾气虚兼血瘀证。

治法：益气补肾，活血祛痰。

处方：绞股蓝 20g，炙鳖甲 30g，丹参 20g，川芎 10g，川贝母 12g，炙杷叶 10g，半夏 10g，茯苓 15g，葶苈子 10g，香加皮 5g，猪苓 15g，泽泻 30g，女贞子 20g，生龙齿 30g，紫石英 20g，制何首乌 20g，甘草 10g。

二诊（2011 年 7 月 28 日）：活动后喘息减轻，憋气仍在，胸闷紧胀感，颈部麻木。寐欠安，大便 2 日一行，舌暗红，苔白腻，脉弦。前方减茯苓、半夏、葶苈子、紫石英，加杏仁 10g，瓜蒌 30g，砂仁 6g。

三诊（2011 年 8 月 4 日）：夜间可平卧，一般活动尚可，胸闷减，快走始觉喘憋，干咳，有痰，舌暗红，苔薄白，脉弦数。前方减制何首乌、川贝母、泽泻、香加皮、砂仁；加赤芍药 20g，茯苓 15g，佩兰 10g，葶苈子 10g，菊花 20g，当归 10g，酸枣仁 20g，陈皮 10g。

本病初为咳喘，迁延不愈，肺气胀满，不能敛降，久则肺虚；继而心肺同病，亦涉及脾肾二脏。患者年事已高，病情演变非常复杂，与现代医学肺源性心脏病有相似的发病机理及病理演变过程。《灵枢·天年》云："四十岁，五脏六腑、十二经脉皆大盛以平定……五十岁，肝气始衰……六十岁，心气始衰……七十岁，脾气虚……八十岁，肺气衰……九十岁，肾气焦……百岁，五脏皆虚。"可见，老年病的特点是"五脏皆虚"，各脏腑功能低下，导致气机升降出入、机体代谢失常，代谢产物蓄积体内而成病理产物——痰。五脏虚皆可生痰，痰阻血瘀，痰瘀互结，积于脉中，成本虚标实之证。由此可见，治疗心血管疾病宜"益肾健脾"与"涤痰软坚"并重，调畅气机与滋阴养血并行，这是我方药特色之一。应注意，对老年患者不宜攻伐太甚。本例绞股蓝、炙鳖甲健脾益肾，软坚散结；丹参、川芎活血化瘀；当归、制何首乌、女贞子滋阴养血；陈皮、半夏、砂仁、佩兰理气健脾化湿；菊花、川贝母、炙枇杷叶清热化痰；杏仁、瓜蒌降肺宽胸；葶苈子、泽泻、猪苓泻肺利水。全方鼓舞正气，生化气血，涤痰散结，健脾益肾，益气养阴，共奏扶正祛邪、防老抗衰之功。我曾师从赵寄凡、陆观虎二老，继承了二老遵守经方、用药清灵的特点，从无大方大剂，处方用药精致，轻可去实，有四两拨千斤之力，每每奏效。

中医的魅力在于整体观，整体观的核心在于"合一"，遣方用药须与人、病、时相应，即与人、病、时"合一"。

（张军平、谢盈或整理）

黄 崙

黄崙（1919— ），出生于马来西亚华裔家庭，自幼从事武功修炼，跟随名师学习，以中国武术为本，取各家之长，勤求苦练，早年先后晋升日本空手道八段、击剑五段等，还被世界蔡李佛国术总会聘请为首届副会长兼教育部主任，曾就任香港柔道协会第一届副会长等职。青壮年时期着力于对中国武术和日本柔道的研究，曾在香港等地创办了武德馆。几十年来身居海外，致力于弘扬中国医学、中国武功，先后在世界各地讲学、治病，并在中国香港、台湾地区，以及澳大利亚开设中国中医药学研究院、中医学院、武德馆等，积极推广其苦心专研积数十年临床经验而总结成的"五大疗法"，即针灸疗法，中药疗法，推拿、整姿疗法，武功体育疗法和饮食疗法。因其世代侨居海外，精晓多国语言，经常应邀到各国讲学，并参与组织了多个学术团体，以弘扬中医。在澳大利亚创建了澳大利亚中医药研究院、中医学院，并任院长，学院附属诊所为医药合一的医疗实体。2002年在澳大利亚出版了英文版书籍《四季食疗》。任澳大利亚中国中医药学研究院教授及院长、澳大利亚国际针灸研究中心主席、澳大利亚武德会会长、澳大利亚中医学院教授及院长、全澳大利亚中医公会会长及甘肃中医学院（现甘肃中医药大学）客座教授。

我现居澳大利亚墨尔本，每天应诊数十人，患者大都是外国人，每周两天休息时间还讲学或教学生练武功。终日忙碌，闲暇甚少，但心情十分愉快。向海内外弘扬中医药学，促进人类卫生保健事业的发展，加强中国和世界人民的友谊是我平生中最大愿望，创造与服务是我一生中最大乐趣。现将行医数十年的经验与体会及武医与儒相结合总结而得的"五大疗法"简要说明与各位同仁切磋，以求发扬光大，请予赐教斧正，不胜铭志。

谨察阴阳而调之，以平为期

阴阳学说是古人用以认识自然和解释自然的方法论，物质世界是在阴阳二气的相互作用下蘖生和发展变化着的。阴阳学说产生于西周末年，《周易》指出："立天之道，曰阴曰阳"，并强调："一阴一阳之谓道"，把阴阳的存在及其相互运动变化视为自然界万物变化的基本规律（道）。《周易》还进一步揭示了阴阳的本源，认为"易有太极；是生两仪，两仪生四象，四象生八卦"。其中太极是指天地穷极本源；两仪指的是阴阳；四象则指一年四时，即春、夏、秋、冬；八卦则指天、地、雷、风、水、火、山、泽。从着眼探讨这一本源的变化及由此产生的各种事物内在的运动规律。《素问·阴阳应象大论》曰："阴阳者，天地之道也，万物之纲纪，变化之父母，生杀之本始，神明之府也。"非常明确地指出阴阳是自然界万物运动变化的根本原因所在，是宇宙间的基本规律。

中医学认为人体是一个有机整体，人体内部充满着阴阳对立统一关系。"人生有形，不离阴阳"（《素问·宝命全形论》），人体一切组成结构，既是有机的、联系的，又可划分为相互对立的阴阳两部分。"夫言人之阴阳，则外为阳内为阴；言人身之阴阳，则背为阳，腹为阴；言人身之脏腑中阴阳，则脏者为阴，腑者为阳，肝、心、脾、肺、肾五脏皆为阴。胆、胃、大肠、小肠、膀胱、三焦六腑皆为阳"（《素问·金匮真言论》）。

由于层次不同，人体脏腑组成的阴阳也有所不同，就大体部位而言，上部为阳，下部为阴；体表属阳，体内属阴。就背腹四肢内外侧而言，则背部属阳，腹部属阴；四肢外侧属阳，内侧属阴。以脏腑来分，五脏藏精气而不泻，故为阴；六腑传化物而不藏，故为阳。五脏之中，又可分出阴阳，如心、肺居于上部（胸腔）属阳，肝肾位于下部（腹腔）则属阴。而具体到每个脏腑，则可进一步分出阴阳，故心有心阴、心阳；肝有肝阴、肝阳；肾有肾阴、肾阳……总之，人体组成结构的上下、内外、前后、表里各部位之间，以及内脏之间，都可以区分出阴阳，无不包含在阴阳的对立统一之中。

人的正常生命活动是阴阳双方保持对立统一、协调平衡的结果。功能属阳，物质属阴。生理功能是建立在体内物质基础上的，没有物质的运动，就无法产生生理功能。气和血分属阳和阴，气能生血、行血和统血，故气的正常运行有助于血的生成及其功能的发挥；血能养气、纳气，血的充沛又可资助气来充分发挥生理效应。气血之间充分体现了阴阳相互依存、相互资生、相互为用的关系。对生命的新陈代谢而言，合成是分解的必要前提，分解是合成的必然结果。若只有合成而没有分解，机体将因肥胖不堪、心脏负担过重而最终导致循环衰竭；若只有分解而没有合成则无法补偿机体的需求，势必导致机体因消耗至极而处于虚羸致死的边缘。

总之，人体的内外、表里、上下各部分之间，以及机体的物质与功能、气与血、合成与分解之间，必须经常处于协调、和谐状态，才能维持各项正常的生理活动，阴阳才能维持在动态的平衡之中，人体才能处于健康的最佳状态，故《素问·生气通天论》说："阴平阳秘，精神乃治。"反之，阴阳之间的平衡遭到破坏，当超过一定的阈值时，就必然会导致一方的偏盛或偏衰，即疾病的发生发展。《素问·生气通天论》指出："阴不胜其阳，则脉流薄疾，并乃狂；阳不胜其阴，则五脏气争，九窍不通。"又说："阴阳离决，精气乃绝。"清代吴谦在《医宗金鉴·四诊心法要诀》中总结道："言变化千般状，不外阴阳表里间。"尽管临床上各种疾病的表现错综复杂，千变万化，但均可用阴阳来概括说明。因此，在临床诊察疾病时必须善于运用阴阳两分法，才能抓住疾病的关键。知其要点，以阴阳为纲，不知其要点，乃流散无穷。所以《素问·阴阳应象大论》说："善诊者，察色按脉，先别阴阳。"无论是望、闻、问、切之四诊，还是对四诊所收集的资料进行分析审辨，都应以分辨阴阳为首要任务，只有掌握了阴阳属性，才能进行正常的辨证。故明代医家张景岳曰："凡诊病施治，必先诊阴阳，乃为医道之纲领。阴阳无谬，治焉有差？医道虽繁，而以一言蔽之者，曰阴阳而已。故证有阴阳，脉有阴阳，药有阴阳……设能明彻阴阳，则医理虽玄，思过半矣。"（《景岳全书·傅忠录》）。

由于疾病发生和发展的根本原因是阴阳失调，因此调整阴阳，补其不足，泻其有余，恢复阴阳的再平衡、再协调就无疑成为中医治疗疾病的基本法则。故《素问·至真要大论》说："谨察阴阳所在而调之，以平为期。"补不足，损有余，阳盛者泻其热，阴盛者祛其寒，阳虚者扶其阳，阴虚者补其阴，阴阳两虚者宜阴阳双补，从而使阴阳偏盛偏衰的异常病理现象得以纠正，复归到协调平衡的健康状态上来。

正是在中医学阴阳学说的理论指导下，我所创立的"五大疗法"中的针灸疗法，中药疗法，推拿、整姿疗法等能在临床实践中收到良好的效果。在诊察疾病时，我特别注意患者身体的背与腹、前与后、上与下、左与右各部分的对称性比较检查。在正常情况下，一般是对称的。如果发现左右、前后、上下不对称则多为异常的病理现象。一侧肌肉痉挛、紧张，常常会导致对称的另一侧肌肉萎缩、松弛或变形，颈椎、胸椎、腰椎、骨盆、肩关节、膝关节、踝关节的偏斜、变形、弯曲，常常是一侧病变的压迫，日久又会导致另一侧的筋、脉、肌肉、血管、神经的虚损，从而发展成对称双方平衡的破坏。因为对称的双方共同支撑着体重而进行着新陈代谢的生命活动，一方病变必然加重另一方的负担，超负荷的运输超过一定的阈值则必然要产生病变。这种对比检查法是我运用中医学的阴阳对立统一学说在临床实践中加以创造发挥的。对比检查法还要求医生必须熟练掌握现代医学中的局部解剖学，对于肌肉、神经、血管、淋巴、骨骼的形态、位置有较全面的了解，熟练掌握十二经筋，还要非常熟练地掌握一套浮、中、沉多变的检查手法，才能以医生的手发现异常的病理现象，感受到特殊的变化。这同中医诊脉的道理是一样的，日久见功夫，必须经过长时期的临床锻炼积累。

我身居海外，深切地体会到国家有别，因地域、风土人情、饮食习惯之不同，所发疾病谱也一定不同，临床治疗用药也各有千秋。在这里不能像国内中医治疗那样连续投以汤剂，因外国人多反映汤剂效果虽好，但气味较重令人难以下咽。如何因地制宜、因人制宜、因国制宜地发挥中医药的优势呢？我积数十年海外行医之经验创立了以针灸，推拿、整姿（整理体位，姿势疗法）为主的治疗方法，再辅以小剂量、药味少的中药粉剂治疗，收到了令人满意的效果。实践证明，只要与所在的国家、区域情况相结合，中医药在世界各地都具有旺盛的生命力和广阔的发展前景。

随着物质文明的发展，外国人越来越希望有病少吃药，并迫切要求给予非损伤性治疗，对手术切除、化学性药物治疗则大多不感兴趣。再加上国外生产自动化、电子化的实现，基本上改变了体力劳动的生产方式，生活条件的优越，相对使人的体力活动减少，造成营养过剩。面对这种社会性心理反应和客观实际，我从地域和国情出发，积极使用针灸，推拿、整姿疗法，运用多种手法并配合刮痧、火罐等外治法，补不足损有余，从而达到活血化瘀、化湿涤痰、通畅经络、疏通气血、整理经筋、恢复体位、调整阴阳再平衡的目的，收到了少吃药或不吃药、疗效高、见效快的效果，为在海外弘扬中医药学探索和开辟出一条新的途径。

在国外使用中药治疗必须要加强中药剂型的改革，我的经验和做法是：变汤剂为粉剂，变复方、大方为单方、偶方（配伍从简），变大剂量为小剂量。其前提是深入了解和掌握中药药性，特别是每味中药的特长，才能做到去繁就简，去多从少，然后再进行辨证施药，做到用药如用兵。我在国外都使用中国地道药材，切防伪、次、劣品，并十分注意饮片的炮制质量，讲究精、细、少、卫生。在海外工作的中医同仁要注意维护自己的声誉，维护中医中药在世界人民心中的信誉。

"形神合一"与"天人合一"

中医药学的优势在于整体观念。中医学认为，人的机体具有统一性、完整性和内在脏腑器官之间及人与自然界之间的相互关联性。这种内外环境的统一性、联系性、机体自身的整体性、稳定性的思想，称之为中医学的整体观念。这一思想认识观念贯穿在中医学的生理、病理、诊法、辨证治疗等各方面，并密切指导着我们的临床实践。

人是一个有机的整体。就结构而言，人体是由若干脏腑组织器官组成的，这些脏腑组织器官是相互沟通的，任何局部都是整体的一个组成部分，与整体在形态结构上有着密切关系。就基本物质而言，组成各脏腑器官并维持其机能活动的物质是具有统一性的精、气、血、津、液，这些物质分布、运行全身，并完成全身统一的机能活动。就机能而言，由于组织结构的整体性或基本物质的统一性，客观决定了各种不同机能活动之间的密切联系性，使之互根互用，协调制约，相互影响。如心理与生理这两大机能活动就存在着相互依赖、相互促进、相互制约的协同关系，所以《黄帝内经》称"形与神俱""形神合一"，认为人的正常生命活动是心理和生理机能的有机结合。

机体的整体统一性表现在以五脏为中心，配以六腑，通过经络系统，"内属于脏腑，外络肢节"，把五官、九窍、四肢百骸等全身组成器官合成一个有机的整体，并通过精、气、血、津液的作用，而完成机体统一的机能活动。中医学借助阴阳和五行学说，以"阴平阳秘，亢则害，承乃制，制则生化"等理论，宏观地说明了各脏腑机能之间存在着相互制约、消长、转化和相生相克、克中有生、生中有克等错综复杂的机制。正是凭借着这些调控机制，才能使整体处于生化不息的稳定状态。这种在整体观念基础上所出现的制约观、稳定观对于认识人体生命活动具有重要意义。

中医学认为，人的局部和整体是辩证的统一。某一局部的病理变化往往与全身脏腑、气血、阴阳的虚实盛衰有关。由于各脏腑、组织、器官在生理上、病理上的相互关系和相互影响，客观决定了诊察病人时，必须通过观察分析五官、形体、色脉等部位的外在病理表现，借以判断、揣测内在脏腑的病变情况，从而对患者做出正确的诊断，并进行恰当的治疗。总之，中医学认识和阐述人的生理功能、病理变化，以及进行疾病的诊断和治疗时都突出贯穿着"人是一个有机的整体"这一基本观念。

在中医学整体观念理论和"形神合一"学说指导下，我在诊断、治疗疾病中特别突出了"司外揣内"的诊察方法。"司外揣内"一词来源于《灵枢经》，是指通过观察事物的外在表现，以揣测分析其内在变化的一种认识方法。简而言之，"以表知里"。《管子·地数篇》说："上有丹砂者，下有黄金；上有磁石者，下有铜金；上有陵石者，下有铅锡赤铜；上有赭者，下有铁；此山之见荣者也。"说明了地表现象可反映地下真实情况的这一内在的有机联系，正如《黄帝内经》高度概括的：有诸内，必形诸外。著名医家张介宾在解释中医"藏象"之义时说："象，形象也。藏居于内，并见于外，故曰藏象。"《类经》可见，"藏象"就是依据外在的信息而推知脏腑内在联系的一种可靠图像。"司外揣内"就是通过观察表面的形象来认识内在变化的一种基本方法。

《灵枢·外揣》说："日与月焉，水与镜焉，鼓与响焉，夫日月之明，不失其影，水镜之察，不失其形，鼓响之应，不后其声，动摇则应和，尽得其情。"又说："昭昭之明不可蔽。其不可蔽，不失阴阳也。合而察之，切而验之，见而得之，若清水明镜之不失其形也。五音不彰，五色不明，五脏波荡，若是则内外相袭，若鼓之应桴，响之应声，影之似形。故远者司外揣内；近者，司内揣外。是谓阴阳之极，天地之盖。"这两段经文的意思是，前一段以形影、响声等为例，说明事物的现象和本质之间存在着因果的必然联系，可以从结果中来寻绎原因，也可从原因中推求结果，这好比以影知形、以响知声那样准确，及时的"尽得其情"。而后一段则说明只要掌握了阴阳之理，人的奥秘就可昭然若揭，无所遮蔽。因为人是内外统一的机体，内外阴阳相互影响，互为因果，可以从（内）阴而知（外）阳；也可以从（外）阳而知（内）阴，根据望、闻、问、切四诊获得机体外在表征，就可以推知体内的运动变化，这就好比清水明镜中的影子不变形一样。如果人的声音气色出现了异常，就说明脏腑有了病变；相反，如果了解了脏腑的病变，也就可以推知了解机体外部的症候体征。这就是我数十年在临床实践中使用的"司外揣内"以表知里、"司内揣外"由里知表诊察方法的理论根据之所在。

我在运用"司外揣内"的诊察方法时，主要是通过望诊，即望眼（指瞳仁、白睛、黑睛、大小眼眦、上下眼胞等部位的神态、形态、颜色、异物及纹丝走向，并结合五轮八廓学说进行辨证分析）、望耳（部位、形态、感觉）；望鼻（气味、形态、颜色）、望舌（指舌苔诊断、舌质诊断、舌下视诊的神、色、形、态之变化）。在切脉诊病中还注意结合手掌视诊法（即手掌经络走行分布图，掌纹的形态、颜色、走向等，如同小儿科检查风、气、命三关指纹的变化一样具有重要的参考价值）。最后是面部视诊，即望部位（额心、颏肾、鼻脾胃、左腮为肝、右腮为肺）、气色、神态等。总之，司外揣内法就是通过观察眼、鼻、舌、耳、脉、掌、面部等体表组织的变化情况，以综合、分析、判断内在脏腑及全身机能状态的一种诊断疾病的方法，为辨证论治提供了客观依据。应该指出的是，我这种观察疾病的一系列方法、经验和理论，是在中医学整体观念指导下通过长期临床实践摸索和创造出来的。

正是从整体观念出发，我在临床上采用针灸、中药、推拿、刮痧、火罐、整姿等疗法，通过调整内外环境的再平衡，从而达到了修复局部病变之目的。如病生在左侧，可以通过调理右侧来取得疗效；病在于阳可以着重治其阴而获愈。病在于上而治其下；病在于下而治其上，常可收到显著的治疗效果。正如《素问·阴阳应象大论》所说："从阴引阳，从阳引阴，以右治左，以左治右。"《灵枢·终始》也说："病在上者下取之，病在下者高取之。"充分体现了整体观念重要的临床价值。

人与自然环境是对立统一的。人通过体表感受器官和外界自然环境保持着密切的联系，从而维持内外环境的相对平衡。《黄帝内经》称"天人合一""人与天地相参也，与日月相应也"即是此意。如果自然环境发生了变化，加上个人体质的差异及适应这种变化的能力的减弱，人体内外环境的相对平衡就必然要被打破，因而产生疾病。所以在中医辨证论治的过程中，必须要把影响疾病发生和发展的诸因素考虑进去，因时、因地、因人制宜，这就是中医整体观念的另一个重要内容。

因地制宜，是指根据自然环境和人文地理及区域之不同的特点，对治疗用药做适当调整。澳大利亚南北气候差异很大，南方与南极相近，地形以山地为主，气温偏低，而北部又近于赤道，地形以平原为主，气温偏高。以感冒为例，南部地区多从寒化，北部地区多从热化。治疗用药南部多辛温解肌，常在肺俞穴处涂擦姜汁，再刮痧，或使用火罐，以辛温疏解，引风寒之邪从皮毛而出。北部多辛凉解表，常在肺俞穴处涂擦万金油，并使用捏脊法以辛凉散邪，引风热之邪从腠理而出。

因时制宜，是指根据季节气候等因素的特点，对治疗用药做适当调整。例如：春夏用药慎投收敛之剂，秋冬用药少给发散之品，并要注意"用寒远寒""用热远热"。严寒隆冬，少用石膏；大热盛暑，附桂慎用，所有这些都是为了兼顾时间季节之因素。

因人制宜，是指根据患者的年龄、性别、体质、生活习惯、情感倾向等的不同，对治疗用药做出恰当的选择。根据望、闻、问、切四诊所搜集来的感性资料，我常把因喜、怒、忧、思、悲、恐、惊七情过极致病，及心理变化而发生异常改变的病人分成两大类型四种情况，即感情型分为兴奋和抑制两种；理智型又分为兴奋和抑制两种。临床治疗常采用疏肝解郁、利人心志、镇惊安神等多种办法以抑其亢奋、振其不足，从而达到兴奋和抑制的再平衡，阻止疾病进一步发展和恶化，促使病情尽快向好的方向转化，以恢复人体阴阳和内外环境的协调统一为最终目标。

探讨《生命医学》的新观念

我国现存最早的中医经典著作《黄帝内经》非常系统地阐述了生命的形成和生命发展的一般规律、生命活动与外界环境的关系、健康与疾病的关系以及健康与摄生（保持生命的意思）的关系。发掘有关生命医学的宝藏，探讨有关生命医学的奥秘，提出生命医学的新概念，从而建立起独具特色的生命医学的理论体系，为人类的健康做出贡献，将是我们海内外医学工作者的神圣职责。

新的生命萌发于交媾时父母之精的相互搏合。《灵枢·本神》说："生之来谓之精，两精相搏之神。"张介宾在《类经》中更加明确地阐述："两精者，阴阳之精也。搏，交结也……人之生也必合阴阳之气，媾父母之精，两精相搏，形神乃成。"母体孕养十月，一朝分娩，独立的新生命就诞生了。父母的生殖之精及分娩全过程的正常与否，将决定着新生命体的先天禀赋。

生命的基本特征是恒动不息。恒动，是指在生命的生、长、壮、老、已的各阶段发展过程中，存在着生克胜复的自我调控的运动机制。所谓生克，即生命活动的各个环节既相互促进，又相互制约，形成了一个动态的关联系统；所谓胜复，指生命过程中相互关联的各方存在着相互更迭为胜的规律。在生理情况下，一方相对亢进达到一定程度时（胜），则往往自己会趋于低落；相反，一方的相对不足发展到一定程度时又可自行回升到正常水平（复）。这种自我调控、自我修复的机制和能力，则称之为生命恒动过程的生克胜复。它维持着生命体的稳定，并始终使生命体处于新陈代谢的运动之中，一旦生克胜复停止，生命也就停止了。

生命是机体生、长、壮、老、已的发展变化的全过程。《内经》曾详细论述了机体生长发育的正常规律，女子以七年为一发展阶段，男子一般以八年为一发展阶段。《素问·上古天真论》说："女子七岁，肾气盛，齿更发长；二七而天癸至，任脉通，太冲脉盛，月事以时下，故有子；三七，肾气平均，故真牙生而长极；四七，筋骨坚，发长极，身体盛壮；五七，阳明脉衰，面始焦，发始堕；六七，三阳脉衰于上，面皆焦，发始白；七七，任脉虚，太冲脉衰少，天癸竭，地道不通，故形坏而无子也。丈夫八岁，肾气实，发长齿更；二八，肾气盛，天癸至，精气溢泻，阴阳和，故能有子；三八，肾气平均，筋骨劲强，故真牙生而长极；四八，筋骨隆盛，肌肉满壮；五八，肾气衰，发堕齿槁；六八，阳气衰竭于上，面焦，发鬓斑白；七八，肝气衰，筋不能动。八八，天癸竭，精少，肾脏衰，形体皆极，则齿发去。"这说明古人长期以人的齿、发、骨的生长发育情况，作为衡量男女生理机能及生长、发育、衰老的重要客观指标。同时还明确指出人体生长发育和衰老的全过程与"肾中精气"的盛衰有密切关系，"天癸"是肾中精气充盈到一定程度和阶段的产物，天癸盛则生命壮，天癸竭则生命衰。抓住肾中精气的关键进行恰当的治疗，对于有效防治某些先天性疾病，如生长发育不良、生殖机能低下等，均有明显效果，同时采用填精益髓的治疗方法，还可延年益寿，抵抗衰老。

生命活动与先天、后天有密切关系。所谓先天、后天，是指出生前和出生后。生命活动正常与否以及体质是否强健，与出生前和出生后诸因素有关。其中先天是指先天禀赋，主要与其父母有关，父母的强壮羸瘦、胎儿的孕月足与否、分娩是否顺利都可影响先天禀赋。"婴儿初生先两肾，未有此身，先有两肾"，肾主藏精，肾精又是机体生长、发育和生殖机能的物质基础，故又称"先天之本在于肾"。后天在于脾胃。脾主运化，胃主受纳，气血之生成皆赖于脾胃消化吸收水谷之精微的功能。李中梓在《医宗必读》一书中说："婴儿既生，一日不食而饥，七日不食则肠胃涸绝而死……一有此身，必资谷气，谷入于胃，洒陈于六腑而气至，和调于五脏而血生，而人资之以为生者也，故曰后天之本在于脾胃。"因此，脾胃的消化吸收功能对于出生之后生命体的延续和机能健康状态的维持，都具有重要意义。

要维持健康的机体和旺盛的生机，必须要有良好的先天禀赋和后天强健的消化功能，两者具有相互补充、相互促进的密切关系。先天之本在于肾，肾阳温煦脾阳，升火暖土，才能发挥脾主运化水谷之功能；而只有通过后天水谷之精微不断补充，才能有助肾气发挥"作强""技巧"之生长、发育、生殖的功能。然而，人始生之后，加强后天之本——脾胃功能的调摄更为重要。《景岳全书》说："故人的自生至老，凡先天之有不足者，但得后天培养之力，则补先天之功，亦可居其强半，此脾胃之气所关乎人生者不小。"后天脾胃的强健可弥补先天肾精之不足。而脾胃的调摄，主要是通过健康、合理的饮食和摄生行为。补土派李东垣曾深刻地指出："脾胃虚则脏腑经络皆无所受气而俱病""脾胃虚则九窍不通"。又说："土为万物之母""得胃气则生，失胃气则死"。这一系列论述都强调了后天脾胃功能在生命活动中的重要作用。

为了保持生命，促进新陈代谢，增进健康，延年益寿，中医学又提出了"养生""摄生"（保持生命之意）的概念，这是古人未病防病、防患未然的预防医学思想的体现。《素问·四气调神大论》说："圣人不治已病治未病，不治已乱治未乱……夫病已成而后药之，乱已成而后治之，譬犹渴而穿井，斗而铸锥，不亦晚乎？"张介宾所著的《类经》更深入浅出地解释说："古人的预防之道，由于治于未形，所以用力少而成功多。"预防疾病是中医学最基本的指导思想，积极的预防是可以通过养生之道来增进健康、改善体质的。"正气存内，邪不可干"，养生之道就在于扶正祛邪，增强生命体的抗病能力和免疫能力，从而提高个体生存质量，延长生存时间。《内经》提出的"春秋皆度百岁""尽终其天年"，正是我积极创导和创立的"生命医学"新观念所要追求奋斗的最终目标。

生命在于运动，有动才有生机，动中寓静，动静结合，动而有节，健康长寿。我自幼就从事武功的修炼，跟随名师学习，以中国武术为本，取各家之长，勤求苦练，早年曾先后晋升日本空手道八段、击剑五段等，还被世界蔡李佛国术总会聘请为首届副会长兼教育部主任，并任香港柔道协会第一届副会长等职。几十年来，我把武功的理论和实践与中医学理论相结合，把武术体育与治疗疾病相结合，即把武医（运动医学）与中医相结合，创立了"武功体育疗法"。武功体育疗法是以研究人体生理活动为基础，遵循生理发育规律，运用武功与气功进行培养与锻炼的 整套方法，可起到未病防病、扶正祛邪、延长寿命之目的。我从人体生长发育的特点出发，根据人的体质强弱、高矮胖瘦、年龄、性别情况之不同，确立了三类武功，即方形、三角形、圆形武功。其中方形武功适合青少年学习锻炼，是形拳术，尽属低马，同时传授"精神气气功"，对青少年的骨骼发育壮大和气力的增进等都有促进作用。三角形武功，属高马，马式成三角形，储劲之势陷胸拔背，气蕴丹田，此法适合成年人学习锻炼，具有强壮肾气促进脾胃消化之功能。圆形武功，指走位步法，做球体之运动，人体重心似球体滚动（圆位走动），以浮游为主，配合吞吐气合功，提气移动，浮步独宗，适合老年人学习锻炼，以达到壮肾气、补元气、强体力之目的。武功体育疗法，必须坚持锻炼，风雨不误，终年不息，才会收到令人满意的效果。武功体育疗法就是在于强化后天的体育锻炼，以补先天之本，尤其适用于先天禀赋不足之人。武功体育疗法还可令人陶冶情操，加强道德修养。稳定的精神状态、良好的情感活动和有规律的生活工作，可使气血协调，脏腑安和，从而增强人体的抗病能力，促进身心健康，达到延年益寿之目的。《素问·上古天真论》强调"恬淡虚无，真气从之，精神内守，病安从来"，还谆谆告诫后人"知其道者（掌握养生规律的人），法于阴阳，和于术数，饮食有节，起居有常，不妄作劳，故能形与神俱，而尽终其天年，度百岁乃去"，这正是我们医学工作者追求的奋斗目标。

李东垣在《脾胃论》中说："夫元气、谷气、营气，生发诸阳之气，从数者，皆饮食入胃上行胃气之异名。其实一也"又说："脾胃之气既伤，而元气亦不能充，而诸病之所由生也。"脾胃是元气之本，元气是健康之本，脾胃伤则元气衰，元气衰则疾病所由生。中医学具有一整套治疗脾胃疾病的理论和经验。结合我在海外几十年的临床经验，在生命医学的研究过程中，我特别注意发挥后天脾胃的作用，并结合国外的饮食习惯、风土人情等，把营养学、食疗学、食疗本草学三者结合起来，创立了独特的"饮食疗法"，即是在中医理论指导下，应用食物来保健强身、预防和治疗疾病，或促进身体康复、延缓衰老的一门学科。

溯本求源，公元前 5 世纪的周代，就已经出现了专门从事食疗工作的食医。据《周礼·天官》记载，当时宫廷医生已有"食医与疾医之分"。药食同源，药食同用，中药和食物有着水乳交融的难解之缘。《内经》载方 13 首，其中食物的药膳方就有 4 个，著名的四乌鲗骨一藘茹丸，就是以动物类食物为主的药膳方，应用乌贼骨、鸟卵、鲍鱼汁配用茜草，用以治疗妇女痛经病。汉代出现的第一本药物专著《神农本草经》载药 365 种，并分上中下三品，其中有不少食物，如：大枣、山药、藕、芡实、苡仁、蜂蜜等被列为上品药，有补养健身、延年益寿之作用。后汉代医圣张仲景的《金匮要略》262 方中，含有食物成分的有 52 首；《伤寒论》112 方中含有食物成分的有 60 余首。外感病服药后再啜热稀粥之法，就是鼓动胃气，以药力与食补相结合，驱邪外出的典型例证。孙思邈在《千金方》中说："安生之本，必资于食，不知食宜者不足以生存也。"又说"为医者当洞察病源，知其所犯，以食治之，食疗不愈，然后命药。"孙思邈开辟了先食疗、后药疗或食疗与药疗相结合的先河。

民以食为天。李时珍说："饮食者，人之命脉也。"从营养学角度而言，东方人多以谷物为主，以肉类为副食，以水果、饮料、蔬菜为补充，喜咸、口重为主；西方人以甜、口淡为主。东方人一日三餐，西方人少食多餐。这样才能保证机体具有充足的营养来源，使气血筋骨肌肉都能保持健康状态，从而延年益寿。《素问·生气通天论》说："是故谨和五味，骨正筋柔，气血以流，腠理以密，如是则骨气以精。谨道如法，长有天命。"《素问·五常政大论》还指出："谷、肉、果、菜，食养尽之，无使过之伤其正也。"其告诉人们饮食要有所节制，不可偏嗜，太过或不及均可伤损人体之正气。

我在饮食疗法中注意药食结合、扶正与祛邪相结合。例如：我用羊肉加生姜炖服治疗冲任虚损所致的闭经症；鲍鱼炖冬虫夏草治疗肺阴虚之潮热、咳喘症；鲍鱼炖枣仁治疗虚烦不寐症；炒胡桃（淡盐炒）每日一颗，连续服用，可治疗肾虚腰痛；蜂蜜煮木瓜治疗慢性阑尾炎的下腹疼痛……均收到显著的治疗效果，而且患者乐于接受，在外国人眼里，中医学的"饮食疗法"具有神奇的力量，在海外有广阔的发展前景。

总之，生命医学重在先天之禀赋和后天之运化。先天之本在于肾，后天之本在于脾胃。先天之本在于"武功体育疗法"的锻炼，后天之本在于"饮食疗法"的调摄。后天之源可补先天之虚损，先天之精气可助后天运化之功能。二者相得益彰，共同维持生命健康发展。

"仁人之术"与"仁爱为怀"

中医药学是自然科学与社会科学相互交叉、相互渗透的融合产物。明末医学家喻嘉言说："医，仁术也。"《褚氏遗书》也指出："夫医者，非仁爱之士，不可托也。"孙思邈在其名著《大医精诚》中详细地论述了医学的仁人性质及医生的伦理道德准则，备受后世医家的推崇尊奉。

中医学是"仁人之术"。中医工作者的崇高使命是保证人体健康，防治疾病，从而达到延年益寿之目的。神圣职责应该充分体现在对于人的生命价值的尊重上。中医工作者必须要树立"仁爱为怀"、济世救人的思想。在药疗实践的过程中要把关心、体贴、爱护病人放在首位，视病人之痛苦为亲人之痛苦，痛病人之所痛，急病人之所急，竭诚治疗，一心赴救，以仁爱之心，拯救生灵于痛苦之中。应该看到医术、药物、医生的行为都具有双重性，即水能浮舟，亦能覆舟。用之得当，治病救人，使病人解除痛苦；用之不当，病拖日久不愈，甚者由轻转重，由表入里，由阳转阴，由腑入脏。如果治疗错误，还会危及生命。所以，医生是一个特殊的职业，医生的知识水平、诊疗技术和道德情操直接关系到病人的健康、生命和诊疗效果。医生的举止言行，一方一术，皆攸关性命，非同儿戏。因此，我在海外数十年行医生涯中自觉加强职业道德修养，做到"四自"，即自勉、自重、自律、自省。只有拥有良好的修养和高尚的情操，才能在国外激烈的职业竞争中和各种法律监督下，赢得人心，赢得威望，开创局面，发展事业。

在医疗工作中要注意用宽容和温和可亲的态度对待病人及家属，美好的心情胜过一剂良药，更能帮助解除病人生理上的疲劳和心灵的痛苦。医生的行为态度对患者的病情具有很大影响，和蔼的表情、关切的语言可以帮助病人建立起战胜疾病的信心和勇气，要使病人意识到，只有信赖医生，才能与医生建立起密切的合作关系，从而战胜疾病，使身体康复。正是因为我的这种态度，不少家庭几代人都是我的老患者、老朋友，经常是父母带子女、爷爷带孙辈前来诊病，无病时也前来医院进行定期检查，甚至出国旅游前还专门要求我给做一次健康检查才放心而去。他们从实践中体会到了中医"五大疗法"的优越性，深信中医药学是一个巨大宝库，因此很多病人在疾病治愈后就成了我的学生，他们年龄偏大，多数是大学毕业后已有了很好的职业，有的是工程师、西医医师、护士、律师、省议员等，但都愿意到中医药学研究院来学习，而且学习态度端正、刻苦、上进心强、自觉性高。我特别注意把医德教育放在中医基础和临床课的首位，对他们进行严格要求，以师带徒，以德育人。总之，在医患交往中，要用自己的言行和科学的工作态度，使病人感到亲切、安全、愉快，并在诊疗疾病过程中耐心做好病人的开导劝说工作，使其排除疑虑，解除负担。同时在我的医院、诊室又开设了心理咨询门诊。我经常告诫学生，不良的行为和粗暴生硬的语言只会加重病人的病情，甚至诱发医源性疾病，使学生们认识到冷淡的神情、无礼的态度，不仅害了病人也会害了医生自己。

综上所述，中医学是"仁人之术"，医生必须"仁爱为怀"，谦虚谨慎，精益求精。回首往事，我行医的一生、教书的一生、习武练功的一生，就是求学不止、奋斗不息、不断探索的一生，努力为人类健康事业贡献的一生。如此而已，岂有他哉。

于鹄忱

于鹄忱（1919—2010），山东乳山人。从事中医临床、教学、科研工作70年，擅长妇科、内科，临床经验丰富。1946年参加工作，先后任乳山县人民医院副院长，乳山县中医医院院长，山东中医药学会妇科专业委员会委员，威海市中医药学会副理事长等职。为乳山市中医院王任中医师，山东省名中医药专家，全国首批500名老中医药专家学术经验继承工作指导老师，享受政府特殊津贴。先后在《山东医药》《山东中医杂志》等期刊发表学术论文十多篇，入编《中国当代中医名人志》《中国当代名医特技集成》《山东高级医药人物志》等。

一

1919年10月25日，我出生于山东省乳山市石头圈村。祖上世代务农，先父华亭公，育有二男三女，我排行老大，因自幼聪慧、忠厚，颇得先祖父钟爱，9岁时入私塾，熟读"四书""五经"，10岁时先慈因病去世，后数年中祖父、母及叔父皆因罹病相继谢世，对幼年的我打击很大，因此自幼即立志学医。在诵读之余，涉猎东拼西借之医学基础书籍，如《医学三字经》《药性赋》《医学入门》《濒湖脉学》等。1934年考入海阳县师范，三年求学提升了我的知识层次，夯实了文化根基，并使我对中医药学产生了浓厚兴趣。1937年毕业后返乡从教，因战乱及社会腐败，一个农家子弟谋求教职和寻得一个可以糊口的职业是何等困难，加之惨淡经营的小生意破产，家庭生活的重担压向自己肩头。在家庭及亲友的支持帮助下，我正式弃教从医，在本村开了一间小药铺，对外诊病售药，赖以维持家中生活，从此开始了悬壶生涯。从业之余，我先后熟读了

《黄帝内经》《金匮要略》《本草纲目》《温病条辨》《医宗金鉴》等医学典籍，白天临证诊病，夜晚挑灯苦读，很多经典章节至今仍能朗朗上口，这与当年的努力是分不开的。学习中医没有死记硬背的"童子功"是很难登堂入室的。当时我还不时向当地名医侯老先生请教，深得老夫子喜爱。侯老精于《伤寒论》，我在他处受益匪浅。经过近五年的临床实践，业有小成，治疗常见病多能得心应手，但治疑难病、重病却力不从心，所以决心系统学习和深造。1941年停止诊务，关闭小药铺，只身闯北平（今北京），一举考取华北国医学院。在这所名家荟萃、人才济济的中医高等学府里，我如鱼得水，每日或徜徉于书海之中，或虔诚请教师长，分分秒秒求知若渴。1944年，我学成返回故乡二次悬壶，白天忙于诊务，深夜灯下潜研，对所诊病人，特别是一些疑难病患者，参阅古人之论进行总结，对服药病情不减或症状加重者，必深自痛惩，广求必效之法方安；对某些危重及疑难病证，诊后必亲自指导煎煮汤药，待患者服下，病有转机，方可离去。因而医术精进，声名鹊起。这期间诊后余暇，先后阅读了所能搜集到的医学书籍，如《景岳全书》《临证指南医案》《傅青主女科》等。我十分推崇明代张景岳，特别是他的博学和对一些问题的独特见解，对我一生影响很大。坚持读书是我一生的良好习惯。

二

1945年，我参加烟台地区组织的中医师考试，获得第二名的优异成绩，更加坚定了从事中医事业的信心。1946年，我参加了革命工作，先后担任乳山县地方医院（人民医院前身）中医师、医疗股股长。由于工作突出，1959年3月被选调烟台地区中医学校任教师，同年5月经组织考察转至新成立的烟台地区医药科学研究所工作。在医科所，除坚持临床外，我还主持了"大蒜液治疗乙型脑炎""子宫脱垂丸治疗子宫脱垂"等科研课题，1960年科研成果均发表于《山东医药》。1962年3月医科所解散，调回乳山县人民医院任副院长至1982年。在此期间，我除坚持中医特色外，还善于团结西医，虚心向西医学习一些危急重症的治疗经验，并中西合作取长补短，参与了疑难杂症的会诊工作，挽救了不少危重疑难病例，杜绝了漏诊、误诊，大大提高了诊断准确率。我认为，中西医各有所长，疗效才是硬道理，充分发挥中医自身优势，不应囿于门户之见，力倡疗效为先，博采众家之长，虚心向西医学习，务真求实，力求一效。

除做好中医临床工作外，我还积极设计和参与了中西医结合治疗危急重及疑难病证的研究工作，如中西医结合治疗乙型脑炎、尿毒症、急腹症等，并主持了针刺章门穴治疗肠梗阻、针刺麻醉、气管炎防治、农吉利注射液治疗皮肤癌等研究课题，其中农吉利治疗皮肤癌的研究成果经专家鉴定达到国内领先水平。1956~1968年，我为国家培养中医带徒，一共三期，计62名学员，采用先讲授中医经典著作，使其对中医古籍的学习达到一定水平，在中后期采取边授课边临床的带徒方法，将数十年临床宝贵经验毫无保留地融汇于教程中，传授给学员们，使这些学成出徒的中医人才在胶东地区临床工作中发挥了不可替代的作用。这部分人现多为县级医院的各科骨干，大多取得了中医高级职称，可谓桃李遍胶东。为此，我获得了原烟台地区在继承中医学遗产工作中做出显著成绩的荣誉。

另外，20世纪60年代至80年代，连续二十多年，我担任乳山征兵选飞工作主检任务，工作认真，严格把关，很好地完成了上级交给的任务。1987年9月，中华人民共和国国防部向我颁发了证书和纪念章，以鼓励我在二十多年征兵工作中积极负责、成绩显著，为国防建设做出的贡献。

三

1983年5月，我受政府之命组建乳山县中医院，并出任院长。经过几年努力，由镇医院发展为一所人员结构合理、科室齐全、设备先进、特色突出、集临床和科教研于一身的县级中医医院，并成为山东省首批示范中医院和国家二级甲等中医院，被称为山东的"杏林奇葩"。为突出中医特色，我有针对性地选择了中风、急症、不孕等科，主持研制了"治栓丸"（治疗中风）、"宫宝丸"（治疗卵巢囊肿、子宫肌瘤）、"麒麟丸"（治疗不孕不育）等药，疗效显著，求医觅药者来自23个省市自治区。我于1990年12月离休，虽年逾七旬，但仍心系医院的发展和广大患者的疾苦，离而不休，每日坚持门诊。1991年又被国家二部一局选为首批全国500名老中医药专家继承工作指导老师，授命收徒传艺。我用广闻博学、严谨求实的治学风范，高尚的医德，精湛的医术，启迪灵悟和精辟而独到的学识，教育两名爱徒，将自己60多年来的丰富临床经验倾囊相授，并将独特经验系统总结，反复讲解，直到继承人全面掌握为止。1994年经国家严格考核，两名继承人均以优异成绩出师。数十年来，我还为山东中医药高等专科学校、烟台中医药专修学院等院校和地方部队培养进修实习学员数百人，使自己的医术广为传播。

<h1 style="text-align:center">四</h1>

半个多世纪以来，我致力于临床实践，认为中医学理论必须与临床实践相结合，脱离实践只能空谈理论者，不可能成为好医生。作为一个救人性命，挽人危难于顷刻的医生，治疗效果是第一位的。要把理论在临床实践中反复施用、验证，从中寻谋得失，逐渐达到得心应手的境界。临床中要注重辨证，特别是对疑难重症，必须对每一证候进行认真分析、详细辨析，做到条理清楚、主次分明、抓住本质，否则失之毫厘，差之千里，只有辨证准确，遣方用药才能精当。如对老年病的研究，老年人诸脏腑、器官之功能日渐衰退，脏腑功能由青、中年的旺盛状态转入年老的衰退阶段。在这个过程中，人体气机升降及血液的运行无力而呈迟缓状态，是中风、冠心病等老年病多发的主要原因。根据这一理论及多年经验，结合现代血液流变学及血流动力学等检测手段，我创制了以虫类药为主的"治栓丸"，用于治疗心脑血管疾病，收效卓著，受到来自全国20多个省市自治区病人的好评，求药者络绎不绝。

对于一些急重症，我喜欢在处方中选用一到两味"霸道"药（剧毒药），辨证用药，既要准确，又要果断。辨证稍有偏差，用药稍有不慎，则杀人于须臾；若辨证准确，毒药运用就会得心应手，则挽生命于顷刻。不会用毒药，不能治危症、重症。附子一药，辛热燥烈而有毒，历代医籍均记载能伤胎、堕胎，为妊娠诸病所忌。我用大剂量附子与他药配伍，治愈一大月份先兆流产患者。现摘录如下：曲某，39岁，怀孕6个月，无明显诱因出现小腹阵发性拘急痛，伴阴道流淡红色物一天。妇科认为小腹拘急痛为宫缩，诊为先兆流产，给黄体酮、安胎丸等无效，腹痛渐剧，一小时许即发作一次。邀我诊疗，查：面色萎黄，体蜷曲呻吟，畏寒，四肢不温，腰骶疼痛，舌淡边尖齿印，苔薄白，脉沉细滑，尺脉弱，乃真火式微，胞寒凝结，胎失温养。若不及时救治，胎儿可随时夭折，实属妇科重症、危症。拟下方：熟附子15g，肉桂5g，炮姜5g，小茴香10g，炒杜仲30g，川续断30g，桑寄生30g，黄芪20g，炒白术15g，炙甘草10g，阿胶15g（烊化），先取一剂，急煎频频温服。药尽一剂小腹拘急痛消失，下血止，四肢不温好转，只觉小腹及腰部隐痛，进上药3剂，诸症进一步好转。本"衰其大半而止"之旨，附子减至10g，余药增损共进12剂，诸症消失。足月顺产一女婴。

五

崩漏是妇科急重症之一，对本病之病因，《素问·阴阳别论》云："阴虚阳搏谓之崩。"《临证指南医案》谓其致病之因有："因冲任不能摄血者；有因肝不藏血者；有因脾不能统血者；有因热在下焦，迫血妄行者。"沈金鳌认为其因有六："一由火热，二由虚寒，三由劳伤，四由气陷，五由血瘀，六由虚弱。"（《妇科玉尺》）参近贤各家，均认为崩漏病机不外阴虚阳搏，冲任损伤，病因则多从热、瘀、虚论。

对本病之治，我初时遵循古法并撷取今贤之论，依诸法运用于临床。虽然有效，但收效多不理想。经半个世纪的临证及探索，发现多数崩漏患者发病前带下多，初为白带下，绵绵不断，体倦困重，纳差嗜卧，一派湿邪为患之象；继之则出现黄带下多，质黏稠，味臭秽或腥秽，湿热为患已明。若失治或误治，崩症漏症多继之而作。若能正确施治血止后，黄带下又现，若应用清热除湿之剂，则带下由黄变白，由白变少而愈。总结其发展及转归为：白带下→黄带下→崩漏→黄带下→白带下→痊愈。我认为胶东地区的崩漏病，热者多，寒者少，即便是热，亦多属湿热而为病。湿热是造成本地区崩漏的主要原因。

胶东地区崩漏之发病原因，为何异于古今诸贤之说呢？对此，我从地域差异、生活习惯等方面进行了探讨，认为胶东地区北临渤海，东、南为黄海所环抱，属半岛气候，空气湿度较高，人们生活在潮湿环境中，感受外湿的机会甚多。如《素问·异法方宜论》云："东方之域，天地之所始生也，鱼盐之地，海滨傍水……故其民皆黑色疏理。"因环境潮湿，人们又腠理疏松，更易感染湿邪。湿邪重浊黏腻，伤人后阻滞气血运行及气机升降，久则成湿热，甚则血络受损而成崩成漏。再者，随着人们生活水平的提高，忽视了饮食的清淡，多注重膏粱厚味，久则损伤脾胃，湿热内生；因地域差异、生活习惯不同，本地人多喜食鱼、虾等海味且饮食偏咸。这些习惯亦可使人热自内生。正如《素问·异法方宜论》所说："东方之域……鱼盐之地……其民食鱼而嗜咸，皆安其处，美其食。鱼者，使人热中；盐者，胜血。"另外，随着人们文化水平及素质的提高，计划生育工作的开展，因房劳、多产（不包括滑胎）等数伤冲任、胞宫之现象已很少见，因此造成瘀血的机会较前明显减少。所以，崩漏单纯属瘀、属虚者少，而湿热者为多见。

在辨证方面，我主张崩漏从湿热论，在治疗中清热除湿药要贯穿始终，特别是血止以后，以清热解毒为主。即使患者有瘀、虚等表现，清热解毒药亦应配伍于化瘀、补虚等方药之中。除湿药我首推白术，每每重用 30 ~ 50g。因白术药性平和，一药多功，既可益气摄血，健脾燥湿不伤阴，又能利腰脐之气，固带脉效最速捷，并固而不滞，无留邪之弊。次选翻白草、地锦草、黑栀子、炒黄柏、车前子以清热除湿止血。其他可根据患者之属瘀、属虚之不同，随症加减。

读书不能死读。读书的目的是为了应用，不要各方面都受圣贤之约束，循规蹈矩，不敢越雷池一步，这样就没有发展。因前人所处年代及地域的不同，其观点难免有一定的局限性，所以，有一些论点不可能全都适合于今人和全国各地。要善于思考，养成一定的鉴别能力，既不轻易疑古，也不一味迷信古人。要有自己的见解，反复总结、验证，在实践中敢于突破旧框框，方能推陈出新，有所造就，这样才叫读活书，只有读活才能活用。

六

病即用药，为其常：根据不同疾病选择最佳时机用药，即为适时用药。如《素问·刺疟》有"凡治疟，先发如食顷乃可以治，过之则失时也"的古训，说明古人治疟疾要抓住发病前的顿饭功夫，时间一过则用药无益。他如《素问·六节藏象论》有"不知年之所加，气之盛衰，虚实之所起，不可以为工也"的记载，《素问·五常政大论》有"故治病者，必明天道地理，阴阳更胜，气之先后，人之寿夭，生化之期，乃可以知人之形气矣"的记述，均说明了适时用药乃良工之所谓。经数十年探索，我对多种妇科病改常规用药为适时用药，收到满意效果，简介如下：

（一）痛经

我认为痛经的主要病机是气血运行不畅。究其性质虽有寒、热、虚、实之分，总以实证及虚实兼杂者为多，纯虚者甚少，实者以血瘀、寒凝、气滞为多见。气滞则血运不畅；寒则经血为之凝滞。二者均可影响血液运行而致瘀，瘀滞不通则痛。常规用药，要祛除有形及无形之邪，因邪无出路，非长时间用药则邪不易祛。我改常规用药为经前3～5天始，多采用桃红四物汤加减服药至经净。让有形及无形之邪随经血排出，邪有出路，收效事半功倍，且并无经血过多之弊。连续服药2～3个月经周期，经痛即可根除。对虚性痛经，则多以平日服药为好，诸虚得复则痛经自愈。

（二）经前乳房胀痛

经前乳房胀痛，多发生在经前3～7天，经行则胀痛随之即逝。此症古籍未见记载，但临床并不少见。以不孕就诊兼有经前乳房胀痛者为常见，经治疗乳房胀痛消失后，多可随之而孕。我的经验是，对本病之治要持之以恒，每月自开始胀痛时服药，经期酌加活血调经药，用药至经净。因乳头乃是厥阴经所主，而乳房又属阳明胃经，故肝郁气滞，气机升降失司，均可因经络关系反映到乳部而出现胀、痛、结块，故遣方用药重在调达肝胃二经之气机。常用四逆散加麦芽、郁金、合欢皮、青皮、王不留行、白术等，肝胃双调。胀痛甚者用麦芽30～60g，取大麦发芽之际生发、舒达、消散之力，收舒肝健脾、畅达中州气机之功，收效显著。伴有结块者选橘叶、橘核、海藻、穿山甲（现用代用品，下同）等。我认为，海藻伍甘草，软坚散结、消瘤除块有良效。二者虽属十八反，但相伍运用未见任何毒副作用。经前选加香附、川芎等以行气活血调经。但切不可因诸症消失即行停药，有相当一部分人诸症在短期内复发。一般需服药2～3个月经周期，并注意月经前后的情志调节，多可痊愈。

我认为，读书不但要领会其原义，更重要的是要善于从字里行间及无字处参悟、揣摩、发掘出新东西，拓宽思路，反复推敲、验证，并使之变成自己的成熟的东西。

七

临床治疗老年性瘙痒症、过敏性疾患、牛皮癣、荨麻疹等，我常用清热解毒润燥法，方药多选用紫草茸、地丁、何首乌等加味。治疗皮肤病，单纯外部用药不行，必须加用内服药，同时不要忘了滋阴润燥。临床上我擅用温胆汤治疗神经系统疾患，三仁汤治疗湿温初起，益气聪明汤治疗眩晕，桂枝芍药知母汤治疗痹证，二仙汤治疗围绝经期综合征，黄连阿胶汤治疗失眠，升降散治疗咽喉病及高脂血症等。升降散方出张凤逵《伤暑全书》（一说为杨栗山《寒温条辨》方），具有升清降浊、散风清热之功，主治温病表里三焦大热，其证不可名状者。方由僵蚕、蝉蜕、姜黄、大黄四药组成，临证之时，我多用于咽痛、头痛、头闷不清、心烦便干、周身不舒之证，凡脉象显示沉涩不流利（血黏度增高）恒用此方，辄有效验。重庆中医研究所陈源生老中医用此方治疗咽喉疾病，颇有心得。对于脉弦涩者必用此方，无论何病、何证，须辨证与辨病相结合，不要被西医病名所惑，也不要受西医诊断的误导，方能得心应手。对于失眠一证，其性质有虚、实、标实本虚之分，实则肝郁化火，痰热内扰；虚则心脾两虚，心胆气虚；而阴虚火旺为本虚标实之证，临床尤为多见。其临床表现特征为入夜则心中烦躁不安，彻夜不寐，投本方加味，药如山栀、枣仁、生龙骨、麦冬、磁石、柏子仁等，以滋其亏耗之阴，清其亢奋之阳，俾阴平阳秘，水火既济，则睡眠可安。正如《伤寒论》303 条指出："少阴病，得之二三日以上，心中烦，不得卧，黄连阿胶汤主之。"我治疗风湿痹证时，喜加山萸肉，多有效验。《神农本草经》谓："山萸肉主心下邪气，寒热，温中，逐寒湿痹。"张锡纯《医学衷中参西录》认为山萸肉善治肝虚疼痛证（既济汤）。《中药精华》谓山萸肉补肝肾，涩精气，固虚脱，止虚汗，通九窍，主治风湿痹痛，九窍不利，腰膝酸痛等，证之临床萸肉不但酸收，更善开通，尤治虚痹效果更著。治疗鼻源性头痛，我喜用清热解毒法，按痈肿论治，常以苍耳子散加虎杖、连翘、蜂房、野菊花等，收效十分明显。治疗脱发，根据病人特点，多以补血、活血、安神为治。曾治牟某，女，20 岁，大学生，头发脱落 2 月余，头顶部有一五分硬币大脱落秃发区，头发稀疏，发色微黄，夜寐欠安，面色淡暗，苔薄少，脉平。方疏：何首乌 30g，熟地 30g，枸杞 10g，桑椹 30g，红花 10g，柏子仁 30g。连续服用月余，脱发止，新发渐生，精神状态良好，嘱咐养血生发丸、归脾丸善后。多年来，我的自拟验方成药有宫宝丸、清银丸、治栓丸、麒麟丸、癫痫散、英霜清胃丸、香桃温胃丸、头痛灵、延年轻身液等。

八

我曾任山东省第五、六届人民代表大会代表，乳山市十一届人大常委会委员，山东中医药学会妇科专业委员会委员，威海中医药学会副理事长，《烟台医药》《威海医药》常务编委；1983 年 3 月被乳山县委授予模范共产党员称号，

1985 年 3 月被乳山县人民政府授予优秀知识分子称号，1988 年被威海市委授予优秀共产党员称号，1988 年被评为威海市科技拔尖人才，1990 年 12 月离休，1992 年经国务院批准，享受政府特殊津贴，1999 年 10 月被山东省人民政府授予"山东省模范老人"称号，2003 年 12 月被山东省人事厅、卫生厅评为"山东省名中医药专家"；先后在《山东医药》《山东中医杂志》《中医药信息》等期刊发表《大蒜液治疗 45 例乙型脑炎临床分析》《阴挺丸治疗 128 例子宫脱垂临床观察》《桂枝加附子汤治疗大汗之阳》《溢饮的治疗》等学术论文十多篇。学术成就入编《中国当代中医名人志》《中国当代名医特技集成》《山东高级医药人物志》《烟台卫生志》《乳山市志》等。

正是：

医海浮沉七十年，细研岐黄渡危难，

中西融汇成妙手，每起沉疴为己愿，

灵素精蕴启后学，桃李成荫满庭前，

虽过九旬人未老，愿乘盛世再登攀。

（王柱林、徐元山协助整理）

陈立健

陈立健（1920—　），祖籍广东。幼承庭训，受教严谨，及长承十代衣钵，术贯古今，学有所成。青年居乡，助翁诊症。暇辄倡办慈善，或兴义学助教，或筹医部义疗，惠益地方，建树良多。1948年移居新加坡，仍悬壶济世，以其学验俱丰而名闻于世。南渡以来，历任新加坡中医师公会会长、名誉会长，中华医院院长，中医学院讲导师兼函授班主任。1964年，蒙新加坡元首颁赐公共服务星章BBM，1990年蒙新加坡政府颁发服务
25年奖章及奖状。2005年，蒙新加坡总理暨人民协会主席李显龙先生颁发公民咨询委员会40周年及全国先驱纪念奖。社会职务：澳大利亚中医学院荣誉博士，澳大利亚全国中医针灸学会联合会名誉会长兼学术顾问，国际华佗中医学院教授，世界人才杰出协会副主席，世界骨伤专家协会副主席，安徽中医学院（现安徽中医药大学）名誉教授，南洋德教总会会长，星洲德教会紫新阁阁长，新加坡全国商联总会名誉会长，新加坡颐年中心名誉会长兼医药顾问，新加坡舜裔宗亲联谊会医药顾问，星洲颖川公会名誉会长兼会务顾问，还在中国香港地区，以及泰国、新加坡、马来西亚等国家的多个社团任要职。

—

余出生于广东澄海中医世家，祖上多为儒医。一世祖树茂公（诰封五品）由福建迁居广东。三世祖序杰专于医业，悬壶济世。四世祖登槔公、五世祖伯显公、六世祖子才公均系儒医而名闻于世。

六世祖子才公为清朝秀才，继承祖业，精究医学，临证慎思明辨，多获奇效。乾隆年间创设"万春堂"，悬壶济世，名闻遐迩。潮汕各地士绅商贾，平民百姓，慕名求医无数，其仁心仁术，药到病除。嘉庆二十一年（1816 年）澄海知县尹佩绅、澄海协镇都督陈元标常请子才公诊治。陈元标为表彰其医术、医德，特授予"德参苏董"雕刻金匾一面，子才公与"万春堂"蜚声潮汕。自此，万春堂世代相传，陈氏一族名医辈出。

先祖，陈氏十世，其昌公，名盛，号次舟，又号仰安，清诰封太医院院使，五品奉政大夫。继承祖业而精研岐黄，其谦逊仁慈，厚德博爱，医绩彪炳而誉扬潮州。公看病除望、闻、问、切外，还要把病人的症状、脉象、病因、治疗方法、扶养情况，皆用正楷字一一记录下来，并写成一篇篇医论。

先尊文波公，字礼常，号道濂，清朝附生，通晓书史，兼擅指书。医理湛深，疗效卓著，对贫困病人多免诊金并赠药品，怀济世活人之心，有万家生佛之颂。南渡业医，荣任新加坡中医师公会主办中华医院兼中华第一分院名誉院长及南洋德教总会名誉会长。先翁曾以家传药店"万春堂"为题，撰联："万家生佛良医何异良相，春林艳杏寿世兼能寿人。"

余中学毕业后开始习医，受业于伯父镜波公、父亲文波公、叔父远波公。当时，三公以资质聪明、个性宽厚、品行端正、心地善良为标准，从余兄弟十数人中，选出立悟、立论、立模、立怡、立健、立谱，在家传"万寿堂"学医，由三公讲授中医理论知识。学医之初，三公即以孙思邈《大医精诚》之语为训，并明示"医药为用，性命所系，无恒德者，不可以作医"。学习先从入门着手，待余等背熟《汤头歌诀》《药性赋》后，三公再讲授《伤寒论》《金匮要略》《内经》《难经》、温病及临床各科，进而选择历代中医贤达医籍，如孙思邈、金元四大家、陈修园、叶天士等医著，而对张仲景之《伤寒杂病论》讲解最详，同时对历代医家的著作，讲解亦深。临床遇到重要病情时，便特别引用处方结构进行讲解，例如所开的十全大补汤，肉桂为何不可多用；临床处方用药必须根据病情将方加减等。三公在教导余等时，再三引用其昌公之箴训："医者，万物之命所由系也，人以命付我，治之得法则生，不得法则死，我业此无一息不懔懔然，尔辈学之，必专必精，十全而后动，毋徒以家学矜也。"在教学之时，遇到病人求诊，三公亦令余等为病人初诊，须根据望、闻、问、切四诊程序，记录在诊籍中，同时由余等开具处方，三公再为病人诊脉，参阅余等所开之方笺是否适当，如需增删，则必修改之，如认为确切，则照方交给店前拆药，余等亦帮助称药之工作，在称药时三公亦教导我们：称药要准确，不可过多，亦不可减少，提秤时右手提秤环，左手以拇指及食指拉动秤锤，不可用五只手指拉动，要有规律，称药要专心，切勿交头接耳。称毕必须再检点，要求非常严格。大凡较重病人，就必须三公再复诊，重新处方。等到晚上，大家要在一起讨论白天所诊治之重要病案，并常以明代陈实功"医家五戒十要"训之。其要为：先知儒理，然后方知医理，或内或外，勤读古明医确论之书，须旦夕手不释卷，一一参明融化机变，印之在心，慧之于目，凡临证时自无差谬矣。余20岁开始助诊，其时已读遍家传医籍，几年之后，兄弟六人皆能独立诊病，除非遇到特别病证，方由父辈诊治。余等初涉医坛，即知为医固难，而明医治病，较之常医倍难也。知其难，则医者固宜慎之又慎。故今之名医，当心存仁义，博览群书，精通道艺，洞悉阴阳，明知运气，药辨温凉，脉分表里，治用补泻，病审虚实，因病制方，对证投剂，妙法在心，活变不滞，不炫虚名，唯期博济，不计其功，不谋其利，不论贫富而济世活人，此"万春堂"芳垂数世之要也。

余幼承庭训，20岁时，始承十代之衣钵，助三公诊疾，暇辄倡办慈善，或兴义助学，或筹医药义诊，惠益地方。1940年日军南侵，士人谢叔晃组建铭阳善社，余任秘书，铭阳善社崇奉古圣先贤，宣扬道德，举办慈善工作，推行义学义疗，该社还组织了一个救护队，负责疗伤及收尸工作，因该社表现非常出色，备受当时政府表扬和公众赞誉。由于家庭的熏陶，余初涉医业，即视医为仁学，坚信必智而先之，勇而副之，仁以成之。盖医之为道，所以续斯人之命，而与天地生生之德不可一朝泯也。

1948年，余移居新加坡，初期为"大和堂"驻诊中医师。1952年受新加坡中医师公会发起人曾志远、游鸿南两位前辈邀请，参加了中医师公会，翌年医会改选，余被选为第八届总务（即秘书长）。

1963～1965年，余被选为中医师公会会长。任会长期间，直落亚逸区国会议员兼教育部长王邦文先生，非常关怀中医师公会及中华医院的义疗情况，余经常向王邦文部长详细报告。承蒙王邦文部长向卫生部建议，得到了卫生部每年的拨款赞助。

新加坡中医药事业的开端，是随着中华民族的南来而形成的。1867年，新加坡第一座慈善机构"同济医院"成立。1929年，新加坡中医中药联合会亦成立。在日本占领新加坡时期，各社团都停止活动，1945年日本投降，中医界同仁普遍认为在有100万人口的大都市新加坡，应该组织一个研究中医的团体，首先由曾志远、游鸿南两位中医师，邀请旅居新加坡的中国厦门名医吴瑞甫老先生出任领导。第一次筹备座谈会在星洲上杭同乡会举行。经过两个月的筹备工作，新加坡中国医学会终于 1946 年 10 月 27 日举行了成立大会。新加坡中国医学会成立宗旨为：①阐扬中国医学原理，研究世界医学，博取世界医学之特长，融会贯通。②联络同业，共同研究中医药学术，促进中医药学发展。

1947 年，第二次会员大会时，新加坡中国医学会遵照当时中国所颁发的有关中医师组织名称的法规，易名为"新加坡中医师公会"，当时的会所设在丝丝街 130 号三楼的一个中厅，为研究中医药学术的场所，同时也是出版《医粹》《医统》等定期中医杂志的园地。师公会亦在这个时期，分别在南洋商报、中兴日报及星洲日报等大报的专栏上，发表中医中药论文。1948～1951 年，这四年间的会务工作主要分为两个方面：①对内方面：建议重新改革《医粹》投稿细则。内容分为医药论著、医药新闻、医坛轶事、诊疗实验报告、验方汇辑及医药事项调查等；同时系统地举办中医药学术的进修活动，提高会员们的学术水平。②对外方面：联合所有中医药团体，多次协商，希望能够组成一个总会，统筹统办领导新加坡的中医药界。1952 年 3 月 17 日，假座同济医院举行了全星中医药团体联合庆祝国医节纪念大会，会议场面热烈，盛况空前。

1952 年，中医师公会理监联席会议决定为各民族贫病者举行义疗，向会友进行募捐。1952 年 3 月 17 日，中华施诊所开幕，商借珍珠街 12 号中山会馆为诊所，治疗分为内科、外科、伤科、喉科，征得中医师公会的会友担任义务医师，对就诊者不分种族，均一视同仁。1956 年 11 月 24 日，新会所正式开幕，中华施诊所改称为"中华医院"，共三层，楼下作为中华医院救治贫病之用，二楼作为中医学校授课之用，三楼作为办公厅及图书馆之用。1961 年 3 月 17 日中华第一分院成立，1967 年 10 月 27 日，中华医院第二分院成立。

1972 年 1 月 20 日，新加坡国家发展部将大巴窑四、五巷交界处一块地皮，拨给中华医院作为建院之用。1976 年 9 月 27 日，大巴窑中华医院由中华医院基金会主席孙炳炎先生主持奠基。1979 年 10 月 27 日，敦请劳工部长兼中医师公会顾问王邦文先生主持开幕典礼。建院的繁重工作过程，承蒙多位领导齐心协力才得以完成。

当时，新马两地政府实行移民限制，造成中国的中医药人才逐渐减少，而本地的中医药人才又日益衰老。中医师公会同道担心新马两地以后将缺乏中医药人才，更担心不学无术之徒假冒中医药之名义，到处招摇撞骗。中医师公会的领导层就有了一个共同想法：即在新加坡应该开办一所中医专门学校，负起培训中医药接班人的任务，以壮大中医药工作队伍，普及中医中药教育，让社会人士了解中医中药辉煌的历史及伟大功业。但是决定要开办中医学校的时候，在师资、学员来源、学校设备、经费等方面，都有很大困扰，同时殖民地政府对中医药并不重视。最后大家认为只要目标正确，大公无私，坚毅进行，一定可以成功。于是经中医师公会理事会议通过，成立了"中医专校委员会"专司其事，经过 1 年的筹备，得到当时教育部总视学官刘伯和先生的指导与帮助，办好了注册备案手续，并进行招生及举办入学考试，录取了 30 多名学员，于 1953年 1 月 11 日举行了开学典礼。从而开新加坡中医教育之先河，为中医药学术发扬光大、为众多贫病赠医施药、为中医药人才的培养，做了大量有益之作。学校初名为"新加坡中医专门学校"，1976 年改为"新加坡中医学院"。课程设置也逐渐更新。起初 4 年期间，皆由讲师从现成的各科医书中采取应用，或另选择编写，然后手抄油印，活页分给学员。直到 5 年以后，才改用中文打字机等教材编印制订成册。至 1962 年，开始部分采用国内中医学院的新编教材，1989 年又采用中国中医院校应用的第五版教材。自 1964 年始，医校便选拔了第一届优秀毕业生担任讲师。

校训是学校当局厘定纲领，诲导学生，遵循正轨，认清目标，力学上进之信条，亦是学生时时警惕的座右铭。"慎勇端勤"，是学院传统的校训。慎者：谨慎小心，临时弗苟且，不大意，权衡缓急，估计得失利害，分别先后次序，谋定后动，应付裕如；勇者：勇敢果决，公正合宜，毅然行事，理直气壮，当机立断，毋庸退缩，胆识兼全；端者：行为端方，言词温雅，正直严肃，恫瘝在抱，豁达大度，规范准则，毋越绳矩；勤者：劳心尽力，孜孜不倦，学海无涯，惟勤是岸，增多见闻智识广，阅尽史书经验丰。

回忆当年游鸿南校长诚邀余拟具校训，余以"慎勇端勤"四字奉达，游校长询问作何典实，余告之依据唐朝孙思邈伟论："心欲小而胆欲大，行欲方而智欲圆。"此乃医之精明，尽于斯矣。望闻问切，四诊精详，补泻寒温，切中鹄的，深思熟虑，效捷桴鼓，能如是者，谓之"心小"；阴阳表里虚实寒热八纲，审症定法，果敢而行，适时合度，掌握应变，能如是者，谓之"胆大"；宅心纯谨，行端品正，言不轻吐，行毋越轨，毋忽贫贱，悯念疾苦，不辞劳瘁，能如是者，谓之"行方"；博览群书，穷通真理，明究底蕴，优其医术，奥妙精深，体质迥异，受病新久，圆机活用，能如是者，谓之"智圆"。医圣理论透彻，古今彰显，堪宗医界之指针。须知医道渊博细微，得失系乎人命，呼吸存亡之变，埒于行师，扶危救急之功，如同澍雨。医之不精，如师之失智，药之不良，如兵之失纪。如攻守适当，百战百胜，否则动失机宜，能不败北者几稀。古代医圣，全凭学理深湛，修养周到，始能宗为后事之师。而清代吴瑭《温病条辨·序》中有"医，仁道也，而必智以先之，勇以副之，仁以成之"之论。故以"慎勇端勤"为校训，亦业医者之规矩准绳也。游校长点头俯纳，声称适当，嗣后提告委员会，遂蒙录用。

为了勉励学员力争上游，在余任中医师公会会长时，值中医专门学校第五、六届高、初级班毕业，出版特刊，邀余献词，俾共同勉：

"中华史籍辉煌，学宗圣哲，医药派衍寰宇，术精儒家，孔子天才绝顶，上自天文，中及人道，下至地理，无不通晓，可谓至广大而尽精微，极英明而道中庸，堪宗万世师表，自有崇高典范。中医师公会主办八十载，'至于道，据于德，依于仁，游于艺。'秉承纲领，严谨遵施。前年医刊缕述，这番毋庸重提，医专第五、六届高初学员，经四年与二载课读心得，既有所成，正应'学以致用'，至于古之学者为己、今之学者为人。孔圣伟论，于数千年前之高瞻远瞩，敦励世人忠国利民，正合今日时宜。他如'君子博学于文'，正勖勉医道之宗守，亦昭示医德之指针，际兹学员毕业良辰，怀感孔圣教育要旨，提纲挈领，质证引申。①奋勉力学：医道学理渊深，病症复杂传变，欲穷精细，虽千万言，难阐其绪，必须勤谨进修，博览强记，方能心领神会，临床诊疗裕如。②启发体验：观天六气，风寒暑湿燥火；察地五行，证金木水火土。尤以南洋濒海，地属卑湿，气候酷热，喜饮冰霜，日贯冲水，善吃辛辣，风扇冷房。湿气稽留，外感内伤，更当慎详。③实践力行：既同许愿习医，当以益世救人为重。烦冗案课，攻读认真，坚贞展进，毋使疏废，学贵有恒，勤能补拙，奥理机妙，正待寻求。④砥砺切磋：同窗学友，意志相投，汇聚一堂，必须坦诚揣究。最忌矜奇炫僻，妄诩聪明，秘方验药，普释公开，速功捷效，均所详述，琢磨精细，毋使粗率。⑤贯彻始终：孔圣譬学问如登山，境界靡涯。纵然荆棘崎岖，曲折险阻，亦须坚心笃志，毅勇操持，方能臻达目的。何况医术，更宜竭精殚虑，意会合参，万一中道而弃，业功永无成全。⑥务求正确：天之生人，降巨任者，寿世康民，健种强国，大夫居功最宏。悬壶主旨，非财帛所困郁，毋名望之冀求，仁心仁术，疗绩明显。病者诉说，平素喜热偏寒，医者聆作参考。既莫躁暴，尤无徇情，遵循孔圣之'博学、审问、慎思、明辨、笃行'为依归。忆前岁11月26日，高初四、五届二班修业期满，假维多利亚剧院隆重申祝，当时恭请直落亚逸区议员王邦文内政部长，授予学员文凭。光阴荏苒，今年五六两届，瞬又毕业，11月15日，复假斯院，敦恳教育部长王邦文先生贲临颁发证书，盛况空前，自非偶然，典礼意义尊高，学子声价卓越，钧长垂训殷殷，宏词伟旨，员生铭心耿耿，怀情戴德。医校学友，日常职业，士农工商，迥然靡同。萍水相逢，竟成莫逆，锐志吾道，医粹切扬。汇百川而归大海，习一艺而跻杏林。毕业离校，各就征途，立身处世，悬壶社稷，灿烂远景，展示眼前。虽家庭环境与客观条件，各有差别，然忠国异邦及救人济世而殊途同归。尚祈保持传统，履守优良道德，记住并非课卷熟读之结束，正是方药体验疗治实用之开端。来日方长，泽沛大邦，业垂千秋，有厚望焉。"

医专除了面授班外，亦成立了函授班，方便那些住在远处或无时间参加面授的人士，当时函授班学员有几十人，其居留地有马来西亚、婆罗洲、印度尼西亚等处。现在担任中医师公会的理事，全部都是中医学院毕业的学生，其他如本国及马来西亚某些中医药团体的领导人，亦多是从中医学院毕业的学生，大多数慈善团体所主办的义诊机构的中医师，亦绝大部分由该院毕业生担任。可见他们都能学以致用，而且都能体现中医专校诸前辈之宏愿，为服务贫病而贡献出宝贵的一分力量，此即"仁心仁术，医道医德"的济世活人之道也，亦即明代赵献可"夫有医术，有医道，术可暂行一时，道则流芳千古"之谓也。

一

"身思报国仔肩重，病为忧民措手难。"余恪守救死扶伤为医之天职，必重医德而守原则。不矜名，不计利，视此为之德也；挽回造化，立起沉疴，此当为立功也；故古之医者，以救死扶伤为心，其业专而用方也慎。专则精而造诣入室，慎则审而投药奏功。恽铁憔氏尚云"书有定，而病无定，以有定之书，应无定之病，其道必穷。"余躬行于医林60余年，深感治学重在实践，贵在临证之通变，勿执一之成模，以识证、立法、用方为三大关键。如：1952年间，一位40岁妇女，先产一子10余岁，隔了很多年再孕，临盆在家，请妇科医生接生，产一男婴，婴儿出生正常，然不久死亡。产妇伤心痛哭，呼吸迫促，汗如雨下。因产妇丈夫与余甚熟，亲自速往邀请，时已凌晨，余即披衣往诊。见产妇汗出如注，喘促昏眩，诊其脉微细，遂命将高丽参切片，冲水饮，续煎再服。本来产后不宜服食高丽参，恐产妇恶露阻滞，但防虚脱，当需急救，处方仍以四物汤加人参、浮小麦、茯神、白术、牡蛎、麦冬、五味子之类。翌晨再诊，喘平汗止，精神困倦，六脉微细，恶露不多，改开四物汤加人参、白术、茯神、炮姜、桃仁。三诊恶露较多，精神起色，脉象平稳，胃纳尚佳，连续诊治10天遂渐进益，后开补助气血之十全大补加减，病遂痊愈，日渐康复。产妇丈夫系潮属殷商，交游甚广，消息传至中医师公会，曾志远医师及游鸿南医师两位原公会发起人遂邀我参加中医师公会，翌年改选，余被评为总务（即秘书长之职）。

俗云：名医不治喘，谁治谁丢脸。哮喘因其为陈年顽痰多反复发作，故抗复发是治疗的一大难题。余习研仲景《伤寒杂病论》经年，发皇古义，融会新知，崇《金匮要略》治溢饮及咳逆倚息不得卧证之小青龙汤意，加减化裁治疗哮喘，每收卓效，且不限于表寒里饮证。一粤籍妇女，年50余岁，自幼患哮喘，经西医治疗，只是控制一时，时常发作，严重时须住院吸氧、打针。友人介绍来诊，症见哮喘发作，呼吸急迫，额头汗多，因为哮喘艰苦，必须站立呼吸。诊其六脉失调，左关弦紧，寸尺俱弱，右寸芤大，关尺微弱，舌质红，苔白腻，痰黏白间有稀泡，大便坚涩，夜卧不安，每晚常起身数次，小便短赤，胃纳欠佳，体瘦神颓，面色苍白。余询问其近服何药，言单服西药，已经数年。余告知在服中药的同时须继续照服西药，以后剂量逐渐减少，最后方能停服西药，专服中药，自能根治康复。余以小青龙汤加北杏仁、瓜蒌仁、川贝母、黄芩、麦冬、五味子等药给病人服用。再诊病情略有稳定，方以小青龙汤加旋覆花、苏子、紫菀、杏仁、瓜蒌仁、川贝母，配服家传之哮喘丸。其后病情大减，遂让其减服西药，经治3个月后，哮喘每周仅发作两三次。6个月后复诊，西药已完全停服，哮喘偶作，程度锐减。8个月后，哮喘全无发作，脉象平稳，已经康复。略举医案二端，挂一漏万，在所难免，就正于高明同道，有所指正，则幸甚矣！

余一生遵循家庭严厉训导，除依照传统执行中医业务之外，喜欢帮助别人，薄以自奉，厚以待人。所以数十年来，余专心服务德教，推行"孝悌忠信礼义廉耻仁智"十字纲旨，平时除严守中医任务之外，为国家社会花费许多心血，服务中医师公会，负担公民咨询委员会，弘扬德教工作，并协助其他社团职务，出钱出力，任怨任劳，竭诚以赴，从无退志。现虽年八十有余，仍然日夜操持，殊少偷闲。工作之暇，尚无私为亲朋代写文章，从不收取费用，余笑称这是前世所累积，应该偿还之文债。朋友戏称为"标准傻瓜"。余扪心自问，做人应该仰不愧于天，俯不怍于地，行不愧于人，才是人生的本分。

中医学要在此科学日新月异之文明时代生存，诚非易事；要维持中医药学术，必须做到捐弃小我，进趋大同，切实以发扬中医药为前提，将新加坡中医药之百年史实，公之于社会。将中医根治他医所不能奏效之病证详细描述，编成医案，使各阶层人士体会中医药之特长，以及其优于治本之疗效，使广大人民存具信心，最终方能达到发扬中医药之崇高目标。中医药已有数千年的文化历史，与儒家思想、道德教育有异曲同工之妙。同时，中医药从业人员必须严谨遵守医药道德，认明主旨，洁身自爱，遵循历代中医药圣贤的嘉言懿行，成为智德兼全的中医师。

新加坡中医学院成立五十周年时，编印特刊，主编吴忠辉医师携函面邀余撰述史实。缅怀既往，半个世纪以来，学院毕业35届，学员总共1447名，分布在新加坡及东南亚各国地区，悬壶济世，或在各中医机构担任首长，或义疗工作，各展才能。尤其学院当局，膺职人才辈出，震古烁今，斐然开拓，大展嘉猷，青出于蓝而胜于蓝。更蒙历来多位贤明长官，政惠中医，鼎力赞襄，频颁箴训，宠恩深厚，泽被杏林。同道感戴之余，额手称庆。期望负荷，诸职才俊，坚毅服膺，奋发策展。毕业及在籍学员，阐古启新，精益求精，岁序悠长，冀能中西结合，理论贯彻，使中医药圣业焕发辉煌异彩，为人类健康长寿，做出伟大贡献。正是"天称其高者，以无不覆；地称其广者，以无不载。日月称其明者，以无不照，江海称其大者，以无不容"。区区微忱，愿同勉旃。咏怀感触，肤浅结语：

中医师会循宗旨，孔圣鸿词堪砺砥。

院校敷宣五十年，者番忆述歌麟趾。

坚毅负荷不辞劳，典丽裔皇职责履。

日暖风和雨露沾，甘霖灌溉遍桃李。

丝丝所址未符规，新厦落成咸悦喜。

准证获颁较业施，宏猷课务成坚垒。

频迁岁序怀当初，沧海桑田臻半纪。
庆幸杏林多俊才，岐黄承继显高技。
臻圆毕业千余名，济世悬壶达远迩。
掌职高峰尤义疗，东亚罗布诸都市。
瞻前共事几英豪，撒手遐征天界里。
怀瑾握瑜才德称，曲终奏雅何弹指。
金禧盛典琼筵开，精彩唱演犹溢美。
高贵长官宠渥临，寰球戾止皆名士。
贺词颂祝赞讴歌，感奋箴言至爕理。
任重道遥壮志膺，方长来日赏兰芷。

姚寓晨

姚寓晨（1920—2014），江苏省南通市人。1942 年毕业于上海中国医学院，后师从上海名家万公溥先生。从事中医临床、科研、教学六十余年。曾任《中医杂志》特约编审，江苏省中医妇科委员会副主任委员，南京中医药大学硕士研究生答辩委员会主席，南通市中医院主任中医师。为卫生部、人事部、国家中医药管理局确定的首批全国 500 名老中医药专家之一。享受国务院政府特殊津贴。

擅长中医妇科，熟谙经典著作，深究现代医学基础理论，探索前贤诸家学说，针对社会环境、地理气候等特点，结合自己的理解和实践，逐步形成源《内经》、宗仲景、法景岳、效傅山的学术思想和"论治先后天不忘心脾肾，探求内外因不忘痰瘀滞"的诊治规律，并强调怡情悦性、重视心身医学是预防疾病的关键。用药擅取花类药的清疏开达以调益冲任，动物药的血肉有情以填补奇经，重镇药的摄敛温中以镇固下焦，外治药的熏纳熨以祛除邪毒。

完成了"妇友冲剂"治疗慢性盆腔炎、"泌感合剂"治疗肾盂肾炎及妇科炎症等课题，分别获得江苏省科技进步二等奖、南通市科技进步三等奖。中央电视台（现中央广播电视总台，下同）国际频道"中华医药"栏目曾多次播放其事迹。著有《姚寓晨女科证治选粹》，该书主要探讨妇科理论机制，介绍临床经验，阐明治疗法则以及方药运用的规律。先后 8 次被评为卫生系统先进工作者，14 次获省市优秀科技论文奖。业绩载入《中国当代名医证治荟萃》《中国当代中医名人志》《中国当代医界精英辞典》等。

运用时空观治疗妇科病的经验

（一）经孕产哺，须识时空窥机变

一切事物从产生、发展、变化，直到消失，都离不开时间和空间的范畴，中医学历来强调时空观对诊治疾病的重要性。在"时间"方面，应注意妇女年龄的特点，区别青春期、生育期、更年期、老年期妇女的生理变化和病理机转，掌握月经在发生发展过程中不同"证"的变化和不同疾病相同"证"的联系。在"空间"方面，应了解妇女的子宫、胞脉、胞络、乳房等解剖结构的位置特点，掌握女性生殖生理轴的隶属关系，明辨病理演变的脏腑联系。

（二）罹邪致病，当明虚处可留邪

妇科疾病的形成，首当穷其虚，后宜辨其邪。虚分时空两端，经孕产哺是妇女生理变异而造成的防御功能较弱的时间段。

临证余特别重视经后和产后这两个时空的虚隙周全议补大法：经后以养血为主，产后以填精为要。养血取肝肾同补、精血相生，以归芍地黄汤出入；填精用血肉充养，峻补八脉，以龟、鹿、河车为基础。并注意补中有通，俾药性流动，则补得其所，病易受益。

（三）方随证转，把握时空知进退

空间、时间同脏腑奇经的物质运动是不可分的，时空的特征随这些物质运动特性的变化而变化。"有诸内，必形诸外"，故余认为：凡疾病的发展，医者可借四诊以探知其信息，测病因、定病位、推转归。在临证中应顾及这些动变，在诊病时要从标本先后的时间关系，考虑到病位的牵涉及转移，用空间"三维性"的观点，即正反、前后、立体地分析病证，才能正确诊断。

同时，方以疗疾，一定要对证而施，择时而投。如时移机转，病证的空间位置亦随之变动。中医提倡方随证转，药据时施，而女科尤为如此。如以调经为例，大法经前疏达为务，经期调畅为法，经后填养为则，经间通补为要，再参合脉症化裁出入。正虚者可在经后、经间期重阴转阳之时培元以补正；邪实者可值经前、经行期重阳转阴之际清源以祛邪，则自可应手取效。

应用动物药治疗妇科疾病的经验

（一）填补八脉治虚劳崩带

余认为，动物药最突出的功效，是以其血肉充养，填补奇经。在妇科临床中，凡沉疴虚羸，八脉亏损，血海枯涸，寻常草木之剂无力回天者，动物药审证投入，辄奏奇验。填补之品，常用如龟甲胶、鹿角胶、紫河车等。

对冲任虚寒而成暴崩之漏，带脉不固以致带下白崩，通常升补之方、固涩之品，难以获验者，余于方中配入具有固任束带功效的动物药，不仅有助于固其滑脱，更能从体质上振其衰惫。固束任带常用动物药有牛角䚡、鹿角霜、阿胶、龟甲、桑螵蛸、五倍子、炙猬皮等味。

在诸多动物药中，余认为凡质稠多滋之品，每多能壮水制火，而水生介类，更常具息风潜阳之功，方如黄连阿胶汤、坎离既济丸。这类药物有龟甲、鳖甲、鸡子黄、珍珠粉、珍珠母、淡菜、石决明、羚羊角、牡蛎等。选用动物药以滋补虚家时，一则指导病家药膳调养，二则多用以冬令膏滋峻补，必要时也选入汤剂。常于方中佐加陈、夏、楂、曲、香、砂等一二味，俾药性流动，可免腻之弊而增补益之效。

医者临证要善于结合月经周期气血阴阳的变化，选用以动物药为主调补奇经的药对，每获彰效。经后期，血海空虚，阴精亏损，常用紫河车配大熟地以填精养血，滋养胞宫；经间期阳旺阴充，气血渐盛，常用炙鳖甲配淫羊藿以阴中求阳，鼓舞气血；经前期或以温肾疏肝，促进受孕，选鹿角片与制香附同用，或以潜降柔肝导血下行，选珍珠母与赤白芍相伍。

根据妇科病证特点，余临证多选用动物药为主的经验药对。青春期漏下，形瘦虚弱者，先以乌贼配贯众炭缩宫止血，继以紫河车伍阿胶滋养奇经；对生育期胞宫偏小，性欲淡漠之不孕，以鹿角胶与紫河车同用温督益任；对更年期虚损带下，以煅龙牡配山萸肉固摄任带；对阴亏阳浮之先兆之痫，经断前后诸证，以龟甲配羚羊粉潜降八脉；对阳虚血溢之崩中漏下，以煅牛角䚡与鹿角霜温经止血。

（二）出阳入阴通奇经瘀痹

余认为，动物药的另一重大功能，是以其飞灵走窜，疏经剔络。在妇科疾患中，因七情内伤胎产失护以致瘀血内停，瘀阻胞宫胞脉形成经闭、囊肿等症，可加地鳖虫、水蛭、芍药。清代叶天士将众多疑难、幽深、久耽之痼称为络病，在妇科临床，凡乳癖、石瘕之畴，多用动物类药物出阳入阴、窜络剔邪以治之。具通络之效的动物药常用炮山甲、蜂房、全虫、鳖甲、五灵脂、地龙等味。

在奇经八脉中，督脉总督诸阳。在妇科临床中，凡肾命火衰之宫寒不孕，产褥沉寒之经痛虚羸；久虚积损之性冷阴痿，欲振其衰，当温其阳。温其阳，意在通补督脉。盖脏腑之阳，可借姜、附以骤壮，胞宫之寒，必赖通督以煦丽也。这类动物药作用介于通补之间，常用如鹿茸、鹿角片、麝香、蜈蚣等。余在使用攻瘀通闭类动物药时，多研末装入胶囊，以温酒送服。

余在选用动物药以疏瘀通络时，药对配伍常注意以下三个方面：①刚柔相济：如治瘀热经闭，地鳖虫配生地，散瘀泄热；疗瘀血久漏，陈阿胶伍川芎，通因通用；觞寒瘀痛经，五灵脂合苁蓉，温经祛痛。②畅气调络：如治盆腔肿瘤，穿山甲（现用代用品，下同）配黄芪，以补助通疏瘀滞经少，鸡内金伍香附，快气通经。③顾护中焦：治乳房结肿，露蜂房与生、熟麦芽相伍，疏肝散结；祛经前头痛，干地龙与生、焦山楂同用；行血镇痛，除卵巢囊肿，地鳖虫与苡仁相使，健脾攻瘀。

诊治老年妇科病的经验

（一）年老经水复行，固气勿忘清营

老妇天癸已竭，经反再行，《产宝百问》认为属"邪气攻冲"，李时珍倡导"败血"之说，傅山则以肝脾气虚立论。余综诸家之说，结合临证经验，认为老妇行经虽有精气亏损，但因长年积累劳心动火，临证常见出血深红或夹块，心烦神疲，在治法上宜益气不忘清营；若兼瘀浊，则当降浊行瘀。

验案：贾某，女，64岁，1985年3月1日诊。绝经15年，因操劳过度，更加之烦恼久积，忽然阴道出血，色深红夹小块已旬余。妇科理化检查排除恶性病变，诊为萎缩性子宫内膜炎。顷诊头晕心悸，时感烘热，神倦乏力，口干不欲饮，苔薄舌暗红，脉细弱小弦。责之气虚营热，脉络失养。拟予固气清营法。

处方：炙黄芪20g，炒黄芩12g，焦白术10g，贯众炭15g，潞党参15g，炒当归12g，怀山药45g，制黄精15g，地榆炭12g，煅花蕊石15g（先煎）。

服上药 3 剂血止，唯仍感心悸、头晕、纳谷不振，予上方伍以茯苓、百合、山栀出入 8 剂后症减神爽。后再以肉苁蓉、北五味、桑椹、全当归、炒白芍、怀山药从肝肾调治 2 月。随访 2 年，出血未再复发，妇检未见异常。

按：对老年经水复行之病，余认为，若恶病可疑当尽早手术，若系良性病以气虚营热者居多，故多先从固气清营立法，复以滋肾养肝之品收功。本例以黄芪配黄芩，益脾肾之气，清血分之热；焦白术配贯众炭，"利腰脐间血"，"有利腰脐之为得"。黄精，《别录》谓能"补中益气，安五脏"。所用"三黄"（黄芪、黄芩、黄精），乃固气清营法之主药。重用山药，调益脾肾，此药味甘液浓，对老妇尤宜。以上药选既无滋腻壅滞，又无辛燥助火，固本澄源而获痊愈。

（二）肝经血少阴痒，填精渗湿奏功

阴痒一证，有湿浊郁火和精枯血燥之别，老年妇人尤以后者居多。余辨老妇阴痒注重虚损而不忘虚实夹杂，在辨证中明察带下之多寡，色之异常，细审局部有无灼热之感，倡导慎斋"肝经血少，津液枯竭，致气不能荣运，则壅郁生湿"之说，在治疗中重在复阴精生化之机，参以燥湿之品，用药"柔"无呆补碍脾之虞，"燥"无苦寒沉降之弊，每获良效。

验案：董某，女，67 岁，1985 年 6 月 5 日诊。患阴痒已三年余，入夜阴痒尤甚，叠进苦寒燥湿之品，未能奏效。西医检查发现，外阴皮肤和黏膜变薄而干，皮损呈对称性，局部有萎缩和粘连，未见霉菌，诊为外阴硬萎伴瘙痒症。刻下外阴有轻度烧灼感，时欲搔抓，偶有少量黄带味腥，痛苦异常，口干耳鸣，胁肋隐痛，头昏目眩，苔薄腻，舌偏红，脉细。责之精血亏损，脉络失养，湿浊下注。拟予育阴填精，参以渗湿清热。

内服方：熟女贞 15g，旱莲草 15g，何首乌 12g，山萸肉 12g，炒赤白芍各 10g，炙龟甲 20g（先煎），生熟苡仁各 30g，土茯苓 30g，老紫草 15g，福泽泻 10g。

外用方：淫羊藿、蛇床子、老紫草、覆盆子适量，水煎熏洗，并另将此四药各 520g 为末，加凡士林调匀外用。

上两方 15 天为一疗程，停三天，再行第二个疗程。连续六个疗程，带下瘙痒已消失，复查外阴局部皮肤黏膜损害好转，粘连明显减轻，嘱用黄精、枸杞、丹参各 1000g 研末和蜜为丸继调。一年后随访，外阴瘙痒未再复发。妇检外阴局

部已基本正常，精力明显好转。

按：老年外阴瘙痒虚多实少，与青壮年以实为主有别。《素问·阴阳应象大论》有"年四十，而阴气自半"之说，下焦乃肝肾所司，肝肾精血亏损，累及任脉，故阴部枯萎瘙痒。方选山萸肉与何首乌相配以精血同补；炙龟甲滋阴填精与甘寒之紫草相伍，清润而入下焦，对老妇阴痒尤宜。又以生熟苡仁同用，健脾渗湿，更配以外治药，润肤止痒，径去邪毒。终以二精丸（黄精、枸杞）伍以丹参助气固精、活血驻颜。

（三）阴涸吊痛顽疾，通补两法并施

阴涸吊痛，乃指阴道内干涩并有牵拉疼痛的感觉。老年妇人因精血亏乏，冲任虚竭，加之久病入络，多为虚实夹杂之候。余诊治本病遇阴精不足，勿忘阳气虚损；审情志顺逆，勿忘气滞瘀凝。余认为此证以阴亏为多，宜柔养滋阴，温润升阳，复以疏调脉络，通补兼施。

验案： 陆某，女，66岁，1984年11月14日诊。患者中年多产，精血暗耗，45岁绝经后，因被家庭琐事所困，日夜操劳。近5年来，常感阴道干涸而涩，时有阴道牵拉抽痛，并逐渐加重，妇科检查阴道壁萎缩，可见小红点，无分泌物，提示阴道呈萎缩性病变。因间患肝炎，未能用雌激素治疗而来院诊治。顷诊面容苍老，色素沉着，尤以脸部和手背明显，皮肤干燥松弛，头晕耳鸣，口干舌燥，冬季畏寒甚于常人，唯纳谷尚可，苔薄，舌暗红，脉细涩。拟予柔润温补，养营和络。

处方：大熟地15g，炒白芍10g，天门冬12g，肉苁蓉15g，菟丝子12g，鹿角霜10g，全当归12g，制香附10g，紫丹参12g，鸡血藤20g。另以黑大豆120g煎汤代水。

上药连进30剂，阴道内干涸感明显好转，吊痛亦减轻，再予上方伍以桑麻丸、金铃子出入，并每日用艾条灸三阴交、血海穴二次，调治一月。随访三年病未复发，精神亦大为好转。

按：本例患者阳虽虚而阴已亏，故不耐桂、附之类的刚愎，而宜柔剂阳药，使阴得阳助。方选鹿角霜与肉苁蓉相伍温润升阳，天冬与熟地相配补血滋肾，佐丹参、香附、鸡血藤行虚中之滞，通补兼施。余认为黑大豆入脾肾两经，性味平和，实为抗衰强壮之食品。

（四）下焦虚损遗溺，壮督兼予固摄

老妇由于生理特点，小便频数与遗溺一证，多于男子。盖肾虚不能约制水液，故小便多，久则下焦伤竭，督脉不固而小便不禁。此证切不可一见频急，即行分利，又不可一味固涩，当宗叶天士温润升阳一法，壮督益肾，重镇固摄。

验案：陈某，女，71岁，1984年10月9日诊。患者先天薄弱，时至老年常感头晕耳鸣，目花心悸，形体虚胖，腰酸乏力，背脊畏寒，小溲频数，入夜尤多，可达10余次，甚则时有遗溺已近年余。尿常规未见异常，中段尿培养排除肾盂肾炎，妇科检查提示雌激素高度低落，拟诊萎缩性膀胱炎，压力性尿失禁。曾给予雌激素治疗症状改善，但停药后又告复发。苔薄，舌淡胖，脉弱。责之肾元亏损，膀气失固。拟予益肾壮督，镇摄下元。

处方：潼蒺藜15g，巴戟天12g，锁阳15g，益智仁10g，鹿角片12g，煅五花龙骨15g（先煎），煅牡蛎30g（先煎），山萸肉12g，南芡实15g，炙黄芪20g。

上药连服20剂后，小便失禁之症已能控制，小便次数明显减少，精神渐振，再予桑螵蛸、北五味、山药等药出入，配以艾灸关元、气海穴调治三月，上述症状基本消失。后嘱患者以潼蒺藜、桑螵蛸、肉苁蓉、南芡实各300g研末以蜜为丸常服。随访二年余，遗溺、尿频之症未再复发。

按：本例以山萸肉配芡实，填精补肾，固摄气化。以黄芪蜜炙精气同补，更以鹿角片配潼蒺藜温润升阳，壮督缩尿。余认为，五脏精气交亏，一味收涩虽非所宜，若与柔剂相配，刚柔相济，便能相得益彰。牡蛎、龙骨虽为镇摄之品，但与一般金石矿物药不同，再配以艾灸保健强壮，以收抗老祛病延年之效。

（姚石安协助整理）

颜德馨

颜德馨（1920—2017），祖籍山东，著名中医药家，国家级非物质文化遗产传统医药项目代表性传承人，同济大学中医研究所所长。历年来获"上海市名中医""全国名老中医""上海市医学荣誉奖""中国医师奖"及"中国铁道学会铁道卫生学科带头人"等多项荣誉称号。2003年中华中医药学会特授予其终身成就奖，2009年5月当选首届"国医大师"。颜德馨教授长期从事中医药的临床、科研、教育和人才的培养工作。在学术上开拓创新，倡导"久病必有瘀""怪病必有瘀"，提出"衡法"治则，为诊治疑难病证建立了一套理论和治疗方法，颇有成效。主持"瘀血与衰老"科研项目，提出瘀血实邪乃人体衰老之主因的新观点，荣获国家中医药管理局科技进步二等奖，此外还有多项科研成果获得各级科技进步奖。历年来发表论文200余篇，出版著作10余部。曾多次赴美国、法国、加拿大、泰国、印度尼西亚等国家，以及中国香港、台湾等地区讲学，为中医走向世界做出了贡献。担任华东地区防治"非典"首席科学家，为抗击"非典"做出了重要贡献。1999年个人捐资设立"颜德馨中医药人才奖励基金"，2004年正式成立上海颜德馨中医药基金会，并担任理事长，为中医传承发展事业做出了突出贡献。

幼承家学　立志学医

余于1920年出生于江苏丹阳北草巷31号颜氏老宅。父亲颜亦鲁是孟河医派名医贺季衡的得意门生。余7岁开始读书写字，父亲对子女的教育很重视，也很严格。印象最深的是在大冬天练字不辍，室外冰天雪地，室内练字者也冻得手脚冰凉。当时一边磨墨，一边写字，砚台上的墨汁随磨随冻。父亲说：执笔书写的腕力，只有经过这样才能练成。9 岁那年余入读白云街鸣凤小学校，竟然还在书法比赛中获得了第一名。练字修身的习惯余保持至今，这使余时常怀念起父亲当年的教诲。后来学习四书五经，了解到当年孔子教育他的儿子孔鲤留下"庭训"的典故，感叹父亲真是遵循传统课徒教子。

知医必先明道。13 岁那年父亲即命诵读《内经》《伤寒论》等中医古代典籍，并延请杨锡甫老师（曾任丹阳县教育局局长）督我每日背诵一章。杨先生是江苏省有名的数学专家，头脑开明，对余学习自然科学与钻研国文皆有较大影响。那时午夜一灯，晓窗千字，是习以为常的。《内经》文字古奥，而杨老师亦很严格，若背不出，还用木尺打手心作为惩罚。那时虽朝夕诵读而能背出，但对于其医理却似懂非懂。小时的童子功，日后自然受益无穷，对余日后临床运用和发挥及对中医的信念都很有裨益。可最初是颇有些畏难情绪的，但渐渐地，随着跟父亲临证抄方，余对中医的感情慢慢发生了变化，特别是当时有两件事对余触动很大。

当时，西医尚不时兴，治病主要靠中医药。孟河马培之先生精于外科，据说他家有铁匠、铜匠，可为其临时铸造外科工具。因此，父亲不仅以治内妇科出名，对外科也颇有研究。有一次，一位无锡农民在家门口被车子轧伤，大量出血，父亲在那位农民的伤口上敷上一把"铁扇散"，血顿时止住了。又有一次，"餐芝轩"医寓来了一位农民，背上生了一个阴疽，高高隆起，且发着高热，痛苦万分，父亲为他施行"火针"，即用一种带有棱角的针烧红后直刺患处，脓水大量外流，其苦顿失，热退炎消。上述两个案例，由于有立竿见影之效，故给余印象很深，使余触动很大，体会到"医乃仁术"，施救夭横，足以活人。渐渐地，余立志学医，"不为良相，则为良医"，决心要像父亲一样做一个医术高明的医生。

于是，白天每逢父亲临诊，余就侍诊一侧，一面看父亲怎样治病，一面帮父亲抄方子，聆听父亲教诲。有空闲时，则逐屉逐格熟悉药物，学会碾药、包药、敷药、摊膏药、搓药线等。晚上则把父亲的方子分门别类地加以整理，内科、儿科、妇科、喉科、外科，整理了几十本。父亲对于脾胃学术之研究，造诣尤深。其在理论上倡导"脾胃既为后天之本，又为诸病之源"的观点，认为脾统四脏，脾病可波及四脏，四脏有病，亦波及脾，故临床有心脾、肺脾、肝脾、脾肾同病等病证。在临床上重视健脾益气扶正法则的运用，常从脾论治，灵活化裁。在用药上也有独到之处，擅发挥"苍白术"等药物功效，燥湿健脾，扶正固本，使湿去脾自健，脾健湿自化，广泛应用于内科杂病，临床遵此，每可应手获效。这对余日后学术思想的形成也产生了重要影响。如此攻读数年有余，熟读了《内经》《伤寒论》《金匮要略》等经典原著，逐渐掌握了较为系统的中医理论及临床基本知识，为今后继续学习打好了基础。

博采众家　孜孜不倦

在父亲身边学医数年，谨承庭训，然而视野毕竟有限。父亲鼓励余要多跟师临证，广开学路。于是余在 16 岁时，考进了上海中国医学院，当时校址在老靶子路河南路口，校长是薛文元先生。从家庭走进学校，那是一个崭新的世界。在学校，我们要学习传统中医理论，而且名医荟萃，流派纷呈。余曾先后随程门雪、徐小圃、秦伯未、盛心如、郭伯良、单养和、费通甫、祝味菊、章次公、张赞臣、高芷频、严苍山、许半龙等诸中医大家学习，以临床疗效为标志，汲取各家长处，提高了理论认识和临床实践水平。在学习过程中，余认为各家各有所长，自成特色，合读则全，分读则偏，但接受在我，应用在我，变化亦在我，应以自身为主体，择善而取之，方能学得真谛。

诸师中，程门雪、秦伯未、章次公诸师均出自丁甘仁先生门下。丁先生为清末名医，学识经验丰富，不仅擅治温热病，对内伤杂病的辨证立法也颇有创见，常采用伤寒辨六经与温病辨卫气营血相结合的办法，在方药上则经方与时方综合运用，打破成规，独出心裁。余从丁派弟子游，学习其"胃以通为补""宣肺气以疏肝""补精必安神"等法用于临床，疗效确显。此外，徐小圃在儿科及高热病人中灵活应用附子之胆识，盛心如善于辨证、善于发掘之思维，高芷频工巧严谨之医案，单养和抢救小儿急症之绝技，祝味菊德艺双馨之医家风范，对余影响深远。

医之为术，学之易而精之难，行之易而知之难，要实现良医济世救人的愿望，必须具备广博的知识，否则只能是一句空话。在当时，中医是国民政府歧视的对象，且"文人相轻"，多数医生不愿传道。而当时上海名医程门雪、盛心如却被誉为"医之医"，他们读书宏博，学术渊深，经验丰富，乐为青年学子析疑解难。余年轻时在诊疗过程中也常遇到一些疾病无法解决，记得曾治一大咯血患者，咯血盈盆盈碗，经投犀角地黄汤而不效，意颇惶惑，思索再三而不得解，遂求教于盛心如。盛先生云：可于方中加生军三钱，当愈。投药果然效如桴鼓。又治一久热不退之患者，汗后遍投攻腑、化浊、育阴等法都不为功，请益盛老，嘱以小柴胡汤加甜茶叶、马鞭草，两剂热退。后将此法用于多例不明原因之发热，皆有效验。一药之师，感德不忘。余经"医之医"教导而得益者，尚有石楠叶之治头痛；天竺子、蜡梅花、凤凰衣之治小儿百日咳；白茅花蒸豆腐之治大咯血以及附子的振衰救绝等，沿用至今而不废。

程门雪、秦伯未、盛心如、张赞臣、章次公、严苍山除医术高超外，诗词、书法、绘画亦具风韵，当时与余鸿孙、陈存仁等并称为"经社八才子"，有书画文稿传世，如程门雪之梅花、严苍山之鱼虾图等不逊画师。余兼收并蓄，在诗、书方面亦深受其熏陶，常与医界同道赋诗联句。余历来认为医者涉猎宜广，最好兼通些琴、棋、书、画，孔子所谓游于艺，可以提高修养，怡悦性情，从中获得悟性，对做学问大有帮助。

在校期间，余亦积极参加课外活动，如办联谊聚餐、研究中药植物、建立药圃，参加讲演比赛等，还当了校刊编辑，开始阅读《少年维特的烦恼》，并知道了马克思、恩格斯和《资本论》。在进步思想感召下，排演了《放下你的鞭子》《毕业以后》《女人、女人》等进步话剧。余在校研究植物提取，颇感兴趣，与同学创办了"康宁制药厂"，生产中成药"肝胃宁""康她宁""康儿宁"，其间还主办了《康宁医刊》。

熟读经典　汇通诸家

学好经典著作是学好中医学的关键。余的学习方式，是以自学为主。凡在临诊时遇到疑难问题，常从书本上寻求解答。余利用业余时间，先后学习了《黄帝内经素问》《伤寒杂病论》《金匮要略浅注》《陈修园医书七十二种》《本草备要》《景岳全书》《临证指南医案》等书。这些经典著作，构建起了中医学自己的生理、病理、药理、诊断及治疗方面的理论体系。此外，余还广泛阅读各家学说，尤喜名家医案医话，因为这类书通常是前人临床经验总结，带有鲜明的学术个性，读时每叹其独具慧眼和真知灼见，有着重要的临床指导意义。对于西方医学，余亦粗涉藩篱。

书宜读活，切忌拘泥呆滞。如《内经》为中医基础理论典籍，集古代医学、哲学理论之大成，吸收了当时天文、地理、气象、物候、历法、农家、兵家等大量自然科学和社会科学成就，其中阴阳、五行、六气理论对后世影响深远。但余认为其中还记述了大量疾病学的知识，对疾病从病因病机方面做了分析，提出了诊断和鉴别诊断的方法和治疗原则，为后世临床医学的发展奠定了基础。以消渴为例，《内经》中有"消瘅""膈消""消肺""消中"等不同名称，并强调五脏虚弱是消渴病的主要病因，故《灵枢·五变》篇云："五脏皆柔弱者，善病消瘅。"《内经》还把消渴病分为上消、中消、下消三种类型，并沿用至今，这些对现在仍有指导意义。

又如《伤寒论》，其以六经为纵轴，从证为横贯，发微而见隐曲。对于六经辨证，历代医家阐幽发微，立论精详。然余觉得书中鲜明的方证内容却未受到应有的重视和阐明。其实，《伤寒论》中诸方组成严谨，配伍精当，不仅适宜于外感疾病，而且可广泛适用于内伤杂病。如少阴病为伤寒六经病变发展过程中最危重阶段，其虽有寒化和热化之分，但以寒化证为少阴病本证，故少阴病脉证总纲为"脉微细，但欲寐"。由于脉为心之府，心脏一旦病变，其病理变化必然反映在脉象上。因此余尝取其中少阴病的方剂治疗心血管疾病，如用麻黄附子细辛汤治慢性肺心病、附子汤治冠心病、通脉四逆汤治病态窦房结综合征等，疗效颇为满意。

对余影响较大的还有张介宾的景岳学说。景岳学说里有不少代表性的学术观点和制方，余在临床应用也取得了很好的效果。如景岳首创阳火与阴火异治，他说："夫火之为病，有发于阴者，有发于阳者。发于阴者，火自内生也；发于阳者，火自外致也。自内生者五志之火，宜清宜降者也；自外致者，为风热之火，宜散宜升者也。"临床体会殊深，如治血证，多取法于清降而获效，治内科杂证亦多验案。余曾治一喉痹男子，患病多年，疼痛不禁，兼有便行不实，易汗，面白，多方医治无效，脉数、沉取无力，舌淡苔薄腻，育阴泄热、清化痰热俱不为功，乃悟景岳阴火之说，遂予"理阴煎"（熟地黄、当归、甘草、肉桂），仅三帖，其痛苦消失。另景岳制方，用之得当，多有神效。如"神香散"（丁香、豆蔻）治脘腹胀痛，兼治口臭，"玉女煎"（石膏、熟地黄、麦冬、知母、牛膝）治阴虚牙痛，"玉泉散"（石膏、甘草）治消渴，"胎元饮"（人参、当归、杜仲、乌药、熟地、白术、陈皮、甘草）安胎保胎皆效。这些经验余一直应用于临床而获效。

步入医林　着重实践

从学校毕业后，余便随父亲悬壶于丹沪之间。在丹阳的一段时间里，余一边行医，一边为当时的《新生报》《中山日报》《丹报》分别主办了三个医药副刊，即《民众医药》《医琐》《中国医药》，传递信息，通函问病，深受读者欢迎。但中华人民共和国成立前条件落后，加之政府对中医的轻视，纵有志愿，也难以施展。中华人民共和国成立后，人民政府执行保护和发展中医、团结中西医的方针，中医事业如枯木逢春，迅速复苏。1953 年，余与詹伟瑛、谢一飞等人合作创办了黄埔区第一联合诊所，余任院委主任兼副所长，诊所规模日渐扩大。1956 年 4 月，为进一步落实中央有关指示，加快中医事业建设步伐，上海市卫生局成立中医处，市区各级医院陆续开设中医科，并设立中医病房，同时吸收大批中医到国家医疗机构工作。应卫生局要求，余结束私人开业，于1956 年 5 月 1 日奉调进入上海铁路局中心医院，任中医科副主任。

当时铁路局中心医院中医科尚未正式成立，余一面着手筹建工作，引进各路人才，另一面负责全院各科会诊。在会诊西医束手无策的疑难患者时，余运用中医理论深入分析，辨证论治，潜心用药。如治疗肝硬化顽固性腹水，在西医频用利尿剂无效的情况下，遵循中医"治水者，当兼理气"之旨，以散剂治标，汤剂治本，一般三日即见小便增多，理气通阳而不伤正；遇小儿风湿热，予六神丸、甘草粉及宣散清热之方治之，6 剂而愈。还有一次，一位外科护士长发热数日不退，西医治疗无效，邀余会诊。见其朝热暮凉，伴有形寒神疲，面白气短，脉大无力等症，于是在治疗上采用甘温除热法，连服 3 剂，热退。余会诊屡有获效，中医辨证施治的精妙理论令西医折服，于是各级医师纷纷要求学习中医。应大家的要求，余在充实繁忙的工作之余，在医院开课讲授《内经》，并无私传授治疗经验，听课者上至医院党委书记，下至普通医师、护士，在医院里掀起了一股学习中医、运用中医的热潮。凭着出色的工作业绩，余被评为当年上海铁路局先进工作者，光荣参加上海市先进工作者大会，并加入农工民主党，担任农工民主党闸北区委副主委。

在医院中医科建设进入正轨之后，余开始潜心研究活血化瘀疗法，尤其是其对于血液病的治疗。余在编写白血病中医诊治常规时，以中西医结合为原则，将西医辨病与中医辨治有机结合，采用西医名称分类，根据中医辨证原则制订诊疗措施，奠定了中医对白血病诊断治疗的总体思路。根据中医理论，余把白血病分为以下几个类型：阴虚型、阳虚型、湿热型、阴阳两虚型、瘀血型，同时大胆使用雄黄，对患者进行分型治疗，转不治为可治，取得了满意效果，在业界引起较大反响，后总结发表论文数篇，如《白血病的辨证论治》《白血病的综合治疗》《白血病发病机制试探》《白血病证治》等，颇得同道的重视。其中，《白血病证治》一文荣膺中华医学会国庆十周年纪念文章。20 世纪 60 年代，很多医院在治疗白血病、再生障碍性贫血患者时，余都积极参与，多次在上海、天津、福建等地参加会诊，指导治疗，深入探索。

正当余各项事业向前发展的时候，1966 年，"文革"爆发，余被定为"反动学术权威"，被迫停止诊务，下放到"五七"干校锻炼。在"靠边站"的十年中，劳动异常艰苦，除了肉体上的折磨，还有不断的批斗和精神上的打击，而且三代行医积累的医案、秘方被毁于一旦。在那艰难的岁月里，患者的支持给了余极大的鼓励，使余看到了自身存在的价值。深夜常常响起轻轻的敲门声，那是病人找上门来请余看病的，求医者有工人，有干部，也有职工家属。有一次，造反派在门诊大厅批斗余，诬蔑余是"卖狗皮膏药"的，此时好多病人马上反驳道："你们不要瞎讲，我们就是相信颜德馨！"还有一次，余走在路上，突然一位行人走到余跟前，深深地鞠了一躬，说："谢谢您，是您救了我啊！"余想，既然深受人民信任，就应该给广大的群众提供更好的服务！献身祖国中医事业的决心益加坚定了。余明白：病人需要我，技术不能丢，为患者解除痛苦的权力是谁也剥夺不了的。于是白天劳动，晚上静心研读，反复阅览《儒门事亲》《血证论》《医林改错》《类证治裁》《医门法律》等经典医著，潜心医业，思考总结既往经验。"人所欲为，譬如穿池；凿之不止，必得泉水"，这段艰难经历使余对中医的认识得到了升华。

"文革"结束后，余又重新走上工作岗位，继续开展中医科研及临床研究。中医要发展，不能满足于搭搭脉、看看舌苔，必须建筑在科学研究的基础之上，要有适合的土壤，用现代科学来解释中医。为改善中医科研条件，余萌发了建造中医楼的想法。为此多方呼吁，积极筹划。终于在 1991 年，"全国中医第一楼"在上海铁路局中心医院落成,成立典礼于11月28日隆重举行,时任铁道部副部长傅志寰、上海市卫生局施杞副局长、著名老中医张镜人教授、上海电影制片厂一级导演夏振亚等各界代表百余名参加了典礼大会。后来,这幢"全国中医第一楼"成为全国铁路系统的中医技术中心,余曾在此为铁道部与国家中医药管理局组织举办过多次学习培训班,还组织创办了《铁路中医》杂志,为各级医师建立学习现代科学知识、交流中医科研成果的平台。2004年,中国铁道学会评选余为"中国铁道学会铁道卫生学科带头人"。余一生获奖无数,但这一奖项在余心里却是最为弥足珍贵的。

谙熟医理 法中求法

总结这几十年的临床实践,余逐渐发现各种疾病都与气有关,尤其是久病、怪病等疑难杂症。虽然从小崇拜父亲的成就,但通过长期观察发现父亲的健脾学说不尽完美,父亲认为脾胃为后天之本,亦为诸病之源。但事实上诸多疑难杂症并非源于脾胃而是源于瘀血。为了寻找理论依据,余和同事曾对565例疑难病证患者进行"甲皱微循环""血液流变性"等试验,结果证实这些病人都有血瘀阳性指征,经治疗好转后,实验室指标也相应好转。于是,余深感"气为百病之长,血为百病之胎"的临床意义重大,由此提出了"久病必有瘀""怪病必有瘀"的新观点,进而提出了"衡法"的治疗法则。

清代程国彭在《医学心悟》中曾提出汗、吐、下、和、温、清、消、补八种治法理论,这在当时对继承总结中医治法起了推动作用。但沿袭至今,中医治疗学已大有进展,"八法"已不能包括中医的所有治法。余认为人体气血循经而行,环流不息,濡养全身,若因各种原因而出现血行不畅,或血液瘀滞,或血不循经而外溢,均可形成血瘀。瘀阻脉道内外,既影响血液正常运行,又干扰气机正常出入,以致机体阴阳气血失衡,遂疾病丛生。"衡法"即是通过治气疗血来疏通脏腑气血,使血液畅通,气机升降有度,阴阳平衡,从而祛除各种致病因子。所谓"衡"者,《礼记·曲礼下》谓"大夫衡视",犹言平。《荀子·礼论》谓:"衡诚悬矣。"系指秤杆。可见衡有平衡和权衡之意,能较全面反映其疏通气血、平衡阴阳作用。王清任曾谓:"周身之气通而不滞,血活而不瘀,气通血活,何患不除。"在治疗上,"衡法"以"气为百病之长,血为百病之胎"为纲辨治各种病证，以活血化瘀、行气益气等药味为主，或从气治，或从血治，或气血双治，处方用药当多从"通"字着眼，以调气血而安脏腑为治疗原则。其可归纳为 10 种配伍方法，灵活运用，疗效卓著，适用于阴、阳、表、里、虚、实、寒、热等多种疾病，尤其运用于心脑血管病领域，颇有效验。2001年，在上海市卫生局领导下组建上海市中医心脑血管病临床医学中心，余为该中心学术带头人，目前中心建设已取得显著成效。

临床根据"衡法"治则，采用活血化瘀法常能治疗疑难杂症。1986 年 1 月20 日上海《新民晚报》报道了一则医案。一位 19 岁少女从小患左上肢血管瘤，左手背、手指、前臂肿胀，疼痛，不能劳动。左前手臂周径为 39cm，左手背周径为 28cm，青筋暴露，需着袖口特大的衣服。X 线片显示左前臂及手背血管瘤，尺骨中下段增粗，尺桡远端关节脱位。院外会诊认为已无法保留，拟予截肢治疗。余用清热化瘀、软坚消瘤之法治疗，二年后患者左前手臂周径缩小为 26cm，能穿着普通衣服，避免了截肢，并恢复了劳动力，分配在某无线电厂工作。又如一位再生障碍性贫血患者，红细胞 2200000/mm^3，血色素 5g/dL，白细胞2800/mm^3，网织细胞百分比 0.1%，骨髓穿刺结果：骨髓部分抑制。患者面色不华，神疲乏力，齿衄，巩膜及眶周色素沉着，脉细缓，舌淡红，苔薄腻。一般认为是气血、肝肾的亏虚，而余认为乃因瘀浊胶滞，而使生化无权，应先以宣畅气血为第一步。处方用的全是活血化瘀之品，7 剂后，红细胞 3100000/mm^3，血色素 8.3g/dL，白细胞 5000/mm^3，血小板 8000/mm^3，又服 21 剂后获缓解。运用衡法出奇制胜治疗心脑血管病的例子也不胜枚举，如应用温阳活血法治疗不稳定性心绞痛，使不少患者心绞痛发作明显减少，减少了硝酸类药物剂量，有些患者甚至停用西药。如患者王某，女，60 岁，冠心病心绞痛频繁发作 1 年余，经用多种药物治疗效果不明显。改用温阳活血法治疗 1 月后，心绞痛基本消失，以往所服扩冠药也逐渐减量。余运用益气活血法治疗冠心病介入疗法后再狭窄，为中医中药治疗本病摸索出一套行之有效的治疗手段。如患者徐某，女，海外华侨，因患冠心病回国做介入治疗，术后心绞痛依然频发，经用上法后心绞痛明显减少，活动后也不发作。以上许多医案都收载于余所著的《活血化瘀疗法临床实践》《颜德馨诊治疑难病秘笈》及《中华名中医治病囊秘·颜德馨卷》等书中。这些临床经验还转化为科研成果并通过科研鉴定，多次获得各级科技进步奖。

后来，余又将气血学说和"衡法"治则应用于抗衰老领域。余认为衰老的本质为气血失调，气虚血瘀，其中"虚"是现象，"瘀"是本质，"虚"是归宿，"瘀"是原因。因为任何一种病因和各种疾病的发生均将影响气血的正常循行，首先出现气血失和，流通受阻，瘀血停滞。由于瘀血的存在，气血失去平衡，脏腑得不到正常濡养，后才出现脏腑虚衰，精气神亏耗，气化功能受损，脏腑生理功能无法正常发挥，加重气血失衡，从而形成恶性循环，最后脏腑功能衰老以至死亡。且人体随着年龄的增长，在与自然界和疾病的不断斗争中，正气必然受到消耗，由于气虚推动血液无力，更加重了瘀血的阻滞，形成一种"虚实夹杂""气虚血瘀"的局面。所以，瘀血实邪乃人体衰老之主要因素，欲谋长寿之道，必须消除导致衰老的因子——瘀血。消除瘀血最妥善的方法是"固本清源"，清源者正为了固本，固本者也所以为清源服务，因气行则血行，益气有利于化瘀。临床所见，人体进入老年，都有明显的瘀血存在，例如色素沉着、皮肤粗糙、老年斑的出现、巩膜浑浊等，都是典型的瘀血体征，而老年人的常见疾病如动脉硬化、高血压、冠心病、脑血管病、老年性痴呆、前列腺肥大、颈椎病等都是瘀血病理的体现，也是最常见的导致衰老和死亡的原因。经过临床证实，应用调气活血为主的衡法能治疗许多传统上认为是"肾亏"的病证及体征，如阳痿、脱发、耳聋、眩晕等，也可反证这一观点的可信性。1989年，余主持的"瘀血与衰老"科研项目，提出了瘀血实邪乃人体衰老之主因的新观点，荣获国家中医药管理局科技进步二等奖，研究成果曾刊载于《人民日报》头版，上海科教电影制片厂根据该科研成果摄成科教片《抗衰老》，曾在全国放映，反响强烈。

抗击热病　中医尤效

急性热病是指以发热为主要表现的急性病，常见于各种传染性疾病和感染性疾病。余为孟河马培之学派传人，先太师贺季衡以善治温热病而著称于世，其用药多有独到之处，收效特著，使余深受其益。如三石汤之退热存阴；薄荷与石斛同打、豆豉与鲜生地同用，辛透与甘寒同用，透邪而不伤津；玉枢丹之内服外敷；辟瘟丹治湿热交蒸；桂枝龙骨牡蛎法之治阴阳离决；四磨饮子在温热病之应用以及洋酒白兰地内服外敷，因证施治，均有独到之处。

对于热病的治疗，余主张卫表先汗，注重透邪，倡导寒温并用，创羌英汤（羌活、大青叶、蒲公英）发汗退热，投之辄效；邪入气分，传变速，变化多，治疗需审度时机，或通腑，或化湿，或泄热，或化痰，及时杜其发展；病入营血，重在清营泄热，药用鲜生地、鲜菖蒲、大青叶等，如有血瘀征象，参入化瘀之品，其效益彰；热入血分，伤津耗阴，疾病后期保阴尤需重视，取皮尾参、麦冬、芦根、竹叶、鲜石斛等，常可使气阴得复。对于里热始盛者，即用生石膏，剂量宜大，因为急性热病的主要病机是毒随邪入，热由毒生，热毒相搏，瞬息传变。石膏能迅速祛除病原，杜绝热势的蔓延。石膏用量可达 90～250g，热淫所胜，非此莫属。

2002 年 11 月至 2003 年上半年，传染性非典型性肺炎在全国乃至世界范围流行，中医药学在与"非典"的抗争中发挥了重要的作用，得到了世界卫生组织的高度评价。余有幸亲自参与了这一特殊战役，特别在上海、广东、香港等地的治疗中，余发挥运用贺太师之经验，获得意外之效果。余认为"非典"作为一种急性传染病，由于流行区域不同、患者体质差异以及病程长短不一，临床表现因而不尽相同，所以必须"有是证，用是药"，坚持辨证论治才能收到良好的治疗效果。早期注重透表、宣达，逐邪外出，慎勿失表。方可选银翘散。病将由表入里，则用麻杏石甘汤。中期重视兼邪的论治，如痰、瘀、湿的治疗，提倡用葶苈子清热豁痰以治疗呼吸窘迫。生半夏也为习用之品，生半夏与生姜先煎 30 分钟，非但无毒，且疗效远胜制半夏。活血化瘀则有助于炎症的吸收，如清热化瘀之赤芍、丹皮、丹参等。对"非典"发病中产生的肺纤维化，则倡用化瘀软坚法治疗，虫类搜剔之品可获一定疗效，药如生蒲黄、穿山甲（现用代用品，下同）、生牡蛎、海藻、昆布等。治湿则常用苍术，量常用至 15g。并多配伍黄连、厚朴、菖蒲、佩兰等品。若正治不效，可试用旁治之法，所谓"治湿不利小便非其治也"，虽无小便不利、下肢水肿等症，也可用五苓散旁敲侧击。后期则需根据邪正相争的变化而扶正以达邪。湿盛者多易伤阳，热盛者多易伤阴。李东垣清暑益气汤益气养阴，清热化湿，用于后期患者多能中的。若阳虚厥脱，当机立断选用参附注射液静脉滴注，气阴两虚厥脱则宜生脉注射液。实践表明，这些经验和方法在治疗"非典"中取得了良好的效果。

2004 年 2 月吴仪同志在全国中医药会议上肯定了中医在抗"非典"工作中的成绩，要坚持继承创新，绝不能丢弃好的，也不能拒绝新的。中医诊治急性热病是个宝库，数千年来积累了丰富的经验，今日中青年中医由于种种原因已很少接触到包括急性热病在内的急症，但"非典"的教训告诉我们，完全有必要培养中青年中医师处理急性热病的能力，并将批具有较好辨证论治水平的中医师组织起来建立中医治疗急性热病应急网络，全面介入，以应对突发公共卫生事件。

一个观点　三个倾向

常有青年医生询问余诊治之诀窍，余认为中医在诊疗过程中既要遵循"整体观点"和"辨证施治"原则，又要力求用"一元论"的观点分析研究疾病发展过程及其在各阶段表现出的不同临床症状。只有这样才能抓住疾病的本质，确定治法和用药，以取得较好的疗效，或许诀窍就在这里。高明的医生，贵在审证明而用药准。然而，人体多奥妙，脏腑不能言，正如张机所说："人禀五常，以有五脏，经络府俞，阴阳会通，玄冥幽微，变化难极。"然凡病情复杂、隐蔽或多方面相互牵涉时，必须有一个起决定和影响作用的症状，其他症状都是随着这一症状的产生而产生，随着这一症状的转变而转变的。"一元论"思想的根本特点是从现象的不同组合来判断现象系统征候的特异性质，临床思维渐进的踪迹，基本上先有演绎，再有归纳，其中互贯着"一元论"思想。"候之所始，道之所生"，这里病机分析是为医生提供症状间相互联系和寻找到起决定作用症状的最有效方法。

曾治疗一例上消化道出血患者，入院时神昏谵语，实验室检查白、球蛋白比例倒置，钡剂透示食道下端及胃底静脉曲张，诊断为门静脉高压症。经输血、中药治疗，出血遂止，旋即出现高热、水肿、腹水，并迅速加剧，空腹血糖13.8mmol/L，行保肝、降糖、利尿、放腹水等综合治疗，病势有增无减，会诊时已腹大如瓮，脐凸足底平，奄奄待毙，总的印象是实不耐攻，虚不受补。用东垣天真丹出入为方，轻补缓攻，立足于助气化、展气机，药后颇合病机，二便畅利，腹筹渐松，精神、胃纳转佳，改从丹溪大温中丸法启脾阳，逐凝聚，宣经气，利腑道。连服43剂，腹水消失，血糖初平，肌肉渐充，一改枯索之态。又治一遗尿患儿，多夜间遗尿，在顽皮或兴奋后发生。曾2次哮喘发作，均使用平喘喷雾剂治疗，未找到过敏原。胃纳一般，大便偏溏，有时夜间盗汗。余认为肾主二便，遗尿多责之少儿肾气未充，阳不用事。加之遗尿多年，便溏溲清，面色不华，显属肾气不足，下元虚冷，复患哮喘，故从"一元论"观点出发，认为二病同出一源，当责之肾气不足。方用巩堤丸合玉屏风散，用之取效。由此可知，每一种症状都有一定的临床意义，而真正能反映这许多症状本质的乃是三焦气化失司，而并非是脾虚或水湿内停，若一味补气健脾必致壅满更甚，一味逐水又将耗气伤正。从症状到证候的认识是中医系统辨证的结果，症与证本质之间的联系，全靠"一元论"思想统率，攻克主要矛盾，其他便迎刃而解了。

余从医 70 余年，诊治疾病数万千，于临床治疗中摸索出三条思路，颇有收获，今向同道供一得之愚，述之如下。其一为"振奋阳气"，阳气之与人体强弱有密切关系，对久治不愈的证候，辄加附子，往往能获取意外效果。曾治一肾小盏结石患者，已服中药数百剂，专科医学认为其结石嵌顿，部位属不易移动处，非手术绝难奏效，但患者体气羸弱，不愿手术，遂一反常法，投温阳利气、排石行水，用附桂石苓汤加莪术、王不留行，7 剂后排出黄豆大结石 2 枚，复查肾盂积水消失，肾功能恢复。盖取气化不及州都义，其效如响斯应。其二从"血为百病之胎"立法，采用活血化瘀药物攻克疑难杂症，亦多殊功。王清任讲"气通血活，何患不除"，唐容川谓"一切不治之症皆因不善祛瘀之故"，证诸临床，确有至理。曾治一持续 3 年不愈之呃逆患者，遍用常法不效，投通窍活血汤 2 剂而瘥。其三谓"脾统四脏"，人体脏腑组织功能活动皆赖脾胃之转输水谷精微，脾荣则四脏皆荣，脾衰则四脏俱衰。有一老年患者久病内脏下垂、低钾症、肺气肿，备尝补肾、补肺、补脾之药，终鲜有效，遂于前医方中加入苍术、升麻、荷叶、粳米，颓象一举而振。于是得出结论：实脾不如健脾，健脾不如运脾，四季脾旺则不受邪。

培养后学　不遗余力

在长期的临床和教学工作中，余发现当前的教育存在一些问题，重"西"轻"中"的教育模式导致相当部分中医院校的毕业生不会望闻问切，不懂八纲、八法，不懂阴阳五行、辨证施治。这让余深感担忧。1998 年，余与邓铁涛、任继学等八位全国名老中医联名上书国家领导人，对我们当时所担忧的诸多问题，如中医医院合并为西医医院的一个科、中药新药的评审模式、中医医院医药分家以及中医教育继承等，列陈己见并提出合理建议，观点明确中肯，得到领导们的大力支持，对中医的发展影响深远。

1990 年 12 月，人事部、卫生部、中医药管理局联合发文《关于采取紧急措施做好老中医药专家学术经验继承工作的决定》，余被确认为首届全国名老中医学专家学术经验指导老师。1994 年 1 月，首届继承学员 3 人结业，接任第二届带教任务。1997 年 1 月，接第三届带教任务。历年来，余受国家中医药管理局委托主办两期"全国综合性医院中医科科主任管理研讨班"，三次"振兴中医、发挥中医优势"全国性学术会议，四期"心脑血管病中医诊治讲习班"以及"全路中医政策学习班""活血化瘀专题学习班""中医诊治危急重症专题学习班""中医诊治脾胃病专题学习班"等国家级继续教育项目。

面对当前中医"西化"日甚，中医临床实习基地日渐匮乏之现实，为开辟一条传承中医之路，余上书国务委员陈至立同志，建议通过举办"中医大师传承班"，建设真正能传承中医的临床实习基地，加强学生对中医经典原著研读以及对中国传统文化的学习，并在大师的指点下领悟道家、儒家、佛教等中国传统文化与中医相通的精髓所在，让学生能学到道地的中医辨证施治、理法方药等学术精华。这个建议获得教育部、科技部以及国家中医药管理局的支持。结合教育部重大研究课题，2008 年 11 月 24 日由同济大学承办的"同济大学中医大师传承人才培养项目"（以下简称大师班）正式开班，得到热烈响应。大师班由余及邓铁涛教授、路志正教授、朱良春教授、周仲瑛教授、张琪教授等组成核心导师团队，同济大学校长裴钢院士出任领导小组组长。目前培养计划进展顺利。这种在综合性大学中进行中医教育改革试点项目尚属首次。

为拓宽发展中医之路，余还力求多途径支持中医学术的发展。1999 年 12 月，余捐出自己多年积蓄的稿酬和学术成果奖金共计 20 余万元人民币，设立"颜德馨中医药人才奖励基金"，成立以个人名义命名的以中医药发展为目标的全国第一家非公募基金会，用于奖励优秀的中医药人才，鼓励后学。此后数年中，又投入了 20 多万元。2005 年，为了更好地发挥基金会的积极作用，"颜德馨中医药人才奖励基金"扩展为"上海颜德馨中医药基金会"。为了激励全国各地年龄在 45 岁以下的优秀的青年中医药人才，基金会每两年举办一次"优秀中医药学术论文评比"，鼓励中医药工作者钻研学术。2001 年、2004 年和 2006 年三次奖励了在中医教研和继承老中医经验、中药传统工艺和研制方面的成绩突出者，包括 2003 年在抗击"非典"中有突出贡献者。2006 年 7 月，由基金会与东方新闻网站共同推出了中医药专业网络平台——上海颜德馨中医药基金会网站。基金会的社会影响力日渐扩大，基金由原来的 50 万元扩充到 700 余万元。其支撑范围扩大到中医科研、临床和中药产品的开发、产学研结合、学术专著的出版、中医药健康咨询、中药加工制造、工艺现代化、国内外中医药学术交流等方面，基金会的良性发展在很大程度上鼓舞了中医学者，培养了中医界的青年人才，增强了中医界同仁的凝聚力。与此同时，由余担任所长的同济大学中医研究所，获得科技部 973 重大科研课题"气血学说继承与研究中心"一项、十一五国家科技支撑计划"颜德馨教授病证结合治疗冠心病的经验研究"一项，市级科研项目五项。"颜氏感冒灵"抗病毒药效研究评价取得了良好结果，部分实验指标不亚于达菲，获得一致好评。

治学心得 寄奉后学

从古至今，诸家名医治学方法众多，余体会最深的主要有四：

1. 创新必须与继承相结合

中医药学有着独特的理论体系，其科学性还远远未被阐明和发扬，要在学术上有所创新，首先必须立足于继承。余不同意一谈继承就谓之守旧，任何一门科学的发展都是现有科学的发扬和延伸，丢开中医的理论体系，去奢谈发扬中医，无异于舍本逐末。要认识和发展中医，首先必须学习它，研究它，了解其完整的理论体系及其内在规律，绝不能凭主观臆断而斥之为糟粕，只有通过探求未知使之成为已知，才是正确的治学方法。余根据自己学医的实践，把继承方法归纳为"猛火煮，慢火温"六个字，所谓"猛火煮"，就是强调要博览群书，把学习中医经典著作和历代名医著作作为学医入门的途径，通过泛读强记，打好理论基础的根底；所谓"慢火温"，就是读书学习一定要独立思考，反复研习，学习前人的著作，绝不能生吞活剥，食而不化，必须深思苦悟，才能有所收获，这是极其重要的一环。因此余常要求学生在学习古代医籍时，不能墨守成规，抱残守缺，要多开动脑筋，多临床实践，在实践中分清瑕瑜，真正做到学有所用。

2. 理论研究必须与临床实践相结合

多读书能扩大视界，拓展思路，多临证则能辨别是非，增长学识，因此只有理论研究与临床实践相结合，才能在学术上有所创新。余自幼跟家父学医，之后又在上海中国医学院学习，博览了众多的先贤名著，还先后向徐小圃、秦伯未、盛心如等名家请益，从医 70 余年，始终不渝地坚持参加临床工作，由此获得的理论知识和临床经验为学术创新打下了良好的基础，并在临床实践中酝酿新理论、新观点，推动中医理论的发展。例如中医素有"百病皆生于气"之说，但余在临床上却发现诸多疾病与血瘀有关，尤其是一些久病、怪病患者都有明显的瘀血指征，通过临床观察及甲皱循环、血液流变性等实验，证实这些患者确有瘀血存在，于是提出"久病必有瘀、怪病必有瘀"的论点；余根据"疏其血气，令其条达，而致和平"之说，验之于临床与实验，发现活血化瘀疗法确能改善机体内环境，消除体内积瘀，纠正脏腑虚衰，使机体由不平衡状态达到新的平衡，因此提出"衡法"理论，并以此法治疗多种疾病，收到满意疗效。

3. 科学研究必须与中医特色相结合

数十年来，余参与主持了多项科研工作，如"瘀血与衰老的关系""怪病必有瘀的临床和实验研究""衡法冲剂对久病、怪病的疗效观察""消瘤丸治疗血管瘤的临床研究"等。余在实践中体会到中医药学是一门具有传统特色的医学科学，有着其独特的理论体系和特点，具体表现在理论思维的科学性，辨证论治的完整性，理法方药的系统性。因此在科学研究中，能否遵循中医理论体系，发扬中医的优势和特色是其成败的关键。要做到这一点，必须克服从书本到书本、从实验室到实验室的脱离实践的做法，坚持选择符合中医药学特色的实验方法，借助这些实验方法来阐明其医理进而对传统理论有所发现，有所创新。"瘀血与衰老的关系"的科学研究工作就是从发掘中医特色开始的。当时纵观文献，论述人体衰老均谓脾肾虚损所致，但余与科研小组却发现人体进入老年后，普遍出现皮肤粗糙、巩膜浑浊、舌质紫暗等瘀血现象，一些常见的老年病的发病也都与瘀血有关，结合中医的气血学说，素有"人之所有者，血与气耳""气血正平，长有天命"之说，于是大胆提出"人体衰老的主要机制在于气虚血瘀"。经临床观察、动物实验等一系列研究，证实了这个理论的正确性，为延缓人体衰老提供了新的途径。

4. 要有虚怀若谷的精神和实事求是的治学态度

中医学流派众多，应善于学习历代各家之精华，不论派别，兼收并蓄，取诸人之所长，去诸人之所短，绝不应闭门自守，有门户之见。为医者，自当谦虚谨慎，牢记"满招损，谦受益"之古训，事败不推卸责任，功成不掠人之美才是。

结语

回首岐黄路，悠悠七十年，人生有涯而医无涯。中医学源远流长，蕴藏着丰富的理论知识和临床经验，是中华传统文化之瑰宝。余的感触是：要学好中医，首先必须要有献身祖国中医药事业的决心，志不坚则智不达，如果对一门学问没有信心，又怎能学好它呢？其次学医要边读书，边临床，既要继承前人的宝贵经验，又要具备开拓思想及实践创新精神，要有博学、审问、慎思、明辨和笃行的治学态度，刻苦钻研，锲而不舍，如此则临床疗效必能得到提高，功夫是不负有心人的。长江后浪推前浪，愿后学诸君勤勉奋斗，实现中医学术的发展与提高。

（韩天雄、邢斌协助整理）

班秀文

班秀文（1920—2014），字壮，广西壮族自治区平果县人。广西中医学院教授，主任医师，研究生导师，首批全国名老中医专家学术经验继承工作指导老师，享受国务院政府特殊津贴，我国首届 30 名"国医大师"之一。曾先后兼任广西壮族自治区政协委员、第六届全国人大代表、广西高等教育学会理事、广西医药卫生委员会委员、广西科学技术协会常务委员、广西中医学会副会长及妇科专业委员会主任委员、广西民族医药研究所顾问、《广西中医药》编委会副主任委员及主编、《广西医学》编委、《实用中医学》顾问兼编审、中国南阳张仲景学说研究会顾问、中华全国中医学会理事及妇科委员会委员、中华医史学会理事、澳大利亚自然疗法医学院名誉教授等职。被授予广西全国老中医药专家学术经验继承优秀指导老师、中华中医药学会首届中医药传承特别贡献奖及中华中医药学会终身成就奖。

班秀文早年曾任乡、县医务所医师，中学校医及省民族卫生工作队医生。1957 年开始担任广西中医学院前身——中医专科学校教师，从事临床教学工作60 余载。先后担任广西中医学院妇儿科、中国医学史、中医各家学说、《金匮要略》等教研室主任和壮医研究室主任，讲授过中医诊断学、中医内科学、《伤寒论》《金匮要略》、温病学、中医妇科学、中医基础理论、《内经》、中医各家学说等十多门课程。招收了第一批专攻壮族医药史的硕士研究生，培养了 18 名中医硕士研究生和 3 名高级职称的学术继承人。先后发表论文数十篇，著有《班秀文妇科医论医案选》《妇科奇难病论治》《班秀文学术经验辑要》，编有《中医基本理论》《中国妇科发展史》等教材。

难境求学

我出生于广西隆安县雁江乡长安村那料屯一个壮乡家庭，祖父及父亲是当地颇有名望的骨伤科医生，深受当地群众爱戴。我自幼随祖父上山采药、在药铺认药，帮父亲包药、发药，因受到家庭的熏陶和影响，对医药学产生了浓厚的兴趣。但在我7岁那年，不幸家庭突变，祖父及父亲相继染病去世，从此家境贫寒，生活艰难。此后我被寄养在姨妈家，幼小的我成了一名放牛娃。四年的放牛时间，我没能去学堂，不幸中的幸运，我认识了一位曾读过几年私塾的梁老伯，并跟随他学习认字，以牛鞭为笔，以大地泥沙为纸。在这段时间里我认识了上千个字，也背下了多篇文章，为之后的学习打下了基础。12岁那年，在亲戚的资助下，我才得以进入学校学习，插班就读三年级。因基础较差，开始时学习十分吃力，但凭着不懈的努力，勤奋刻苦的学习，一年后，我成为班上成绩最优秀的学生之一。在参加高小的考试时，在近500名考生中，以第一名被平果县中学录取，并得到了免交学费的待遇。但因家境窘迫，不能继续供我上学，我只好受聘于村小学成为一名教员。在此期间，我仍利用有限的资源，坚持自学，阅览多方面的书籍，不断充实自己的学识。

1937年秋，广西省立南宁医药研究所（本科）是当时广西最好的中医教育学府，在果德（现平果县）公开招考两名学生，而且是公费。参加考试的有县里众多读书人及昔日的老师，报考条件是"必须为中学毕业"，高小毕业的我因学识丰富得到教育部门的批准，破格给予参加考试资格。这一消息，使我看到了曙光，对我而言，这是进入医学学堂的绝佳机会。为了这一希望，我白天苦干农活挣钱，晚上彻夜挑灯夜读。最终我以全县第一名的优秀成绩被录取。那一刻的欣喜至今难忘，只因我即将实现祖父"学医济世"的遗训。然而，母亲却因为家里拿不出我上学的生活费而不得不劝我放弃学业。从医的渴望支撑着我不断向母亲争取求学的机会，在得知家里实在无力供我上学时，绝望中我闭门禁食3天。最后，母亲心软了，将家里面所有的积蓄都给了我。就这样，我怀揣着7个铜板，步行三天三夜，来到了距离平果150千米的省会南宁，进入广西省立南宁医药研究所学习。在3年的学习时间里，我系统地学习了《黄帝内经》《伤寒论》《金匮要略》、温病学、中药学、方剂学、妇科学、儿科学、针灸学等课程。我深深体会到，要学到一点知识，尤其是医学上的知识，除了勤奋和虚心外，没有别的捷径可走。除夜以继日的努力攻读外，我还虚心向老师、同学请教，并深得我的老师中医名家刘惠宁、刘六桥的喜爱。他们对我的学习关怀备至，常将我带到他们的诊所里见习，切脉问病，抄方配药。刘惠宁老师强调《内经》《难经》《伤寒论》《金匮要略》等经典为中医学之根源，为医者必读之书，与金、元以后历代诸家有所创见、有所发挥的不同学派，是源与流的关系。因此他立论平正，无流派之分，无门户之见，惟善是从。刘六桥老师对来诊的病人全都一视同仁，不论富贵贫贱，男女老少，他都认真问诊，小心用药。在老师的指导下，我不仅学业日渐增进，也认识到学习中医要博采众家之长。通过这段时间的学习，不论是在基本理论还是在临床实践方面，我都打下了扎实的中医基础。而老师的医德与风范更影响着我，让我一生受用。1940 年我顺利从广西省立南宁医药研究所毕业，开始了我的行医之路。

壮乡行医

毕业后，我被分配到桂西山区凌云县平私医务所当所长兼医师。当时社会动荡，山区里缺医少药，很多疾病得不到医治。我来回奔走于山乡之间，给每一位病人看病。对于付不起钱的病人，就尽量少收或减免药费。由于山区药物奇缺，我就利用当地的草药给群众治病。如食滞泄泻，用番桃叶嫩苗治之，奇效如神。不仅治疗一般的常见病、慢性病，也治疗急性传染性疾病，如疟疾、痢疾、回归热等。就在山间的行医过程中，我有感于当地壮族妇女忍辱负重、劳作辛苦，从此决心要尽自己的努力，解除妇女的疾病，开始转为注重妇科疾病的诊治，对妇女的经、带、胎、产诸疾潜心研究。而所用药物，多为简、廉、易取的草药，内服药与外用药兼施，配合针灸，疗效显著。如治疗乳房红肿、发热、疼痛的乳腺炎，常用芭蕉根捣烂加温外敷患处，1~2 小时乳房疼痛即可消失，继之在背部心俞穴、肝俞穴针挑出血，第二天换用鲜马鞭草捣烂加温，外敷患处，治疗 2~4 天肿痛完全消失。此后我曾在县城中学医务室、县卫生院供职，又因当时身处旧社会，抱负不能如愿，于 1946 年辞去公职在县城悬壶开业，不久成为当地一名有名望的医生。中华人民共和国成立后，响应政府"中医要学习西医"的号召，1951 年，我被保送进入医士学校，系统学习西医基础理论知识。1952 年 9 月，我被分配到广西民族卫生工作队当医生，深入广西的壮乡苗寨，为当地少数民族群众防病治病。在此后的 5 年间，我对壮乡的中草药、偏方、验方、特色疗法有了更深入的了解，在交通闭塞、药品奇缺的山区，我的针灸和草药特长得到了很好的发挥。1953 年春，广西隆林县发生回归热流行疫情，我和卫生队的同志用针灸和草药挽救了几十户濒临死亡的村民。1957 年我奉命调回南宁工作，开始了在广西中医学院的执教生涯。

学术观点

（一）妇科病重视治血

血在脉中循行，内至五脏六腑，外达皮肉肌膜筋骨，如环无端，运行不息，灌溉周身，无所不及，不断地对全身各脏腑组织器官起着营养和滋润作用，以维持正常的生理活动。在妇女而言，妇女以血为本，以血为用。血为月经之物质基础，血海充盈，任通冲盛，则月事能以时下；带下属津，津血同源，气血旺盛，下注冲任，则带下正常；妇人摄精成孕，胎元生长均有赖于阴血的奉养；产后阴血耗伤，且阴血上行化为乳汁，故产后多虚多瘀。正是由于妇女的月经、带下、妊娠、产乳等生理活动或病理变化，均与血分息息相关，因此治血之法为治疗妇科病之法。正如《景岳全书·妇人规》所指："女人以血为主，血旺则经调，而子嗣，身体之盛衰，无不肇端于此，故治妇人之病，当以经血为先。"治血之法，首要辨别疾病的寒热虚实，血寒则温，血热则清，血虚则补，血实则破。在立法遣方上，根据寒热虚实的不同，采用温化、清凉、补养、攻邪等方法治之，但考虑妇女以血为本、阴血难成而易亏、血分易虚易瘀的特点，遣方用药要既能治血又不伤血，以治血为着眼点。其次，治血应注重调理肝肾。肾为先天之本，内寓元阴元阳。肾中所藏之精为气血生化之根本，精血同源，精血互生；肾阳为人体阳气之根本，肾中阳气的温煦与推动作用，对血液的生成和运行也是很重要的因素；肝藏血，肝为女子之先天，食物经脾胃的腐熟消化吸收后，其精微物质进入肝脏而化气血。《内经》指出："食气入胃，散精于肝，淫气于筋。"又肝主疏泄，能生化气血，如《素问·六节藏象论》云："肝者罢极之本……以生血气。"最后，在治疗血分病证时，还应注意佐以理气之法。气血以流通为贵，因而治疗血病之法，虽有温、清、补、消之别，但其着眼点在"通行"二字，从而达到《素问·至真要大论》所说的"疏其血气，令其调达，而致和平"的目的。

我在治血的同时，特别注意运用活血化瘀法。活血化瘀是治疗血证的大法之一。清代王清任所著的《医林改错》一书中即有活血化瘀和补血化瘀之说。由于妇女"数脱血也"，其正常生理活动均需消耗阴血，从而出现阴血难成而易亏、血分易虚易瘀的特点。治疗血瘀的关键是认清产生瘀血的因素。临床上常见妇女瘀血的病因有气滞、气虚、寒凝、热郁、湿困、外伤等。血为气母，气为血帅，气赖血载，血赖气行。气行则血行，气滞则血瘀。气虚则气机鼓动乏力，血行迟缓而成瘀。故《素问·调经论》有"血气不和，百病乃变化而生"的论述。寒为阴邪，其性收引，血遇寒则凝滞不行而为瘀。邪热炽盛，迫血离经致瘀，或热邪壅阻血络而夹瘀。湿为阴邪，最易阻遏气机，损失阳气，从而使五脏气血不和，气机升降失常，经络阻滞，而成瘀血病变。外伤跌扑，血溢脉外，或血证失治而成留瘀之患。

治瘀之法，必须根据瘀血的不同性质，采取不同的方法，才能达到预期的目的。如气滞血瘀者，当以疏肝理气、活血化瘀之法，方选柴胡疏肝散合金铃子散、失笑散等，但应酌加甘润之品，以防疏肝太过而劫伤肝阴。对于正气衰弱、气虚不运而致癥瘕积聚、月经不调者，以益气化瘀之法治之，前者可用桂枝茯苓丸合当归补血汤加减治之，后者则常用桃花四物汤加黄芪、益母草、鸡血藤治之。寒凝血瘀所致月经不调、痛经、不孕症，均可以温经化瘀之法治之，实寒者宜温经化瘀并用，虚寒者则宜温肾扶阳、补消兼施。郁热火毒之邪致瘀者，当以清热凉血化瘀之法治之，慎用苦寒之剂，因妇女以阴血为主，苦寒之剂虽能退热，但用之不当，容易化燥伤阴，戕伐脾胃之生机。我常用辛甘凉之品如白茅根、荷叶、鸡血藤、丹参、泽兰、益母草等，既能退热，又能养营益血。气血不足，又有血瘀者，当用补血化瘀之法。如新产之妇，证属虚瘀夹杂之体，生化汤为常用之方。湿瘀互结，既有血瘀月经的病变，又有带下绵绵者，当用燥湿化瘀之法。应当注意的是，在应用活血化瘀法的过程中，必须正确处理正气与瘀血的关系。治疗上要根据正气的强弱，采取徐图缓攻之法，在运用各种化瘀法时，要顾护正气，才能收到瘀去正复的目的。同时，在瘀血已经基本消除之时，应该适可而止。正如《素问·五常政大论》所说："大毒治病，十去其六，常毒治病，十去其七……无使过之伤其正也。"

（二）治带祛湿为先，不忘祛瘀

带下病为妇女常见疾病之一，为经、带、胎、产四大病证之一。带下病的病因前人论述颇多，有脾气之虚、肝气之郁、湿气之侵、热气之逼等诸多因素，但总的来说，均由于水谷精微不能输布生血，反而潴留为湿，流注下焦，停滞胞宫，损伤冲、任、带诸脉而引起。故我尤为推崇《傅青主女科·带下病》所说："夫带下俱是湿证。而以带名者，因带脉不能约束而有此病。"湿的轻重多少，直接关系到病情的深浅程度，湿重带多，湿轻带亦少。

带下病的治疗，根据病情寒热虚实的不同，虽有温化、燥湿、祛痰、补虚、泻实之分，但其病因以湿为主，故治带当以祛湿为先，只有祛除湿邪，带脉才能约束。本病之湿在于下焦，根据"诸湿肿满，皆属于脾"，"脾苦湿，急食苦以燥之"之说，本病治疗当以健脾、升阳、除湿为治疗原则。但湿邪病变，不仅与脾弱有关，而且与其他脏腑功能失调也有关系。特别与肾的关系尤为密切。肾主水也，肾中寓元阴元阳，为一身阳气的根本。脾之健运，津液的输布均有赖于肾阳的温煦。胞宫系于肾，冲任二脉起于肾，肾气的盛衰直接影响冲任二脉的功能。如肾气不足，就会导致太冲脉虚，任脉衰少，胞宫功能失常，从而发生带下及其他病变。因此治带以健脾温肾为宗，以祛湿为先。

妇科诸病，均为血证，带下病亦不例外。湿为阴邪，其性重浊黏腻，易阻遏阳气，不仅使带脉失约，而且使脏腑功能失调，气血失和，经脉不利，血行失畅，导致瘀血。或房劳多产，久病入络，瘀血内生，阻塞经络，三焦气机不畅，水津不能敷布而生湿。因瘀致湿者，多为房劳多产，或久病入络，瘀血内生，阻塞经络，气机不畅，水津不能敷布而生湿。湿能致瘀，瘀能生湿，互为因果。湿瘀有形之邪交结，不仅湿邪阻滞经络使瘀血加重，而且瘀血又可加重湿阻，从而使病情缠绵，日久不愈。临床上常见带下绵绵，腹痛隐隐，经久不愈，甚至可见腰腹疼痛，面色暗黑，舌有瘀点、瘀斑，或伴有经行腹痛，经色紫暗，夹有血块，更有甚者，可伴有各种盆腔炎症或包块。治疗根据湿瘀的轻重主次，灵活采取活血化瘀之法，正确处理正气与瘀血的关系。因湿瘀带下多为久病，正气已伤，因此要根据正气的强弱，徐图缓攻，或攻补兼施，或先攻后补，或先补后攻，务必时时顾护正气。因此，我常用鸡血藤、益母草、丹参、当归、赤芍、田七等补中有行、养血化瘀之品。在止带收涩之时，要选用止中有化、止带兼化瘀之品，如小蓟、藕节、茜根等均可选用。虻虫、水蛭、大黄、桃仁、红花等峻猛之品则少用或慎用。代表方则常用当归芍药散，并自创具有清热利湿、解毒化瘀之功的清宫解毒饮。

验案举隅

吴某，女，30岁。1982年4月初诊。1978年第一胎人工流产之后，迄今将近四年，仍未再孕。月经周期正常，色暗红，量一般，持续3~5天干净。经行之时腰及少、小腹胀疼，平时带下量多，色白黄，不时阴痒。延余尚无特殊发现。脉虚弦，苔薄白，舌质淡。中医诊断：①带下过多。②不孕症。治疗以健脾化湿、调养冲任为法。方药：当归9g，白芍9g，川芎5g，茯苓15g，白术9g，泽泻9g，苍术5g，鸡血藤15g，延胡索9g，莪术5g，炙甘草5g。3剂，水煎服。

服药后带下量少，阴道不痒，但耳鸣，夜难入寐。脉沉细，苔薄黄，舌淡红。二诊恐温燥攻伐过用，转用调养之品。药用：当归身9g，白芍9g，熟地15g，怀山15g，山萸肉9g，沙参9g，麦冬9g，夜交藤15g，茯苓5g，泽泻5g，丹皮5g。

连服三剂后夜寐较好，但尚耳鸣。脉沉细，苔薄白，舌质淡红。药既对症，仍守方再服3剂。此后，经水逾期未至，经至医院检查，诊断为早孕。

（三）灵活运用三法治崩漏

崩漏为妇女月经病中比较常见而严重的疾病，以经血非时而下或淋漓不尽为特征。崩和漏有一定区别，崩者首见于《素问·阴阳别论》："阴虚阳搏谓之崩。"为阴道大量出血，来势凶猛，酷似山岳崩溃；漏下之名则见于张仲景《金匮要略·妇人妊娠病脉证并治》："妇人宿有癥病，经断未及三月，而得漏下不止者……其癥不去故也。"漏下来势较缓，血量不多，但淋漓不绝，又称经漏。崩漏二者病因及治法，常互为因果，又可相互转化，既有先崩后漏，又有先漏后崩，以及崩漏交作，故历来崩漏并称，有"漏者崩之渐，崩者漏之甚"之说。

历代医家均对崩漏的治疗进行过深入的研究，在祖国的医学史上早有较完整的治法。而明代医家方约之对本病的治疗提出了治崩三法："治崩次第，初用止血以塞其流，中用清热凉血以澄其源，末用补血以归还其旧；若止血而不澄源，则滔滔之热不可遏；若只澄源而不复旧，则孤子之阳无以立，故本末不遗，前后不紊，方可言治。"后世医家将此三法继承并发展，成为治疗崩漏的大法。我在临床实践中，对塞流、澄源、复旧治崩三法进一步发挥，应当审证求因，根据地理、气候、个体差异以及病因病机的不同，灵活运用三法，局部辨证与全身辨证、辨证与辨病相结合，随证用药，不可拘泥而一成不变。

崩漏的治疗，本着"急则治其标"的原则，止血乃治疗最迫切而正确的措施。塞流止血并仅用收涩之品，必须审证求因，寒者热之，热者寒之，虚者补之，实者泻之，去其阴血妄行之因，其血自止。除塞流中要辨证明确外，在用药当中，还需酌加活血化瘀之品，如三七、益母草、五灵脂、延胡索等。因为有塞有化，既能阻止其源之继续崩溃泛滥，更可以化其已离经之败血。倘若只塞流而不化瘀，则离经之血既不能复归故道，又不能与好血相结合，反而停积于中，壅塞经脉气道，阻滞气机，贻患绵绵，甚则导致积聚等病变的发生。"缓则治其本"为崩漏另一治则，在出血较少或停止的情况下，应找出其致病原因，辨其寒热虚实，随证治之。务必做到辨证求因，审证论治，从根本上解决疾病的症结。同时在辨证论治的基础上，还要适当考虑少、壮、老的不同生理特点，以便决定治疗的重点。一般来说，在青少年时期，肾气初盛，发育未全，故治之宜侧重以肾为主。但情窦初开，肝气易动，宜兼以柔养肝气之法。中壮年时期，工作学习，婚配生育，公私繁忙，最易耗血伤阴，阴亏则阳易亢，导致肝气疏泄太过，故治之宜侧重于肝，以柔养血海而滋调肝气。但肝肾同源，房室孕产又与肾直接相关，故在治肝之中，仍然要兼以治肾。"七七"之年时期，肾气衰退，精血日亏，此时期阴道出血的病变，多系肾的功能失常，阴阳不和，故治之当"贵在补脾胃以资血之源，养肾气以安血之室"，宜侧重治脾，兼以调养肾气，从后天养先天，先后天并治。在崩漏的复旧，主要为调理脾胃，巩固疗效。脾胃为气血生化之源，是后天的根本，故善后调理，巩固疗效要重视脾胃。此外，肾为水火之脏，为一身阴阳之根源，为主蛰封藏之本。血气均始于肾，冲任二脉皆起于胞中而属肾。血之所以异乎寻常的崩中漏下，和肾的开合封藏、冲任二脉的亏损，有着极为密切的关系，所以有"治崩不忘肾"之说。因此，在复旧之中，除了注意调理脾胃之外，还要顾及肾之封藏功能，以肾为主，注意温补肾气，调养冲任，加强肾的固藏功能，辨清阴阳偏颇，以平为期。用药多取甘平或甘温，因甘能生血营养，温则生发通行，从而达到促进气血恢复、冲任调和、月事循常的目的。

验案举隅

黄某，女，34岁，1975年8月9日初诊。经行提前，量多二年。缘于两年前爱人患肝癌病故，忧悲过度，旋即经行提前，量多，色红，每次均须服止血药、打止血针（具体不详）始止。本次经行，于7月4日开始，迄今月余，仍量多，色红，夹紫块，虽经服止血药、打止血针（具体不详），出血未止。脉虚弦，苔薄白，舌质正常。中医诊断：崩漏。治以滋阴养肝，化瘀摄血。药用：北沙参12g，旱莲草15g，玄参12g，莪术5g，苏木9g，益母草15g，茜根9g，藕节15g，生牡蛎24g，柴胡2g，甘草3g。

服上药3剂，出血基本停止。药已对症，二诊仍守上方出入。药用：生地黄15g，地骨皮12g，白芍12g，麦冬9g，旱莲草15g，益母草15g，茜根9g，仙鹤草9g，阿胶9g（烊化），苏木9g，莪术5g。连服3剂。

1975年8月15日复诊。出血完全干净已2天，现无不适。拟脾肾肝并治，以巩固疗效。药用：菟丝子9g，归身9g，白芍9g，覆盆子9g，党参9g，白术9g，川杞子9g，益母草15g，柴胡5g，苏木9g，莪术5g。此后继续以异功散、人参养荣汤出入各服3剂治疗，以善其后。观察半年，经行正常。

（四）化瘀通络，攻补兼施治疗输卵管阻塞

在长期的临床实践中，发现输卵管阻塞是女性不孕最常见的因素。其证候虚实相兼，寒热错杂，治疗不易。从临床上观察，输卵管阻塞常发生于一些高危人群，如有人工流产史，自然流产史或放、取环等宫腔手术史，曾有盆腹腔疾病与手术史（如阑尾炎、胆囊炎、异位妊娠、卵巢囊肿扭转史等）及曾有盆腔炎和子宫内膜异位症病史者。输卵管因上述原因而发生炎症继而管壁增厚，管腔内炎性渗出积水，或发生管壁粘连而阻塞。完全阻塞前因管壁肌肉蠕动减弱，管壁内纤毛功能减退而影响输卵管的正常功能，输卵管与周围组织的粘连也使其功能大受影响。而一旦发生输卵管积水，则输卵管的功能完全丧失，导致输卵管不通。其病机为瘀血闭阻、胞脉不通，虚、瘀为其病理特点，治疗上宜养血、活血、软坚、消瘀，攻而通之，但选用药应避免峻猛破血之品，以免伤伐生机，欲速而不达。临床上症见输卵管完全阻塞，或附件炎性包块，平素少、小腹或胀或痛，或经行疼痛，面部暗斑，舌边瘀点，脉沉涩者，可用养血通脉汤（鸡血藤、丹参、桃仁、红花、当归、川芎、香附、穿破石、皂角刺、

路路通）养血化瘀、软坚消积、宣导通络。临证还可根据患者体质之壮实赢弱，病邪之新起久潜，证情之虚实、主次变通化裁而治之。是方辛开温运，苦降通辛通行，可促进增生性病变、瘢痕组织的软化吸收，松解粘连，收效较佳。

养血通脉汤由桃红四物汤加减而成。冲为血海，任主胞胎。冲任损伤，瘀血内作，可出现经血不调、闭经、痛经、盆腔炎、附件炎等，甚或输卵管不通而致不孕。方中鸡血藤苦甘温，归肝肾，入血分而走经络，历代认为其通中有补，以通为主，养血通脉，为治疗冲任损伤之常用药。当归补血活血，补中有活，修复冲任；川芎直中冲脉，行血中之气，能上能下；赤芍、丹参能补能行，散血中之积滞；桃仁、红花逐瘀行血，通行经脉，使瘀血得行，经脉得通；路路通以通行十二经脉而疏泄积滞；香附疏肝理气，使气调血畅；皂角刺、穿破石清瘀除热，破除陈积；甘草调和诸药。诸药合用，气得行，血得通，经得养，脉得复，共奏养血活络、通脉破瘀之功。

验案举隅

周某，女，34 岁，职工。1990 年 8 月 21 日初诊。患者人流术后 6 年未孕。3 个月前因"异位妊娠"行手术治疗，术中探查发现右输卵管肿胀增粗。术后月经规则，色量一般，经期除腰胀或小腹微胀痛外，余无特殊。表情抑郁，形体瘦弱，舌质淡，尖有瘀点，苔薄白，脉虚细弦。妇检：子宫正常大小，质中，右侧附件区增厚、压痛，左侧附件无异常。中医诊断：断续。辨证：血虚气滞，瘀阻胞脉。治以养血活血，化瘀通络。药用：桃仁 10g，红花 6g，当归 10g，川芎 10g，赤芍 10g，鸡血藤 20g，丹参 15g，穿破石 20g，路路通 10g，皂角刺 10g，制香附 6g。7 剂，每日 1 剂，水煎服，同时嘱其辅以猪蹄甲煲食。

上方连服 10 余剂，1990 年 10 月 26 日二诊，药后自觉右少腹胀，舌质淡，苔薄白，脉沉细。药至病所，效不更方，守方加辛窜通络之品。药用：鸡血藤 20g，丹参 15g，当归 10g，川牛膝 10g，泽兰叶 10g，路路通 10g，甘松 10g，柴胡 6g，炮山甲粉 5g（冲）。7 剂，每日 1 剂，水煎服。

上方共服 14 剂，1990 年 11 月 9 日三诊。服药后自觉右下腹隐痛，数分钟后自行缓解，现继续使用化瘀通络之法，但防其走窜动血伤正，加用调理肝脾、益气扶正之品，以冀全功。药用：当归 10g，白芍 10g，川芎 10g，云苓 10g，泽泻 10g，白术 10g，路路通 10g，赤芍 10g，莪术 10g，黄芪 20g，穿破石 20g，炮山甲粉 5g（冲服）。每日 1 剂，水煎服。

1990 年 12 月 21 日四诊，经净 11 天，守上述两方交替服用，除腰胀之外，无特殊不适。纳便尚可，舌淡红，苔薄白，脉细。守上法加疏肝通络之品。药用：柴胡 6g，当归 10g，赤芍 10g，白术 10g，茯苓 10g，路路通 10g，威灵仙 15g，急性子 20g，泽兰 10g，莪术 10g，山甲粉 5g（冲服）。用上述方剂加减出入，共服药 90 余剂，经净后行子宫输卵管碘油造影，发现右输卵管通畅。继予补益肝肾、调理冲任之法促孕，半年后自然受孕。

本案初为人流手术，肝肾损伤，邪毒乘虚而入，滞于下焦，与瘀血相搏，胞脉受阻，久积成癥。复因手术耗血伤阴，虚瘀夹杂。究其本乃肝肾虚损、肝郁气滞所致，舌尖瘀点、右下腹隐痛、脉虚细弦为虚瘀夹杂之象。在治疗上采用攻补兼施之法，以养血通脉汤加减，活血化瘀，调理气血。鸡血藤、丹参、路路通、穿破石、急性子、莪术等养血行血，辛散温通，化瘀消积而不伤正，炮山甲性专行散，善于走窜，能活血散瘀、通行经络，与上述诸药合用则能通瘀化积。

勤学善用

回顾我行医、教学这 60 余载，始终不离"勤学、善用"。

"勤学"乃勤读、勤思、勤问、勤记。勤读：强调熟读经典，博览群书，博中有专。研习经典是窥微索隐的门径，学医之人，必研中医古籍，中医古籍之多浩如烟海，而学习则应从源到流，先从难从深而后浅出，从经典著作开始，如《内经》《难经》《伤寒论》《金匮要略》《神农本草经》等。经典著作是人类智慧的结晶，是前人长期医疗实践的经验总结，其中的精华对临床有重要的指导意义。如张仲景之《伤寒杂病论》，以六经论治伤寒，以脏腑论治杂病，概括了整个内科，而且也渗透到外科、妇产科、儿科及五官等科，对理、法、方、药提出了系统的论述，为辨证施治的基础，而《金匮要略》妇人三篇，则对妇科的病因病机、辨证论治、立法遣方、用药加减等都有精辟论述，这些理论合理而扼要，不论过去或现在，一直都能指导临床实践。对经典著作有了比较全面的了解后，再阅读历代诸家名著，从源及流，博采众长，进一步丰富理论、拓展思路，在临床上当有左右逢源之妙，则辨证治病疗效可期。勤思：我认为对经典名著中的精辟论述，除精研细读外，还要去粗存精，突破前人的理论和治疗上的局限，进行创造性发挥，临证才能得心应手。勤问：除研读历代医籍、在学习上孜孜以求外，还应虚心学习他人所长，善于向前贤及同道求教，注意收集民间单方、验方，集众之长。在广西省立南宁医药研究所学习期间，我得益于著名老中医刘惠宁、刘六桥老先生的亲自教导，其治学态度和学术思想使我受益匪浅。工作后与同事交流切磋，走访当地壮医亲聆教益，融会贯通，形成了自己的治疗风格。勤记：即善记笔记，读书、临证时不断积累心得、经验，注意总结治疗的经验教训，掌握规律，以便更好指导临床，同时还不能忽视现代医学的知识及检查手段。1951年我被保送到广西省立第六医士学校及中南抗疟人员训练班学习，使我掌握了许多西医的基础理论知识，为之后的中西医汇通打下了良好基础。

"善用"则是将理论知识用于实践，并不断继承发扬。临床实践是验证医学理论的标准，是提高理论的进程，离开临床实践的理论仍是空洞无物。所谓"熟读王叔和，不如临证多"，虽是谚语之词，仍有至理所在。李时珍之所以能写出《本草纲目》，除了他博览群书，有精湛的医学理论外，还与他勇于实践，历经30年跋涉山川，大量实地的调查分不开。我们学习中医，不仅要在书本上多下功夫，还要多临床，不断总结经验，才能对书本知识有全面的理解和提高。如《医林改错》认为少腹逐瘀汤是"安胎种子第一方"，其实此方的组成配伍，全是温行之品，只能对宫寒血滞不孕有效。若是用于治疗湿热、痰湿、气滞等引起的不孕或气血两虚的胎动不安，不仅罔效，而且有不良后果。又如五子衍宗丸，《证治准绳·女科》谓其："男服此药，添精补髓。"历来认为此方乃治男子无嗣之方，其实本方为阴阳并补之平剂，不仅男子精亏不育能用，妇女肾虚引起的病变，亦可加减应用。如室女经漏以本方加减，常常收到满意效果。继承前贤的理论结晶，可使我们充实提高理论，通过实践印证指导临床，但若只强调继承而忽视发展，则会使学术水平停滞不前。张仲景之所以能写出《伤寒杂病论》这一巨著，创造性地提出外感热病的六经病机和内伤杂病的脏腑病机，比较系统地为中医学奠定了理、法、方、药的理论基础，除了长期的临床实践经验积累之外，也与他善于"勤求古训，博采众方，撰用素问九卷、八十一难"等继承前人的理论和经验分不开；金元四大家之一刘河间的"火热立论"是在《素问·至真要大论》病机十九条中火热居其九，以及其他有关热论篇章的启示下，结合当时疾病流行特点而形成的；张子和的"攻邪论"，是在钻研《内经》

《难经》《伤寒论》等古医籍的基础上，并私淑刘完素的火热病机，结合自己的临证经验而确立的；李杲在张元素脏腑病机的启示下，深入阐发《素问》"土者生万物"的理论，创"脾胃论"和"内伤说"，强调"内伤脾胃，百病由生"的论点，为内伤诸病在病因病机、辨证用药等方面做出了卓越的贡献；朱丹溪之"相火立论"，强调"阳常有余，阴常不足"，善用滋阴清热药，成为滋阴派的先驱者，除了当时疾病流行的背景外，也与受到刘完素、张从正、李杲等学术思想的影响分不开。由此可见，中医学术的发展离不了吸取前人的经验，更需要结合临床实践，不断发展。在临床实践中，我总结发现妇女的经、带、胎、产等的病变，一般来说，是属于脏腑和奇经八脉功能失常，气血不和，冲任亏损所致，因而在临床上多以脏腑辨证为主。而《伤寒论》的六经辨证，是以脏腑经络为基础，所以六经辨证同样可以说明妇女的病变，为进一步找出它的治疗规律，我撰写了《六经病变与妇科病变的关系》一文，并得到了妇科学术界的认可。

我出生于农家，12岁时开始接受启蒙教育并在贫困中艰难求学；工作条件艰苦，行医于乡间之时，常常靠村旁、路边的草药和几枚银针救治群众。如此一路走来，靠的是不懈地钻研学习和不断地实践创新。我深深热爱我为之努力一生的中医学，中医仍在不断发展，需要与时俱进。源远则流长，根深则叶茂，万里长征始于足下，愿年轻一代踏着前辈的足迹，在继承之中来发扬，在发扬的过程中更好地继承，为推进中医学的发展不懈地努力、开拓、进取，取得更大的成绩。

颜正华

颜正华（1920— ），又名绍棠，字秀峰，江苏省丹阳市人。14 岁拜同邑儒医戴雨三习读医经典籍，步入岐黄。17 岁再拜武进名医杨博良为师，杨氏系清末"孟河学派"创始人之一马培之的再传弟子。20 岁满师归里，悬壶应诊，名噪一方。27 岁参加丹阳县（现丹阳市）中医统考，名列榜首，誉满丹阳。中华人民共和国成立后，任丹阳县导士区联合诊所所长，兼卫协会主任。1951 年初，参加丹阳县的中医学习西医班。1955 年 3 月，以优异成绩考入南京中医进修学校（南京中医药大学前身）师资进修班深造，毕业后留校任教，任中药教研组第一任组长，主编了新中国第一部本科教材《中药学》讲义。1957 年奉卫生部调遣，调入北京中医学院（北京中医药大学前身）工作至今，历任中药教研组组长、教研室主任、中药研究所名誉所长等职。

系我国著名中医学家、中药学家、中医教育家、北京中医药大学终身教授、中医主任医师、博士生导师，中共党员。孟河学派第四代传人，新中国中药学主要创始人和奠基人之一，首届"国医大师"，"首都国医名师"。

曾任国务院第二届学位评定委员会医学药学组成员、国家教委科技委员会医药组成员、卫生部医学科学委员会暨药学专题委员会委员、卫生部药典委员会委员、卫生部药品评审委员会委员、全国高等医药院校中医药教材编审委员会委员等职。1990 年被人事部、中医药管理局确定为继承名老中医学术经验的指导老师。国务院颁发其特殊贡献证书。1991 年起享受国务院政府特殊津贴。2007 年，被国家中医药管理局授予"全国老中医药专家学术经验继承工作优秀指导老师"荣誉称号和"全国优秀中医临床人才研修项目优秀指导老师"荣誉称号，并被文化部授予"国家级非物质文化遗产代表性传承人"称号。2008 年，被授予"首都国医名师"称号。2009 年，国家中医药管理局授予其"国医大师"称号。在由北京中医药大学、中华中医药学会发起主办的国医大师颜正华行医执教70周年庆典活动上，全国人大常委会副委员长陈至立出席，并为颜正华教授颁发"中华中医药学会终身成就奖"。

从医从教70载，德高望重，学验俱丰，盛名蜚声海内外。参与创建新中国高等教育中药学学科，为我国首批中医药学教授与研究生导师。先后主讲了中药学、方剂学、中医基础理论、黄帝内经、中医临床课等，为国家培养了大批中医药专业人才，其中包括数以千计的专科与本科生、19名硕士生、13名博士生，以及校内外数十名骨干教师。主持了3项部局级科研课题，对缓衰、退热等中药进行了专题研究，取得了多项成果。其中退热药"黄栀花口服液"已被用于临床，造福热证患儿，广受医患好评。早年内、外、儿科并重，近30年独重内、儿科，屡起沉疴，治验甚众，深受患者爱戴。曾发表论文20余篇，著作23部。代表作《临床实用中药学》获得学者好评，《高等中医院校教学参考丛书·中药学》是中高级中医药从业人员难得的参考书。而今，已年届九旬高龄的颜正华先生仍坚持战斗在临床第一线，是目前为数不多仍坚持临证的中医药学泰斗。

打好基础　广深并重

我认为，治学犹如盖楼，要盖一座大楼，首先要打好地基，地基打不好大楼就建不好。要想做一个合格的有作为的中医药工作者或专家，就必须像盖楼那样，先打好地基。只有基础牢固，才能取得丰硕之果。要想打好基础，就必须广博与深化并重。所谓广博，就是广泛全面地学习基础理论和基础知识。所谓深化，就是在广泛学习基础理论和基础知识的基础上，在某个方面或者针对某个专题，进行深入研究。只有知识广博，才能由博返约，不断深化。深化是发展，是广博的动力，只有不断深化，才能促进学习新知识，使知识面不断扩大。我在多年的从医从教过程中，时时注意基础知识的学习和基本功的训练。初学医时，认真诵读记忆《内经》《伤寒论》等中医经典著作及易读易记的药性歌、汤头歌等，至今仍能熟练背诵。后从事中药教学工作，专攻中药药性理论及临床应用等，又广泛研读《神农本草经》等历代本草专著，同时旁及中药药理、药物品种、炮制及制剂等，进一步扩大自己的知识面，夯实基础。

理论实践　紧密结合

研究任何一门学问，都必须理论联系实践，对于研究中医药学也不例外。中医药理论源于临床实践，又指导临床实践，而临床实践又检验了中医药理论，使其进一步深化完善。若理论脱离实践，便成为空洞无用的理论，而实践没有理论的指导，就不会摆脱盲目性，取得最佳效果。如果只重视书本上的理论知识，忽略临床实践，久而久之，势必造成理论脱离实践，变成只会背条文，不会诊病疗疾的空谈家。古云"熟读王叔和，不如临证多"，正是对这种空谈家的嘲讽。反之，只注意临床实践，不重视理论学习，即使能开几张处方，处理几个病人，其学问也是比较肤浅的，而且没有理论指导，就难免有盲目性，疗效也不会提高。所以钻研理论和反复实践是治学的两个方面，二者缺一不可。中医中药本为一体，实践与理论不能分离，既要学会应用所学的中医药理论知识，指导临床、教学、科研实践，又要学会通过实践检验所学理论，从而修正、充实理论。

四诊并重　详察合参

望闻问切四诊，是医生对病人进行周密观察和全面了解的基本手段，是诊治疾病的第一步。这第一步至关重要，是辨证的基础，立法的前提，组方用药的依据，取得佳效的关键。只有对病人进行详细认真的望闻问切，才能识病知因，提出正确的治疗法则。因此，我十分注重研习四诊，将研习四诊放在学医的重要地位，力求做到时常温习，熟练掌握，融会贯通，运用自如。

我在临证诊察疾病时始终恪守详察细问、四诊合参的原则。在具体应用时，又注意灵活机动，突出问诊，参以望、闻、切诊。每诊一位病者，总要抓住病人主诉的主要病痛，围绕主要症状，对患者及其家属进行有目的有步骤的询问。首诊者，常按主诉、治疗经过、用药情况、起病原因、生活习惯，以及家族病史、既往史等顺序一一询问。对复诊者，无论是首次，或二次、三次，乃至十数次者，依然询问其药后病情有何变化及有无不良反应等。此外，在诊病过程中，我还注意吸收借鉴现代医学诊断方法及技术，参考现代医学的诊断和临床检验结果，对准确诊断与合理治疗，大有裨益。

望舌是我极其重视的诊病方法，尤其是望舌下络脉，每人必望，此可谓我的诊断特色，以舌下络脉诊病，积累了较多的经验。

辨病辨证　有机结合

中医辨证论治与辨病施治历史久远。辨证论治是辩证法思想在辨治疾病过程中的具体体现，具有普遍性和动变性。临证时，大多数疾病，不论其何等复杂，也不论其如何变化，皆可通过辨证论治，辨析机体内阴阳消长和邪正斗争的状况，找出疾患的症结，提出恰当的治疗措施，取得预期效果。而辨病施治，则是前人实践经验在辨治疾病中的具体应用，具有专一性和稳定性。临证时，有不少疾病，只要按前人的经验认准它，用特定的并经临床验证疗效良好的专药专方进行治疗，即可取得预期疗效，是中医临床经验的重要组成部分。

辨证辨病，相辅相成，临证应用，必须结合。不管是辨证，还是辨病，均是辨识人体疾患的方法，在具体应用时均须首先辨识患者的具体症状、病因病机，然后才能确立其所患是何证或何病。这说明，辨证与辨病的有机结合，在客观上是有共同基础的，因而也是可行的。病和证虽含义不同，但就具体疾患来说，二者又密不可分。临床实践表明，大多数病在其发展的不同阶段或不同患者身上，可表现出不同的证。这就说明，一病中包含多个证，病可以概括证，而数个相关具体证的综合即为病。如痢疾病，在不同患者或其发展过程中，可表现出湿热病痢、疫毒痢、寒湿痢、阴虚痢、虚寒痢及休息痢等数个具体证型，而这数个相关的具体证型，综合起来即是痢疾病。有的病，它的证型在同一患者、在同一时期内相对稳定，如疟疾等；而有的病，在不同患者，其证也变化不大，这时证与病又基本统一，证即是病，病即是证，如虫积、疥癣等。由此可知，证与病很难分割。辨证是认识疾病的具体情况，是辨病的基础；辨病是掌握疾病的总规律，是辨证的概括。没有辨证，就不能识病；没有辨病，就识不好证。只有将二者有机结合，合理运用，才能认清证、病，进行正确的治疗。医圣仲景，就是将辨证辨病有机结合的典范。

当前，我国医学已经进入了中医、西医、中西医结合并存的时代。三种医学相互影响，相互渗透，辨证论治与辨病施治的理论又有了新的发展。辨证已由以宏观为主体，发展为宏观、微观并重。辨病已由单纯辨中医之病，发展到辨中医之病与西医之病并用。对此，我们要认真学习研究。

善抓主证　照顾兼证

在治疗复杂多变的疾病时，不能面面俱到，要善于抓住主证，抓住疾病的主要矛盾，不为兼证所迷惑。只有这样才能准确了解疾病的病因、病机、病位、病性，掌握疾病的阴阳表里、寒热虚实，才能制定出符合实际的治疗方法。而在立法组方时，又不应忽视那些似乎与主证联系不够密切的兼证。因为病人表现出各种症状和体征是病变机体的整体反映，患者，尤其是一些老年患者，很可能同时患有几种疾患，表现出多种病证，各种病证之间不仅可以互相影响，而且在一定条件下还可能互相转化。此时，要分清主次，重在抓主证，照顾兼证。此即所谓突出重点，照顾一般。如此，主证的缓解，有利于兼证的治疗；而兼证的减轻，无疑也会促进主证的痊愈，最终使所患病痛在不同程度上有所减轻或部分治愈，从而增强患者战胜疾病的信心和勇气。这种突出主证，照顾兼证的诊治方法，虽是我诊治数病或数证相兼的基本原则，但也不是绝对不变的。有时为了治疗的需要，也惟主证为治，而置兼证于不顾，待主证缓解或得瘥后，再考虑主兼并治或兼证的治疗。如有的年老患者，同时患有冠心病、糖尿病、高脂血症、习惯性便秘等多种疾病，且刻下大便秘结，每如羊屎，艰涩难下，已数日未解，腹胀腹痛。按照急则治其标的原则，他们虽患有多种疾病，而当下主证，即是便秘。此时我多专以通肠导滞为治，待便通后再图他治。

在辨治复杂多变的病证时，怎样才能准确地抓住主证？我的经验是：①如前所述，详细而准确地望闻问切，全面了解患者的每一个具体病证及既往史。为准确诊断主证提供全面可靠的客观依据。绝不能只凭一个症状或一个脉象，即仓促诊断治疗。②先依据四诊所得的主要症状，分析、辨识病家患有几个病证。每一个病证的主要症状，可以是一个，也可以是几个。再依据中医标本缓急等治疗原则，在确认的几个病证中，确立须立即治疗的病证，即主证。③在动态中辨识主证。有些病情复杂的患者，其主治证与兼治证是在不断变化着的，即注意在动态中辨识主证，不死守格律而束缚自己的手脚。

调护脾胃　贯穿始终

脾胃为生化之源，后天之本。我对此十分推崇，临证时非常注重调护脾胃，将调护脾胃的思想贯穿于诊治疾病的始终。具体做法是诊察疾病必问脾胃，辨证立法不忘脾胃，遣药组方想着脾胃。

所谓诊察疾病必问脾胃，即指询问与脾胃有关的症状，如纳食多少，有无味道，有无嗳气吞酸，胃中是否有灼热糟杂感，喜热食还是喜凉食，食后是否腹胀，出现不出现"食醉"，既往患过何种胃肠疾患（包括胃炎，胃、十二指肠溃疡，胃下垂，胃出血）等，以便作为辨证立法的参考。临证时，不论何病，也不论患者年龄性别，均要认真询问，切不可疏漏。倘若疏漏，不了解患者的脾胃状况，就不能说为辨证立法提供了全面的第一手资料。

所谓辨证立法不忘脾胃，即指无论何病，或内伤，或外感，或寒热，或虚实，均要辨析疾病的发生发展是否与脾胃有关。对久病不愈者，更应如此。无论对胃肠病还是对其他脏腑的疾病，在辨证：立法时都要重视调理脾胃。若不调理，势必影响疾病的治疗。至于久病体弱之人，脾胃或多或少均有损伤，辨证立法尤当重视脾胃。

所谓遣药组方想着脾胃。即指用药时，要时时不忘顾护脾胃。因为脾胃功能的正常与否，直接关系到药物成分的吸收及疗效的发挥。若脾胃功能正常，药物成分被充分吸收，预期疗效可达；若脾胃功能紊乱，乃至衰败，药物成分未被充分吸收，甚或因胃气衰败而格药，预期疗效难达。鉴此，我在临证遣药组方时，但见兼有脾胃疾患者，必于方中加人调理脾胃之品，以顾护脾胃。若所兼脾胃之疾较轻，不影响对主证的正常治疗，即于治疗方中稍加调理脾胃之药，所用之药最多不过三味，用量一般为常量的三分之二，且药性多平和。若所兼脾胃之疾较重，不先予调理，就不能进行正常的治疗者，当先以调理脾胃为主，兼疗他疾，甚或先以专调脾胃为治，投以大量调理脾胃之品。抑或佐以少量治疗他疾之药，但多取平和之品，以防影响调理脾胃之治。即便是脾胃功能正常的患者：在用药时我也十分谨慎，避免因误用、过用、滥用而损伤脾胃。

谙熟药性 灵活应用

用药当知药，知药才能善用。所谓知药，即指谙熟药性理论与数百味常用中药的性能主治、使用宜忌，以及其在不同外界条件和配伍应用时的性效变化等。这虽是合理应用中药的基本条件，但我认为单单做到这些还是不够的，还应在具体应用时做到以下三点：

1. 巧用多效药

在数百味常用中药中，单功能者甚少，多功能者占绝大多数。怎样应用好多功能药物，是我时刻注意的问题。若不能全面考虑，合理应用多功能药，轻则疗效不理想，重则产生不良后果。我十分重视合理应用多效能药物，注意从多种角度全面考虑，避免专其一点不及其余。如生山药味甘性平，功能益气养阴，且兼涩性。临床应用时，要从益气、养阴、兼涩性三个角度去考虑。若但见气阴两虚，即投山药，还不够全面，还必须询问患者是否兼有便秘或便溏，再决定是否投用才为确当，若兼便秘，即不宜投，而兼便溏者，则用之为佳。而黄精虽与山药一样，亦能益气养阴，但却兼润大肠，临床应用当从益气、养阴、润肠三个方面考虑，若气阴两虚兼便秘者，用之为宜，而便溏者则不宜。

2. 善用平和药

在常用中药中，药力平和与较强者占多数，我十分喜用，每于平和之中取效。我认为，医生指导病人用药治病，无非是创造有利条件，促进机体生理功能尽快复常，以强盛的正气抗御邪气，绝不能因用药而再伤正气，或造成机体功能的新紊乱。倘若用药孟浪，唯以克伐为用，虽调节较快而致新紊乱，或攻邪有力而必伤正气。致使原有的紊乱未能调整而新的乱又可能出现，或邪气未去而正气被伤。而合理使用平和之品，则此弊可除，既能和缓调节脏腑功能而不致出现新的紊乱，又能祛邪而不伤或少伤正气。有时也选用附子、肉桂、细辛、五加皮及牵牛子等药力强大之品，用量往往偏小，药力亦随之变缓，取药平和之意，已寓其中。如此，调护正气，充分调动人体内在的抗病因素，邪气得以祛除，疾病痊愈指日可待。我的用药特点，彰显着孟河学派之用药轻灵的处方风格。

3. 慎用毒烈药

在常用中药中，有一部分毒烈之品，其性能特点突出，药力峻猛，效速害大，掌握不易。对这类药，我从扬长避短、用药安全的原则出发，总结出一套应用方法。首先，主张慎用，不到万不得已，不得投用。其次，主张严格炮制，以缓其毒，如甘遂醋制、巴豆去油制霜等。其三，主张遵从古法，从小剂量开始投用，不效逐加，致效即止。绝不能首量即足，致使攻伐太过。其四，主张间隔使用，穿插扶正。不可连续用药攻伐，致使故疾未去而新病又起，或体虚至极，不堪用药。

不拘成方　因证遣药

中医用复方治病历史悠久，我从不为成方所局限，常根据患者的具体病情，针对主证确立治疗大法，再参以不同的兼证等，合理组方遣药。我的组方经验有以下三点：

一是根据治疗需要自拟处方。

二是用成方加减。临床上我常因成方中的药物与病情不完全相符，故只取其中几味主药，再据情酌配他药，绝不原方照搬。如用小柴胡汤治肝胆郁滞夹湿热内停，只取柴胡、黄芩、半夏，再配以茵陈、蒲公英、郁金等清利肝胆湿热之品等。

三是治疗复杂病证，常根据治疗需要，将数个成方融为一体。如治感冒发热，咳嗽痰多，头痛，鼻塞流涕，咽痛喉痒，胸闷不畅，常将银翘散、杏苏散、止嗽散三方合为一体，加减应用，名为治感冒发热咳嗽方。

潜心岐黄　立言自励

70 年来，我苦读神农之学，潜心岐黄之术，自立治学格言，伴随我走过 70 载春秋。我愿以我的治学格言与广大中医学子共勉：

精研岐黄，博采众长；

临床治病，辨证必详；

祛邪扶正，和谐阴阳；

理法方药，配合恰当；

提高疗效，保障健康；

实事求是，绝不夸张；

鞠躬尽瘁，救死扶伤；

中华医学，传承弘扬。

（高琰协助整理）

张志远

张志远（1920—2017），山东德州人。斋名"抱拙山房"，自号蒲甘老人。先生幼承庭训，读经书，习医术，于经、史、子、集多有涉猎。青年时代悬壶鲁北，享誉一方。为人率直，不逐功名，不贪利禄，数十年如一日，孜孜以求，终成一代名医。1957 年始执教于山东中医进修学校，致力于新中国中医药人才的培养，1958 年转调山东中医学院，从此潜心从事中医医疗、教学、科研实践，至今已五十余春秋。先生医、教、
研并举，知识渊博，经验丰富，主编《医学史》《各家学说》《妇科学》《医林人物评传》《医林人物故事》等，主审《山东中医药志》及法文《中医名词字典》，辑有《张志远医论探骊》，穷 40 年之心血著成《中医源流与著名人物考》《空谷足音录》《诊余偶及》《蒲甘札记》等，发表论文 400 余篇，为国家有突出贡献的专家。先生博古通今，知识渊博，被医界誉称"活辞典"；其治教风范，清新自然；其医论精湛，立意高远，启迪灵悟，驰名当今医坛。

治学之路

1. 幼承庭训，初涉杏林在鲁北

张志远少时学医，较早得到了父辈及老师的指点，先理解中医基本概念，继而掌握基础理论，然后诵读脉诀、汤头歌诀等；再修临床课，始习外科、儿科，在继承父辈外、儿科经验之时，又有意转向内、妇科，后及内科、妇科，尤长于妇科。张志远认为，依样葫芦固然简单，但中医不会发展；只有在前人经验的基础上，日新其用，开辟新路，中医才有生命力。因此，不仅要继承家学，且要不断发展，诸如对妇科不孕症等疑难病的辨治，总结出"妇科十治"。对各家学说的研究也主张思想革新。

2. 登堂大学，研教各家，博涉勤读

因自幼受家庭影响，认识到天资聪颖固然重要，但更需刻苦学习，奠定坚实的古文基础；因而年龄稍长，即开始博涉经、史、子、集，对易学渐有体会，以至决定从医。及习医后，举凡《内》《难》《伤寒》以至后世诸家之书，更是无所不读，使医学理论修养日趋丰厚，渐有造诣。1957 年始先后执教于山东中医进修学校、山东中医学院，登大学讲堂，研教各家学说，从事医、教、研至今。知识要渊博，经验要丰富，就要广闻博见，拓展思路，乃广泛搜求各种史料（正史、野史）、笔记、小说中的医学内容，白首之年，也未尝释卷。尤其注意科技新动向，对新兴之系统论、控制论、信息论、耗散结构论等，亦颇有兴趣，主张多学科研究中医，使之现代化。当然，博览不可滥，读书不能死，应读有所用，学以致用，要正确选择材料，讲究其时效性、价值性，熟知者、过时者一目十行，生疏者、有用者精读细研。所以，至今仍能背诵许多书籍的重要原文，也积累了千万字读书卡片、笔记，这些材料成为他研究中医药的有益资料。

3. 发微学说，证诸实践，务求疗效

中医学术，博大精深，初学者多望洋兴叹。学习中医有规律可循，中医历数千年仍存者，乃其基本理论的正确性及可靠的治病方法和疗效。自《黄帝内经》以来，基本理论之模式不变，而防治疾病的方法却代有发展。这就要求初学者要先掌握基本理论，待入门之后，即应循讨源流，抓住其发展脉络，由此亦可了解中医学术发展规律，开启思路。在澄清源流时，还可根据需要，不失时机地挖出治病法宝，丰富学识、经验。但是，"纸上得来终觉浅"，中医尤其如此，饱读经书不一定能治病，因此，临床实践就显得尤为重要。通过临床，一可以加深对中医学的理解；二可以验证所学正确与否；三可以发现前人的片面与不足，提出问题；四可以找出解决问题的方法、途径。如此，则前人的理论与经验就能得以发展，临床疗效就能不断提高。张志远研制的"崩漏丹"，就是集众家之长，又结合实践的产物，治疗崩漏确有疗效。

学术经验举要

1. 剖析流派，掌握学说重点

各家学说虽重在研究医家，但不能孤立看待；当然，亦不可专主学派。正确的方法应是考证人物、辨析学术渊源、提炼学术思想并举，以便全面掌握。对每位医家，应按其师承、私淑关系、学术倾向、临证特点划分流派，归于系统；同时，也不拘于流派，而应突出医家各自的特点，否则，就会以偏概全。如叶桂的胃阴学说、久病入络说，即属温病学范畴之外的贡献。

探讨各家学说应注意补偏救弊，对医家评析应平正通达。每位医家都有自己的学术渊源、学术背景，因而，其主张自各有别，对医学的贡献突出在某一方面，不可能面面俱到。这就要求学者善于把握各家之长，综合为一体，以便获得较为系统、完善的学说。也正是医家各自在不同角度有所研究，取得成就，才使得中医学不断完善、发展。所以，后人不能以某位前贤倾向于某种观点而非之。实际上，医家强调某种理论的重要性，并非轻视其他理论，如刘完素主火热病机学说，但他必不会以苦寒药来治寒证；李杲倡脾胃论，但他也不会以升麻、柴胡来治火逆。当然，古代医家都有长有短，如张从正主张攻邪已病，对正气不足之治显属缺憾；赵献可善补命门水火，于其他脏腑则重视不够等。因而要全面客观地评析医家的学术思想，取长补短，才能获取较完善、全面的理论和经验。此外，研究者亦不要拘于前人或他人之定论，而应仔细考察，以免认识片面。如，叶桂善养胃阴，但其对胃阳不足的调治，知者甚少。叶桂既重胃阴，亦重胃阳，对治胃阳虚之证有丰富经验，如对胃中无火的食谷不化，主张用辛甘温煦，鼓舞胃阳，常少加附子以理胃阳，且颇具匠心地用粳米理胃阴，以得通补两和阴阳之妙。叶桂还将胃阳与脾阳进行了明确区分，胃阳受伤属腑病，应以通为补；脾阳不足，可用升麻、柴胡顺其性以补之。

张志远通过多年来对医家的生平、著作进行严格考证，填补了该领域的一些空白；对医家学术的辨析与验证，亦产生了自己的创见。如"成无己学术思想发微""丹溪相火论评析""论景岳阴阳观"及"张仲景《伤寒卒病论》考析""吴瑭生平史略""温病学派大师叶桂""张锡纯用石膏"等论文，均是悉心研究的成果。张志远研教各家学说几十年，始终强调临床实践乃研究各家学说不可或缺的途径。因前人的理论、经验均来自实践，只有在实践中才能理解、运用，并判断其正确与否。

（1）学习河间学派，方法很重要。第一，应将外感病机列为重点，从剖析《素问玄机原病式》入手，研究该学派对《素问·至真要大论》病机十九条精神实质的认识。注意领会"六气都从火化"（叶桂《临证指南医案》木乘土"芮案"）及"诸涩枯涸，干劲皴揭，皆属于燥"等原文的含义。这些论述是刘完素补充《黄帝内经》遗缺的一大贡献。同时注意学习用运气学说来研究疾病的发生发展及四时用药规律。第二，要了解"病之一物非人身素有"，若欲解除病邪，使人体得安，当首先攻邪。第三，要明白内在相火在纵欲、酗酒、膏粱厚味的激发下，最易妄动，一旦妄动，便会耗伤阴精，损及津血，导致阴虚阳亢，产生阳有余阴不足的病理现象。要结合摄生学，加深理解物极必反、过则为害的养生道理。第四，寒凉直折，滋阴润养，为标本兼治，是丹溪运用河间学说广开滋阴降火门路的重大发展。大补阴丸一方，属血肉有情之品，是壮水之主以制阳光的有效方药。

（2）易州学派和河间学派一样，也是受特殊环境的影响而逐渐形成的。探讨这一学派的学术思想，第一，要了解该学派注重"运气不齐，古今异轨"观念，应从实际出发，化古为新，不能用按图索骥、刻舟求剑的继承方法。第二，要了解该学派因受《中藏经》《金匮要略》《备急千金要方》《小儿药证直诀》的启发，以脏腑为核心，侧重人体内部病理机制的研究。并在《黄帝内经》"土生万物"理论的启发下，创立了脾胃学说。第三，应明确脾胃、元气、阴火三者之间相互依赖、相互制约的关系。如元气的营养和补充，来源于脾胃，脾胃盛衰可决定元气的消长，元气强弱又主宰着阴火的起伏。三者之中，脾胃发挥关键作用。在了解三者关系的基础上才能理解和掌握"内伤脾胃，百病由生"学说。第四，要了解"药物归经"论是起源于《黄帝内经》"嗜欲不同，各有所通"（《素问·六节藏象论》）、"五味各走其所喜"（《灵枢·五味》）的理论，知道张洁古、李东垣的特点为补中益气、升阳举陷；掌握常规药谱，如凡头痛皆用川芎，随加引经药，太阳经加蔓荆子，阳明经加白芷，少阳经加柴胡，太阴经加苍术，少阴经加细辛，厥阴经加吴茱萸。

2. 探微各家学术要点，在临证实用中升华

（1）探微东垣脾胃、元气与阴火。东垣脾胃论有其要点，即脾胃为水谷精微化生之源，气是根本；中州土衰元气上趋，则阴火上升。东垣从师于元素之门，在张氏脏腑病机学说的启迪下，强调内科杂病的形成多来自内伤，人赖元阳之气以生，此阳气须并于脾胃；人赖地阴之气以长，此阴气要化于脾胃；人赖阴精之奉以寿，此阴精必源于脾胃；人赖营气之充以养，此营气则统于脾胃；一旦脾胃功能失职，则身体所需的阳气、阴气、阴精、营气等重要物质，即会受到损害，发生疾病。在东垣全部著述中，首先指出的为"热中"之变。张志远体会，此证"皆以饮食失节、劳役所伤"，为"中气不足当补之证"，虽然有发热现象，也不属实的范围，若"认作外感风寒有余之病，重泻其表，使营卫之气外绝，其死只在旬日之间"，千万不要犯医疗错误。所以清代末年扬州叶子雨云，大师扶危救困，"生平得意，莫如补中益气"（《金匮要略阐疑》）。李东垣认为脾胃损伤之因，约有三个方面，一是饮食因素，二是劳动过度，三是精神刺激。喜、怒、悲、忧、恐能资助"相火"，火胜则乘土位，燔熏中州，无论何因，都能削弱对元气的物质供应，或直接灼散其体。强调元气为人身之本，脾胃乃化生之源、似雾露之溉，若脾胃之气既伤，无以宣五谷味，熏肤，充身泽毛，行雾露之溉，内而五脏六腑、十二经脉，外则四肢九窍，筋、骨、皮、肉、血、脉皆弱，"元气不能充，此诸病之所由生也"。元气为健康的关键。凡脾胃亏损，临证要验证"阴火"之说，运用东垣理、法、方、药；由喻昌"大气论"了解气虚下陷是否有"热中"的现象，试用张锡纯升陷汤。探微各家不仅理论上要有建树，而且始终要重视临床，要善于师法古人而勇于创新。张志远多年临证，对妇科积累了丰富经验，内科证治亦多体会，通过学习喻昌"大气论"及张锡纯"升陷汤"法，自拟"通阳解痹升气化痰蠲饮汤"（黄芪、肉桂、苍术、茯苓、薤白、柴胡、升麻），用治大气不足、痰饮凝集之胸闷下泻，疗效显著。其他如在治疗冠心病、高血压、肾炎、尿毒症等方面也均有体会。在临床实践中体会到，张介宾将六味地黄丸去掉三泻为纸上谈兵，不足为训，如此之类，皆供后学借鉴。

（2）倡论"医易相关"说。《周易》乃"群经之首"，其对中医学的形成和发展，有过重大影响。乾坤乃阴阳之肇基，因此，一部《周易》所体现的主题就是阴阳变化规律，它为《黄帝内经》的阴阳学说奠定了基础。其中的上下、内外、出入、进退、损益、吉凶、否泰、存亡等分析事物变化发展的方式，开启了古医家之悟门。火势炎上，水流趋下，正常时离在下坎居上，二者交感谓之

"既济"；反之离居上坎在下，水火不能相遇，失去依存关系，揭示分道扬镳转成"未济"，为上下不通隔绝之象，属不吉征兆。中医学将这一机制引入人体，同心肾的调节作用结合，借以说明两种情况，一为心肾相交乃正常生理活动，二是升降逆行不能交感即属病理状态。由于心位上部肾居下焦，无法像纠正既济卦那样令离下坎上，只有导龙入海，促使地泉上升才能予以解决，故治疗用泻心火、助肾水的方法，一般都用交泰丸（黄连、肉桂）、坎离丹（枸杞、玄参）和莲子心、大青盐。失眠较甚者也可黄连阿胶汤、酸枣仁汤交替配服应用。经过实践观察，凡因心火不降、肾水不升所致的心肾不交证，常具三个特点：一是虽舌红口干，而不大渴引饮；二是虽烦躁夜卧不宁，睡时很短，却无合眼即梦；三是虽有火热的表现，而大便不结，小便亦不短少。否则就不能以心肾不交论治，黄连尽管为泻心火要药，若用之过久易于化燥影响心阴，且损伤心阳，令人忐忑不安。肉桂须用色紫、质厚、油润、嚼之无渣者，方有薰腾肾水上济心火之功，薄桂无引火下行之效，反而增热助邪，加重失眠症状。治疗过程中最好在对证方剂内投入古生物化石和介类潜阳之品，如龙骨、牡蛎、珍珠母、紫贝齿、石决明等，可收到更为理想的效果。

临床验案举例

张志远立足临床实践七十载，重视析理，对中医理法方药理解渐深，功于内科、妇科疾病的调治，治疗崩漏证，重视助益冲任二脉，喜用补气、凉血，慎投炭类止血药物；创制的名方香姜红糖散，简便精当，用治痛泻，效果可靠；对顽固性头痛，多以川芎为君，每剂常用到25g；以时间辨证法则，定时用药论治头痛的经验，尤觉精妙。

1. 定时用药治头痛案

赵某，女，37岁。

初诊：1958年11月23日。

病史：患者感冒后遗有头痛，经药物、针灸、封闭、放血等多种疗法调治两年余，毫无效果，于1958年冬远道前来求诊。

主诉：头痛，颠顶部尤甚，每次发作均在下午18：00左右，开始稍有恶心，至21：00痛势加剧，严重时如同刀劈，抱头卧床翻滚不已，疼痛难忍有欲自尽之念。

诊查：舌质暗，苔薄白，脉沉细。

辨证：寒湿侵袭，久病入络。

治法：散寒除湿，通络止痛。

处方：川芎 18g，羌活 10g，薄荷 3g，防风 9g，白芷 6g，桃仁 9g，辛夷 6g，蜈蚣 1 条，乌梢蛇 6g。

二诊：上方水煎服。连服 3 剂，如石投水，不仅无效，反增口干。进退维谷之际，受门生马君提示，以脉推证，按阴盛寒阻的厥阴头痛论治。

处方：高丽参 9g（冲），吴茱萸 15g，生姜 50g，大枣 10 枚。

三诊：吴茱萸汤原方水煎，每日 1 剂于 17:00 和 20:00 前分 2 次服用。用药 10 剂，病人来告，效果明显，头痛锐减，发作持续时间缩短，疼痛部位也局限在百会穴周围。嘱病人守前方继续服用，改为隔日 1 剂，约进 40 剂，终于彻底治愈。

按语：《黄帝内经》强调治病应"先知日之寒温，月之盛衰，以候气之浮沉而调之于身"。这种"天人合一"的时间医学观念，以探索人体与外界的协调统一为重点，采取时间医学辨证手段来调整机体的阴阳平衡。该病人头痛发于黄昏之后，性质似属阳气亏虚，入夜阴盛寒邪陡起，病之寒与外界之寒相并，阳为阴湮，冻土加霜，阴寒浊气上冲，病情势必加重。12:00 ~ 24:00 进入阴时，特别是 18:00 之后为阴中之阴时，一束爝火置于冰天雪地之中，阴盛损阳，虚上加虚，对阳虚患者极为不利。只有创造条件助阳驱寒，才有可能止痛取效。考虑患者久病不愈，常规方药均曾试用，川芎茶调散、通窍活血汤无效，证明可能不是单纯瘀血停滞或风邪郁内所致。病情夜剧，脉沉，似属阴寒浊气上逆，而温里壮阳、散寒降浊治头痛的方剂，以吴茱萸汤为首选，同时受张仲景当归四逆汤凡"内有久寒者，加吴茱萸、生姜"的启迪，因此运用吴茱萸汤加重吴茱萸、生姜剂量，定时用药才得良效。

定时用药治头痛一案体现了中医辨证施治的灵活性。感冒后巅顶部头痛，一般来说属太阳经或厥阴经。初拟散风通络，祛太阳经脉风寒之邪治之，未见效果。从前法治疗罔效，另辟蹊径考虑，认为午后 18:00 发作至 21:00 加剧，此为阴盛寒阻于厥阴所致，遂以大剂吴茱萸汤投之，并改变早晚服药方法，于发作时连服 2 次，果然收到明显效果。此例患者连进药 40 剂，彻底治愈。可见借鉴前人经验，又要具体分析，灵活掌握，才能推陈出新，取得良好效果。

2. 心肾交感法愈遗精案

赵某，男，24岁。1992年10月8日初诊。

患者自述近5年来经常失眠多梦，梦则遗精，近来诸症加剧，滑遗频繁，每周数次，伴有心烦、头晕、乏力、腰酸软等症。由于羞于启齿，未经治疗，因将要结婚，经人陪同来就诊。诊其脉细弱且数，舌红。首先教其心肾交感功法，嘱按法施行，早晚各1次，每次15～30分钟，以调摄精神，交通心肾。予以金樱子35g，泽泻、萹蓄、夜交藤、炒枣仁、生龙骨、生牡蛎各30g，炒知母、炒黄柏各15g，黄连9g，肉桂6g，女贞子、旱莲草、鹿角胶（冲）各18g，西洋参、砂仁各9g。水煎服，日3次。再予以煅刺猬皮40g，茯苓60g，五倍子40g，石决明30g，泽泻45g，炒枣仁30g，丹参40g，羚羊粉10g，朱珀散30g。共为细粉，黄蜡、金樱膏各40g，蜜为丸，每丸6g，每次1丸，1日3丸。患者　诊后未再诊。1994年5月患者夫妻复诊，述服药6剂，遗精即止，遂觉无事，每天只服丸剂，而未复诊，于1994年底顺产一女婴。坚持练心肾交感功不辍，练功后觉精神倍增，周身有力。

按：遗精一证，最早见于《黄帝内经》，一般分为梦遗和滑精两类，历代医家做了大量有益的探讨，积累了丰富的理论与实践经验。经过50余年的实践证明，"遗精"之治，可以"心肾交感法"一法统之，尤对"久遗"之症，更有意想不到之效，而且愈后极少复发。林珮琴《类证治裁》谓："凡脏腑之精悉输于肾而恒扰于火，火动则肾之封藏失固。"本病缘由（阴虚）火旺蕴热，精室被扰，此时若一味滋阴、益精、固涩，火邪未消，内热未除，虽补、涩而精仍旧被耗、被扰，等于扬汤止沸，若单纯清热泻火，则又有耗伤阴精之弊。故在治疗中，加入吹嘘流动之品，给邪气以出路，使"邪去则补药得力"（龚居中《红炉点雪》），使火降热去而阴精自复，此不补之中真补也。《雷公药性赋》谓"泽泻利水通淋而补阴不足"，诚为见道之言。以交通心肾立法，散敛、开合、补泻并用，正合肾脏动静之制，即《素问·四气调神大论》所谓："使志若伏若匿，若有私意，若有所得。"此法最早见于《医学纲目》，陈梦雷《医部全录》的"金锁正元丹"亦用之，其与梅君之方有类似之弊，但一者量小，一者为丸，故不甚明显，但其治疗大法，足堪后学效法，故附于此，为"心肾交感法"治久遗旁证。《景岳全书·遗精》谓："遗精之始，无不病由乎心，及其既病而求治，则当持心为先，然后随证调理。""心肾交感练气法"原为近代著名医家张锡纯寿甫《医学衷中参西录》用来治"阳衰"诸证，殊不知此法用治"遗精"之证，更有安定心神，调摄精神，排除干扰杂念，水火交融，引亢逆之火下行，转而暖脾温肾，固精涩遗之功。尤对百药不效的久遗病，更收事半功倍之效。对遗精之治，应用心肾交感法，或汤或散或练功，不管新病还是久遗，辨治得当，俱得心应手。

附：

1. 心肾交感汤剂

金樱子、泽泻、萹蓄各30g，石菖蒲、远志各18g，枸杞、补骨脂各20g，炒知母、炒黄柏各15g，黄连、肉桂各9g，砂仁12g。本方所用之药，貌似平常，实有要妙。盖"火不动则肾不扰，肾不虚则精不滑"，金樱子《本草求真》谓"用当用其将熟之际，得微酸甘涩之妙，取其涩可止脱，甘可补中，酸可收阴"，不但功专固涩闭合，而且敛肾经浮游之火；复以泽泻、萹蓄甘淡利水渗湿，性寒能泄肾及膀胱之热，引热下行，给火邪以出路，使火降热去则阴自复；故此三药相配，开合、动静相宜，正合心肾交通之制。补骨脂、枸杞益肾气；菖蒲、远志使心气开通，肾气上升；黄连、肉桂清心火，引火归原；知母、黄柏、砂仁苦泄厥阴，俱是交通心肾之意。若肾阴虚加女贞子、熟地黄；肾阳虚加仙茅、淫羊藿、巴戟天。此方实火可清，湿热可祛，虚火可降，且能固精补肾，不论火旺、劳伤、色欲等原因引起的遗精，俱可获佳效。

2. 心肾交感丸散

煅刺猬皮30g，威喜芝45g，五倍子、炒枣仁、莲肉各3g，泽泻40g，制首乌、补骨脂各30g，胡桃肉40g。共为细粉，黄蜡、金樱膏各45g，炼蜜为丸，每丸10g，早晚各1丸。本方系民间验方，由《医部全录》金锁正元丹合剂、《和剂局方》威喜丸化裁而来。盖本病大都起于情志失调，酒色过度，病起神摇于上，精遗于下，病变以心肾不交，阴虚火旺，肾虚不藏为主。若一味补肾固涩，则随止随发，因神不归舍，则精不归原。王晋三引《抱朴子》云："茯苓千万岁，其上生小木，状似莲花，名威喜芝。"配炒枣仁、泽泻等宁心安神，利水泄热；补骨脂、胡桃肉等补益肾气；煅刺猬皮、黄蜡、五倍子等固涩敛精，分理溃乱之精，故开泄闭合并用，正应肾脏动静之机，阴阳协调，心肾相交，为丸散是治遗缓图之妙法也。

3. 心肾交感练气法

在静坐之时，或睡而未醒，醒而未起之时，或在有意无意之间，运心中元神随呼吸之气息下降，与肾中元气会合。大凡每呼气外出时，心必下降，肾必上升，细心体会一阵皆能自觉，如此时稍加意念主宰，肾上升之机，与心中下降之元神欣欣相遇，互相交感，则一念在心，一念在肾，此即《抱朴子》所谓"意双则和"。依法施行，初试 4~5 日即可觉丹田温暖，久之必丹田常暖而热力充于周身。盖君火（《黄帝内经》谓心者君主之官）发于心中，其热火能温暖脾肾，而对于心火亢盛之证，阴虚火旺，既可引亢逆之火下行，转而温补脾肾，一举两得。同时，心降肾升，此一升一降之间心肾交矣，心肾交则元气壮，元气壮自能坐镇中宫而统气化，斡旋周身之气化，滑遗之症安存？

（阎兆君、王振国、刘桂荣协助整理）

王乐匋

王乐匋（1921—1998），安徽歙县人，"新安王氏医学"第五代传人。安徽中医学院（现安徽中医药大学）教授、新安医学文献学专业硕士研究生导师、中华中医内科学会理事、全国首批名老中医药专家学术经验继承工作指导老师、安徽省新安医学研究会会长、高等中医院校五版《温病学》教材副主编。主编《新安医籍丛刊》《续医述》《新安医籍考》《老匋读医随笔》等，发表论文 30 余篇，是国内新安医学和温病学科的带头人之一。1991 年享受国务院政府特殊津贴，1993 年获林宗扬医学教育家奖。

先生幼承父兄之教，传新安王氏医学，早岁即享誉皖南，后长期从事温病教学临床及新安医学研究，持数十年而不辍，颇多建树。观先生治学，初遵叶天士、薛生白，善治"流脑""乙脑"等外感温热病证，继则因当地血吸虫病、鼓胀之疾颇为多见，于是渐渐留意张景岳、程杏轩之学，变通探索，主攻鼓胀等疑难病证，且每奏良效。此实为先生治医之一转折点。至调安徽中医学院，临床所治又以内伤杂证为多，尤擅论治心脑系病证，则调肝和络、活血化瘀诸法亦多运用，并喜用虫类药，以为顽症痼疾非虫蚁搜剔、探其幽隐则断难奏功。用其法治心脑、肝胆及泌尿系诸疾，疗效卓著。

治学精专而博学

（一）学贵精专，笃志不分

先生常谓：初学入门，应打好基本功。所谓"基本功"，应是最基本的内容。所读之书，可暂不求广博，但求精警，只短文数十篇，长著三数种，而着力于精选、熟读、透懂。昔时先生所读，除《素问吴注》而外，再就是《伤寒贯珠集》《金匮要略心典》《医宗金鉴》《医学心悟》《医门八法》及吴鞠通《温病条辨》等数种而已。少时所读，虽至古稀之年而仍能记忆犹新，诵背如流。先生常说：打基本功时应该用志不分，锲而不舍。他很欣赏蒲松龄《聊斋志异》中的那段话"性痴，则其志凝，故书痴者，文必工，艺痴者，技必良，世之落拓而无成者，皆自谓不痴者也"。初学入门，便应该有这样一股韧劲。如果浅尝辄止，朝夕更辙，则致基础不牢，日后再回头修补难度就很大。

（二）研读典籍，读评结合

翻开先生所读之书，昔日所做批语依然可见，或阐发己见，或引证前人之论加以评析，字里行间，极见功力。对有些成熟的意见则写成读书笔记，日积月累而汇为十余万字之《读医随笔》。他主张读书时要做有心人，于精彩之处随时笔录，写出心得。如在读《温病条辨》之后，撰成"护液与化湿"一文，先生认为：其所论之病，就其性质无非是"温热"与"湿热"两大类，而全书治疗用药之特点则在"护液"与"化湿"两大纲，可谓一语而撷其纲领。

先生不仅自己长期身体力行，也以此谆告学生。对刚毕业不久的青年教师，先生除逐章修改他们的备课笔记外，还为他们布置了读书任务，着力要求做好读书笔记。

先生认为读书的目的在于运用。用之则活，不用则死，教学与临床之际每能运用自如。其讲授《温病学》总是恰到好处地引证古人验案、名家论述。而在临床上，先生的脉案亦不乏点睛之笔，往往一句精当的引证而使疑证释然。

先生主张研读典籍，学习前人之经验，但不可泥古。例如吴鞠通对叶天士之学极有心得，但囿于崇古，以致一些难通之处勉为曲解，这就脱离临床实际了。如其论燥，本是心得，但因为执运气之学以谈燥气，致其治案中有不少实际上是寒湿之病也作为燥病论述，实不足取。又如陆九芝深研仲景之学，阐发"阳明为成温之薮"论，丰富了治温的内容，但排斥新说，认为心包学说不足，而实际上两者并不相悖。先生认为一部好书，并不等于其中每个观点都是正确的，信古人而不可拘泥于古人，一定要有自己的见解。如运气之学，治医者不可不知，但如死搬硬套，按图索骥，不顾气候因素而外，尚有体质因素等诸多方面，就往往会做出不切实际的判断。

（三）得鱼忘筌，重在会意

中医书籍汗牛充栋，虽欲穷毕生之精力，恐也难以面面俱到，部部精熟。是以先生主张"务求精熟"与"观其大略"结合起来，有些紧要书籍必须精读，使之烂熟于胸中，此所谓"书读千遍，其义自见"。而有些书籍则"观其大略"，但求会意即可。他曾说：汉时诸葛亮与石广元、孟公威、崔州平等友善，数人中，诸葛亮最为优秀。他们平日也讲治学，但方法不同，"三子务求精熟"而"亮独观其大略"。先生认为诸葛亮这种"观其大略"的方法，就是不在一字一句上推求，而在掌握精神实质。其次，前人有"不求甚解"一语，原文出自陶渊明《五柳先生传》"好读书，不求甚解，每有会意，便欣然忘食"，先生认为"不求甚解"即指读书不必太滞，不要去钻牛角尖，未晓之处暂且放过，随着阅历的增长、知识的逐步丰富，再回过头去读它，自会另有一番体会。对于有关温病学的著作，先生认为其中有些内容是必须精熟的，有些就不一定，只要观其大略，但求会意，即所谓"得鱼而忘筌"。能得这样，便可称善读书。"书读千遍"与"得鱼忘筌"，这两种方法要善于区别运用，并使之有机地统一起来，任何偏执都是不足取的。

（四）临床实践，总结经验

先生在长期的临床实践中，逐步形成了一套总结经验的方法。

1. 蓄他人之长，补己之未逮

先生认为总结经验有两种情况：一为总结自己的经验，一为吸收他人之专长。前者人多能为之，而要做到后者则非易事，尤其是在成名之后。昔时，先生行医乡里，曾遇到一很顽固的荨麻疹病人，治而不效，但却被一乡间医生治愈。这个例子教育了先生，更知学无止境，有不少临床经验是书本上所没有的。先生每言及此，还很为感慨，总是说：每个医生多年临床之后，都有自己的独到之处与一技之长，治医者要善于博采众长，补己之短，断不能因为名气比他人大，而故步自封。先生一生学富业精而虚怀若谷，为中医界所尊重，则绝非偶然。

2. 重视个案整理与分析

对于临床疗效的判定，先生有自己的见解，认为现时多注重统计学处理，是说精确，然也有局限。中医重在辨证论治，而疗效又受诸多因素的干扰，如病家的心理、情绪因素，医者识症的偏颇等，因此难以强求一律。先生主张重视个案的整理与分析，更重视对个别失治误治病例的分析。临床课徒之际，先生总是要求对每份脉案抄录并加以整理。临床诊病细致入微，处方遣药总要斟酌再三，常谓：杜甫晚年作诗，尚有"晚节渐于诗律细"之误，更何况我们处理病情。

（五）著书立说，寓学于授

先生不仅勤于治学，而且乐于授业，寓治学于授业，彼此相长。作为五版教材《温病学》的副主编，长期以来在温病学方面积累了不少的经验并有独到见解，撰有论文 10 余篇。先生虽勤于笔耕，然不肯轻易付梓，至今尚留有书稿数部，可见治学之严谨。

先生认为传授知识对教者来说也是一种学习，是治学的另一种形式。因此无论是本科教学或指导研究生，先生总是兢兢业业，乐此不疲。在教学中虽以《温病学》为主，然于《内经》《伤寒论》《内科学》《中药学》《中医诊断学》等学科无所不精通，甚至曾为研究生系统讲解过《伤寒论》。坚实的功底，广博的知识，使先生有能力涉足中医各科，而长期的多学科实践，又使其达到了精专与博学统一的境界。这在我们学院以及中医界同仁中是早有定评的。

（六）博雅多艺，工书能画

先生于本专业而外，且博雅多艺，工书能画，并擅诗词。先生在习医之前，曾从当地韬庐汪吉修学古文，汪老先生为晚清朴学大师汪仲伊之子，学问广博，汪氏一门俱以诗文书画邀赏艺林。先生少时受其熏陶影响，朝夕观摩，耳濡目染，因而酷嗜书画。入中年又拜访求教于当代书画家启功、溥松窗诸先生，得其奖掖指导。数十年来，先生于医学而外，他好屡迁，独于书画锲而不舍，其书法甚富书卷之气，评者谓其处处能入古，常常出新意，形成自家风貌，深受行家好评。在中医前贤之中，如陶弘景、王安道、傅青主、薛生白、尤在泾、柳宝诒等，不仅医名垂史，且在文学艺术方面也都特别出色。可见中医学为中国古代文化之一部分，而与之有着内联关系。引先生题傅青主丹枫图记诗：

论书偏爱啬庐体，逸宕高风是我师。

宁丑毋媚斯妍美，做人作字两无歧。

此虽议书，实亦厚积薄发，包含了治学做人之理。

诊治心脑病证临床用药特点

先生学验俱丰，临床疗效卓著，现就他在临床上诊治心脑系病证的用药特点作一概述，或可窥其一斑。

（一）条达木郁，疏理气机

先生于临床治疗心脑病证十分注重调整人体气机，善用条达木郁一法。此法以"木郁达之"为立论依据。王孟英谓"外感之邪，多由肺入；内伤之病，常因肝起"，视肝气为"万病之贼"。张景岳亦谓："夫百病皆生于气，正以气之为用，无所不至，一有不调，则无所不病。故其在外，则有六气之侵；在内，则有九气之乱。"可见先贤均重视气病的重要性。先生认为：气的正常运行是维持人体生理功能的重要因素，一旦受到影响则会产生乖戾，或则逆乱，或则滞着而引致各种疾病的发生。而在诸般气病中，当以肝气为先，故百病皆生于气，而理气又当以调肝为先。固肝主疏泄，主调节人体的气机顺逆，在心脑系病证中多见气滞为患，故条达木郁、疏理气机，是治疗心脑系病证重要的一环。如胸痹一证，其证多由心之阳气不足，推动无力，而致冠脉运行不畅所致。治疗不外益心气、温心阳、活血化瘀、调肝理气、开痹解郁诸法。先生在临床上治疗胸痹疗效显著，其重要原因即在治法中参以调肝理气。常用药物如降香、延胡索、川楝子、青橘叶、青皮、陈皮、香附、佛手花之类，而最常用的为金铃子散，即延胡索、川楝子二味。又胸痹常因情志不遂被引发或加重，所以运用条达木郁、疏理气机法，常能收到意想不到的效果。

（二）培补肝肾，滋阴潜阳

肝肾与心脑之间存在着广泛的生理、病理联系。肝藏血，肾藏精，人体精血阴液皆本源于此。在心脑病证中，如不寐，多为心之阴血不足而不能养心所致，然而，心阴需要肾水的不断滋养才能发挥正常的生理功能，一旦下元亏虚，则肾阴不能上达到心，心失所养，遂致不寐。再如风阳眩晕者，究其因，也多为肝肾不足、水不涵木所致。又如偏枯日久者，亦多见肝肾不足之象，乃精血不能濡养筋脉也。再者，心脑病证以老年慢性久病者居多，久病也必下及肝肾。鉴于此，先生在临床上力主培补肝肾，常用干地黄、生白芍、夜交藤三味。为了加强补阴效果，常在此基础上加味，若兼有心阴亏耗者，可加麦冬、沙参、五味子、太子参；兼有血分亏虚者，加归身、鸡血藤等；若为风阳上扰而致眩晕者，可加潼蒺藜、女贞子、枸杞等。

值得一提的是，笔者随师门诊，积累了数千份医案，近日在整理过程中曾做一粗略统计，发现用干地黄、生白芍、夜交藤组药者居三成有余，足以说明先生在治疗中十分重视培补肝肾，而培补肝肾，最忌滞腻。上述三味药临床用之收效较显，且无其他滋阴药物（如鳖甲、龟甲、阿胶、熟地黄）之弊，常用之，滋而不腻，补而不滞。对夜交藤一药，通常认为其主要作用为宁心安神，而先生认为此药为首乌之藤，有首乌之功，而无首乌之滞，用之不仅宁心安神，且可补益肝肾。

（三）虫药入络，搜风剔邪

心脑病证在临床上每易出现肢麻、震颤、言謇等所谓"久病入络"内风由生之象。治疗除息风和络外，先生常配以全蝎、蜈蚣等，以之入络搜邪，每获良效。先生认为，风邪入络而出现肢麻、震颤、言謇等，常是中风之先兆，切不可淡而忽之，此时非全蝎、蜈蚣而不能入络搜剔。如果是脑血管硬化伴供血不足、血黏度较高而出现上述证候者，可在运用藏红花、紫丹参、赤芍、归须、煨天麻、钩藤、潼白蒺藜等息风和络药的基础上，加蜈蚣2条、全蝎4g；治疗内伤头痛证中所谓"久痛入络"者，也常以全蝎、蜈蚣参与方中，往往收效甚捷；再如治疗癫痫病，在息风涤痰剂中参以全蝎、蜈蚣，也可增强息风止痉的作用。上述虫药在临床运用时，先生认为只可暂施，不可久用，以防耗伤阴血；若证情确需久用者，则可反佐地黄、白芍之类护之；然妇人经期或有动血之象者则应慎用，因为虫类药均有动血之弊。

（四）用思审慎，法取轻灵

先生根据心脑病证之老年人居多的特点，具体辨证，创设圆机活法，在治疗用药上颇有特色，简言之为"慎""轻""巧"三字。

　　所谓"慎"者，因心脑系患者以老年人居多，且病延经年，脏腑气血的生理功能减退而多虚实夹杂为患，不耐攻、不受补是其病理特点之一，故临床用药应谨慎从事，最忌峻攻峻补。因此，凡需补者，必须补中有消，以防增壅；凡需攻者，必攻中有补，以防伤正。其次，遣方投药当三思而后行，尤其是一些药性猛烈者，必分毫计较，不可孟浪。再次，辨证一旦准确，必须胸有定见而守方缓图。治疗老年慢性病切不可贪朝夕之功，否则欲速不达，前贤有"治外感如将，治内伤如相"的说法。

　　所谓"轻"者，即法取轻灵，不尚厚重。主要表现在两个方面：首先用药主张轻清灵动，滋而不腻。如滋补肝肾常选用干地黄、炒白芍、夜交藤、甘枸杞等，避免使用质重味厚之品，且常在方中参佐少量气药以防其滞，使静中有动。其次，用药以轻取胜，先生认为盲目加大药用量不仅不能取效，反易产生副作用。古人所谓"轻可去实"，即说明只要认证准确，用药细致，一两而可拨千斤。

　　所谓"巧"者，即处方遣药用思至巧。选用药物时应尽量做到两擅其用，如常用的青橘叶，既可疏肝理气，也可使方子显得灵动活泼；再如桂枝，既可温心阳，又可通络散瘀，心阳不振而又见络瘀之象者每多用之。其次，临床选用药物既要考虑其疗效，又要注意克服其毒副作用。如虫类药有入络搜邪之功，心脑系病证经常应用，为了克服其耗伤阴液及易致动血的副作用，先生常反佐干地黄等以护之，这样既发挥了应有的疗效，又减低了其毒副作用，可见用思之至巧。如一中年男性患者，胸闷胸痛已两年，近半年来心前区及胸骨后刺痛加重，心悸、怔忡、胸闷、气短。血压 24.0/14.7kPa，心电图显示 T 波倒置，第 I、II 及 V$_5$ 导联 ST 段下移。时有头眩，舌红无苔，脉弦细。证属肝肾精血亏虚，心阴不足，络少滋涵，致风阳时动。拟予养心阴息风，参以和络之剂。药用：干地黄 10g，生白芍 10g，夜交藤 18g，紫丹参 15g，降香 6g，炒延胡索 10g，磁石（先煎）30g，青龙齿（先煎）18g，炙甘草 6g，血竭（研、冲）4g，钩藤 15g，广郁金 10g。7 剂。药后患者胸闷胸痛得减，血压 21.3/13.3 kPa，舌红明显好转。治本原意，加吉林参（另炖）10g，嘱服 14 剂。后症状日见好转，血压稍有偏高，按上方，减血竭，加三七粉 4g（分冲）。服药 3 月余，患者胸闷、胸痛诸症消失，复查心电图已基本正常。本案患者正值中年，然肝肾精血内亏，心阴不足，阴虚而濡润之职失司，以致风阳时动。治宜滋阴以顾其本，息风以治其标。组方以干地黄、生白芍、夜交藤为君，滋养心肝肾之阴；参以磁石、龙齿、钩藤、丹参、三七平肝息风而和络；辅以延胡索、郁金、降香理气开痹。全方标本兼顾，切合病机，故服药 3 月余而获效。

诊治胸痹证的临床经验

（一）心气不充，气机着滞，以益心气而和络

此类患者临床表现为现胸闷不舒或心前区隐痛，伴动则气短，舌红，脉濡软，间或结代。此乃心气不充、气机着滞而致络瘀，法当益心气而和络。药用：当归、红花、薤白、瓜蒌、广郁金、延胡索、白蒺藜、青橘叶、炙甘草、五味子、降香、制半夏、青龙齿、茯神、紫丹参、田三七粉。水煎服。动则气短且舌红无苔，此为心之气阴亏虚之象，可去薤白、瓜蒌、郁金、降香、红花之属，而增补益气阴之味，以炙甘草、五味子、太子参、干地黄、生白芍、夜交藤、玉竹以充养心之气阴。胸闷或隐痛者，为气滞络瘀、胸中之气不展而心络为之瘀阻，此为实；动则气短，间或脉结代者，为心气不足之象。故先生治以益心气而和络。所谓和络者，和畅心络也，即投以大队理气宽胸、活血通络之品，而以炙甘草、五味子益心气、宁心神。

先生用药既重辨证也重辨病，如田三七这味药不论其证如何，只要诊断为冠心病，则基本上每方必用。该药具有活血化瘀、止血止痛双重作用，现代实验研究证明，田三七可以增加人体冠脉血流量，从而改善心肌的缺血状况，防止心肌梗死形成。在这点上先生认为中西医不谋而合。

在治疗时先生还重视疏理气机，强调条达木郁、疏理气机是治疗本病十分重要的环节。从证因而论，胸痹患者多夹杂有情绪因素，七情剧烈变化常会造成病情的发作与加重。从病机而论，虽病在心络而为心络瘀阻，然多由胸中气机不展、气不行血所致。故先生治疗此证常于活血化瘀通络的基础上加用疏肝理气之品，如郁金、川楝子、延胡索、降香、瓜蒌、青橘叶之类，常谓"行血当以理气为先"。

先生治疗心气不充，若舌红无苔又有阴亏之象者，常用太子参或西洋参以补益心气而有滋养心阴之功；若舌淡而偏心阳不足者，则多以红参为之。

（二）痰浊夹瘀，阻滞心脉，治以涤痰和络

此类患者常表现为胸闷较甚而心痛较缓，且患者多形体丰腴偏胖，苔腻而厚，或口黏、纳呆、便溏等一派痰湿之象。因痰浊盘踞胸中清阳之地，使气机不得舒展故胸闷较剧，脾为湿困则见苔腻口黏、纳呆、便溏诸证。临床之际诸证不必悉见，只要见有胸闷较剧而苔腻者即可辨为此证。间有心动悸，舌苔薄腻，脉弦细，拟予益心气而涤痰和络。药用法半夏、炒延胡索、降香、青皮、陈皮、炙甘草、广郁金、煨川楝子、瓜蒌壳、红花、青橘叶、丹参、茯苓、茯神、田三七粉（分吞）。水煎服。欲温心阳者，加熟附子获显效。

此证为痰浊夹瘀阻滞心脉，以致痹作而心动悸。故处方用药以《金匮要略》瓜蒌薤白加半夏汤之意化裁之。方中以半夏、青皮、陈皮、茯苓温化痰浊，以薤白、瓜蒌、郁金开痹而舒展胸中之气，参以红花、丹参、降香、川楝子、青橘叶以活血行气，此亦和络之意，而仅炙甘草一味以益心气，何也？本证为痰浊夹瘀盘踞胸中，虽见有心气不足之象，而难以投补，恐滞腻碍邪。本证之治，可见先生治疗胸痹不囿于一方一法，常数法并用，或据证先后投之。先以瓜蒌薤白半夏汤温化痰浊为主攻目标，虽见心悸气短之心气不足之象，然也不宜补益，而一旦痰浊渐化则又转手以附片、炙甘草温补心阳而益心气，参以理气活血通络之品以善其后，足见先生用药前后章法分明。

（三）心阳不充，气机滞郁，治以温通心阳而和络

此类患者临床表现为胸闷不舒，四肢清冷，面色㿠白，易出汗，舌淡胖嫩而少苔，脉虚细无力，且以老年优处者居多。如有一患者证见心阳不充，气机滞郁，胸痹不快而致诸症，治宜温心阳益心气而和络。药用：小红参、炙甘草、桂枝、降香、熟附片、红花、当归须、广郁金、玫瑰花、炒延胡索、橘核、橘叶、紫丹参、煅磁石、茯神。水煎服。一般药后胸痹必减，再诊仍以原方继进。叠用温心阳而和络之后，神色必振，胸痹未作，遂后加蜈蚣、三七粉以增通络化瘀之效而善其后。

本证多为素体阳气不足致心阳不振失于温化，故胸闷不快而精神委顿，四肢清冷。此正合《金匮要略》所谓"阳微阴弦"之机，故以温心阳益心气而活血化瘀为治。方中以桂枝、附子温通心阳，红参、炙甘草补益心气，红花、紫

丹参、当归须活血化瘀，而参入行气理气之品，以其气机郁滞，气行则血行也。先生以辨证为依据，始终以温通心阳、补益心气为法，使病情渐入佳境而终得大体缓解。在胸痹证的治疗中，桂枝、附子的运用，必须掌握好其适应证。一般而言，神倦畏寒、肢体不温而同时伴有胸闷气短者，即可投之。而舌苔的变化对用药也具有十分重要的指导意义，舌淡苔白而滑者为阳虚之征，若舌红苔质干燥者则不可妄投。另外，本案用桂枝而不用肉桂者，以桂枝既可温心阳又可通心络，两擅其用也。

（四）常用治法与药物

开痹：半夏、薤白、瓜蒌、降香。和络：红花、丹参、川芎、鸡血藤、乳香、没药、五灵脂、桂枝、三七。涤痰：半夏、胆南星、川贝母、竹黄、竹茹。开窍．菖蒲、郁金。安神：龙齿、磁石、枣仁、柏子仁、莲子心、五味子、夜交藤、淮小麦。疏肝：延胡索、川楝子、青橘叶、香附、柴胡、青皮、陈皮、广郁金。温心阳：红参、附片、肉桂。益心气：吉林参、太子参、炙甘草。补心阴：干地黄、当归身、白芍、麦冬、夜交藤。此外，心动过速可用玉竹、苦参、山萸肉；心动过缓用桂枝、麝香；高血脂用山楂、昆布、海藻；脑动脉供血不足用葛根。

诊治心脑疾病重视体质学说

体质学说的运用在心脑系病证的辨证治疗中有着十分重要的意义。关于素体禀赋，历代医家亦多阐述，张景岳认为人的"脏气各有强弱，禀赋各有阴阳"，并指出了人体的禀赋（体质）有阴脏、平脏、阳脏及燥湿的不同。新安医家程思敏在《医法心传》中阐其义而颇多发挥，认为"此诊病用药，第一要紧关头，临证时如能如此体会，虽不中不远矣"。

先生对于病人素体禀赋，亦颇重视，并以此作为临床治疗用药的重要参考依据。先生认为辨体质是辨证中不可或缺的重要环节，决不能等闲视之。正如章虚谷在《医门棒喝》中所云："医为性命所系。治病之要，首当察人体质之阴阳强弱而后方能调之使安。"先生认为体质学说在临床上的运用，其大率，即以药物的阴阳之性纠正禀质的阴阳之偏。质言之，痰湿之体者，参以苦燥芳化；

阴虚之质者，佐以滋柔之品；阳旺之躯者，加入苦泄通降；阳虚之人，可以桂附温阳。临床上通常可以分为以下几种类型：

（一）痰湿之体

一般形体丰腴，身重肢困多寐，舌胖两边有齿痕，苔滑腻，脉濡滑，在眩晕、胸痹等病中多见。若为眩晕者，即所谓"无痰不作眩"也，其病多为风阳夹痰上扰，治以息风涤痰，常以半夏白术天麻汤化裁；若为胸痹者，则病人表现以胸闷为剧而胸痛较缓，此阴湿之邪上乘清旷之地，而胸阳失展所致，治以瓜蒌薤白半夏汤化裁。如患者汪某，男，64岁，1992年4月28日就诊。风阳与痰饮湿浊相搏，蒙蔽清窍。头眩视物不清，间作心动悸而胸闷不适，舌上垢腻，上罩灰黑苔，脉弦细，拟苦辛之剂，参以息风和阳。药用：苍术、法半夏、炒陈枳壳、石菖蒲、郁金各6g，全瓜蒌、薤白、煨天麻、泽泻、茯苓神、白蒺藜各10g，丹参、钩藤各15g，川连1.5g，全蜈蚣2条。本案眩晕经年，舌上垢腻灰黑苔甚重，且胸闷心动悸而脉弦，此痰浊水饮之象，属典型的痰湿眩晕证。先生以苦辛通降之剂而参以息风和阳，方以苍术、法半夏、枳壳、瓜蒌、菖蒲、泽泻、云苓、川连之类，苦辛燥化痰湿之邪，且有理气宽胸之功，待痰湿化而眩晕自止也。

（二）阴虚之质

一般形体羸瘦，或口干，或心烦不寐，舌红少津而无苔，脉细，在眩晕、心悸、不寐等病中多见。若为眩晕者，则常为上盛下虚之证，其病机为水不涵木而风阳上扰，治以育阴而息风潜阳法，常以干地黄、白芍、夜交藤、潼蒺藜、甘枸杞等滋涵肝肾之阴，而以天麻、钩藤、白蒺藜、磁石等以息风潜阳。若为心悸、不寐者，则为心肾之阴不充而心神失养，常用干地黄、白芍、夜交藤、女贞子、麦冬等以滋心肾之阴，而参以益心气而安心神之品如太子参、北五味、炙草、茯神等。如患者许某，女，54岁，1991年11月9日就诊。证见心动悸，头眩。舌红少苔，脉细弦。心阴不充，阳气时越，拟予益阴制阳，参以理气和络。药用：夜交藤30g，生白芍、潼蒺藜、肥玉竹、柏子仁、煨天麻、炒玄胡各10g，金钗石斛、茯神、钩藤、青葙子各12g，炙甘草、五味子各6g。本案为心阴不充而风阳上越之证，故心悸、头眩而舌红少苔脉细弦，脉案中寥寥数语已点出了病机病因之所在。体瘦阴亏之质故方中以夜交藤、生白芍、干地黄以充养肝肾，炙甘草益心气，北五味子、金钗斛、肥玉竹滋养心阴。

（三）阳旺之躯

一般形体壮硕，面泛阳色，常口苦便秘，舌红苔黄，脉弦劲有力。眩晕等病中多见。此类患者眩晕而常伴有头痛、心烦易怒，此肝阳亢旺、风火相煽之证，若不兼下虚之候，则治以平肝潜阳而参佐苦泄通降之胆草、黄柏、夏枯草、大黄等以折其热。先生曾治一程姓患者（系警校教师），其形体壮硕，面泛阳色，口苦、口臭、舌红苔黄，经治疗诸症均明显减轻。常用药物：天麻、钩藤、决明子、滁菊、潼白蒺藜、夏枯草、川黄柏、大黄、川连等。然其面泛阳色却始终难以尽退，恐是素体禀质难以遽变之故。

（四）阳虚之人

一般形体偏胖，面色㿠白，四肢常清，易出汗，舌淡胖嫩而少苔，脉虚细无力。在胸痹等病证中多见。此类患者以老年处优者居多，其胸痹多属心阳不展、心气亏虚之证。治以温心阳益心气，参以开痹和络法。常用药物如熟附片、桂枝、红参、瓜蒌、薤白、降香、郁金、红花、丹参、三七粉、当归须等。如某男，68 岁，1991 年 9 月 11 日就诊。心阳不充，气机郁滞，胸痹不快而精神委顿，四肢不温，舌质淡而紫，脉濡软，拟温心阳益心气而和络。药用：小红参、桂枝、炙甘草、降香各 6g，熟附片、红花、橘叶、当归、广郁金、玫瑰花、炒延胡索各 10g，丹参 15g，茯神 12g，煅磁石 30g。本案素体阳气不足，致心阳不振失于温化，故胸闷不快而精神委顿，四肢不温。此正合《金匮》所谓"阳微阴弦"之机，故以温心阳、益心气而活血化瘀为治。方中的桂附温心阳，参草益心气；红花、紫丹参、归须活血化瘀，更参入行气理气之品，以气行则血行。

此外，尚有禀质厚薄之分。凡体丰肌厚，身体壮硕者，谓之厚；而体瘦肉薄、身体羸弱者谓之薄。禀厚者用药量宜大且能胜任攻伐；禀薄者用药量宜轻而不胜攻伐，这些都是临床上应该注意的。

质言之，痰湿之体者，参以苦燥温化；阴虚之质者，佐以滋柔之品；阳旺之躯者，加入苦泄通降；阳虚之人可以桂附温阳。凡此种种，在心脑系病证的辨治过程中如能在这方面给予足够的重视，则治疗效果将会大大提高。

运用条达木郁法的经验

先生于临床十分注重调整人体气机之顺逆，善用条达木郁一法。此法以"木郁达之"为立论依据，可涵盖疏肝、清肝、柔肝及暖肝诸法。先生运用此法治疗各种内科杂症屡屡获效，于后学颇多启悟。

（一）诸般气病，肝气为先

先生认为：气的正常运行是维持人体生理功能的重要因素，一旦受到影响则会产生乖戾，或则逆乱，或则滞着而引致各种疾病的发生，古人所谓"百病皆生于气"说明了其致病的普遍性。当然，气机逆乱可以出自各个不同脏腑，例如肺气膹郁可致咳喘，胃气上逆可以呃逆呕恶；脾失转输可致胀满，下陷则又可致气陷肛脱；肾气失纳而致气短喘息等。但在诸般气病中，由肝气逆乱而致的病证似更为常见，而且常影响到其他脏腑。故王孟英谓："外感之邪，多由肺入；内伤之病，常因肝起。"视肝病为"万病之贼"。可见，内伤杂病抓住了治肝这一环节是非常重要的。

（二）辨证用药，取法轻灵

先生认为：运用条达木郁法应该取法轻灵，它与理脾不同，倘不兼脾气郁滞，则一般用药不要过分刚燥，否则反易致耗液而过犹不及。若病涉两歧，既见气滞胀闷，又有津液不足之象，先生常喜用魏氏一贯煎法以益阴，复加理气药以"吹嘘"之；倘阳气不足，或寒客下焦，则于条达木郁的同时从阳化气，而采用温肝法以温通肝经之寒滞。如一中年女性，为乙型肝炎病人，因肝胆疏泄失职、气机滞着而成络瘀，其神色虽振，然肝区不时作胀，嗳气甚频，舌滑而略有紫气，脉细。拟予疏和，药用：当归、炒白芍、白蒺藜、炒延胡索、煨川楝子、郁金、橘叶、炒谷芽、炒麦芽各10g，炒青皮、降香、鸡内金、炒防风各6g，蒲公英15g，茯神、丹参各12g。上药7剂，每日1剂，水煎，早晚各服1次。因患者经常表现为肝区隐痛而脘胁胀满，病位固定且舌经常有紫气，故诊为"气机滞着，形成络瘀"，治以"疏和"。疏者，疏肝气之着滞；和者，和畅血络者也。以其络瘀形成，方中着重疏肝理气外，兼以和络之品，用当归、白芍、丹参即为此设。大体而言，先生诊治慢性肝病，其辨证重气血之分，其施治则视病之轻重久暂而有所侧重。初病以疏肝理气为主；久病气机着滞且络瘀形成，所谓"久病入络"者（表现为肝区刺痛，部位固定，面色黧黑，舌色青紫，且肝大甚则硬化），则理气之中又须兼以活血祛瘀。

（三）重视兼证，相机用药

先生认为，气滞或可致血瘀，或可上逆而动气火，或亢而生风，或与痰浊相搏而形成种种病象。临床须相机用药，于条达木郁的同时治其血、治其气火、治其风、治其痰浊。如一52岁男性胆囊结石病人，证见右上腹胀满，间有噫气，舌质红略有紫气，脉弦细，肝胆疏泄失职，气机滞着，炼而成石，遂使气滞而血亦滞矣，治以条达木郁，而疏和之。药用：柴胡、紫苏梗、青皮、陈皮各6g，垂盆草18g，蒲公英15g，白蒺藜、鸡内金、当归、炒赤芍、炒白芍、炒延胡索、煨川楝子各10g，茯神、炒橘核12g，金钱草40g。上药7剂，水煎口服，每日1剂，早晚各一服。本案患者因8年前曾行胃4/5切除术，身体较弱不宜再行手术而求治于先生。经服上药14剂后，诸症见减，神色亦振，并其大便中洗出绿豆大小的胆石若干。本案治以条达木郁之法，本亦治法之常，然先生根据病人体弱而未用虎杖、大黄之类，则又为用药精妙之举。"疏和"之法，虽淡淡二字，然立意深广。和，本为八法之一，《伤寒论》之和解少阳是为和，但不能以此为限，临床治疗中和之为义甚广。在本病中它既寓有治病兼顾患者体质相机而行的灵活性，亦寓有理气、和络、化石、利肝等法。总之，凡能解诸郁者即为"和"，所以前人有云"木郁达之，木郁解则诸郁皆解"。结石形成总与气机凝滞有关，而治疗结石即用化瘀、通下，也必须是以疏和气机为伍。如一37岁女性患者因肝郁不达，少火悉变壮火。经行常趱，来时乳胀，时时火升，面部常起小疹，大便燥结不畅，舌苔腻，脉弦细，法当条达木郁而清气火。药用：连藤首乌、干地黄、八月札各18g，生白芍、白蒺藜、炒延胡索、煨川楝子、柏子仁、麦冬、炒黄柏各19g，制大黄6g，蒲公英、青葙子各15g，火麻仁、茯神各12g。上药7剂，水煎服，每日早晚各一服。本案燥热乃由气郁化火所致。气郁化火之论古已有之，但临床准确地使用判识不易，而当病人表现出一派燥热之象时大胆地使用疏肝理气法则尤难。统观全方，以川楝子、延胡索、蒲公英疏肝理气（蒲公英不仅清热解毒且有疏肝之功而为先生所喜用），而用地黄、麦冬、白芍、首乌滋养肝肾之阴，使疏肝理气而不燥，滋养肝肾而不滞。

（四）佐以"恬愉"，怡情释怀

对于患者的精神情绪因素，先生也非常重视，观其医案，常有"病关情志，必也怡情释怀，斯为却病之策"等有关分析。"恬愉"二字于气病证治中至关重要，先生常以此劝慰病人，以取得其配合，往往可获意想不到的效果，说明"以恬愉为务，以自得为功"是中医学论养生的妙诀。如一30岁女性患者，月经愆期，乳癖作胀，时作肢体麻木而脘痛频甚，舌红脉濡细，治当养营调冲、条达木郁。以冲为血海，亦须赖血以养之；肝木失达，常不利于血行也，病关情志，必也怡情释怀。药用：当归、炒白芍、娑罗子、玫瑰花、制香附、炒延胡索、茺蔚子各10g，乌贼骨12g，白蒺藜20g，紫苏梗、甘松、青橘叶各6g，炒橘核15g。上药7剂，水煎口服，每日1剂，早晚各一服。本案月经愆期且乳癖作胀，由情志不遂所致，治疗以养肝血、调肝气为主。方中除养血和营之当归、白芍、夜交藤之外，重用疏肝之品以条达木郁，并嘱患者注意保持精神愉快。药后患者乳胀脘痛已缓，二诊稍事增损以善其后。在随师临证中，曾见一文化人患郁证，先生在分析了病情之后，最后在案语中加上这样一段话"昔欧阳永叔幼时亦得一幽忧之疾，退而闲居，不能治也。继而学琴于友人孙道滋，受宫商之陶冶，久而乐之，竟至不知其疾之在体矣"，以此来帮助病人树立战胜疾病的信心，亦可谓煞费苦心了。

先生在临床上以条达木郁法治疗疾病的范围极其广泛，选方用药也很灵活，一视病情所需，或主用本法，或于他法之中参入本法，或取其义小其制加一二味理气之品而使整个方剂灵动不滞。

（五）擅用药味

延胡索、川楝子为伍配对使用，此即《太平圣惠方》中之金铃子散，为治疗胸脘腹疼痛之剂，有疏肝理气之功。李时珍认为"用之中的，妙不可言，方虽小制，配合存神，却有应手取愈之功，勿以淡而忽之"。先生运用此方十分灵活，不仅用以疏肝理气，凡痰、瘀、湿、浊而致气机滞着者，均可以此方相机参入他法之中，取其疏达之意。蒲公英，临床一般取其清热解毒之用，而先生则常以之疏肝，如治乳癖、胆囊炎、胆石症等，病属肝经气滞且有化热征象者多用之。头晕目眩、步履飘忽而病属肝郁化风、上扰清空者，常以白蒺藜配伍天麻、钩藤、磁石、龙齿之属；如有肝肾不足之象则可与潼蒺藜合用，此药不仅可以息风且能疏肝。青橘叶，其质虽轻，然轻可去实，以之疏肝理气往往疗效甚佳。先生不仅以此治病，亦以此治方，在诸多质重味厚方中，加一味橘叶顿使方剂静中有动，腻而不滞。又条达木郁法，所用药物一般辛散之性较强而有伤阴之虑，先生认为凡形体丰腴，苔滑或腻者，用之无妨；反之若体瘦舌红无苔而为阴虚之质者，则于本法之中参以地黄、白芍之类，以预护肝肾之阴，不可直率而往。

程莘农

程莘农（1921—2015），曾用名希伊，江苏省淮阴人。中国中医科学院首席研究员，针灸界的第一位中国工程院院士。曾担任国家攀登计划"经络研究"首席科学家，多次主持国家级、部级重大课题研究，其中作为主研人进行的"循经感传和可见经络现象的研究"获国家进步一等奖。1990年获世界文化理事会"阿尔伯特·爱因斯坦世界科学奖"。1993年被国家科委聘为国家攀登计划"经络研究"首席科学家。1994年当选首批中国工程院院士。1998年9月8日被聘任为中央文史馆馆员。此外，还担任中华针灸进修学院名誉院长，中国医学基金会常务理事，中国针灸学会副会长，中国国际针灸考试委员会副主任委员，第六届四次、五次及第七、八届全国政协委员等职。2000年为中国中医研究院名誉院长。2009年被人力资源和社会保障部、卫生部、国家中医药管理局评为"国医大师"。

从事中医内科医疗、教学、科学研究70余年，是中国针灸国际培训事业的开拓者之一，引领中国针灸走向了国际医学的大舞台。在临床常见病证治疗中，重视辨证施治与症、病、经验穴结合，故疗效卓著，并在长期的临证实践中，逐渐形成自己独特的临证思辨特点与诊疗规律。为全国老中医专家学术经验继承工作指导老师、"首都国医名师"。提出许多重要的学术思想和观点，为针灸事业做出卓越贡献。重视临床疗效，以用为本，得气为要，创立手法独特的"程式三才针法"。编写了《针灸精义》《中国针灸学概要》《针灸学讲义》《针灸疗法》等国内外各种版本的初、中、高级针灸教科书；主编的《中国针灸学》是第一部风靡海内外的针灸教科书，为推动中国针灸走出国门发挥了重要的历史作用。

在人才培养方面，程莘农大师先后培养了硕士、博士研究生共22名，其中大部分已是名扬海内外的知名专家与学者。

医出儒门　从师名医

1921 年 8 月我出生在江苏淮阴。父亲程序生是清朝末期最后一次的科举秀才，50 岁时才生了我，为我起了一个十分典雅的名字"莘农"，其谐音"兴隆"，意于程家"香火"之延续。

六岁时，我便在父亲的安排下开始有计划地接受教育，除父亲亲自讲授"四书""五经"外，还在他的严厉要求下学习书法。父亲为使家学有承，望就栋梁，不惜重金，聘请各路名师点化教育我。在我 11 岁时，父亲认为世道多变，守"不为良相，便为良医"的训言，且医能济事活人，因此要我一边学文，一边学习中医，并亲自教读《医学三字经》《药性赋》《汤头歌诀》《脉诀》《内经》《难经》《本草纲目》《本经疏证》等中医学书籍。也就在那一年，我走上了学医之路。

父亲虽通中医学，但临证少，在我 16 岁时便为我选择了当地一位著名老中医陆慕韩先生为师。陆慕韩的父亲叫陆耀堂，曾经从师周金杨。三代均为治疗温病的专家，声震一方。陆老对我倾囊而授，尽传其技。在陆老的精心栽培下，我打下了扎实的中医临证基本功，同时还继承了陆老在内科、妇科等杂病方面的丰富经验。在治疗温病时陆老尤其注重舌诊，治病时对判断疾病十分灵验，著有《验舌辨证歌括》一卷，后经崔金哲氏收集其治疗病案百十则，最后经我整理为《养春草堂方案偶存》一卷。陆老对我的影响颇深，传承陆师心性，我在临证时尽量做到一切以病人健康为重。

20 岁时，我正式开始临证。由于我的诊疗思路颇似陆老，遣方用药亦与陆老八九不离十。每每临证，频频见效，患者益增，每日问医者少亦有二三十人，患者们亲昵地称我为"小程先生"。在父亲程序生、名医陆慕韩的熏陶点教下，并通过自身不懈的努力，我终于成为一名可以独立临证的小中医。1947 年，我参加了中医师资格考试，获得中医师证书。

习中西医　研针灸术

通过不断努力学习，我积累了许多临床实践经验，临证开方亦驾轻就熟。

为了解现代西医知识，我于1953年参加了清河市中西医进修班。结业后于1955年，考入了江苏省中医进修学校，即南京中医药大学的前身。时任校长承淡安先生是我国早期的针灸名家，中国科学院学部委员。承校长根据具体情况，将学校分为内科、针灸两大教研组，我分到了针灸教研组，并担任组长。正是在这一年，我的人生又发生了一次重要转折，我放弃了喜爱的温病、内科专业，听从组织分配搞起了针灸。学中医出身的我一开始也对针灸抱着鄙视态度，认为这根本不是中医的有用组成部分。承校长为加强针灸力量，邀请了江南针灸名医李春熙、孙晏如等专家来校执教。我找到负责此事的孙晏如老师，没想到孙老师说："你给我两个小时，我给你讲药方和针灸的相通之处，我相信两小时后你不会再说自己不懂针灸。"果然，两小时后我心服口服地离开孙老师的宿舍，自此开始了不开方子的针灸学研究，重新开始翻阅各类针灸书籍，学习理论知识。通过实践，我惊奇地发现，针灸是一门精妙而神秘的学科，是奇特的"不用吃药"的治疗方法。

1957年，我被调到了北京中医学院，任新组建的针灸教研组组长兼附属医院针灸科主任医师，那时才开始真正接触针灸。为博采众长，我曾到山东焦勉斋大夫处学用后溪、申脉穴治疗周身关节病；到上海杨永璇大夫处学习用内陵穴治疗肩周炎；专程进京向单玉堂先生学习用郄门穴治疗疔疮。凡此种种，一针一师，一穴一师，一德一师，只要有一技之长，我都上门求教。

我国早期的中医教育与现在大不相同，当时没有现成的教材，条件很差，校舍不足，生活艰苦。教师与学员都非常敬业努力，亦教亦研，亦学亦教。由于人员少工作任务繁重，各项工作需要从头做起，除建立一切规章制度外，我还负责编写教材和准备教具等，还出版了《简明针灸学》一书。附属医院针灸科成立后，我兼任科组长，承担诊疗任务。学院在大搞科研时，任命我为北京中医学院科学研究委员会办公室秘书，日常办公人员仅我一人。同时，院中大举科学研究的活动，重点和一般科研项目约两百项，又加上负责编辑《北京中医学报》，在此期间，我常常通宵达旦，彻夜办公，除承担针灸教学医疗科研等工作外，还要担任国外留学生的针灸教学任务。一年后，我回到教学研究室及针灸科工作，逐步将教研组发展到二十余人。除此，我还参加了学院和附院的一切院务工作，如担任院务委员会、科学研究委员会委员等职务，院外还担任《中华妇科杂志》常务编辑，并担任一切教学（国内、外）、医疗、科研、院务任务等，我无不一一加以谨慎处理，寄愿能为新中国的针灸教育及医疗事业奉献自己的青春，贡献自己的力量。

自荐担任 传播针术

1956 年，中国人民的友好邻邦，朝鲜的金光一等来我国学习针灸，他们对中国的《难经》很感兴趣，要求校方开这门新课。在领导犯难之际，我毛遂自荐，承担此任，半年多的时间过去后，我圆满地完成教学任务，并与金先生结下了深厚的友谊，《难经语释》也由此而诞生了。

1973 年我重返医院，1975 年北京东直门医院并入中国中医科学院（原中国中医研究院）。这时，领导大搞专题经络感传的研究，我被分到 262 医院。工作一段时间后，我将测验 64 例经络感传路线和《灵枢·经脉》篇对照核查，其循行路线，基本和《灵枢经》一致。领导又将其他的研究报告论证后认为：经络是客观存在的。当时即已成为定论。就在这时，我被任为临床经络研究室主任，继续进行研究，后又被分到山西省稷山进行经络感传的研究，一年后回院。同时，世界卫生组织开展国际针灸教学任务，以北京、上海、南京为中心，在三处成立国际针灸班，我即又被分到北京国际针灸班，被任命为针灸教学研究室主任。在国际针灸教学中，我向卫生部主要负责外事的领导汇报，力争教员人数与设备。部里极为重视，三个班各给了二百平方米的房屋建设标准，劳动人事部两次共计 25 名的专职人员编制设置。这项工作，从教学安排、诊室设置、翻译的协调，到其他有关人员的协作，任务十分紧张，但经过一年一年的总结经验和教训，北京班已培训了来自一百多个国家的数千名学员，为针灸走向国际起到了很大的影响。在培训各国学员的过程中，印象最深的是接受为苏联培训 9 名医师的任务，其中一位名叫萨莎·卡强的，现任俄罗斯彼得堡针灸协会会长，其曾经主持欧洲国际针灸会议，对促进针灸医学走向世界起到了重要作用。

根据工作的需要，我被卫生部批为教授职称。在国际针灸教学中，首先要解决教材问题。领导安排编写《中国针灸学概要》，由我负责审稿工作，该书编成后，深得中外人士的赞许。之后，又由我担任主编《中国针灸学》，现有中、英文本及繁体字本，受到学员的欢迎，同时，在美国等国家和地方多数用之，作为针灸资格考试的范本。

在这十几年中，我曾去过几十个国家和城市，有日本、印度、菲律宾、法国、意大利、西班牙、瑞士、厄瓜多尔、巴西、美国、英国、挪威等，向这些国家和地区传播中医，传播针灸，让世界人民认识中医，认识针灸，为针灸继续走向世界起到了一定的作用。

学术思想　思辨特点

（一）"未病先防，既病防变"为临床指导思想

"未病先防，既病防变"是我针灸临床的指导思想。未病先防就是：①生活规律，劳逸有节，这是增强人体体质，提高防病能力，减少疾病发生的一个重要前提。②调养精神，心情愉快。我不仅重视生活要规律，而且还特别强调精神的调养，要精力充沛，精神饱满乐观。尽量减少不良的精神刺激和过度的情志变动，对防止或减少疾病的发生，无疑具有十分重要的意义。③以动制静，增强体质。生命在于运动，健康在于锻炼。防病于未然，这是最为理想的愿望和目的。既病防变就是：若疾病已然发生，则应争取早期诊断，早期治疗，以防止疾病的发展和传变，注重疾病的转归。我认为医生在治疗疾病的时候，不仅要治疗已病的脏腑，同时还要考虑与其相关的其他脏腑，并采取相应的措施。这种注重转归、既病防变的治疗指导思想，不贻误病情，有利于提高疗效，减少病人痛苦。

（二）临床辨证，注重经络理论

在临床时，我强调针灸辨证论治中经络辨证，以经知脏，是其捷径。施术过程中，我亦从"宁失其穴，勿失其经"的见解，对经络高度重视。经络辨证与脏腑辨证有着密切联系，但又区别于脏腑辨证。十二经病候的治疗"有诸内必形之于外"，任何疾病都以其一定的"病候"表现于外，人们也正是通过这些病候，去认识疾病，从而达到防治疾病之目的。针灸治病是离不开病候的，通过对病候进行分析，判断病在何经、何脏（腑），据此进行处方配穴，或针或灸，或补或泻，调整脏腑经络之气，促进阴阳平衡。

针灸治疗　总结经验

（一）喻穴为方，便于理解

通过数十年临床经验的不断积累，我将腧穴主治与药物功能理论进行了相应探索和融会贯通。例如，太渊养阴补肺，功似沙参；列缺宣肺止咳，功似桔梗、杏仁；尺泽清泻肺热，功似黄芩；曲池去血中之风，功似荆芥；大椎调和营卫，功似桂枝、白芍；风门疏散风寒，功似紫苏；风池既能疏散外风，又能平息内风，功似防风、钩藤；足三里大补元气，功似人参、黄芪；阳陵泉疏肝利胆，功似柴胡、竹茹，等等。我认为腧穴与药物一理，而腧穴作用又多优于药物，有双向调节的功能，这是药物所不具备的优点。而方剂中的君、臣、佐、使配伍原则，与针灸处方配穴规律也有共同的理论基础，例如，心肾不交的病人，方剂中选用交泰丸以交通心肾，以黄连为君，肉桂为臣，而针灸可选取心经和肾经原穴，以神门为君，太溪为臣，可达到异曲同工的目的。对于脾胃虚弱、中气下陷的病人，方剂中以补中益气汤治疗，我选择百会、气海、关元、三阴交、足三里，配穴组方治疗。方中气海、关元补益元气，调补下焦气机而振奋中阳，功似党参、黄芪；百会升清举陷，功似升麻；阳陵泉疏肝利胆，功似柴胡；足三里、三阴交健脾和胃，调补气血，功似白术、甘草、当归等，亦能取得补中益气之功效，给我们以启迪。

（二）针刺手法，三才是也

《内经》里对针刺手法论述很多，明确了虚证当用"补"法，实证当用"泻"法的理论。在针灸治疗时，我注重针刺手法的运用，这强调运针要具有"手如握虎"之力，方能"伏如横弩，起如发机"，起到针到病除、气血和调及扶正祛邪的目的。

1. 针刺之要，必先得气

我认为，要想针刺产生效果，首先必须得气。得气的含义有二：其一是对病者而言，就是当毫针刺入穴位一定深度后，患者在针刺局部产生酸、麻、胀、重感，有时还循经络路线扩散，也有按神经传导出现触电样的感觉；其二是对术者而言，针刺后施术者常常感到针下沉紧。这些现象称为得气，或叫针感。

得气之后，对于气血虚弱、身体羸瘦诸虚病证，施用补法，以鼓舞人体正气，使某种低下的机能恢复旺盛的作用；而对于高热疼痛、邪气亢盛诸实病证，则用泻法，以使某种亢进的机能恢复正常。一般来说，针感出现迅速，容易传导的疗效较好，反之则疗效较差。

若针刺后未能得气，我常采用候气的方法催气，或暂时留针，或再予轻微的提插捻转，或酌用一些辅助手法。例如：①震颤：右手持针作小幅度较快速的提插，即震颤动作。②搓针：右手拇、食指将针柄顺着一个方向做360°以上的大幅度捻转，可重复1~2次。③刮针：右手拇指轻按在针尾上，用食指或中指甲自下而上或自上而下地刮针柄。

对有些患者，不应单独强力行针，可采用温和灸，或另配穴以引导经气。对某些体质虚弱的患者，医生虽经多次行针引导经气，针下仍感虚滑，这种往往疗效缓慢。

2. 病有虚实，针有补泻

针灸治疗是以辨证论治为原则的，通过四诊八纲对病情进行分析归纳，确定病变发生的经脉、脏腑，辨别疾病是虚证或实证、寒证或热证等类型。《针灸大成》云："百病之生，皆有虚实，而补泻行焉。"我在针灸临床上常施用的补泻手法有提插补泻法、捻转补泻法、平补平泻法。

针刺补泻作用的效果与机体的机能状况有着密切的关系。凡正气未衰，针刺易于得气者，收效较快；如果正气已衰，针刺不易得气者，则收效较慢。另外，病理状态对于针刺补泻的效果也有影响，就是说，在不同的病理状态下，针刺后可以显示出补和泻的不同效果。例如：高血压病患者，针刺后可以使血压降低；低血压患者，针刺后可以使血压上升。对于不同病证也有同样效果，如肠痉挛时，针刺有明显的解痉作用；肠麻痹时，针刺可使肠蠕动得到恢复。

针刺补泻的运用，还要结合腧穴的主治性能。例如：针刺足三里、气海、关元、肾俞等穴，可促进人体机能旺盛，即补的作用；而针刺十宣、中极、委中、曲泽等穴，则可退热祛邪，即泻的作用。所以在临床上针对病证的虚实，正确地选用腧穴，也是实现补泻的一个重要方面。

3. 三才针法，简便无痛

在不断的临床实践过程中，我创制了"三才进针法"进针，即天、人、地刺法。针2～3分深为天，4～5分深为人，8分～1寸深为地。这一刺法吸取了中国传统针法与管针进针法的长处，为实施其他各种复式手法打好基础，将点穴、押指、穿皮、送针等动作糅合在一起，在1～2秒钟内完成，具有快速无痛的优点，临床深受患者好评。

捻针，亦需心有方寸，捻转一圆周为强刺激（泻法），捻转半圆周即为中刺激（平补平泻），捻转不到半圆周即为弱刺激（补法）；提插1cm者为强刺激（泻法），0.5cm者即为中刺激（平补平泻法），0.2cm者即为弱刺激（补法）。捻转、提插法可以单用，亦可联合使用。辅助手法通常有循、按、刮针柄、飞法等，我嫌其烦琐，故用震颤法，即手持针时，略加震颤，顺逆针均可运用自如。

（三）刺有浅深，疗效为要

针刺浅深问题，是毫针刺法基本原则中的重要方面，直接影响疗效。我在这方面积累了丰富的经验，整理分述如下：

1. 针刺浅深与病情相适应

（1）阴阳是总纲，针刺浅深与阴阳病证密切相关。阴证宜深刺，而阳证宜浅刺。例如，对于寒湿痹痛的阴证，刺之较深，对于风疹阳证则刺之较浅。

（2）病有在表在里之不同，在表者浅刺，在里者深刺。刺的浅深与病邪的居表居里有密切关系。

（3）病有寒热之分，刺有浅深之异。寒证当刺深，热证当刺浅。例如，对寒性胃痛刺中脘进针深，而热性胃痛则浅刺之。

（4）证有虚实，刺有浅深。大凡实证刺之深，虚证刺之浅。如果不辨虚实，一概深刺或浅刺，就会犯虚虚实实之弊。然而在临证中，虚证与实证夹杂出现的情况也并不少见，医生当须明察细揣，从本舍末。

2. 针刺浅深与腧穴部位的关系

我认为针刺浅深与腧穴深部的脏器有关，若深部有重要脏器切忌深刺。如风府、哑门深部有延髓，背部的肺俞、心俞和胸部的库房、乳根等穴深部有心、肺等脏器，这些部位的腧穴都忌深刺，以免伤及重要脏器，造成生命危险。《素问·刺禁论》有"刺中心，一日死……刺中肺，三日死"的记载，可见古人早已注意到针刺浅深不当的危害性。如在必要深刺时，应谨慎操作。

3. 针刺浅深与患者年龄、体质的关系

《灵枢·逆顺肥瘦》曰："年质壮大，血气充盈，肤革坚固，因加以邪，刺此者，深而留之。""婴儿者，其肉脆，血少气弱，刺此者，以毫针，浅刺而疾发针。"指出壮年针刺宜深，婴儿针刺宜浅。《灵枢·逆顺肥瘦》又说："刺壮士真骨，坚肉缓节监监然，此人重则气涩血浊，刺此者，深而留之。""瘦人者，皮薄色少……薄唇轻言，其血清气滑，易于脱气，易损于血，刺此者，浅而疾之。"此说明气血旺盛、体形肥胖者刺之宜深，气血虚弱、体形瘦削者，刺之宜浅。另外，常人中肤白者宜浅刺，肤黑者宜深刺。

综上所述，我认为决定针刺浅深的因素是多方面的，但是病情是决定针刺浅深的关键，腧穴所在部位是决定针刺浅深的基础，患者年龄、体质是决定针刺浅深的重要条件。总之，在掌握针刺浅深时，要因病、因穴、因人制宜。否则，就会产生深则邪气从之入，浅则邪气不泻的后果。

（四）施治特点，医案为例

1. "调和气血，疏通经络"为治病大法

气血是构成人体的基本物质，也是经络、脏腑等组织器官赖以进行生命活动的物质基础。"气为血之帅，血为气之母"。气能生血、行血与摄血，血能载气与生气。经络是人体营卫气血的运行路径，气血沿着经络循行周身上下，内溉脏腑，外濡腠理，使五脏得以安养，五体得以为用。若气血失于和畅，则可见到气滞、血瘀、气虚、血虚或失血等病证。凡此，皆可影响经络的畅通，导致内而脏腑，外而肢体产生病证。我强调指出：气血调和，经络畅通，既是人体健康的前提，也是针灸治疗的基本大法。

下面是我治疗一例面瘫患者的医案，治以疏通经络，获得佳效。

武某，男，31 岁。1980 年 1 月 7 日初诊。患者左侧面瘫 3 月。

初诊：1979 年 10 月 16 日，患者在锻模车间工作时，一直径 1cm，长 1cm 的铁条因汽锤砸飞，自 8m 远处垂直打入头后乳突部，当时到内蒙古某医院抢救，20 天后到北京某医院进行外伤处理，现外伤愈合，面神经损伤，未发现骨折、耳膜破裂现象。现症：面黄，面部有伤疤，左眼不能闭合，口角偏向右侧。睡眠差，每日仅 4～5 小时，饮食、二便正常。查：左侧眼睑不能闭合，眼裂 3mm，左颊部有 2cm×4cm 伤疤，口角不能向右歪，左侧鼻唇沟消失，左眼至口

角 7cm，右眼至口角 7.5cm，左耳垂至口角 10cm，右耳垂至口角 10cm。舌红，苔白腻，脉细数。诊断：经脉损伤面瘫。治法：疏经通络。

处方：百会；左侧：攒竹透睛明，阳白，颧髎，地仓，颊车；双侧：神门，列缺，三阴交。用平补平泻手法。

二诊：1980 年 1 月 10 日。针刺治疗 3 次后，患者情况大有好转，左眼已基本闭合，左眼角至口角 8cm，右眼角至口角 8cm，右耳到右口角、左耳到左口角均为 11cm，已基本居中。

三诊：1980 年 1 月 24 日。治疗 17 次后，左侧眼部完全可以闭合，口居中，左侧鼻唇口恢复，眼角至口角左侧 7.3cm，右侧 7.3cm，左额部抬眉好转，已基本痊愈。

中医辨证认为该病例属外伤范畴，外伤致气滞血瘀，经脉不通，而发为本病。取左面部局部取穴，疏通局部经络气血，配手少阳、手少阴经穴养心安神。本案患者为颅神经损伤，针灸疗效显著，有待进一步研究。面瘫应注意穴位透刺的运用。

2. 重视扶正祛邪

应用针灸治疗疾病时，我重视扶正祛邪。任何疾病的发生发展，都是邪正相互斗争的过程，正邪力量的消长决定着疾病的发展和转归，邪胜于正则病进，正胜于邪则病退。

扶正与祛邪，其方法虽然不同，但两者相互为用，相辅相成，因此在临证根据病情的标本缓急，应随机灵活应用。或先祛邪后扶正，或先扶正后祛邪，或扶正与祛邪并用。总之，在运用扶正祛邪这一治法时，应以"扶正不留邪，祛邪不伤正"为原则。

（五）制方选穴，依理而定

选穴制方是针灸施治的重要环节，选穴要注重穴性，即腧穴的共性和个性，以及主穴必取的原则。内容包括局部选穴、远道选穴、压痛选穴、症状选穴和病证选穴。制方经验常运用原络配穴法、五行俞配穴法和俞募配穴法。

1. 选穴原则

（1）局部选穴：是指在病变的局部邻近部位选取腧穴治疗，其理论根据是腧穴都具有主治局部痛证的作用。例如颠顶痛选百会等。但是在局部禁针处，或有其他情况而不能施术的，可以选邻近的腧穴代替，例如目疾选风池，遗溺选次髎等。

（2）远道选穴：就是在发生疾病部位的远距离处取穴。远道选穴必须视病变部位属何脏何经，即可选本经或表里经所至的肘膝以下俞穴治疗。这一治疗作用的理论根据是"经脉所过，主治所及"。

（3）压痛选穴：压痛选穴是以压痛点作为针灸治疗点的方法。此法是从内经中"以痛为输"和"在分肉间痛而刺之"等刺法演变而来的。分穴位与非穴位压痛选穴两种。

①穴位压痛选穴：穴位压痛点既可用以诊断，也可用于治疗。常用的有募穴、背俞穴以及四肢的一些穴位。例如阑尾炎常在天枢和阑尾穴处有压痛，胆囊炎或胆结石在胆囊穴上有压痛，等等。所有这些压痛点，又都是有效的治疗点。

②非穴位压痛选穴：非穴位压痛选穴又称阿是压痛选穴。阿是穴之名始于唐代《千金要方》，之后历代文献均有记载。我在临床上选用压痛点治疗疾病，非常广泛，例如扭伤、痹证、落枕等，常用压痛选穴法取得满意疗效。

（4）症状选穴：窍闭不开选百会，百会为手足三阳、督脉之会，其可升清举陷，醒脑开窍，一窍开则百窍开，百会刺法宜轻浅；大凡风证取风池，风池系手足少阳、阳维之会，既疏散外风，又平息内风，此穴内外兼治；口苦取阳陵泉；口臭取大陵；痰中带血取尺泽。

（5）病证选穴：中风（脑血管意外）急症昏迷不醒，取人中、内关、极泉、足三里、三阴交。益阴扶阳，醒脑开窍。人中刺法需令患者泪出，极泉刺法至肢体出现活动效佳。中风后遗半身不遂，初起治疗取阳经八穴，上肢为肩髃、曲池、外关、合谷，下肢为环跳、阳陵泉、悬钟、昆仑。阳经取穴，阳主动，意在恢复肢体功能。后期治疗取配阴经腧穴，协调阴阳，阴平阳秘，精神乃治。口眼㖞斜（面神经炎）取睛明、四白、地仓、颊车。睛明刺法，沿眼眶边缘直入 0.8～1.5 寸，忌捻转。地仓刺法，透向颊车。心开窍于舌，舌强失语，取廉泉、哑门及心经络穴通里。

2. 制方经验

（1）原络配穴法：原络配穴法又名主客配穴法。这是根据脏腑、经络的表里关系，而制定出来的一种配穴方法。例如肺经（里）先病，大肠经（表）后病，则肺经为主，取原穴太渊；大肠经为客，取络穴偏历。反之，大肠经先病，肺经后病，则大肠经为主，取原穴合谷，肺经为客，取络穴列缺。其余各经可以类推。此外，还可以不受原络、主客的含义所限，而是里经有病可以取表经的腧穴治疗，表经有病也可以取里经的腧穴治疗。这种表里经脉穴法相应，在我的制方中经常可以见到，如取肾经然谷与膀胱经肾俞治消渴；取心经阴都与小肠经后溪治虚劳盗汗；取肺经少商与大肠经合谷治咽喉肿痛。奇经八脉中阴阳相济的配穴制方也常用，如用任脉关元与督脉命门以治阳痿；取阳跷申脉与阴跷照海以治足内外翻、失眠。经脉的气血运行是阴阳相济，互为影响的。阴经与阳经，形成阴阳相贯，如环无端。在我的制方中，或脏病治腑，或腑病治脏；或引阴气注阳经，或助阳气以充阴经，往往是通过原络配穴法来实现的。

（2）五行俞配穴法：这种方法是按照经脉流注的道理，把肘膝以下的66个腧穴定出井、荥、输、经、合的名称，再按照五输穴主治及五行生克的道理，依次配穴制方。

①按五输穴主病取穴：《难经·六十八难》曰："井主心下满，荥主身热，输主体重节痛，经主喘咳寒热，合主逆气而泄。"明确指出了五输穴的主病特点，我在临床上根据病的主症，选取适当的五输穴。

井主心下满，阴井木，内应于肝，肝气郁结，心横犯脾胃，肝脾均位于心下，故肝郁证可见心下痞满。取井穴治之，效果良好，如少商、大敦、隐白等。阳井金，内应于肺，肺配五行属金，金可制木，肺可调气，故阳井金有疏肝抑木、调气解郁的功能，亦可治疗痞满，如商阳、厉兑等。

荥主身热，荥穴可治疗热证。如身热、咽喉痛，属肺热，可取手太阴经荥穴鱼际治之；症见身热、烦渴、牙痛、下痢，属阳明热证，可取手足阳明荥穴二间、内庭治之。

输主体重节痛，阴经输穴属土，脾属土，脾主四肢，主运化，故脾失健运则水湿内停，而见体重等症。阳经输穴属木，肝属木，若肝气滞，则气血痹阻，不通则痛，故输穴应用于体重节痛诸症。例如指掌肿痛取中渚，内踝前痛取太冲等。

经主喘咳寒热，阴经经穴属金，内应于肺，肺主皮毛，司呼吸，故肺脏受邪可见寒热咳喘。阳经经穴属火，火能克金，故火邪犯肺引起的咳嗽哮喘可取经穴施治。

合主逆气而泄，阴经合穴属水，内应于肾，若肾阳衰微，或下元不固，精血下泄；若肾阴不足，则虚火上扰，可见咯血干咳等症，热扰精宫，则遗精早泄。阳经合穴属土，内应于脾胃，若胃气不降，则上逆，若脾不健运则下泄，故凡逆气和下泄之症均可取合穴治之。足三里、阴陵泉、阳陵泉、委中等是我临床常选用的合穴。

②按五行生克制化取穴：五输穴配属五行，阴经的井、荥、输、经、合，配属五行的次序为木、火、土、金、水；阳经的井、荥、输、经、合，配属五行的次序为金、水、木、火、土。根据五行相生的关系，各经均有一个母穴和子穴。我认为运用这种方法，应首先辨别病在何经、何脏，病的性质属虚属实，然后根据"虚则补其母，实则泻其子"的原则取穴治疗，具体运用有本经补泻和异经补泻两种。

本经补泻：例如肺经的虚证，可见久病咳嗽，动则气喘，声低，多汗，脉细无力等，宜配本经的母穴太渊，并用补法；肺经的实证，可见咳嗽，气急，声粗，胸闷不能平卧，脉浮滑有力等，宜取本经子穴尺泽，并用泻法。

异经补泻：这是结合脏腑五行关系运用的。例如肺经疾病，属虚证的可以取异经脾经的土穴太白，并用补法；属实证的可以取肾经的水穴阴谷，并用泻法。此外，还可取相表里的经母子穴，如肺经疾病，属虚的可取表里的大肠经的母穴曲池，并用补法，属实的可取大肠经的子穴二间，并用泻法。

③俞募配穴法：俞募配穴的基本原则是"从阴行阳，以阳行阴"。凡某一脏腑有病，即可同时取某一脏腑的俞穴和募穴进行治疗。例如治胃病我常取背部的胃俞及腹部的中脘，膀胱有病取骶部的膀胱俞和少腹部的中极等。

俞募穴的配合应用，除了能直接治疗脏腑本身的疾病外，还可以间接治疗在病理上与内脏器官相关联的疾患。例如肝开窍于目，治目疾可以取肝俞，肾开窍于耳，治肾虚耳聋可以取肾俞等。

我在临床上，常取太阳配风池治头风痛；廉泉配哑门治中风失语；璇玑配大椎治哮喘；关元配命门治遗精、阳痿；归来配次髎治妇女痛经等。这些有效的制方经验，都是根据俞募配穴的原则衍变而来的。

俞募配穴法治疗所需时间较长，为了解决这一矛盾，我常采取俞穴或募穴施以快针的方法，同样可收到良好的治疗效果。

热爱事业　患者至上

在从医的数十年中，我不仅积累了较多的临床、教学及科研经验，并且为中医针灸事业发展做出了积极努力，表达着我对中医学的热爱与执着。

门诊临证，患者至上。我不仅给病人看身体疾病，还关注病友心理疾病，做到身心同治。在"文革"中，我受到了冲击，重返工作后，为了把失去的时间夺回来，为了让上白班的病人在不耽误工作的情况下也能看上病，我为自己定下了一条铁律，即每天6点上班，不管寒往暑来，风天雨雪，恪守不辍。

1992年底的一个风雪天，我在步行去北新桥邮局的路上被车撞倒，摔断了股骨。住进医院后，领导和骨伤科专家都很重视，尽量打上钢条，但没有把握一定有良好的预后，要求我至少静养三四个月。这下可让一向闲不住的我如同坐狱一般，我还有很多事要做，还有一大批病人每天在等待着我。不到20天我便拄着双拐开始一瘸一拐地挪至治疗床边给病人诊病针灸。一天，我突然感到侧臀部有些发凉、疼痛，仔细一瞧，才发现上的钢条穿破了皮肤，一端露在外面，钢条因过早活动，断成了两截，这时我才又不得不回到医院。在这次事故之前，我没请过一天病假，没有因感冒咳嗽等病耽误过患者的一次治疗，而且诊治费用收的非常低，一切为病人着想。

从事临床与教学工作时，我注重理论与实践紧密相连，在漫长的岁月和艰苦的工作中，形成了独特的学术流派与教学风格。从1956年起，我即专任针灸教学工作，又专任外事教学工作。三十多年中，为国内外培养了大量针灸人才。我授课方法独特，除了认真备课写好教案外，在教学方法上做到深入浅出，生动易懂，注重启发学生独立思考的能力；在内容上重视理论联系实际，便于学生将理论运用于临床。考虑到国内外学生多缺乏系统中医学理论，因此一定要把课文讲深讲透，搞清问题的来龙去脉。重点要突出，难点要攻破，疑点要剖析，不厌其烦，直到学生将应学的课程内容掌握为止。我对学生既严格要求，同时又毫无保留地热情传授经验。

我以满腔的热忱投身于国内外的针灸教学，教授数百班次，培养硕士学位以上人才20余人，外国学生几千名，他们遍布100多个国家和地区。我多次获"优秀教师""荣誉教师"等奖项，为推动针灸走向国际，扩大针灸的学术影响，先后应邀前往日本、加拿大、美国、法国、英国、意大利等十几个国家的几十个城市进行讲学和考察，并多次组织或参加国际学术会议，努力向国际推广针灸，也因此在国际上获得些许声望，先后被聘为加拿大传统针灸学院名誉教授、美国美东中医针灸师联合会名誉理事、南斯拉夫针灸学会名誉主席、挪威针灸学校名誉校长等。

随着中国对外交流的增多，我越来越多地活跃于国际针灸舞台。凡是对针灸发展有利的事，我都尽力去做，凡是对针灸发展不利的言行，都坚决予以反对。多年来，我来往于国内外，或是讲学，或是考察，或是开会，或是应特别邀请出诊，所到之处都是我传扬针灸的舞台。

潜修医术　大医精诚

我不仅潜心研修医术，更注重医德医风，全心服务广大医患朋友。

（一）便宜的挂号费

在我出诊的几十年里，患者挂我的号只需花 1 元钱，只是一个普通号的价格。这一点，我师承陆老先生，坚持"临证笃于情，富贵不跌价，贫贱不轻视，凡人有难，所求必应"。

（二）三十年如一日

我认为"夫医者，非仁爱不可托也，非聪明理达，不可任也，非廉洁淳良，不可信也"。从"文革"后恢复行医到 2005 年 9 月 10 日，为了每天能多治疗一些病人，三十多年来我每天坚持 6 点就去门诊为病人看病施针，只要身体条件允许从未间断。虽已 80 多岁，但我还依然在一线为病人针灸，每天都要治疗四五十个病人。虽然累，但心情是愉悦的。

（三）视病人为朋友

我认为，为人要和善，对病人要像朋友一样，让病人轻轻松松看病。在我所诊治的患者中，有一位日籍华人，她患有严重的脊髓病，无法工作。当时，其他医生给她下了这样一个结论——必须骨髓移植，如果不移植的话，就活不过 10 年。她是过敏体质，不能吃西药，甚至对有些麻醉药都过敏，西医对此束手无策，听闻我医术高明，特来找我诊治。我为她连续针灸了三个月后，病情大有好转。

我本着"天下万事，莫不成于才，莫不统于德，无才故不得以成德，无德以统才，则才为跋扈之才，实足以败，断无可成"的信条，用毕生的精力身体力行着医生这个神圣的职业，希望能够不辱使命，继承发扬中医事业。

（王宏才、黄凤等协助整理）

赵正俨

赵正俨（1921—　），山东省泰安市岱岳区范镇谷家庄村人。泰安市岱岳区第二人民医院副主任中医师，曾任泰安市中医学会理事、泰安市岱岳区中医学会副理事长。幼读私塾，1940 年在本村任小学教师，传统文化功底深厚，为后来学习中医打下了坚实基础。1945 年起开始行医，1960 年到省中医进修学校学习，结业后先后到泰安县中医研究所、泰安县中医院工作，时任中医师，得到泰安市名中医王逢寅老先生的言传身教。1966 年自愿报名到位于泰山东北麓的泰安县第二人民医院工作，任中医师，1973 年晋升为主治中医师，1988 年晋升为副主任中医师，同年退休。扎根山区 22 年，为数以万计的患者解除或减轻了病痛。由于在当地群众中威信较高，1978～1986 年三次当选为泰安市岱岳区人大代表，1983～1987 年五次被评为泰安市岱岳区优秀共产党员，1986 年被山东省政府授予"全省卫生系统先进工作者"称号，1987 年被评为泰安市劳动模范。发表论文 8 篇，著有《赵正俨医案医话》一书，经泰安市中医医院副院长、山东省名中医王光辉主任医师整理后由中医古籍出版社出版，并在全国公开发行。

治学之路

1940～1945 年我在教学期间，开始阅读《八十一难经》《濒湖脉学》《本草备要》《陈修园医书四十八种》等中医书籍。1945 年下半年辞去小学教师职务，悬壶于本村，实际上属于半农半医，1946～1949 年我边行医边帮助村委负责一些行政工作，这样会分散一部分行医的精力，考虑到业精于勤，医贵于专，

1950 年 2 月便到祝阳镇公家汶村专门行医。当地有一位公琳泉老医师，虽年已八十余，仍精神矍铄，器宇轩昂，学验俱丰，只考虑治病救人而从不借助药物盈利，我们当时经常在一起研读经典，老先生临床喜用经方，交流之际颇有进益。1952 年上级指示单独行医的医师要联合起来组成联合诊所，我遂回到范镇本村行医。因中华人民共和国成立前排斥、打压、轻视中医的不良影响仍然存在，中医备受歧视。是年我参加了泰安县卫生科于十月份举办的中医进修班，学期三个月，虽然名义上是中医性质，但实际上学习的却多为西医课程，如解剖学、生理学、诊断学、内外妇儿科等。虽然当时是初次接触，但经过不懈努力，结业考试时我取得了全泰安县第一的好成绩。当年专署卫生科也举办了三个月的中医进修班，教材同样完全是西医的，择优录取四人脱产由专署卫生科统一分配，其余均分配到集体所有制单位即联合诊所工作。1953 年 8 月份，我到华东区黑热病防治所学习，由于该防治所与华东区卫生局距离远管理不便，上级决定由山东省卫生厅接管。我由于曾经参加过中医进修班而且成绩优良，有幸在黑热病专家王兆俊所长的领导下，在全省防治黑热病的工作中，与西医同道一起，做了一些应做的工作。

1960 年我到山东省中医进修学校学习，结业后先后到原泰安县中医院、泰安县第二人民医院工作，先后任中医师、主治中医师、副主任中医师。回忆这 20 多年的中医教学和临床经历，将我的治学历程简要综述如下：

1964 年，我在原泰安县中医院工作，由泰安地区卫生局举办全区中医进修班，时任泰安市中心医院中医科主任的王心铭与泰山疗养院的刘景升同志领衔举办了泰安地区中医进修班，地址在原泰安卫校，学期一年。我讲授《伤寒论》，讲课时参照了山东中医药大学张灿玾教授的讲授方法，让同学们互动讨论，同学们都对教学非常满意。1980 年 1 月泰安市中医二院举办中医进修班，邀我去任教。该班举办了两年，我讲授的也是《伤寒论》，受到同学们的欢迎。1982～1986 年，泰安市中医学会举办了三期中医进修班，每期为期一年，每期我都去任教。名老中医刘洪祥任班主任，他曾讲：泰安市这些讲课老师中你讲得最好，同学们也说像这样的师资泰安市也不多。有一位中医学院毕业的大学生听过我的课后说："你讲得好，讲课中没有废话，分析条文分析得透彻。"

临床治验

（一）临床善用经方、小方诊治疾病

邻村朱芳，47 岁，因咳喘不能平卧 3 天，于 1947 年 2 月 16 日邀我出诊。诊见病人端坐呼吸，张口抬肩，吐泡沫痰，呼吸极度困难，诊查舌暗红，苔白腻，唇发绀，脉弦数，双下肢及足凹陷性水肿，因众人已知喘无善证，家属已为其预备后事，余谢不敏，另请他医。家属说：初得病时，经医诊治服中药 2 剂，无效，且病情日趋危重，苦求处方。我想与其坐而待毙，不如含药而亡，因思《金匮》有"支饮不得息，葶苈大枣泻肺汤主之"的记载，而病人症状体征酷似支饮证。辨证：水饮壅肺，肺气上逆。首先泻肺涤饮，药用葶苈子 10g，大枣 12 枚，水煎顿服。翌晨 8 时家属来说，服药约 2 小时，喘明显减轻，4 小时后已能平卧，至今尚熟睡未醒，请复诊。我往诊，见病人已能平卧，呼吸平稳，正在酣睡中，唇发绀，视其舌质暗红，苔白腻，双下肢及足凹陷性水肿，脉沉弦，考虑病属水饮夹瘀，阻遏肺气，宜活血利水，泻肺涤饮。处方：桂枝 15g，茯苓 30g，丹皮 15g，桃仁 15g，赤芍 15g，桑白皮 30g，葶苈子 10g，大枣 12 枚，水煎 2 次分服。服上方 3 剂后，病人喘止，水肿消，精神转佳，饮食增进。上方去葶苈子，加姜半夏 10g，陈皮 10g，服 3 剂，症状缓解，病情稳定。

按：患者的症状体征与现代医学中的心力衰竭、肺水肿近似，病人病情危重，需住院抢救，但当时农村没有医院，只好在家治疗，按中医学中的支饮治疗，竟获佳效。葶苈子性寒味苦，有泻肺平喘、行水消肿功能，价廉效高。现代药理研究表明，葶苈子含强心苷，故能治疗心衰。但因其苦寒败胃，故佐大枣以和胃保津。

曾用黄连阿胶汤治疗心肾不交、阴虚火旺证，获一剂知二剂已的佳效。患者齐某，女，42 岁，1991 年 3 月 16 日初诊：心烦不寐 1 月余，伴咽干口苦不思食，便干尿赤，屡治不愈。诊其脉细数，舌深红，证系心肾不交，阴虚火旺。治宜滋阴降火，镇静安神。处方：黄连 10g，黄芩 10g，白芍 15g，阿胶 15g（烊化），鸡子黄 2 个（冲服），百合 30g，茯神 15g，当归 10g，朱砂 3g（二次冲服），日 1 剂，2 次分服。服 3 剂后心烦轻，睡眠好，唇红，苔薄白而干，脉细，

继服 3 剂，心烦止，睡眠佳，服朱砂安神丸以巩固疗效。我用上方加减治疗上述症候，屡用屡验。又如患者侯某，65 岁，因风中经络，于 1963 年 7 月 20 日在中医院住院治疗，查房时患者心烦不寐，舌质红如杨梅，苔少，考虑证系心肾不交，阴虚火旺，属少阴热化证，治宜滋阴降火，交通心肾，同样用黄连阿胶汤加味治疗，效果极佳，配合风中经络的药物治疗两月余，病情稳定。我用上方加减治疗心肾不交证的失眠患者多例，屡用屡验！

按：本证为少阴热化证，辨证为心肾不交，阴虚阳亢，故用黄连、黄芩以降心火，白芍、生地、阿胶、鸡子黄以滋肾阴，百合滋肺阴，使金水相生，夜交藤、茯神、朱砂以宁心安神，使心火下交于肾，肾水上济于心，心肾相交、阴平阳秘则心烦不寐证自愈。

《周易》云：火水未济卦，卦爻为离上坎下，离为火，离上为火不下交，坎为水，坎下为水不上承。《素问·阴阳应象大论》有"水为阴，火为阳，水火者，阴阳之征兆也"的记载。火水未济很形象地比喻了阴虚阳亢的病机。《周易》是古代哲学，内含很多唯物辩证法，如"火水未济""水火既济""天地否""地天泰"等，是矛盾的对立统一观，有学者认为《内经》阴阳学说源于《周易》，当然不一定完全正确。我们在学习《内经》的同时兼学《周易》可以进一步理解阴阳学说的实质。

用风引汤加味治疗痫证，疗效突出。1958 年 3 月 13 日，一名 3 岁女性患者来诊，其母代述，此女患癫痫病已一年余，屡治不愈，现发作已 10 余天，一日发作 5~6 次，发作时昏不识人，口吐涎沫，二目上视，手足抽搐，时呼叫。视其舌质红，苔黄腻，面部潮红，指纹青紫，脉滑数。诊为阳痫，证属风阳上扰，痰热蒙蔽清窍。治宜息风泻热，化痰开窍，药用风引汤加味。处方：大黄 3g，龙骨 10g，牡蛎 10g，生石膏 10g，滑石 10g，寒水石 10g，赤石脂 10g，白石脂 10g，紫石英 10g，干姜 3g，桂枝 3g，石菖蒲 5g，远志 5g，天竺黄 5g，胆南星 4g，郁金 5g，朱砂 0.5g（二次冲服）布包水煎服。服 3 剂，癫痫未发作，继服 3 剂研碎每日 20g，布包水煎 2 次分服，随访一年未复发。风引汤出自《金匮要略·中风历节病脉证并治》，方后注云：治大人风引，小儿惊痫瘛疭。方中龙骨、牡蛎潜镇息风，石膏、滑石、寒水石清热，大黄配桂枝能祛风泻热，且大黄有活血祛瘀作用，治风先治血，血活风自灭，紫石英、朱砂镇静安神，赤白石脂收敛浮越之阳，干姜温胃，以防大黄、石膏之苦寒败胃，菖蒲、远志、郁金、天竺黄化痰开窍，全方有息风泻热、潜镇安神化痰开窍之功，故治疗小儿癫痫获效。用于成人癫痫则效果差，可能与体质有关，因小儿多数缺钙，方中龙骨、牡蛎、石膏、寒水石均含钙，故疗效好。可见中医治病，要因人而异。

感冒咳嗽是常见病、多发病，辨证属于风热感冒咳嗽者，证见咳嗽痰少，不易咳，舌边尖红，苔白而干，脉滑数，属风热伤肺，治宜疏风清热，宣肺止咳，方用麻杏石甘汤加知母、浙贝、桑白皮、黄芩、前胡、地龙、双花、连翘，服3到5剂则愈；若风寒感冒咳嗽夹饮者，吐泡沫痰，无咽干口苦口渴症，舌淡苔白润，脉浮紧，用小青龙汤发汗解表，温肺化饮，服3到5剂即愈；如有小柴胡汤证，则用小柴胡汤去人参加干姜、五味子，也很快治愈。1960年，我参加省医疗队赴聊城寿张县苍上大队防治水肿病，该大队冬季感冒流行，症状是发热恶寒，体温高达39℃，咽干口苦，胸闷不饥，咳嗽，证属太少合病。我用小柴胡汤合麻杏石甘汤加桔梗、桑白皮，服1剂，即热退，体温降至36℃，服3剂即愈。当时生活困难，人们免疫力较差，极易感冒。我在小柴胡汤中将党参用至30～50g，以增强免疫力，治疗200余例，获得一剂知两剂已的良效。陈修园的《劝读十则》中说，经方疗效神速，确属经典之言。其他如柴胡桂枝汤治疗太少合病，亦效如桴鼓。

桂枝芍药知母汤的辨证，历代颇有争议，有学者认为本方用一大批温经散寒药，加一味知母寒凉药，可能为风寒湿痹，化热而为热痹，有学者认为本病寒热错杂，故寒热互投。我认为本病是风寒湿痹，加知母因其有消除关节腔积液功能，《神农本草经》谓知母能治"肢体浮肿"可以佐证。《陈修园医书四十八种》中有一方名"消水圣愈汤"，该方药物组成：桂枝10g，甘草6g，生姜10g，大枣4枚，麻黄9g，细辛6g，熟附子15g（先煎1小时），知母24g。水煎2次分服，服3剂即尿多浮肿渐消，继服10剂，水肿全消。该方即《金匮要略·水气病脉证并治》所载桂枝芍药加麻黄细辛附子汤，方中桂枝温心阳，麻黄宣肺，通利水道，下输膀胱，熟附子温肾阳利水，细辛温经散寒。这个水气病显然是阴水无疑，其加知母者因知母能利水，治"肢体浮肿"且知母用量较大，寒热互投，并行不悖，这又是桂枝芍药知母汤用知母临床实践的又一佐证。20世纪90年代我诊治一风湿性关节炎患者，患者关节游走性疼痛一年余，遇寒重，肢体沉重，恶风寒，关节稍肿，血沉快，抗链"O"高，即用桂枝芍药知母汤，服3剂，患者关节痛明显减轻，继服10剂，关节肿消痛止，随访一年，未复发。

陈修园在《劝读十则》中说："经方疗效神速。"验之临床，诚然。且经方一方治多病，如麻黄连翘赤小豆汤，本方为黄疸兼表而设，但加味用于风水（急性肾炎）疗效高达98%。1963年我在当时的泰安县中医院任住院医师，从门诊将多数急性肾炎病人收入病房，入院查体，水肿从面部逐渐蔓延至全身，尿少，尿检有程度不同的红、白细胞，有蛋白管型，以麻黄连翘赤小豆汤合五皮饮加益母草、白茅根治疗，服5剂，尿量增多，水肿消，继服5剂，尿检转阴，再服5剂以巩固疗效，即痊愈出院。本病虽血压高，但不忌麻黄，因本病的血压高是继发性高血压，由水钠潴留造成，水肿消，则血压自然下降，也不需要用降压药（个别高血压脑病除外），西医处理本病以青霉素为首选，次用利尿剂，我认为本病不需要用青霉素，因本病的发病原因与溶血性链球菌或病毒感染后的变态反应有关，本身不是细菌感染，专家多次将本病患者的血尿培养，均阴性，临床上也不支持细菌感染，患者不发热，血象不高。如果病人身上有疮未愈或扁桃体尚肿痛，可以在原方基础上加金银花、蒲公英、紫花地丁等，以清热解毒。如果病人尿检红细胞不减或肉眼血尿，可用小蓟饮子治疗，3~5剂红细胞即消失。又如白虎加桂枝汤本为热多寒少的疟疾而设，用于治疗热痹效果亦很好。有一男性患儿，12岁，因发热关节痛，门诊将其收入病房。查体：体温39℃，热病貌，汗多，膝踝关节红肿疼痛，诊为热痹，疏白虎加桂枝汤加味。处方：生石膏30g，知母12g，薏米30g，甘草10g，忍冬藤30g，青风藤30g，海风藤30g，鸡血藤30g，水煎2次分服。服1剂体温降至36.5℃，关节疼痛明显减轻，服10剂痊愈出院，随访一年未复发。一男性青年，患腿痛较剧，从门诊收入病房，查体：脉沉紧，舌淡，苔白而润，自述左胯及小腿剧烈疼痛，呻吟不止并有凉感，诊为坐骨神经痛，证系寒痹，以乌头汤加味治疗。处方：制川乌10g（先煎一个半小时），麻黄10g，白芍30g，黄芪30g，独活15g，桑寄生30g，秦艽15g，防风15g，细辛9g，川牛膝30g，甘草10g，蜂蜜30g。服一剂痛未止，又将上方改为每天两剂，服后疼痛显著减轻，继服15剂痊愈出院，随访一年，未复发。一女性老年患者咳喘已10余年，因感冒咳喘复发，门诊将其收入病房。自感发热恶风，汗出，咳吐大量泡沫痰，呼吸困难，纳差之力。查体：咳喘貌，舌淡，苔白润，脉浮缓，桶状胸。西医诊断：①感冒。②慢性支气管炎、肺气肿。中医诊断：①太阳中风。②肺胀。治法：解肌祛风，调和营卫，宽胸下气定喘。处方：桂枝10g，白芍10g，甘草6g，生姜10g，大枣4枚，厚朴

15g，杏仁 15g，姜半夏 15g，陈皮 10g，茯苓 15g，炒苏子 15g，炒莱菔子 15g，水煎 2 次分服。服后发热咳喘症状均减轻，服药 20 余剂好转出院。适有山东中医学院（现山东中医药大学）实习生隗继武（后任山东中医学院副院长）同学跟我实习，他说："陈老师（陈庚吉）在门诊用此方治疗感冒并慢支、肺气肿效果很好，你们两个不谋而合，可见经方就是好。"仲景云："喘家作，桂枝汤加厚朴杏仁佳。"此喘是指素有喘病的病人，作即发作。本条是说素有喘病因患太阳中风证诱发，故用桂枝汤治疗太阳中风病，加厚朴宽胸利气，杏仁止咳平喘。考厚朴有消胀除满下气的功能，在胃肠道用大小承气汤、厚朴生姜半夏甘草人参汤，是消胀除满的，在肺部为肺胀，是消除肺泡胀气的，故本病中医诊为"肺胀"，西医诊为"肺气肿"。我治疗此病，在诊为慢性支气管炎的基础上均加用厚朴、杏仁，效果很好。如刘某，女，60 岁，因咳喘多年，经泰医附院胸透，诊为慢性支气管炎、肺气肿。每次发作均因感冒诱发，风寒、风热感冒均诱发喘，我即用上述感冒方加厚朴、杏仁，患者在近 2 年中先后服药 60 余剂，咳喘止，症状明显减轻，再行胸透或拍片，肺纹理增深与透光度增强的体征消失。随访 2 年未复发。关于慢支、肺气肿的防治，有治未病的积极意义。我们这个地区的"肺心病"发病多数与慢支、肺气肿或支气管哮喘并发肺气肿有关。

1963 年有一男性壮年来诊，右肋痛，咳喘 5 天，胸透：右胸腔大量积液，诊为悬饮，证系水热互结、水气升降受阻，治宜峻逐水饮。处方：制甘遂 0.6g，制大戟 0.6g，制芫花 0.6g，上药共研细末，大枣 10 枚，煎汤送服，平日服。2 日量，复诊，药后第 1 天泻稀水约 1000mL，胸痛、喘憋均减轻，热退。第 2 天服后，又泻稀水约 1500mL，胸痛喘憋消失。胸透：右胸腔积液大部消失，以六君子汤益气健脾化痰善后，随访 1 年，未复发。渗出性胸膜炎属中医学"悬饮"范畴。现代医学对本病确诊后，即行胸腔穿刺抽液，辅以抗结核药物治疗，疗程 1 年，才能治愈，本例是青壮年，一般情况好，无心、肝、肾器质性疾病，确诊后，即放心用十枣汤峻逐水饮，水饮消退后，胸痛、喘憋症状消失，仅感乏力，故用六君子汤益气健脾化痰善后，服 10 余剂，体力恢复正常，1 年后，患者因感冒来诊，询其前证未复发，化验血沉正常、胸透无异常。随着中西医学的发展，中药的剂型改革势在必行，如将甘遂、大戟、芫花等药研细面装胶囊口服，能减轻药物的毒副作用，进一步提高疗效。

胃脘痛，包括西医学范畴的慢性胃炎、消化性溃疡，是常见病、多发病，西医用解痉制酸法治疗，仅获近期疗效。随着医学的发展，又研究出了西咪替丁、雷尼替丁、法莫替丁、铋制剂等西药，疗效虽较前提高，仍不能根治。难怪《内科学》上说本病的特点是反复发作性、节律性、周期性上腹部疼痛，久治不愈会并发上消化道出血、胃穿孔、胃癌等病变，病人深感痛苦。自 1983 年澳大利亚医生 Mashall 与病理学家 Warren 从胃黏膜中分离出 Hp 以来，关于 Hp 在胃病中的致病作用已达成共识，现认为 Hp 感染是导致慢性胃炎及消化性溃疡发生、长期发作、反复不愈的一个重要原因，根除 Hp 后，可显著提高慢性胃炎、消化性溃疡的治愈率，降低其复发率。以铋剂为中心的三联疗法，虽有一定的根除率，但不良反应大，患者顺应性低，且易产生细菌耐药等问题，不利于临床普及应用。我认为本病病机在于湿热阻胃、胃气虚弱。实验室检查幽门螺杆菌阳性，即用清热利湿、益气解毒的人参、蒲公英、黄连、黄芩等加减应用，远期效果好。如张某，女性，56 岁，自述脘腹痞闷不适，食欲不振，暖气烧灼感一年余，经泰安市中心医院胃镜检查，诊为慢性浅表性胃炎。诊查：舌淡红，苔白腻，脉浮滑，剑突下明显压痛（不按不痛），证属痰热素结，胃气虚弱，治宜化痰清热，佐以疏肝和胃。处方：瓜蒌 30g，清半夏 15g，黄连 10g，吴茱萸 15g，柴胡 10g，白芍 30g，枳实 15g，甘草 10g，香附 30g，陈皮 10g，蒲公英 30g，乌贼骨 30g，党参 15g，川楝子 10g，元胡 15g，水煎 2 次分服，继服 10 余剂。随访，一年未复发。我所用方系小陷胸汤加味，《伤寒论》（13 条）载："小结胸病，正在心下，按之则痛，脉浮滑者，小陷胸汤主之。"对本病的辨证，除根据症状、舌诊脉诊外，腹诊是主要的，本条文云"按之则痛"，言外之意是不按不痛，如不腹诊，可造成漏诊。我用此方加味，治疗辨证属湿热互结型的胃脘痛，疗效确定，疗程达到半月或一月能获愈。《伤寒论》云："伤寒阳脉涩，阴脉弦，法当腹隐痛，先与小建中汤，不瘥者，与小柴胡汤。"二方合并为柴胡桂枝汤，我用本方治疗确诊为"消化性溃疡、慢性浅表性胃炎"，辨证属湿热互结、胃气虚弱型者，效果斐然。泛酸者，加乌贼骨、左金丸；幽门螺杆菌阳性者，加蒲公英、黄连；痛剧者加金铃子散；纳差者，加白术、白蔻、砂仁。

1966 年 10 月，我响应毛泽东主席"把医疗卫生工作的重点放到农村去"的号召调入泰安县第二人民医院工作。当时农村卫生条件差，肠寄生虫病较多，尤其以胆道蛔虫为多见，我即用乌梅汤加减治疗该病，打开了局面。该病虽不是急腹症，但是发作起来疼痛剧烈，碰头打滚，西医称此病症状与体征不符，即症状严重，腹部无明显阳性体征，仅剑突下压痛，西医疗效不显。我用乌梅汤加减治疗，效如桴鼓。胆道蛔虫的发病机理有两点：①蛔虫寄生在人体内必须有适宜的温度，蛔虫才能安居肠内，如体内温度改变，过冷或过热都会使蛔虫躁动不安，由肠内窜入胆道，使胆痉挛，发生剧烈疼痛。本方寒热互投，能调节体内温度，体内温度正常，蛔虫自会由胆道返回肠中。②酸碱度失衡，如体内酸碱度失衡，不利蛔虫的寄生和安居，加之蛔虫有善窜的特征，此处环境不适宜，就寻找其他适宜的环境。因此常窜入胆道，导致胆管痉挛，上腹剧烈疼痛。本方酸辛苦合用，能调整体内的酸碱度使之趋于平衡，使蛔虫不致躁扰不宁，前人云本方有安蛔作用，就是这个道理。总之，人体内环境的改变，是胆道蛔虫发病的基本病理。乌梅丸（汤）方出自《伤寒论》厥阴病篇（326条），为厥阴病上热下寒及蛔厥证而设，除治蛔厥证外，又主下利。

慢性非特异性溃疡性结肠炎属中医学久泻的范畴，该病久治不愈。2007年至2008年我治疗2例疗效尚满意。例1，患者腹泻已5年，久治不愈，大便有红白黏液，每天3~4次，经市中心医院结肠镜检查发现降结肠有数处溃疡，自感肛门灼热下坠，上腹部有凉感，辨证为上寒下热即脾胃虚寒，大肠瘀热，用乌梅丸（汤）去细辛、川椒，加赤小豆、生地榆、白术，服20余剂痊愈。例2与例1的症状病机相同，用乌梅丸（汤）加减服20余剂，痊愈，随访一年余，未复发。中医科除治疗中医内科杂病外，有时也会涉及外科，如单纯性阑尾炎用大黄牡丹皮汤加味治疗，效果显著。有一阑尾周围脓肿病人由门诊收入外科病房，该病人高热，体温达39℃，白细胞3万多，右下腹包块鸡蛋大，有手术指征，但病人拒绝手术，邀中医会诊。证见高热貌，右下腹包块如鸡蛋大，腹痛拒按，舌红，苔薄黄，脉弦数，证系瘀热互结下焦，热毒弥漫三焦，治宜清热解毒，活血化瘀，排脓消肿。处方：大黄15g，丹皮15g，桃仁15g，冬瓜仁30g，元明粉8g（冲服），炮山甲10g，皂角刺10g，当归10g，双花30g，甘草10g，赤芍15g，炙乳没各10g，天花粉30g，防风10g，浙贝10g，白芷10g。水煎2次分服，1剂热退痛止，继服8剂，右下腹包块吸收消失而愈。后来我治疗本病3例，均用此法痊愈。中药治疗单纯性阑尾炎，既可减少病人手术痛苦，又为病人节省了费用。有一上消化道出血女性患者来诊，自述嘈杂，泛酸，上腹微痛，黑粪5天，在当地诊为胃溃疡病出血，查幽门螺杆菌（＋），服西药效果不显，想服中药。诊查：舌质暗红，苔薄黄，脉弦涩，治宜清热化瘀止血，处方：大黄 6g，黄连 3g，黄芩 6g，蒲公英 15g，水浸 2 次，分服。服 5 剂，出血止，泛酸轻，继服 15 剂，痊愈，随访 1 年，未复发。

《伤寒论》少阴篇（311 条）云："少阴病二三日，咽痛者可与甘草汤，不差者与桔梗汤。"本条属少阴热化证，因少阴素体阴虚，又感外邪侵咽部，故咽痛，但咽痛范围小，病邪程度轻，故用甘草解毒并保护咽部黏膜，如不瘥，再用桔梗，因桔梗为诸药舟楫，载药上浮，且能祛痰，以消除炎性分泌物，则咽痛自愈。在《伤寒论》启示下，我在临床上遇到咽痛病人，诊查不发热，咽部微充血，扁桃体不大，但感咽干而痛，诊为病毒性咽炎，辨证为少阴虚邪侵咽部，即疏解毒护咽、清热润咽之剂。处方：生甘草 10g，桔梗 10g，麦冬 10g，水浸当茶饮，服 3 ~ 5 天。方虽小而效甚灵。过去农村卫生条件差，每年 7、8 月间痢疾、胃肠炎发病较多，尤其小儿腹泻更是常见病、多发病，中医诊为脾虚腹泻，用参苓白术散，效果不理想，西医诊为消化不良，药用乳酶生、撒鲁尔、次苍等，腹泻仍不见轻，我用赤石脂 2g 与滑石 1g 共研细末，开水冲服，1 日 3 次，此系 3 岁以下小儿量，服 2 天腹泻止，效果好。再用鸡内金 2g 研细末冲服，每日 3 次，以助消化，疗效比西药乳酶生好得多。本方价廉效高，值得推广。有一男性患儿腹泻 1 个月余，久治不愈，患儿消瘦，两眼凹陷，精神萎靡，一日突然抽风，家属邀我诊治。见患儿抽搐不止消瘦貌，舌淡，苔薄白而润，口不渴，形寒肢冷，诊为慢脾风，药用逐寒荡惊汤。处方：胡椒 3g，公丁香 3g，肉桂 3g，炮姜 3g，日 1 剂，水煎 2 次分服。服 1 剂抽风止，腹泻轻，继服 2 剂，腹泻止，但患儿消瘦，神疲乏力，考虑久泻伤脾，脾肾两虚，用理中地黄汤，服 10 余天后，面色红润，肌肤丰满，精神活泼。患儿因饮食大饱伤脾或药物寒凉伤胃，寒邪久留不去，寒伤脾阳，肝乘脾，导致虚风内动，故温脾逐寒，以振脾阳，脾阳振，肝不乘脾，则抽风自止。关于治疗腹泻，仲景认为"寒多不欲饮水者，理中汤主之"。此例患儿腹泻已久，寒邪弥漫胃肠，一般药物理中可能不胜任，故用胡椒、丁香、肉桂等大温大热温胃散寒之药以温之，竟获高效速效。其他如大柴胡汤加减治疗急性胆囊炎和急性水肿性胰腺炎、瓜蒌薤白白酒汤加减治疗胸痹，均获理想效果。上述经方与小方的临床运用，不仅疗效好，且药味少、价廉，能解决群众看病贵的问题。

（二）善治内伤杂病

1960 年我到山东省中医进修学校师资培训班学习，课程的安排以《内经》

《伤寒论》为主，韩伯衡老师讲《内经》，张灿玾老师讲《伤寒论》。《伤寒论》我虽然过去学过，但学得不深不透。听张老师一讲解，过去不理解的茅塞顿开，如拨云雾而见天日，我常说，听张老师的《伤寒论》课就和听常香玉的戏一样，时间短听不够。1960年正是自然灾害的一年，经常吃不饱，饿了我就买点柿饼吃，虽然生活困难，但是精神愉快，身体健康无病，课余时间就熟读《伤寒论》《内经》原著，简练揣摩，获益匪浅。《伤寒论》《内经》讲完后，老师叫同学们分工编写《伤寒论》《内经》教学参考资料，老师审阅后，即出版。我们刚到学校时，省卫生厅拿我们当学生待，口粮为32斤，学生们感到粮食（地瓜干）不够吃，谢校长就到卫生厅请示将口粮增加到34斤。暑假后返校，因各地区天灾严重粮食减产，我们的口粮又由34斤减到27斤，校长叫我们停课下乡采菜，准备吃菜窝窝，我们采，校长晒，干后放到大殿里。其时卫生厅突然下达了紧急指示：除老弱病残外，都参加省医疗队，防治水肿病。回顾这次学习过程，生活是困难的，道路是曲折的，对我来说收获很大，在困难中能"动心忍性，曾益其所不能"（孟子）。1961年7月培训班结业，我回到泰安，调入原泰安县中医研究所工作，1963年泰安县中医院创建，我又调入中医院工作，首任院长王逢寅是山东省名老中医，上级指示名老中医带高徒，我有幸跟从王老师学习。王老师擅长治疗多种外感热病，有伤寒专家之称。回顾1963～1966年的学习过程，王老师对我的耳提面命、言传身教至今记忆犹新。我问王老师："您治伤寒病有哪些验方？"王老师说："我只有两首方，其一是加味凉膈散，其二是增损双解散（二方均载于杨栗山《寒温条辨》）。"侍诊时见老师遇有高热39℃以上的病人，既有发热恶寒、头痛身痛等表证，又有胸腹灼热、口干苦、渴欲饮水、便干溲赤、苔黄脉数等里证，即用增损双解散表里同治；无表证但有胸膈灼热、便干尿短赤的里热炽盛证，即用加味凉膈散，常获药到病除的效果。我尝治一男性青年患者，体温高达39.5℃，扁桃体红肿疼痛，上覆黄白色渗出物，无表证，即疏加味凉膈散。处方：大黄10g（后入），元明粉6g（冲服），栀子10g，连翘10g，黄芩10g，甘草5g，薄荷10g，竹叶10g，黄连10g，姜黄10g，僵蚕10g，蝉衣10g，2剂，水煎2次分服。服1剂，热退，体温降至36.5℃，咽痛亦轻，服2剂，发热咽痛均消失。上方去元明粉，大黄减至6g，继服2剂，以巩固疗效。20世纪60年代，传染病发病率大幅度下降，但肠伤寒在秋季有流行趋势，凡高热病人都慕名来院求王老师诊治，当时我在病房任住院医师，门诊将高热病人收入病房我即请王老师诊治。病人潮热谵语，便干，尿赤，舌红，苔黄厚而腻，脉濡有力，王老师认为是阳明腑实证，即用寒下法，多用加味凉膈散或增液承气汤，下后谵语止，体温逐渐下降，再用清热燥湿的苦参、黄连等以清余热，患者由好转而至痊愈。有人怀疑寒下法可能导致肠穿孔这一威胁生命的并发症，实践证明，适时用寒下法不但不会发生肠穿孔的并发症，而且全身中毒症状轻、退热快，因方中大黄能排泄毒素，达到逐邪扶正的目的。明代吴又可在其所著《温疫论》中说："承气本为逐邪而设，非专为逐粪而设也。"所谓邪，包括现代医学范畴的致病微生物，就是说尽管肠中没有燥结，只要高热、毒素强，也可以用大黄等寒下法以逐邪，邪去正自安。

1966 年 8 月间泰安县乙脑流行，病人遍布 18 个公社，流行面积之广，发病人数之多，为近年来所未有。当时各公社医院接诊的重型或极重型（高热、抽风、昏迷）病人均转到原泰安地区人民医院及原泰安县人民医院、中医院治疗。医院病房已住满，只好在走廊里加床，甚至走廊里也住满，再也无处可加床了。针对这一急性传染病的蔓延趋势，地县卫生局领导召开紧急会议，研究防治乙脑措施，从地县医院防疫站抽调中西医务人员组成中西医结合防治乙脑小组，分赴各公社医院，病人就地发现就地治疗，不再转城市医院。我被抽调参加防治乙脑小组，与泰安县医院潘洪生大夫（西医）赴山口、祝阳、范镇等公社医院诊治乙脑。当时在乙脑流行期间只根据症状和体征来诊断，一般不作腰椎穿刺检查。病人只按轻型、普通型、重型、极重型治疗，不局限于卫气营血的层次辨证，确诊后即按邪入营血治疗，一般病情用清瘟败毒饮加大黄、元明粉清下并用；抽风用止痉散（蜈蚣、全蝎研细末），每次 2g，口服；昏迷者用三宝或静滴清开灵。通过中西医结合治疗治愈率高达 95%。我对清下法治疗乙脑的体会是：清能排污降浊，解毒除秽；下能排泄毒素，且大黄能降低颅内压，减轻脑水肿，预防呼吸衰竭的发生，下后能使体温逐渐下降，预防并发症的产生。

1966 年下半年，上级为备战需要，创办了位于山区的县二院，我自愿报名到该院工作。县二院是一个综合性医院，分内、外、妇、儿、针灸、整骨、中医等科。我在中医科工作，遇到的妇女更年期综合征较多，其表现多种多样，状如《金匮要略》百合病，我用百合汤加减治疗该病，其中百合滋肺阴，生地补肾阴，使金水相生，龙骨、牡蛎潜阳且有镇静安神止汗作用，合酸枣仁汤补肝阴，化痰，宁心安神治失眠，二陈汤化痰和胃，因胃不和则卧不安，知母、黄柏滋阴降火。此方能滋阴潜阳，降火安神，服后诸证消失。此方传至离医院40华里以外的盘坡、秦村等村，每天门诊量约50多人，其中妇女更年期综合征就有30多人。我在该院20多年，将本病治愈和缓解者数以万计。中医科除治疗中医内科杂病外，有时也涉及外科、内分泌科、皮肤科等。有一急性乳痈病人，西医用抗生素治疗5天，热退疼止，但乳房遗留有山楂大包块不消，用仙方活命饮治疗5天，包块消失而愈。有一化脓性腮腺炎病人，高热，体温39℃，腮腺肿硬如石，用青霉素、氨苄青霉素静滴3天，无效，邀我会诊。证见病人壮热无汗，右腮腺肿硬如石，此病属中医"发颐"范畴，《医宗金鉴》发颐病总括中说："肿坚皂刺穿山甲，便燥应添大黄疏。"我即用仙方活命饮加大黄，水煎2次分服，服1剂，热退痛减；2剂热退（体温36.8℃）肿消；服3剂痊愈。

关于化脓性疾病的处理，沈自尹教授曾说：外科对化脓性疾病的处理原则是"有脓必排"，否则用大量抗生素也无济于事，但外科医生是用手术刀排脓，中医则用炮山甲、皂刺排脓，有异曲同工之妙。对于十二指肠溃疡并幽门不全梗阻，病人呕吐、食水不能下咽，此病西医必定采用手术治疗。有一男性青年患此病，拒绝手术，外科不得已邀我会诊。诊见病人面容消瘦，精神萎靡不振，呻吟不止，脉弦滑，舌暗红，苔薄黄。考虑病位在脾胃。《内经》云："脾与胃以膜相连，而能为之行其津液。"今脾虚不能为胃行其津液，津不下达，故上逆呕吐，诊为脾虚呕吐，治疗以健脾止吐为主，用四君子汤健脾，半夏、生姜、陈皮、藿香、砂仁止吐，此症呕吐是主症，上述香砂桔半生姜恐不胜任，再加代赭石镇坠止吐。但呕吐的病机是什么，可能是痰饮阻塞幽门，必须化痰逐饮庶可有济，《本草备要》记载"莱菔子、枳实化痰有冲墙倒壁之功"，再加炒莱菔子30g，枳实15g，5剂，每天1剂，水煎2次分服。复诊：患者与第一次来诊时判若两人，面色红润，精神奕奕，自述服上药1剂后呕吐停止，食欲增进。上消化道钡透：幽门梗阻消失。上腹部仍痛，泛酸，即疏治疗十二指肠溃疡的中药5剂，回家水煎服而痊愈。这个病人既避免了手术痛苦，又节省了费用，收到了"两好一满意"的成果。有一患肾绞痛的壮年男性，由门诊收入外科病房，经X线拍片诊为肾结石。尿检：红、白细胞（＋＋＋＋），蛋白（＋＋），管型（＋＋），外科邀我会诊。诊见患者痛苦貌，右肾区明显叩击痛，脉沉弦，舌暗红，苔薄黄而腻，诊为石淋，证系湿热瘀互结，治宜清热利尿通淋。处方：萹蓄30g，瞿麦30g，木通6g，滑石30g，车前子15g，栀子12g，川军10g，甘草5g，鸡内金

20g，石韦 30g，海金沙 30g，金钱草 60g。服 1 剂腰痛止，服第 2 剂时，感觉阴茎内一阵剧痛，排出老鼠屎大一枚结石，患者痛止。继服 3 剂，病若失，患者要求出院，我说：拍片显示你肾内有 3 枚结石，现仅排下 1 块，还有两枚未排出。病人说我现在没事了，再犯了，再来找你，遂出院。另有一例肾绞痛男性患者来诊，经泰安市中心医院 B 超检查，诊为左肾结石。尿检：红、白细胞各（＋＋＋＋），蛋白（＋＋＋＋），管型（＋＋）。现症：左腰剧痛，尿频，尿急，尿痛，灼热感。查体：脉弦滑，舌深红，苔薄黄而腻，左肾区明显叩击痛，证系瘀、热、湿互结，治宜清热利湿，利尿通淋，化瘀排石。处方：八正散加石韦、金钱草、海金沙、鸡内金、三棱、莪术。服 5 剂后，排石 5 块，腰痛、尿频、尿急均减轻。继服 5 剂，腰痛止，尿检转阴。有一患甲状腺疾病的男性患者来中医科就诊，诊见病人甲状腺肿，但无突眼，舌质暗红，苔薄黄，脉三五不调。听诊心率快，110 次/分，心律绝对不整，患者自感心悸怔忡。诊为甲状腺功能亢进并心脏病，心房纤颤，即予转律汤。处方：人参 10g，丹参 10g，苦参15g，炒枣仁 30g，柏子仁 10g，车前子 15g（布包），琥珀 5g，甘草 10g。水煎 2次分服，复诊服 3 剂，疗效不著，上方苦参加至 30g，水煎 2 次分服。三诊症状减轻，心房纤颤消失，转为窦性心律，嘱病人赴泰安地区人民医院做甲功检查，确诊甲状腺功能亢进后按甲亢诊疗。此后凡遇房颤病人不管是什么性质的心脏病引起，用转律汤治疗，均有效。城南王庄有一老年女性，患冠心病心房纤颤，即用转律汤苦参加至 30g，服 10 剂后心房纤颤消失，转为窦性心律，患者丈夫给《泰安日报》写信，向我致谢。有一下肢紫癜病人来中医科就诊，诊见左下肢外侧布满紫癜，诊为过敏性紫癜，即用抗过敏、清热凉血的中药治疗，服 10余剂，无效，又予防风通圣散 1 剂，服后紫癜消失，再按上方减量服 3 剂而愈，用此方治疗过敏性紫癜 5 例，均愈。过敏性紫癜，现代医学认为系毛细血管中毒症，防风通圣散是一首表里同治、汗下兼行的方子，方中麻黄、荆芥、防风是发汗剂，使毒从汗排泄，大黄、元明粉是泻下剂，使毒素从大便排泄，毒解紫癜即消失。1988 年 4 月，3 例重度黄疸病人先后来中医科就诊，患者目黄、皮肤黄、尿如浓茶已一月余。虽经中西医治疗，黄疸不退。诊查：患者巩膜及皮肤深黄，皮肤瘙痒，尿如浓茶，大便灰白色，舌尖红、有瘀点，苔黄厚而腻，纳差，乏力，肝脾不大，肝直接凡登白阳性，麝浊（＋＋），转氨酶 60 单位，尿胆原阳性，B 超检查：肝、胆、脾、胰等无异常发现。西医诊断：淤胆性肝炎，阻塞性黄疸。中医辨证：瘀热互结，胆汁淤积。治法：活血化瘀，通腑泄热。处方：大黄15g，赤芍60g，丹参30g，葛根15g，川芎15g，红花10g，桃仁15g，当归10g，茵陈30g，栀子10g，水煎2次分服。二诊：服上方3剂，黄疸如故，上方大黄加至20g，服后，腹胀轻，食欲增进，大便稀、灰白色，1天1~2次，黄疸仍不减，上方大黄加至25g，大便1天3~4次，稀水便，黄疸迅速消退，症状明显好转，食欲大增，上方大黄减为6g，服5剂，临床症状消失。复查：肝功正常，随访2年未复发。有一例病人服重用大黄25g后，黄疸迅速消退，复诊时，大黄减为6g，服后病人说：你不要减大黄量，减后感觉不适。又将大黄增至25g，服后病人腹泻稀便4~5次，自感舒适，之后将大黄再减为6g，服10余剂而愈，随访2年，未复发。有一70岁高龄患者，重用大黄至25g，黄疸才消退。淤胆型肝炎，现代医学认为是由于肝内毛细胆管炎，胆汁淤积，故又称胆汁淤积性肝炎，属阻塞性黄疸，化验肝功轻度损害，一般情况尚好，诊断方面，排除重症肝炎、胆囊炎、胆石症、胆囊癌、胰头癌等，本病诊断即可成立，但由于黄疸顽固难退，久则形成胆汁性肝硬化，则预后不良，因此，本病在早期应重用通腑、凉血活血化瘀药，黄疸才能迅速消退，所谓"有故无殒，亦无殒也"。前贤云："治黄必通腑，腑通黄易除，治黄必活血，血活黄易却。"实属经验之谈。

1978年至1979年3月，我用右归丸（汤）加龟甲治愈慢性再障辨证属肾阳虚2例，疗程4月余。本病由于白细胞减少，免疫力低，易出现并发症，但所治2例疗程虽长达4月之久，没出现并发症，在服药期间令其自采小蓟水煎当茶服，亦未出现出血症，可能补肾中药能增强免疫力。20世纪70年代，菌痢对西药氯霉素等逐渐产生耐药性，使之疗效不佳，且有一定副作用。传统治疗菌痢的中药方剂，如白头翁汤、葛根黄芩黄连汤、芍药汤、香连丸等均含黄连，但当时黄连药源奇缺，供不应求，我用苦参代替黄连治疗菌痢，经临床观察发现，疗效并不逊于黄连，且苦参药源广泛，价廉，值得推广应用。我撰写了苦参汤治疗菌痢120例的疗效总结，治愈率达98%（载于《泰安科技》）。1985年有一脑萎缩男性患者来诊，该患者已80岁高龄，经市中心医院CT检查，诊为脑萎缩，患者自感记忆力减退已一年余，伴腰酸乏力，大便稀，一天2~3次，咽干不渴。诊查：脉沉细，Bp 120/80mmHg，舌质红，苔薄白，有瘀点。西医诊断：脑动脉硬化，脑萎缩。中医辨证：肾阴阳俱虚，脾阳不振，瘀阻脑脉。治以滋肾阴，补肾阳，益气健脾，佐以活血化瘀，方用地黄饮子加减。处方：熟地黄30g，肉桂10g，熟附子10g，补骨脂12g，茯苓15g，麦冬15g，五味子10g，远志10g，石菖蒲15g，山萸肉15g，巴戟天15g，石斛10g，丹参30g，赤芍15g，川芎10g，红花16g，黄芪50g，白术15g，日1剂，水煎2次分服。复诊：服5剂后，腹泻止，症状减轻，考虑此病疗程较长，改汤为丸继服。半年后来诊，症状续减，继服上丸。再半年后三诊，症状显著减轻，随访两年，无复发。脑萎缩是老年人脑动脉硬化导致的脑细胞衰退病变，中医辨证为痰瘀阻塞脑窍，肾阴阳俱虚，按照上病下治的原则，治以滋肾阴、补肾阳、益气健脾、化痰、活血化瘀，久服，能遏制脑萎缩病变的进展并逐渐痊愈。

如今我虽已年近九旬，但仍在继承古人的基础上力争创新，我认为新藏故中，温故才能知新，知新才能创新，孔子在《论语》中说："温故而知新，可以为师矣。"温故是继承，知新是发扬，要发扬必先继承。遵医圣张仲景"勤求古训，博采众方"之训，我广泛阅读中医古典医籍，以求新知，如用逐寒荡惊汤、理中地黄汤治愈久泻慢脾风患儿，即是从古医籍《福幼编》中获得的新方。我退休后一直没脱离临床，并从"治已病"向"治未病"发展。如积极治疗慢性支气管炎、肺气肿，就能防止肺源性心脏病的发生；探索防治原发性高血压、动脉硬化的新方，就能防止缺血性中风或出血性中风、冠心病的发生。

孜孜以求，勤奋到老，坚持实践，扎根临床，是我余生的追求和快乐。

（王光辉整理）

周信有

周信有（1921—2018），山东省牟平县（现牟平区）人，甘肃中医学院教授。从事医教研工作70余年，是全国第一、二、三批老中医药专家学术经验继承工作指导老师。享受国务院政府特殊津贴。先后任职安东市联合中医院院长、安东市第二人民医院中医科主任、安东市人大代表、安东市人民委员会委员和安东市中医师公会会长及甘肃中医学院（现甘肃中医药大学）内经教研室主任及教务长，兼任仲景国医大学教授，北京光明中医学院顾问，全国内经专业委员会顾问，甘肃省第五、六届政协委员等职。

先后荣获"甘肃省皇甫谧中医药学金奖""国家级优秀教学成果二等奖""纪念长征胜利70周年中国书法美术大展成就奖""中华中医药学会首届中医药传承特别贡献奖""中华中医药学会成就奖"等。荣膺"全国健康老人""中国武术八段""甘肃省名中医""才艺长寿星""中国百年百名中医临床家""全国老中医药专家学术讨论继承工作优秀指导老师""中华中医药学会终身理事"称号。2004年，成为"十五"国家科技攻关计划重点项目"基于信息挖掘技术的名老中医临床诊疗经验及传承方法研究"的专家之一。2010年被卫生部确立为全国181位建立名老中医工作室专家之一。第三届"国医大师"。出版著作有《内经讲义》《内经类要》《内经精义》《决生死秘要》《中医内科急症证治》《老年保健》《周信有临床经验辑要》《中国百年百名中医临床家·周信有》等。所写学术论文近百篇。其中"慢性乙型肝炎辨治体会与舒肝消积丸的研制"获第二届世界传统医学优秀成果奖，"冠心病的辨治体会与心痹舒胶囊的研制"获首届国际民族医药科技研讨会及展览会"论著一等奖"。在临床科研上，成功研制中药三类新药舒肝消积丸，对病毒性乙型肝炎、肝硬化疗效显著。

学术思想

一、崇尚《黄帝内经》

综观古代著名医家，莫不咸遵《黄帝内经》为圭臬，今之医者也应奉之为准绳，我的学术思想亦渊源于《黄帝内经》。因此，我毕生致力于《黄帝内经》研究，深谙《黄帝内经》旨意。尽管《黄帝内经》博大精深，涉猎广泛，但自始至终，贯穿一条主线，这就是统领全书的整体观、系统观和辩证观的哲学思想。这一基本观点，使中医学形成了一套完整而独特的理论体系。同时也形成了中医在认识疾病和处理疾病时独特的思维方法：即从宏观的、联系的、动态的角度去观察人体生理和病理，用整体调节的方法去协调阴阳，以达恢复机体平衡，治疗疾病的目的。因此，整体系统观和辩证恒动观是《黄帝内经》学术思想的精髓和核心，也是中医学术独有的、区别于其他任何医学的理论特色。

作为中医，不论是从事临床、科研，还是教学和理论研究，都应该时时处处突出这一特点，才能在中医事业上有所建树，取得成绩。如早在 20 世纪 70 年代后期，我在论述藏象学说时指出："藏象学说把人体看成是最复杂的自动控制系统，对各个脏腑的认识，不受脏腑实体即形态学的束缚，而是以功能系统为单位，着重研究它们之间的联系，并用五行归类和生克制化的理论，阐明机体内脏与外界环境的统一性和机体整体统一性，以及机体各系统自控调节的复杂关系。"又从阴阳对立统一的辩证观点出发，分析生命活动的实质。我认为人体的生命现象和所进行的功能活动，无不包含阴阳对立的两个方面，而这相互对立的阴阳双方，又都无时无刻不处在"阴静阳躁"，"阳化气，阴成形"相反相成的矛盾统一运动规律之中，从而促进了人体的生长发育，产生了气化的能动作用，推动了人体的生命活动。此说明藏象学说体现了中医学在生理上的系统观、整体观和方法上的辩证思维理论特点。

对于病机学说的研究，我同样强调要突出整体观和系统观。如我主编出版的《决生死秘要》一书，就是力求突出中医诊治急症从整体观念出发这一理论特点。我在序言中说："中医诊断疾病，决断生死，不论望色、辨神、察舌、切脉、审证，都要着眼于整体，了解全身的变化情况，如精神的得失，四肢的寒温，色泽的荣枯，舌色的死活及脉象的虚实等。而且还须结合自然变化，昼夜变化，四时气候变化，以及年、月、日、时变化等对疾病的影响，以窥测病机，决断生死预后""这些诊断依据，是患者在整体平衡失调的疾病状态下不断表现出来的动态信息群，医者站在宏观角度上，将这些信息群作为一个整体来认识，进行望、闻、问、切，归纳分析，这本身就是一个复杂的、系统分析的过程，这样分析所得出的结果必然是人体整体功能失调的高度概括。而这些活的、不断变化的信息群，却往往是现代医学在诊断疾病时所不够重视甚至忽视之处，但它却正体现了中医理论的独特和科学之处"。

在临床实践中，由于我深谙《黄帝内经》旨趣，所以能在治疗疾病时高屋建瓴，统观全局，注重对整体病变的纠正。我"综合运用，整体调节"的遣方用药总原则，就是在《黄帝内经》治则思想指导下创立的。从而使我在处理诸多疑难重症时往往得心应手，左右逢源，收到意想不到的效果。

除了临床、科研，我还长期从事《黄帝内经》教学，至今已近40年。我的许多重要学术精华也往往在教学中得到体现。我认为中医课堂教学同样要突出中医特色。而要突出特色，我认为现行的有关《黄帝内经》的教材改革势在必行。教材改革涉及方面很多，但只要紧紧把握突出中医特点这一关键，就不会走向歧途。正如我在"突出特色，发挥所长，为发展中医事业而努力"一文中指出：《黄帝内经》一书中熔铸了我们祖先的惊人智慧和伟大创造，内容涉猎广泛，丰富多彩，它不单纯是研究人体生命的一门科学，其中渗透了古代哲学的内容，而且也综合运用了当时与人体有关的各门自然科学知识，包括天文、历算、地理、气象、生物、物理等。所以，可以把《黄帝内经》看作是以医学为主体的，综合性很强的论文汇集。这就构成了它本身独具特色的学术思想和理论体系。因此，改革有关《黄帝内经》的教材要善于揭示它的特色。为此，我提出教改中必须重视三个方面。

第一，突出《黄帝内经》综合性特点。我认为《黄帝内经》一书所具有的各科知识领域之间相互渗透的综合性特点，体现了中医认识问题的方法是从系统联系的整体观出发，重视各学科之间的相互联系，相互渗透，这是中医学理论的特点，应该继承和发扬。现在看来，这也符合现代的要求。当今世界教育改革，科技革命新的发展趋向，亦是由知识分化逐渐走向一体化、综合化。以往是各学科知识越分越细，而现在是越来越走向综合，打破了学科界限，学科之间相互渗透，相互结合。科学发展，逐渐由分析时代走向系统时代。《黄帝内经》一书所具有的综合性、整体性学术特点，实际上是符合世界科技发展新趋势的。所以，在有关《黄帝内经》的教材改革时，无论是在选文、分类和按语分析方面，都要突出《黄帝内经》的综合性特点。

第二，突出哲理性特点。任何科学都是理论与方法的结合，一定的理论总是由一定的方法达到的，独特的理论必定含有独特的方法。中医学正是医疗实践知识与哲学方法相结合而建立起来的独具特色的理论体系。在《黄帝内经》一书中有相当多的篇幅深刻地阐发了当时哲学领域的一些重大问题，并且在整本书中处处都渗透了系统观、整体观和辩证观的哲学思维方法。系统整体的方法，就是分类与联系的方法，强调研究问题，要从整体着眼。整体观念是系统观的中心和出发点。辩证的方法，是把阴阳二分法作为一种认识工具，辩证地、动态地认识分析问题的方法。整体观念和辩证论治的综合，正体现了古代哲学体系的唯物观和辩证观的实质。因此，对《黄帝内经》每章所摘取的经文、注释和按语等，就要考虑能够反映中医学这一独具特色的哲理性特点，给以充分发挥。

第三，实践性特点。我一贯认为，经验与哲学，是《黄帝内经》理论形成的两大渊源，哲学的合理性与经验的有效性构成《黄帝内经》一书的科学价值。所以我认为改革有关《黄帝内经》的教材，也必须突出其实践性的特点。所选摘分类的经文，应以能指导临床实践为衡量标准，对于那些限于目前种种原因而对其实践意义尚未揭示和认识的经文，可以作为某些专门学者整理研究的课题。而作为教材，则不应兼收并蓄。选文如此，注释、按语与综述更应如此。切忌由概念到概念，言而无物，空泛乏味，使学生觉得中医是"玄学"。尤其是摘选和分析病因、病机、诊断、治疗等与临床密切相关的内容时，更需紧密联系临床，突出实践意义，始能让学生透彻理解《黄帝内经》实质。

我们在教授《黄帝内经》课时，同样要注重时时处处突出中医的整体性、哲理性和实践性特点。只有牢牢掌握这一总的原则，才能启发和诱导学生从更广阔、深远的角度去领会《黄帝内经》的深刻含义。理论联系实际也是我授课的一大特点。长期的临床，能够使我对那些高深古奥的经文，讲解得生动自然，有条不紊，有理有据，切合实际，容易掌握。无怪被同学们誉为"把枯燥的经文讲活了"。

我虽然强调"发展中医，必须保持中医特色，发挥所长，推陈致新"，但并不是说中医的发展可以离开现代科学的轨道，而是说中医的发展必须承袭其自身的理论特点和长处，同时亦要与现代科学的成就相联系，使之逐渐转移到中医现代化道路上来。这是历史发展的必然规律。中医、西医两种医学体系共同存在，互相结合与渗透，这反映了时代的特点。西医是建筑在近代科学的基础上，中医是建筑在长期医疗实践的基础上，又接受了古代辩证唯物主义思想影响，两者各有所长，亦各有其不足。我们的态度，应该是用彼之长，补己不足，以促进中医理论的发展。

在现代科学发展的时代，中医传统"宏观辨证"的方法，应与建立在现代科学基础上的"微观辨证"方法有机结合，互相补充，这对发展中医很有必要。但必须明确，中医运用微观辨证，同中医运用传统宏观辨证一样，都必须突出中医特色，以中医整体系统的方法为指导，运用中医理、法、方、药来辨证施治，不能走西医诊断，中医治疗的道路。目前有一种倾向，好像中医一谈微观辨证，就是背离了中医理论，失去了中医特点，其实这种顾虑是没有道理的。消除这种误解，应从思想上明确两个概念。首先应正确理解中医所谓的"宏观"，其确切含义，是对疾病的认识，不是孤立地、片面地只看局部病变，只重视实验室的微观指标，而是应重视局部病变同整体的关系，着重从宏观方面来动态地观察和分析机体在致病因素作用下所引起的整体性病理反应；在治疗上注重调节机体阴阳，使之恢复相对平衡的关系。也就是通过对机体平衡失调的整体调节，恢复体内自控性，使机体自稳系统达到最佳状态。可知中医的"宏观理论"不能单纯理解为"宏观辨证"，而是包涵了比宏观辨证更广博更深刻的内在含义，体现了中医观察人体，研究生命实质的一种认识观和方法观。

其次，要明确"证"是处于一定阶段时的病因、病位、病变性质和邪正力量对比等各种因素的整体反应。这个整体反应，既然有肉眼可见的宏观变化，也必然存在肉眼所看不见的微观变化。因此宏观变化和微观变化都可作为机体整体反应的组成部分，二者关系是相互补充而绝不是相互取代。微观辨证是在传统宏观辨证基础上的进一步发展和深化，是传统辨证在更深入的层次上对机体整体病理反应的微观认识，因此，同样体现了中医的整体观和辨证观思想。宏观辨证与微观辨证的结合，就可使我们获得更加广泛、更加深入的信息群，这是对以往四诊的深化和补充，也是对中医整体观念的深化和补充。这必将使传统辨证更完整，更准确，因而也更加本质地阐明"证"的实质。

我在临床上既重视宏观辨证，又不忽视微观辨证。如我认为肝病患者尽管病程不同，证型各异，但在微观辨证方面，常有共同的病理基础，如肝细胞不同程度的变性与坏死，肝纤维组织的增生，肝微循环的障碍等。这些微观病理变化，可以贯穿于肝脏病变的始终，它们有的可以同时反映于宏观表现之中，有的却未能及时得到反映。辨证时，只有既重视宏观证候表现，又不忽略微观病理变化，才能准确把握病机，抓住共性，区别个性，采取更有针对性的治疗措施。这一见解，为我临床采取综合措施治疗各种肝病提供了理论依据。

另外，我还认为"微观辨证"对中医判断临床疗效也提出了更为明确的客观指标。以往中医没有实验室指标参照，对疾病疗效的认识只能根据症状改善或消除来判定，现在有了微观指标，对疗效标准的认识就更加客观全面。

综上所述，我对发展中医的认识，既强调必须保持中医特色、承袭其自身的特点和长处，又重视同现代的科学成就相联系，使中医的发展逐渐转移到中医现代化的道路上来。

二、阐发病机十九条

病机十九条，是《黄帝内经》病机学说的重要内容之一。我长期从事《黄帝内经》教学和研究，加上有较丰富的临床经验，使我对十九条有较深刻的理解。不但在临床上能灵活运用，而且在阐述经义时也辨析精详。我所写的"病机十九条临证辨析"（下称《辨析》）一文，较全面地反映了我对《黄帝内经》病机理论的许多独到见解。现将本文一些主要学术观点综述于后。

1. 谨守病机，无失气宜

病机十九条是《黄帝内经》论述病机理论的核心内容。它是古代医家在长期医疗实践中把各种疾病所表现的错综复杂的病理机制概括归纳为十九条。作为临证探求病机的理论准则。言简意赅，颇为实用，临床指导意义颇大。

病机十九条虽繁，然归纳起来，不外五脏病机与六气病机两个方面。一般来说，五脏病机是就其病位而言，六气病机是就其病性而言，然病位与病性又是不可分割的两个方面。言病位则离不开病性，言病性则又离不开病位。所以五脏病机总的来说，不外是六气之变化，而六气的变化，又是脏腑阴阳盛衰失调所表现的病理反应。此即《素问·至真要大论》所谓："夫百病之生也，皆生于风寒暑湿燥火，以之化之变也。"又谓："谨守病机，无失气宜。""气宜"即指六气变化之机宜，说明五脏病机，主要是六气之化，即肝病化风，肾病化寒，脾病化湿，心病化火，肺病化燥等。这反映了中医学病机学说的理论实质。

五脏是人体的实质脏器，六气是自然界的六气变化。运用两者之间的内外联系，构成中医病机学说的理论特点。即张志聪所谓"盖天有六淫之邪，而吾身有六气之化也"，这一理论的形成，主要是运用"天人相应"的整体观念，运用系统联系、五行归类的方法总结出来的。近代也认为自然界存在的物质因素，在人体也同样存在着，这是客观存在的必然法则。如以肝为例，"诸风掉眩，皆属于肝"，提示"肝病化风"是肝的主要病机。"风"是天之六气之一，"肝"是人体脏器，肝病所以会化风，是运用五行归类的方法，认为肝与风两者的性能有相近之处，皆具有"木"的属性和特征，而且是内外相应的，亦即它们都具有事物的生发、温煦、振动的性能和特征。此即《素问·五运行大论》所谓："在天为风，在地为木，在体为筋，在气为柔，在藏为肝，其性为暄，其德为和，其用为动……其变摧拉。"其中"暄""柔""和""动"是言肝和风两者的正常性能，"摧拉"是言其反常性能。风是春天的主气。春天风和日暖，气候温煦，阳气升动，万物生发，草木滋生，欣欣向荣；肝的生理特性亦是温柔和顺，条达疏泄，主升主动。然其升是微升，其动是微动，其温是微温，犹如春风之温煦和畅，内外相应。肝脏在人体，只有维持温柔和畅，条达疏泄之少阳特性，才能斡旋敷布一身之阴阳气血，而使阳输阴布，气血和调，意志顺遂，胸襟开朗。肝与风的这种性能与特征，《尚书·洪范》比喻为"木曰曲直"。"曲直"两字含有刚柔相济之义，如木之干挺直，若松柏之挺拔，木之枝屈曲，犹杨柳之垂柔。这提示木有曲直刚柔之双重性。春风肝木之气，只有柔中有刚，曲中有直，才能鼓舞启动，抒发阳气，鼓动生气，发挥正常作用。如果肝与风一反其少阳之特性，就要引起"摧拉"的反常现象。自然界风邪太过，其力就可由柔和而变得急暴，引起摧枯拉朽之恶果。同理，人体肝阳、肝气太过，就好像反常之风邪，其力也变得急暴亢奋，有上逆、下迫、横逆、郁结之变。如此，就要引起"掉眩"而出现肢体动摇不定，拘挛抽搐，眩晕昏仆的肝风内动症状，也即《素问·阴阳应象大论》所谓的"风胜则动"。

上述分析，非常形象生动地把自然界之风与人体之肝有机地结合起来，进而阐明了肝病所以化风的道理。明白易懂却又寓意深刻，使学者不但能较透彻地掌握"诸风掉眩，皆属于肝"一条经文的精神实质，而且还能从更高的角度领悟到中医病机理论所蕴含的整体观的内涵。

我对五脏病机的分析，都以"天人相应"的整体观念为准则。

2. 审证求因，探求病机

根据病机十九条的理论，认识与掌握疾病的病理机制，必须从分析证候入手。"证"是在致病因素作用下，脏腑的功能失调所出现的病理反应。"有诸内必形诸外。"任何疾病，通过对体表症状的分析判断，就可以测知相应内脏的病理变化情况。所以，病机十九条的每一条病机，都是通过主要证候表现来审证求因，探求病机。如肝病化风的病机，主要是通过"掉眩"的症状分析得出，即所谓"诸风掉眩，皆属于肝"。同样，肾病化寒、脾病化湿、心病化火、肺病化燥等气机失调的病机，亦是通过"收引""肿满""疮疡痛痒""膹郁"的症状分析得出。只有通过体表的症状分析，辨明证候性质，才能明确病因、病机，掌握疾病的本质。这反映了中医病机学说的理论特点。

另外，我认为，要加深领会五脏病机，还须结合五脏的阴阳属性进行分析。心、肝皆为刚脏，亦为阳脏。结合"天人相应"运气学说的观点，又称风火之脏。所以在临床上，心、肝之病，多从实化、热化。其病机和证候多表现阳亢气逆，风火炽盛，急暴亢奋的特点。肝阳偏亢，肝气疏泄太过，可致阳动风生，而出现"掉眩""强直"的急暴证候。此亦即《素问·脏气法时论》所谓"肝苦急"。心火旺盛，扰动神明，可致神志狂乱，发生"瞀瘛""躁狂""口噤鼓栗"等病证。二者的治疗皆宜苦寒折降，泻其太过，以抑其急暴亢奋之势。同时亦要佐以甘缓滋润，以柔制刚，也即叶天士《临证指南医案》所谓"肝为刚脏，非柔润不能调和也"。又谓："心肝为刚脏，可受柔药。"《素问·脏气法时论》也谓："肝苦急，急食甘以缓之。"脾肾皆为柔脏，亦为阴脏。肾为水脏，为先天之本，内寓元阳、元阴，为生气之源；脾居土位，为后天之本，濡润泽物，为气血生化之源。故在临床上，脾、肾的病变，多表现化源不足，阴阳气血亏损，而呈现虚损危重的证候特征。如肾阳虚损，命火式微，可致寒从中生，关门不固。症见身寒、肢冷、恶寒蜷卧、二便遗泄、遗精滑泄等，治宜补肾填精、温阳散寒、回阳救逆。脾阳受挫，阳虚不运，不能输布津液，运化精微，可发生浮肿、腹胀、便溏、气血虚损等病证。治宜温运脾阳，健脾利湿，益气生血。此即叶天士所谓"脾肾为柔脏，可受刚药"。至于肺介于阳与阴之间，为阳尽阴生之脏，与秋燥之气相应，燥为次寒，故肺病多从燥化。肺又主一身之气，肺气失调，又可发生喘逆、痞闷之症。治宜降肺利气，通调气机。

可见，探求病机，必须从分析证候入手，同时亦要结合五脏阴阳属性，明察"天人相应"之理，揆度内外，以表知里，深入剖析，以洞察真谛，掌握要领。

3. 理论联系实际，学以致用

学习"病机十九条"，绝不能空谈理论，从概念到概念，而应理论联系实际，立足临床，学以致用。病机十九条概括性很强，实践性也很强。临床上的病证都可运用病机十九条作为认识上的指导原则进行辨证施治。例如上述分析"诸风掉眩，皆属于肝"的病机时，不但从理论上进行阐发，揭示其"自然人体观"的实质，而且还密切联系临床实际，以使学以致用。肝风内动所表现的"掉眩"病证，有外风与虚风两端：实风之证，总的来说，是肝阳偏亢，肝气疏泄太过，以致阴不制阳，风阳扰动，阳动风生。在临床上，实风一般又可分为两种证型。一为外感热炽，热盛动风，风火兼化，而致拘挛抽搐、神志昏愦。此热为本，风为标，治宜针对邪热炽盛，投以苦寒清泄，以治其本，如大青叶、龙胆草、黄芩、黄连等，再酌情辅以甘缓柔润，以柔制刚，缓痉息风，兼顾其标。一为肝失条达，风阳扰动，气血上壅，瘀阻清窍，或气升痰壅，蒙蔽清窍，而致昏仆无识，治宜疏肝解郁，平肝降逆，镇肝息风。同时，对眩晕昏厥之证，尚须考虑上实下虚的病理特点，重视上病下取，一般宜七分下取，以治其本，三分上取，以治其标，投以育阴潜阳，潜镇降逆之品。虚风之证，总的来说，多为肾阴亏损，肝血不足，阴不涵阳，血不荣筋，阴虚阳亢，阳动风生。在临床上，虚风一般又可分为三种证型：①邪热久羁，阴虚风动。②阴虚阳泛，风阳上扰。③血虚生风，肢体震颤。凡此均以虚为本，盛为标，一般均应以治虚为主，兼治其标。治宜滋水涵木，育阴潜阳，柔肝息风。可见，由于我对"诸风掉眩，皆属于肝"的深刻领会和能够联系实际，灵活运用，因此构成我在临床上对痉病和中风的临证思路和用药特点。

以上仅举"诸风掉眩，皆属于肝"为例。实际上我对每条病机的剖析都密切联系临床实际，而且融进了我本人大量的临床经验和用药特点。如在辨析"诸逆冲上，皆属于火"条文时，非常详尽地介绍了我在临证时对逆气冲上的治疗经验。火盛为什么会导致逆气冲上？这是与火热之邪的特性分不开的。火曰炎上，热性急迫，所以火盛则会迫使气机上逆，从而导致呕吐、呃逆、喘急、呕血、衄血等的发生，在治疗上，不但应重视泻火，而且要辅以降冲，泻火与降冲并用，构成了我的用药特点。例如胃之火热盛就可致胃气上逆，而发生呕吐、呃逆。治宜泻火降胃。方用大黄黄连泻心汤，以黄连、黄芩泄胃火，大黄降胃逆。其他如小柴胡合小陷胸汤或橘皮竹茹汤，都有泻火降胃、利胆止呕之功，可随症加减施用。肺之火热盛，可致肺气上逆，而发生呼吸喘急。治宜泻火降肺。方用麻杏甘石汤以宣肺清热平喘。但由于麻杏甘石汤泻火降冲作用不足，可酌加黄芩、知母、瓜蒌、枇杷叶、马兜铃等泻火降肺之品，其效始显。但须知道，胃为燥土，肺为燥金，胃肺火盛、气逆所致之喘急、呕逆，往往易化燥伤阴，引起胃肺阴虚津亏，因此，在泻火降逆的基础上，均需考虑酌加甘寒滋润之品，以滋养胃肺之阴，如沙参、麦冬、玉竹、石斛等。如由火盛引起上窍出血，是由火热亢盛，灼伤血络，迫血妄行，而致呕血、衄血。应治以泻火降冲，凉血止血。方用大黄黄连泻心汤，以大黄推陈出新，泻火降胃，胃气顺则血不上逆而循经，则血自止。这是我对"诸逆冲上，皆属于火"的病机分析与指导临证用药特点。

三、略谈《黄帝内经》阴阳学说

阴阳学说是古代哲学思想体系中的朴素唯物观和辩证法思想。《黄帝内经》作者吸取其重要的哲学概念和合理的内涵，使之与医学有机地结合，用以说明人体的组织结构、生理功能和病理变化；并用于疾病的诊断和治疗。如此就更加丰富和发展了古代的哲学思想，并将朴素的辩证法推向了一个新的水平。

《黄帝内经》认为，阴阳是宇宙的总规律，是世界一切事物产生、运动和变化的根源。宇宙中一切事物都是在阴阳二气的相互作用下产生的，并且其中存在着阴阳对立统一的矛盾。《黄帝内经》谓："天为阳，地为阴""日为阳，月为阴""水为阴，火为阳，阳为气，阴为味"。它将天地、日月、水火、气味分为阴阳，它表示了阴阳相互对立统一的关系，这是自然界中最显而易见的运用阴阳来归类事物属性的方法，不仅无生命的事物可以分属阴阳，而且有生命的事物同样也可以分属阴阳。《黄帝内经》云："自古通天者，生之本，本于阴阳""人生有形，不离阴阳"。就人体来说，"五脏为阴，六腑为阳"；"肝、心、脾、肺、肾五脏皆为阴，胆、胃、大肠、小肠、三焦、膀胱六腑皆为阳"。可见，自然界中一切事物都可以用阴阳来概括分类。

《黄帝内经》所说的阴阳，除了指出它们具有对立统一的关系外，还具有另外一些特殊的质的规定，即阴阳两方面各代表了一定的趋向和性态。关于阴阳的两类属性，《黄帝内经》用水火的特性来说明。即"水火者，阴阳之征兆也"。因为火性炎热、升腾、轻浮、活动，集中体现了阳性特征；水性寒冷、沉静、下降，正好体现出阴质的本性。实践证明，《黄帝内经》所讲的阴阳，不是主观虚构的，而是对客观世界许多特殊矛盾现象的概括。

《黄帝内经》认为，不仅事物外部以及一事物与他事物之间表现出阴阳正反对立的辩证关系，而更主要的是所有事物内部都包含着阴阳二者对立的趋势，万物的运动和变化就是在阴阳相互交感的作用下产生的。所以《黄帝内经》把阴阳对立统一的规律，看成是万物运动、变化的源泉和宇宙的总规律。此即《黄帝内经》所谓："阴阳者，天地之道也，万物之纲纪，变化之父母，生杀之本始，神明之府也。"它清楚地说明，万物的生成、运动、变化和消亡的根源，不在于上帝鬼神，不是超感性的精神本体，而在于自然界物质内部阴阳二者的相互作用。

唯物辩证法认为，一切事物都包含着两个既对立又统一的矛盾双方，这双方存在着作用和反作用的关系。正是事物的这种矛盾运动推动了事物的运动和发展。关于阴阳的论述表明，《黄帝内经》的作者对于事物内部的矛盾性，以及这种矛盾运动是事物运动和发展的源泉，已经有了相当程度的认识。

《黄帝内经》认为，阴阳对立统一的辩证关系中，阴阳矛盾双方既处在一个统一体中，阴阳之间就必须维持相互联系和相互合作的统一关系，没有阴和阳二者的统一，事物就不能存在和发展。此即《黄帝内经》所谓"阳生阴长""阳化气，阴成形""阴者藏精而起亟也，阳者卫外而为固也"。这说明在人体中，阳主生发，阴主成长，只有阳气生发，气化功能旺盛，始能生精化血，促进形体的生长发育。因此说，没有化气，就不能成形，没有成形，也不能化气。人体的整个生命过程，可以概括为"化气"与"成形"互为作用的结果。说明阴阳两者之间任何一方都不能脱离对方而单独存在，这是事物存在的必然法则。此即《黄帝内经》所谓："阳中有阴，阴中有阳。"

阴阳的相互对立，就是说阴阳两者之间存在着相互排斥的关系，这主要是说明阴阳之间的斗争性。由于阴和阳的属性与作用相反，且又相互联结、不可分割，这就必然构成了阴阳两方面相互排斥、相互制约的辩证关系。《黄帝内经》谓："动静相召，上下相临，阴阳相错，而变由生也。"此"相错"就是指阴阳之间交错地相互作用，表现为阴阳正反对立的两个方面，存在着上下、升降、动静的相互交感，亦即《黄帝内经》所谓的"阴阳上下交争"，这实际上是指阴阳的相互排斥而言。万物的运动和变化就是在阴阳相互交感的作用下产生的。可以看出，阴阳相错包含着《黄帝内经》作者对作用和反作用的直观了解。

因此，事物内部由于阴阳两方面的相互斗争、相互排斥、相互制约，就促进了事物的消长和转化。即事物内部的阴阳两方面，相互排斥、相互制约，一方太过，就会引起另一方的不足；而一方不足，也可导致另一方的太过，形成此盛彼衰，彼消此长，虚实相移的现象。如此就推动事物由成转败或由败转成，促进新旧事物的交替，亦即促进事物由量到质的变化过程，并且由新质而产生新量的发展过桎。此即《黄帝内经》所言："阴阳上下交争，虚实更作，阴阳相移。"《黄帝内经》又谓："夫物之生从于化，物之极由乎变，变化之相薄，成败之所由也。"文中的"相薄"，即相互排斥、斗争之义，是说明阴阳的消长转化过程，是阴阳之间矛盾斗争的结果。由此可以看出，阴阳的消长转化，实际上包含着"化"与"变"前后相接的两个过程。其中"物之生"，是指事物的形成、生长和发育的过程；"物之极"，是指事物兴盛到了极点就开始走向衰败，从此使事物渐渐走向死亡和极变的过程，其中包含了质量互变的辩证关系。"变化之相薄，成败之所由也"，说明在事物"化"与"变"的过程中，亦包含着肯定和否定，"化"起肯定的作用，"变"起否定的作用。正是由于事物内部这两种对立的力量和因素相互斗争，才推动了事物由成转败，或由败转成，引起新旧事物互相交替。可见，《黄帝内经》中虽未明确提出量变和质变的概念，但已接触到量变和质变的问题，并且清晰地论述了矛盾的相互排斥、相互斗争以及矛盾的斗争在事物发展过程中所起的决定性作用，这一点在朴素辩证法的发展史上是很可贵的。

《黄帝内经》运用阴阳对立互根、消长转化的理论，来说明一年四季气候的变化规律和人体的生理功能及病理变化，并用于疾病的诊断和治疗。《黄帝内经》认为，一年四季的寒暑变迁，或一天当中气温的变化，都是由于阴阳二气消长转化的结果。《黄帝内经》云："四时之变，寒暑之胜，重阴必阳，重阳必阴。"又云："是故冬至后四十五日，阳气微上，阴气微下；夏至后四十五日，阴气微上，阳气微下。"阴中有阳，阳中有阴。平旦至日中，天之阳，阳中之阳也；日中至黄昏，天之阳，阳中之阴也；合夜至鸡鸣，天之阴，阴中之阴也；鸡鸣至平旦，天之阴，阴中之阳也。故人亦应之。"说明一年四季中从冬至春及夏，或昼夜当中由夜半至平旦及日中，气候由寒逐渐变热，属于"阴消阳长"由阴转阳的过程；而从夏至秋及冬，或由日中至傍晚及夜半，气候由热逐渐变寒，属于"阳消阴长"由阳转阴的过程。由此说明四季寒暑的推移，一日间昼夜气温的变化，实际上是由于阴阳二气消长转化的结果。

《黄帝内经》认为，阴阳之间相互对立、相互制约，又相互联系、相互依存，才能够保持阴阳双方的平衡协调关系。《黄帝内经》运用阴阳平衡协调的理论来阐述人体的生理功能。例如，人体内的水津与温热，是阴阳相互对立的两个方面，水为阴，火为阳，水火阴阳之间，一升一降，一寒一温，它们相互牵制，相互作用，才能使火温而不亢，水润而不寒，水火既济，发挥其温润全身的作用。《黄帝内经》认为，阴阳平衡协调作用在人体是非常重要的，提出："凡阴阳之要，阳密乃固。两者不和，若春无秋，若冬无夏，因而和之，是谓圣度。故阳强不能密，阴气乃绝；阴平阳秘，精神乃治；阴阳离决，精气乃绝。""阴阳匀平，以充其形，九候若一，命曰平人。""所谓平人者不病，不病者，脉口、人迎应四时也。"可见，维持人体的阴阳平衡协调，是维护健康不病的关键。本文所言的阴阳平衡，既包括机体内部的阴阳平衡，也包括机体与外环境之间的阴阳平衡。若"两者不和"，阴阳平衡被破坏，即意味着生病。因此，《黄帝内经》运用阴阳失调来阐述人体的病理变化。所以，中医养生与治疗疾病的根本目的，就在于和调阴阳，使之达到"阴平阳秘"的生理状态。即本文所谓"因而和之，是谓圣度"。然而，《黄帝内经》所言的阴平阳秘，不是绝对静止的平衡，而是阴阳双方在相互消长制约中所达到的相对平衡状态。

唯物辩证法指出，无论何种事物的运动都采取平衡和不平衡两种状态，这两种状态都是事物存在和发展不可缺少的环节。没有平衡，事物就不可能有一定质的规律性，也不可能有正常发展。没有不平衡，矛盾统一体就不会破裂，一事物就不可能转化为它事物。可见，《黄帝内经》应用阴阳对立统一学说分析人体健康与疾病的矛盾，提出维持人体阴阳平衡的理论，为中医学和哲学发展都做出了独创性的贡献。

综上所述，《黄帝内经》对阴阳对立互根、消长转化几方面关系的分析中，阐明了对立统一规律的一些重要原则，并说明阴阳学说具有明晰的辩证法思想。《黄帝内经》运用阴阳学说的辩证思维方法，使之与医学相结合，赋予医学的内涵，而成为中医基础理论的重要组成部分。因此，在中医学理论中，总是运用阴阳的概念将具体的生理、病理现象加以抽象概括，如将动静、寒热、虚实、升降等分别归属于阴阳，构成独具特色的理论系统。所以，《黄帝内经》的阴阳学说，它一方面体现了朴素的对立统一的辩证观，另一方面又具有自身的特殊含义和存在价值，为一般矛盾法则所不能替代。关于《黄帝内经》阴阳学说的特殊含义，仍然是一个有待于深入研究的课题。

有人认为，《黄帝内经》阴阳学说的观点，只了解事物外在的矛盾对立，不能了解事物内在"矛盾斗争"的自身运动，或者说只强调阴阳互根的一面，而忽略了阴阳斗争的一面，由此而得出结论，认为《黄帝内经》阴阳学说实质上还是转入了静止的观点，即从原始的辩证唯物观转入形而上学的机械唯物观，不能进入辩证唯物主义等。显然这种认识，是没有深入领会《黄帝内经》阴阳学说的理论实质，因而得出的是一种错误的结论。

四、老年人进补药原则及方法

使用传统中药来补益老年人气、血、阴、阳的不足，治疗各类老年人常见疾病，延缓人体的衰老进程，是我国传统养生学说的重要组成部分。

数千年前，我们的祖先就懂得使用中药进补，并积累了丰富的经验，形成了较为系统的理论认识。这些富有民族特色的经验总结和理论知识，不但散见于各种古医籍中，凡文、史、哲和儒、释、道经典亦多有记载。其中所涉及的古代著名医家和养生家的经验之谈，内容丰富翔实，多经临床考验，实用价值很高。他们在人体衰老机制，进食补药的原则及正确使用补药的方法等方面的论述，至今绝大部分仍有指导意义。正确地掌握和运用这些原理，定会使你延缓衰老，减少疾病，增进健康，寿享遐龄。

1. 衰老机制的研究

现代医学认为，在人体的生命过程中，40 岁是分界线。40 岁以前是发育成熟期；40～50 岁是重大的转折期，机体由盛变衰，到 60 岁就进入老年期。全身出现退行性变化，各种老年性疾病随之而来。早在两千年前，中医学对人体的生长、发育、壮盛和衰老的生命过程及其规律性，已有了明确的认识。《黄帝内经·素问》发现女性在"五七"35 岁，男性在"五八"40 岁，就开始出现衰老的征象；之后，随着年龄的增长，衰老便逐渐明显。男子在 60 岁或"八八"64 岁以后，就可见"天癸竭""齿发去""九窍不利""涕泣俱出"，"发鬓白，身体重，行步不正"等老态龙钟之象。在这里《素问》还提出了"天年"的概念。"天年"是指人的自然寿命的极限。《素问》所谓"度百岁乃去"即"终其天年"之意。《尚书·洪范篇》云："一曰寿，百二十岁也。"说明"天年"是120 岁。《素问》不但认识到衰老的必然性，还进一步探讨引起衰老的机制。其认为，人体的强弱，寿命的长短，主要取决于肾气的盛衰。《素问·上古天真论》指出："丈夫八岁，肾气实，发长齿更；二八，肾气盛，天癸至，精气溢泻，阴阳和，故能有子；三八，肾气平均，筋骨劲强，故真牙生而长极……五八，肾气衰，发堕齿槁。"可见，肾气在生长、发育、衰老过程中起着主导作用。肾气充盛，人就处在生机勃勃的青壮年时期，肾气虚衰，人就变老，甚至未到老年便出现早衰。现代研究认为，肾气与免疫、内分泌、遗传因素有密切关系；而免疫功能减退，内分泌失调，遗传变异，正是肾气虚的表现，也是导致衰老的重要原因。所以中医认为，肾为先天之本，与人体之强、弱、寿、夭密切相关。

在人体生长发育过程中，所需要之营养物质又皆来源于脾胃，由脾胃所化生。肾所藏先天之精，亦需要脾胃所化生后天之精的不断供养，才能持续滋养充盛，发挥对人体生长发育的作用。所以，中医又认为，脾胃为后天之本，气血生化之源，人之强、弱、寿、夭亦与脾胃的功能密切相关。正如《老老恒言》所云："胃阴弱而百病生，脾阳足而万邪息，脾胃乃后天之本，老年更以调脾胃为切要。"可见，肾与脾同人的生长、发育、寿夭均有着十分密切的联系。所以，历代中医学家在应用补法以抗衰老的认识中，有"补肾不如补脾""补脾不如补肾"及"脾肾双补"等不同的学术观点。清宫医案在防老抗衰和医治老年病方面，倾向于使用脾肾双补之法。宫廷御医，善于补肾以滋先天，补脾以壮后天。充分体现了他们积极、谨慎、稳妥的高超医疗实践水平。

中医还认为，肾为精血之源，脾胃为水谷气血之海。机体和生命活动，赖以气血的相辅相成，气为血帅，血为气母，相互生化，互为依存。气血和调则精神旺盛，体质强健，百病不生。大凡人体之脏腑功能失调或人体之衰老病死，无不与气血之虚衰失调有关。因此，调补气血，亦为防老抗衰的重要治则之一。

另外，还须知道，随着机体衰老，脏腑气化功能减退，一些代谢产物、有害物质不能及时从体内排除，易在体内蓄积，反过来又会加速衰老和造成老年病发展的不利因素。如瘀血、湿浊留滞及血清胆固醇、三酰甘油水平升高而引起的动脉硬化、高血压、心脑血管病、糖尿病等，无不与上述发病机制有关。因此，在临床上，以上病证大多表现出本虚标实，虚实夹杂的病理共性。所以，中医在对防治老年病药物的选用方面，重视在补虚的同时，适当地选用行气血、化痰浊、利水道的药物就显得非常必要。这又构成了抗衰老和防治老年病的另一重要方面。

2. 老年人进食补药的原则及其方法

随着老龄人口的日渐增多，防治老年病的问题，显得更加重要。如何防治老年病、老年人如何进食补药、进食补药应注意哪些问题、采用怎样的方法服用更为妥当，对于这些问题应该有个明确认识。中医学典籍在这方面不乏记载。

中医学在防老抗衰的研究方面，一贯重视，并极力主张立足防病，以防为主的重要法则。例如《素问·四气调神大论》中讲到："是故圣人不治已病治未病，不治已乱治未乱，此之谓也。夫病已成而后药之，乱已成而后治之，譬犹渴而穿井，斗而铸锥，不亦晚乎。"对此，元代名医朱丹溪有很好的解释："未病而先治，所以明摄生之理。""有谓治已病不若治未病，愚谓以方药治未病不若以起居饮食调摄于未病。"又如《医学入门》云："与其病后善服药，莫若病前善预防。"这种"治未病"的思想，不仅是指预防疾病而言，还包含有防早老、早衰，未老先防的思想。这种以预防为主的治疗老年病的根本大法，也是我们在进食补药时应该时刻遵循的准则。

中医在漫长的实践过程中，由于受历史条件及各种哲学思想的影响，在养生学方面形成了许多独具特色的学术流派，如老子"道法自然"，庄子"恬淡虚无"，孔子"自强不息"，荀子"制天命而用之"，子华子"流水不腐，户枢不蠹"等养生观，对后世养生家均产生过巨大的影响，同时也造就了中医养生学极其丰富多彩的内涵，涉及保健、养生、导引、气功、食疗、方药及衣、食、住、行等多种传统养生之术，而用药物进补，仅是防老抗衰中常用的方法之一。所以，古代医家认为，衰老是一自然现象，服补药不是唯一方法。《养生延命录》认为："虽常服药物，而不知养性之术，亦难以长生也。"主张综合调摄与气功导引并重。创造出许多如"食养与药补结合""养心与药补结合"的方法。《仙传四十九方》所创"气功与药物结合"的方法，更具临床意义，昔谓之，

"其效甚速"（晋代葛洪语），可供老年养生防病借鉴。

我国古代文献中涉及抗衰老、延年益寿药物的资料，在医学专著中，在道家著作、文学作品、随笔杂记以及养生专著中，均有收载。但收载最为翔实的，还在中药学专著中。拿我国现存最早、最重要的一部中药经典著作，距今已有两千多年历史的《神农本草经》来说，其中收载药物共365种，分为上、中、下三品，上品120种，中品120种，下品125种。上品药以扶正、补益为主，多属摄生、保健的药物；下品药以祛邪、攻邪为主，多属治病、愈疾的药物；中品其功效则既可"补虚羸"又可"遏病"。

《神农本草经》中，具有"不老""延年""增年""头不白""好颜色""坚骨齿""轻身"等功效的药物，绝大多数集中在上品之中，可见，此类药物确实与老年医学有着密切的关系。在此类药物中，有相当一部分，被当作食物来看待，"食""药"之间并没有十分严格的界限划分，这可能与中医药、食同源，药、食同用，药、食同理的观点有关。从中药学角度来看，许多食物就是药物，中药与食物有着水乳交融的不解之缘。

所以，中医在重视药补的同时，亦非常重视食养。药补与食养并重，体现了中医对防治老年病的独到之处。如《黄帝内经》曰："无毒治病，十去其九，谷肉果菜，食养尽之。"《老老余编》又谓："身闲不如心闲，药补不如食补。""凡老人有患，宜先以食治，食治未愈，然后命药。"认为，在充分了解食物功效的前提下，"调而用之，则倍胜于药也"。这充分肯定了食疗在防老抗衰方面卓越的效果。

下面，简要叙述老年人进食补药的方法和应注意的事项：

第一，历史的教训，必须吸取。在封建社会，许多帝王为了"长生不老""返老还童"，常常乞求于"神仙家"和"炼丹术"，滥用补药，服食金石之品，以为生命从此可以"永葆青春"，甚至"羽化成仙"。然而，事与愿违，演出了不少悲剧。我国历代不少封建皇帝，从秦始皇开始，下至北魏道武帝、唐宪宗、唐穆宗、唐敬宗、唐武宗、唐宣宗等，都因滥服金石之药，而铸成大错。

《诸病源候论》记载了由于少壮之时误服大量的金石药品，老年下焦产生虚热，气血津液不足，引发消渴病的案例。

《养生肤语》列举了积劳成疾的西江巡抚以松子代餐而毙命的病例，说明"善养生者，岂徒恃药物已哉"的观点。

《慎疾刍言》谓：各种误补、滥补之风，今日仍是存在，当然也不应一概反对服用补药。正确进补，当补则补，有斯证用斯补，不应当把补药视为万能，也不应为了取悦病人，迎合病人的心理而盲目用补。应顾及老人年暮力衰，不禁毒药之害，不堪峻药之猛，故凡峻猛有毒之品，若用于老人，无论寒热，均不可轻率从事，误补、滥补反致伤身，历史经验，必须记取。

第二，据证施方，辨证进补。老年人进食补药时，必须因时、因人、因病而异，了解证候，把握病机，据证施方，辨证进补。要选用品优质良的道地药材，克服老人在进食补药时所产生的求愈心切，操之过急，多多益善，奢求滋补，价昂药好，偏信新药的错误心理状态，尤其要对市场购买，亲友馈赠，不知组方及药力峻猛的药要"切宜详审"，不可盲目使用。《华氏中藏经》谓："其于久服方药，在审其宜，人药相合，效岂妄邪，假如脏不足则补其脏，腑有余则泻其腑，外实则理外，内虚则养内，上塞则引上，下塞则通下，中涩则解中，左病则治左，右病则治右，上下左右内外虚实，各称其法，安有横夭者也。故药无不效，病无不愈者，切务于谨察也。"《知医必辨》云：补法的应用，并不是盲目地进补，现时有一种错误的观点，以为进补无须辨证，动辄人参、黄芪、熟地等，作者认为："调理病人亦然，有宜清养者，有宜峻补者，有宜补气者，有宜补阴者，必求其当，而后有效。"可见，老年人进服补药，必须在医生的指导下，针对病人具体情况，据证施方，辨证进补，始为得法。

第三，服食补药应顺应自然界阴阳消长变化规律。在漫长的医疗实践中，中医学还注意到服食补药必须顺应一日之中，一年四时之中，自然界阴阳消长变化对人体功能的影响，强调服食补药应当因时、因人、因病而异。了解证候，把握病机，据证施方，辨证进补。《养老奉亲书》对老年人一日的药食做了具体的安排，主张晨起服补肾药，辰时（上午7~9时）服调脾胃药，睡前服治病药，中间再插入饮食和活动，使延年与祛病、营养与锻炼有机地结合起来。在顺应四时服药进补方面，《黄帝内经》提出"春夏养阳，秋冬养阴"的治疗原则，这对治疗老年人久治不愈的痰喘病，包括慢性气管炎、肺气肿、肺心病等，有显著的效果。在顺应四时之气以调养饮食五味方面，《修真秘录》谓："春宜食辛，辛能散也；夏宜食咸，咸能润也；长夏宜食酸，酸能收也；秋宜食苦，苦能坚也；冬宜食甘肥，甘能缓中而长肌肉，肥能密理而补中，皆益五脏而散邪气臭。"《益龄单》谓："春宣脏腑，夏补丹田，秋温脾胃，冬凉上膈。"这是根据"天人相应"的整体观点，顺应四时阴阳之气的消长盛衰变化规律而提出的治疗原则。在进食补药时，如能"合人形以法四时五行而治"（《黄帝内经》语），则自会收到满意的效果。

第四，扶正补虚，是防老抗衰的重要原则。如前所述，衰老的机制，是随着年龄的增长，脏腑气血功能日渐衰退，机体抗邪防病能力逐渐下降。虚者补之，损者益之，利用进食补药来延缓脏腑功能的衰退，提高机体的防病抗邪能力，以达到延年益寿的目的，就成为防老防衰方法中重要又经常采用的有效措施之一。

一般所指益五脏，补虚羸，强力壮骨，都属"广谱"补益作用。其中以培补脾肾尤为重要。因肾主先天，主骨生髓，为精血之源；脾主后天，运化精微，为水谷气血之海。所以，肾与脾都与人之生长、发育、强弱、寿夭有密切的关系。故在扶正补虚，防老抗衰的用药方面，应以培补脾肾的药物为首选。我认为，根据《黄帝内经》"阳生阴长"，"阳化气，阴成形"的原理，以及后世医家张景岳所谓"生化之机，则阳先阴后，阳施阴受"，李中梓"补气在补血之先，而养阳在养阴之上"的学术观点，培补脾肾，主要应以培补脾肾之阳，即温阳益气为主，这也符合《黄帝内经》"劳者温之"，"形不足者，温之以气"的治疗原则。只有通过温补脾肾阳气，促进气化功能，才能生精化血，无形生有形，从而起到防老抗衰、延年益寿的作用。如《外台秘要》谓："由于老年以阳虚居多，故用药则以温补为主，且多用丸剂之缓，适当延长用药时间，以无伤正气，去除病根。"张景岳谓："阳强则寿。"在《证类本草》收载的114味各类抗衰老补虚药中，温阳益气的药物出现了53次，出现率为最高。当然，温阳益气法对老年人起到延年益寿的作用只是针对老年人整体情况而言，中医还须按个人具体情况调整补阴药与补阳药比例、剂量大小，避免气味单一而引起"偏胜气增"之患。清代慈禧太后，十分讲究养生驻颜。据其医案记载，慈禧年60岁时，红颜未衰，望之若40岁，其所用养生驻颜之方多达30大类。这些方药集中表现在补肾健脾两大方面。由此可见，脾、肾二脏与抗衰老关系密切，培补脾肾对防老抗衰、延年益寿有着不可忽视的重要作用。

第五，补中有通，开合并济，是老年进补的又一重要原则。《知医必辨》作者认为，"善于补者，补中有开"，开合并济，方能有益无损。《圣济总录》作者在治疗老年病证的选方中，注意了老年多虚多瘀的特点，将活血化瘀方药，广泛用于治疗多种老年病。这提示我们在治疗老年病过程中，不能仅靠培补，必须补中有通，开合相济，才能相得益彰，发挥显著的作用。

现代医学也认为，随着年龄的增长，脏腑气化功能减退，机体会产生一些有害的代谢物质，促使衰老，如自身中毒说、自由基学说、交联键理论等。这就决定了老年病在临床多表现出本虚标实、虚实夹杂的病理特点，因而，在重视补虚的同时，根据辨证，还应适当辅以中药通利之品，以利于气化的升降出入。这也是延缓衰老进程不可忽视的原则。

祛瘀法的合理应用，也对抗衰防老起着重要作用。这是因为，老年期体质多虚，气血运行无力，具有虚中夹瘀的倾向。从细胞水平来看，老年其微血管基底膜增厚，增加了周围血液供应的阻力，改变了细胞周围的环境，最终导致老化器官的功能衰退。因此，防老抗衰，治疗老年病，在扶正补虚的同时，适当配合祛瘀之法，无疑会促使老年人的气血流畅，对保持机体功能旺盛，具有重要意义。

利水排泄法的合理运用，也有利于防老抗衰。老年人气化无力，体内水液代谢和排泄功能都日趋衰退，易停蓄为患，在补虚的同时，适当用些通利水道之药，以加快代谢废物的排出，使新陈代谢趋于正常，从而延缓衰老。

利水道以调整机体水液代谢，祛瘀以流畅气血，两法合用构成了对机体气血津液代谢平衡的调整。气血津液贵在运行不息，滞则为邪，在重视以补虚为主的同时，适当辅以行气血、利水道药物，则大大有助于气血津液的正常运行，构成了抗衰老和治疗老年病的另一重要方面。

3. 老人进补常用方药

老年病的病机特点为本虚标实，虚实夹杂。因此其用药宜补虚祛邪并施。而补虚多以培补脾肾之品为首选。常用的药有灵芝、黄精、山萸肉、枸杞子、菟丝子、地黄、玉竹、何首乌、肉苁蓉、仙茅、淫羊藿、补骨脂、刺五加、女贞子、旱莲草、巴戟天、海马、蛤蚧、桑椹、桑寄生、槐实、肉桂、附子、鹿茸、紫河车、山药、云苓、白术、人参、黄芪等。

行气血、利水道的药物多用当归、丹参、鸡血藤、红花、山楂、泽泻、茯苓等，以助机体气血津液的不断运行，促进新陈代谢迅速恢复正常。

"活血化瘀"药在老年病防治方面的应用，已有多年历史。临床试验研究证明，这一方法对老年人祛疾延寿确有意想不到的效果。如最常见的老年脑血管病，其发病原因为脑脉络瘀阻，由气虚血瘀而引起。实验研究证明，活血化瘀药如丹参、川芎等，有扩张脑血管，降低脑部阻力，增加脑血流量，改善脑细胞代谢、营养的作用。这些活血化瘀药物，无论用于临床治疗还是对中风（脑卒中）易患对象进行预防性治疗，经验证明，都会收到积极效果。

老人进补常用的补方成药，有汤剂和丸、散、膏、丹、药酒之分。在民间广泛流传，确有疗效的传统补方大致亦分为培补脾与肾两大类，如补脾的十全大补丸、人参归脾丸，补肾的六味地黄丸、金匮肾气丸、左归丸、右归丸、天王补心丹、还少丹、七宝美髯丹、五子衍宗丸、人参再造丸、河车大造丸、人参蛤蚧散等。

另外，需要强调指出的是，中医传统补方，在组方原则上，虽系以补为主，但亦非纯补，而系补中有通，开合并济，正如《知医必辨》所谓"善用补者，补中有开"。根据阴阳、气血互为依附、相互作用的辩证关系，在药物配伍上，要善于补阴以涵阳，扶阳以配阴，或气血兼顾、益气生血。如常用的六味地黄丸和金匮肾气丸，系通过培补肾阴、肾阳而抗老防衰的代表方剂。大凡补肾药方，皆出于以上方剂的加减化裁。方中用茯苓、泽泻二味以泄水浊，这就形成了补中有泻，寓泻于补，通补开合兼施的方剂。张景岳仿六味、八味之意，创左归丸以补水，右归丸以补火。但更确切地说，左归丸是育阴以涵阳，右归丸是扶阳以配阴，蕴含了阴阳互根之旨。又如，补中益气丸、归脾丸为健脾益气以抗衰老的常用方剂。二方均以参、术、芪健脾益气之品为主药。补中益气丸方中复以升麻、柴胡升举阳气，根据升降相因、气血互根、通补兼施的原则，补中益气丸方中又辅以陈皮理气，当归补血和营。此二方均系以补为主，但皆非纯补，而是补中有通，合中有开，阴阳兼顾，气血双补，这符合中医综合运用，整体调节的组方用药特点。又如，清代名医王清任所创之"补阳还五汤"，系益气化瘀、补中有通的代表方剂，方中重用黄芪以益气补虚为主药，辅以赤芍、川芎、归尾、地龙等以活血化瘀。原方专为因虚致瘀引起中风偏瘫者而设。现在临床多用于治疗老年心、脑血管疾患。即老年人由于气虚，运血无力，导致血脉瘀滞，以至引起胸痹、中风偏瘫等病证，包括西医动脉硬化、冠心病、心绞痛、心肌梗死、脑卒中（缺血性）后遗症、半身不遂、口舌歪斜、肢麻等。现代研制出的诸多防治老年心、脑血管疾病的中成药新产品，都是在"补阳还五汤"益气化瘀、通补兼施的组方原则基础上开发出来的。可见益气化瘀法及其成药的应用，对防老抗衰和治疗老年病起到了不可忽视的重要作用。这也是值得我们今后深入研究的课题。

以上谈的是多年来在临床、民间广为使用、流传的传统方剂。这些补方及成药，经过千百年实践证实，在祛疾延寿和补益延寿方面都有令人信服的效果。至于近些年通过各科研机构研制，而在药店销售的治疗老年病和防老抗衰的补方成药，因品种复杂，名目繁多，就不再枚举。但希望今后对药品的研制工作，必须力求遵循上述的理论原则，要病证结合，审证周详，组方合理，务求实效，严格把关。而老人进服补药时，最好在医生指导下，针对病情，选方购药，切勿滥购误补，不但于病情无益，反致贻害匪浅。

利用传统的中医药理论和方法祛疾增龄，经过数千年实践考验，是确有作用的有效方法。只要我们深入学习，切实掌握要领，身体力行，坚持下去，企慕长寿的理想一定会变为现实。祝愿老年人沧桑多经人不老，老树春来犹着花，尽管两鬓霜花，还能再着新鞭，为社会贡献力量。

五、中医学关于养生和抗衰老途径的认识

青年人希望青春常驻，老年人希望老当益壮，寿比南山。这是人们所共有的美好愿望。然而，人之有生，都要经历生、长、壮、老、死的过程。这是不可抗拒的自然规律。唯一的希望是如何通过养生之道，增强体质，延缓衰老。这是古往今来，上自天子下至庶人，都无不孜孜追求的。

前已述及，衰老是不可抗拒的，但是可以预防和治疗的。早在两千多年前，我们的祖先就在积极探索人类生命的运动规律。经过长时期的理论探讨和经验积累，进而提出了系统的防老抗衰、颐养天年的养生方法，形成了中医学预防学说和老年医学的理论特色。除用药物补益养生延年外，以下几个方面是抗衰老的重要方法和途径。

1. 防老抗衰，重在保养精气

这里的精气是指促进人体生长发育和生殖繁衍的基本物质。它来源于先天，秉承于父母，为"男女媾精"所成，所以又称先天精气。因精能化气，人体出生后，此精藏之于肾，须赖后天水谷精气的滋养补充，故《黄帝内经》亦称肾气。如《素问·上古天真论》谓："女子七岁，肾气盛，齿更发长；二七而天癸至，任脉通，太冲脉盛，月事以时下，故有子……五七，阳明脉衰，面始焦，

发始堕……七七，任脉虚，太冲脉衰少，天癸竭，地道不通，故形坏而无子也。丈夫八岁，肾气实，发长齿更；二八，肾气衰，天癸竭，精气溢泻，阴阳和，故能有子……五八，肾气衰，发堕齿槁……八八，天癸竭，精少，肾脏衰，形体皆极，则齿发去。"可见，人的生长、发育、壮盛和衰老的整个生命活动过程，都是此精在发挥作用。因此，古代养生家非常重视保养精气。就是通过养生之道，使精不妄耗，永远保持精气充满，这样就可以增强人体的生活机能，达到防病健身、延年益寿的目的。这就是《素问·上古天真论》所谓："夫道者能却老而全形。""道"指养生之道；"却老"指能防止、延缓衰老。《延年却病笺》谓："圣人爱精重施，则髓满骨坚""无劳尔形，无摇尔精，归心寂静，可以长生"。《千金要方》谓："凡精少则病，精尽则死。"这里，"积精""爱精""无摇尔"，都是指的通过养生方法来保养精气，使精不妄泄，保持充满。

2. 调摄精神是养生的重要方法

中医学认为，通过调摄精神的方法，能够使阳气平和，阴平阳秘，"无摇尔精"，从而起到保养精气，增强气化功能，达到防老抗衰的目的。这就是《黄帝内经》所谓的"恬惔虚无，真气从之，精神内守，病安从来"。这是《黄帝内经》养生学说的理论核心。可以看出，"恬惔虚无""精神内守"，讲的是调摄精神的方法。它一是指日常生活中，精神上要排除外界事物的干扰，不要妄动七情，要少生私欲杂念；二是指练气功时的意守入静，以神御气而言。"真气从之""病安从来"，是阐述调摄精神能精神变物质、物质变动力，使人体内的元真之气充沛旺盛，从而起到防病健身、延缓衰老的积极作用。

（1）涵养精神，培养乐观情绪。在日常生活中，保持乐观情绪和豁达开朗的精神状态，对增强健康、延长寿命是至关重要的。马克思曾说过："一种美好的心情比十剂良药更能解除生理上的疲惫和痛楚。"巴甫洛夫在研究精神状态和长寿的关系时也谈道：一切顽固沉重的忧悒和焦虑，足以给各种疾病大开方便之门。中医学对精神因素与疾病的关系，认识更为深刻。认为情志失调是导致内伤疾病的主要致病因素。如《黄帝内经》中谈道："余知百病生于气也。怒则气上，喜则气缓，悲则气消，恐则气下……惊则气乱……思则气结。"又谓："暴怒伤阴，暴喜伤阳……喜怒不节……生乃不固。"明确提出"百病生于气"的论点。如何涵养精神，陶冶性情？《素问·阴阳应象大论》谓："是以圣人为无为之事，乐恬惔之能，从欲快志于虚无之守，故寿命无穷，与天地终，此圣人之治身也。"即是说在日常生活中，要保持精神乐观，意念纯正，清净寡欲。无争无贪，听凭自然，这样就能起到培养阳气、保养精气，达到防老抗衰的目的。这实际是老庄道家无为思想的养生哲学。《史记·老子传》谓："老子无为自化，清净自正。"庄子谓："天无为以之清，地无为以之宁，故两无为相合，万物皆化……故曰天地无为也，而无不为也。"老庄道家无为思想的人生观，在一定程度上代表了春秋战国时期没落贵族的消极颓废思想。但是，《黄帝内经》是从养生防病、健身益寿的角度出发接受了这一学说，并且把它作为调摄精神的方法。

自《黄帝内经》以后，历代著名医家和养生家，对调摄精神这一独具特色的养生之道，结合自己的实践体会，发表过不少精辟论述，丰富了中医学养生学说的理论内容。如张景岳对上述《黄帝内经》中"圣人为无为之事"的解释贴切允当，颇有发挥。其谓："但能于动中藏静，忙里偷闲，致远钩深，庶乎近矣。"又谓："镜以察物，物去而镜自镜，心以应事，事去而心自心，此养生之道也。"对老庄道家的无为思想，赋予了积极的思想内涵。《孙真人卫生歌》谓："世人欲知卫生道，喜乐有常慎怒少，心正意诚思虑除，顺理修身去烦恼。"

另外，养生之道又离不开养性与养心——培养高尚情操，加强伦理道德观念。《七部要语》谓："人之禀受，性情具焉。性之所感者情也，情之所感者欲也，情出于性，而情违性，欲出于精，而欲害情。"《洗心说》谓："患生于多欲，祸生于多食，过失于轻慢，罪生于不仁。"《真观论》谓："人居尘世，难免营求，虽有营求之事，而无得失之心，即有得无得，心常安泰。"《清修妙论笺》又列举百"病"以警人，列举百"药"以治"病"。其谓"病"，亡义取利是一病，好色坏德是一病，毁人自誉是一病，乘权纵横是一病，以私乱公是一病，轻慢老少是一病，两舌无信是一病，教人作恶是一病等。其谓"药"，动静有礼是一药，起居有度是一药，心无妒忌是一药，扶持老幼是一药，怜孤恤寡是一药，语言谦虚是一药，不好阴谋是一药，灾病自咎是一药，施不望报是一药，不念旧恶是一药，舍药救疾是一药，随事不慢是一药等。总之，如果把养生分为"心""身"两大方面的话，养性主要指养心，并指导养身，即"养生首养心，调形先调神"。如果我们把调情志，摄精神，戒嗜欲，重修养的原则作为日常生活中一举一动、一言一行必须遵守的规范，久而久之就会形成高尚的情操，为抗老防衰、延长寿命奠定基础。

（2）意守入静，以神御气——真气运行法。《黄帝内经》中"恬惔虚无""精神内守"，不只指日常生活中要安闲清静，排除杂念妄想，不受外界事物的干扰，万虑俱空，而且也是指导中国独具特色的气功练法的理论原则。即是练气功时必须运用凝思守神、意守丹田、吐纳胎息、以意导气的方法。这又叫作真气运行法。《素问·上古天真论》谓："呼吸精气，独立守神，肌肉若一。"对练气功有高度修养的人，练功练到一定程度，就会感到有一股气在身上流动，或出现"内功""热感"。现在通过实验表明，这时人体气的数量、质量有明显的提高。这即《黄帝内经》所谓："真气从之。"这说明神与气的关系，神可以指挥气，统御气，从而起到强化人体气化功能的效果，达到自控的目的。练气功在春秋战国时期早已有之，属于老庄道家的养生方法。真气运行法的称呼是甘肃中医学院李少波先生提出来的，它与气功基本没有什么区别，所不同的就是真气运行法在调息方面，有分段进行、定期取效和通督的特点，并且容易掌握，见效迅速。气功的机制主要在于以意导气，引气下行，息息归根，使气聚丹田，以充实下元，发挥真气的潜能作用。明·冷谦启在《修龄要旨》中把练气功的基本方法总结为十六个字："一吸便提，气气归脐，一提便咽，水火相见。"并强调姿势与呼吸、意念的结合。指出"朝夕定心闭目，调息守中"，静中求动，可以达到"通和上下，分理阴阳，去旧生新，充实五脏，驱外感之诸邪，消内生之百症，补不足，泻有余"，却病延年的效果。近年来，气功对防老的作用，日益为世界医学界所重视。对探索人类生命奥秘，促进世界老年医学的发展，将起到积极推动作用。

3. 传统体育与健康长寿

传统的保健体育主要指武术。我国武术的流派、门类很多，但主要有少林、武当两大派。少林武功的风格大体是以刚为主，刚柔相济，突出勇敢轻捷的特点，有爆发力，常显示出一种对抗的精神；武当则更讲究"气"，以柔为主，外柔内刚，动作较舒缓柔韧。

我们的祖先早就认识到武术有强健体魄、抗衰防老的作用。如庄子说："吹嘘呼吸，吐故纳新，熊经鸟伸，为寿而已矣。"东汉华佗以"户枢不蠹，流水不腐"的运动观为理论基础，模仿虎的凶猛，鹿的矫健，猿的敏捷，熊的沉稳，鸟的展翅飞翔，创立了五禽戏，这是我国武术的雏形。后来，经过千百年来的发展，我国武术形成了鲜明的民族特色。它既有舞蹈的审美价值，又有体操的健美功效。同时，有防病康复，延长寿命，防身御辱等舞蹈、体操不可替代的作用。另外，武术还具锤炼意志、陶冶情操、涵养精神的作用。就拿练太极拳来说，在练的时候，必须意志坚强，心情舒缓，凝思守神，以神统气，以意导气，方能气随意走，真气充沛，达到锻炼的目的。这些都是与中医理论指导分不开的。老年人或体弱多病的人如能根据自己的年龄、爱好和身体条件，选择一种，持之以恒，长久锻炼下去，对防病健身、抗衰老，可以收到意想不到的效果。

4. 调节饮食五味

古云："民以食为天。"饮食五味是人类赖以维持生命活动的物质基础，是气血津液生化的泉源。古代医家非常重视对饮食五味的调节，认为这是养生保健的主要方法之一。《素问·生气通天论》谓："是故谨和五味，骨正筋柔，气血以流，腠理以密，如是则骨气以精，谨道如法，长有天命。"就是说在日常生活中，若能注意调和饮食五味，则寿命之长，可享有自然寿命，"度百岁乃去"。但是，如果调用不当，饮食无节，寒温失调，反而会导致疾病的发生，成为致病的主要因素。可见饮食五味对人体具有正反两方面的作用。对此，《素问·阴阳应象大论》曰："味归形""味伤形"。《素问·至真要大论》曰："夫五味入胃，各归所喜，故酸先入肝，苦先入心，甘先入脾，辛先入肺，咸先入肾。久而增气，物化之常也。气增而久，夭之由也。"现代老年医学亦认为，人应活到百岁以上，而未活到的一个主要原因，就是饮食调节不当。

中医学有关调节饮食五味的方法，可归纳为如下几个方面。

（1）根据五味入五脏的道理，不论药疗或食养，都应五味调用得当，不要久嗜偏食。这就是上文所谓"久而增气，物化之常也，气增而久，夭之由也"。另外，五脏对五味各有宜忌。要根据五脏的生理、病理情况和宜忌，知所选择。此即《素问·宣明五气论》所谓："气病无多食辛""血病无多食咸""骨病无多食苦""肉病无多食甘""筋病无多食酸"。《灵枢·五味》谓："肝病禁辛，心病禁咸，脾病禁酸，肾病禁甘，肺病禁苦。"

（2）日常饮食，要多食清淡，不要恣食肥甘厚味与辛辣炙煿之品，因肥性滞，甘性缓，多食之易助湿生热，腻滞生痰，痰浊阻滞脉道，蒙蔽清窍，易患中风、偏枯或消渴之症。《素问·奇病论》谓："此人必数食甘美而多肥也，肥者令人内热，甘者令人中满，故其气上溢，转为消渴。"其他如嗜酒、嗜茶太过，均对身体有一定影响。

（3）要饮食有节，勿过饥过饱过冷过热。过饥则摄食不足，营养缺乏，过饱则增加肠胃负担，易引起消化不良，久之可导致胃病；过食生冷，则易损伤脾阳，而致寒湿内生，腹痛泄泻。饮食过热或贪食辛辣之品，亦可使肠胃积热而致大便干燥或酿成痔疮下血等症。

归纳起来，在饮食上，要少烟多茶，少酒多水，少食多嚼，少盐多醋，少肉多菜，少糖多果。这样的饮食习惯，有益于增进健康，防老抗衰。

附：食疗歌

谷物蔬菜养身宝，饮食多样任君调。
萝卜消食开脾胃，韭菜补肾暖膝腰。
芹菜能除高血压，驱寒除湿是胡椒。
大蒜杀菌可止泻，葱白姜汤治感冒。
绿豆解暑为上品，健胃补虚吃红枣。
番茄补血美容颜，莲藕除烦解酒好。
花生能降胆固醇，西瓜消肿又利尿。
生津伏蛔数乌梅，益肾强腰吃核桃。
山楂减肥降血压，生梨润肺止咳嗽。
橘子理气能化痰，山楂益肾糖尿消。
海带消瘿通脑栓，木耳抗癌又补血。
猪牛羊肝可明目，蘑菇抑制癌细胞。
蜂蜜润燥又益寿，葡萄悦色会年少。

5. 生活规律，节制情欲

《素问·上古天真论》谓"饮食有节，起居有常，不妄作劳"，就是指人们的生活要有规律，做到饮食有节，起居作息循乎常规。在劳作中，要有劳有逸，循法度，劳逸结合。能够如此，就可以做到："故能形与神俱，而尽终其天年，度百岁乃去。"《寿世保元·延年良箴》亦谓："坐卧有时，勿令身怠，可以延年。动止有常，言谈有节，可以延年。"

中医学的养生学说，特别注意节制情欲，慎劳房。认为纵情色欲不知持满，对防老抗衰极为有害。如《素问·上古天真论》谓："醉以入房，以欲竭其精，以耗散其真，不知持满……故半百而衰也。"《延年却病笺》谓："故养生之方，首先节欲。"《阴符经》谓："淫声美色，破骨之斧锯也。"《摄生三要》谓："元精在体，如木之有脂。神依之如鱼得水，气依之如雾覆渊。不知持满，不能保啬，所生有限，所损无穷，未至中年，五衰尽见，面脉俱枯矣。是以养生者，务实其精。"

古代养生家之所以重视对此生殖之精的保全，是因为此精是构成生命活动的基本物质。人之生长发育、生殖繁衍全赖此精发挥作用。因此，通过节欲持满，使精不妄泄，保持充盛，精能化气，气能化神，精盈则气盛，气盛则神全，神全则体健，就能起到防老抗衰的作用。所以古代养生家称精、气、神为人身之三宝，而此三宝是以精为基础。当然，节欲持满，不是教人们绝对禁欲，而是以"适度不贵"。如《延年却病笺》谓："人年六十，当秘精勿泄，若气力尚壮，不可强忍，久而不泄，致成痈疾。"葛洪《抱朴子·极言卷》亦谓："不欲甚劳甚逸，适度为贵，能中和者必久寿。"由此可见，节制情欲，是以适度为贵，不是教人们离开生活，陷入禁欲主义。

总之，中医学关于养生之道的文献，可谓卷帙浩瀚，内容丰富，既有独具特色的理论系统，又有切实可行的养生措施，因此有人称中医学为"养生医学"，是确实有道理的。世界卫生组织认为："所谓健康，不仅在于没有疾病，而且在于肉体、精神、社会各个方面的正常状态。"这恰恰又给中医防老抗衰的学术观点提供了有力的佐证。综上所述，可以达到健康长寿的方法很多，在日常生活中，只要我们认真地去身体力行，掌握一种或几种养生健身之术，把握养生之道中心与身、形与神的辩证关系，就一定能够收到防病健身之效，而且能够延年益寿。

临床经验

一、病毒性乙型肝炎的辨证论治

病毒性乙型肝炎属中医"胁痛"范畴。我对乙型肝炎的辨证分型和治则用药方面的经验如下。

1. 辨证分型

乙型肝炎辨证分型，诸家见解各有不同。我认为，根据乙型肝炎的临床症状、体征和病理特点，可分为湿热未尽型、肝郁脾虚型、气阴两虚型和虚瘀癥积型四型。

湿热未尽型：本型突出的是表现出一种"湿热蕴结"的现象，显示病情活动的特点。主要出现口苦、口干等，大多转氨酶升高，有的有淤胆现象，出现黄疸。湿热、湿毒，实际是指引起乙型肝炎的外邪，即乙肝病毒，它实际存在于疾病的全过程。

肝郁脾虚型：一般病情变化较轻，其症状特点为肝强脾弱、脾虚不运所出现的胁痛、纳差、疲乏等，此型的症状表现和病理变化特点一般为各型所共有。因此可以看作是本病辨证分型中的基本证型。一般来说，本型的病情变化还比较轻，其肝脏损害尚不严重，肝功能变化也比较轻。属慢性乙型肝炎的迁延型或慢性活动型。

气阴两虚型：一般比肝郁脾虚型病情严重。突出的特点是以虚为主，如身体虚羸、疲乏无力，其病理变化本为各型所共有，而本型疲乏无力的程度是由轻转重，甚至感到严重疲乏不支。而且有的还气损及阴而出现口燥咽干、心中烦热等阴津不足现象。

虚瘀癥积型：是四型中最严重的一型，此型突出的特点是"虚"与"瘀"交互出现。如症见虚羸不足，疲倦乏力，胁下癥积，面黧舌暗，腹水鼓胀，腹壁青筋等。多见于慢性活动型肝炎或兼肝硬化者。《黄帝内经》谓："勇者气行则已，怯者着而为病也。"说明虚与瘀互为因果的关系。肝络阻塞、血瘀肝硬、肝脾肿大之"瘀"是与肝脏抗病能力低下、正气严重虚损不足之"虚"密切相关的；而肝脾肿大，瘀血不行，又可导致新血不生，而成为促进气血虚损不足的因素。这突出体现了"虚"与"瘀"互为因果，形成恶性循环的病理特点。

另外，肝硬化腹水潴留，也是"虚""瘀"互为因果而致。其发病机制，一由脾肾两虚，肾虚不化，脾虚不运，而致水液潴留，此因虚而致；一由肝失条达，气血瘀滞，血不循经，津液外渗而成腹水，即《金匮要略》所谓"血不利则为水"。此又因瘀所致，体现了虚与瘀的辩证关系。

特别需要强调指出的是，尽管临床上证型分类各异，但由于都属于"肝系疾病"，因此四型之间在病理变化上常互为因果，而在症状表现上也往往是交互出现的。如四型的临床表现都可出现胁痛，以及由肝及脾，肝强脾弱而致的纳差、疲乏等症。又如"湿热夹毒"是湿热未尽型的主要致病因素，但湿毒留恋持续存在又贯穿于乙型肝炎的全过程，为四型所共有。气阴两虚型和虚瘀癥积型病情变化都比较严重，二型之间，前者是以"虚"为主，后者更侧重于"瘀"的表现，实际在临床中，"虚"与"瘀"之间多不是孤立地出现，常表现出互为因果、错综复杂的特点。如肝硬化按证型分类属于"虚瘀癥积型"，突出表现胁下癥积、腹水鼓胀等"瘀"的证候特点，但由于肝硬化晚期代偿失调出现腹水，水邪潴留而不化津，体液循环中之有效体液量减少，亦常出现口燥咽干、舌质红绛等阴津严重亏涸的现象。此时预后较差，应警惕有出现肝昏迷之可能。

此外，对本病还要宏观辨证与微观辨证相结合。既重视望、闻、问、切所得出的宏观指标，又不忽视借助现代诊疗技术所得出的微观指标。在分析证情时，将两者有机结合起来，从而使证型分类更加准确和深入。如湿热未尽型，其微观表现大多伴有血清胆红素及 SGPT 的增高。而作为肝炎主症的"乏力"，其程度常与肝功能损害之微观指标相 致。肝功能损害严重的，全身乏力也严重，肝功能稳定或好转时，乏力也减轻。这是由于肝病引起的肝功能损害使肝脏对糖类、脂肪、蛋白质的中间代谢障碍，以至能量产生不足所致。虚瘀癥积型，其胁下癥积的形成，是由于肝络阻塞、结缔组织增生及假小叶生成，肝血流障碍而导致肝脾肿大，这些微观方面的深入分析，能使在处理肝系疾病，尤其是病情危重时，更能统观全局、深入细致，遣方用药时更具针对性和预见性，从而起到防微杜渐、转危为安的效果。

2. 清解、补虚、祛瘀综合运用的治疗原则

综上所述，我认为乙型肝炎的病机以湿热、虚、瘀为主，而表现正虚邪实、虚实夹杂的特点。湿热夹毒、邪毒留恋、乙型肝炎病毒持续存在，是致病的主要病因；正气虚损，免疫功能紊乱低下，是发病的重要病机；肝失条达，气滞血瘀，微循环障碍，又是本病的基本病理变化。因而我认为对本病治疗总的原则，不外清解、补虚、祛瘀三法。

清解祛邪是针对湿热邪毒而治。有清除病因，抑制肝炎病毒和促使乙肝表面抗原转阴的作用。另外，通过清热解毒还可以减轻肝实质炎症，防止肝细胞坏死和促进肝细胞修复与再生，进而导致血清转氨酶恢复正常。

补虚扶正目的是增强正气，提高免疫功能。根据中医学"肝病传脾""乙癸同源"的理论，肝病补虚当以培补脾肾为主。脾肾为气化之源，补益脾肾不仅可以增强正气，提高免疫功能和机体抗病能力，而且亦能促进病毒的清除和使乙肝表面抗原转阴，滴度下降。

活血祛瘀目的是针对"瘀"而施治。"瘀"包括了肝络阻塞、微循环障碍和纤维形成。纤维形成是各类肝炎向深重发展的重要因素。活血化瘀具有扩张肝脏血管，改善血液流变，改善肝微循环和抑制纤维形成的多方面作用，从而减少病变部位的缺血，改善肝脏营养及氧气供应，防止肝细胞的坏死和纤维组织增生，加速病灶的吸收和修复，以及软缩脾脏，降低门静脉高压的作用，所以活血化瘀是治疗急慢性肝炎和肝硬化的重要方法。

根据乙型肝炎是湿热、虚、瘀等综合因素而形成，湿热、虚、瘀的病理变化贯穿于疾病的全过程，构成乙型肝炎正虚邪实、虚实夹杂的病理变化特点，在确定治疗原则和遣方用药时必须清解、补虚、祛瘀等三种方法综合运用，整体调节。在此基础上，再按证型的不同，各有侧重，灵活掌握。在治疗上，任何仅用一方一法，都必然会带来某种局限性，影响治疗效果。根据三法合用的治疗原则，确定了一基本处方，通治各种病毒性肝炎。再按证型的不同，随症加减。

基本处方：柴胡9g，茵陈20g，板蓝根15g，当归9g，丹参20g，莪术9g，党参9g，炒白术9g，黄芪20g，女贞子20g，五味子15g，茯苓9g。水煎服。亦可共碾为末，炼蜜为丸，每丸重9g，日服3丸。

方中以柴胡调达肝气；茵陈、板蓝根、茯苓等清解利湿，抑制病毒；当归、丹参、莪术等养血调肝、和血祛瘀，以扩张肝脏血管，增强肝内血液循环，增加肝脏血流量，从而起到改善肝脏营养及氧气供应，防止肝脏细胞损害、变性和纤维组织增生，防止肝病的发展，并促使肝病恢复。党参、白术、黄芪、女贞子、五味子等，为扶正补虚之品。党参、白术、黄芪健脾益气，而有利于血浆蛋白的提高，改善肝功能；女贞子、五味子补益肝肾，促使肝细胞功能的恢复，其中五味子酸收入肝，可使转氨酶不致释放出来，从而起到降酶作用。上方配伍，具有全面兼顾、整体调节的作用。

在随症加减方面，有湿热证候或淤胆现象的，方中茵陈可重用至40~60g，以利于清利湿热退黄，再加赤芍、栀子，是出于祛瘀利胆退黄的目的。虚羸不足严重的，如偏阳虚，酌加淫羊藿、仙茅、肉桂等，以温补肾阳。偏阴虚，酌加生地、枸杞子等，以滋补肾阴。根据我长期的临床经验，治疗乙型肝炎，如果单纯从病原学观点出发，选用对乙肝病毒有抑制作用的苦寒药组方治疗，往往效果不够理想。根据辨证，重用扶正培本，补益肝、脾、肾之品，无论证候表现、肝功化验和免疫指标，一般都能得到相应改善。这说明扶正补虚药，可调控机体免疫机制，改善肝细胞功能，促进蛋白合成，在治疗上是降浊和提高血清蛋白的关键。对于肝硬化代偿失调，血脉瘀滞，阳虚不化所出现的腹水，根据"去菀陈莝"、温阳利水的治疗原则，在重用补益脾肾和活血祛瘀之品的基础上，尚须酌加理气利水之品，如大腹皮、茯苓皮、泽泻、白茅根等，如此标本兼治，有利于腹水消除，恢复肝脏代偿功能。若转氨酶升高，五味子粉，每次 2.5g，日服 3 次。

3. 病案举例

案 1：王某，男，37 岁，兰州市人。2002 年 5 月 26 日初诊。患者 2001 年 8 月初，感觉疲乏无力，气短，纳差，腹胀，两胁胀痛。时在当地医院进行检查，被确诊为病毒性活动性乙型肝炎，服肝泰乐、维生素等药治疗半年余，但症状逐日加重。于 2002 年 3 月 10 日来兰州某三甲医院进一步检查。诊断结果为：肝硬化腹水；胃多发性溃疡；萎缩性胃炎；食管炎；食管溃疡；食管静脉曲张；脾脏肿大，大量腹水；血小板减少（40×10^9/L）等。住院治疗三月余，病情未见明显好转，尤其是腹胀、腹水、胁痛、疲乏有加重之势，经病友介绍寻求余用中药治疗。诊见患者重病面容，精神萎靡，肚大青筋，脾大平脐，按之硬如石块，有触痛，脘痞纳呆，泛恶厌油，疲倦乏力，肢体消瘦，食纳不佳，口渴不欲饮，大便秘，小便少，舌质暗边有齿痕、紫斑，舌下静脉怒张，苔白腻，脉弦细。化验乙肝三系统大三阳，肝功能异常，血浆蛋白倒置，肝纤维化四项指标高。证属虚瘀交错，血瘀气滞，脾肾两虚，水不化津，水邪潴留。

治法：清解祛邪、培补脾肾、祛瘀化癥。

处方：虎杖 20g，茵陈 20g，板蓝根 20g，白花蛇舌草 20g，苦参 20g，赤芍 15g，丹参 20g，莪术 15g，元胡 20g，枳实 20g，淫羊藿 20g，仙茅 20g，仙鹤草 20g，党参 20g，炒白术 20g，黄芪 20g，海螵蛸 30g，砂仁 9g，鳖甲 30g（先煎），茯苓 20g，猪苓 20g，泽泻 20g，车前子 20g，三七粉 5g（分二次服），水蛭粉 10g（分二次服）。水煎服，每日一剂，并配服"舒肝消癥丸"，每日早、中、晚各服 45 粒。服药期间，药味略有加减，但主方不变，治守前法。

连续服药至 2002 年 10 月 28 日（四诊），服药 80 余剂，经 B 超检查肝弥漫性病变，脾大，胆囊炎，腹腔声像未见异常。肝功能和蛋白化验正常，乙肝三系统小三阳，血小板 $69 \times 10^9/L$。肝脏回缩，质地变软，自觉症状明显减轻，皮肤较前光滑，腹壁青筋隐隐消退，精神如常，脉弦，苔薄，舌质淡，舌边仍有少许紫斑。认为病势渐退，正气将复，治当补消兼施，前方去利水之猪苓、茯苓、泽泻、车前子，加制附片 9g，持续服药 400 余剂，诸症悉去，病告痊愈。嘱其继服"舒肝消癥丸"，以巩固疗效。2003 年 12 月 3 日电话随访，病情稳定，身体健康，病情无反复，在家从事轻微的生产劳动。

案 2：张某，男，36 岁，干部，2005 年 10 月 15 日初诊。1998 年单位体检时查乙肝三系统，HBsAg、HBeAg、抗 HBc 均阳性，肝功能正常，时未进行治疗。2002 年初不明原因出现腹胀，继而渐见身体乏力、食纳差、右胁疼痛等症，曾多处治疗，但未获寸效。近来因病情加重，来我处求治。体查可见：面色黧黑，口唇紫暗，巩膜轻度黄染；肝肋下两指，质硬，触痛，脾未触及；舌质淡暗，边有齿痕，苔黄腻，脉弦长。化验检查：乙肝三系统"大三阳"，ALT290U/L，总胆红素 $36\mu mol/L$。系慢性活动性肝炎。中医辨证属肝郁脾虚兼有血瘀，治当疏肝健脾、解毒化瘀，方用"舒肝化癥汤"加减。处方：茵陈 20g，虎杖 20g，板蓝根 15g，贯众 20g，柴胡 9g，枳实 20g，当归 9g，丹参 20g，莪术 9g，党参 9g，炒白术 9g，黄芪 20g，女贞子 20g，五味子 15g，茯苓 9g。服药 1 个月后复诊，诸症已基本消除，以上方加元胡 20g、半枝莲 20g 继续服用。三个月后患者诸症消失，B 超示肝、胆、脾正常；化验除 HBsAg 阳性外，余均正常。

二、肝炎后肝硬化的治疗

引起肝硬化的原因很多，主要有病毒性肝炎、慢性乙醇中毒、营养失调、药物或工业毒物中毒及慢性心功能不全等。本文所谈，主要指病毒性乙型肝炎所致肝硬化而言。属中医胁痛、癥积、鼓胀范畴。

1. 病因病机分析

肝炎后肝硬化大多因乙型肝炎迁延不愈转变而成。其病理特点，表现为肝细胞变性、坏死、新生，同时伴有弥漫性炎症及结缔组织增生，最后演变成肝硬化。中医认为，其病因病机，主要是由正气虚亏，复感邪毒，内外合因，导致乙肝发生。乙肝迁延不愈，肝失疏泄，肝气郁结，肝络阻塞，因致血瘀肝硬。而正气虚损，脾肾虚弱，肝脏抗病能力低下，又是招致乙肝邪毒感染，气虚血瘀，肝络阻塞，血瘀肝硬，引起鼓胀、癥积的内在因素。此即《黄帝内经》所谓"勇者气行则已，怯者着而为病也"。李中梓谓："积之成者，正气不足，而后邪气踞之。"而胁下癥积，瘀血不行，又可导致新血不生，而成为促进气血虚损不足的因素。形成"虚"与"瘀"互为因果，造成恶性循环，使病情愈益加重。所以本病主要表现邪实正虚、虚实夹杂的病理共性。而其症状特点，亦是虚实杂见。胁下癥积，腹水潴留，此为邪实；伴随出现的虚损不足病候，如疲乏，倦怠，食少纳呆，实验室检查有红、白细胞及血小板减少，蛋白倒置等，此又为正虚。作为肝炎主症的"乏力"，其程度常与肝功能损害这一微观指标相一致。肝功能损害严重时，全身乏力也严重，肝功能稳定或好转时，乏力也减轻。这是由于肝病引起的肝功能损害使肝脏对碳水化合物、脂肪、蛋白质的中间代谢产生障碍致能量产生不足所致。肝病所表现的正虚邪实、虚实夹杂的病理共性与症状特点，贯穿于疾病的全过程。

2. 治疗肝硬化的基本方法

肝硬化临床分期，可分为肝功能代偿期和肝功能失代偿期。肝功能代偿期多为肝硬化初期阶段。临床辨证分型多属肝郁脾虚型和肝郁血瘀型。主要表现肝失条达，气滞血瘀，症见胁下癥积（肝脾肿大），面黧舌暗等；肝木旺则乘脾土，引起脾虚气弱，生血无源，气血亏损，表现疲乏无力，食少纳呆等症。临证治疗，宜针对邪实正虚，予攻补兼施之法。对此，古人早有明训。《黄帝内经》谓："因其重而减之""坚者削之""血实宜决之"。张洁古谓："养正积自消。"故对胁下癥积，血瘀实邪，当予活血祛瘀，削坚破积之法。近代实验表明，活血祛瘀类药物，具有明显的抗肝纤维化增生作用，可以改善肝脏微循环，促进肝内胶原纤维的加强及纤维蛋白溶解，或可抑制肝内胶原纤维的合成，使肝脏回缩，所以，活血祛瘀是治疗肝硬化的重要原则。但在祛瘀泄实的基础上，亦要顾护正气，辅以健脾益气，调养气血之品，以增强机体的抗邪能力，即所谓"扶正以祛邪"。这又是中医治疗肝病所必须遵循的标本兼顾、整体调节的治疗原则。另外，乙肝邪毒感染，是致病外因；肝失条达，肝气郁滞，而致气滞血瘀，亦为本病的主要病机。故在扶正益气、活血祛瘀的基础上，尚须辅以疏肝理气、清解祛邪之品，如此复方多法，综合运用，才能达到整体调节之目的。根据以上原则，拟一基本处方，以通治本病，再根据病情不同，随症加减。

处方一号：虎杖 20g，茵陈 20g，板蓝根 20g，党参 20g，炒白术 20g，黄芪

20g，赤芍 20g，丹参 20g，莪术 20g，元胡 20g，制鳖甲 30g，枳实 20g，炙甘草 6g。水煎服。

方药浅析：本方适于正气虚损，肝失疏泄，肝络阻塞，血瘀肝硬的病症。一般属于肝郁脾虚型，肝郁血瘀型。证见右胁胀痛，胁下癥积（肝脾肿大），脘痞纳呆，体倦神疲，舌质暗淡，脉沉弦等。

本病证属肝郁气滞，血瘀肝硬，肝木乘脾，脾虚气弱。治当祛瘀削坚，健脾益气，辅以清解祛邪，疏肝理气。故方中以党参、白术、黄芪健脾益气，扶正培本。据现代研究，党参、白术能扩张毛细血管，增加组织灌流量，改善微循环，促进肝细胞修复，调节蛋白比例，既能较好地升高白蛋白，纠正白蛋白/球蛋白比例倒置，而且有抗血凝和明显而持久的利尿作用，有利于腹水消退。黄芪与党参、白术均为扶正益气常用之品，其功效有相近之处，临床常相伍为用，其效益显。黄芪除有补气利水之功外，尚有补气活血之力，有利于改善微循环，促进血脉流动，起到护心、保肝的作用。血瘀肝硬，是本病的症结所在。故方中用赤芍、丹参、莪术、元胡等以活血祛瘀，消坚破积。鳖甲一味，软坚散结，回缩肝脾。枳实理气消滞。因肝硬化是由乙型肝炎迁延不愈转变而成，病因是内外合邪，故以虎杖、茵陈、板蓝根等清解祛邪，内外合治。在加减运用上，为了加强祛瘀破积之疗效，可加生水蛭，研粉吞服，每日服 4～5g。若证偏肝肾阴虚，口苦舌干，手足心热，舌质红绛，可加滋养肝肾之品沙参、麦门冬、生地黄等。肝脏是人体内最重要的代谢器官，是人体物质代谢的中枢。肝病严重时，每引起肝脏代谢功能障碍，如絮浊试验异常、血清白蛋白减少、球蛋白增高。这时的治疗，要通过改善肝细胞功能，促进蛋白质合成，以达到降絮浊和调整蛋白比例异常。对降絮浊和调整蛋白比例异常的着眼点，是放在补虚与祛瘀的综合运用、整体调节上。通过补虚与祛瘀，以调整机体免疫功能，改善肝细胞功能，增进肝脏微循环，以促进蛋白的合成，达到降絮浊的目的。我一般是在上方的基础上，重用和增加培补脾肾和活血之品，如淫羊藿、仙茅、巴戟天、党参、黄芪、白术、鳖甲、鹿角胶、三棱、水蛭等，每收到满意的效果。

肝硬化失代偿期多为肝硬化晚期阶段，临床辨证分型多属脾肾阳虚型和虚瘀癥积型。主要表现脾肾阳虚，气化失司，血瘀肝硬，胁下癥积，腹水潴留，身体虚羸等。此证的特点为虚实夹杂，虚瘀交错，互为因果。胁下癥积之瘀，与腹水鼓胀之邪实，与肝脏抗病能力低下，脾肾之气严重虚损不足密切相关。因此，临证治疗，根据虚实夹杂的特点，拟一基本处方，再根据病情不同，随症加减。

处方二号：党参 20g，炒白术 20g，黄芪 20g，淫羊藿 20g，仙茅 20g，仙鹤草 20g，制鳖甲 30g，赤芍 20g，丹参 20g，三棱 15g，莪术 15～30g，鹿角胶 9g（烊化），大腹皮 20g，猪苓、茯苓各 20g，泽泻 20g，车前子 20g（包煎），益母草 20g，柴胡 9g。水煎服。生水蛭粉 5g（早晚分吞）。

方药浅析：本方适于脾肾阳虚，气化失司，血瘀肝硬，腹水蛊胀之证。一般属肝功能失代偿期。常并发功能性肾衰竭（肝肾综合征）。证属脾肾阳虚、虚瘀癥积型。

如前所述，本病证属脾肾阳虚，气化失司，血瘀癥积，腹水蛊胀。表现虚瘀交错，本虚标实之特点。此病《黄帝内经》称"鼓胀"，后世亦称蛊胀。即形容腹胀如鼓皮之绷急，乃气滞、血瘀、积水等综合因素造成。一般多见于肝硬化、血吸虫等疾病所出现的腹水体征，乃肝功能进行性恶化的结果。可以看出，此病所表现出的邪实正虚、血瘀肝硬、腹水潴留，乃脾土衰败，脾虚失运，肾阳衰微，阳虚不化的结果。故本方首以三仙（淫羊藿、仙茅、仙鹤草）、党参、白术、黄芪、鹿角胶以扶正培本，补益脾肾，健脾渗湿，温阳化水；以赤芍、丹参、三棱、莪术、益母草、水蛭等以活血祛瘀，消坚破积，而且可以达到祛瘀利水的目的。中医认为，肝硬化腹水的形成，一由脾肾阳虚，肾虚不化，脾虚不运，导致水液潴留，此因虚而致；一由肝失条达，气血瘀滞，血不循经，津液外渗而成腹水，此又因瘀而致。即《金匮要略》所谓"血不利则为水"。西医认为，血浆白蛋白减少，且伴有门静脉压力增高时，引起血浆胶体渗透压下降，毛细血管的滤过压增加，使血管中的水分外渗，而致腹腔积液。中西医道理是一致的。故本方补虚与祛瘀综合运用，既可改善微循环，促进肝细胞修复，调整肝脏代谢功能，促进蛋白合成，又可攻坚破积，回缩肝脾，达到利水消肿的目的。祛瘀利水的方法，即《黄帝内经》所谓"去菀陈莝"的治疗原则。据我的经验，水蛭的化瘀通络、利水消肿作用远胜于他药，而且软化回缩肝脾亦较他药为胜，具有明显的利胆退黄之功。我在临床上，治疗肝硬化腹水，每重用党参、白术，轻则 15～30g，重则 30～50g。现代药理研究表明，白术具有较好的升高白蛋白，纠正白蛋白/球蛋白比例倒置的功能。丹溪治鼓胀"必用大剂参术"。再配合祛瘀利水之水蛭、益母草，伍以大队利水消肿之品猪苓、茯苓、泽泻、车前子等，以达消除腹水之目的。本方以鳖甲一味，软坚散结，回缩肝脾。柴胡、大腹皮疏肝理气消滞。在随症加减方面，若证偏肾阳衰微，肢冷神疲，呼吸气促，面色黧黑，腹水鼓胀等，加制附片 9~15g，桂枝 9g，以补肾益火，温阳化水。早期肝硬化患者，少数有瘀黄出现，瘀黄必从瘀论治，乃治黄之变法，加水蛭治瘀黄有显效。若食管静脉曲张，血小板减少，有出血史者，破血祛瘀重品宜少用或不用，但活血祛瘀轻品如当归、丹参等一般要用，而且最好加服有散瘀止血作用的三七粉。须知，肝硬化病变主要表现门静脉循环障碍、结缔组织增生，此属气滞血瘀，只有通过活血祛瘀，才能减轻或降低门静脉高压引起的血脉瘀滞状态，回缩肝脾，消除腹水，达到止血目的。所以活血祛瘀轻品还是要用的，对顽固难消的腹水，在用中药利水渗湿、温阳化气、祛瘀利水的基础上，再配合西药利尿剂氢氯噻嗪和保钾利尿剂螺内酯，以加强腹水消退，确实较单一的中药或西药利尿法优越。有的难治性腹水患者，输入适量的人体白蛋白，可以提高血浆胶体渗透压，增加循环血容量，从而加强利尿作用，减少腹水量。另外还须知道，肝硬化腹水虽多表现脾肾阳虚的证型特点，但有的晚期肝硬化腹水，由于水邪潴留而不化津，体液循环中之有效体液量减少，亦常出现口燥咽干，舌质红绛，阴津严重亏涸的阴虚之象。此时预后较差，须警惕阴虚风动，而出现肝昏迷之可能。可见对本病之辨证分型与治疗，既要有所侧重，抓住各型的特点，施以针对性的治疗，又要统观全局，综合分析，进行整体调节，始为得当。

3. 肝硬化失代偿期治验

案 1：李某，女，33 岁，兰州人。2003 年 8 月 3 日初诊。患者于 1996 年 4 月被诊断为乙型肝炎、早期肝硬化。曾三次因病情反复，出现腹水而住院治疗。2001 年 3 月又因吐血和肝硬化腹水再次住院，经西医治疗，症状缓解，由于家庭经济困难，寻求用中医诊治。于 2003 年 7 月 25 日出院时化验，表面抗原 1∶512，谷丙转氨酶 325U/L，胆红素 134μmol/L，麝香草酚浊度 21U/L，血清总蛋白 62g/L，白蛋白 26g/L，球蛋白 36g/L，血小板计数 38×10⁹/L。乙肝三系统小三阳，蛋白倒置。B 超检查：肝大，门静脉 14mm，脾大（64mm）。症见重病面容，巩膜黄染，两胁痛，胁下癥积（肝脾肿大），触痛，腹胀如鼓，腹水叩诊鼓音明显，全身浮肿，饮食不进，牙龈出血，小便不利，舌质暗淡，舌下静脉怒胀，舌苔厚腻，脉弦涩，诊系肝硬化失代偿期。中医辨证为虚瘀交错，血瘀肝硬，脾肾两虚，水不化津，水邪潴留。治宜清热解毒，培补脾肾，活血消癥，利水消肿。药用：虎杖 20g，茵陈 40g，板蓝根 20g，白花蛇舌草 20g，仙茅 20g，仙鹤草 20g，淫羊藿 20g，党参 20g，炒白术 60g，黄芪 20g，女贞子 20g，五味子 20g，赤芍 40g，丹参 20g，莪术 20g，枳实 20g，元胡 20g，猪茯苓各 20g，泽泻 20g，车前子 20g，白茅根 20g，大腹皮 20g，三七粉 5g（分两次服用），生水蛭粉 5g（分两次服）。水煎，每日一剂，连煎两次对在一起分三次服。另配服舒肝消癥丸，每次 45 粒，日服三次。嘱其服药期间不饮酒，少食辛辣刺激食物，避免情绪刺激。

2003 年 12 月 15 日来诊（第六次），服药 120 余剂，腹胀腹水消除，牙龈出血止，黄疸退，余症大减，肝功化验已接近正常。上方茵陈、赤芍减半，去白茅根、大腹皮。因脘腹痞闷，故加砂仁 9g，焦三仙各 9g，继服。以后依此方稍施加减，连续服丸、汤药 7 个月，诸症悉除。又服药治疗半年多，各项检查指标均在正常范围，身体亦无任何不适，已能正常上班工作。

案 2：韩某，女，43 岁，天水市人，2004 年 1 月 15 日初诊。患者有慢性乙型肝炎两年多，且有家族史。因反复乏力、纳差一年，伴黄疸持续性不退，加重 40 余天，于 2004 年 1 月 7 日在当地医院进行身体检查，化验结果报告：TBIL 231μmol/L，TP 70g/L，A 23g/L，G 47g/L，A/G 0.49，Hb 76g/L，ESR 60mm/h，ALT440U/L，AST460U/L，PTA35%，HBsAg（+），抗 HBe（+），抗 HBc（+）。B 超报告：肝脏缩小，被膜不整，回声光点较粗，血管纹理不清，门静脉 1.5cm，脾厚 4.7cm，腹腔内探及大量腹水。医院诊断为：慢性乙型重型肝炎；肝炎后肝硬化（失代偿期），腹水形成；弥漫性腹膜炎。经西医抗感染、补充能量（输注人血白蛋白、复合氨基酸、维生素）及口服双氢克尿噻、安体舒通等利尿药，症状缓解后，乘车来兰州求中医治疗。诊见，面色晦暗，目身橘黄，形体消瘦，食欲差，肋下有癥块，腹水、腹胀如鼓，面、胸部多处见蜘蛛痣，肝掌，舌质紫暗，有瘀点，脉细弦。证属气阴两虚，虚瘀癥积，水不化津。治当培补脾肾，祛瘀化癥，利水消肿。药用：虎杖 20g，茵陈 40g，板蓝根 20g，白花蛇舌草 20g，苦参 20g，仙茅 20g，仙鹤草 20g，淫羊藿 20g，党参 20g，炒白术 80g，黄芪 20g，五味子 20g，赤芍 40g，丹参 20g，莪术 20g，郁金 20g，枳实 20g，金钱草 20g，元胡 20g，猪苓、茯苓各 20g，泽泻 20g，车前子 20g，鳖甲

30g，制附片9g，三七粉10g（分两次服用）。水煎，每日一剂，连煎两次对在一起分三次服。另配服舒肝消癥丸，每次45粒，日服三次，西药利尿剂不变。

治疗三周后，病情好转，精神较前稍好，食量增加。之后据病情变化稍加减上方，服药半年，诸症悉除，身体恢复正常，不再服汤剂与西药利尿药，单服舒肝消癥丸，每次45粒，日服三次。另服三七粉（10g，分两次服用）、生蛭粉（5g，分两次服）。服药一年后，医院复查，各项指标均正常。2005年5月电话随访，其病未再复发，身体健康。

案3：方某，男，38岁，2002年6月20日初诊。患者2000年初被诊断为乙型肝炎、早期肝硬化，曾多次出现腹水、吐血。今年3月因大量吐血和腹水住进兰州某医院。住院治疗3个月，病情未见明显好转。病人精神负担沉重，焦苦万分，欲求中医治疗，遂出院来诊。B超示：肝脏弥漫性病变，肝、脾大，腹水。症见两胁疼痛，肝脾肿大，触痛，腹胀腹水，腹大如鼓，全身浮肿，饮食不进，面色黧黑，牙龈出血，小便不利，舌质暗淡，苔黄腻，脉弦细，系肝硬化失代偿期，病情危重。中医辨证为虚瘀交错，血瘀肝硬，脾肾两虚，水津不化，水邪潴留，拟培补脾肾，祛瘀化癥，利水消肿。处方：柴胡9g，茵陈20g，丹参20g，莪术12g，党参15g，炒白术20g，炙黄芪20g，淫羊藿20g，仙茅20g，女贞子20g，醋鳖甲30g，五味子15g，大腹皮20g，猪苓、茯苓各20g，泽泻20g，白茅根20g，水煎服。另配服舒肝消积丸。上方稍事加减，连续服药3个月，腹胀、腹水消除，诸症悉减，肝功能已接近正常。又服药治疗近一年，于2003年8月14日化验，除乙肝表面抗原滴度为弱阳性外，肝功能和蛋白电泳、血小板计数已完全恢复正常，脾肿大已回缩，诸症悉除，身体无任何不适。

病案分析：该患者为肝硬化失代偿期，中医辨证应属虚瘀癥积型。其腹水形成一由脾肾两虚，肾虚不化，脾虚不运而致水液潴留，此因虚而致；一由肝失条达，气滞血瘀，血不归经，津液外渗而成腹水，即所谓"血不利则为水"，此又由瘀所致。虚与瘀互为因果，形成恶性循环，终于导致症情复杂，险象丛生的危急重症。所以对本患者的治疗仍遵循"全面兼顾，整体调节"的宗旨，采取攻补兼施的治疗原则，予培补脾肾，祛瘀化癥，利水消肿之品。方中以党参、白术、黄芪、淫羊藿、仙茅、女贞子、五味子等扶正培元，补益脾肾。根据实验提示，此类药有利于血浆蛋白的提高，可促使肝细胞功能恢复，此为扶正之一面。以丹参、莪术、鳖甲、大腹皮、猪苓、茯苓、泽泻、白茅根等行气祛瘀、通脉利水，此又为祛邪之一面。再配合服用我研制的"舒肝消积丸"，诸药配合，相得益彰，起到攻邪而不伤正，补虚而不恋邪的效果。

三、冠心病的辨治

冠心病是临床常见的多发病，好于中老年人，尤其是老年人，属于老年病范畴。冠心病全称为冠状动脉粥样硬化性心脏病，简称冠心病。基本病机是由于冠状动脉粥样硬化引起管腔狭窄，血流淤塞不畅，甚至闭塞不通，而致心肌缺血、缺氧，严重的可由心肌缺血而引起局部坏死，这又称心肌梗死。故冠心病又称缺血性心脏病。冠心病的主要症状是心绞痛。其疼痛特点是压缩性、窒息性、放射性，伴有濒临死亡的恐惧感。每次发作历时 1~5 分钟，偶尔可持续 15 分钟。其疼痛发生的机理是由于冠状动脉淤塞不通，而致心肌缺血、缺氧，引起心绞痛。

中医称冠心病心绞痛为胸痹，心痹《黄帝内经》谓"心痹者，脉不通"。《金匮要略》谓："胸痹不得卧，心痛彻背。"痹者闭也，顾名思义，即心脉闭塞不通，不通则痛，故引发"心痛彻背"。故对冠心病心绞痛的病理分析，西医认为是缺血，而中医认为是瘀血，缺血与瘀血，实际是统一体的两个方面，在人体一处血瘀，必然会引起另一处血虚。在治疗方法上，只有通过通脉祛瘀的方法，使心脏血脉通畅了，才能起到驱除病机，消除心肌的病理损害，消除心肌的缺血状态，达到止痛的效果。故中医临床确立治疗原则有祛瘀止痛、温经止痛、理气止痛、疏风止痛之分。

以上所言，仅就疾病命名和冠心病心绞痛这一主要症状进行中医和西医的病理分析，以下从总的方面对冠心病的辨证分型和治疗原则进行系统分析。

1. 辨证分型与病理分析

冠心病属中医"胸痹"范畴。我认为，根据冠心病的临床症状、体征和虚实交错的病理特点，可分为气虚血瘀、痰浊阻滞型，气阴两虚、心脉瘀阻型，阴虚阳亢、血脉瘀滞型，心肾阳虚、寒滞血瘀型四种。

气虚血瘀、痰浊阻滞型突出表现为心前区痛，痛有定处，心脉瘀阻。常见症状表现出血瘀气滞，也是心肺气虚的表现，表现为气短乏力、胸闷、气憋、疲乏、舌质紫暗、脉弦细或结代等。此型为临床所常见，主要表现"虚实夹杂"的特点。"虚"为气虚，"实"为痰瘀交结为患。（血瘀的机理是）气虚不运，血脉瘀滞；（生痰的机理是）胸阳不振，脾阳不运，痰浊内生。痰瘀交结，阻痹心脉，发为胸痹。

气阴两虚、心脉瘀阻型，表现为心前区痛，胸闷，气短，心悸，疲乏，自汗，（阴虚）五心烦热，口干，舌质红或淡红胖嫩，脉细数或结代。此型虚的症状比较突出，非但气虚，而且气损及阴，表现出阴虚内热的症状特点。

阴虚阳亢、血脉瘀滞型，表现为心前区痛，胸闷，心悸，五心烦热，口干，头晕，耳鸣，颜面潮红，舌质红，脉弦数等。此型之"虚"，是以阴虚阳亢为主，症见头晕，耳鸣，颜面潮红等。此型病人一般伴有高血压病史。

心肾阳虚、寒滞血脉型，表现为心前区持续疼痛，胸闷，气憋，心悸，精神疲倦，身寒肢冷，面色苍白，冷汗，舌质紫暗，脉沉细或结代等。此型是四型中最严重的一型。突出表现"虚"与"瘀"交错出现的症状与病理特点。如神疲肢冷，冷汗淋漓，持续心绞痛，面紫舌暗等。一般多见于心肌梗死或呈现心源性休克的病症。

综上分析，四型的症状表现和病理变化，主要表现虚实夹杂，本虚标实的特点，而且贯穿于疾病的全过程。本虚是气虚为主。如冠心病大多表现气短，疲乏，心悸，心慌，自汗及脉细或结代的症状。有的气损及阴，表现阴虚内热或阴虚阳亢。虚证进一步严重时，可表现气虚阳脱，心阳不振，肾阳衰微，如症见四肢厥冷，面色苍白，冷汗淋漓，脉微欲绝等。标实主要表现心血瘀阻，血脉不通。《黄帝内经》谓："心痹者，脉不通。"不少病例兼有痰浊阻滞。张仲景对本病的辨证论治颇重痰说，此从瓜蒌薤白半夏汤等组方中可以看出。痰浊之生，可由瘀血内停，津液涩渗，停而不去所致。《诸病源候论》谓："诸痰者，此因血脉壅塞，饮水结聚而不消散，故能痰也。"《血症论》亦谓："血积既久，亦能化成痰水。"此由血而及痰。随着人们生活水平的改善，多进膏粱厚味，食油腻醇酒，损伤脾胃，运化失健，水液不归正化，变生痰浊。痰浊既生，影响气机，病殃及血，致血行迟滞，瘀血内停。此又由痰及血。不论痰生于先，影响气机，病殃及血，血行瘀滞，或血瘀于先，变生痰浊，两者终致痰瘀交结，兼夹为患。金元四大家朱丹溪曾云："痰夹瘀血，遂成窠囊。"当属真知灼见。痰瘀交结，使病情错综难治。故近代医家颇重视痰瘀交结之说。

2. 治疗冠心病常用的四种治法

综上所述，看出本病的发病机理，气虚血瘀，痰浊阻滞，是其共性，而又以气虚为主，表现本虚标实，虚实夹杂的特点。针对其病机特点，对本病的治疗，提出益气补肾、活血祛瘀、宣阳通痹、芳香开窍四法。

益气补肾，是通过扶正培本以调治整体功能，增强抗邪能力，是针对气虚而治。肾为先天之本，脾为后天气血生化之源，故扶正培本当以培补脾肾为主。常用药如黄芪、淫羊藿等。在实际运用中，扶正与祛瘀，孰轻孰重，尚须根据标本缓急的原则，随症而治。病人刚入院时，邪气正减，宜先采取芳香开窍、活血祛瘀、宣阳通痹等祛邪之法为主，但亦不要忽略扶正，待病情缓解，进入慢性期，就宜扶正祛邪，标本兼顾，而顾护正气、益气补肾之法要坚持始终。

活血祛瘀。瘀是指心血瘀阻，心脉闭阻不通而言。设想，"瘀"包括冠状动脉的粥样硬化斑，冠状动脉血栓的形成，以及高脂血症、高凝血症等所形成病理解剖与病理生理的有效变化。这些有形的东西闭阻了心脉，因此，使用活血祛瘀药以疏通血脉，改善微循环，增加冠状动脉血流量，改善心肌供血状态，恢复心肌生理功能，是必用的治疗原则，所以活血祛瘀是治疗冠心病的重要方法。

宣阳通痹，是指宣发阳气，通调气机，消除痹阻，这实际是指温经通脉、利肺化痰的治则。也是治胸痹重痰说的理论根据，因为心肺同居膈上胸中，故胸中为心肺之府，为阳气所居，心主血脉，肺司呼吸，有理气化痰之功。今胸阳不振，肺气不宣，寒凝气滞，而致痰瘀交结，闭塞主脉，阻滞气机，发为胸闷、胸痛。故仲景《金匮要略》谓之胸痹，亦称心痹。痹者闭也，即痰瘀交结，闭塞心脉之意。故仲景治疗胸痹，一重通调气机、利肺化痰，用瓜蒌薤白半夏汤，方中瓜蒌、薤白、半夏、枳实、厚朴等品通调肺气，理气化痰，以改善心肺功能，有利于胸闷、胸疼症状的消除。这体现了心肺、气血并重的两点论原则。一是用宣发阳气、温经散寒止痛的治法，如仲景治胸痹用薏仁附子散、枳实薤白桂枝汤之类，其中用桂枝、附子，即是为了达到宣发阳气，达到温经散寒止痛的目的（仲景治胸痹，忽略了祛瘀法，是他的不足之处，扶正法人参汤）。

芳香开窍，适于本病急性发作，瘀血、痰浊闭塞心窍，病势危急，刻不容缓，宜急用芳香走窜之品，如苏合香丸，可化险为夷。待病情缓解，还须坚持上述治疗方法。

3. 综合运用，整体调节的治疗原则

以上四法，根据冠心病气虚血瘀，虚实夹杂的病理共性，多是综合运用。

任何仅用一法一方，或以祛邪为主，忽略扶正，或以扶正为主，忽略祛邪，都必然会带有某种局限性，影响治疗效果。因此临床常用心痹一号，通治本病，再按证型不同，随症加减。药用：瓜蒌 9g，川芎 15g，赤芍 15g，丹参 15g，郁金 15g，元胡 20g，生山楂 20g，广地龙 15g，桂枝 6g，降香 6g，黄芪 30g，淫羊藿 20g，水煎服。三七粉 5g（早晚分冲），水蛭粉 5g（早晚分冲）。

本方基本适用于正气亏虚，痰瘀交结（即气虚血瘀，痰浊阻滞型），证属本虚标实者。症见胸闷不适，时发心前区疼痛，可放射至左肩、左臂，伴疲乏无力，气短懒言，心慌自汗，脉细涩或结代等。适用于冠心病缠绵难愈，时轻时重，反复发作。是治疗冠心病的基本方。

方药浅析：本方组成体现治疗冠心病通补兼施、标本兼顾的综合性治疗原则（即体现了综合运用、整体调节的特点）。方中以黄芪益气运血生肌，恢复心肌细胞活力（黄芪既有益气扶正作用又有通脉作用，并有扩张冠状动脉，改善微循环，增强人体免疫功能和强心降压利尿的作用）；淫羊藿补肾助阳，上煦心阳，以统血脉，疏通瘀阻（医书记载，淫羊藿辛温偏燥，阴虚相火易动者忌用，我认为其性甘温而偏平，温而不燥，升中有降，无升阳动火之作用，对一切寒证，虚实夹杂之症，均可用之。现代研究还发现，淫羊藿有降血压、血脂、血糖作用和扩张冠状动脉治疗心绞痛作用，因此治疗一切虚证均喜用淫羊藿，并常配合黄芪，一治先天，一治后天），此治其本。赤芍、丹参、元胡、郁金、川芎、山楂、广地龙、三七、水蛭，活血祛瘀，通脉止痛，瓜蒌一味豁痰散结，宽胸理气（宣肺理气，心肺并重），桂枝、降香（温经止痛）辛香温通，通阳宣痹，以止顽痛，也是治其本（这体现了复方多法，综合运用的原则，体现了整体调节的原则，药味多而不乱）。现代药理学亦证实上述多数药物可扩张血管，改善微循环，增加冠状动脉血流量，改善心肌供血，抑制血小板黏附聚集等作用。现代医学认为，冠心病除心脏本身的病变外，尚涉及全身各系统。本方组成既注重调治心脏本身的病变特点，亦从整体入手，照顾到全身各器官的病理变化，不但符合中医学整体与局部相结合的原则，亦符合以中医辨证论治为主，兼顾辨病论治，辨证辨病相结合的原则。是故无论从中医学抑或西医学角度来看，本方都是具有广阔的应用前景。（本处方以辨证论治为主，但又体现了中医辨证与西医辨病相结合的原则）

在随症加减方面，冠心病心律失常，出现早搏、房颤，脉结代，这一般属于心肝两虚，肾阳不足。由于阳虚不摄，心神不守，脉失统运致心律失常。可原方去瓜蒌、桂枝、降香等，加党参20g，五味子20g，苦参30g，生地20g，首乌藤20g。据临床经验和实验提示，苦参有很好的抗心律失常作用。

冠心病久治不愈，出现慢性心衰，表现下肢浮肿，一派脾肾阳虚之象，这时可重用益气温阳之品，原方可加红参9g，五味子9g，制附片9g。再加猪苓、茯苓、泽泻、车前子等利水之品，原方重用水蛭粉10g，分二次服用。可见益气温阳、祛瘀利水，是治疗心衰的主要方法。值得一提的是用附子治疗冠心病，仲景治疗胸痹用薏仁附子散，即用附子的温经散寒止痛作用。治冠心病用附子，一是冠心病表现心衰，脾肾阳虚，而出现心绞痛时用之；一是病情严重，表现四肢厥逆，脉微欲绝时用（即亡阳时用）之。用时多从9g开始，如无反应，逐渐加重至20～30g。在随症加减方面，若证偏阴虚阳亢，或血压偏高，表现烦热、心悸、口干、头晕、耳鸣症状者，可减去温经散寒之桂枝、降香，温经助阳之淫羊藿，加生地黄、黄连、茺蔚子、首乌藤等品。如果血压偏低，而表现气短，虚弱无力，脉沉细弱，舌质淡嫩等阴虚气脱之象，则原方去桂枝、降香加生脉散以补气阴。肾阳衰微，症见四肢厥冷，面色苍白，冷汗淋漓，舌质胖淡或暗紫，脉微欲绝等，则宜急用四逆汤以回阳救逆，或急服人参粉、独参汤，或在原方基础上加红参9g（增加益气温阳之力），五味子9g，制附片15g，干姜9g，肉桂6g。上方加减是以治本为主，属缓治之法。若遇"急则顾命"时，则宜急则治标，急予芳香开窍药物。芳香开窍是以开窍为能事。本病急性发作之时，瘀血痰浊闭塞心窍，病势危急，故开通心窍，刻不容缓。此时一般疏瘀化浊，嫌其药性缓慢，宜用苏合香丸芳香走窜，开窍醒神。临证可见患者口含一粒后，大多在半小时内剧痛可得到缓解，胸廓即有开阔流畅之感。实验研究认为，苏合香丸中苏和香和冰片是芳香开窍的主要成分。药理学研究表明，苏合香丸中多数药物具有相当挥发性，对口腔、鼻腔黏膜、神经末梢和呼吸道神经末梢，特别是冷觉感受器有选择性兴奋作用，是冠脉血管调节发生反射性的变化，促进了心脏血流供求矛盾的暂时性解决，从而使其化险为夷。

值得一提的是，三七、水蛭这两味药，是治疗一切血瘀证的佳品。三七既有祛瘀活血之功，又有补血止血的作用，它是虚瘀并治，具有双向调节作用。根据久病必虚，久病必瘀的病理特点，凡治疗一些久病不愈，虚实夹杂，气虚血瘀的慢性疾患，多使用三七，如消化道溃疡出血、萎缩性胃炎、各种病毒性慢性肝炎、肝硬化腹水、冠心病心绞痛、高脂血症等，三七有祛瘀抗纤维化、修复细胞组织病理损害的作用。所以治疗冠心病由于缺血、缺氧引起的心肌损害，心肌变性、坏死，其疗效显著。根据我的临床经验，三七再与有扶正培本作用的党参、黄芪、淫羊藿及有活血化瘀作用的赤芍、丹参、莪术等相伍为用，通补兼施，其效果显著。清代《本草新编》提出三七能补虚，据现代药理研究，三七含有大量人参皂苷，具有类似人参的药理效应，能增强人体的新陈代谢和免疫功能。

水蛭有祛瘀消癥、通利水道的作用。我在临床上多用于瘀水交结引起的病症，如肝硬化腹水，心衰水肿，肾功能不全引起的水肿。据我的经验，水蛭的利水消肿作用，优于其他一切中药。利水效果比西药慢一些，但效果稳定可靠，无副作用。另外，水蛭用于血脉瘀滞引起的一些病证，如肝病出现肝脏弥漫性病理改变，肝脾肿大，有抗肝纤维化，预防肝硬化的效果。另外，还用于冠心病引起的心肌损害和冠心病心绞痛，以及缺血性脑中风和萎缩性胃炎等。水蛭一般是晒干研粉，装入胶囊吞服。每次 2 ~ 3g，日服 2 ~ 3 次。水蛭不宜加热炙干或煎服，易破坏有效成分。

4. 病案举例

案 1：张某，男，66 岁，1987 年 9 月 14 日初诊。患者自诉15 年前不明原因心前区疼痛，被某医院诊断为冠心病心绞痛，服用多种药物（具体不详）效果欠佳。去年年初以来，心绞痛发作频繁，甚则有濒死感，每次发作常持续数分钟，服硝酸甘油可获缓解，但难以根除，经人介绍来诊。症见胸部憋闷疼痛，牵及左肩臂，并感心悸，气短，疲乏无力，头晕自汗，面色苍白，舌暗淡，苔腻，脉结代。证属心气亏虚，痰瘀互结，治以补益心肾、活血化瘀、温经止痛。药用"心痹舒胶囊"，每服 4 粒，日服三次。并辅以汤剂，以心痹一号加减。处方：黄芪 30g，淫羊藿 20g，瓜蒌 9g，赤芍 15g，半夏 9g，丹参 20g，元胡 20g，川芎 5g，广地龙 15g，桂枝 9g，细辛 4g，荜茇 9g，三七粉 5g（分冲）。10 剂，日 1 剂，水煎服。

9 月 25 日二诊：自述胸部憋闷疼痛、气短乏力有所缓解，大便稍干，舌脉同前。继服"心痹舒胶囊"，原方加麻子仁 20g，继服 20 剂。

10 月 15 日三诊：诸症消失，心律正常，但活动后仍有气短、胸闷感。之后单服"心痹舒胶囊"，续服半年，诸症未再复发。

案 2：边某，男，53 岁，永登县人。2000 年 6 月 2 日初诊。患者于 1996 年被诊断为冠心病，心律失常。其间经多方治疗，病情时好时坏。刻下症见：胸部窒闷、疼痛、憋气，心悸怔忡，心中难受，有恐惧感，神疲体倦，面色晦暗，语言低微，手心微汗，舌暗淡，脉结代，苔薄白。心电图：频发室性早搏，部分成二联律。中医诊断为胸痹（证属脾肾阳虚，寒凝气滞，痰阻血脉）。治以补益脾肾，宣阳通痹，理气活血，养心安神。方药用益元通痹汤加减：党参 20g，炒白术 9g，黄芪 20g，淫羊藿 20g，赤芍 15g，川芎 9g，丹参 20g，地龙 20g，五味子 20g，苦参 20g，生地 20g，首乌藤 20g，制附片 9g，桂枝 9g，炙甘草 9g，三七粉 5g（冲服）。水煎服，日一剂，连服 10 剂。患者自感胸闷、憋气减轻，心前区疼痛的次数和早搏频率明显减少。上方继服 20 剂，胸痛未发作，早搏消失，继续服用上方巩固治疗一个月，诸症皆除，病情稳定，随访一年未复发。

评析："冠心病"属中医"胸痹"范畴。根据我的经验，本病基本病机多为本虚标实。患者表现心悸，气短，心前区疼痛，动则加重，并伴神疲乏力，易汗，脉沉细等，皆为气虚、阳虚之证。

气虚不运则血脉瘀滞，心脉痹阻，心阳不振；脾阳不运则寒凝血瘀，痰浊内生。可见痰浊与瘀血皆为在本虚基础上产生的标实。痰浊和瘀血闭塞心脉，不通则痛，从而产生心前区闷痛不适。故治疗时，采取心痹一号为基本方，加减化裁，以达标本兼顾，通补兼施，综合治疗之目的。方中重用活血化瘀、通络止痛之赤芍、丹参、川芎、红花、郁金、元胡、三七粉等，以冀达到扩张血管，改善微循环，增加冠状动脉血流量，改善心肌供血状态。我治疗冠心病非常重视活血化瘀药物的作用。本病例所用的活血药物量大力专，即是明证。方中瓜蒌与半夏同用，目的是通调肺气，祛痰化浊，以进一步改善肺循环，提高心肺功能。这也是我治疗冠心病心肺气血并重治疗原则的具体体现。根据冠心病"本虚标实""气虚血瘀"的病理共性，方中以益气健脾补肾之黄芪、淫羊藿，以及通阳温经之桂枝、沉香，以达扶正培本、温经止痛之目的。上方诸药配伍合理，针对性强，所以能切中病情，取得较好的效果。

四、再生障碍性贫血的辨证论治

再生障碍性贫血（简称再障）是一种获得性骨髓造血功能衰竭症，主要表现为骨髓造血功能低下、全血细胞减少和贫血、出血、感染综合征。我对血液病，尤其是对再生障碍性贫血的治疗积累了丰富的经验，有不少患者获得长期缓解，有的甚至治愈。

我认为，再障属于中医"血证""虚劳"和"虚损"范畴。按中医辨证，可分为阴虚、阳虚、肝肾阴虚、脾肾两虚、气血两虚等不同证型。从临床表现来讲，主要有贫血、发热、出血三个方面。但这些证型的临床表现，都是以气血两虚为基础的。发热与出血是在贫血的基础上产生的。认清病机，在治疗上就能有的放矢，制定出针对性较强的施治方案，采取有效措施，不为疾病复杂现象所迷惑。

1. 抓住本质，突出培补脾肾，调和气血

再障是骨髓造血功能障碍引起的严重的血液病，临床表现主要为重度贫血、白细胞及血小板减少。中医辨证，属于气血两虚。故其基本证候，表现为头晕、心悸、面色苍白、气短、乏力、神疲等气血不足之征象。现代医学认为，骨髓是造血组织。中医认为，营血的生成主要与脾肾的功能有关。肾主藏精，主骨生髓，精血同源，肾气不足，肾精亏损，则骨枯髓减，血无生源；脾主运化，摄取水谷精微，化赤为血，脾虚失运，生化无权，血无以生。因此，治疗再障，我主张从调补气血入手，而调补气血，从其根本来讲，又不能离开培补脾肾。而培补脾肾，更应以培补脾肾之阳为先。《素问·阴阳应象大论》云："阳生阴长""阳化气，阴成形"。后世医家张景岳云："生化之机，则阳先阴后，阳施阴受。"在治疗上，《素问·阴阳应象大论》则指出："形不足者，温之以气。"《素问·至真要大论》又有"劳者温之""损者益之"之说。后世医家李中梓指出："补气在补血之先……而养阳在滋阴之上"，说明对于气阴阳虚损不足的治疗，应以温阳益气为先。通过温补脾肾阳气，促进气化功能，则自能生精化血，填补有形之精血，此无形生有形也。需要特别指出的是，治疗再障所用之补阳益气之品，宜甘辛温润，切忌辛燥刚烈，助阳伤阴。

在临证中，我根据再障的基本证候，常把健脾益气之人参、黄芪、黄精与补肾助阳之补骨脂、巴戟天、山茱萸、鹿角胶等为基本方药，运用于疾病发生发展的全过程。据实验观察，这些药物似对红细胞系统的造血功能有促进作用，这是符合中医"阳生阴长"理论的。同时，根据"血以和为补"的原理，亦每加入功兼补血活血作用的丹参、鸡血藤、当归等，这类药似有改善微循环、扫除病损处代谢障碍的作用。当然，所谓侧重温补脾肾之阳，并不是不重视滋补阴血。因为再障的发病机制是气血两虚，而且多表现为阴虚内热之候。因此，在温阳益气的基础上，尚应根据伴随出现的不同症状，佐以滋阴养血、育阴潜阳之品，如生地黄、玄参、女贞子、枸杞子、桑椹、龟甲、鳖甲等。但是，根据"阳生阴长""阳施阴受"的气血阴阳生化之机，在治疗上必须把温阳益气放在首位，而且要贯彻于疾病之全过程，不要因阴虚有热候而有所顾忌。这是我治疗再障所以重视温阳益气的理论根据。

2. 甘温除热，清解祛邪，重视内外合治

再障发热，一为本病引起，多表现为低热，系气血两虚，气虚阳泛，阴虚内热所致，治当甘温益气，滋阴养血，以治其本；一为外邪内侵，一般表现为高热烦渴，饮水不多，常伴恶寒，此属内外合邪，虚中夹实，内虚是本，邪实是标，即《素问·评热病论》所谓"邪之所凑，其气必虚"，《素问·刺志论》所谓"气虚身热"。故其证候特点，热势虽高，貌似盛候，但伴随出现的是一派气血衰微之象，如面色苍白泛红，困倦乏力，精神委顿，语言低微等。因此，对本证的治疗，我主张内外合治，补清兼施。针对气血两虚，大胆使用甘温除热法，投温阳益气，佐滋阴养血，以治其本；再根据外邪内侵引起邪盛的证候特点，选用清解祛邪之品，以治其标，寓祛邪于扶正之中。切不可因邪盛对使用补药有所顾忌，贻误病机。故在临床上，对再障感邪热盛之候，每坚持应用人参、黄芪、补骨脂、山茱萸等甘润温补之品，生地黄、玄参、女贞子、桑椹等甘润滋补之品，再根据病情，选用金银花、连翘、蒲公英、黄连、黄芩、山豆根、板蓝根、牡丹皮等清解祛邪之品，标本兼治，均可收到良好的效果。"正气存内，邪不可干"，只有正气恢复，营血再生，抗病能力增强，方能抵御外邪，不再出现发热之象。

3. 分清标本缓急，灵活运用止血方药

再障出血，同再障发热一样，也是在贫血的基础上发生的。其出血机制，是气虚不摄，血不循经。贫血是本，出血是标。一般在临床上，遇到突然大出血或各类慢性出血，热象不明显且无外邪者，仍应抓住疾病本质，培补脾肾，益气摄血。但要在上述培补脾肾的方药内加入相应的止血药，如阿胶、龙骨、牡蛎、赤石脂、白及、生地炭、侧柏炭、地榆炭、仙鹤草等。如系外邪内侵，邪热炽盛，阳盛乘阴，血热妄行，则必须把治疗的重点放在止血和祛邪方面，宜清热泻火，凉血止血，常用药物如金银花、连翘、黄芩、黄连、板蓝根、犀

角、生地黄、牡丹皮、大蓟、小蓟、侧柏叶等。总之，治疗出血，当分清标本缓急，灵活运用补益药和各种止血方药。

4. 病案举例

案1：宋某，男，14岁，中学生，2002年9月27日初诊。患者于2001年秋开始，出现乏力、头昏、心悸、活动后气短、面色苍白、牙龈易出血、易感冒且感冒难愈等。后诸症逐渐加重。于2001年11月29日在兰州某三甲医院检查，诊断为再生障碍性贫血，遂在该院住院治疗，病情好转后出院。但出院后病情又加重，服用西药效果不明显。经人介绍，来我处求中医治疗。血常规：白细胞 3.9×10^9/L，红细胞 4.2×10^{12}/L，血小板 18×10^9/L，血小板容积 0.047，血小板分布宽度 14.6。骨髓报告分析：①髓有核细胞增生尚活跃。②粒系统增生减少，以成熟细胞增生为主，少数细胞浆中颗粒粗大。③淋巴细胞比例明显增高。诊见患者面色苍白，精神倦怠，气短头晕，口唇色淡，舌淡苔白，脉沉细。中医辨证属脾肾不足，气血两虚。治当健脾益肾，益气补血，和血养阴。处方：红参9g，白术9g，黄芪15g，淫羊藿15g，仙茅15g，仙鹤草15g，补骨脂15g，当归9g，丹参12g，鸡血藤15g，女贞子15g，枸杞子15g，五味子15g，鳖甲20g，甘草6g。10剂。水煎服，每日一次，分三次服。

2002年10月8日二诊：诉服上药三剂后精神状况好转，体乏减，10剂后，目下诸症皆明显好转，以上方加减继续服用。一个月后三诊，患者诉服药30余剂，诸症已基本消除，学习效率较前明显提高，血常规示大多已正常，血小板 64×10^9/L。嘱其继续服前药。2002年12月27日来诊，诉诸症已完全消除，身体状况良好，化验单各项指标全都正常，患者要求继续服药巩固疗效。后多次随访，身体状况一直良好，并于2006年6月考入某大学。

案2：王某，男，30岁，铁路局技术干部，1975年7月初诊。患者自诉当年5月间，因肺结核复发住进郑州铁路局中心医院，用链霉素及异烟肼治疗后，肺结核痊愈出院。但面色逐渐发黄，全身乏力。后因发高烧，面黄乏力，口腔溃疡，又住进兰州铁路局中心医院。当时体温为40.5℃；末梢血象为血红蛋白54g/L，红细胞 1.14×10^{12}/L。经三次骨髓穿刺，确诊为再生障碍性贫血。

诊见，患者面色萎黄泛红，壮热不退，口舌干燥，渴饮不多，头晕目眩，心慌气短，语言低微，精神委顿，疲乏不支，口腔黏膜溃疡多处，皮肤有散在血斑，尿短赤，舌质淡红而干，苔薄黄，脉虚数。中医辨证为气血两虚，外邪侵袭。法当内外合治，扶正祛邪，培补脾肾，以滋化源，益气养阴，清热祛邪。处方为：党参30g，黄芪30g，生地30g，玄参15g，牡丹皮15g，女贞子15g，山茱萸30g，丹参15g，鸡血藤30g，连翘15g，大青叶15g，蒲公英15g，青蒿9g，地骨皮9g。水煎服，每日一次，分三次服。

服药三剂，外邪已解，热势大衰，但仍有低烧持续在37.2～37.5℃。针对疾病的本质，突出培补脾肾，调养气血。处方为：党参30g，黄芪30g，黄精30g，熟地黄15g，女贞子15g，补骨脂15g，巴戟天15g，山茱萸30g，丹参30g，鸡血藤30g，龟甲15g，鹿角胶（烊化）9g，大枣10枚。水煎服，每日一剂，分三次服。另外人参1.5g，研末吞服，每日早晚各一次。之后在上方基础上，随症加减，继续服药。一个月后，化验血象基本稳定，三个月后，除血小板尚偏低外，血象已基本恢复正常，仍以上方加减坚持服药，一年后血象完全正常，身体恢复健康。以后数次随访，身体状况一直良好。

评析：再障发热原因，一为本病引起，为气血两虚，气虚阳泛，或阴虚内热所致；一为在气血双虚基础上，复感外邪，入里化热。本例患者当属后者。其证候表现，初起虽壮热不退，貌似盛候，但伴随出现的却是一派气血衰微之象，如面色萎黄，困倦乏力，心悸气短，精神委顿，语言低微等。患者虽口舌干燥，却渴饮不多。可见本病当属内外合邪，虚实错杂。气血两虚为本，外邪乘虚侵入，导致高热邪盛为标，而皮肤血斑，口腔黏膜溃疡，当属邪毒入营，腐血蚀肉，营阴内耗而致。我以《黄帝内经》"治病求本""阳生阴长""阳先阴后"的理论为依据，大胆使用甘温除热法，投温阳益气佐滋阴养血之品以治其本。再根据外邪内侵，邪热炽盛，投清解祛邪之品以治其标。故方中重用党参、黄芪益气养血，生地黄、女贞子、山茱萸甘润滋补，以滋化源；再辅以连翘、大青叶、蒲公英等清热解毒；丹参、鸡血藤等养血活血之品内外合治，标本兼顾，故获良效。"正气存内，邪不可干。"通过以培元调补为主的遣方用药，以增强抗邪能力，再辅以清热解毒之品，自能抵御外邪，力挫热势，收到显著效果。至于热退以后的治疗，更是针对该病的本质，突出温阳益气、培补脾肾、调养气血之法，把健脾益气之党参、黄精与补肾助阳之补骨脂、巴戟天、山茱萸、鹿角胶等作为基本方药，运用于疾病的全过程，故终于获得治愈的效果。

（李永勤、李琼协助整理）

何炎燊

何炎燊（1922—2020），自学成医，以其刻苦钻研、博采众长、兼收并蓄的治学特点，而成为一代名医。其临床经验丰富，创立了肝、脾、胃并重的脾胃学说，扩大了中医下法在危重病人抢救中的应用。运用育阴潜阳法治疗多种疑难杂症，每收卓效。为现今岭南温病学派的主要发扬者，创立"伤寒温病融合论"。已发表学术论文60余篇，出版专著5部。曾任广东省东莞市中医院名誉院长、主任中医师，广州中医药大学教授。广东省中医药学会终身理事，东莞市科学技术协会名誉主席。历任广东省政协第四、五、六届委员，东莞市政协第一、二、三届常委，第四、五届副主席。1978年广东省人民政府授予其"广东省名老中医"称号，1986年卫生部授予其"全国卫生文明先进工作者"称号。1991年国务院批准享受政府特殊津贴。

刻苦自学　循序渐进

（一）不为良相，当为良医

我出生于店员家庭。9岁时，父亲有了积蓄，和友人合股经商，把我从私塾馆转到李仲台书馆读书，希望我在名师指导下，将来"学而优则仕"。李老师是前清秀才，又进过师范学堂，是博古通今的儒者。我跟他读了5年书，学习了大量古典文学，为他日自学中医打下了牢固基础。

李老师摸透了我父亲希望儿子飞黄腾达的心理，而他更深深了解他这位学生的气质性格，不是为官作宦的坯子。一天，李老师问我读了范仲淹的《岳阳楼记》后有何感想，还告诉我，范仲淹从小就有"不为良相，当为良医"的抱负。最后，他语重心长地说："良相匡君济民，确是非凡人物，但古往今来，称得上是良相的能有几个？就连清官循吏也寥若晨星。而千万在宦海中浮沉者，无非是争名夺利之徒，虽显赫一时，却无补于世，到头来，还是与草木同腐而已。医虽小技，然能拯危济急，利世便民，故范文正公把良相与良医并称，说明人生于世，当以利济苍生为己任，有所作为，才不枉此生。"

听了李老师的一席话，我如沐春风，心神为之一爽，从此便啮指自誓，矢志学医。我把这个志向告诉父亲，反招来一番责备。父亲既然不支持，我只好在课余时间偷偷自学。从 12 岁到 16 岁这几年间，我读了十多部中医书。虽然是稍涉藩篱，但已对中医学术产生了深厚的感情。

（二）焚膏继晷，兀兀穷年

抗日战争第二年，我刚考入高中，日寇入侵华南，父亲命我携同母弟避难香港，他和祖父留在莞城。不久，莞城沦陷，日寇纵火焚烧，父亲的商店被火焚毁，他抑郁成疾去世。我们奔丧返家，发现父亲的财产荡然无存，一家四口到了饥寒交迫的境地。我只好硬着头皮，在家开设私塾，教二三十个孩子，靠微薄的收入养活一家。在这国危家破的艰苦日子里，我还在顽强地坚持自学中医。"自学中医，谈何容易？你看那姓何的正在大海捞针呢。"一位家传中医在别人面前嘲笑我。的确，我当时碰到了许多几乎是无法克服的困难。

首先，是买书难。沦陷期间，书坊倒闭。求人借书又没人肯借。读来读去，还只是从前买的十几部。没书，怎能自学成才？我正为此发愁，一天，听见街上有"收买旧书、旧报纸"的声音，我灵机一动，从收买佬的筐里拣出一些中医书，有完好的，也有残缺的，将这些当烂字纸收买来的东西统统买来。从此，收买佬主动寻上门来，日积月累，我书架上的医书渐多，买书难的问题总算解决了。

其次，是读书难。我白天要教书，真正的学医时间是从黄昏到夜半。正如唐·韩愈在《进学解》中所说："焚膏油以继晷，恒兀兀而穷年。"战争时期，既无电灯，又没有煤油，居民赖以照明的是少量桐油和菜油。用一个小灯盏，盛着油，点一根灯草，微风一拂，暗弱的灯火便摇晃不定。我在它下面看书写字，十分吃力。"三更灯火五更鸡"，这样年复一年挨下去，我的体重日减，视力日差。然而，"衣带渐宽终不悔，为伊消得人憔悴"，我一点也没有后悔。

再次，是解惑难。韩愈说："人非生而知之者，孰能无惑？"小时候，李老师替我解了不少的惑，自学中医时，惑越来越多，却找不到像李老师那样的"金玉君子"了。我多次满怀敬意地向老前辈请教，得到的不是讥笑，便是揶揄。老祖父说："你现在尝到了俗语说的'上山擒虎易，开口问人难'的滋味了。人家的医术还是传子不传女的，怎肯教你这个外人？"既然开口问人难，我就下定决心上山擒虎去！我自制了许多纸卡片，把读书遇到的惑分门别类地记下来，并自以为是地加上一些注释。在别的书上遇到同类的问题，便把它们记在一起。记的多了，互相参证，有些惑竟给解决了。过一段时间之后，回头看旧时的注释，觉得幼稚可笑，甚至荒谬不经，说明自己有了进步，便重新做第二次注释，甚至第三次、第四次地做下去。我这种笨拙的方法，确实要花费很大力气。然而，经过这段艰难的道路后，我便渐入坦途。到了20世纪50年代，这些纸卡片叠起来足有一尺多厚，真是"字字看来都是血，十年辛苦不寻常"了。可惜在"文革"期间，这些用半生心血写成的纸卡片竟被查抄，毁于劫火！

（三）循序渐进，兼收并蓄

我开始自学中医时，就牢记李老师的教导："行远必自迩，登高必自卑"，不敢好高骛远。开始读《内经》，只从李中梓的《内经知要》入手，待有了一定基础后，钻研张景岳的《类经》，再浏览各家注释。这样，所学的便能在脑里扎根。

我21岁时，即以医术问世。像我这样既乏家传又无师授的青年医生要立足医林，必须善治见效快的时症。因此，我把伤寒、温病作为学习重点。学伤寒，先从较易理解的《伤寒论类方》和《伤寒来苏集》入手。几十年来，我浏览过的各家注释的《伤寒论》有十多种，而得力的还是此两书。学习温病学，当然以《温病条辨》和《温热经纬》为主，旁及吴又可、杨栗山、雷少逸、何廉臣诸家。长时间的钻研和临床体会，使我认识到，伤寒、温病学说，不但应该合流，更应有所发展。

有些浅近易懂的书，如《医宗必读》《医学心悟》《本草备要》《医方集解》《笔花医镜》等，都是我小时候读过的，行医后再拿来仔细品味，得益更多，用于临床，也有良效。因此，我一生都坚持学以致用，不尚空谈。正如苏轼所说：

"故书不厌百回读,熟读深思子自知。"

对于古代著名医家,我不赞成后人给他们加上什么派别,如说刘河间是寒凉派,但他的大温大补的地黄饮子是中风良方;说李东垣是升补脾阳派,但他的普济消毒饮有很好的清热解毒效果;说朱丹溪是养阴派,他的越鞠丸善能温通气血解六郁;说张景岳是温补派,他的玉女煎被叶天士用治温病热盛伤阴,疗效卓著。因此,我对古人不存偏见,而是挈取其长,为己所用。

现代学者胡适有句名言:"为学要如金字塔,要能广大要能高。"几十年来,我不但阅读了大量古文、诗词,还旁及史、地、数、理、化各科知识,有广泛的知识做基础,确能提高辨证论治水平。

凡是活人之术,不论中的、西的、针灸、外治以及民间草药单方,我都吸收待用。我曾用心禅《一得集》的灸法治愈哮喘;一针曲池治愈急性荨麻疹;用热酒浸足救治鼻衄不止重病。中华人民共和国成立前,我认识一位外科铃医,善用扦药线之法治疗痈疮久不收敛。其人朴讷少言,自谦不懂内科,但曾用大量鲜崩大碗捣汁服之法,救治了几例肠伤寒高热神昏危症。我受他启发,对崩大碗进行研究,认为此药清热解毒之功甚强,又甘寒不伤正,用治多例急性肾功能衰竭患者有效。

韩愈说:"玉札丹砂,赤箭青芝,牛溲马勃,败鼓之皮,俱收并蓄,待用无遗者,医师之良也。"良则吾不敢当,而搜罗博采,治病不拘一格,这一点自问尚能做到。

(四)谦虚谨慎,知难而进

1959年起,我负责病房工作,除"文革"期间外,长达15年。以我这个中医基底浅薄、对西医又只懂皮毛的人来担此重任,唯有兢兢业业、谦虚谨慎地从事。对危重病人,我从不肯轻弃,在抢救过程中,我常请老一辈专家会诊,虚心听取他们的意见。我这样做,不但不会贬低自己,反而得到群众的赞扬。一位领导干部送给我一幅绘翠竹的画,题上"贤者虚怀与竹同"的诗句,以示景仰。

孔子云:"三人行,必有我师焉,择其善者而从之,其不善者而改之。"说明正反两面的经验都是有用的。有一位与我很熟的中医,擅长温补,又泥执温补,自己的心得经验从来不肯告人。一次,他用补中益气汤救治一麻疹重症患者，病家送他金猪、牌匾以示酬谢。我向他道喜，恭维了几句，他即眉飞色舞、滔滔不绝地讲起这病的脉症如何、前医怎样治坏及他用补中益气汤的道理，我便"偷"到了师。事有凑巧，上面说的那位外科铃医用崩大碗治愈的肠伤寒病例中有一例是这位"温补先生"治坏的。正反两面的事例，使我更深刻地体会到"病万变，药亦万变"的道理，说明医贵圆通、忌固执，要如叶天士所说的"活泼泼地，如盘走珠耳"。

1959～1976年，我用半日集中上课、半日分散从师的教学方法，主办了四届中医学徒班、一届中医赤医班、两届西医学习中医班。我让任教的同事选择他喜欢教的科目，剩下的我全部包下来。所以我担教的科目比别人多一两倍，而且比较繁难。那时教学是没有报酬的，人家都笑我傻，我却认为"知难而进"，不但有利于人，更有利于己。魏征在谏唐太宗的《十渐不克终疏》里，提醒唐太宗在文治武功煊赫鼎盛之时开始演变，不再像过去那样宵衣旰食、励精图治了。同样，一位医生，当他声望日隆、薪金优厚之时，也会觉得自己差不多了，可以歇歇脚了。懒意一生，即为自弃。我用"学如逆水行舟，不进则退"这句话来警醒自己，不断迎着困难前进，强迫自己不断学习、不断钻研。在十多年的教学过程中，我做到了"温故而知新"，过去学过的东西，更加扎实生根，而且获得了许多新知识、新见解，"教学相长"，诚非虚语。

（五）身处逆境，矢志不移

1966年，一场史无前例的无产阶级"文化大革命"暴风疾雨般直卷中国大地。无数正直、善良的革命干部和知识分子遭受迫害、摧残，我也不例外。是年9月，我无端被扣上"反革命""漏网右派""反动学术权威"的帽子，囚禁牛棚，不分昼夜地挨批斗。超负荷的强迫劳动使我身心大受摧残，血压陡升，心律失常，几次肺大出血，几乎送了性命。批斗告一段落后，造反派通知我，今后不能再当医生了。然而，我没有悲观失望，白天劳动，晚上支撑着孱弱多病的身体，批阅医书。我相信自己是清白无辜的，相信党会拨乱反正的。1968年岁末，我早晨劳动时，看见盆中贺春梅开花，有感而作七绝诗一首：

偶见盆梅寂寂开，幽思如絮独徘徊。

漫言风雪迷诗眼，一线春光已暗催。

此诗是我的心声，我在逆境中看到了光明，对前途充满了信心。

不久，在革命干部和贫下中农的强烈要求下，1969 年 4 月，我被宣布"解放"，恢复医疗工作。我上班后的第一句话是："一定要把损失了两年半的时间夺回来！"20 世纪 70 年代初，医院新领导认真落实党的知识分子政策，委任我为科研组长，并主持留医部工作，我又主动提出开办第三届中医学徒班。这样，我一身兼负医疗、科研、教学三大任务，每天工作长达 13 个小时，连假日也不休息。六七年间，我一天干两天的活，不但把失去的时间夺了回来，而且若按工作量计算，我已多活几年了。我认为，共产党员应该有残年却无闲年。直到现在，我还是每周上班三个上午，生命不息，战斗不止。

学术思想　临床经验举隅

（一）寒温学说，融会贯通

司马迁说他作《史记》，是"欲以究天人之际，通古今之变"。几十年来，我研究中医治疗外感热性病的源与流，正好用上太史公这句话。

自从张仲景根据《内经》天人相应之理，创立六经辨证论治法治疗伤寒病后，历代医家都对其有所发展，有所补充，虽持论不同，但理无二致。叶天士创立温病学说，仍然是脱胎于《伤寒论》，故他说"辨营卫气血，与伤寒同"。由此可知，伤寒、温病学说，是源与流的关系，应该融会贯通，而且要不断发展。

经我多年临床观察发现，外感热性病，哪个属寒，哪个属温，不能按季节强行划分，而应取决于疾病的本质。例如：流行性脑脊髓膜炎多发病于严冬，其临床表现不是"冬伤于寒"，而是"温邪逆传营血"。真性霍乱多发生于夏季，其临床表现不是"夏伤于暑"，而是"寒中三阴"。

其次，病人的身体素质常决定了外感病的寒温属性。一位素质属虚寒的中年人，夏日一家四口同时患感，都是暑热证，而他独出现太阳中风证候，桂枝汤二进而愈。《医宗金鉴·伤寒心法要诀》第一条指出："六气感人，为病同也，人受之生病异也。推原其人，形之厚薄，脏之寒热非一也，或从寒化，或从热化，或从虚化，或从实化，故多端不齐也"。这确是阅历有得之言。

我融会伤寒温病学说治疗外感热性病，既没有成为泥执仲景方的"经方派"，又非徒尚轻灵的"时方派"，而是随机应变，灵活运用。例如：1956 年秋，我用人参败毒散加石膏治愈流行性感冒 700 多例。1985 年秋末冬初，用此方治疗登革热数十例，也收良效。

案例：莫某，女，45 岁，护士，1985 年 10 月中旬患登革热，用西药内服、肌注、静滴两日未效。症见恶寒壮热（41℃），无汗，头痛项强，骨节如被杖，口渴心烦，脉浮紧而数，此外寒内热，类似大青龙汤证。方中麻黄用量甚大，南方人多畏之，乃改用人参败毒散重加石膏（停用西药），服药后 5 小时患者即恶寒罢，溅溅汗出，热降，全身轻松，继进白虎汤而愈。

（二）古方今用，随机应变

张仲景"勤求古训，博采众方"，吸收古代《汤液》书中之精华，其《伤寒论》113 首经方为中医方剂之祖。经唐、宋、金、元历代补充，至明代《普济方》收载医方六万余首。在这浩如烟海的方剂中，如何运用取效，实在是医家是否高明的考验。古语有云："千方易得，一效难求"，说明处方用药治病实非易事，因而有"古方不能治今病"的误解。

清·童增华《存心稿·自序》尝云："医之用药同将之将兵，将不善驭兵，不能戡乱而反害民；医不善使药，不能去疾而反戕生。"我经多年揣摩、实践，能够熟练地运用历代医家常用有效的古方二百多首，就像手中有二百多万甲兵，而这些甲兵能够克敌制胜，主要靠指挥得当。我一向认为，中医治病的过程是理、法、方、药过程，必先精细辨证得出"理"，然后据理立"法"，依法处"方"，据方运"药"。这样百万甲兵在正确指挥之下，自然战无不胜了。

我遵循孔子"述而不作"之旨，治病数十年，很少自拟新方，而多以运用古方为主，同时又根据天时地利之不同、病情的变化而灵活加减化裁，常收良效。

例如：20 世纪 70 年代初，麻疹流行。我在一年之中收治的 132 例麻疹合并肺炎患者，半数以上出现麻毒化火、耗气伤津、肺叶焦枯危候，此时用麻疹通套之法治之必殆。我采用喻嘉言治疗"诸气膹郁，诸痿喘呕"之清燥救肺汤，以滋养脾胃之火麻仁代方中滋养肝肾之胡麻，以西洋参代人参，再加川贝、竺黄治之，全部治愈。近年用此方治疗老年慢性阻塞性肺病急性发作 50 例，均收良效。

案例：李某，男，68岁。1996年因肺心病急性发作入院，西医治之不效，5月4日我诊之。病者高热（38.9℃），气喘痰鸣，呼长吸短，呈三凹征，头大汗浔浔，烦躁不安，神思恍惚，语言难出，时有呓语，面色灰暗，脉浮数促（125次/分），频发早搏，舌干红无苔，舌尖满布绛色小粒（凡见此等舌，乃肺性脑病先兆，我历验不爽），病濒于危，急进清燥救肺汤，以西洋参代人参，火麻仁代胡麻，加川贝、竺黄、元参、海蛤，化服安宫牛黄丸，大剂频服，暂停西药。此方进3剂，热退、汗收、喘呕大减，神清进食。后用生脉地黄汤加阿胶、蛤蚧补肺肾，参苓白术散调理脾胃，相隔服用，得以带病延年。

肺心病急性发作多由外邪引起，乃本虚标实之证。清燥救肺汤中8味药物，可分为两组。一组为桑叶、杷叶、北杏、石膏、甘草，乃麻杏石甘汤之变法，去麻黄之辛温，加桑叶、杷叶之辛凉，以清热肃肺治标实。另一组是西洋参、麦冬、阿胶、火麻仁、甘草，即复脉汤去姜、桂、地、枣，滋养心肺以治本虚，再随症加味，故收良效。

古谚云："方智圆德"，说明一定之方，又可圆而用之。故古人历用不衰的名方，只要遵循理、法为指导，用治今病，常有立竿见影之效。

（三）擅用下法，拯危救急

下法是中医治病八法之一，最早见于《黄帝内经》，而用于临床，实始于张仲景。《伤寒论》《金匮要略》所载的下法，包括荡涤外感六淫实热、泻下瘀血、攻逐宿饮等各种方法。

近世有些徒尚轻灵的医家，认为下法猛峻，不可轻用。如说治阳明热证，须待"痞、满、燥、实、坚"俱全，始可议下，实为不智。故吴又可大声疾呼："注意逐邪，勿拘结粪"，才是正确的。

我进一步认为，疾病发生和发展过程中的机理虽然复杂，但按中医学观点，不外乎邪正斗争、阴阳失调、气机乖戾三者。在疾病过程中的某一特定阶段使用下法，可收到使邪势鸱张者得控、阳热亢盛者得制、气机逆乱者得平的效果。

我主持病房工作期间，用下法治疗内科急症，不仅扩大了下法的应用范围，而且修正了前人的一些理论。例如：治疗乙型脑炎（属中医暑温），叶天士引用张凤逵之言："暑病首用辛凉，继用甘寒，终用酸敛酸泄，不必用下"。余师愚用清瘟败毒饮治暑热疫，反对用硝、黄之猛烈。近年石家庄治疗乙脑经验也证明"邪陷心包时，徒攻阳明，并不能解决问题，且贻后患"。我认为，伤寒、风温皆有可下之证，暑病热性尤甚。叶天士说："夏暑发自阳明"，岂有始终传经而不入腑之理？我遵"六经实热，总清阳明"之旨，用凉膈散为主，随症加味，治疗乙脑高热、昏迷、抽搐重症，往往畅下之后，营热肝风随之而解。治愈多例，且无后遗症。

案例：温某，63岁，1962年11月8日突发脑出血（西医某医院诊断），治之不效，转我院。患者高热（39.8℃），深度昏迷，口噤失语，直视握拳，肢体强直，气粗痰鸣，面赤无汗，撬视其舌干绛苔灰黑，脉沉弦滑数，乃中风阳闭危证。用大剂防风通圣散加安宫牛黄丸鼻饲给药，药后12小时无动静，再进调胃承气汤1剂，又过6小时，患者腹中鸣响，泻下黄秽胶粪两次，热降，呼吸较顺。次日，能瞬目。继进息风清火涤痰之剂，后用育阴潜阳、益气活血复方，调理而安。唯左手若废，尚能操持家务，寿至90岁。

我一向认为，治慢性病须行"王道"，勿求近功；治急性病须行"霸道"，才能拨乱反正。采用下法治疗内科急症，有着十分广阔的应用前景。

（四）育阴潜阳，运用自如

《内经》云："阴平阳秘，精神乃治"，说明健康的肌体必须保持阴阳相对平衡。许多疾病在发生和发展的过程中，阴阳平衡的状态被破坏，产生"阴阳失调"之病理，其中又以"阴虚阳亢"为常见。

王太仆提出"壮水之主，以制阳光"之法，朱丹溪创制大补阴丸，用地黄滋水育阴，龟甲沉潜制亢阳，开育阴潜阳法之先河。惜方中仍杂以知母、黄柏之苦寒，未臻完善。吴鞠通的《温病条辨》治温邪传入下焦，吸烁真阴，导致阳亢化风之证，用三甲复脉汤，大、小定风珠等方，育阴潜阳法渐为医家广泛运用。

我经多年临床体会到，许多内、妇、儿科疾病在发生、发展过程中，当到达某一特定阶段，出现阴虚阳亢这一病机时，应用育阴潜阳之法治疗，常收良效。如内科的脑炎、中风、高血压、癫痫、甲亢、心律失常、神经衰弱，妇科的不孕、崩漏、脏躁，儿科的五软五迟、多动症等，不胜枚举。下面举别开生面的两个病例。

肺炎病例

李某，87岁，1974年8月下旬患肺炎重病入院，西医用抗生素等治疗4天，病濒于危，家人要求停药，姑请我一诊。病者高热神糊，耳失聪，口噤失语，肢体抖动，呛咳气喘促，脉弦细数，时歇止，舌干红无苔。此肺叶焦枯，而阴虚阳亢危候，用三甲复脉合清燥救肺汤加减治疗：沙参、桑叶、北杏仁、阿胶、火麻仁、麦冬、白芍、石膏、龟甲、牡蛎、石决明、生地、甘草。3剂即热退神清，喘咳减，能进食，再调理半月而安。随访至89岁，患者仍能步行四五里。

肺炎乃上焦病，此例老年脏阴不足，温邪化燥伤阴，阳气浮亢，内风升动，非一般常法可治，故用三甲复脉汤育阴潜阳，清燥救肺汤沃焦救焚，"病万变，药亦万变"，故能奏效。

呃逆案例

谢某，男，59岁，教授，有冠心病及十二指肠球部溃疡病史。1992年7月，突然呃逆不止，经几家医院中西医治疗，遍用连苏饮、温胆汤、旋覆代赭石汤、丁香柿蒂汤等方不效。21日入院，我诊之，患者形神俱惫，面青声低，每分钟呃逆一次，呃声不扬，伴随热气自腹上冲至头，则头脑昏眩，不能坐立。舌红苔薄黄干，脉大数而劲，左部似革，此乃阴虚阳亢化风，犯胃则呃，乘巅则晕，方用育阴潜阳、和胃降逆复方：龟甲、鳖甲、石决明、太子参、北沙参、生地、麦冬、白芍、甘草、石斛、代赭石、木蝴蝶、苏梗、竹茹。1剂呃大减，2剂全止，眩晕平，调理而康，随访多年，健康良好。

呃逆属中焦之病，乃人所共知者。治中焦不效，而用育阴潜阳之法得效，可知医贵圆通，不能执一。

（五）扶持脾胃，重视后天

中医自古有云："饷道一绝，万众立散，胃气一败，百药难施。"我认为，"胃气"是脾胃受纳、腐熟、吸收、输布各种功能的总称，为后天生化之源。自李东垣提出"脾胃为元气之本，脾胃伤则元气伤，而百病丛生"之理，历代医家对脾胃学说都有所发挥。明代周慎斋提出"治病不愈，必须寻到脾胃之中，万无一失"。缪仲淳又认为，东垣之法偏重甘温补脾阳，他用甘平补脾阴之法，补东垣之不足。至叶天士，进一步主张脾胃宜分别论治："脾为阴土，得阳则运，胃为阳土，得阴则安；脾宜升则健，胃宜降则和。"自此，中医治疗脾胃之法日趋完备。

我治疗外感内伤各种疾病，坚持扶持脾胃这一原则，吸采名家学说之精华，又参以个人临床体会，形成自己的学术思想，略述述于下：

1. 补脾阳，不忘理湿

脾为阴土，喜燥恶湿。脾虚则湿易生，湿盛又伤脾，二者互为因果，故脾阳虚之病，不能专事温补，须辨其有无兼湿。我很推崇李东垣的清暑益气汤，在升补脾阳的补中益气汤基础上加入苍术、神曲、青皮、陈皮、泽泻以祛湿，因暑多兼湿故也。

2. 补脾阴，注意平肝

临床所见，有关五行相克致病中，以肝犯脾最常见。故《临证指南医案》特列"木乘土"一门，实有见地。我治脾阴虚之病，常用甘平清养药（如人参、山药、麦冬、石斛、扁豆、莲子、大枣等）合四逆散，取柴、枳之疏泄，芍、草之酸甘，而成培土抑木之剂，颇具实效。

3. 养胃阴，须佐降泄

叶天士创立的养胃阴之法，如沙参麦冬汤、叶氏养胃汤、石斛、百合等甘凉濡润，为后世所宗。而叶氏又云："胃宜降则和"，且胃为阳土，易生内热，故治胃阴不足之病，不能专用甘柔，而须加降泄之品。我常加用温胆汤，取陈皮、半夏微辛以降气，竹茹、枳实微寒以泄热，与甘柔之剂合用，相得益彰。

案例： 陈某，男，2 岁，1995 年 12 月患腹泻，经 3 家医院治疗不效，入我院时已濒于危。大便检查：白细胞（＋＋＋），并有大量酵母样真菌。患儿一日腹泻 20 余次，水样，夹有少许黏液。证见低热神迷，烦躁，口渴，呕吐，脉濡数疾，舌干燥如砂，此脾胃虚寒、火衰土败之候。命停用一切西药，专用附子理中汤暖土逐寒，加葛根之升发、乌梅之酸敛、黄连之苦坚，益以茯苓淡渗、砂仁芳香以祛湿。1 剂而泻止大半，2 剂一日只泻 3 次，有粪便。第 4 日大便成形而愈。此病西医据化验检查，屡用各种消炎抗菌之药不效，若中医临床思维又为化验单所左右，再用苦寒克伐之药必致偾事。

结语

庄子云："生也有涯，知也无涯"，说明学无止境。我从少年时起，自学成医，如今年逾八十，且目昏手抖，还在自学不辍。我订了十多份报纸杂志，凭借高倍放大镜，一行一行地阅读，一个字一个字地抄录，虽然吃力，却乐在其中。李商隐用"春蚕到死丝方尽，蜡炬成灰泪始干"的诗句来表达他对爱情的坚贞不渝，我就借用它来表达我对中医学术的执着探求吧！

（马凤彬协助整理）

王静安

王静安（1922—2007），四川成都市人。师承蜀中名中医廖理奎、谢铨镕、曾彦适，后于 1955 年考入四川省中医进修学校（成都中医药大学前身）深造。曾任四川省成都市中医医院儿科主任。为国家级有突出贡献的专家，享有国务院政府特殊津贴。中华中医药学会授"国医大师"称号、"终身理事"，为全国第一、二批名老中医专家学术经验继承导师，获首届中医药传承特别贡献奖，为四川省首届"十大名中医""四川省名中医""成都市名中医"，曾任中华中医药学会儿科专业委员会、全国中医高等教育学会儿科学会名誉会长、全国外治法专业委员会会员、四川省医学会常务理事、四川省儿科专委会名誉会长、成都市中医医学会名誉会长、成都市计划生育协会常务理事、成都市政协委员等社会职务。曾任《四川中医》特约编审。

从医 60 余年，研习历代医家名著，博采众家精华，以理论与实践相互印证，临床师古不拘于陈词，求实而不侈空谈，谦恭好学，勤奋深研，其医术始得博大而精深，于众科之中，尤精于儿科，其高尚医德、超群医术为人称道，慕名求医者长盛不衰，被誉为"小皇帝的保护神"，在群众中有"王小儿"之美称。学术专著有《静安慈幼心书》《王静安临证精要》等。

1922 年 4 月，我出生在四川成都的一个平民家庭。为谋生计，9 岁时家中尊长送我投师学艺，希望我学成一技，以服务于社会，并得以生存。由于我身居社会下层，耳闻目睹百姓苦难，故立济世活人之志。先后师事蜀中杏林名师廖有庚、李辉儒、白子熔、周秉良、曾文轩、何伯勋诸先生，学习《内》《难》诸经与伤寒、温病，兼修书画。《礼记·学记》云："凡学之道，严师为难。"宋代欧阳修云："古之学者必严其师，师严然后道尊。"各位老师高尚的医德、精湛的医术给我极深印象。由于我虚心向学、勤奋努力，因此得到师尊的亲切教诲与悉心指教，使我在中医理论和临床方面颇有收获，尽得诸师之传。其后，我又受业于王文志、邓治平、邓冲阳诸公，广求真知，博采众长，提高不少。满师之后，我先在成都水津街开设"济群诊所"，又于1951年和张潜修等先生在成都市东城区合开"友联诊所"，因心系民生、同情百姓、疗效肯定、收费合理而受到广大病患的欢迎。为更好地继承和发扬祖国文化遗产，精研岐黄之术，进一步提高中医理论水平与诊疗技术，我于1955年考入成都中医进修学校（成都中医药大学前身），系统学习中医药经典著作和临床内儿诸科。在校期间，得到著名医家李斯炽，伤寒专家邓绍先、曾砚石，针灸圣手蒲湘澄，儿科名家谢铨熔等老师的精心教导与提携，受益良多。毕业后，我被分配到成都市卫协中医门诊部工作，担任内儿科医生。20世纪50年代，我在从事临床医疗工作的同时，为响应党的号召，贯彻落实党的中医政策，又直接参与了成都市中医医院的筹备与组建工作，并长期担任儿科主任。由于我注重医德，关心疾苦，坚持服务宗旨，不断提高临床疗效，并经常主动关心贫苦病人，赠医赠药，自己出资为外地患者安排住宿及提供返程路费，受到民众欢迎，因此求诊者日多，使我技艺日进，广大群众为表尊敬，亲切地称我为"王小儿""王爷爷"。1983年，我晋升为主任医师，1989年被国家中医药管理局指定为全国500名传承学术经验的名老中医之一，获得全国继承老中医药专家学术经验指导老师荣誉证书，并享受国务院政府特殊津贴，前后三届当选为成都市东城区人大代表、成都市政协委员。同时，我还被评为成都市劳动模范，当选为中华全国中医学会终身理事，中华全国中医学会儿科专业委员会副会长、名誉会长，四川省中医学会常务理事，成都市中医药学会副理事长，被评为中华中医药学会先进会员、四川省名中医、成都市名中医、"四川省首届十大名中医"之一，荣获全国首届中医药传承特别贡献奖，2004年获中华中医药学会成就奖，2006年被中华中医药学会授予"国医大师"称号。

随着年龄的增长，我感到有必要把自己数十年来对中医学的感悟和积累的临床经验总结出来，以启迪后进并就教于同道，因此，陆续在全国和省级刊物以及全国性学术交流会上公开发表了《自制清宣导滞汤治疗小儿发热》《退黄汤治疗小儿黄疸》《宣痹汤治疗胸痹临床经验》《防治小儿厌食症》《外治要诀》等学术论文数十篇，撰写了《静安慈幼心书》《王静安临证精要》两部专著，同行评价颇高，社会反应良好。

从 20 世纪 80 年代开始，国家改革开放，杏苑春风化雨，政府颁行法令尊崇名老中医，实行专家津贴褒奖贤达，配备高徒传承学术。鲜花、绶带、证书、奖牌、头衔、称号等荣誉一次又一次地降临到我头上、捧在我手中，使我感佩不已，激动万分。我深深感到，作为一名中医医师，60 余年来，我只不过是尽了医生应尽的职责，为广大患者服了应服的务而已。所不同者，只是我工作的经历长一点，牺牲的业余时间多一点罢了。我不敢说对中医学和广大病患有什么杰出的贡献，聊以自慰的不过是工作态度认真负责、对待病人热情诚恳。党和政府给予我崇高的荣誉，人民群众给予我极大的信任，使我在 85 周岁的老迈之年，仍然坚持临床工作，不敢有一点儿放松，特别是对祖国的花朵般的患儿更不敢有丝毫懈怠。对于医院安排的门诊任务，即使我身体不爽，只要爬得起来，抱病也要去完成，以免病家失望。豫剧大师常香玉先生生前说过"戏比天大"，我认为很有道理，对演员来说"戏比天大"，对医生来说"医比天大"。医乃仁术，艺海无边。通古知今，才能慈幼惠众。我每自忖：为医之道，在于济世活人，医德为先；著述之道，在于继承发扬，予人裨益。孙思邈有云："人命至重，贵逾千金。"故医生临证，必须"先发大慈恻隐之心，誓愿普救含灵之苦"，无论贵贱贫富，长幼妍媸，一视同仁，普同一等，临证必用十分力，业余还读万卷书，才能早起病人于沉疴，急拯患者于苦海，此即我之心愿也。下面就我亲身所历，谈几点体会。

济世救人　首重医德

现在独生子女较多，儿科医生责任重大，要"急病家之所急，痛患儿之所痛"。他人子女，犹如亲生娇儿，《礼记》有云："德者，本也。"故济世救人，当首重医德。

古论医德者众多，医德也是中华民族的传统美德。古往今来，论之最详最佳者，当推《小儿卫生总微论方·医工论》，该书将医德列在首卷，可见其重视程度。不重医德，不是良医。

该书说："凡为医之道，必先正己，然后正物。正己者，谓能明理以尽术也；正物者，谓能用药以对病也。如此，然后事必济而功必著矣。若不能正己，则岂能正物。不能正物，则岂能愈病……凡为医者，性存温雅，志必谦恭，动须礼节，举止和柔，无自妄尊。不可矫饰，广收方论，博通义理，明运气，晓阴阳，善初诊，精察观，辨真伪，分寒热，审标本，识轻重，疾小不可言大，事易不可言难。贫富用心皆一，贵贱使药无别。遇有请召，不择高下，远近必赴，如到其家，须先问曾请未，曾请师即问曾进是何汤药，已未经下，乃可知虚实也。如已曾经下，即虚矣，更可消息参详，则无误矣。又治小儿之法，必明南北禀受之殊，必察土地寒温之异，不可一同施治，古人最为慎尔。"

我认为，这段对医德的论述说得极好。"医之为道，通于死生呼吸。"故救死扶伤是医生的天职，为医者，必须勤奋谦恭，深入实际，讲求实效，力戒空谈，如是方能取信于病家。

然虽有活人之术，而无慈人之心，亦不能得到病家尊重；即使有一点名气，也不可盛气凌人，让人敬而远之。小儿古称"哑科"，因此医者尤需耐心，当不厌其烦，躬听病儿家属述病。对患者当不分贵贱，一视同仁，尤其对贫者，当慈之、扶之、助之；远道而来者若经济拮据，无处吃住，应慷慨解囊，或给钱粮或请同餐，如是，病家信赖之感方能油然而生，万万不可拒人于千里之外。诚如清代喻昌《医门法律》所云；"医，仁术也。仁人君子，必笃于情。笃于情，则视人犹己，问其所苦，自无不到之处。"

《管子·戒》云："道德当身，故不以物惑。"《论语·里仁》云："夫子之道，忠恕而已矣。"故敲诈病人、向病家索取钱物乃为医之大忌。大夫者，使病者愈，危者安也，治人济世此系天职，切不可以此为本，坑人吃人。10 年前，一肾病综合征患儿多方求治不效，经我手而愈。病家千恩万谢，甚下跪请收厚礼重金，我领其意而拒其钱。病者一家，因病求医，走南闯北，耗尽精力财力，况且收入菲薄，岂能良心泯灭落井下石哉！

通古知今　古为今用

中国医药学博大精深，历史悠久。从《黄帝内经》《神农本草经》《伤寒论》《金匮要略》《脉经》《甲乙经》到《千金方》温病学等，流传至今的经典著作就有上万种之多。这些典籍为我们继承发扬中医药学提供了非常丰富和宝贵的参考资料。但由于社会在向前发展，地域环境、自然气候和今人的饮食内容、饮食习惯、生活内容、生活习惯、社会竞争、思想情志等，均与前人有异，若墨守成规，生搬硬套前人经方验方，则非其治也。所以，要做一名良医，必须通古知今，古为今用。诚如裴庆元所云："医之为道广矣，大矣，精矣，微矣，危乎其危矣！举凡古今中外学问事业，无有难于此矣……非探天地阴阳之秘，尽人物之性，明气化之理，博考古今，随时观变，汇通中外，因地制宜，而又临事而惟俱澄心定灵，必不能悟于此。"今以小儿为例，古之天府成都，气候温和，四季分明，物产丰富，黎民朴实，心态平和，为人杰地灵之都，小儿发育正常，成长壮实，故蜀中人众，为全国之首。今之蜀中，气候变化甚大，四季不分，似有冬无春，有夏无秋，炎热之气日盛，小儿肌肤柔弱，常感而受之，焉能不生燥热？今之蓉城，小儿皆为独生，美食遍地，应有尽有，甘肥厚味家长无法避之，导致小儿湿热内生，炎毒必长。学校又分等级，小儿入学即参与竞争，强压之下，小小年纪焉能不生躁烦？空调电器，汽车尾气，建筑尘埃，工厂排污，化肥、化学药品、抗生素滥用等，小儿卫气焉能正常？凡此种种均与古代不同。细心体察小儿之体质及发病的体征症状，我认为小儿致病之因多为"湿热炎毒"，自制新方亦多以此意而立，如：治疗小儿高热之"清凉丹"，治湿热炎毒炽盛所致小儿鹅口疮之"吹口丹"，治疗湿热咽炎之"咽炎灵"，治疗急性婴幼儿黄疸之"退黄汤"，治疗小儿外感高热惊厥之"清宣导滞汤"，治疗小儿肺炎咳喘之"清肺化痰汤"，治疗小儿顽固性湿热咳嗽之"宣肺化湿汤"，治疗小儿痰热哮喘之"清热涤痰定喘汤"，治疗小儿急性湿热腹泻之"二马白头翁汤""清化汤"，治疗小儿腹胀之"加减地榆汤"，以及治疗幼年型类风湿关节炎之"九味蠲痹通络汤"，治疗小儿急性肾小球肾炎之"消肿通利汤"，治疗小儿病毒性心肌炎之"解毒宁心汤"等，均依此而立，临床使用得当，疗效甚佳。

辨证有法　八纲为常

明代李中梓尚云："病不辨则无以治，治不辨则无以痊。辨之之法，阴阳、寒热、脏腑、气血、表里、标本先后、虚实缓急七者而已。"故辨证论治乃中医精华之所在，为其他医学所不可比拟。然有八纲、脏腑、气血津液、卫气营血辨证诸法，而以八纲辨证使用最多，清·程国彭《医学心悟》有"变证百端，不过寒、热、虚、实、表、里、阴、阳八字尽之，则变而不变矣"之论。故我在临床上就以八纲为常，兼及其他，只有提纲挈领，纲举才能目张。运用阴阳表里寒热虚实八纲可以概括疾病的属性、部位与病邪之浅深。如阴虚可分为阴血虚、阴津不足、阴精亏损；阳虚可分为阳气虚、脾阳不振、肾阳虚惫；寒可细分为表寒、里寒、风寒、寒湿、阳虚生寒等；热则可细分为外热、内热、风热、热毒、湿热、虚热和肺热、胃热、肝热、胆热等；虚者可具体分为脏腑气血不足和阴阳不足；实者可具体分为邪实和腑实。验之临床，我认为阳热表实居多，而以小儿为甚，故用药祛邪多于扶正，或祛邪扶正并用。小儿体质稚嫩，极易感染疾病，且脏气清灵，一旦发病，"易寒易热""易虚易实"，传变迅速，但只要治疗及时，又易趋康复。所以对小儿疾病，要尽早诊治，认准病机，切中要点，精选方药，快捷服药。若有变化，当随证变方，最忌犹豫，坐失良机。而成人病情复杂，对其疑难重症，有时还应作诊断性治疗。成年人对药物反应不太敏感，服药后若无不适，一般应守方三五日，不要急于变换方药，若病情痊愈，就不可操之过急，而同时又要不断巩固治疗效果，方能稳操胜券。对于虚实交结、寒热错杂的复杂病证，临床诊断就要全面检查，分清主次。比如，对咳嗽、发热并腹泻的病人，当先宣肺解表，俾外感去后再健脾止泻。又如，阴虚夹湿热者，须养阴兼除湿热，用药则要注意养阴不碍湿，除湿不伤阴。再如，以疼痛为主症兼有发热者，当先活血行气止痛而后退热。对慢性病多从虚寒考虑。小儿急、慢性疾病后期，万万不可忘记顾护脾胃……如此，方能胸有成竹，临证应对裕如。在治疗上，必须熟悉药性，才能调拨自如。成方古方都是前人经验的积累，今人学之用之，则应师古而不泥古，取其精华，补其不足，加减化裁，灵活运用。在临床实践中，若无成方古方可用，我常根据病情需要自制新方，如自拟止呕和胃饮治外感呕吐，用荷叶茅仙汤治小儿鼻衄，用吹口丹治口腔糜烂，用温经消液汤治小儿疝气，用白薇散治疗淋证等，都收到了很好的疗效。又如退高热方、平喘方和加味白头翁汤（原方加泥鳅串、马蹄草、马齿苋、熟大黄）、加味胃苓汤（原方加腹毛、白蔻、苏梗、豆卷）等，临床疗效也较优越。

精究药性　依法组方

时代在前进，环境在改变，人类的体质在变化，疾病的种类和本质与以前相比也有所不同。因此，对祖国医药遗产仅有继承是远远不够的，还必须发扬光大，推陈出新，同时要注意学习借鉴现代科学技术知识，包括现代医学检测手段和诊疗技术。在临床实践中，我特别注意探究和摸清药性，找准方向，有的放矢，从而既提高了疗效，又逐渐形成了自己的用药特点。

中医理论认为，理法方药乃辨证论治之精髓。药可组方，方体现法，依法据理。药之不当，方不对症，势必"有法不依""有理不讲"，必然用之不效，甚或有害。一草一药如一兵一卒，必须熟悉其性味、归经、升降浮沉、开合补泻、有毒无毒以及炮制后的药效等，对药物了如指掌，才能"用兵如神"，立竿见影，应如桴鼓。故清代杨西山有"济世之道，莫先于医；疗病之功，莫先于药。医为九流魁首，药为百草根苗，丸散未修，药性先识"之精论。

常人爱用甘草之性味甘平，调和诸药。我不喜之。因甘草矫味不起其他治疗作用，反有碍湿满中之弊，小儿脾胃薄弱，脾喜燥而恶湿，湿邪中阻易影响脾胃受纳运化。但炙甘草汤中，甘草补益心气；芍药甘草汤中，两药相配缓急止痛，甘草又不可不用。小儿阴虚烦渴应少用沙参、麦冬、玄参之属，而常代之以水苇根、花粉、石斛、知母之属。小儿咳嗽不用杏仁，但麻杏石甘汤、杏苏散等经方中都有杏仁，我亦不用，因杏仁苦降易损伤小儿元气，故不宜用。又如健脾多不用泡参、黄芪、白术，以其补而偏壅，代之以鸡内金、白蔻、炒山药、炒麦芽等醒脾益气。

在药物配伍中，要注意发挥它们的相互作用。如黄连与白蔻合用泻心除痞、温中化湿，治疗胃肠恶疾；郁金与姜黄合用，破血祛瘀、行气止痛、利胆退黄，而治胁痛、痹痛和肝肾疾病；檀香并沉香，行气止痛、温中散寒，可治虚寒胃痛、腹痛、胁痛；木通与连翘合用，清心泻火除烦、利尿泄热，用治小儿睡卧不安、烦躁啼哭；桑叶熬米汤加百合治阴虚肺燥，再加冰糖、饴糖、蜂蜜，长期服用治肺痨虚损等，疗效都很突出。对慢性萎缩性胃炎，广香、白蔻、玄胡、丹参合用效果较好。同时，还要注意炮制对药效的作用，如荆芥性平，一般用于发汗、疏风解表，而荆芥炭则可止血，常用于治疗鼻衄、血尿；谷芽、麦芽消食健胃，炒麦芽、炒谷芽则重于消食导滞，麦芽单用还有舒肝、除胀之功；大黄酒炒后可减轻泻下通腑的作用，如此等。

成方古方是前人经验之积累，今人学之，当师古而不拘于古。我常根据切身体验，灵活使用古方，或依法另组新方，或变化使用，取其精华而补其不足，如是方成个人之长。

如我自制新方止呕和胃饮治外感呕吐；荷叶茅仙汤治小儿鼻衄；痹证外洗方温经通络、行气活血止痛；吹口丹治疗口腔糜烂；小儿疝气温经消液汤、退高热方、平喘方也都各有所司；变通使用的如加味白头翁汤，原方加入泥鳅串、马蹄草、马齿苋、熟大黄，疗效更佳；加味胃苓汤为原方加大腹皮、白蔻、苏梗、豆卷，治脾湿腹泻；还有三妙加味汤治痹证；白薇散治淋证（八正散变方）等，都比一般用方效果优越或提前显效，使病家少受病贼戕害。

见微知著　未病先防

《素问·四气调神大论》曰："是故圣人不治已病治未病，不治已乱治未乱，此之谓也。夫病已成而后药之，乱已成而后治之，譬犹渴而穿井，斗而铸锥，不亦晚乎！"仲景有云："见肝之病，知肝传脾，当先实脾。"中国古代医学的这种"预防重于治疗，早治胜于晚治"的光辉思想为临床医生提出了一个理念，这就是见微知著，未病先防。多年来，我一直遵照这个理念指导辨证论治与处方用药。

如我在治疗小儿高热的清宣导滞汤中，除用宣散辛透、苦寒降炎、清热凉血等直指病原的药物以外，复用苏梗、山楂、神曲以芳香醒脾和胃、消积导滞，可防苦寒伤脾胃之气。小儿高热极易内传致惊厥，遂用"清凉丹""紫雪丹"清热解毒、除湿消炎、息风止痉，不仅可助其热退，还能预防惊厥，以先安未受邪之地也。治疗小儿厌食、食滞，在健脾和胃、消积导滞方中，常佐焦栀1.5g、黄连1.5g，其意在防止小儿脾失健运、积滞化热而生他变。治小儿热淋，在清热利湿通淋方中，常配以覆盆子、菟丝子、苏梗、白蔻，可防通淋化湿伤肾，又可固肾涩尿，以免苦寒泄热损伤脾胃，并宣肺气益水之上源，醒脾胃而助水气运转。治小儿湿疹，于清热除湿解毒方中常配苍术、白蔻，可防伤胃又可运脾除湿。治小儿鼻渊，大剂量胆草与小剂量细辛共用，细辛辛温，可宣、可透、可行，可防胆草之苦寒伤气，胆草苦寒，泄热、清肝、利胆，可防细辛之辛燥伤阴。两药辛开苦降，共建殊功。

又如我在都江堰市消夏时，一干部带女孩杨某（12岁）来我处求治。患者反复头昏、耳鸣、乏力、心悸半年，加重半月，经服硫酸亚铁丸等西药，又在某医院服中药归脾汤、参苓白术散、八珍汤等，症状无明显改善。近半月症状加重，精力不集中，成绩明显下降，全家忧虑不安。我视其身材瘦高，双目无神，面无华泽，下眼水肿青暗。问诊得知其经常头昏乏力、心悸耳鸣、心烦少寐、食少纳呆、大便时溏，近日食欲不振。脉细，舌体瘦小、质淡，苔白腻。

我反复思考认为，患儿虽有心脾不足、血不养心的临床表现，但贫血一病不可忘乎肝肾，耳鸣心烦、形瘦舌小即其见证。肾主骨生髓，化生精血，肝肾同源。前医仅从补益心脾，健脾益气、气血双补为主，且多滋腻之品，不利气血化生，并忽略了气血同源、肝肾在化生精血方面的作用，所以疗效不够满意。故我从前医治心脾、益气血，而用归、芍、川芎、炙草、大枣、山药、二芽、白蔻之属，又补肝肾、化精血，加枸杞、苁蓉、桑椹、故纸，再用丹参、红花、安桂活血通络，并刺激骨髓造血，取得了满意疗效。全方：黄芪 30g，当归 30g，白芍 15g，枸杞 30g，苁蓉 15g，桑椹 15g，故纸 15g，丹参 30g，川芎 9g，红花 6g，安桂 6g，大枣 15g，炙甘草 9g，炒怀山 30g，炒谷芽 30g，炒麦芽 30g，白蔻 6g。方中以黄芪、当归、白芍、川芎益气养血；枸杞、苁蓉、桑椹、故纸补肝肾之虚，化生精血；丹参、红花、安桂活血化瘀通络；炙甘草、大枣养心安神；炒山药、炒谷芽、炒麦芽、白蔻醒脾开胃，促进脾胃运化功能，益气血生化之源。患儿经上方治疗月余，服药 20 余剂，诸症好转。继以胃苓汤加减而治，健脾利湿醒中，7 剂后，诸症消失，而告痊愈。

内外合治　提高疗效

每当回忆往昔跟师学艺之时，我总是对各位恩师充满了感激之情。谢铨熔老师运用卫气营血辨证治疗小儿麻痘惊痫疑难重症的独门绝技，曾砚石老师运用参附、桂附温阳益气固本治疗内科凡寒湿痹的显著疗效，蒲淋澄老师运用针灸方法治疗各种内科杂症，特别是针刺治痛证的手到病除，都给我很大启发。我认为要提高临床疗效，除使用汤药口服以外，还必须内外合治，千方百计为病人解除痛苦。特别是治疗小儿的发烧、腹泻、厌食等病证，内病外治更显得格外重要。现在的小儿多为独生子女，除父母双亲疼爱以外，还有爷爷、奶奶、外公、外婆和众多亲眷的钟爱，在成长过程中，衣食、睡眠、玩耍、营养、生活都得到了多方面的爱护，一旦患病，往往是举家焦急，多方求医。但病儿年幼无知，不知良方苦口，内服汤药，每每拒不张口，更难下咽。故诊病时，可先用手法推拿揉按，使其症状缓解，让家长见到疗效，从而坚定信心，密切和医生配合，为治愈患儿打下良好基础。如治疗小儿厌食症，可先使用小儿推拿法，在患儿腹部与背部相关经脉与穴位推揉按摩 30~50 次，再内服健脾开胃方药，常可取得满意疗效。治疗小儿高热，可先行在患儿头、手、胸、背等相关部位按、掐、推拿，再配合采用外洗法让患儿洗浴，内服"清凉丹"、清宣导滞汤，退热神速。治疗小儿食积腹泻，先予胸腹推拿，再合消积导滞、和胃醒脾之品内服，可即刻取效。治疗小儿雷头风，先予外治，用手法点肩井、列缺穴，合内服清肝胆疏风透邪之剂，痛可速止。治疗小儿解颅，需用外敷方紧束外敷，合内服升降加味方能奏效。治疗小儿痉病，先用散寒解痉汤熏洗外治，再合加减当归四逆汤以温经通络，其效亦佳。治疗小儿历节，用祛寒通经活血汤外洗，合九味蠲痹通络汤内服，其效显著。治疗小儿疝气，用温经散寒方熏洗敷包，合内治温经消液汤，内外合治疗效理想。再如用"贴脐法"配合内服方药治疗小儿遗尿，用"敷脐法"配合健脾和胃、补虚止泻之品治疗小儿久泻不愈，用"贴敷法"配合清热解毒法治疗小儿痄腮，用"涂搽法"配合相应方药治疗头发稀少不长，用"吹鼻法"配合内服芳香开窍、提神醒脑之品治疗小儿痴呆神智昏厥，用"浸洗法"合药治疗痿证，用胸腹推拿法配合对症方药治疗咳嗽、气喘、食积以及胸腹多种疾患等。事实证明，采用"内外合治"，疗效远比单纯内服汤药为高。

慈幼惠众 剑胆琴心

要做一名优秀的医生，医圣张仲景有"勤求古训，博采众方"之训；王叔和则有"医药为用，性命所系"之论；而皇甫玄晏先生更有"夫爱先人之体，有八尺之躯，而不知医事，此所谓游魂耳。若不精通于医道；虽有忠孝之心，仁慈之性，君父危困，赤子涂地，无以济之。此因圣贤所以精思极论尽其理也"之言；孙思邈在《大医精诚》中尝有"世有愚者，读方三年，便谓天下无病可治，及治病三年，乃知天下无方可用。故学者必须博极医源，精勤不倦，而不得道听途说，而言医道已了，深自误哉"之语。

历代圣哲的遗训格言对医生提出了很高的要求。我深知"医之为道，天地赖以立心，民生赖以立命，自非博览而得其精华，由精详而得其会通，鲜不以活人之术，而反为天下毒"。临证 60 余年来，每天面对各种各样的病人，面对千变万化、纷繁复杂的疾病，我愈来愈感到作为一名医生的责任重大，越来越感到知识缺乏，因此，尽管我已步入耄耋之年，仍能感觉到学习和提高医疗技术水平的必要性和重要性。慈幼惠众是永无止境的，只有剑胆琴心，才能学有所成，高屋建瓴。同时，作为一名杏林老兵，我有义务有责任把自己的一知半解、一鳞半爪和千虑一得，和盘托出，一吐为快，公之于众，以报答党和政府对我的关爱，感谢群众和病患对我的信任，回报同道和青年英俊对我的期待。从 20 世纪中期起，我以培养中医事业接班人为己任，热情诚恳地接待中医药大学的博、硕士研究生和本专科生来我处实习，并以同样的热情和诚恳接待院内外、市内外、省内外等各个单位、各个层次的进修生来我处进修学习，同时花费更多的时间和心血精心培育和耐心指导国家及省市给我配备的高徒。《礼记·学记》云："既知教之所由兴，又知教之所由废，然后可以为人师也。"故而，我时感责任重大，以"教人至难，必尽人之材，乃不误人"为训。精诚所至，金石为开，由于师生同心协力，亲密配合，培养计划有的已经圆满完成，有的尚在顺利进行之中。许多学生成为专家、教授、主任医师、副主任医师、主治医师，并在专科、专病方面取得了显著成绩，使中医后继有人、后继有术。尤其使我感到欣慰的是，有的弟子后来居上，在中医药学术和诊断医疗技术的继承创新方面展示出了良好的发展前景。

为了相互交流切磋，取长补短，共同提高，推动中医药事业发展，更好地为人民大众的健康服务，我不避鄙俚曲碎，列述了以上几点切身体会，下面附上病案数则，作为几瓣心香，敬献于病家，奉献给读者，以表明医乃大道，非穷尽毕生精力，不能知其万一也。

案 1：小儿发热

王某，男，4 岁。发烧七八日，服药、打针，病势不减。旋请我诊治。患儿肌肤灼热无汗，体温高达 39.8℃，日轻夜重，唇红眵多，烦躁不安，舌赤苔黄腻，两脉浮数。此乃湿热发烧，表邪郁闭故无汗，温热内蕴则高烧不退。治宜清热解表除湿散邪，方用自制清宣导滞汤加减：苏梗 6g，荆芥、黄芩、木通各 9g，柴胡 10g，黄连、栀子、赤芍各 3g，青蒿、滑石、苇根、石膏、大青叶各 30g，神曲 15g。患儿服药 1 剂即汗出烧退脉静，唯精神欠佳，纳谷不香，随症用药调理而愈。

案 2：小儿咳嗽

廖某，女，3 岁。咳嗽月余，初起鼻流清涕，喷嚏连连，白昼阵咳不爽。经西医治疗未见减轻，后来我处医治。患儿烦哭吵闹，咳嗽频作，喉间痰鸣有声，舌红苔黄厚，脉浮滑数。此系风热袭表，湿热内蕴，肺失清肃。治宜疏表宣肺，清热利湿。遂用自制宣肺化痰汤加减：苏叶 10g，银花、炙旋覆花、橘络各 15g，荆芥、桔梗、木通各 9g，黄连 3g，滑石、苇根、炙麻绒、石膏、炒谷麦芽各 3g。服 2 剂，咳喘大减，精神转佳，苔退脉静，唯白昼时咳，是外邪已除，里邪将尽，据证遣方，霍然病已。

案 3：小儿水肿（肾小球肾炎）

郑某，6 岁。一身尽肿，小便短赤。某医院化验小便：蛋白（＋＋＋），红、白细胞满视野，脓球少许，诊断为"急性肾小球肾炎"。住院两月，经服用激素等治疗未见好转，肿势反加重，纳差神疲，面白溲赤，舌淡脉弱。经诊断，此为肾气不充，脾失健运。治宜健脾化湿，利水消肿。方用自制消肿通利汤加减：紫苏、连翘各 9g，白薇、萹蓄、瞿麦、滑石、车前、仙鹤草、炒谷麦芽各 30g，大小蓟各 15g，木通、山楂、神曲各 10g，白蔻 6g。服 4 剂，症状减轻，小便增多。再加黄连 9g，姜黄 12g，又服 8 剂，水肿消退，激素减量渐至停服。三诊用前方去紫苏、连翘、大小蓟、山楂、神曲、白蔻，加清热凉血、疏利气机之白茅根、焦栀、郁金、炒槐角、炒地榆，继服 10 余剂后，小便检查已正常，后用健脾补肾之品与前方加减，间断服药巩固疗效，病愈。随访未见复发。

案 4：小儿天行赤眼

杨某，9 岁，患"天行赤眼"（俗称红眼病），双目红赤，眼泡肿胀，眵多胶结，夜啼心烦，便秘溲黄，舌红苔黄厚腻，指纹青紫。经诊断，此乃肺胃风热，复感疫疠之气，风火热毒交结而致。治宜清热解毒，凉血明目。方用自拟"五花饮"加味：银花、金钱草、车前草、密蒙花、连翘心各 15g，蝉蜕、刺蒺藜、夏枯草、谷精草各 30g，菊花、木贼各 9g，黄连 6g。患儿仅服 2 剂即病愈。

案 5：黄疸

刘某，15 岁。尿黄、目黄、皮肤发黄、食欲不振、厌油腻、肝脾肿大、肝区压痛，经某医院住院治疗后，黄疸反而加深，腹胀如鼓，一身悉肿，食欲锐减，鼻衄齿衄不止，皮肤黏膜出现淤点及出血点，肝功异常。医院邀请会诊，我见诸症如前，苔黄白秽腻，脉弦数。此是湿热疫毒壅盛熏蒸肝胆，侵犯脾胃，胆热外泄所致，必须重剂清热利湿，顿挫黄疸鸱张之势。处方1：金钱草、车前草、满天星各60g，煎水代茶，频服。处方2用自制退黄汤：茵陈、金钱草、满天星各30g，郁金、栀子、白蔻、广香、香橼各9g，黄连10g，炒香附15g，沉香6g（单煎30分钟）。煎汤日服数次。服上方3日后，黄疸明显消退，尿量大增。服完8剂，诸症悉减。嘱停服处方1。又于处方2中加苍术、厚朴、草果、檀香以增强疏肝利胆、运脾除湿之功，再服6剂，肝功恢复正常，遂痊愈出院。通过临床病例显示：退黄汤医治黄疸，功效确实优于茵陈蒿汤，门人亦屡用不爽。使用该方的要点是剂量当轻则轻，当重则重，不必迟疑。

案6：小儿惊悸

张某，男，6岁。4年前不明原因出现夜卧不安，常梦中惊醒后东张西望，面容惊慌，其后症状逐渐加重。患儿自诉梦中每觉有墙堵路，惊醒后即欲夺门而出，伴冷汗、四肢冰凉，至白昼又如常人，只是注意力不集中，烦躁易怒。20多天前开始咳嗽，时轻时重。服中药症不解。

初诊：证见面色无华，精神萎靡，胆怯懒言，时有咳嗽，喉中痰声辘辘，纳差，舌质淡红苔白腻，脉左弦右稍滑。此为心虚胆怯，痰火扰心，又兼夹外感所致。法当涤痰清热，清心除烦。方选黄连温胆汤加减：白薇30g，紫苏10g，姜半夏6g，瓜壳10g，黄连6g，陈皮9g，姜竹茹10g，炙麻绒15g，桔梗10g，炙覆花15g，橘络30g，连翘6g，栀子3g，川木通9g。汤药水煎，先服1剂，1日1/2剂，每日4次，每次50mL。

同时服牛黄清心丸一盒，每日2次，每次半丸。嘱家长多关心抚抱患儿，饮食宜清淡易消化。

二诊：服用前方后，患儿两夜安睡，仅偶尔出声，喉中痰鸣尚明显，纳差。舌淡红、苔白腻已减，脉稍滑。此是心中痰火得以清化，心神得安。效不更法，前方加姜黄15g，以增强通经活血、宁心安神之功。2剂，每日1/3剂，余皆同前。

三诊：服前方后，咳嗽渐止，喉中痰鸣明显减少，每隔4～5天睡后惊醒一次，醒后已无夺门欲出之状，惊慌之态减轻，四肢温，汗仍多，食欲增进。证见胆怯懒言，躲入家长怀中，舌红苔薄白微腻，脉稍滑数。"汗为心之液"，过汗则心气心血不足，心主血，肝藏血，子病及母，心血亏损则肝血不足，胆气怯弱。此为心神虽稍定，但心胆气虚未充。故涤痰清热、清心除烦之外，兼以重镇安神、固敛收摄。药用陈皮 9g，姜竹茹 10g，黄连 6g，栀子 6g，连翘 9g，知母 15g，胆草 10g，姜半夏 6g，瓜壳 10g，炙覆花 15g，橘络 30g，龙骨 30g，牡蛎 30g，川木通 9g，车前草 30g。3 剂，服法禁忌同前。

按：本案病位在心、胆、脾。病性为虚实夹杂。诸病惊骇，皆属于火。除外感热病可致邪热扰心之外，内伤情志，五志化火，皆可动心神。小儿虽少七情伤害，但喜怒悲恐，较之成人更专更笃。加上小儿神气怯弱，不耐惊扰，心虚则神摇不安，胆怯则善恐易惊。又因小儿脾常不足，饮食伤脾，故纳呆，痰浊内生，则喉中痰鸣。痰郁化火，扰动心神，则心烦易怒，惕惕不安。故初诊先用涤痰清热、清心除烦、解表止咳之法以治之，方中姜半夏、瓜壳、陈皮、竹茹、黄连燥湿祛痰具黄连温胆汤之意，本是涤痰清心之要方，配以紫苏、麻绒、覆花、桔梗、橘络又有化痰止咳之功效，一举两得，既遵循急则治标大法，又直中要害、澄本清源。叫黄连、连翘、栀了直折心中邪火，遣川木通引热下行。纵观全方简单平淡，细味可知其中深意。二诊时患儿症状明显改善，但痰浊并未尽去，故守前方，略加变化，乘胜追击，防心神又被侵扰。三诊时病之实邪已去大半，患儿饮食增加，但病久脾之健运不能速复，仍需祛痰以逐邪于外。表邪已散，痰浊得清，心胆虚怯之状展于眼前，应加重镇安神、固敛收涩之品。然小儿脏腑轻灵，选药宜补而不滋腻为要，龙骨干涩而平，为重镇安镇之要药，牡蛎味涩与龙骨相配安神定志，又能敛汗补心，无论长幼用之皆有显效。

案7：小儿多发性抽动

何某，男，8 岁。3 月前患儿无明显诱因出现头部左右摇动、耸肩、歪嘴、眨眼，发作时不能自制，停后又如常人。家长未予重视，后症状逐渐加重，出现不断张口闭口动作，或歪嘴、眨眼、耸肩。上述动作或交替或同时出现，每隔几分钟即发作一次，且随情绪波动或减轻或加重。患儿曾接受脑电图等检查，诊断为小儿多发性抽动症，医生建议服用托吡酯治疗，家长拒绝，仅自服中成药，症状有所减轻。

初诊：患儿体型较胖，神志清楚，语言流畅，但烦躁不安，阵发性摇头、耸肩、歪嘴、眨眼。汗多，纳可，睡眠尚安，大便调，小便黄，舌红苔黄厚腻，脉弦数。出现上述症状前 1 周内曾出现感冒头痛，在当地治疗后，感冒头痛痊愈。自诉平时注意力不集中，学习成绩一般。此病病位应在肝脾肾，主要责之于肝。而怪病多与痰有关，故本病为风痰内扰所致。治以清心泻肝、息风止痉、化痰安神。方用龙胆泻肝汤合黄连温胆汤加减。方药如下：炙柴胡 10g，煅龙骨 30g，煅牡蛎 30g，黄连 6g，栀子 9g，知母 15g，陈皮 9g，竹茹 12g，姜黄 15g，钩藤 30g，龙胆草 10g，炒枳壳 9g，川木通 9g，车前草 30g。6 剂。连熬 3 次，去滓取汁，分 3 天服用，每次 50mL，每日服 5~6 次。同时辅以牛黄清心丸，早晚各服半粒。

二诊：患儿服药后，摇头、耸肩现象基本消失，眨眼较频，偶有口唇开合与歪嘴动作。情绪稳定，睡眠欠佳，纳可，大便 1~2 日一行，易解。小便黄，舌红苔黄厚腻，脉滑数。患儿病情明显缓解，亢盛之心肝火热去半，但由于风为阳邪，善行而数变，主要症状转为眨眼。此时治疗在清热涤痰以外，应加强清肝明目之力，故去柴胡、知母、龙胆草、炒枳壳，栀子减为 6g，加入金银花 15g，密蒙花 15g，菊花 10g，荆芥花 9g，木贼 15g（即自制"红眼五花饮"，专攻头目之疾）。6 剂，余皆同前。

三诊：服上方后患儿眨眼现象缓解，仅偶尔出现。做事注意力集中，期末成绩优异。纳可，眠佳，舌红苔薄黄腻，脉稍数。前方去荆芥花、姜黄、川木通、车前草，加石斛 15g，知母 15g，炙柴胡 10g，龙胆草 10g，金钱草 30g。随访至今，患儿症状消失，情绪稳定，生活如常。

按：小儿多发性抽动症属于儿童神经精神性疾病。据报道，该病发病率有逐年增长的趋势。其症状属中医学肝风、慢惊风、抽搐等范畴。该病的发生既与儿童父母身体疾患、不良嗜好、胎教胎养有关，又与患儿后天伤病、家庭教育、环境污染有关。此病为本虚标实之证，脾肾不足亏损为本，心肝火热有余为标。治以清心凉肝潜阳为主，如兼夹他邪则随证治之。此案为肾阴不足以致肝阳偏亢、热邪上扰、心神不宁而躁动标急，故先以柴胡、知母、栀子、黄连、连翘、胆草等清心疏肝解热，用龙牡、钩藤等育阴潜阳，用陈皮、竹茹、枳壳化痰开窍，用木通、车前导热外出，更服局方牛黄清心丸清心泻火。牛黄清心丸有益气养血、镇静安神、化痰息风的功效，与汤药同用可奏标本兼治之效。

案 8：小儿痹证

米某，男，1 岁 10 月。

初诊：患儿不能站立，一天有余，纳差，大便调，小便黄，舌红苔黄厚腻，扁桃体红肿，咽红，纹紫过风关。查体：体温 37℃，蜷曲在其母怀中，拒绝触碰下肢，双下肢皮色正常，无明显肿胀，膝关节周围皮温略高，轻触膝关节及周围皮肤，患儿即哭闹不止。家长诉患儿 1 周前因扁桃体发炎出现发热及腹泻，至当地医院治疗后，热退泻止。此为小儿痹证，患儿先感风热之邪，又与湿气相并，致使风湿热合而为患，日久不愈，邪留经络关节，气血运行受阻，以致关节疼痛，皮肤灼热。现患儿表证未去，邪热流于经络，故需表里同治，治宜祛风散寒，解肌止痛，清热祛湿，活血通络。方用柴葛解肌汤及三妙散加减。处方如下：荆芥10g，柴胡10g，紫苏10g，葛根10g，银花藤15g，黄芩9g，栀子6g，川芎6g，川牛膝10g，炒苍术6g，炒黄柏10g，川木通9g，车前草30g。1剂。加水煎煮，连煎2次，去滓取汁，分2天服用。每次20mL，每日4~5次。嘱忌生冷，避风寒。

外用祛寒通经活血汤洗熨患处。处方如下：麻黄30g，荆芥10g，陈艾、石菖蒲、细辛、白芷、羌活、独活、川芎、紫苏、桂枝各30g。1剂。加冷水2000mL，姜、葱各二两，气柑壳半个同熬半小时后，药液分2~3次使用，待温度适宜浸泡双下肢至膝关节以上，约渣布包熨患处。连用2日。

二诊：家长代诉洗熨当日患儿微汗出，现患儿已能站立、步行，仅觉双足欠有力，无触痛。微咳，痰少，稍流涕，纳差，腹稍胀，大便成形，小便调，舌红苔白微腻，纹青，过风关。患儿症状明显改善，苔由黄转白，里热已去八九，故去黄芩，减轻清热之力。患儿外感未解，肺失宣降，故于前方中加入炙旋覆花15g，橘络30g，桔梗10g，以宣肺止咳化痰。3剂。余皆同前。

患儿2006年12月29日因全身泛发湿疹复来，家长言前方尚未服完患儿即行动自如，停药观察一周仍无异常。

按：小儿痹证主要为风寒湿热等外邪在正气虚弱、营卫失和时入侵人体所致。但小儿患病其在风寒湿热的偏盛之状，往往并不明显，故不可拘泥。成都地处天府，湿气偏盛，人体脾阳不盛，加之小儿尤脾常不足，故易生内湿。外感风热之邪于湿相并，日久不愈，郁而化热，常表现为湿热夹杂，宜内外合治。内服以清热祛湿、利尿通阳为主，用三妙散加入银花藤、栀子、黄芩等清热解毒除湿，川木通、车前草利尿，使湿从下焦而散，川芎解表活血通络，既助清热通络之力，又与柴、葛、荆、苏之类共奏祛风散寒之效。外用祛寒温经活血汤为自制验方，专攻风寒湿气引起的痿软痹痛。以舒经活血通络之品，令其汗出，使风寒湿气速去，疼痛缓解，常在服药之前即可见奇效。

案9：小儿痿证

肖某，女，2岁。初诊时发热1周余，伴行走困难5天。患病时无明显诱因出现发热，体温达 39.4℃。在某医院输液后热退。随后体温徘徊在 38～39℃，5 天前患儿行走时腿软无力，渐显困难，终致不能行走。

初诊：患儿不愿走动，强迫则蹲地不行，家长扶助前行，则患儿迈步困难，无扶助即不能站立。夜晚烦躁易惊醒，入夜汗多，手脚散见疹点，伴瘙痒，纳差，大便前干后稀，小便调，唇红，舌红、苔白微腻，纹青。体温：38.2℃，心率：115 次/分，呼吸：25 次/分。下肢痛、温觉正常，肌力 2 级。

温热犯肺，肺热伤津，上源枯竭，治节失调，津液不能敷布全身，以致筋脉失养，且小儿脾胃素弱，又因病致虚，脾胃纳运失常，损脾滞湿，湿热蕴积，壅于络脉，气血瘀滞，故肢体痿弱不用，是为小儿痿证，治宜清热祛湿，益胃解肌。

方药：①内服方：三妙丸合柴葛解肌汤加减：炒苍术 6g，炒黄柏 10g，怀牛膝 9g，川芎 3g，苏叶 10g，荆芥 6g，葛根 10g，柴胡 10g，黄芩 9g，知母 15g，栀子 3g，连翘 6g，楂曲各 15g。1 剂。服法：直接煎熬，1 剂服两日，每日 4 次，每次 30mL。②外用洗方：麻黄 30g，桂枝 30g，细辛 30g，紫苏 30g，荆芥 30g，陈艾 30g，菖蒲 30g，川芎 30g，苏木 10g，川红花 30g，赤芍 6g。1 剂。用法：上方加气柑壳半个，姜、葱各二两熬水浸洗下肢。

二诊：经用前方治疗后患儿已可站立，能下地缓慢行走数米，躯干散在红色疹点减少。食欲增进，睡眠改善。舌红舌苔白腻，脉沉。体温：36.7℃。前方去荆芥、连翘、黄芩、楂曲，加川连 3g，姜黄 15g，白蔻 15g，木通 9g，车前草 30g。

三诊：一周后，患儿行走无碍，仅跑动时较同龄儿童缓慢。纳可，眠安。舌红苔黄厚腻，脉沉。查体：双下肢肌力正常。

方药 1：紫苏 10g，藿香 10g，川连 3g，栀子 1.5g，姜黄 15g，郁金 10g，木通 9g，车前草 30g，白蔻 10g。嘱服 2 剂。

方药 2：二诊内服方中去葛根、栀子，加老鹿角 10g，以强筋骨、益精血。

服法：先服方药 1，待黄腻苔减退，再服方药 2。剂量同前。

外用：荆芥花 10g，薄荷 10g，白芷 10g，细辛 10g。1 剂。打碎布包外用鼻闻。

2 周后随访，前症已愈，活动正常。

按：痿证是以肢体痿软无力，甚至不能随意运动为主证的一种疾病。以下肢运动障碍为多见，故有"痿躄"之称。痿证在任何年龄都可出现，但以 5 ~ 10 岁小儿多见，常出现于温热病程中或病后。《医林改错》说：小儿自周岁至童年皆有，突然患此证者少，多半由伤寒、瘟疫、痘疹、吐泻等病证后，元气渐亏，面色青白，渐渐手足不动，甚至手足筋挛，周身如泥塑，皆是气不达于四肢。《素问·痿论》指出"五脏使人痿"，"故肺热叶焦，则皮毛虚弱急薄，著则生痿躄也"。其说明痿证多由机体气血不足，肺热叶焦，肝肾亏损，风温湿邪乘虚而入，客于经络，阻塞气血，导致肌肤不仁，筋骨失养，四肢痿废不用形成该病。

小儿肺常不足，心火易亢。温邪上受，首先犯肺。邪热耗损气阴，肺津被灼，水亏火旺，筋脉失注，加上小儿素体脾胃虚弱，而人居蜀中湿地，既易感外来之湿，积渐不去，郁而生热；又易内生湿热滞留脾胃，壅于络脉，致气血瘀滞，肌肉失养，终致痿躄。

故痿证初起，重在祛邪，宜采取清热、解毒、利湿、通下等法；后期以扶正为主，既要清温解毒，又要补气填精，以"独取阳明"治本。

初诊方中三妙丸专治湿热下注所致双足痿软无力，其中苍术燥湿健脾，直达中州，为燥湿强脾之主药，但病变既传下焦，又非治中可愈，故以黄柏苦寒下降之品，入肝肾直清下焦之湿热，佐牛膝祛风湿以引药下行。而患儿身热夜烦，表证未解，又恐入里伤阴，故治疗痿证虽须慎用风药，但此时却需解表与清里同用，方中葛根甘辛而平，既能解表退热，又能生发脾胃清阳之气，柴胡疏畅气机，以助郁热外泄，少佐荆芥、苏叶、川芎而易柴葛解肌汤中之羌活、白芷，既发挥解表之效，又防过燥伤阴。方中黄芩、知母清胃热、益胃津，栀子、连翘清心除烦，楂曲祛胃中积滞，共同体现"治痿独取阳明"之意。再用祛湿解表外洗方直达患处，而外治之法即内治之法，故能取显效。

二诊时表证已解，然舌苔仍白腻，是为湿邪滞留，故以清利湿热为主。三诊时虽患儿行走如常，考虑小儿素体虚弱，久病易伤肝肾之阴，本应扶正强筋骨、益精血，但苔未去，湿未尽，仍如炉中覆灰，犹可复燃。故又予芳香祛湿健脾之剂先服之，待湿去之后，方加老鹿角补益肝肾以善其后，再用辛香之品嘱其常闻之，防止感冒。

此案本"治痿独取阳明"之法，柔宗筋而拯痿废，清胃火以肃心肺之热，滋胃津以润五脏之燥，祛湿热以安肝肾之阴，补脾运脾为以资气血生化之源，故萎除病愈，患儿重获健康。

案 10：阴瘘

刘某，男，44 岁。阴瘘内缩，疼痛难忍，反复发作年余，舌淡苔白，脉细弱，行动困难，发则昏厥。此为缩阴，应温经散寒以治其外，温中行气以治其内。外用小茴香 60g，吴萸、山柰、八角、官桂各 30g，研为细末，炒热布包外敷少腹。白蔻 60g 分 3 次熬作茶饮。治疗两次明显好转，复治半月而痊愈。

案 11：脑积水

陈某，男，43 岁。近年来头昏头痛，后头部膨大如斗，头围竟达 80cm 以上。内江某医院诊断为阻塞性脑积水。患者行动困难，不时抽风，痛苦莫名。来蓉求诊，又不幸被贼偷窃一空。万般无奈之下，闻我之名，辗转找来求援。我怜其苦，遂热情接待，先安排好病员食宿，又温言劝慰，然后诊治。证见苔黄厚而腻，脉弦而数。此为气滞血瘀、水邪停聚。治宜活血化瘀行水。处方：泽兰、车前草各 30g，白蔻、木通各 10g，桃仁、郁金、前仁、三七粉、丹参、橘络、丝瓜络各 15g。上方服两月，诸症悉去，得以康复。

案 12：癥瘕

王某，女，62 岁，患子宫肌瘤手术切除 1 年后，右少腹复生包块如鸡卵，形瘦神疲，食少口苦，面色青黄，神情紧张。舌红少津，脉细而涩。此为癥瘕，治宜祛风散寒，疏肝行气，清热通络。处方：柴胡、苏叶、木通、香通、血通、丝瓜络、青皮各 10g，安桂、白蔻各 6g，花粉 60g，知母、橘络各 15g，玄参、浙贝、牡蛎各 30g。上方连用 2 月，B 超检查包块消失而病除。

案 13：胃脘痛

谭某，男，38 岁。10 个月前因进食过量继而食欲下降，半年前又以饮食不节引起腹泻，并出现胃脘胀痛、泛酸打嗝、呃逆不止。4 个月前症状加重并放射至心窝左侧，且有烧灼感，体重下降，失眠多梦。胃镜：浅表性胃炎（轻度）。曾在省内多家医院求治，服用左克、雷尼替丁、甲硝唑、耐信、辛若纳等药，症状无明显改善。

初诊：患者胃脘胀痛无有定时，自觉有气上冲，时觉烧灼、恶心泛酸，少气乏力，神疲眠差。小便调，大便时干时稀。舌红苔白腻，脉沉。查体：胃脘处无压痛，得压反觉舒服。此乃寒凝气滞中焦，法当温中散寒、行气止痛。方用温中顺气汤加减：高良姜 9g，炒香附 15g，神曲 15g，广香 9g，枳壳 9g，栀子

6g，黄连 3g，砂仁 6g，檀香 6g，沉香粉 6g，苏梗 10g，藿香 10g，白蔻 30g。3剂，每日 1 剂，少量频服，并嘱忌食生冷辛辣之品。

二诊：前方服后，患者胃脘烧灼感减轻，泛酸次数减少，食欲增进，睡眠渐可。大便恢复正常，舌红苔白腻，脉沉。此乃阳气得复，胃脘气机得通，气机畅则痛减，食欲增加。胃为多血多气之海，病久则耗伤气血，有气滞血瘀之虞，故加丹参 15g，青藤香 9g。用丹参以去瘀生新，青藤香以辛行苦泄，二物均善治肝胃气滞所致脘腹疼痛。9 剂，服法禁忌同前。

三诊：服前方后又见显效，仅饭后略感烧灼，胃脘胀痛消失，食欲渐佳。此是胃气得复之象，无食滞之忧，故去神曲。气机畅通，已无胃寒郁滞耗伤之虑，且恐川连苦寒久用损失胃气，故去川连。加法罗海以巩固气机的调畅顺达。4 剂，服法禁忌同前。半月后随访，患者诸症全消，康复如初。

按：胃脘痛是以上腹胃脘部近心窝处经常发生疼痛为主证的成人多发病、常见病。《素问·六元正纪大论》曰："木郁之发，太虚埃昏，云物以扰，大风乃至，屋发折木，木有变。故民病胃脘当心而痛。"由于社会环境的影响和生活习惯的改变，近年来本病发病率有增高趋势，患者往往久治不愈。此病有虚有实，实则缘于肝郁、食积、湿热、寒湿、痰饮，虚则累及脾肾。

胃脘痛的发生，无论何种原因，无论实证虚证，气机郁滞是其必然。正如《景岳全书》所言："胃脘痛者，亦无不关于气。"故治疗应以宽中和胃、疏理气机为要。

患者纵恣口腹饮食不节，有形之邪已成而仍饮热酒煎煿，复餐寒凉生冷，终致气机郁滞当心而痛，胃气上逆嗳腐吞酸。治宜温中散寒、行气止痛，使气顺痛减。方中良附丸为治疗胃脘痛良方，高良姜辛热散寒，与香附相协共奏疏郁行气之功。配以沉香、檀香、广香，疏郁和胃、行气止痛作用更强。再伍以黄连、枳壳、砂仁、白蔻、栀子以理气健脾、燥湿化浊，以神曲、藿香、苏梗消积导滞、宽中降逆，故治疗胃脘疼痛颇具奇效。二诊加以丹参、青藤香，既加强行气止痛之功，又具有去瘀生新之义，与三诊去黄连，加法罗海，都是我临床之一得。

（谢克庆协助整理）

张 琪

张琪（1922—2019），河北省乐亭县人，九三学社社员，中共党员，著名中医理论家、临床家、教育家，2009 年被评为"国医大师"。历任黑龙江省祖国医药研究所（现黑龙江省中医医院）研究员、内科研究室主任、副所长、技术顾问；黑龙江中医药大学教授、博士研究生导师；九三学社黑龙江省委员会常委、顾问；中华中医药学会终身理事、顾问；中国中医科学院学术委员会委员；中国中医科学院"荣誉首席研究员"。国务院首批享受政府特殊津贴专家；首批全国老中医药专家学术经验继承工作指导老师；全国优秀中医临床人才培养项目优秀指导老师；中医大师传承人才培养项目特聘教授。曾当选第五、六届全国人民代表大会代表，第七、八届黑龙江省政协常委、委员。出版《脉学刍议》《临床经验集》《张琪临证经验荟要》《张琪临床经验辑要》《国医大师临床经验实录·张琪》等著作 13 部。获省部级科技进步奖 10 余项。

矢志岐黄　一世良医

余 1922 年出生在河北省乐亭县农村一户清贫的读书人家。5 岁丧母，从小跟随祖父母长大。祖父张文兰精于医典，一辈子教书行医，在乡间颇有声望。受家庭熏染，余年少矢志岐黄之术，随祖父习医，6 岁即开始诵咏《汤头歌诀》《药性赋》《脉诀》；少时饱读中医经典，如《黄帝内经》《伤寒论》《金匮要略》《温病条辨》等，立志"不为良相，便为良医"。余青少年时期，正值日本帝国主义入侵中国，战乱不息，国无宁日，疾病流行，百姓涂炭。余牢记先祖之教诲，为解除民众疾苦，救贫贱之困厄，遂发奋攻读医书，勤不知倦，撷采众长，学问大增。时逢弱冠，初次临诊即治愈了一位久治不愈的高热病人，一时名扬乡里，由此开始了与中医事业的一世情缘。1938 年，余年仅 16 岁即只身闯荡东北，由长春辗转至哈尔滨，在天育堂药店开始学徒。劳累之余，余留心记下坐堂先生给病人开具的药方，夜里点上小油灯对着医书细细揣摩。余把攒下的钱都买了医书，坚持到哈尔滨汉医讲习所学习。1942 年 6 月于讲习所毕业后，开始在哈尔滨天育堂附设的钟麟诊所行医。1948 年经松江省（1955 年后合并称黑龙江省）卫生行政部门考试，以第二名的优异成绩，获得中医师证书。

1951 年，余在哈尔滨市中医进修学校脱产学习一年。此后为响应政府号召，与中医赵麟阁、高瑞圃、周国卿四人组建了哈尔滨市第四联合诊所，与工厂建立医疗合同，为工人诊治疾病，深得业内外人士的赏识与信任。1955 年，余调至黑龙江省中医进修学校（黑龙江中医药大学前身）执教，同时还为哈尔滨医科大学及省中医进修班、西医学中医班等讲授《伤寒论》《金匮要略》《温病学》《诊断学》等课程，为培养本省的中医骨干和黑龙江中医药大学首批师资力量做出了贡献。

1957 年余参与筹建黑龙江省祖国医药研究所，并任中医内科研究室主任，从此将肾病的治疗与研究作为主攻方向，从脾肾论治慢性肾脏病疗效显著，并带动了黑龙江省中医研究院肾病专科的发展。作为该所的创始人之一，余之临床研究业绩、科研教学成果的取得，中医理论造诣的升华，以及获得的许多殊荣，都与这个研究所的发展与壮大紧密地联系在一起。20 世纪 60 年代初，余刚过不惑之年，即以深厚的医学功底、博学多识、善治疑难病著称，入黑龙江省四大名医之列。余在痹病、肝病、肾病、血液病、神志疾病等方面积累了丰富的临床经验，许多疑难危重病人经余治疗后转危为安。余经常被邀请参加省内疑难病中西医会诊，常被请去为当时的省委第一书记欧阳钦及省委省政府有关领导诊病。受党中央和省领导委托，1961 年，余与哈尔滨医科大学的胸科专家傅世英教授一起，赴黑河为苏联阿穆尔州秘书长（相当于我国省长）多布雷治好了心脏病。我讲授《诊断学》课程时，深感有必要为脉学正言，遂于 1964 年撰写了《脉学刍议》一书。本着商榷的态度，取名为"刍议"。该书针对脉学中有关问题加以阐发，尤以仲景脉学为中心内容，学习仲景言证必言脉，言脉必言证，揭示了脉学在中医临床辨证中的重要地位。

1967年7～10月，余参加了农村医疗队为农民防病治病。1976年，余随黑龙江省卫生厅厅长下乡，在呼兰县举办的乡村医生学习班主讲《伤寒论》，还奉卫生厅之命，组织人员编著了乡村医生普及读物《中草药》和《中医基础》，并由黑龙江省人民出版社出版发行。

1978年全国科学大会，余作为寥寥无几的中医界代表光荣出席，决心为中医科技事业再扬风帆。当年余任黑龙江省祖国医药研究所副所长，并当选为黑龙江省人民代表大会代表。余曾当选第五届、第六届全国人民代表大会代表。

改革开放后，余除医疗工作外，还要主持国家课题、培养研究生、出版著作，虽然身兼多职，但余始终把为患者看病放在第一位，没有丝毫懈怠。1986年国家科委和卫生部确定"七五"科学技术攻关计划，余关于"中医治疗劳淋（慢性肾盂肾炎）"的研究课题一举中标。国家中医药管理局领导还请余担任全国老中医经验研究9个课题组的组长。余亲自主持完成的课题"中医药治疗劳淋的临床与实验研究"，获得国家中医药管理局科技进步二等奖。这期间，余作为黑龙江省中医学院的教授，要挤时间指导、审阅研究生的毕业论文，参加论文答辩；还要定期出专家门诊，不能扔下患者不管；黑龙江人民出版社频频催余尽快完成30万字的《临床经验集》。

20世纪90年代，余已古稀之年，反倒更忙了。余坚持不懈地出专家门诊，查病房，承担科研课题，亲自指导硕博研究生；作为黑龙江省职改评委会中医药组组长、科技进步奖评委会主任委员，参加职称评定和奖项评审；应国家中医药管理局及有关部门的邀请，常为一些研讨班、培训班讲学。余更加关注中医药事业的前程，为振兴中医药事业奔走呼号，上书谏言，献计献策。1990年，余与邓铁涛、任继学、路志正、焦树德、巫君玉、颜德馨、裘沛然等8位名老中医，为加强国家中医药管理局的职能联合致信江泽民主席。10月9日中共中央办公厅、国务院办公厅信访局回函答复，同意加强国家中医药管理局管理全国中医药工作职能等的意见。同年11月，国家两部一局确定全国500名老中医药专家带徒，余作为张佩青、朱永志老师，出席在北京人民大会堂召开的全国继承老中医药专家学术经验拜师大会。1998年8月11日，余与邓铁涛等8位名老中医致信朱镕基总理，反映中医药存在的问题，被称为"八老上书"，对推动中医药事业的发展起到了良好的促进作用。此间，余还先后出版了《张琪临证经验荟要》，获黑龙江省中医药科技进步二等奖；与任继学等名老中医合著的《中国名老中医经验集萃》，获北京市科技进步三等奖；出版专著《张琪临床经验辑要》等；还先后应邀出访美国、日本讲学、会诊，以传播中医药文化，进行学术交流。

进入 21 世纪，我虽已进入耄耋之年，并没有停下一世为行医的脚步，主持的科研项目多次获省部级科技进步奖；指导学术传承人整理编著了《中医临床家张琪》《张琪肾病医案精选》《国医大师临床经验实录·张琪》《张琪医案精选》及《张琪学术思想探赜》等著作。2009 年被卫生部评为中国 30 位"国医大师"之一，这是中华人民共和国成立以来我国第一次在全国范围内评选国家级中医大师，是中医界最高荣誉称号。余近年来为全国优秀中医临床人才研修班、同济大学中医大师传承人才培养计划等中医传承项目培养继承人及学员多名。至今仍坚持每周出三次门诊，对每一个患者都耐心细致地询问病情，无论多累，都坚持让每一个患者得到满意的治疗。

兼收并蓄　继承创新

余精于仲景学说，对历代医家及中西医汇通学派之学说兼收并蓄，对现代医学亦多探索。善于用辩证法思想指导临床用药，形成了师古不泥古、继承创新、独树一帜的学术风范。

（一）精于辨证论治，提出辨证抓主证理论

"辨证抓主证理论"是余在继承传统中医辨证论治理论的基础上，结合临床经验提出的。"辨证抓主证理论"是运用辩证法思想，对中医"辨证论治"理论体系的继承和升华，提取出其辨证论治的核心内容是抓主证，是指导临证诊治的创新性中医理论学说。中医治疗疾病能否取得较好的疗效，辨证准确是其重要前提，余之所以能够治愈大量疑难重症，精于辨证是重要原因之一。

余认为，辨证论治是中医的精髓。一个经验丰富、高明的医生，主要是辨证熟练准确，立方遣药能中肯綮。医者必须抓住主证，但当某些次证、兼证较明显、较重，会使主证发生变化，影响主证的治疗时应在抓主证的同时，兼顾次证、兼证。主、次证兼顾的治疗，也是为了更好地治疗主证。无论是单纯抓主证，还是兼顾次证、兼证，均应根据具体病情来确定，如此，有条不紊地辨

证治疗，才能收到事半功倍之效果。当然，任何证候都不是一成不变的，主证也可能随疾病的发展变化而改变，因此，临证应随着证候的不断转化，随机抓住主证，确定治则治法，方能虽变不乱，直中肯綮。在错综复杂扑朔迷离的证候中，必须认清真伪，抛弃非本质部分，抓住疾病的实质，达到辨证准确，论治中肯。《素问·标本病传论》谓："谨察间甚，以意调之，间者并行，甚者独行。"

（二）辨证辨病相结合

余认为，辨证论治虽是中医的精髓，但它毕竟受历史条件的局限，存在着不足之处，应借助于现代科学之诊断手段，与西医辨病相结合，才会大大开阔诊治的思路。

余主张，一是在中医辨证的基础上，借助西医诊断手段为我所用，以开阔辨证论治、立方遣药的思路；二是对某些疾病中西药合用，能相互协同，增强疗效，去除一些副作用。辨证与辨病相结合，绝非抛开中医理论、中医辨证论治，按西医的诊断去应用中药，而是中西医的有机结合，是取长补短，相得益彰。

辨证与辨病结合互参，中医西医结合是提高疗效的关键，但是临床诊治疾病必须坚持中医特色。要用西医之长补我们中医之短。余临证中对内科杂病重视中医的辨证与辨病相结合。尤其一些疑难顽疾，西医多项检查往往无阳性结果及明确诊断及治法，余通过四诊，收集资料后，辨证与辨病相结合，而后立法用药，疗效显著。

（三）重视脏腑辨证，提出调补脾肾理论

余认为辨证必求于本，本于八纲，本于脏腑，不论疾病如何复杂或如何简单，都要辨清寒热、虚实、阴阳、表里，以明确病性、病位；辨清脏腑，找到病位。疾病各有所属脏腑，找到病变脏腑即寻到了疾病的根源。而五脏之中，脾与肾即"后天"与"先天"，生理上相互资助，相互促进，病理上相互影响。受前贤李东垣补脾治后天和张景岳补肾治先天的影响，余在脏腑辨证中，对肾炎等病尤为重视脾肾两脏，提出调补脾肾理论。

余推崇"水为万物之源，土为万物之母，二脏安和，则一身皆治，二脏不

和，则百病丛生"的理论。"虚证虽有五脏之不同，阴阳气血之区别，但脾肾尤为重要。盖脾为后天之本，气血生化之源。肾为先天之本，主藏精。二者为五脏之根本。"《素问·厥论》曰："脾主为胃行其津液者也。"脾运化水谷精微的功能正常，机体消化吸收功能方才健全，才能为生化精、气、血、津液提供养料，使脏腑、经络、四肢、百骸及筋肉皮毛得到充分濡养，从而进行正常的生理功能活动。反之，"脾病不能为胃行其津液，四肢不得禀水谷气，气日以衰，脉道不利，筋骨肌肉皆无气以生，故不用焉"（《素问·太阴阳明论》）。肾为先天之本，五行属水，主骨生髓，主水液代谢，《素问·逆调论》称："肾者，水脏，主津液。"《素问·水热穴论》云："肾者胃之关也，关门不利，故聚水而从其类也……聚水而生病也。"这些充分说明，一旦肾失气化、主水失司，就会使水湿积聚，浊毒内蕴。此外，"脾阳根于肾阳"，脾之健运，须借肾阳之温煦，而肾中精气亦赖于脾所运化水谷精微的充养。

调补脾肾理论，在临床上应视患者的具体情况灵活运用。"调"就是调理脾胃，"补"即是补肾。调脾重在促使脾气健运，不可过用香燥之品，以免伤津耗液，影响气血生化；补肾有滋补和温补之别，不可过用滋腻碍脾之物，以免造成脾气呆滞。

（四）善用辩证法指导临床

余对《伤寒》《金匮》及东垣学说造诣较深，临证喜用他们的方剂，并善于针对病机之错综，应用两类作用相反，或者性质完全对立的药物组成同一方剂，如常用的散敛合用、寒温并用、消补兼施等法，利用其相反相成的作用，以达到治疗的目的，体现出辩证法思想的内涵。

如对慢性泌尿系感染的治疗，余经大量临床病例观察，认为其病机多属气阴两虚，膀胱湿热，但有一部分患者，尤其是老年尿路感染病人，多伴有肾阳不足，失于温通化气之功，故常于清热利湿之剂中加入茴香、故纸、乌药、益智仁等温阳行气之品而收效；再如对肾结石的治疗，常于清热利湿排石之剂中加入乌药、茴香等温通阳气之品，以助于结石排出。又如治疗尿崩症，辨证属上热下寒之证，上则肺胃燥热灼伤津液，下则肾阳衰微，治疗纯寒纯热之剂皆非所宜，上则清肺胃之热生津止渴，以白虎加人参汤合生脉饮"壮水之主以制阳光"，下则温肾助阳固摄缩尿，用桑螵蛸、龙骨、覆盆子，尤须温助肾阳，用附子、益智仁、补骨脂等"益火之源以消阴翳"等。皆体现寒温并用的辩证法思想。

（五）治法有宗，师古不泥

余之医学理论源于对《黄帝内经》《伤寒杂病论》等的精研，治法多尊仲景，兼采古今各家之长，但师古而不为古之陈规所限，有所创新。余主张读古人书用其方，既要不失古人原方原意，又不要被其束缚，"遵古而不泥于古"，依其法而不泥其方。正如在《张琪临证经验荟要》中所说："方药内容丰富多彩……还应在理论指导下变通应用，使之恰中病情。"如以桃核承气汤去芒硝加凉血止血之剂而泻热逐瘀、以凉血止血法自拟桃黄止血汤，治疗肾病尿血属于热壅下焦、瘀热结滞、血不归经。临床各类尿血，日久不愈，而有瘀热之象者，用之多可收效。

（六）古方新用，创制新方

在古方的基础上加减变化，使之更加符合病情，切中病机，是余用药一大特点。如对肾衰的治疗，余认为慢性肾衰病位在脾肾，本虚标实，虚实夹杂，标证若以湿浊毒热入侵血分，血络瘀阻为主者，以清热解毒、活血化瘀为法，用《医林改错》解毒活血汤加味治疗，临床颇见效验。原方治"瘟毒烧炼，气血凝结，上吐下泻"，肾衰虽与之病因不同，但病机相同，故以此方治疗多有效。

余积数十年临床经验，创制出许多行之有效的新方剂。所处之方，配伍严谨，用药精当，每获良效。如瘿瘤内消饮治疗淋巴结结核、甲状腺硬结、甲状腺囊肿等；活血解毒饮治疗静脉炎；决明子饮治疗高脂血症；利湿解毒饮治疗湿热毒邪蕴结下焦，精微外泄之慢性肾病日久，尿蛋白不消失者等，均为余在多年临床实践中摸索和创制的有效方剂。

（七）权衡药味，果敢精当

经过多年临床，余认为，临证时应果敢用药，不敢用药会影响疗效。如曾治一例极危重肺结核并发感染患者，重用石膏200g，连续使用使病人转危为安。石膏剂量可随病人年龄、体质不同而变更。再如用甘遂治疗肝硬化腹水、肾病综合征高度腹水，用量宜从小剂量开始，因个体差异较大，有人服药 3 ~ 5g 即泄水甚多，有人用 10g 才能下泻水样便，余最多用至 15g。

（八）疑难病症，大方复治

余对疑难病症病机虚实寒热错杂，用大方复治法药味多达 20 几味，旨在寒热虚实正邪兼顾，常能取得较好的疗效。如治疗慢性肾小球肾炎、慢性肾功能衰竭就是如此，否则疗效不佳。余认为《备急千金要方》《外台秘要》《太平惠民和剂局方》，其中很多大方药味多达 20 ~ 30 味，就是根据病机错综复杂而设，值得学习发掘和发扬。

（九）擅用活血化瘀法

余认为，目前国内关于活血化瘀的报道较多，但大都从现代医学角度探求其机制，而对中医学有关血瘀的病因病机治则探索较少。活血化瘀法临证应用非常广泛，疗效卓著，但必须随证求因，审因论治，尤其应病证结合。血瘀的因素有气虚、气滞、因寒、因热、痰湿、水蓄、风气的不同，治疗不能千篇一律。

余临床应用血府逐瘀汤治疗多种疾病，如冠心病、心绞痛属于气滞血瘀者；由于凝血机能障碍的各种出血，如呕血、便血、尿血、阴道出血等；心肺功能障碍，出现呼吸困难，发绀及心衰、休克等（由于血流灌注不足所致）；脑外伤综合征、消化道各种瘀血；以及妇科瘀血等。癫狂梦醒汤治疗神志病如秽语综合征、痫证、神经官能症。补阳还五汤治缺血性中风及中风后遗症，脉见弦迟微弱者甚效，余在临床应用此方，有时并不局限于上述病。凡肢体不遂，辨证属"气虚血滞"者，用此方皆效。自拟痛风汤治疗风湿痰热互结、血络痹阻形成痹证（痛风）；解毒活血汤治疗急慢性肾功能衰竭等。余曾撰写"活血化瘀在临证中的应用"一文，为活血化瘀开阔了新的思路。

（十）临证求精，思维独特

精于四诊合参诊病、善用脏腑八纲辨病、创立多元化论病、创新观论病四个方面是余治疗慢性肾衰竭的临证思辨特点。余临证中重视问诊、望诊及脉诊；运用脏腑与八纲论治相结合分期辨治慢性肾衰竭；积累了多元化的论治经验，应用大方复治法取得良效；临证善于辨证，以证立法，施法灵活，依法选方；在选方用药上，尚有古方新用、化裁古方、创制新方的创新观。

1. 精于四诊合参诊病

余认为，辨证论治是中医的精髓。在中医诊察疾病望、闻、问、切四种方法中，在诊治慢性肾衰竭疾病时余尤为重视问、望及切诊。《灵枢·本脏》指出："视其外应，以知其内藏，则知所病矣。"《丹溪心法》也认为："欲知其内者，当以观乎外，诊于外者，斯以知其内，盖有诸内者形诸外。"通过诊察形体、面色和舌脉等外在变化，就可以了解体内脏腑的虚实、气血的盛衰和阴阳的消长，弄清病变的部位和性质，从而为"辨证"提供依据，是临证思维的基本形式之一，亦是以象测藏。象与藏，即表象与本质。"有诸内必形诸外"，临床证候（象）是人体组织器官（藏）在病理状态下的外在表现。

2. 善用脏腑八纲辨病

余运用脏腑与八纲辨证相结合的方法，抓住慢性肾功能衰竭主要矛盾，来认知此病的病因、病机与发展变化规律。慢性肾衰竭病情复杂，疾病发展不同阶段机理错杂，病常损及多脏多腑，其表里寒热虚实交织在一起，阴阳可变可转化，辨证准确方能定准治则，用药方能有的放矢。余认为慢性肾衰竭多由慢性肾病日久发展而来，在慢性肾病阶段，虽然临床表现特点不尽相同，但就其疾病演变过程分析，与肺、脾、肾三脏功能失调，膀胱气化不利，三焦气化失司密切相关，尤其脾肾虚损是慢性肾病的病机关键。从慢性肾病发展至慢性肾衰竭，脾肾两虚贯穿其始终。诸如慢性肾衰竭病人临床上所出现的腰痛膝软、乏力贫血等均由脾虚肾虚日久所致，此为慢性肾衰竭之本虚。而脾虚运化失司，水湿内停，肾虚气化不利，浊不得泄，升清降浊之功能紊乱，湿浊内蕴，日久必化为浊毒，湿浊毒邪内蕴日久致血络瘀阻为患，临床出现脘闷纳呆、食少呕恶、少寐烦热、舌苔垢腻或舌紫瘀斑等症，此为本病之标实。余尤其强调，慢性肾病发展至慢性肾衰竭阶段，大多已有湿浊郁久化毒，湿毒入血，血络瘀阻的病理改变。这些病理改变虽然源于正虚，但其留滞停蕴，又会进一步加重正气的耗损，使慢性肾衰恶化。因此以脏腑八纲的辨证方法论治慢性肾衰竭，脾肾两虚、湿毒内蕴、血络瘀阻、正虚邪实、虚实夹杂为慢性肾衰竭病机演变的基本特征。这种特征决定了慢性肾衰竭病势缠绵，证候多变，难以速愈。但在病情发展变化的不同阶段，如慢性肾衰竭代偿期、失代偿期及肾功能衰竭期、尿毒症期等阶段,其虚实的变化亦有一定规律,分期分阶段的论治经验是余"由果论因",注重病证的条分缕析,即注重"审证求因"重要的临床思维方式的结果。同时,余在实际临证时,既守上述经验归纳总结的常法,但亦有变法,灵活变通。所谓"知常达变"亦是余临床思维的重要内容与形式之一。因病有常证与变证,治有常法与变法,药有常方与变方。常是变的依据,变是常的演化,因此要动态辨治疾病。慢性肾衰竭的发生与发展既有自身所具有的规律性,同时又受到各种外部因素的影响。各期各阶段的病情均不是一成不变的,同病可异证。治疗也要考虑因人、因地、因时来确定,所谓"病无常形,治无常法,医无常方,药无常品"。

3. 创立多元化论治疾病

慢性肾衰竭为慢性肾病发展的终末期,病情进行性受损加重,发病机制复杂,兼并症状多而缠绵,寒热虚实,病机错综复杂,非一元化理论能阐明,更非一方一法所能奏效。因此,余多年来对慢性肾衰竭的治疗创用多元化论,喜用大方复治法,也常取得较好疗效。多元化论的诊病、治病临证经验,源于博采众家择善而从的思维,辨证与辨病相结合。余主张,一是在中医辨证的基础上,借助西医诊断手段为我所用,以开阔辨证论治、立方遣药的思路;二是对某些疾病中西药有机地合用,能相互协同,增强疗效,去除或减少一些副作用。辨证与辨病相结合能取长补短,相互资助。针对病机错杂的慢性肾衰竭,余善用作用相反或性质对立的药物以应对复杂的发病机制,如散与敛、寒与温并用,消与补兼施,气与血、阴与阳互补,为常用治法,如益气补脾肾、清热泻浊、活血化瘀诸法多元化治疗,多法合用体现多元化的思想。多元化论治疾病的思想和临证思维模式,是余定式活用的结果。所谓定法定方在具体使用上又是变通和灵活的。余主张治疗的个体化和三因制宜,使临床思维表现出不拘一格的动态性。

4. 古为今用的创新观

余临证善于辨证,以证立法,施法灵活,依法选方。在选方用药上,尚有古方新用、化裁古方、创制新方的创新观。多年临床实践的摸索,余亦创制出诸多行之有效的治疗肾病的经验方药,充实与完善了前人及西医之所未有的治法与方药。

杏林耕耘　硕果累累

余对中医肾病的研究始于20世纪60年代初，时任黑龙江省祖国医药研究所内科研究室主任。当时，内科病房收治了许多慢性肾炎患者，病人周身浮肿，颜面口唇发白，衰弱无力，病情反复发作，最后因肾功能衰竭、尿毒症而死。为此余心急如焚，认为中医应以此病为切入点。1962年，余与西医学中医的主治医师（现为主任医师，已离休）单翠华开始研究慢性肾炎的治疗方法。中西医结合治疗慢性肾炎当时在全国还没有先例，要闯出一条路子谈何容易。余对中医经典及其他古典医籍中治疗肾病的经方、时方、秘方深入探索，根据中医对肾病病理机制的认识，总结出治疗肾病的方药，既以古方新用化裁，融会贯通，辨证施治，又创制出了治疗慢性肾炎的方药；单翠华则以特有的精细和韧劲，日复一日地协助余监测病人，对比观察，详细记录，科学分析。一位中医，一位西医，配合默契，经过十余年的努力，两位开拓者的研究成果初见曙光。在消除水肿和尿蛋白方面提出有独到见解的补、清、利三方及治血尿的泄热逐瘀法，疗效显著。1981年，此项工作初步取得研究成果，达到了国内先进水平，被授予黑龙江省卫生系统科研成果二等奖。1986年国家科委和卫生部确定"七五"攻关计划，11月，余关于"中医治疗劳淋的研究"课题中标。余在原来对肾炎研究的基础上，很快组建了肾病研究室和专科门诊，开始对肾病进行更进一步的研究。

几十余年来，余扎根于临床实践，先后开展了"中医中药治疗慢性肾小球肾炎的临床研究""中医中药治疗慢性泌尿系感染的临床与实验研究""血尿的中医治疗研究"，以及"中医药延缓慢性肾功能衰竭进展的临床及基础研究"等课题研究，对急慢性肾盂肾炎、急慢性肾小球肾炎、肾病综合征、慢性肾功能衰竭、糖尿病肾病、高血压肾病、过敏性紫癜性肾炎等肾病的病因、病机进行分析、归纳，辨证论治，形成了一整套独具特色、行之有效的理法方药。总结出肾小球肾炎水肿辨治六法，肾小球肾炎蛋白尿辨治四法，肾小球肾炎血尿辨治五法，益气养阴清热解毒利湿法治疗慢性泌尿系感染，补脾肾泻湿浊解毒活血法治疗慢性肾功能衰竭氮质血症，三步论治法治疗过敏性紫癜性肾炎，益气滋阴补肾活血化痰法治疗糖尿病肾病等方法，据此研制出的方剂已作为院内制剂被广泛应用于临床，如泌炎康颗粒、肾炎止血丸、肾炎消白颗粒、肾衰保肾胶囊、肾衰泻浊丸等，带来了巨大的经济效益和社会效益，使无数患者摆脱了肾病的折磨，或延缓、推迟了肾病的进展。

在造福患者的同时，余与指导的课题组也取得了丰硕的成果：1989 年 9 月，余主持完成的"血尿的临床研究"课题，获黑龙江省科学进步奖；1990 年主持完成的"中西医结合治疗慢性肾小球肾炎"课题，获黑龙江省医药卫生科技进步二等奖；1991 年，主持完成的"中医药治疗劳淋的临床与实验研究"课题获国家中医药管理局科技进步二等奖、黑龙江省科技进步二等奖；余不仅被国内中医界誉为肾病专家，也带动了黑龙江省中医研究院肾病专科的发展，培养出一批后继人才，形成了诊疗特色突出、人才优势明显、科研成果显著的强大学科。1995 年，鉴于肾病专科成绩突出，经国家中医药管理局批准成为全国中医肾病治疗中心之一。

进入 21 世纪以后，余科学研究与时俱进，与西医肾脏病理相结合，2000 年10 月由余主持完成的"肝舒康冲剂治疗慢性乙型肝炎及肝纤维化的临床与基础研究"获黑龙江省科技进步二等奖；2002 年 6 月主持完成的"肾炎Ⅱ号水丸治疗 IgA 肾病血尿的进展研究"，获黑龙江省科技进步三等奖。

余虽应诊不怠，仍笔耕不辍，有论著 13 部，在多种中医书籍中亦有著述。如有早年亲自编著之《脉学刍议》《临床经验集》《张琪临证经验荟要》《张琪临床经验辑要》等著作 7 部，近年来主审由余传承人张佩青等整理总结余多年临床医案编著而成的《中医临床家张琪》《张琪肾病医案精选》《中华中医昆仑·张琪卷》《国医大师临床经验实录·张琪》《张琪医案精选》及《张琪学术思想探颐》等著作 6 部，将余宝贵的经验毫无保留地介绍给广大医务工作者。国医大师朱良春等读过《张琪肾病医案精选》后，称赞余治疗肾病"数十年宝贵经验毫无保留，和盘托出，公之于众，传之于世，诚仁者之心也！"

启迪后学　培育英才

作为师者，余认为："伴随着跨世纪中医药学发展的需要，中医药界必须培养和造就一大批对本专业具备深邃的学术理论造诣，有过硬的诊疗技能和研究能力的人才，才能充分发挥中医药特色，适应新世纪中医发展的要求，承担起振兴和发展中医药的重任。"余作为硕士、博士研究生导师,在繁忙的临床和科研的同时,致力于高级中医人才的培养。余对后学寄予厚望,毫无保留地传授,希望中医事业的继承人一代更比一代强。

对新世纪中医药学发展和人才培养问题,余有以下见解:

博大精深,文献是根本。余认为,中医文献汗牛充栋,难免使后学者有望洋兴叹、望而生畏之感。但是中医药学理论的精髓、历代名家临证经验之结晶,尽皆在斯。欲成就一代名医、大医者,莫不学海泛舟,"咬定青山不放松"。然而读书的方法要博而精,既要通读,又要采其所长弃其所短。学无止境,博大精探的中医药必定是干到老,学到老,才能成为一代名医。

学以致用,临证启新知。余提出,除了深入阅读书籍文献之外,更重要的是印证于临床实践。中医的阴阳五行、藏象经络、生理病理等基础理论,都是前人在治病过程中加以探索和总结出来的,并非面壁虚构。如治疗肝炎、肝硬化等疾病,用"见肝之病,当先实脾"的理论指导,健脾理脾以柔其肝,常收到良好疗效;治疗肾病综合征腹水,依据《黄帝内经》"诸湿肿满,皆属于脾","脾主运化水湿"等理论从脾论治,也往往收到小便通利、腹水消除的效果。中医和中西医结合研究,无论是对急性病还是慢性病诊疗规律的认识和疗效都有所突破,如对急腹症、乙型脑炎、出血热、中风等急症,肝病、肾病、冠心病、痹症和重症肌无力、萎缩性胃炎、再障等慢性病所总结出来的治疗方法,都是在继承前人经验的基础上有所发展和创新。

科技创新,扬己之长。余认为一切高科技手段,只要是有助于中医药学的发展,有所创新,都可以为我所用。用传统的方法研究中医药和现代科学方法研究中医药,二者相辅相成,是不可分割的。例如对肝硬化、类风湿性关节炎、慢性肾炎、重症肌无力等病的中医药治疗,都能用现代医学诊断指标加以证实,其疗效能从实验室微观指标加以说明。青年中医必须在中医学术上狠下功夫,奠定坚实的基础,同时要学习多学科知识。然而前者是基础,如果忽视了,只强调学习现代多学科知识,最后也只能贻误自己,把中医学丢失了,又谈何继承与发展。

余认为医者必须思路广阔,运用思考、思维、思辨,准确分析病情,探微索隐,直中肯綮。余对名中医大夫越来越少、临床水平下降的现象很着急。余提出两个建议,一要充实教材的中医内容,每一版都应该补充新的内容,一些好的现代临床经验也可以加进去。二要有一支临床经验丰富的优秀教师队伍，中医基础的讲授一定要结合临床。

在研究生培养上，余始终要求学生多参加临床实践，不能成为"本本先生"。余认为师带徒的形式不错，但必须是真有经验的老师，真有兴趣的学生。方式就是过去的"侍诊"，学生听病人主诉、看舌脉、体会老师的辨证用药、记录抄方。带徒弟就要一直讲，把能想到的都毫无保留地讲出来。临床传授中最难的部分就是辨证。余认为辨证论治是中医的核心，如果没有辨证论治，中医就没有特色了。要提高辨证论治的准确性，就要苦练临床。经验多了，望闻问切运用纯熟了，准确性就提高了。

多年来，余已培养医学博士 32 人、医学硕士 12 人，培养学术经验继承人 8 人，在哈尔滨、长春、大连、北京、天津、石家庄、郑州、上海、杭州、广州、昆明、香港等地，以及日本、美国、匈牙利等国家均有学生和弟子，可谓桃李满天下。他们之中有的已成为国家、省或市级中医领导人、学科带头人，有的已成为博士或硕士研究生导师，成为中医事业的栋梁之材。

厚德载物　大医精诚

余认为医者不但要继承和发展前贤精湛的医术，同时也要秉承中华民族仁爱、达理、廉洁、纯良的医德医风。余以"大医精诚"之训，筑成"救死扶伤"之心。余崇拜仲景论证之精辟，更佩服仲景"下以救贫贱之厄"之至诚。余认为："为医者，应待患者如亲人，至精至诚，让饱受疾病折磨的患者饮橘之甘泉，啖杏林之蜜果，摆脱病痛，步入坦途。"

多年来，余废寝忘食地工作，耐心接待每一个就诊者。不论是高级干部，还是普通工人、农民，余都一视同仁，认真诊治。内蒙古农村一肾病患儿，在其他医院治疗近一年，仍腹胀，重度浮肿，大量尿蛋白，由于长期用激素，又患股骨头坏死，经人介绍，前来求余医治。经余细心辨证用药，一周后所有体征均明显减轻。又治月余，诸症悉除。患者家属再三致谢，轻松而归。一天中午，余看了一上午病刚要回家吃饭，一位来自集贤县的妇女闯进诊室着急地说："就差一个人没看上病，大老远来的，可咋整！"余问明原委，二话没说，立即安抚病人，给她诊病。原来这位妇女患的是肾功能衰竭，不能延误。经余精心调治，一个月只花了 300 元钱，便控制了病情。一位 89 岁的老人，在儿子搀扶下来院就诊，也是没挂上号。余得知后，对工作人员说，这么大岁数，看到大夫却看不上病，太不忍心！余忙将老人引进诊室，直到诊治完毕才下班。

来诊病的人，大都为重患或疑难病，余宁肯牺牲自己的休息时间，也要为远道慕名而来又挂不上号的病人诊治。有的病人跟到家中，或将余截在路上，余都和颜悦色地接待，安排时间为他们耐心诊治，从不厌烦。一位从鸡西来的慢性肾炎患者在门诊求医，高度浮肿 8 个月，经哈尔滨市几大医院治疗不见好转，余给其开了中药，服药 10 余剂后，浮肿见消，病情好转。一天，医院组织全体职工春游，余在车上看到这位患者来了，立即下车请病人到诊室看病。一年一度的春游未去成，虽有些遗憾，可余却觉得："以病人之乐为己乐，这是一个医生最有意义的事，岂不远远胜过春游之乐吗！"

对于一些来信、来电寻医问药的病人，余总是认真回复，或调剂药方，或鼓励病人增强信心。许多患者不仅把余看作救命的医生，还把余当成自己的朋友，精神的寄托，康复的希望。广西南宁市一位黄姓青年，给余写了一封热情洋溢的信，信中说："张爷爷，您好！我服了您的药后，病情明显好转，尿蛋白减少了，体力增强了，腰也没那么累了，对生活充满了信心。真的非常感谢您。您让我深深敬佩！您在百忙中还要为我多操一份心，我心中又感激又不安。我一定会增强信心，把病治好。"时至今日，余虽九十高龄，仍风雨无阻，每周三次门诊，从不迟到。"老百姓看病不容易，医乃仁术，治病救人，要见诸行动，要为病人着想，不能发病人之财。"

（张佩青、刘娜协助整理）

胡节君

胡节君（1924—1991），名竹如，字节君，安徽省绩溪县人，龙川胡氏四十六世，新安医学世家——龙川胡氏医学第 11 代传人，副主任中医师，安徽省级名老中医。先生在 40 余年的临证生涯中，能中会西，医术精湛；仁心仁术，医德高尚，先后 9 次被省、地（市）、县评为先进个人，系绩溪县政协一、二、三届常委，中华全国中医学会徽州分会理事，绩溪县医学会副会长，省科协会员，县科协委员。

灵山毓秀　旺族盛医

皖南绩溪县龙川，自古文风昌盛，人才荟萃，是古徽州出名的"进士村""名医村"。仅在明代，该村共有 10 多人中进士。其中最著名的是明成化十四年（1478）中戊戌科进士、官至太子少保和南京户部尚书的胡富，明嘉靖十七年（1538）中戊戌科进士、官至太子太保兵部尚书的胡宗宪。龙川现为安徽省历史文化保护区。胡氏族中盛行一支以医为业的支脉，世代相传。据史料记载，龙川胡氏宗族早在 400 多年前就开设了医馆。从胡氏 24 世太二公时起，便在医馆坐堂应诊，设药号"余庆堂"。胡氏 25 世士贵公行医于苏州，28 世永泰公则在宫廷太医院供职。"连续五代行医，以正骨理伤、治蛇毒相传，医著有《正骨》传世。"（见《绩溪胡探秘》）其后，清嘉庆十五年《绩溪县志》载："胡仲伟，字环溪，龙川人，诚朴谨慎，世传外科，尤精方脉。"而 1935 年绩溪名士胡子谊先生撰写的名人举荐信，"龙川胡氏医学家真绩"一文，更详细记载了"龙川胡氏医学"的渊源。自清中期龙川胡氏 36 世胡仲伟而下，历经 13 代，代不乏人，成为新安名医世家中具有代表性的传承家族之一。胡仲伟自幼秉承家学，续外科祖业，精研岐黄术，并在内、妇、儿科方面积累了宝贵临床经验，医术名盛一时，为后世龙川胡氏医学世家，以内妇儿科为传承体系奠定了基础。到民国中期，第 10 代传人胡震来，医术医道，更趋精湛，广受乡里称赞，享誉邻省邻县。

承袭家学　潜心医术

在龙川村，有一幢三间两过厢的徽派建筑，耸立在与龙川"胡氏宗祠"（国家级文物保护单位）一墙之隔的左侧，门楣上由绩溪清末著名书法家程宗鲁先生题写的"是亦杏林"四个苍劲砖刻篆字，镶嵌在门楼上，这就是绩溪龙川胡氏医学世家第 10 代传人、胡节君的父亲胡震来的故居。胡震来生前医学超群，在学术上有独特之处。举凡内妇儿科的疑难急症，在临床上颇能解疑难，挽急重，决死生。据"龙川胡氏医学家真绩"一文载："其子震来，随伯父习医学，足不出户凡三四年，于百家医案无不融会贯通，妙手到处，无不成春。民国十二年，安徽桐城县陶润月患重疾求诊治，药到病除，赠其匾额，首序云：'贵府世代名医，晚生到此有年，耳之已熟。今沾重疾，果蒙令郎震来先生妙手，药到病除，足征衣钵真传，后先媲美也。活命之恩，愧无以回报，今将回籍，留此以纪不忘。'"1934 年时任绩溪县县长马吉笙对胡震来医术医德倍加赞赏，赠匾"识超学粹，仙手佛心"予以褒奖。

胡节君先生就出生在这幢世医祖屋内。先生很小时候就随父亲胡震来诵读《医学三字经》《医学实在易》《汤头歌诀》《药性赋》等一类中医基础书籍，耳濡目染，接受家传教育。在芜关中学读书时，寒暑假日回家，也跟随父亲侍诊看病，帮助抄录医案处方，接受世医家族传统的临证教育和培养，初步了解中医药学的基本理论基础知识。

1942 年冬至 1943 年春，绩溪县流脑暴发流行，胡震来先生一面日夜忙于治疗和抢救病人，一面又在报纸上呼吁民众用"防风通圣散"进行预防。终因数月未安枕席，昼暮出诊，接触病人过多，不幸染疫，加之 12 岁幼子亦染疫早夭，身心备受疲惫，于 1943 年 4 月 14 日逝世，享年 48 岁。先生父亲去世后，因家庭子女太多，日常支出难以为继，经济上已不容许继续在外求学了。1943 年中学毕业，胡节君自己也有了继承家学、接父亲的班——做医生的决心。于是在原有家学基础上，加强对中医的学习，特别重视《内经》《伤寒论》等经典理论的学习，认为为医不读《内经》《伤寒论》，则学无根、医无本。先生说到做到，终日求知，名著名案不离手，边做边学不断提高中医理论功底，为临床诊治能力提高贮备营养。1943 年，先生考入北平国医专科学校，系统函授学习了三年中医药学知识。功夫不负有心人，几年的勤奋学习为其日后的临证打下了坚实的理论基础。

1946 年 7 月，胡节君受聘于浙江省余杭县黄湖镇宓天德堂药店，任坐堂行医。当时结识同堂道友郑学渊医师，郑先生是浙江医科大学毕业的西医生。胡节君在诊余时间，虚心地向他求教西医理论。且勤学好问，努力探索，通过用西医知识审视中医，在中医临证时，对许多疾病就有了新的认识，医术亦日进。1948 年便考取了浙江省卫生厅中医师执业证。1949 年起，胡节君先生在临床上就能用中西两法，对病人进行诊断和治疗。由于较一般的纯中医又多了西医做协助诊疗，故而在内、妇、儿科方面，医名渐起，在余杭及邻近县市亦有影响。因此，先生成为邻近中医界中最早接触西医知识的人，也是周边地区世医家族中、懂得用中西医结合治病疗伤第一人。到了 1952 年，因家中老小需要照应，胡节君先生又返回原籍继续行医。1954 年 1 月，他联合当地四名中医组建了瀛洲乡联合诊所，不久又发展为瀛洲乡卫生院。1979 年，已为副主任中医师的胡节君通过了安徽省中医考核，被省卫生厅选定为名老中医。1984 年，花甲之年的胡节君先生又被调往绩溪县创办中医门诊部（现县中医院前身），担负门诊业务。在 40 余年的临证生涯中，先生从龙川村到县城，始终遵从父教，医者仁心，无论诊务多么繁忙，对患者都是尽心竭力，故四方病人慕名求医，络绎不绝。医名远播浙江、上海、洛阳、芜湖、宣城、宁国、郎溪、歙县、祁门等地。

胡节君先生一生勤奋，好学不倦，一直不断探索求知。在对经典著作领悟上，总是怀着一颗虔诚的心，认为中医经典深奥，必须要潜心研读，对各名家经验要充分吸收活用。20 世纪中后期，在阅读书籍难求的情况下，坚持不间断地长期订阅各类医学杂志，从中获得医学新知识、新方法。平时诊事再忙，也要挤出时间抄录名医名案和收集发掘灵效单验方。身后为我们留下了王孟英及近代名医丁甘仁、王仲奇、秦伯未、萧龙友、叶熙春、蒲辅周等名家医案手抄本多部。特别是《王仲奇先生方案》，更是十分珍贵的新安医学文献资料。同时，将父亲胡震来生前遗留下来的医案加以归类，用毛笔小楷抄录，于 1987 年整理完成了未刊本——《胡震来医案》一书。并将自身多年看病处方装订成册，方便后人学习，获取治疗经验。胡氏父子两代故人留下的医案处方，都为世家增添了一份不可多得的文化遗产。真可谓：勤学奋进，用心备至。

能中会西　擅治重症

胡节君先生从医一生，在传承家学同时，敢于思辨，大胆创新，遵古而不泥古。在临证中不断地学习再学习，总结再总结，力求医术的再提高。对现代医学诊疗手段能较好接受，故而在诊治疑难急重症方面展示出中西医结合的魅力，临床中发挥出较好的疗效。他常说："西医要学习中医，中医同样必须学习西医，做到中西医学要融会贯通。"先生既是世家中西医结合的开拓者，也是耕耘者。因而先生成为远近世家中，运用中西医二法治病的第一人。凡其带教的学生弟子都能运用中西医两种方法诊治，在抢救治疗急重症中占有明显的效机。

先生不仅勤于学习吸收名家经验，还善于总结自己以往的得失。在系统学习父亲治疗时疫病经验基础上，十分重视分析总结自己的治病方法，留心于病案的积累。1948 年 9 月，在浙江余杭县治疗一例伏邪秋发的危重病人时，运用温病学说的理论，参照前人经验，一丝不苟地进行审证求因，药随证变，经过精心治疗，使这位九死一生的病人恢复了健康。这一病案，他一直完整珍藏于身边，为后来在治疗疫病方面积累了一定的临证经验。

1957 年夏秋，先生就遇到和诊治了很多类似后来诊断为钩端螺旋体病的病人。当时受诊断条件限制，对这些高烧咳血的病人，无法进行实验室诊断。医学资料也没有钩端螺旋体病例报道。依据患者的症状和体征表现，通过查阅大量的中医文献，认为这一类肺出血型钩端螺旋体病，酷似《温病条辨》所载"暑瘵"一证。其病机为暑热熏蒸，灼伤肺络，肺气贲郁，火载血上。以发病急骤，病情险恶，易于扰营动血、逆传心包为特点。先生在总结以往类似病人临床经验上，按卫气营血的辨证方法和暑、湿、热邪的致病特性，结合临床病症，将此病分为暑湿犯肺、暑热伤肺、热盛正虚三型，立方遣药，每获良效。以三仁汤、藿朴夏苓汤、宣痹汤化裁治疗暑湿犯肺型；以清营汤、玉女煎、清宫汤、清络饮等加鲜茅根、鲜藕节等治疗暑热伤肺型，神志不清，可酌情选用牛黄清心丸、安宫牛黄丸、神犀丹等清心醒脑之品；以生脉散、王氏清暑益气汤等加三七、童便、至宝丹等，扶正气以固虚脱，治疗热盛正虚型的病人。吴鞠通指出："暑兼湿热，偏于暑之热者为暑温，多是太阳证而宜清；偏于暑之湿者，为湿温，多是太阴证而宜温；湿热平等者，两解之，各宜分晓，不可混也。"因此，先生根据温与热的偏胜，肺金见证的轻重，以及津气盛衰存亡的不同情况，以卫气营血为纲，分为上述三型，辨证施治。通过审因明症求型，采取清暑涤热以熄燎原，滋阴化源以存津液，清络止血以制涌逆，宣窍宁神、捍卫宫城等治则，使邪热不致内陷，暑热外达，从而解决和治愈了不少较重病人。并认为对大量涌血的病人，加入童便一味尤显重要；对舌绛有瘀点、血色紫有块的患者，常以童便合三七粉同用，能起到止血化瘀的效果。朱丹溪谓："降火最速，莫过于童便。"此前辈用药之秘。到 1962 年 10 月《中华内科杂志》和《中医杂志》，才有了钩端螺旋体病的报道。此后，先生更加深对该病的认识。

1972 年 8 月，该病又在邑中流行，先生根据以前的治疗经验和方法，胸有成竹，在临近的乡镇一带，治愈了不少病人，皆收到比较理想的治疗效果。经临床的治疗和总结，先后撰写"钩端螺旋体病的中医辨证论治"，和"中医治疗肺出血型钩端螺旋体病的体会"等多篇文章，分别在《徽州卫生》1977 年第 1期、《徽州医学》1979 年第 3 期上发表，是 20 世纪 50 年代发现绩溪县首例钩端螺旋体病人的第一人。采用中医药治疗，使患者很快痊愈，为中医药治疗钩端病积累了一定的宝贵经验，产生了积极的影响。

20 世纪 70 年代，农村卫生条件差，个人的防护知识缺乏，在当地时常发生较多急慢性肝炎病人，西医没有特别好的治疗方法，病人也多求中医治疗。而远道来诊者为数甚多，所以在瀛洲乡卫生院连年来，为了这些病人能住院隔离治疗费尽周折时，在先生的倡导下，小乡镇卫生院当时就设置病床 20 张，满足了从外省市县和当地三线厂病人住院治疗的需要。瀛洲乡卫生院也成为当地乡镇一级设立隔离病床最早的医院。在肝病治疗方面，先生采取了中西医结合的方法。认为急性肝炎要抓住病机，掌握治则，权衡用药。清热化湿是其治疗大法，但要辨清湿与热孰轻孰重，以确定清热化湿药物的恰当比例。采用凉膈散、三石汤、柔肝解毒汤等，辅以西药护肝、能量合剂治疗，效果比较理想。如黄疸型肝炎多因湿热蕴郁而成，清热利湿固然是治疗本病之大法，但先生认为，肝病病人本身身体虚弱，用苦寒清热解毒药更伤脾胃，身体就越虚。清热药多味苦性寒，过量易损伤脾胃之阳，克伐生发之气，于祛湿不利；化湿常须温振脾阳，药宜辛开温化，但辛温药品助热伤阴，于清热又相悖逆，临床常顾此失彼。他始终遵循肝病专家关幼波先生的"补治兼备"法则，扶正祛邪，重点补正。通过数十年的实践，先生在处方用药上形成了自己独特的风格，苦寒伐中的药品尽量少用或不用，即使病情需要，也是选择具有清热解毒作用而苦寒性味较轻，或选择既能化湿又不至伤阴助热的药品进行治疗，力求寒而不凝，温而勿燥。故其一生对黄连、龙胆草等大苦大寒类药物几乎不用。如治一胡姓患者，目黄色晦、上腹胀痛、不饥不食、头晕、全身软弱无力，且便溏、小便清长、脉缓、苔白，属阴黄证，先生根据证候投以绵茵陈 15 克，制川朴 6 克，炒谷芽、炒麦芽各 12 克，炒枳壳 6 克，生薏苡仁、熟薏苡仁各 12 克，炙鸡内金 9 克，片姜渣 6 克，生晒术 9 克，陈广皮 6 克，野茯苓 9 克，砂仁 3 克（后下），藿香梗 9 克，数剂而愈。

对慢性肝炎的治疗，先生强调注意肝与肾、肝与脾胃、肝与血气、肝与情志及饮食劳逸之间的关系。澄本穷源，知常达变。如肝肾之阴两亏者，要从滋养肝肾之阴入手，佐以清热利湿；对肝炎失治，或过用苦寒攻伐之品，导致木郁土衰，胃失和降，消化吸收功能减退，造成营养不良者，采用疏肝运脾健胃法，注重维护脾胃生理功能，增强病人的抗病能力；对久病血瘀络阻，形成肝脾肿大，皮肤黏膜出现瘀斑等症状病人，则以疏肝解郁、活血化瘀、软坚消积、逐水扶正治疗为重点；对肝病精神情绪不好，多愁善虑，烦躁失眠，肝区作痛，胃胀嗳气病人，选用逍遥丸、越鞠丸等，以解肝郁、定心志。并集多年临证经验，自制家用验方"肝炎糖浆"（由一枝黄花、绵茵陈、虎杖根、六月雪、车前草、半枝莲、板蓝根、樟苔树根、白茅根、垂盆草、淡黄芩、紫丹参、醋柴胡、生山楂、生大黄、白花蛇舌草等组成），作为肝炎流行时期治疗预防用药，一直沿用至今。1978 年 4 月，在原徽州地区老中医座谈会上，先生专题介绍了"中西医结合治疗急慢性肝炎的体会"，后又在 1979 年的《徽州医学文选》上刊登发表。

在医学领域里，李东垣、刘河间、朱丹溪、陈修园、吴鞠通、叶天士、王士雄等名家学说，对先生的影响较大。同时，先生也是运用他们的学术经验，来指导自己 40 多年的临床实践的。先生认为，自己出自农村，就要根植民间，服务好群众，洞悉百姓患病的痛苦。农村里的医生，看病是没法区分科别的，不论急慢性疾病，内妇儿科，肝肾、心脑、情志内伤等疾病，都得看。这就迫使他主动地向多学科去钻研学习，并要求在实践中，不断提高各科各类疾病的医疗技术，去为病人服务。农民一般小病多不求医，每到高烧不退或脘腹剧痛方来就治。先生不仅擅长中医中药治病，还不断吸取现代医学知识，协助诊断，明确病症。中西医两法并通并用，所开西药处方皆用拉丁文书写，老百姓称其为"大医生"（当时当地老百姓对大医院医术可靠的医生的称呼）。正由于能中会西，故而在内外妇科的疑难杂症治疗方面，信心倍增，方法更胜一筹。先生还十分重视乡村民间单方验方和农村易得药材的使用，使农村的病人都能得到简便廉验的实惠。故在治疗各种急危疑难病时，方剂中十分注重乡间单验方草药食物的配伍使用。如用童便治疗血热咳血病人；善用荷叶包饭，再煨炭入药，杵头糠、两头尖、大蒜秆、大蒜、尖头螺蛳壳、北秫米、陈米、葱白根、御米壳等农村常见食材，治疗各疑难杂症，取得较好效果。掌握药性，就地取材，体现出乡间医生应有的特征。另一特点是，在农村所遇奇症必用奇法治疗。一次一小孩误吞铁钉入腹，腹痛满地打滚。先生与胞兄胡树人出诊在该村，采用活磁石一钱，朴硝二钱，上药研细末，然后用熟猪油、蜂蜜调好服下，不久小孩腹内铁钉排出，见磁石末包附在铁钉外，用奇法救了小孩一命。还有采用黑田泥吞入腹中治疗蚂蟥入腹的病例。像这样的奇症用怪招治愈仍有较多的案例，可见单方验方有着无比潜在的效应，也是乡间医生所必备的本领。

传道育才　杏林满园

先生勇于担重任，传家学，一生传道授业，解惑释疑，造就合格中医人才。为医求精，待人以诚，行事务实，积极践行大医精诚的价值取向。在传医授业的同时，育人品成为带教中重要一环。他还打破中医世家传统的传内不传外、传男不传女的家规，广开师门，培育中医人才，建立平等的师生关系。一生亲传弟子9名，培训指导过的私淑弟子20多名，皆在中医药教学、医疗战线上，发挥积极的作用，呈现出桃李满园的景象。

现今先生后人皆秉承家业，不负师望，精医重德，事业有为，成为医中佼佼者。先生于1948年便携带小其5岁的胞弟胡瑝灼行医于浙江余杭、临安等地时，精心传道授业。胞弟1958年参加安徽省中医进修学校中医师资班学习，毕业后留任安徽中医学院教师。先后担任伤寒教研室主任、图书馆馆长、学位委员会副主任委员、职称评审委员会委员、省中医学会常务理事。1985 年被评为教授。1976 年起担任研究生导师，培养硕士生数十人。1990 年起享受国务院特殊津贴的殊荣。长子胡鹏飞副主任中医师，历任绩溪县中医院院长、绩溪县人民医院院长、绩溪县卫生局局长。退休后自办绩溪县雨田医院，继续用家传医术为绩溪人民防病治病。次子胡任清 1979 年从"赤脚医生"直接通过全省优秀中医药人员选拔考试，此后又晋升为副主任中医师。三子胡为俭秉其学，继承世家精粹，现为黄山市中医院院长、书记、副主任中医师，安徽省非物质文化遗产项目新安医学代表性传承人，安徽省中医药学会心血管病专业委员会委员、养生保健专业委员会常务委员，安徽省医院管理学会中医院管理专业委员会常务委员，安徽省药学会膏方专业委员会常务委员，《中医药临床杂志》编委，黄山市中医药学会暨新安医学研究会副理事长。

先生学生胡顺强，1971 年跟随习医，1974 年考取安徽中医药高等专科学校，毕业后留校任教，为中医副教授、全国优秀教师、芜湖市名老中医。

现今，"龙川胡氏医学"已被列为黄山市非物质文化遗产名录；"胡震来临床经验整理研究"已列入 2014 年安徽省卫计委（现安徽省卫健委）中医药科研课题项目计划；"胡节君医案"也已列入整理出版计划；胡为俭先生安徽省非遗传继承人工作室，设在黄山市中医院新安名医堂，传带学子，宏大医业。"龙川胡氏医学"后继有人。"龙川胡氏医学"世家已走出绩溪，行医传道，光大家学，仍在续写着"世家真绩"。胡节君先生虽已仙逝，但其传承的医术医德将永远留在人间。

李振华

李振华（1924—2017），河南洛宁人。早年毕业于河南济汴中学，出身中医世家。河南中医学院（现河南中医药大学）原院长，中医教授、主任医师。历任中华中医药学会常务理事，中华全国中医学会中医理论整理研究委员会副主任，河南省中医药学会副会长、名誉会长，卫生部高等医药院校教材编审委员会委员，河南省中医药高级职称评委会副主任，1990 年被国家人事部、卫生部、中医药管理局评为全国首批名老中医，为第七届全国人大代表。中医学术精湛，七十多年来一直从事中医医疗、教学、科研工作。负责研究的"流行性乙型脑炎临床治疗研究""肿瘤耳部信息早期诊断""脾胃气虚本质的研究"课题分别获河南省重大科技成果奖和科技进步三等奖。负责"七五"国家重点科技攻关项目"慢性萎缩性胃炎脾虚证的临床及实验研究"，获河南省教委及河南省一、二等科技成果进步奖。承担"十五"国家科技攻关项目"名老中医学术思想、临证经验总结和传承方法研究"。专著有《中医对流行性脑脊髓膜炎的治疗》《常见病辨证治疗》，主编有《中国传统脾胃病学》，合编有《中医内科学》《中医证候鉴别诊断书》、全国高等中医药院校统用第五版教材《中医内科学》等 8 部。在省级以上刊物发表学术论文 50 余篇。1957 年被卫生部评为"西医学习中医甲等模范教师"。1989 年和 1991 年被分别评为"河南省优秀科技工作者"和"中医优秀科技工作者"。1987 年、1997 年分别被收入英国剑桥大学国际传记中心出版的《世界科技名人录》和《河南科技名人录》，1992 年享受国务院政府特殊津贴。1995 年被国家科委选为中国科技名人。业余爱好书法，被收入《二十世纪中国著名书画家》。

幼承庭训　步入医林

余 1924 年生于河南洛宁县一中医世家。父亲李景堂通晓中医经典，博学多闻，善于治疗伤寒、温病及疑难杂病，名闻豫西各县（见洛宁县志）。余在少年时，即随父认药、取药，协助炮制药物，耳濡目染，对医学开始有了初步的认识和兴趣。1941 年，家乡豫西大旱，颗粒不收，民不聊生，相继温病流行，死亡众多，且国民党政治腐败，不顾人民生死。余正在济汴高中读书，父亲让余辍学从医，余不愿求仕，立志以期成为良医。父亲见余尚聪颖好学，定时为余讲读中医四大经典及历代名医著作，余也侍诊习医，随时接受父亲口传心授，掌握辨证用药技巧，全面接受了父亲的医学经验真谛。余父既是良医，又是严师，经常给余讲述做人之道，学医首先学做人品德，树仁人之心，以仁为本，存济世活人之志，方可学业有成，而成良医。这些谆谆教导为余一生事业奠定了良好的思想基础。

"功崇惟志，业广惟勤。"余学医，除来自名医家传外，医学成就大多还是出于余半个世纪工作中的自学。余认为学医要专心致志、刻苦钻研、勤学务实、务求理解，且应虚心求教、容纳众长、善于总结，数十年如一日，至老不衰方可学有所成。"学在于勤，知在于行"，是余一生的座右铭。总结余的治学经历，可归纳为五个字，即勤、恒、精、博、悟。勤：即勤学不辍，勤求古训，勤学好问，能者为师，尤其是对于名医之学术观点、诊治经验、画龙点睛之处，应铭记于心，用之实践。恒：即学贵有恒，学无止境，坚持不懈。精：即精读经典名著，深思要点，铭记医理，联系实际，及时反思，不断总结，达到行出真知。博：即博学多闻，涉猎广泛，博采众方，力求做到文理、医理、哲理三通。悟：余认为，达悟较难，即在深明中医理论的基础上，通过长期临床诊断、辨证施治，产生心得体会，逐步才能心有所悟。悟也是以上四个字实践力行的结晶。达到临床通变以知常，知常以应变，学古不泥，知犯何逆，随证用药，方可达悟，以致有所创新。

正是由于具有这种学习精神和务实的学习方法，余在理论、临床医疗和工作方法方面，取得了一定成绩。1950 年全国中医师统考，余在洛宁县名列榜首，政府颁发了中医师开业执照，继而被该县人民医院吸收为唯一的中医师，并被评为全院优秀工作者。1954 年春被调到洛阳地区中医师进修班担任教师兼该地市西学中教师，被卫生部评为河南省唯一的西学中模范教师。1959 年末调入河南中医学院任内科教师，被省教育厅评为该院重点学科带头人。1981 年和次年，卫生部在昆明和长春分别召开会议成立了中国中医理论整理研究委员会，余被连选为委员和副主任。1980 年应邀参加中共河南省委宣传部组织召开的自学成才座谈会，余作了自学经历发言，会后河南电视台为余录制了"成才之路"专题报道。1976 年，《河南中医》杂志创刊，余被选为编辑委员会主任委员。1980 年被河南省卫生厅、省医药管理局聘为中医药高级职称评委会副主任委员，被教育厅聘为省高等院校高级职称评委会委员，被河南省科委聘为科技成果评委会委员。1982 年余被卫生部聘为全国高等医药院校教材编审委员会委员等。在临床医疗实践的基础上，余注意总结学术经验，著书立说，专著有《中医对流行性脑脊髓膜炎的治疗》《常见病辨证治疗》，主编《中国传统脾胃病学》，合编《中医证候鉴别诊断学》、全国高等医药院校教材《中医内科学》第五版、《中医内科学教参》等 8 部，在省级以上刊物发表学术论文 50 余篇。基于多年勤奋好学、刻苦努力，在学术上取得了一些成就，余深信秦·李斯所云："泰山不让土壤，故能成其大；河海不择细流，故能就其深"。只有具有虚心、好学、务实、有恒的治学精神，才能学有所成，造诣较深。

悬壶六秩　仁人为本

医者系人民生命之所关，诊治不当，轻则致人病痛，重则误人生命。故清代陈修园有"盖医者，生人之术也。一有所误，即为杀人"之论，余遵循医学乃仁人之术，必以仁人为本，时刻以解除患者病痛为天职。

余从医 60 余年，虽具有一定的中医药理论和临床经验，但每于临证，必做到四诊详细，谨守病机，辨证确切，用药谨慎，力求理、法、方、药丝丝入扣。上至高级领导，下至工农百姓，皆细心诊治，一视同仁，急危救厄，不愧于心，是余多年工作的准则，此即"医学通乎性命，知医则立命"之谓也。

余中青年时期，长于治疗内科杂病，尤其善治急性热性传染病，晚年专于脾胃病的研治，每多收功。1956 年冬末和次年春，洛阳地区几个县发生流行性脑脊髓膜炎病，重点疫区伊川县一个月左右死亡 70 余人，多为小孩，也有少数成年人，一时人心惶惶。当时余在洛阳地区中医师进修班任教，随地区卫生局领导和西医深入疫区医院，发现死亡者多系误用中药中的辛温解表药和解热止痛发汗药，药后大汗淋漓，继而抽搐加重，转入神智昏迷而死亡。该县医院有一王姓女患者，32 岁，流脑已夺去她丈夫和儿子两条性命，该患者已深度昏迷、高烧、抽搐、项背强直，危在旦夕，急需抢救。余诊断后认为流脑属于中医温病中的春温病，是瘟疫，有传染性。病系感受疫毒之邪，内热过胜，忌用辛温解表发汗药。当时由于缺乏有效西药，遂运用清热解毒、息风透窍法，药以银翘散和白虎汤加减，配服安宫牛黄丸，鼻饲喂药，余亲自守护 2 天，病人痊愈出院。为了抢救更多患者，余不顾个人安危，及时深入农村病家，抢救治愈了 14 名垂危患儿，并将治法教予了当地中医，以便其继续治疗。同时，余又到宜阳县、三门峡市、偃师县等地治疗了近百例患者，只要能喂进中药，均全部治愈。在此基础上，余写了"中医对流行性脑脊髓膜炎的治疗"一文，先后在《新中医》《中医杂志》上发表。河南省卫生厅和省防疫站当年在洛阳召开了现场会，让余传播了这一治疗经验。1958 年，余在此论文基础上补充写了该病专著，成书出版。1970 年 7 月，禹县大肆流行乙型脑炎，该县人民医院专门找了一个大院作为传染病房，8 天收治了 83 个病人。虽经治疗，但仍有 32 个患者死亡，多为小儿。已死和未死患者家人，哭声满院，惨不忍睹。时值"文革"时期，余随学院备战疏散在该地，望着亟待救治的患儿，余当时不顾个人安危，日夜守候在病房长达 3 个月，通过治疗观察，余认为乙脑病属中医温病中的暑温病，传染性强，患者初期经用银翘散和白虎汤加通窍息风药，并重用生石膏和配服安宫牛黄丸，转危为安。到 8 月份禹县地区天气连雨，收治的病儿多嗜睡，舌苔白腻微黄，甚者转入昏迷抽搐。据病情用药，前方生石膏减量，加藿香、佩兰、白蔻仁、郁金、菖蒲等芳香透窍药而治愈大量患儿。此即"热非清凉不解，毒非芳香不除，清凉解毒，芳香逐秽，治疫要领"之谓。1970 年 7~9 月期间，余用中药共治疗 132 名乙型脑炎患者，治愈率高达 92.7%，明显提高了治疗效果。病后有 25 个患儿出现了偏瘫、单瘫、耳聋、头痛、弄舌等后遗症状，以养阴清余热、通经活络法，配合针灸治愈。

余治疗热性传染病的体会是：①初期以清热解毒、息风透窍法，用银翘散和白虎汤加减为主，忌辛温大汗。②病入营血，以清热凉血、息风透窍法，用清瘟败毒饮加减为主。③治疗温热病要注意湿邪，尤其是暑温，暑易夹湿，注意用芳香化湿药，凉药宜减量。④温热病理是损阴伤正，故应始终注意保存津液，以多一分生机。⑤发热者注意用葛根以清热生津；神志不清甚至昏迷者注意用安宫牛黄丸或紫雪丹以清热透窍。⑥温热病后期，患者多因痰多吸不出而窒息死亡，余研制方用白矾5g，葶苈子15g，川贝母10g，水煎约200mL，用棉球浸药水滴入患者喉咙，可化痰防止窒息，余用此方多年来救活了很多因痰多将窒息的患者。⑦患者恢复期身凉脉静，宜养阴和胃为主，方用沙参养胃汤加减，有后遗症者可随证加息风通络透窍的虫类药物。

余晚年深感"脾属土，中央黄色，后天之本也，下受命门之火，以蒸化谷食，上输谷食之液，以灌溉脏腑，故人生存活之源，独脾土之最大"，故根据"脾胃为后天之本"及李东垣"善治病者唯在调理脾胃"的学说，着重于对慢性脾胃病的研治。余通过近20年对慢性脾胃病的临床系统观察和统计发现，脾胃病患者中脾胃气虚甚至阳虚者占95%左右，胃阴虚者占5%左右。同时肝、脾、胃在病理上相互影响、密切相关。慢性脾胃病的发作时有偏气滞、湿阻、化热、食滞、血瘀等不同实证，但其病理均为虚中之实、虚实交错、实由虚致，纯脾胃虚不夹实者较少见，故在治疗上脾宜健、肝宜疏、胃宜和，这是余多年治疗慢性脾胃病的大法和学术上总的指导思想。在具体辨证治疗上，应诊其肝脾胃何方偏滞偏盛，随辨证用药，如余承担的"七五"国家科技重点攻关项目"慢性萎缩性胃炎脾虚证的临床及实践研究"，余用自拟温中汤和沙参养胃汤治疗了300例住院患者，经卫生部验收鉴定，其"有效率达98.7%，治愈率为32%，达到国内外先进水平"，突破了国外502份有关资料无一例治愈的记载。通过近20年对千例以上患者的治疗随访观察发现，凡坚持服药者，未发现有一例转为胃癌，突破了国外资料认为该病是"癌前病变""胃黏膜不可逆转修复"的记载和观点。近十几年来，经对该病的进一步研究，治愈率有了明显的提高，经门诊观察统计，治愈率可达70%以上。

通过长期对脾虚证的研究，余发表了"从临床分析脾虚证的病理演变""脾胃气虚的本质研究"等多篇论文，并在实践中逐步总结了以下简明的学术思想、观点和治法：

（1）脾本虚证，无实证。胃多实证。验证了《内经》"虚则太阴，实则阳明"理论的正确性。

（2）脾虚是气虚，甚则阳虚，脾无阴虚证，而胃有阴虚证。脾失健运和升清，主要责之脾气或阳虚。健脾药无论是淡渗健脾利湿、芳香化浊燥湿、益气温中化湿以及大辛大温之药温化寒湿，无不都在助脾气或扶脾阳，此理在于"脾中之阳，法天之健，消化饮食，传布津液而运行于中"矣。

（3）治脾胃病必须紧密联系肝。无论情志伤肝，木郁克土，或饮食等损伤脾胃，土壅木郁，均可致肝脾失调或肝胃不和。故肝宜疏、脾宜健、胃宜和，三者有机组方是治疗慢性脾胃病的原则。但临证宜诊其偏虚、偏实和寒热之不同等，随证治之。

（4）重视湿热蕴结。湿热互结是本虚标实，寒热、虚实交错的病理。彼此矛盾蕴结，复杂难治，故病难速易。在治疗上宜严分热和湿的偏盛，用药要有分寸。如热盛清热药宜中病即止，过则伤脾气脾阳；热减宜及时加健脾利湿之品，以治其本，同时佐以疏肝理气药，气行则湿行，湿去则热无所存。

（5）对肝肾阴虚并有脾胃气虚的证治。由于脾喜燥而恶湿，肝肾阴虚宜滋阴养肝而不宜温燥，故滋阴则助湿易伤脾胃。健脾祛湿温燥之药易加重肝肾阴虚。同时治之，则疗效不显。对此，宜先调理脾胃，使津液生化有源，促使肝肾之阴复。但应用健脾胃之药，宜淡渗轻灵平和，不宜过用芳香温燥，以免燥湿伤阴。脾胃健，饮食好转，宜逐渐加重养阴之药，但亦不宜过于滋腻，以免腻胃助湿伤脾。余运用这一观点，多年来治疗鼓胀肝肾阴虚证等复杂病理之病，常取得良效。

（6）脾胃病中胃阴虚证亦属难治之病，用药常以轻灵甘凉为主。药味宜少，药量宜轻，不宜蛮补。并据脾胃气阴关系，在养胃阴的基础上，酌加益气而不温燥之品，治疗慢性胃阴虚所致的各种胃炎等病，收效显著。

（7）对慢性胃病的治疗，总以甘、平、温、轻灵之药性为主，并常以甘温淡渗之药作基础，随症加减。除脾胃虚寒太甚或湿热过胜，对大辛、大热之姜、附，苦泄寒下之硝、黄以及滋阴腻补之品宜慎用，以免损伤气阴。

总之，余从医60余年，临证总在中医理论指导下，辨证用药，尤其四诊合参，谨守病机，力求辨证分析全面，用药灵活，治好了很多从未治过甚至从未见过的疑难杂病，也曾受到多次报道，深受患者和群众赞扬。余在治疗温病取得经验的基础上，同时重视科研创新工作，负责的"乙型脑炎临床治疗研究"为河南省重点科技项目，"脾胃气虚本质的研究"获"七五"国家科技成果奖和科技成果进步奖。鉴于此，余并获"河南省优秀科技工作者"和"中医优秀科技工作者"等荣誉称号。

教坛耕耘　培杏成林

余从教 50 余年，是中华人民共和国成立后我国最早一批投入中医教育事业的教师之一。早在 1954 年就担任了洛阳地区中医师进修班教师，主讲《内经知要》《金匮要略》及该地市西学中医班的《伤寒论》课程。后调入河南中医学院，一直主讲《中医内科学》，并到本省各地、市及北京中国中医研究院研究生班等不少省、市和出国讲学。

"致天下之治者在人才，成天下之才者在教化，教化之所在者在学校"，故余认为振兴中医事业，提高中医的医、教、研质量，关键是人才，根本在教育。在教学上，余严肃认真、教学规范、时时处处为人师表，恪守"教人治人，宜皆以正直为先"的教书育人准则。余在课堂讲授，力求概念清楚、层次分明、重点突出、联系实际，并以唯物辩证的观点，重视理论、重视治法，讲解时引经据典，深入浅出，同时力求启发教学、注重语言生动、板书清晰，受到学生欢迎，让学生每听一次课或学术讲座，不仅学到了知识，还领悟了老师严谨的教风、宽阔的思路和丰富的学识。余在临床带教，重视病历书写，严于辨证，要求理、法、方、药有机统一，文字正规，对于新入院的患者病历，常要求学生修改书写数次。通过多年的临床和教学，余被评为学院内科学带头人，所在内科也被定为省重点学科。

经多年任教，上级委任余为河南中医学院院长。"为天地立心，为生民立命，为往圣继绝学，为万世开太平。"此宋代张载之名言，宋儒追求之理想，亦今天振兴中医之宗旨。张载又云："教人至难，必尽人才，乃不误人。"故在此期间，余更觉肩上责任之重大，自觉献身于中医教育事业，要求学生德、智、体全面发展，强调突出中医特色，改革教学方法，提高教学质量。《礼记·学记》云："既知教之所由兴，又知教之所由废，然后可以为人师也。"余要求教师教学内容要不断补充更新，不断增添现代教学设备。新教师必须试讲，同专业教师通过后，方可任教。每学期举行各专业观摩教学，开展师生评教评学。强调学生要多临床、早临床，并请名医讲座传授，重视培养学生的动手能力。

"功以才成，业由才广。"余热衷于中医教育事业，多年来爱才育才，指导培养了十届硕士研究生，为学院培养了大量的中医人才，他们多已成为医、教、研事业的骨干和领导，诚如古谚所云："桃李不言，下自成蹊。"余亦以"得天下英才而教育之"为荣。余在中医教育方面取得的微薄成绩，曾得到全国人大常委会委员、著名中医学家董建华教授的赞誉："李振华教授不仅是河南一代名医，而且在国内外亦享有威望。在他就任河南中医学院院长期间曾为中医事业，做出了突出贡献。"

躬身岐黄　甘献余热

余除专心致力于医、教、研工作外，还时刻关心国家中医事业的振兴和发展。中医药是中华文化的瑰宝，几千年来，为保障人民生命健康起到了巨大作用，但国民党长期轻视、歧视、排斥中医，尤其是在 1929 年竟下令消灭中医，每谈及此余倍义愤填膺。中华人民共和国成立后，党和政府非常重视中医事业，并将发展中医纳入了《宪法》，余衷心拥护党的中医政策和方针措施，为了继承发扬中医学，贯彻落实中医方针政策，敢于坚持在医、教、研工作中突出中医特色。在每次有关会议上，余总是呼吁要振兴中医事业，甚至书面向上级汇报。如河南省中医从业人员人数据报道为 4 万名左右，"文革"后，减少到九千余人，出现了严重的后继乏人、乏术局面。1980 年，余参加全国第二届科技代表大会，反映了这一情况，引起了代表和领导的重视，同时余又向中共河南省委写了内参报告。结果省委批准河南中医主治医师资格以上人员的子女，如高中毕业未考上大学，可吸收为中医学徒，学制 5 年，经考试合格，毕业分配工作，享受本科生待遇。后又在全省"赤脚医生"中，通过考试选拔了 400 名中医，弥补了中医人员数量的不足。又如 1991 年，余参加全国人代会期间，国家中医药管理局召开了中医界人大代表座谈会，余发现当时政府报告讨论稿中讲的"中西医工作要有计划按比例地进行发展"，不符合国家《宪法》"发展现代医学和我国传统医学"及党中央明确提出的"要把中医和西医摆在同等重要的地位"的精神（中西医有计划按比例发展和摆在同等重要地位意义完全不同。如西医发展占90%，中医占10%也是比例），建议写提案予以修改。余发言后，得到了全体与会代表的同意和赞扬，立即写出提案报大会秘书处。国务院接受了这一提案，将政府工作报告这一部分修改为"中西医工作要摆在同等重要的地位"。为了发展中医药队伍，解决后继乏人乏术的问题，余还组织了高中毕业生未考上大学自费学习中医班和初中毕业生学习中药的职业高中班。学员现不少人都已成为中医药工作的骨干力量。为了振兴中医事业，余人还多次发表文章，提出中医药工作存在的问题和建议，如"河南省中药材的生产现状和发展意见""中医的科学模式和发展模式""中医学发展历程展望中医的未来""保持和发展中医特色，切实办好中医高等教育"等。为了振兴中医事业，愿甘献余热，要赤胆忠心，无私无畏，尽力而为。

明·倪士奇云："活人盛德事也。"清·陈梦雷有云："无恒德者，不可以作医。"余一生唯以急病人之所急，唯病人之乐而乐为己任。时光飞逝，现余已进入83岁高龄，但为了中医事业，仍不惜余力，每周坚持到医院门诊2~3个上午，诊治病人，不顾年老体弱，病人有求必应。2005年8月，为了给农民看病，余和老伴带领学医的儿女、徒弟共7人，自费深入山区洛宁县为农民义诊。2004年12月应广东省中医院邀请参加了拜师会，收徒2名；同年，经河南省中医药管理局批准，在本省收徒5名，均为高级职称中医师。现余又被国家中医药管理局遴选为全国百名需要进行学术思想经验传承研究的名老中医之一，承担了"十五"国家科技攻关重点项目"名老中医学术思想、临床经验总结和传承方法"研究课题，研究组有7位高级职称的中医师为余整理学术思想和经验。余将不辜负国家和人民的期望，毫无保留地将学术经验传承下去，以期中医事业发扬光大。余虽年事已高，目前仍终日诊病、授徒、整理资料，手不释卷；并时刻关心中医药在国内外的发展动态，尤其对国内外一些业外的自然科学和学者更为关注。余为发展中医事业撰写文章，论述中医药的科学理论和发展前景，曾在《中国中医药报》撰写文章"应当大力推介《哲眼看中医》"，还撰写了"论中医药的发展形势与中医药的科学内涵"一文，并在第二届中国中医药发展大会上由徒代进行了发言，以期望更快更好地发扬中医学。"老牛自知夕阳晚，不用扬鞭自奋蹄"，余现仍孜孜不倦献身中医事业，并将为之奋斗终生。

在余八十华诞之时，曾作"八十抒怀"，笔录之，以冀体现余一生为人之夙愿。

幼承庭训学岐黄，勤求博采研效方；

悬壶六秩尽天职，但愿世人寿而康。

传道授业毕精力，喜见桃李芬而芳；

祖国医学普四海，人间处处杏花香。

（王海军、李郑生协助整理）

徐志华

徐志华（1925—2012），出生于安徽中医妇科三大学术流派之一的安徽庐江县徐氏中医妇科世家。13岁随父学习中医，先后从事中医妇科七十年。历任安徽中医学院（现安徽中医药大学，下同）妇科教研室主任、教授，安徽中医学院第一附属医院妇科主任医师，全国高等医药院校教材编审委员会委员，《长江医话》副主编，全国中等医药院校教材《中医妇科学》主审，中华中医药学会妇科分会委员，安徽省中医药学会妇科专 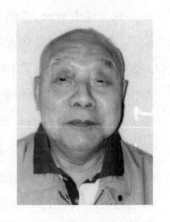 业委员会主任委员，安徽省药品评审委员会委员，安徽省中医药学会常务理事。1992年起享受国务院政府特殊津贴，1996年被评为安徽省名老中医。先后发表论文30余篇，出版著作10余部，1987年参与研制的"妇科专家徐志华电脑诊疗软件系统"畅销国内，并销往日本等地，饮誉海内外。徐志华继承了徐氏妇科的学术精髓，并不断接受现代医学知识，结合临诊经验，提出"妇人气血上应太阴，下应海潮"，"妇人病多见虚实夹杂，所累者不外气血"的学术观点，临证应病，注重调理气血及肝、脾、肾，总结出"逐瘀为主，巧技桃红四物，攻补兼施，妙用加味八珍"的调理气血二要诀，创拟经验方百余首，并将其中屡用屡验者研制成痛经松冲剂、宫血宁糖浆、复方归芍糖浆、盆腔炎糖浆、孕育丹糖浆等5种院内制剂。临证师古不泥，勤于实践。潜心医疗教学七十载，学验俱丰，誉满江淮，堪称杏林典范。

少年苦读　以精研岐黄为务

余1925年出生于号称安徽中医妇科三大学术流派之一的安徽庐江县徐氏中

医妇科世家，祖父徐竹岩为晚清秀才，江南世传名医，善疗妇科血证闻名，因避战乱由皖南青阳迁至皖中庐江。家父徐焕章继承世传，精通妇科经、带病。余自幼酷爱读书，受家庭熏陶，仰慕父亲济世之术，常默立一旁，窥测诊病，潜心于观舌、切脉、认证。家父见余尚惠，决意授业，带教甚严，上至岐黄，下至百家典籍，均令一一研读。余尚能一丝不苟，废寝忘食，精研《灵枢》《素问》《金匮要略》《伤寒论》《神农本草经》等典籍，熟谙方药，博览历代先贤医案，遇有置疑，问难于家父。对于父亲诊之疑难棘手案，也能模仿医道，拟药二三，请家父审批。13岁始，家父以习徒之规，带余临诊见习，并让余参与中药采集、辨伪、炮制、配方，夜晚挑灯常至午夜。习徒六载，已能熟知药性及其配伍技巧。余之习医悟性尚可，深得家父赏识。

青年承业 以执仁道为宗

余19岁习徒期满，尽得家传医术，并为乡里所誉，自此涉入医林。初有求诊而获效者，便代为传之，一而二、二而四，渐则日增。医之为道，通于生死性命。故清·赵学敏在其《串雅内编·绪论》中有"盖医学通乎性命，知医则知立命"之论，余倍加尊崇，常以"为医者必以疗病为己任，愈病为殊荣，视病人为亲人，不可有一日懈怠"为准则。凡来求诊者，均详细询问，再三揣摩，胸无定论，不下处方。拟方用药，务求精当，少则1帖，多则3剂，至日不复诊者，常亲临病家诊视，唯恐有误。遇有路远病重或夜间病急者，余不顾风雨，毅然出诊。遇有窘迫，解囊相助，经手受恩者日增，誉诵余之德者也日众。而余则愈加发奋，施用家传秘方，随机出入。曾治一崩漏老妪，他医益肾、固涩、凉血均不效，余虑其老年多瘀，及其大便干结，数日一行之苦，遂以家传四物益母汤（四物加益母草）中加桃仁、大黄、红茜草，3剂获效，故而一举声振遐迩。余自此尤重《医林改错》，读而不舍，并不断有所新用，为余晚年倡导"妇人多瘀"的学术观点奠定了基础。

中年执教 以传道解惑为业

余一生求知，如饥如渴。1958年，余以温故知新、博采众方之愿进入安徽中医学院前身——安徽中医进修学校师资温习班学习，以理论功底深厚、临床经验丰富，在师资班170余人中脱颖而出，留校执教。次年，安徽中医进修学校扩建为安徽中医学院，设立中医系，招收第一批学生，余首任《伤寒论》和《中医妇科》教师，并在附属医院妇科门诊，一边教学，一边临床，成为安徽中医学院妇科学科奠基人。唐代韩愈《师说》云："师者，所以传道授业解惑也。"明·王守仁《传习录》尚云："授书不在徒多，但贵精熟。"故余教学不囿书本，讲解疾病，结合临床，与学生共讨临诊验案或误案之心得，启发学生学习重在思索，以达触类旁通、举一反三之学习效果。余临床带教，指导学生辨证拟方，让其须知所以然，深受学生爱戴。余工作之余，从不外出，闭门读书，被称为中医学院"四大书呆"之一。由于余治学严谨，诲人不倦，在师生中声望日增，成为众人心目中的"四大才子"之一。1963年，余参加了卫生部组织的全国高等中医院校二版教材《中医妇科学讲义》的编写工作，参加拟定编写提纲，并执笔《月经病》篇目，献出10多个家传秘方和个人经验方，在全国享有一定的声望。

壮年蹉跎 仍以悬壶济世为功

"文革"期间，余与其他学者一样，被打成"反动学术权威"，遭到不公正待遇，甚至连行动也受到监督，随学院下放至皖南歙县北岸公社和凤台毛集公社接受贫下中农再教育。自古君子之含道，处蓬蒿而不作，余虽处逆境，仍恪守一息尚存，此志不容稍懈之心。在此期间，余热情地为当地农民防病治病，足迹踏遍两地的山山水水。由于余临床疗效卓著，迅速被传为"省里来的妇科神医"，日诊者众，使余得以诊视大量妇科疑难、危、急、重症病人，并涉览许多西医妇科诊案，由此开始自学西医，不断接受西医辨病观及新技术、新疗法。由于余勤于笔耕，善于思索，很快得出了妇人病辨证与辨病相结合的要领，感到古方已不能完全应治今病，深感己任之重大，决意重新整理家传经验。自是不顾寒暑，不畏艰辛，乡间茅屋，一盏油灯，展开了承古辟今中医医疗经验总结整理工作。为了尽快将自己的经验传于后学者，以应广大农村缺医少药之需，余总结了自己的亲诊有效经验方200首（其中妇科经验方百余首），并冠以方名，编为方歌，一时抄录者争先恐后，使余之经验得以迅速传开。在经验方中，可屡见余承古训、立新说之处，如治带方中多辅以化瘀品。余认为，妇女生殖器炎症所致的带下病，不外是受累组织的肿胀、淤血、渗出物或分泌物增多所致，提出了带下病多见湿、热、瘀互结的观点，充实并发扬了先贤刘完素"带下俱是湿热互结"及傅青主"带下俱是湿证"的理论。文革使余再次有机会深入农村诊病，并得以余闲思索诊疗心得，实乃是失中有得矣。

老年威振　以呕心育人为荣

"文革"结束后，余恢复名誉重返校园，党的温暖使余再次立志要在有生之年，为弘扬中医学鞠躬尽瘁。此即《礼记·学记》所云："既知教之所由兴，又知教之所由废，然后可以为人师也。"1972年，安徽医学院招收中医系学生，余将自己几十年临床经验汇集成《中医妇科》一书，用作院内妇科教材。1974年，余在《安医学报》上连续发表"妇科验方选按"，对自己临床应用疗效显著的13首经验方详加推介。1975年，安徽中医学院及其附属医院恢复重建，余任附属医院中医妇科主任和教研组长，并参与筹建了中西医结合妇科病房。余亲临查房、会诊，与西医专家一起，开展中药保守治疗异位妊娠、滤泡破裂、黄体破裂等妇科急腹症获得成功。余还进而筛选协定处方，研制成痛经松冲剂、宫血宁糖浆、复方归芍糖浆、盆腔炎糖浆、孕育丹糖浆等5种制剂，应用于临床，年门诊量高达15000人次。

余在教学中，以诲而不倦、毫无保留为务。如一学子毕业后回基层工作，常被月经病所惑，返校求教。余告之曰："妇人气血，上应太阴，下应海潮，所累者不外气血，气病之中，以瘀滞者多见，瘀滞致因寒、热、虚、实，务须详察。"调经之法，概而为三：先期、量多、崩漏者多血热；后期、量少、闭经者多瘀滞；愆期、淋漓不净及盆腔炎者多瘀热。对于常法不效者，必须西医辨病，不可无效延误，误人害己。余并针对其所问，授之以方。受余教者，不计其数，悟余真谛，并分布于省内外，成为一地名医及学科带头人者不下百计。

古人云："丈夫为志，穷当益坚，老当益壮。"余虽医务繁忙，仍挤出时间撰书立说，并参与指导各种医事活动。发表论文30余篇，出版著作10余部。历任《长江医话》副主编、全国中等中医药学校教材《中医妇科学》主审、全国中医妇科学会理事、安徽省中医药学会妇科专业委员会主任委员、安徽省药品评审委员会委员、安徽省中医药学会常务理事。1992年享受国务院首批政府特殊津贴。1987年，余与安徽中医学院计算机中医应用研究所合作，研制成"徐志华中医妇科专家电脑诊疗系统"软件，向国内外推广，享誉海内外。

晚年奉献　以老骥伏枥为怀

"宁知白首心，不坠青云志。"1997年，余以72岁高龄退休后，多家医院用高薪聘请均被决意谢绝。余以年迈之体，仍在中医附院坚持半日制门诊，体弱多病后，本欲静养，然慕名登门求诊者仍日不下数十，为全济世救人之心愿，对其中病情疑难、再三求治者，余不分贵贱，抱病临诊，遣方用药，务求简贱，中病即止，以恪守"功崇惟志，业广惟勤"之怀，不为利益所驱使。余深感"为医者，非仁爱之士，不可托也；非聪明理达，不可任也；非廉洁淳良，不可信也"。故医者，仁术也，无恒德者，不可以作医也。故余一生"医德当身，不以物惑"。

（梁文珍、徐经凤协助整理）

刘弼臣

刘弼臣（1925—2008），江苏省扬州市人。中学毕业时，因日寇侵华而辍学，14 岁时拜孙谨臣为师。取名弼臣，取"治世以文，弼亮之臣攸赖"之义。以"不为良相，当为良医"之训，踏上"苦寻医术，济世活人"的漫长道路。进入上海复兴中医学校后，曾问业丁则逸人、陈存仁、程门雪、奚晓岚、徐小圃、钱介阳、章巨膺等数十位中医名家，于是汇众贤之所长，学功日新。中华人民共和国成立初期在原籍业医，1956年进入江苏省中医学校（南京中医药大学前身）第一期师资班深造，参加南京讲师团进行编写教材、试讲、授课等一系列训练。1957 年奉调北京中医学院（现北京中医药大学），先执教方剂教研组，继在附院儿科从事医教研工作。1979 年被确定为中医儿科硕士研究生导师，1990 年被国家人事部、卫生部及国家中医药管理局确定为首批全国名老中医师承教学导师，是国家第一批享受政府特殊津贴的专家，也是国家教委确定的全国首批终身教授之一。曾任中医药高等院校教材编委会委员、《中国医学百科全书》编委会委员、中医儿科科研成果评审会主任、《人民日报》海外版顾问。曾当选全国政协第八届委员及科教文卫体委员，北京市人大代表会议第八、第九、第十、第十一届代表，中华中医药学会终身理事、儿科学会名誉会长，全国中医药高等教育学会儿科分会名誉理事长等职。

中医药学是东方文化的遗产和瑰宝，在与人类共同存续的几千年中，中医药学以其独有的贡献，在全球受到日益关注。随着现代科学高新技术的飞速发展，中医药学既要面对前所未有的发展机遇，又要面对愈来愈多的严峻挑战。中医药学为何仍能屹立在东方大地，显示出它的突出优势，则完全体现在临床疗效上。因此，我们必须把握这一正确的思路和方向，培养和涌现出大批名医，逐步解决世界上医药方面的诸多难题，以适应时代发展的要求，才能立于不败之地。所以，继承、发扬、创新是古今名医成功的三个阶梯，继承是基础，打好基础，才能在继承中发扬，在发扬中创新。

继承是基础中的基础

《礼记·儒行》云："博学而不穷，笃行而不倦。"明·王守仁尚云："知是行之始，行是知之成。"因此，继承是名医之路的第一阶梯，这是名医走向成名漫长道路的第一步，是基础中的基础。没有继承的基础，就根本谈不上什么发扬，对创新更是"莫知其乡"了。所以，一个中医药家必须奠定继承的基础，练好扎实基本功，掌握中医药的特色和优势，在临床上犹如作战一样，才能做到攻无不克，战无不胜。中医药学是以天人合一（整体）观念为主导，阴阳五行理论为基础，脏腑经络学说为核心，辨证论治方式为诊疗，构成独具特色的中医药学理论体系，它的特点是具有独特的理念思维、独特的理论体系、独特的诊疗方法和独特的临床疗效。

中医学认为，治疗疾病并不能以辨证为满足，既要辨证，又要辨病，由辨病再进一步辨证。虽然两者兼顾，但是又侧重于辨证。辨证论治作为指导临床诊治疾病的基本法则，能辩证地看待病和证的关系，既看到一种病可以包括几种不同的证，又看到不同的病在发展过程中可以出现同一证候。因此，在临床治疗时，还可以在辨证论治的原则指导下，采取"同病异治"或"异病同治"的方法来处理。由此可知，中医治病主要不是着眼于"病"的异同，而是着眼于"证"的区别。相同的证，用基本相同的治法；不同的证，用基本不同的治法，即所谓"证同治亦同，证异治亦异"。这种针对疾病发展过程中，不同质的矛盾用不同的方法去解决的法则，就是辨证论治的精神实质，有利于中医辨证论治规范化工作的正常开展。

这就是中医药学的理念，或说是基本模式或标准化，必须无条件地继承，如果脱离了这些，就根本不是一个中医药家。例如戏剧中的京剧，它的板式是西皮和二黄，如果走腔跑调，就不是京剧了。试想一名中医工作者如果没有扎实的基本功训练，没能按照中医的基本理论、基本特点，没有整体观念，没有辨证论治地来诊治疾病，岂不是等于"无源之水，无本之木"，能治好疾病吗？其结果必将误入歧途，自毁家门。

在继承的基础上发扬

"历来治古书者，造端于善信，而成功于善疑。不善信则涉猎不专，不善疑则茫昧而失实"（《金匮发微》许半龙序）。在继承中发扬，在发展中继承，这是名医之路的第二个阶梯。继承和发扬的关系是发扬必须继承，继承为了发扬，继承是基础，是成才之本，发扬是前进，有前进才有所创新。如果只讲发扬，而不重视继承，那是舍本求末，从何谈起发扬呢？反之，只讲继承而不重视发扬，那就只能在原地踏步不前，把历史引向倒退，也就无从谈起创新了。故清代顾仪卿在《医中　得》中有"凡读古人书，应先胸中有识见，引申触类，融会贯通，当悟于书之外，勿泥于书之中，方为善读书人"之论，形象地说明了继承与创新的关系。

中医药学博大精深，内涵十分丰富，在古代朴素唯物论和辩证法的思想影响和指导下，经过长期的医疗经验的总结，以及古代自然科学的渗透，到了春秋战国和秦汉时期，《内》《难》《本草》《伤寒》《金匮》等相继问世，这是中医药学理论体系形成的主要标志，几千年来，为中华民族繁衍昌盛做出了巨大的贡献。无论从社会发展方面、医学著作方面、师承传授方面、临床医疗方面以及个人勤奋方面，都可以看出历代的医学名家都是在继承的基础上对中医药学做出伟大贡献和加以发扬的，正如清·刘奎所云："无岐黄而根底不植，无仲景而法方不应，无诸名家而千病万端药证不备。"其言简意赅地说明了继承的广博与意义。

（一）名医与师承的关系

唐代韩愈《师说》云："古之学者必有师"，故宋·欧阳修有"古之学者必严其师，师严然后道尊"之论。俗云"名师出高徒"或"名医出高徒"，这在一定程度上，反映了师承对培养专业人才的积极有效作用，通过名医的言传身教或点拨，无论是直接师承或间接师承，都是培养中医人才的有效途径。例如扁鹊从师于长桑君，张仲景从师于张伯祖，南北朝的徐之才六代出了11个名医。

古往今来，任何一位名家的出现和学派的形成，无一不是先继承后发扬。发扬必先继承，有了继承，才能发扬，继承是基础，发扬是发展，没有继承犹如无源之水，无本之木，怎能谈得上所谓"发展""发扬"。综观我国金元时期四家学派的渊源，刘河间以倡"火热论"著称，其"火热论"是在《素问》病机19条中大都以火热为病的基础上创立的，他从表和里两个方面，运用寒凉泻火的一套方法治疗火热痛，被称为"寒凉派"，影响深远。后世发挥为"六气皆能火化"，并为温病治疗提供了启示。张子和以力主祛邪，而用攻法著称，是受了河间学说的影响，故善用汗法，开玄府而邪去；吐法除宿食而涌风痰；下法除陈莝而肠胃洁，癥瘕尽而营卫昌。张氏十分强调治病要以攻邪为先务，只有祛邪务尽，才能使"邪去而元气自复"，被称为"攻下派"。实质上他和刘河间的清解宣透、表里双解，都属于祛邪泻实的范畴，也是和《素问》所云"盛者夺之，汗之下之，随其攸利"的理论是一致的。李东垣以倡"内伤脾胃百病丛生"，并形成一种具有独创性的"内伤学说"而著称。由于当时社会环境不安定，因精神刺激、饮食不节、起居不时、寒温不调等因素引起的疾病甚多，使人元气耗伤，他在《素问》"人以水谷为本""有胃气则生，无胃气则死"的理论指导下，同时受张元素脏腑病机学说的启示，创立了一整套以升举中气为主的治疗方法，被称为"补土派"，而为后世"易水学派"的先导，影响极为深远。朱丹溪以倡"阳有余阴不足论"而著称，该论点是在"相火论"的基础上创立的。他认为"相火下焦包络之火，元气之贼也，火与元气不两立，一胜则一负"，以及"火起于妄，变化莫测，无时不有，煎熬真阴，阴虚则病，阴绝则死"，故善用滋阴降火之剂，被称为"养阴派"。这是丹溪综合河间、东垣诸说而提出的，由于丹溪学医于罗知悌，罗为河间的再传弟子。因此，丹溪在学术上是师承河间之说的，河间虽然指出了火热致病的普遍性和严重性，但对易感受火邪伤人元气的内在因素，缺乏明确阐述。丹溪的相火论恰巧对河间的"火热论"和东垣的"元气论"做了进一步补充和发展。可见金元四家在学术上的发展，尤其是继承和发扬的关系，为学派的形成创造了六条标准：第一是师承有自，源流清晰；第二是顺应社会发展需求；第三是论点明确，风格独特；第四是经医学实践，社会公认；第五是有代表著作，流传后世；第六是培养传人，延续发展，成为后世流派纷呈的楷模。再如清代的叶天士，他深究医学，闻人之所长，即师事之，十年内先后从十七师，故其理论经验特别丰富，在《温热论》中他提出"温邪上受，首先犯肺，逆传心包"。短短的几句话，却道出了温病的受病途径和传变。温病的病理变化，在卫、气、营、血等方面表现比较突出，叶氏对此有很深的认识，因此他说："大凡看法卫之后，方言气，营之后方言血。"在治法上他提出了"在卫汗之可也，到气才可清气，入营犹可透热转气……入血就恐耗血动血，直须凉血散血"的原则，在中医治疗学方面取得了突破性成就。但是，在叶氏之前，张凤逵曾著有《伤暑全书》，喻嘉言关于温疫有以"逐秽为第一要义"的理论，张石顽有"伤寒由气分而传入血分，温病由血分而发出气分"的理论，以及周扬俊《温热暑疫全书》中的有关立论等，这些都对叶氏的学术思想有很大影响。

近百年来，中医药学名家程门雪、蒲辅周、黄文东、秦伯未、施今墨、孔伯华等所培养的学生，有相当一大部分已成为中医界的骨干、学科带头人。岳美中更认为一个人师承学习的机会和时间毕竟是有限的，而在周围共事的同道中，学术精湛经验丰富者也不乏其人，随时都可听取，所谓"三人行必有我师焉"。这些从古至今的实例，均足以说明名医与师承的关系及其重要性。

（二）名医与勤奋的关系

"功崇惟志，业广惟勤"（《尚书·周官》），故立志是古今名医的成才之本，勤奋是取得学业精通的必要条件。例如汉代张仲景"感往昔之沦丧，伤横夭之莫救"，从青年时代起便有了救死扶伤的责任感，"勤求古训，博采众方"，苦苦钻研岐黄之术。后来虽官居长沙太守，仍念念不忘对医学的钻研，当他看到当时疾病流行，到处是"白骨露于野，千里无鸡鸣"的悲惨景象时，竟毅然决然辞官从医，救人民于贫穷交困危厄之中。他系统地总结前贤理论，结合自己临证经验著成不朽大作《伤寒杂病论》，成为中医药学辨证论治的奠基人，被尊为"医圣"，名垂青史。晋代医学家葛洪在《抱朴子·崇教》中，有"学之广在于不倦，不倦在于固志"之立言。针灸学家皇甫谧家贫好学，立志习医，一边生产一边读书，甚至不远千里，借书抄写阅读。唐代孙思邈白首之年未尝释卷，因他在中医药学方面做出的巨大贡献，被尊为"一代药王"。宋代庞安时在家传脉诀的基础上努力钻研《内经》《难经》，通其说而出新意。金代李东垣虽家有万贯，由于伤感母亲枉死于庸医，时人又多昏冥，不悟医理，而倍感痛切，捐千金以习医，笃志斯道，后来成为金元四大家之一。明代李时珍从小就立下了坚定的信念，抱定了献身中医药学的远大志向，"读书十年，不出户庭"，后来不畏艰辛，亲自上山采药，深入民间访问，历经30余年，著成《本草纲目》这一划时代的医药巨著。

再如现代医家岳美中尝云："做任何学问都要勤奋和持久，治医学尤需如此"，所以他在世时读书必至子时，几十年如一日，终成大家。方药中在中华人民共和国成立前随师学习，坚持半工半读，长达4年，还主动申请值长期夜班，以便白天能跟随老师诊病，在十分艰苦的条件下，取得了优异的成绩，成为一代医学大家。王渭川教授在青年时期，经常到"善化堂"翻书、借书、抄书，并以此为一大乐事。邓铁涛教授之父邓梦觉年事已高，仍然把背诵《内经》作为一大乐趣。金寿山教授在古稀之年曾回忆道："昔学养成习惯，则不以苦，而以为乐。我现在生活上没什么爱好和癖好，坚持六分之五的时间，用于业务，手不释卷，而且到午夜。无他，乐在其中也。"事实证明，古今中医药学人才，只有勤奋苦学，持之以恒，才有可能攀登医学高峰，此即"泰山不自高，因丘垤以形；河海不自广，因沟浍以名"之谓也。

（三）名医与临证的关系

清代陆九芝曾云："读书而不临证，不可以为医，临证而不读书，亦不可以为医。"讲的是治学贵在实践。中医药学是一门实践性很强的学问，历代医家不仅重视基本理论，而且也非常注重临证医疗实践，"熟读王叔和，不如临证多"之说，非常有力地说明了理论不能与实践脱钩，实践也要靠理论来指导。所以，实践是检验真理的唯一标准，一个医生行医的准则，也有两大要素，一是医德，二是医技。德要靠才来发挥，才要靠德来统帅，两者兼备，缺一不可。

1. 医德

医学是攸关生命的一门学问，由于这一特性，要求医生必须具有良好的职业道德和品质修养。故晋代杨泉《物理论》中有"夫医者，非仁爱之士不可托也；非聪明理达不可任也；非廉洁淳良不可信也"之论。他如《内经》中有疏五过论，《备急千金要方·大医精诚》中，要求一个医生"必当安神定志，无欲无求，不论贵贱贫富，长幼妍媸，怨亲善友，华夷愚智，普同一等"。医德的重要性在于"人命至重，贵在千金，一方济之，德逾于此"。刘完素尝云："夫医道者，以济世为良，以愈疾为善。"相传汉代三国时吴人董奉为人治病，不收报酬，患者为他宅边种杏树一棵，日久杏树成林，后世遂以"杏林春暖""誉满杏林"树为医德高尚的典范。故古之医者，则以救死扶伤为其心，其业专而用方也慎，专而精而造诣入室，慎则审而投药奏功。

2. 医技

清代陈梦雷云："医为司命之寄，不可权饰妄造，所以医不三世，不服其药。九折臂者，乃为良医，盖谓学功精深故也。"所以医疗技术的提高，必须依靠基本理论的指导，勤学苦练基本功，绝非一朝一夕所能成功。临床治疗效果的高低，又是对一个医生最严峻的考察。为了促进临床医学的发展，很多医家在著作中都附载医案，总结他们的临证治疗经验，以利于交流和推广。明《韩氏医通》认为，医案的格式要有"六法兼施"，即望形色、闻声音、问性状、切脉理、论病源、治方术，使医案的记载有了标准可循，此即"济世者，凭乎术，愈疾者，凭乎法也"。江瓘的《名医类案》是包括古今分类编列各家医案的著作，取材上自淳于意、华佗，下迄元明诸名医的治验方案，并附以自己的评论，内容宏富，分205门，是第一部总结历代医案以病为纲的书。清·魏之琇又著有《续名医类案》，对《名医类案》进行了补充。还有以人为纲的合刻的医案，如《三家医案合刻》《柳选四家医案》等。其次是个人医案，如喻嘉言的《寓意草》、尤在泾的《静香楼医案》、叶天士的《临证指南医案》、徐灵胎的《洄溪医案》、程文囿的《杏轩医案》、焦理堂的《李翁医记》、王孟英的《王氏医案》、蒋宝素的《问斋医案》等，可以从每家医案里，看出他们的学术经验以及所掌握的独特疗法。陆定圃的《冷庐医话》，介绍了辨证用药的一般理论、前人治疗各科的医案，并记述古今医家的医德，评价了古今医书以及记载了药品杂方、医界见闻等，是一部较好的著作。周学海的《读医随笔》共六卷，既有临证的心得体会，又有平时读书的笔记，如《读伤寒论杂记》《读内经志疑五条》等，深入浅出，读之很有启发。"广搜博览有会心，左右逢源恰到好"，如能将这些书籍运用得当，定能成为一代名家。

此外，中医药学很重视抽象思维和形象思维，必须掌握唯物辩证主义的思想方法，才能在临证时眼界开阔，取类比象，思维方式连贯，透过现象看到本质。例如余在治疗小儿脑积水症时，根据"至高之颠，唯风可到"的理论，创立了息风利水法；小儿遗尿，久治不愈，有因惊恐所致的，根据"恐则气下"的理论，运用镇惊摄水法。这些都是不循常规，独辟蹊径，别具匠心，化生新意，从常人意想不到之处着手，每发巧思而奇中，常收到意想不到的效果。

在发扬的基础上创新

励精图治，锐意创新，充分发挥中医药学的特色优势，这是时代赋予我们的使命。因此，培养一代名医，发展中医药学，必须在继承的基础上发扬，在发扬的基础上创新。所以，创新是名医之路的第三阶梯。

（一）开拓发扬，创新医林

清代吴尚先曾云："医以济世，术贵乎精。"新中国成立初期，北京的施今墨、萧龙友、孔伯华、汪逢春被称为四大名医，他们以其独特的学术见解、丰富的临床和办学经验，为中医药学做出了巨大贡献。上海科学技术出版社曾出版过两版《近代中医流派经验选集》，书中有"丁氏学派的形成和学术上的成就""王仲奇先生学术思想和临床经验简介"等23家学派思想临床经验集辑，虽然吉光片羽鼎尝一脔，亦可吸取精华，用于临床将可提高医疗效果。福建科学技术出版社曾出版《福建近代中医流派经验荟萃》一书，内容丰富，材料翔实，评点名家技术特色及医疗专长，如壶山林氏的内科，善化坊孙氏的妇科，桂枝里陈氏的儿科，林为霖与肖治安的外科，林达年、林如高的骨伤科，陈云开与卢氏的眼科，王享英的喉科，陈德水、林际阳、邓少杰的痔科等，这些医者都是世代相传、名闻遐迩的一代名医。近期由高春媛、陶广正主编，中医古籍出版社出版的《中医当代妇科八大家》中所载的钱伯煊、王渭川、朱小南、韩百灵、哈荔田、罗元恺、刘奉五、何子淮先生，均是新中国成立前后活跃在中医界的一代名流、著名中医学家，均承担过中医妇科的重要科研任务并取得了显著成果，都有个人专著、论文问世，他们集中医科研、教学、医疗于一体，在妇科领域内代表了中医妇科所达到的学术水平。余等对儿科也总结写出了《近百年来儿科四大学派的形成和发展》一文，阐述了上海奚晓岚寒凉派、徐小圃温热派、南京江育仁运脾派、北京刘弼臣调肺派的学术思想和临床经验，以及他们在儿科领域的成就和创新。再如中医治疗非典、休克、昏迷、高热、惊厥、出血、急性呼吸衰竭、循环衰竭、肾功能衰竭、心功能衰竭、脑血管意外等，均具有一定的优势，不但疗效好，而且安全、简便，没有出现不良反应。

中医治疗现代所谓的疑难病证如流行性出血热、流行性脑膜炎、乙型脑炎、重症肌无力、中风后遗症等也独具特色，解决了不少西医棘手的问题，应该引起中医界的重视并加以发扬开拓，以创立新的学派。每个学派都有它所采取的一定理论根据，都有它所运用的一套实际临床经验，这些理论根据和临床经验是非常可贵的，唯有使各家各派的特色充分显示出来，然后博采众长，吸收融化，加以概括化、规律化，才能促使整个中医药学学术水平大大提高，为全世界人民的健康做出伟大的贡献。

（二）博观约取，厚积薄发

余中学毕业后，14 岁师从于有"大江南北，小儿神医"之称的姑丈孙谨臣先生。在蒙师指导下，勤读先古名医确论之书，旦夕手不释卷，一一参明融化机变，印之在心，慧之丁目，及至临证时则白无差谬，尽得其传。1956 年，余入江苏中医学校师资班深造，方悟"学向勤中得"之真谛。而立之年，余奉调北京中医学院任教，先执教方剂教研组，继在附院从事儿科临床、教学和科研工作。1979 年被确定为中医儿科硕士研究生导师。1990 年被国家列为首批全国名老中医师承教学导师。余从医 60 余年，在中医儿科学的继承与发扬中做了诸多有益工作。"博观而约取，厚积而薄发"，乃余一生之守则。古人云："难治者，莫如小儿，名之曰哑科。以其疾痛烦苦不能自达；且其脏腑薄，藩篱疏，易于传变；肌肤嫩，神气怯，易于感触；其用药也，稍呆则滞，稍重则伤。故不透生化之源者，断不可作儿科也。"余在儿科临床中有两大体会，介绍如下。

1. 阐发"体禀少阳"

"体禀少阳"之说源于明代万密斋，其在《育婴家秘》中指出："儿之出生曰芽幼者，谓如草木之芽，受气初生，其气方盛，亦少阳之气方长而未已。"少阳在天，象征着东方，在季节上象征着春季；在人体象征着少火，少火即少阳之火，是生命之源，维系着小儿生长发育的生生之气；在藏象征着肝；在腑象征着胆；在植物方面，象征着芽。余认为小儿初生如草木方萌，时刻都在生长发育，小儿每年体重以 2kg 的速度增长，身高以 5 厘米的速度增长，小儿初生自 6 个月以后平均每月长出乳牙一颗，乳牙长齐后从 8 岁到 12 岁换生恒齿，成年后方长出根齿，出生后 7 个月会坐，8 个月会爬，1 ~ 1.5 岁即能独立行走，1 岁前牙牙学语，1 岁时会发出单音，2.5 ~ 3 岁时即能用语言向成人表达交流，这种生机蓬勃、发育迅速的状况，犹如旭日东升、草木之方萌，在人的一生中好像自然界的春天，生机盎然，洋溢着一派欣欣向荣、郁郁葱葱的景象。所以，万密斋说小儿是禀少阳之气以生，为发之始，以渐而壮。由于阳气渐旺，十分有利于生长发育，如筋骨逐渐坚强，智慧方面逐渐活泼，饮食方面逐渐增多，脏腑功能方面逐渐完善成熟。阳气的生发速度越快，小儿的生长发育速度也越快，处处显示出阳气占主导地位的作用，所以小儿脏气清灵，生机蓬勃，活力充沛，反应敏捷，既无色欲伤害，又无悲观失望情绪的影响，神气安静，不动五志之火，轻病每可不药而愈，纵然重症危症或一时难治之症，只要处理及时，用药恰当，病情每可向愈迅速，容易恢复健康。

　　小儿生长的关键在于肾，而小儿发育的机能转输则在肝胆。肝属木，旺于春，春乃少阳之气，可使万物生发和成长。诚如万密斋所说："乃少阳之气，万物之所资以发生者也……有余者乃阳气自然有余也。"任何事物的兴盛、衰败、强壮、虚弱、有余、不足都是对立的。《素问·阴阳类论》云："一阳者少阳也。"王冰注曰："阳气未大，故曰少阳。"张锡纯在《医学衷中参西录》中云："小儿应少阳之体，而少阳实为稚阳也。"充分说明小儿虽然"体禀少阳"，而阳气仍然处于稚嫩脆弱状态，所以小儿在生理上的特点除有"生机蓬勃发育迅速"外，尚有"脏腑娇嫩形气不充"的一面，如小儿外形头部较大，躯干四肢较小，睡眠或安静时，身体的姿态与在子宫内的位置相仿佛，两臂屈曲，握拳置头侧，下肢缩向腹壁，尤其颈短而宽，颅囟未合，儿科第一部专书《颅囟经》的取名，即含此义。小儿皮肤异常柔嫩，特别在臂、腰、肩、腕背、脚踝等处，常呈青色斑块，大小不一，此为特有的生理现象。小儿睡眠时间很长，初生儿除吮乳外，几乎一直处于睡眠状态。小儿脉搏跳动很快，而且极易变动，由于气血未平，所以脉象难凭。小儿呼吸很快，极不整齐，尤其小儿易啼，能使肺部活泼，消化畅利，因亦导致呼吸增快。小儿胃底狭窄，消化力弱，易于乳食停滞。小儿神气怯弱，易喜易怒易惊恐等。由于小儿机体和功能均较脆弱，对疾病的抵抗力低，因而在病理方面也具有发病容易、传变迅速的特点。如幼儿寒热不能自调，乳食不知自节，外易为六淫所侵，内易为饮食所伤。在外感病中有因耳闻异声、目触异物所致，内伤饮食也有乳滞食滞的不同，尚有属于先天性的解颅，有限于某一时期的脐风，有属于成长不足的五迟、五软，有属于小儿特有的病证如顿咳、疳证、惊风，对于一切时行传变疾患，如麻疹、水痘、痄腮、猩红热等特别易于感染。临床上又以呼吸道疾患、脾胃疾患以及壮热抽搐痉挛神迷等证，最为多见，而且年龄愈小，发病率愈高，传变也愈快。诚如吴鞠通所言："小儿肤薄神怯，经络脏腑嫩小，不奈三气发泄，邪气之来也，势如奔马，其传变也，急如掣电。"说明小儿患病最易多变，易寒易热易虚易实，轻病容易变重，重病容易转危甚或急剧死亡。

小儿在从出生至成年的发育过程中，往往时盛时衰，时快时慢，时虚时实。在病变发生发展过程中，易寒易热，易虚易实，往往险象丛生，而屡见不鲜。其原因何在？余认为主要是因为"体禀少阳"，特别是"少阳为枢"起到了直接主导作用。枢是机枢、枢纽、枢转之意，具有阴阳表里虚实寒热转归变化的机能，如小儿有时发育很快，白皙肥胖，聪颖伶俐；有时则肌瘦骨削，甚至一年体重不增，身高不长，发育不良，只要调理得当，一旦少阳机枢作用得到发挥，即能自行调节阴阳消长的变化，保持阴平阳秘的稳定状态，达到正常发育的目的。在病变过程中邪气盛则实，精气夺则虚，小儿感邪后，邪气最易蕴积泛滥，使病势嚣张，故易出现实证热证。邪气既盛正气易虚，每每正不胜邪，骤然出现内闭外脱。例如有些小儿偶患感冒，瞬即转为肺炎，表现为壮热咳喘气憋，此时病邪在肺在表，属实属热，若治不及时，或因传变常可朝呈实热阳证，暮转虚寒阴证，或在实热内闭的同时，瞬即出现虚寒外脱危候，表现出面色苍白、神倦肢冷、溲清额汗、脉象细促等阳衰征象，此时治疗的关键，不在邪之多少，而在真阳欲脱，如不及时回阳救逆以固其脱，则必变生仓猝。一经阳回正复，邪正相争，实证又现。这种邪正消长、虚实转化在临床上非常多见，不能不说是与小儿"体禀少阳"和"少阳为枢"有密切关系。

2. 构建调肺学派

"精于五脏证治，突出从肺论治"的学术思想，是余对前贤"五脏证治"体系深入探析基础上的继承和发挥。

五脏分证最早见于《内经》的风论、痹证、痿证、咳论等篇，在《难经》《金匮要略》《千金要方》中逐渐有所发展。到了宋代，儿科鼻祖钱仲阳观察到小儿脏腑柔弱，易虚易实，易寒易热，发病后所出现的证情极其复杂，因而依据《内经》五脏五行的理论，创立了"五脏为纲"的儿科辨证体系。该体系以五脏为基础，证候为依据，辨别虚实寒热，作为证治准则，并以五行来阐述五脏之间的相互关系，立五脏补泻方药作为治疗的基本手段，执简驭繁提纲挈领地使理论与实践相结合。如肺属金主气，肺气郁窒则喘满闷乱；肺有热口渴欲饮；肺热不甚，或有停饮则不欲饮水；肺气不足则气机不利，甚或出气多于入气。钱氏所选列主证超过前辈，既适用于治疗外感六淫，又可用于内伤杂症，这正是其结合小儿病理特点发展了前人的学术理论之处，所以《医学纲目》有"钱乙扩充内经脏气法时论之要旨，实发前人之所未发也"之誉。余认为钱乙毕竟受到历史条件和个人经验的局限，其学术理论尚有进一步阐述与发展的必要。如肺居胸中与大肠相表里，外合皮毛，上连咽喉，司呼吸，主宣发肃降，输布津液，通调水道。举凡外发疮疹，内结肠燥，上则喘咳，下则癃溺，均与肺有密切关系。尤其肺开窍于鼻，鼻与咽喉相通，而内连于肺，所以鼻和咽都是肺之门户，肺气和呼吸利，则嗅觉灵敏，声音爽朗。故《灵枢·脉度》论有"肺气通于鼻，肺和则鼻能知香臭矣"之论。正由于肺开窍于鼻，与咽喉连通，故外邪袭肺，每从口鼻咽喉而入，出现呼吸道病变，多见鼻喉部的症状，如鼻塞流涕、喷嚏、喉痒、音哑失音等，进则影响到肺，导致肺气不利，变生他证。因此，余在临证中非常重视小儿苗窍的变化，作为"从肺论治"的依据。

临床治则主要是运用疏、通、宣、肃、温、清、补、敛八法。疏，是疏表用药，如桑叶、菊花、荆芥、薄荷叶等；通，是通窍，如用辛夷、苍耳子、山豆根、菖蒲等，或通下，如大黄、风化硝、瓜蒌等；宣，是宣肺，用药如麻黄、杏仁、桔梗、牛蒡子等；肃，是肃降，用药如苏子、莱菔子、葶苈子、旋覆花、代赭石、大贝母等；温，是温肺，用药如干姜、半夏、桂枝等；清，是清解，如黄连、黄芩、生石膏、山栀、竹叶、连翘、黛蛤散等；补，是补益，如黄芪、太子参、茯苓、炒白术、当归、山药、扁豆等；敛，是敛肺，如乌梅、五味子、大白芍、紫菀等。八法在治疗小儿感冒、咳嗽、哮喘、肺炎等肺系疾患中，常获良效，从而补充和发展了钱乙五脏证治的内容和理论。

人体是一个有机整体，脏与脏、腑与腑、脏与腑之间在生理上是相互协调、相互促进的，在病理上也是相互影响、互为因果的。"从肺论治"，并不是割裂脏腑间的联系，而是以肺为首，统辖其他脏腑间的联系与影响，因为肺脾肺肾之间有着母子相生的关系，肺肝肺心之间有着相克相侮的关系，从中不仅可以看出五脏是相互联系相互制约的整体，而且也反映了四时五行对人体的影响。尤其肺主气属卫，具有宣发卫气、输精于皮毛的功能，同时卫气又具有温煦肌腠、充养肌肤、启闭汗孔、抵御外邪的作用。肺气旺则肌肤固密，御外功能正常，反之则卫表不固，御外功能低下，常可因脏受邪而发病。如不及时治疗或治疗不当，又极易传变，出现传心、损脾、侵肝、伤肾等肺外病变。尤其是一些慢性疾患的发生发展、病情反复加重和预后转归，均与肺系反复感染密切相关，往往易伤难调，形成卫虚－感染－再卫虚－再感染的恶性循环局面。故余常从调肺入手，抓住要害，常出奇制胜。通过协调五脏五行生克乘侮的关系，使肺气充旺，达到邪去正安的目的。

根据临床观察，小儿病毒性心肌炎、小儿肾炎、肾病综合征、小儿抽动－秽语综合征、小儿风湿热等这类肺外疾患，发病之始皆有不同程度的呼吸道症状，如咽痒、喷嚏、流涕等，根据《内经》中"清阳出上窍，浊阴走下窍"的理论，清窍靠肺气宣发之精气灌注而通利聪灵，浊阴赖肺清肃下降之性而传导排秽。若肺气膹郁宣肃失职，非但清窍失聪，浊窍亦因之不利。尤其清窍不利，形成慢性病灶，又常成为其他疾病发生发展的诱因，病灶不除隐患时时有之，疾病也就迟迟不得恢复，时轻时重，迄无已时。余认为如能及时"从肺论治"，采用清肺利窍、益气护卫诸法，祛邪逐寇，以安内宅，不仅可把疾病消灭在萌芽状态，而且可收到清除病灶、避免滋生变证的效果。基于上述学术思想，余研制了"调肺养心颗粒"治疗小儿病毒性心肌炎，自拟"调肺利水颗粒"治疗小儿肾炎、肾病，用"息风制动颗粒"治疗小儿抽动—秽语综合征，疗效显著。

"从肺论治"的学术观点，是余长期临证经验的结晶，也是根据小儿病证特点总结出的。余认为，调肺利窍祛邪外出，可以切断病邪内传途径，避免滋生变证，同时还可强肺固卫，增加抵抗外邪的能力，不仅可治肺脏本身疾患，而且还能治疗肺外其他脏腑病证。"从肺论治"的学术观点，意在承先启后，以期为儿科开辟一条新的治疗途径，并愿为创立调肺学派与中医界贤达共勉。

（刘昌艺协助整理）

李今庸

李今庸（1925—2022），字昨非，湖北枣阳市唐家店人。幼承家学，侍父临诊，其后在家乡业医。20世纪50年代即执教于湖北中医学院（现湖北中医药大学，下同），为湖北中医学院教授，我国当代著名中医学家、中医教育家。在中医学术界开创和发展了《金匮要略》学科和《内经》学科，并首创治经法整理和研究古典医籍及古代文献的治学方法。一生勤于教学、科研与临床医疗，并致力于中医药事业的发展。喜读书，知识渊博，人称"经典王""《内经》王""活字典"。治学态度严谨，一丝不苟，言必有据。运用清代乾嘉学派的考据学方法，以校勘学、训诂学、古文字学、方言学、历史学及避讳知识等研究整理中医药学古典医籍和理论专题，为中医药学人运用综合研究的方法整理和研究中医药学作了示范。通晓中医内、外、妇、儿及五官各科，尤长于治疗内科和妇科疾患。选方用药主张"方不在大，中病即效；药不在贵，对症则灵"，强调因病用药，有是证用是药，多以小方收效。曾任职湖北省政协委员、常委，湖北省中医药学会理事长，倾其毕生精力，致力于中医药事业的发展。

一

余7岁入私塾，攻读《论语》《孟子》《幼学琼林》等，13岁时，因日寇蹂躏鄂北，生活艰难，无法续读，遂辍学，从父习医，同时学文。父讳贵德，字道安，此即"以至诚为道，以至仁为德"之谓也。公一生道德当身，不以物惑，幼年习儒，旋而学医，行医数十年，颇有经验。余习医之初，家父始授《黄帝内经》《八十一难经》《伤寒论》《金匮要略》《脉经》《千金要方》《千金翼方》

《外台秘要》《医宗金鉴》《陈修园医书全集》及《唐容川医书五种》等，再命余广阅历代各家论著，并阅读《纲鉴易知录》《左传》等。侍父临诊 11 年后，余于 1950 年正式在当地行医，积极开展诊疗活动。1954 年到湖北省中医进修学校进修，1955 年 3 月结业，5 月到湖北省卫生厅中医科工作。1957 年春调湖北省中医进修学校任教。1959 年 2 月，湖北省中医进修学校转为湖北中医学院，继续任教。余治学方法受已故副校长、近代著名学者蒋笠庵先生影响颇深。

孟子曰："孔子，圣之时者也。"故宋代《太平惠民和剂局方》有"夫济时之道，莫大于医，去疾之功，无先于药"之论。而清·顾靖远对医家之要，又有"要之出生入死，挽回性命，其功不减于医国"之言。余牢记先圣贤达之论，在医疗实践中，遵循"医，仁道也，而必智以先之，勇以副之，仁以成之"之训，以解除病人疾苦为己任，同时把培养中医人才作为"济时之道""去疾之功"的重要组成部分，此即宋·苏洵"教化之本，出丁学校"之谓也。余在 50 余年教学及近 70 年的医疗生涯中，曾筹建《金匮》教研组并担任组长，后又恢复和发展了《内经》教研室并担任主任，长期讲授《金匮要略》《黄帝内经》《难经》及《中医基础学》等课程。1978 年夏，国家首次在中医界评定专业技术职称，余被评为副教授，并率先在全国招收《内经》专业硕士研究生。1980 年 8 月晋升为教授。1981 年《内经》专业被国务院学位委员会首批批准具有硕士学位授予权。余在教研室教师中，积极提倡培养两个习惯，即"读书习惯"和"写作习惯"，并多次举行学术活动，在教研室创建了"图书资料室"，收藏各类图书 800 余册。对学院教研室建设、顺利开展教学工作、保证教学质量、促进教师钻研业务知识、提高教师业务水平和教学能力、培养中医后继人才等，起到了积极作用。在教材建设上，余编撰有本院本科中医专业用《金匮讲义》（1959 年内部印刷），代理主编全国中医学院第二版试用教材《金匮要略讲义》（1963 年 9 月上海科学技术出版社出版），主编本院中医专业本科、研究生两用教材《内经选读》（1982 年内部印刷），主编教学参考用书《黄帝内经索引》（1985 年 10 月内部印刷），参编人民卫生出版社《高等中医院校教学参考丛书·内经》一书，并两次协编全国中医学院教材《中医学基础》（1974 年 11 月上海人民出版社出版），参加陕西中医学院主编全国高等中医药函授教材《内经讲义》（1985 年 9 月湖南科技出版社出版）的集体审稿定稿工作，还为全国光明中医函授大学编著了《金匮要略讲解》（1987 年 5 月光明日报出版社出版），主审

21世纪全国高等中医药院校课程教材《内经讲义》（2002年8月人民卫生出版社出版）、《伤寒论讲义》（2003年人民卫生出版社出版）及全国高等医药院校教材《内经学讲义》（2004年3月中国中医药出版社出版）。

余喜读书，勤笔记，爱写作，耽好思索，力求治学态度严谨，学术上一丝不苟，言必有据，又不为古人所囿，能提出新观点、新见解。故余认为“知识非博不能返约，非深不能至精”，“读医书必须深入到医学实际里面去，不能停留在文字表面上”，“学习古代书籍只能用辩证唯物主义与历史唯物主义的立场、观点和方法，研究古人学术思想和科学价值，不能要求其说出我们现代同样的语言”。恽铁樵尚云：“医学深处，实与儒家道家之言多相通者，故欲中医真正改革，治医者必须选读几种古书，如《孟子》论性诸篇，《易经·系辞》及《书·洪范》《礼·月令》之类。”故而，余认为“研究古籍内容，必须首先读懂其本来意义，然后再加评论，决定取舍，才是正确态度”。数十年来，余除博览医学群书外，对“经”“史”“子”“集”之书和现代某些著作亦多阅览。因《黄帝内经》成书于先秦之世，且与古代哲学密切相关，故余尤其注重阅读汉唐以前著作和古今哲学著作，并力求以马克思主义哲学思想为指导，整理中医学的基本理论和实际经验，并在中医专业知识基础上，运用训诂学、古文字学、方言学、历史学、文献学、校勘学及避讳知识等整理中医古代各种书籍。对《黄帝内经》《金匮要略》《难经》的研究用时尤多，能对历代有争论的一些学术问题提出自己独到的见解。余撰著有《读医心得》《读古医书随笔》《李今庸临床经验辑要》《中国百年百名中医临床家丛书·李今庸》《中医药学发展方向研究》《古医书研究》《舌耕余话》《古籍录语》，主编了《中医学辩证法简论》《湖北医学史稿》《奇治外用方》《中华自然疗法图解》，审改《黄帝内经注评》，审阅《素问今释》《刮痧疗法》，审正《黄帝内经素问运气七篇讲解》，审订《李时珍和他的科学贡献》《中国古代人体特异功能集锦》。

余还先后在各地中医刊物和有关杂志上发表学术论文170多篇。如：“《金匮要略·消渴小便利淋病脉证并治》的我见”“论祖国医学中补法、泻法的辩证关系”“略论宋以后祖国医学的发展及对所谓‘儒医’一词的剖析”“关于‘辨证’与‘辨病’”“《内经》析疑三则”“谈帛画《导引图》的胠积”“《金匮要略》析疑三则”“《难经》析疑一则”“《灵枢经》析疑四则”“《素问》析疑四则”“《伤寒论》析疑二则”“略论《黄帝内经》的营卫理论”“论‘穴位’在人身中的重要意义""论中医药学理论体系的构成和意义""保持中医药学特色在实践中发展""楚医学对祖国医学的伟大贡献""略论《黄帝内经》中血气流行及放血治病""《神农本草经》成书年代考"等。

20 世纪 70 年代始，余曾任湖北中医学院院务委员会副主任、研究生会顾问、学科评定委员会副主席，为湖北省高等院校教师职务评审委员会医学学科组成员、湖北省科学技术进步奖励评审委员会医疗卫生评审组评审员、湖北省自然科学优秀学术论文评审委员会委员等。1981 年 3 月，余应湖北省卫生系统技术职称晋升学术委员会聘请，主持中医药学科学术小组对我省中医晋升正、副主任医师进行评审。1991 年，余任首批全国继承老中医药专家学术经验指导老师，同时，获国务院政府特殊津贴，被评为有突出贡献的名老中医。兼任北京中国中医研究院研究生部客座教授、长春中医学院客座教授、中国中医科学院首届学术委员会委员、《中医大字典》顾问、《中医杂志》编委、《新中医》顾问、《中医药学刊》顾问、《中医药通报》顾问、《中医文献杂志》编委会顾问、中华中医药学会顾问和终身理事、全国李时珍学术研究会名誉主席、全国类风湿关节炎医疗中心网络及协作委员会高级顾问、全国高等中医药教材建设顾问委员会委员、全国高等医药教材建设指导委员会理事、中国管理科学研究院学术委员会特约研究员等职，并曾先后兼任高等医药院校中医专业教材编审委员会委员、全国中医学会中医理论整理研究委员会委员、人民卫生出版社中医图书编辑委员会委员、《中国大百科全书》传统医学卷编辑委员会顾问、《中医古典医籍白话文本丛书》顾问、《明清名医全书大成》顾问、《中华本草》编辑委员会委员、国家中医药管理局重大中医药科学技术成果评审委员会委员、中华全国中医学会振兴中医基金会理事、湖北省科技成果评议委员会委员、湖北中医学院学位评定委员会副主席等职。余为湖北省政治协商会议第四届委员，第五、第六、第七届常务委员及政协教科文卫体委员会副主任；湖北省科学技术协会第二届委员，第三、第四届常务委员；中华全国中医学会第一届理事、第二届常务理事、第三届顾问；湖北省中医药学会第一届副理事长，第二、第三届理事长；湖北省老科技工作者协会第二、第三届副理事长。为继承发扬中医学术，发展中医教育事业和医疗事业，以及党政群团事业、社会公益事业的建设，"广其学而坚其守"，发挥了一位老知识分子的作用，履行了自己的职责和义务。

余的学术和社会活动繁多。1962 年夏参加了卫生部在庐山召开的"全国中医学院第二版教材会议"。1977 年 10 月参加了卫生部在北京召开的"全国医学基础学科规划座谈会议"。1978 年 3 月参加了中央政府在北京人民大会堂召开的"全国科学大会",受到党中央首长的接见;同月,又参加了卫生部在北京召开的"《医学百科全书》会议";5 月参加了在北京召开的"中华全国中医学会成立大会暨学术交流会"。1980 年 5 月参加了卫生部委托北京中医研究院在泰安召开的"中医古籍整理出版会议"。1978 ~ 1980 年,先后在济南、南京、泰安、福州参加了卫生部重点科研项目《黄帝内经素问校释》《灵枢经校释》《难经校释》《针灸甲乙经校释》《脉经校释》《诸病源候论校释》《针灸大成校释》等 7 部古医书的集体审稿定稿工作。1981 年 6 月参加了卫生部在北京召开的"卫生部学位授予单位审核会议";12 月参加了南阳"张仲景研究会成立暨学术交流大会"。1982 年参加了中华全国中医学会在北京召开的"常务理事扩大会议",在会上与全国部分名老中医专家共同签名,向党中央国务院提出成立"国家中医药管理总局",以加强党对中医药工作的有效领导,进一步贯彻党的中医政策的积极建议;同年 6 月参加了卫生部中医司在北京召开的"常务理事扩大会议",随后参加了卫生部中医司在北京召开的"中医古籍整理出版规划工作座谈会"和人民卫生出版社继之召开的"中医图书编辑委员会会议";9 月参加了全国中医理论整理研究委员会在长春召开的"第二次委员会会议";10 月参加了中华全国中医学会在南阳召开的"仲景学说学术讨论会";随后参加了卫生部在南京召开的"高等中医院校中医药教材编委会会议"。1983 年 9 月参加了湖北省 8 个单位在蕲春联合召开的邀请有全国专家参加的"纪念李时珍逝世 390 周年学术讨论会";10 月参加了全国中医理论整理研究委员会在杭州召开的"全国首届中医校勘学术会议";随后参加了四川省中医学辩证法研究会在成都召开的"中医工作问题学术讨论会"。1984 年 4 月参加了河南省中医学会在巩义县召开的"发扬中医特色学术讨论会";继之又参加了卫生部中医古籍整理办公室在北京召开的"卫生部中医重点古籍审稿定稿会议",会后同全国 11 位中医专家一起签名,给国务院写了建议信,要求加强党对中医药事业的领导,建立独立的中医药管理系统,给予中医药事业支持。1985 年 1 月底至 2 月初,参加了中华全国中医学会在北京召开的"第二次全国会员代表大会",受到党中央领导的接见;继之又参加了南阳"张仲景国医大学成立大会";4 月下旬接待了美国华侨中医师黄维三先生，对《难经》问题进行了学术交流。1986 年 6 月和 1991 年 5 月两次参加了"中国科学技术协会第三次代表大会"和"中国科学技术协会第四次全国代表大会"，分别受到党中央领导的接见。1986 年 9 月接待了日本关西大学药学博士科学史本草学教授宫下三郎先生和日本武田药品工业株式会社中央生药研究所大盐春治博士；11 月在天津参加了国家中医药管理局召开的"1986 年度重大中医药科学技术成果评审委员会会议"，作为"理论文献"第一组组长，主持了理论、编著、医史、训校、医话等方面的评审工作。1987 年 5 月接待了美籍台胞庄振辉先生，就药膳问题进行了研讨；8 月到哈尔滨参加了"全国中医科研战略研讨会咨询会"；11 月到福州参加了"全国第三届中医心理学学术讨论会"。1988 年 5 月参加了在北京召开的"中国古典医籍语译委员会成立大会暨第一次审稿会议"；9 月分别参加了"全国科普研讨会"和"纪念李时珍诞生 470 周年暨学术交流大会"并在会议开幕式上讲话。1989 年 4 月到 5 月间，在江苏省扬州市参加了国家中医药管理局举办的"《中华本草》编委会第一次会议"。1993 年 10 月，参加了湖北蕲春召开的"纪念李时珍逝世 400 周年暨 93 国际中医药研讨会"，并在大会上做了"介绍李时珍生平及学术成就"的发言，作为大会主席，在会议闭幕式上作了学术总结；12 月到北京参加了"光明中医函授大学八周年校庆暨吕炳奎从医六十周年纪念大会"，并在会上讲了话；继之又参加了北京中国中医药出版社举办的《毒药本草》学术座谈会暨《药物本草》审稿会。1997 年 3 月参加了北京中国中医药出版社召开的《明清名医全书大成》整理出版工作座谈会。1999 年 10 月到北京参加了"中华全国中医学会建会二十周年暨学术年会"，会上做了"怎样成为一个真正的中医"的专题报告，获"国医楷模"奖。2000 年 11 月参加武汉市"国际医药博览会"，并作大会发言。2001 年 5 月，参加了由天津市人民政府和国家中医药管理局主办的"中国首届中医药文化节"，其间作了专家义诊；6 月参加了由全国高等医药教材建设研究会、人民卫生出版社在北京召开的"中医药教材专家论证会"；10 月参加了"全国李时珍中医药资源发展战略研讨会"，并在会上讲了话。2002 年 3 月参加了国家中医药管理局在北京召开的"关于中医人才培养座谈会"；8 月在北京参加了国家中医药管理局关于"优秀中医临床人才"考试委员会工作会议讨论；9 月参加了北京中华中医药学会第四次全国会员代表大会，获"中医药学术最高成就奖"；11 月在北京参加了"全国高等医药教材建设研究会、人民卫生出版社全国高等医药教材建设指导委员会专家咨询委员会成立大会"。2002 年 5 月和 2003 年 3 月，分别参加了由中国中医药出版社组编的全国高等中医药院校教材《内经学讲义》的定稿工作和由人民卫生出版社组编的 21 世纪全国高校教材《内经讲义》的审稿定稿工作。2004 年 4 月在河南省郑州参加了由中华中医药学会主办、河南省中医管理局承办的"全国著名中医药学家高级论坛会"，其间进行了植树活动；6 月在北京人民大会堂参加了"康莱特杯中华中医药学会科学技术奖（学术著作奖）颁奖大会"暨"中华中医药学会学术著作奖项目学术论坛"，获省部级学术著作奖三等奖项；8 月参加了在北京人民大会堂举办的"名医战略研讨会暨中国中医药出版社十五周年社庆"。2005 年 6 月在江苏南通参加了由中华中医药学会主办、南通市承办的"首届著名中医药学家学术传承高层论坛会"；10 月分别在上海与北京参加了"《中医文献杂志》公开发行十周年庆典暨第四届编委换届会议"和"全国高等医药教材建设研究会暨人民卫生出版社专家咨询委员会 2005 年年会"；11 月参加了在北京举办的"中华中医药学会学术著作颁奖大会"，获省部级学术著作奖三等奖。2006 年 6 月在北京参加"中国中医科学院首届科学技术大会"；12 月分别参加了厦门"《中医药通报》杂志创刊五周年及第二届编委会成立大会"和广州"第二届著名中医药学家学术传承高层论坛暨著名老中医药专家传承特别贡献奖颁奖大会"。2007 年 1 月参加了在北京召开的"全国高等医药教材建设研究会、人民卫生出版社专家咨询委员会 2006 年年会"。

从 1976 年起，余先后应邀到北京、上海、吉林、辽宁、山东、山西、陕西、河北、河南、安徽、湖南、福建等地讲学。每年定期赴北京中国中医研究院研究（生）班和北京中医学院研究生班讲授《金匮要略》《黄帝内经》专业课程。1995 年，受河北省卫生厅聘请，余担任河北省二十一世纪名中医培训班客座教授，讲学于河北省中医药管理局"石家庄跨世纪青年中医班"。1999 年在长春、2001 年在北京、2002 年在上海、2005 年在福州、2006 年在湖北恩施等地，为国家中医药管理局先后举办的"全国名老中医临床经验高级讲习班"讲授医疗经验。1994 年夏秋之际，在瑞典分别与瑞典学人和医生进行了文化交流和医疗访问。1997 年 3 月，应邀请为"日中友好之旅"培训班讲授中医经典文献。1997 年 11 月至 12 月间到韩国大田大学做学术演讲。在对中医学术与中医对外交流方面，多次建议、联系、组织和主持国际学术会议，作中外医学学术交流，如

"95 国际传统医学大会""97 鄂港澳台国际学术交流大会""98 李时珍国际学术研讨大会""99 国际传统医学与按导医学研讨会"等，并作为这些国际学术会议名誉主席在大会上发言总结。同时争取国外医生和专家来本省及本院参观访问、参加学术活动并合作办学，做了积极的工作。这些活动充分活跃了学术气氛，促进了中医学术和中医事业的发展。2000 年 11 月，余在法国巴黎出席了第二届"法中中医药学术研讨会"，并在会议开幕式上讲了话。

余认为，中医学是我们这个伟大民族的一份宝贵文化，它的基本特色"是把医学世界看作一个整体，并不断发展变化。医疗活动，则是以其基本理论为指导进行辩证施治。'辩证施治'不是中医理论，而是中医在医疗工作中的思想方法，是唯物辩证法'具体问题具体分析'原则在医疗实践中的体现"；"中医学的哲学基础，是中国古代自发的辩证法思想，因而规定了其基本理论的笼统性，不能适应临床工作中辩证施治的需要。如不提高到现代科学水平上来，今天是很难有大的发展的"；"发展中医学术，根据当前实际情况，一方面应以唯物辩证法为思想指导，按中医学术传统思想和传统理论，继续实践，继续总结，不断求得发展。另一方面，应在中医医疗实践中，利用现代各种检查方法，认真观察，细心体验，大量积累新的资料，以中医传统理论为指导，以中医传统观点详加分析，从中找出新的规律，纳入辩证施治的范围，使之为辩证施治服务，从而发展中医学的辩证施治。防止简单依靠西医学已有的现成结论，而丢掉中医学的特色"；"中西医学产生和发展的条件不同，是两种完全不同的医学理论体系，也有各自的哲学基础，二者不能相互取代，只能在发展的基础上互相取长补短。二者结合应该是'辩证'的，需要做大量而又艰苦的科学研究工作来完成。简单从事，把二者毫无内在联系地拼凑在一起，是没有意义的"；"临床工作中，依据具体病人的实际病情，采用中西医药治愈疾病，这是需要的，但这是医疗工作上'一切为了病人'的中西医合作共事，而不是学术上的中西医结合"。多少年来，余一直为正确发扬中医学术，正确理解中西医结合，最大限度发挥中医药学作用，进行着不懈的努力。

二

作为一位中医工作者，余认为必须具有宽厚坚实的中医理论和丰富的临证经验。余在医疗战线上工作了近 70 个春秋，使许多患者从沉疴中获得新生，意在"拯黎元于仁寿，济羸劣以获安者"。只有具备全心全意为人民服务的精神和精湛的医疗技术的人，才会有令人留恋的回首。余"喜读书，勤笔记；爱写作，好思索"，在教学论坛上耕耘了50个寒暑，不唯著书立说，更重教书育人，在中医学术的继承和发扬方面，做出了一定的贡献，为海内外同道所瞩目。余对中医药发展方向、对弘扬民族文化和民族精神深为关切，并不遗余力、身先士卒为振兴中医药事业奔走呼号，费尽了心机。余之言行，意在提高我国民族自信心和消除我国民族自卑感。

（一）授业解惑，传播中医药学术

余设帐杏坛近50个春秋，在半个世纪的中医药学教学生涯中，形成了自己的一套适合中医药学特点的教育思想。

首先，必须树立正确的思维方式。学习中医药学必须要有正确的思维方式，即辩证唯物主义和历史唯物主义的思维方式。在传统中医药学中，含有丰富朴素的唯物论和自发的辩证法思想，如果不掌握、运用这种思维方式，对中医药学中很多具体内容无法正确理解，因而很难学好中医药学基本理论，在临床工作中也就做不到真正的辨证施治。中医药学基本理论形成于两千多年以前，在漫长的历史长河中得到了不断的丰富和发展，中医药学著作浩如烟海，出则汗牛马，入则充栋宇。各个时代的中医药学著作都带有鲜明的时代特征，因而对不同时代所形成的医学著作，应当置于其特定历史时代背景下学习研究。必须具有历史唯物主义的立场、观点和方法。因而，余总是要求学生先读好《矛盾论》《实践论》《自然辩证法》《反杜林论》等哲学著作，为学习中医药学理论打下坚实的思想基础。余也亲自主编有《中医学辩证法简论》一书，刊行于世。

教育对象，从有教无类到非其人勿教。中华人民共和国成立初期，中医药行业严重乏人，为解决这一矛盾，国家在大多数省市先后设立了中医学院，将中医药学纳入高等教育之列。但是由于人们对中医药学理解不够，几乎所有的中医药院校都生源不足，因而只好从其他院校生源中进行调剂，所以有些学生戏言他们是被"拉"来的。就是对这些"拉"来的学生，余也是认真地予以教导，为教好每一节课，常常是备课到深夜，然而结果事倍功半，这些学生毕业后，只有一部分从事中医药工作，一部分改行搞西医，还有一些人成了否定中医、反对中医的急先锋。所以余曾在一首诗中无限伤感地写道："吾人生性太鲁钝，发展中医愧无能。三十年教学工作苦，培养自己掘墓人。"由此也引起了余的深思，对中医药学这门特殊的学科，在教育对象上必须要有所选择，即"先应爬罗剔抉，而后再刮垢磨光，即择人而教，因材施教"，这也成了余后来在招收研究生时"宁缺毋滥"的思想基础，从单纯地追求数量过渡到注重质量。在这种思想指导下，余培养出了一批合格的中医药人才，成为中医队伍的生力军。这使余对《素问·气交变大论》中的"得其人不教，是谓失道；传非其人，慢泄天宝"有了更深刻的体会。

注重师资队伍建设。要培养高水平的中医药人才，必须要有高水平的中医药师资。所以余在主持教研室工作时，非常重视对教师的培养，总是在力所能及的情况下，尽力为教师创造较好的学习条件。如为教师配备必要的书籍、卡片盒、卡片等，同时还不定期地登门对教师的学习情况进行检查。余还要求教师培养读书习惯和写作习惯，并不失时机地亲自带领或选派他们到全国其他中医院校参观学习，借以拓展教师思路，开阔视野。另外，还通过编辑书籍及教学参考资料来提高教师专业水平。从总体上讲，余主张对教师应当因人施教，因材施用，真正做到人尽其才，才尽其用，如此坚持十几年不懈努力，终于培养出了一批较高素质的中医教师队伍。

重视经典著作的教学。所谓经典著作，是指《黄帝内经》《伤寒论》《金匮要略》《神农本草经》这几部中医药学的看门书。它们既奠定了中医药学的理论基础，也决定着中医药学的发展方向，所以学习中医药学，务必首先要学好这几部书。20世纪60年代初期，余首先在湖北中医学院本科生中积极参与推动《内经》课教学，直到因"文化大革命"而停止。1978年余又领衔恢复了《内经》教研室，并主持教研室工作，培养《内经》师资，率先筹建了《内经》教研室图书资料室，收藏了大量《内经》及其相关书籍，主持编写了三版《内经》教材及《〈黄帝内经〉索引》（内部印刷），主编了《新编〈黄帝内经〉纲目》（上海科学技术出版社出版），如此迅速提高了《内经》师资素质及《内经》课的教学质量。从1978年开始又连续招收了三届《内经》专业硕士研究生。1958年，余在湖北中医学院本科教育中，率先开设了《金匮》课程，独立编写了《金匮讲义》，组建了《金匮》教研组（后改为《金匮》教研室），积极培养《金匮》课师资。1963年，余代表湖北中医学院原副院长蒋笠庵先生主持编写了全国高等医药院校第二版试用教材《金匮要略讲义》，由上海科学技术出版社出版，以作为全国中医学院统一教材，从而将《金匮要略》这一学科推向全国。1987 年，余编写出版了光明中医函授大学教材《金匮要略讲解》，其间多次应邀赴全国各地中医药机构做《内经》《金匮要略》专题讲座。另外，余还曾先后讲授过《难经》及《中医学基础》，1974 年参与编写了《中医基础讲义》。

注重临床实践。中医药学科是一门实践性很强的学科，它非常强调理论对实践的依赖关系。所以，不仅要重视中医理论学习，不断提高理论修养，而且也要注重临床实践。中医医疗机构是中医临床实践的主要阵地，因而余在中医医疗机构的建设方面也倾注了大量心血，数十年来从未间断向政府、社会呼吁，要求重视加大对中医医疗机构的投入力度。余对中医医疗机构的数量、规模、基础设施、内涵建设、医疗水平，尤其是办院方向、社会效益、经济效益等方面特别关注。余认为中医医疗机构的优劣，不仅直接影响中医学院临床的教学质量，而且还关乎中医药事业的成败兴衰。在中医教师队伍中，余不仅主张临床课教师不能脱离临床，而且基础课教师也应经常参与临床实践，积累临床经验，从而丰富教学内容，这样才能做到言之有物，提高基础课的教学质量。

（二）补苴罅漏，发掘整理中医学

余从 20 世纪 50 年代开始就步入了一条漫长、崎岖而又艰辛的治学之路，"路漫漫其修远兮，吾将上下而求索"。余力主治学态度严谨，一言之取舍必有于据，一说之扬弃必合于理。在这条道路上，余上下求索近 50 个春秋，总结出一套系统而又行之有效的治学方法。

研究整理中医药学基本理论，使中医药古籍中每一个理论系统化、正确化。埋藏于中医学古籍中的许多重大医学理论无章无系，散见于各书各篇，使人有究尾遗首、究首遗尾之虑，难以窥其全貌，更难以正确理解。唐·韩愈《进学解》云："补苴罅漏，张皇幽眇，寻坠绪之茫茫，独旁搜而远绍。"鉴于此，余在研究古医籍时，将相关内容搜集在一起，根据中医药学基本理论，运用辩证唯物主义和历史唯物主义的思维方法，对每一专题内容进行认真比较分析，谨慎取舍，去粗取精，去伪存真，不足者补之，多余者刘之，隐者彰之，谬者正之，然后笔之以为文。写了"精、神、气、血、津液等相互关系""脏腑升降与临床病证""胆腑理论的临床意义""试论《黄帝内经》的营卫理论""论穴位在人身中的重要意义"等大量专题学术论文，并撰有《读医心得》一书。这些学术专论，力求发前人所未发，意在有益于当代，也有功于后世。

创立以治经法整理古典医学著作。清乾嘉年间，兴起了一个考据学派，他们运用考据学方法研究我国古籍，取得了丰硕成果。于是余将这一方法移用于整理中医药古典著作。千百年来，中医古籍在传抄流传过程中，亥豕鲁鱼、简脱虫蠹在所难免，加之历史变迁，语言、声音、词义等都发生了很大变化，如不加以研究整理，则令人难以完全读懂。余几乎尽毕生之力，在前人的基础上，运用校勘学、训诂学、方言学、古文字学、历史学以及避讳知识等，对中医古籍中一些悬而未决、聚讼未已的问题，进行了深入的研究，在这条路上艰辛地攀登不息，笔耕不止。余在《读古医书随笔·序言》中写道："在长时间从事中医学术研究工作的过程中，深刻地体会到中医古典著作在中医学术里的重要地位；深刻地体会到在继承、整理、发扬中医学术的今天，研究中医古典著作的必要性；深刻地体会到在研究中医古典著作中运用考据学的知识和方法的实际意义。多年来，我在阅读中医古典著作时，每遇疑难处，则记录之，进而研究之，考证之，心中晰然则笔之以为文而系统阐述之。"近年来，余将所存之旧稿重新审定，汇聚成编，先后出版了《读古医书随笔》及《古医书研究》等理论专著，意在使千百年之疑窦涣然冰释。书一问世，极大地活跃了学术空气，促进了中医学术的发展。

在《黄帝内经》的162篇文中，记载了战国时期的各国医学成就，基于此，余首先提出了"楚医学"的概念。余认为楚医学是楚文化的一个组成部分，所以余从楚文化的角度出发，对楚医学进行了初步研究，并撰写了"楚医学对祖国医学的伟大贡献"等文。近年来，余还打算进一步运用古文字学中的甲骨文之研究成果来研究中医药古典著作。

（三）累起膏肓，苍生释缚脱艰

清代陈士铎在《洞天奥旨》中云："人不穷理，不可以学医，医不穷理，不可以用药。"一名临床医生，必须具备深邃的医学理论、精湛的医疗技术，方可活人者众。余于临床力求辨证精细，选方遣药丝丝入扣，方小量轻，不尚用贵重稀有之药，但每每起沉疴而愈痼疾。

清代毛祥麟尚云："治病不难用药，而难于辨证。辨证即明，则中有所主，而用药自无疑畏。"由此可见，古今医家均重"辨证"二字。辨证施治是中医主要特色之一，余临证时总是细心诊察，精心辨证，故而疗效尚著。如有几例经西医检查均诊断为血小板减少的病人，求诊于余，经诊断辨证认为：一人为心脾两虚，治以归脾汤；一人为冲任不固，治以胶艾汤；一人为肺虚气燥，治以麦门冬汤；一人为阴虚血少，治以地骨皮饮；一人为瘀血阻滞，治以桃红四物汤；而另一人则为湿浊阻滞下焦，治以萆薢分清饮加味。病同而治不同皆愈，何也？辨证所由然也。又如一老妪患糖尿病，前医依消渴拟滋阴清热方为之治而症不退，就治于余，余辨证为脾虚，改投六君子汤加山药，服十数剂而痊，足见辨证之要在于精且细也。

清·徐灵胎尚云："凡辨证，必于独异处诣病。"故而为医者不在于能医疾，而在于能医人之所不能医之疾；不在于能治病，而在于能治疑难重症。余在临床中，并不因为西医诊断为不治之病而不治，只要有一点希望，就积极地去争取，只要病人求治，余从不"瞻前顾后，自虑吉凶，护惜身命"，而是一心赴救。

1976年9月23日，余在某大医院会诊一晚期肺癌患者，昨日其舌忽缩至舌根，几阻塞呼吸，家属求医院想法使舌伸出，医院医生说这是肺癌发展的必然结果，无可奈何，并断言病人寿命不会超过10月1日。后经余给予猪苓汤加味，1剂其舌即伸，并以中药延长了其寿命，大大超过了医院所判死之日。一血友病者，左膝关节肿大疼痛，步履艰难，西医以为必须作关节融合术，后经余诊治而愈。一痰饮患者求治于余，给服苓桂术甘汤加味治之而病证消退，唯脉结仍然，此乃痰饮窠囊未除，必当复发，后果如余所言。一男孩患尿血，前医叠进大方重剂而尿血不已，易余诊治，给服四君子汤加味，药仅9味，每剂药总重74g，其母取药后见其量少，自谓曰：这点药能治好病？谁知仅服药7剂，患儿小便红细胞即消失。

余临证时不囿于经方、时方，凡能愈疾者皆取而用之，也不尚贵重稀有之品。余以"方不在大，对证则效；药不在贵，愈病则良"语以示后学。

近年来，余将自己的临床经验整理汇编成册，作为"全国著名老中医临床经验丛书"之一《李今庸临床经验辑要》和"中国百年百名中医临床家丛书"之一《李今庸》两书刊行问世。

（四）诠释辨证论治真谛，启迪后学

余认为，中医学术"具有浓郁的东方特色，含有精深博大的辩证法科学"。

中医学的基本理论，就是在对各种疾病的普遍规律的总结中形成的。中医学的基本特色，是把医学世界看作一个整体和一门不断发展变化的学科，其医疗活动则是以中医基本理论为指导的辨证施治过程。所谓辨证施治，"就是在中医学基本理论的指导下，根据病人的临床表现辨别其病证的性质（病机），并依据辨别出来的病机确立治疗方法"。余认为："这既是中医学的特点，也是其精髓，是其灵魂。"

辨证施治是中医学的灵魂，必然有它科学的内涵，那就是"中医学在临床活动中，运用望、闻、问、切'四诊'方法，全面搜集和掌握有关疾病的各种情况，然后以中医学基本理论为指导，对占有资料进行细致的研究分析，找出疾病的本质，并据以确立其治疗疾病的方针"。因此，古今医家均强调临床上的"施治"，必须"辨证"。

几千年的中医临床实践表明，历代卓有成效的中医名家的成功经验，一方面是他们在毕生医疗生涯中形成的学术主张和渐成的医学流派，另一方面是给后世留下的辨证施治规律和久用不衰的经典方药，而这些方药绝大部分都体现出了组方严谨、君臣佐使有序、药味精炼不繁的特点，用之能针对主要矛盾直指要害。显然，主要矛盾一经解除，其他相关征象的次要矛盾也就迎刃而解了。众所周知，汉代张仲景的诸多"经方"，如小柴胡汤、麻杏甘石汤等，每首方简捷犀利，每味药各司其职，通过辨证，使用后便效如桴鼓，故沿用至今，仍踞有空前绝后的学术地位。宗于此，余在《李今庸临床经验辑要》一书中，在辑选的内、外、妇、儿及五官科共 144 个病种中，力求说理明晰，辨证准确，遣方有据，每方用药绝大部分均未超过 10 味，而卓有疗效。

疾病的发展和变化是不以人的意志为转移的，而是按照自己的发展规律而变化。因此，治疗疾病必须根据客观实际，因时、因地、因人而辨证施治，这一辨证思维的治疗思想，构成了中医学与世界其他医学的质的区别。明·张介宾在《类经》中尚云："夫病机为入道之门，为跬步之法。"又云："机者，要也，变也，病变之所由也。"故而辨证施治正是根据疾病的变化而对应处置的一种正确认识和治疗疾病的科学方法。余力主辨证施治体现了"实践第一"的观点，即客观世界的不断变化促进了中医学术在主观认识方面的不断发展和更新，这正是中医学术历经两千年而始终保持旺盛生命力，并不断充实、完善、创新和代有发展的原因。比如 20 世纪 50~60 年代"乙脑""流脑"流行，这些疾病在中医文献中没有记载，广大中医工作者却在亲临实践的活动中，运用辨证施治的方法，逐渐认识和掌握其发病规律，形成了一套病因病机证治方案，并取得了肯定的疗效，从而使有关"乙脑""流脑"的中医理法方药也随之产生和形成，使中医在治疗当今一些急性传染病方面积累了经验。更值得一提的是，2003年"非典"流行期间，中医药不仅在其早期、中期及康复期有较好的效果，就是在"非典"的极期也有疗效。广东省"非典"病人死亡率低，中医药的参与治疗是一个重要因素。这充分说明中医药在防治传染病方面已形成了一套完整的理论，积累了丰富的经验。余在这期间对防治"非典"深为关切，亲自主持和组织编写了以湖北省中医药学会名义及时编印的《中医药治疗传染性非典型肺炎专集》，对当时指导我省乃至全国应用中医药治疗"非典"起到了积极的推介和宣传作用。余欣喜中医药在治疗"非典"过程中的效果和产生的影响，再一次显示了它的治疗优势和强大生命力。

从"乙脑""流脑"到"非典"，中医药治疗虽已取得了有目共睹的成效，但在当今复杂多变的自然环境和多元多极的社会氛围中，各种疾病也在不断变化和不断演变，一些经典的传染病有的已消匿人间，有的已不再典型，而另一些"名不见经传"的新传染病，如"非典""艾滋病"等，已被现今的人们视为洪水猛兽，人们谈之色变，惊恐万状！中医学认为，任何疾病在变化发展过程中的每一阶段，都有自己的本质特征和实际内容。因此，对疾病的治疗必须是"病万变药亦万变"，才能符合疾病发展的实际，才能适应治疗的需要。这就是中医的特色和其他类似学科不可企及的优势，这是辩证唯物论观点渗透在中医理论中的具体表现。余把与此相反的思维方法比作是"守株待兔""刻舟求剑"，余认为，绝不应该也绝不可能以一种方法套定一个病，一病固定一方地去解决实际问题，因为这与辨证施治的本意是背道而驰的。同时，余还多次批评用西医的"辨病"来代替中医学的"辨证"的方法，因为这样做实际上就是否定中医学理论。

捍卫中医学术，振兴中医，执着虔诚地继承和发扬中医学术，是余一生之追求，其基原在于余认定了中医的科学性和发展无限的未来。余毕生治学严谨，学术上一丝不苟，学术研究力求能旁征博引，言必有据；每篇文章，均会谈古论今，文皆有理。但是，余尊古而不泥古，有些观点又不为古人所囿。例如属于中医学理论体系组成部分之一的五行学说，余认为："五行学说的辩证法思想，是不彻底的，五行学说虽始而促进了医学的发展，但它没有随着医疗实践的发展进行理论创造，却使自己代替了医学理论，故继而又束缚了中医学的发展……对于脱离医疗实际的部分，应该予以扬弃。"另一方面，余在治学中经常能提出新见解和新观点，如在考证《黄帝内经》的有关内容后，对病因学中的"外因"，在探究其形成过程中，指明"六淫"实为"五淫"。余还以十分关心和积极参与的态度研讨中医药现代化，余主张"利用现代科学的知识和方法，根据中医药学的内部规律及特点，对中医药学理论进行客观的实事求是的认真细致的研究，揭露其内容的科学实质，用现代语言加以阐述，赋予其时代的特征，把它纳入现代科学的轨道"。余尚以人文底蕴和科学的思维阐述了自己对中医药现代化的设想，这既有别于故步自封的纯国粹观念的狭隘的民族主义倾向，又不同于全盘否定中医学的民族虚无主义和崇洋媚外思想。余在阐明上述观点的同时，还殷切希望后学"必须认真熟究中医药学各家典籍，力求掌握较多的古代医学家的经验知识，以便为自己在中医药学这一领域里占有份额和为认识临床、处理疾病打下坚实牢固的基础，坚持理论对实践的依赖关系，坚持理论与实践的统一"。余尚认为：在继承发扬中医药学的过程中，要努力发掘这一宝库中的丰富宝藏，充分发挥中医药学的传统优势，还应积极吸取现代科学技术成果，借助现代一切检查手段来延伸我们感觉器官的作用，扩展中医学望、闻、问、切的"四诊"范围，以认识人体深层的病理变化，并在实践中逐渐积累大量资料。以中医基本理论为指导对现有资料进行认真细致的研究分析，不被西医学的结论牵着鼻子走，找出新的规律，把它纳入辨证施治中，动态利用，以发展中医药学辨证施治。在具体做法上，余认为，学习中医药学各种典籍，必须与临床医疗实际紧密结合，勇于实践，反复实践，努力把古人的经验知识变为自己的东西，做到学验俱丰，不盗名，不窃誉，不剽窃别人成就，不占有他人果实，依靠自己的辛勤劳动，掌握知识，结出硕果。

（五）传承东方文化理念，开创未来

余认为，任何一个民族，如果没有自己的民族文化，是不能立于世界民族之林的。我们中华民族和她的传统文化，从上古一直传承到现在，上下五千年，生生不已，繁衍昌盛，体现了人与自然环境和社会环境的和谐共处和整体相关，并在不断变化中得到发展，凸显了东方文化的特征。中医药学是我国优秀文化的重要组成部分，它来源于我国民族生活生产实践的直接经验，深深植根于中华文化之中。江泽民同志 2001 年 3 月 4 日在参加全国政协九届四次会议的教育、医药卫生届联组会讨论时的讲话中强调指出："中医药学是我国医学科学的特色，也是我国优秀文化的重要组成部分。"中医药学以它悠久的历史根源、独特的理论体系、辩证的思维方式和丰富多彩的治疗方法屹立在世界东方，具有与在西方文化背景下产生的西医药学绝对不相同的基本观点。余集多年的考证与思索，归纳为：①人本思想：体现中医药学强调一切从"人"出发，把维护人的生命健康放在首位，研究人的组织结构、生理病理及其生存条件和生存环境。②整体观：指出人体以脏腑为中心的整体机能和人与外界环境相适应，和谐共存的整体相关。③变动观：提出在医学世界里一切事物永远处在"变动不居"的过程中和人体内新陈代谢的生命活动。④疾病观：说明人体疾病的各个证候，彼此都是互相关联、互相变化的。⑤治疗观：突出"治未病"的预防思想和平秘阴阳、祛除病邪的主要治疗手段。⑥教育观：分为择人而教、因材施教、传授真知和问答教学等四方面，形成了具有东方特色的教育观念。余尝试阐述中医药学思想文化的基本特征，及中医药学是我国医学科学的特色的基本内涵。余数十年来凭着对中医药历史的回顾与总结，深切地体会到中医药学深深植根于中华文化之中。余兼研经史，纵论了中华民族上下五千年辉煌历程，揭示了中华民族在创造文化的过程中，以人为主体，在与自然和社会的和谐共处中萌芽和产生了攸关人的生命健康的医药知识，并历经沧桑逐渐形成完整的医学体系，具有浓郁的东方特色。余学究哲理，深知文化在社会发展中的地位和作用，文化已成为一个国家、一个民族和一个政党生存、发展的重要战略资源和宝贵财富，成为提高民族整体素质的重要方面，成为综合国力竞争的关键因素。所以中国共产党把"代表中国先进文化的前进方向"作为当前提出的"三个代表"内容之一，可见文化对国家和民族的进步、兴旺和发达的重要意义。中医药文化显然与人的生命健康及人的世界观、人对社会的贡献都息息相关，是中华民族文化的一朵奇葩和不可缺少的组成部分。余学习马列，明了在我国的国际地位跃居世界前列的空前大好的时机里，要在大力发展先进的科学技术，努力追赶世界先进科学技术发展水平的同时，也要大力发展先进的民族文化。在一定意义上说，先进文化是人类存在和发展的重要因素，是推动社会不断进步的思想保证和精神动力。历史已经证明，时光回放到西医东渐前的中华大地，几千年的中华民族生存繁衍和悠久灿烂的历史，正是与同步发展的中医药学有着须臾不可分离的联系的。

（六）弘扬爱国主义精神，提高民族自豪感

中医药学是一个伟大的宝库，它有着悠久的历史，有着独特的理论体系和丰富的临床经验，是我国劳动人民勤劳智慧的结晶，是灿烂的民族文化的重要组成部分。几千年来，中医药学为中华民族的繁衍昌盛做出了不朽的贡献，在世界上享有很高声誉。这是我们中华民族的骄傲和光荣，是我们对世界人民的医疗保健事业的贡献，同时也是我国发展医学科学事业的优势。100 多年前，西方医学传入我国后，中医药曾经遭到非议和受到歧视。1929 年，国民党政府曾经企图取消中医，使中医药的发展受到了阻碍。中华人民共和国成立后，党中央和政府非常重视中医药事业，制定了中医政策并下达了一系列有关保护和发展中医药事业的文件。但由于未设立中医工作的行政管理系统，使中央有关政策未能认真落实，加之当时在卫生系统出现了"中西医结合是我国医学发展的唯一道路""发扬祖国医药学关键在于西医学习中医"的错误提法，使中医事业陷于从属地位，未能获得独立发展的机会和发挥应有的作用。上述事实形成的"百年困惑"，至今给中医药事业留下了太多的后遗症：民族虚无主义的阴云在中医药领域内一直未被彻底驱散；中医药学术的发展方向一直受到"西化"的干扰；中医药事业在行政管理部门处于"在野"的地位一直未得到根本的扭转；中医药教育事业在培养学生的百年树人工作中一直缺少"原汁原味"的浇灌；中医药在临床上的优势和阵地一直未能摆脱日渐萎缩的趋势。余认为，要尊重历史，研究历史，运用历史唯物主义和辩证唯物主义的认识论和党的十一届三中全会以来的各项有关方针政策，充分利用各种机会，积极宣传和认真执行有关政策，维护中医药事业的权益，为中医药的振兴和发展做出不懈的努力。

余一生热爱中医学术，关注中医发展，献身中医事业。余幼承家技，攻读医籍，青年时即名闻乡里，中年事业有成，老年壮心不已，笔耕不辍，为中医药学术的继承和繁荣尽了一份力。花甲之后，余尚以湖北省政协常委的身份，利用各种机会积极宣传讲解中医药的灿烂历史和近百年的困惑及中华人民共和国成立后的几经波折，更为落实各项有关中医药的方针政策"奔走呼号"。古稀之年，余利用各种机会与邓铁涛、焦树德、裘沛然诸位医界贤达，为振兴中医

之大事，献言献策，受到中央领导的重视和采纳。

为了弘扬民族精神，提高民族自信心和自豪感，作为一位毕生为中医药事业献身的中医界的老人，余利用各种机会和场合，积极宣传中医药学悠久的历史、科学的内涵、辨证论治的特色及可信的疗效，以提高广大民众对中华民族传统医药学的正确认识，消除人们对它的偏见，从而采取积极态度和正确措施来对待中医药的继承和发扬，使其沿着正确的发展方向不断前进。同时，余也利用一切机会提醒和告诫人们，要抵制和反对全盘否定中医的民族虚无主义和崇洋媚外思想，并痛心疾首地指出："这种看不起自己民族传统医药学的人，或许是少数，但能量却很大，他们在党政干部之间有，在青年学生之间有，在科技人员之间有，在西医药人员之间有，在中西医结合人员之间有，在中医药人员之间也有。"余的这段话，是1989年8月8日在湖北省政协会上做"论我国崇洋媚外思想的产生及其对我国民族传统医药学的危害"的发言中提到的。余的讲话和爱国激情，引起了时任中共湖北省委副书记钱运录同志的高度重视。钱运录同志在10月20日的批件中指出：李今庸教授的意见值得重视。望请研究，在卫生工作中要十分重视中医。当今世界许多国家出现"中国热"，如果我们自己看不起中医，岂不是笑话！这种"笑话"的起源，是旧中国半封建半殖民地社会产生的民族虚无主义思想在当前形势下的新表现。余认为，任何一个有爱国心有良知的中华儿女，都会毫不犹豫、旗帜鲜明地捍卫我们的心灵，捍卫我们的中医药学术，捍卫我们优秀的民族文化。

（七）参政议政，为政府进言献策

余在担任湖北省政协委员、政协常委及教科文卫体副主任等职的20年间，积极向政府进言献策，提了许多有益的建议、提案，多数都得到了有关部门的重视和采纳。余曾对1989年的学潮给予了高度关注，余认为青年学生不懂中国历史和其盲目崇洋媚外思想，是产生学潮的诸多因素之一。因而余当即撰写了"清除崇洋媚外思想的几点建议"和"论我国崇洋媚外思想的产生及其对我国传统民族医药学的危害"两篇文章，寄给时任湖北省委副书记的钱运录同志，受到省委的高度重视，很快得到批复，给予肯定。这两篇文章均刊登于当年《湖北政协通讯》上，其中"清除崇洋媚外思想的几点建议"一文，在钱运录同志的建议下又刊登于《湖北教育工作》1990年元月号上。同时，余还建议省政府在广大农村推行简便易行的医疗方法，并将其纳入省"燎原工程"，使广大农民小病不出村，有病看得起。

几十年来，为保护发展中医药学这份中华民族文化瑰宝，余四处奔走，呼吁呐喊。1982年，余同全国数十名中医药专家一起签名，向中央反映全国中医药事业情况，并积极建议成立国家中医药管理机构；1984年又同全国十位中医药专家一起签名，上书国务院总理，建议通过成立国家中医药管理机构。在国家中医药管理局建立后，紧接着全国许多省市也成立了相应机构，对促进中医药事业的发展起到了组织保障作用。其后，余又同几位中医药专家支持并促进国家中医药管理局组建中医药出版社。出版社的成立，为弘扬中医药文化发挥了积极作用。

2003年4月，余在给国务院副总理兼卫生部部长吴仪同志的信中，强调说明了中医药学的优越性和其所具有的东方医学的特色，应给予保护、发展，并提出了"迅速制定保护和发展中医药的法规，明确中医药学应保持其固有特色，根据自身规律在实践中发展，不得以西医药学为标准而干扰或取代中医的发展；不得用西医药的管理模式来管理中医药；在临床实践过程中，要严格中西医的界限，明确中医不能滥开西药处方，西医也不得滥开中医处方；选派怀有民族文化感情、热爱中医药事业、看得清专业发展方向、具有开拓精神和管理才能的人主持中医药工作"等四点建议和请求。余虽年高体弱，但常以省政协常委的身份，多次亲临地、市、县，深入基层，作中医药学的考察和调研，经常进行讲演活动，并向湖北省委、省政府提交了大量的提案、信函、建议等，为发展我省的中医药事业出谋献策。

（八）竭诚斯任，但求无愧我心

余从1982年开始任湖北省中医药学会副理事长，从1986年至今出任理事长。在余办公室里有一副对联："鞠躬厥职，岂能尽如人意；竭诚斯任，但求无愧我心。"用以时时自勉。余事必躬亲，在主持学会工作期间，为中医药事业做了大量有益的工作，自当是无愧于心了。

为了促进省政府加强对中医工作的领导，以利于全省中医药工作协调发展，1983年8月余以湖北省中医学会的名义，亲自执笔写信，"建议省委配备省卫生厅新的领导班子时，希望能配备一名符合四化要求的懂中医的干部参加领导班子"，受到省委的重视，并很快得到落实。1987 年余建议省委省政府积极批准筹建"湖北省中医管理局"。1989 年余"建议副厅级干部的任命，应根据'同行评议'原则，征求省级专业性学术群众团体的意见，做到兼听则明任人唯贤"，省委组织部专门为此发文予以肯定。

余积极推动中医药学术的发展和中外学术交流，以活跃学术空气。余秉事以公，待人以诚，将广大的中医药工作者团结在学会周围，经常开展各种类型的学术研讨会议和国际学术交流会议。同时，余经常同国际友人共同研讨中医药学，而且多次走出国门，在国际舞台上做中医学术报告，宣传中医药学，从而活跃了中医药学术空气，并将我国固有的中医药学术推向世界，促进了中外文化交流。余亲自主持学会编辑《湖北中医药信息》，向广大会员传递中医、中药动态，深受广大会员的欢迎。在 2003 年"非典"流行期间，收集了大量有关中医药防治"非典"的政策、信息和技术资料，整理编辑了《中医药治疗传染性非典型肺炎》专集，散发给中医药工作者，增强了中医药工作者的信心。

"中医药学是我国医学科学特色，也是我国优秀文化的组成部分。"现在"以美国为首的西方国家不惜工本地通过各种途径，对中国进行文化渗透"，使中医药学这份优秀民族文化再一次受到严重冲击。为保护和传播中医药学文化，余殚精竭虑，撰写了"中医药学应当以东方文化面貌走向现代化"一文，公开发表后，在中医药学界产生了很大震动。余尚主持编辑《中医药文化有关资料选编》散发给会员，从而提高了会员对中医药文化的认识，增强了他们对保护中医药文化的紧迫感和责任心。余多次组织有关专家学者座谈中医药文化，并欲建立专门班子研究保护发展中医药文化。余在主持学会工作期间，还做了大量维护中医药科技工作者合法权益的工作。

（九）执心以正，立身以诚

唐代神秀和尚有诗曰："身似菩提树，心如明镜台。时时勤拂拭，莫使惹尘埃。"余虽不信佛，然却心灵常拭，纤尘不染。余曾在一联语中写道："勤耕方寸地，谨养泥丸宫。"正是由于"勤耕""谨养"，所以虽行开第八秩，仍然心如明镜，不为世俗所染。"纪称德成而先，艺成而后"，此即先学人品而后学做学问之谓也，人品不正，而欲求其学问有长且正者，岂可得哉？

守业以忠，事亲以孝。余不仅对事业忠心耿耿，而且对自己的双亲也是孝心有加。夫为人之子者，疚莫大于父死不能扶其棺，葬不能临其穴。余因先父遗嘱未能为父奔丧，每忆及此，常感切肤之痛。夫忠，人之所欲也，孝，亦人之所欲也，二者不可兼而得之时，余遵先父遗训，舍孝而取忠。余所取之忠，是忠于工作，忠于事业。所谓孝莫大于继志，余承先父之志、之业，并发扬之、光大之，既可告慰先父在天之灵，又足以自慰。

简悫贞良，刚严介特。余一生生活作风简朴，不尚奢华，饮食顺精粗，衣服随美恶，无厌无求，唯以购书、读书习以成癖。然在 20 世纪50～60 年代，余却曾忍痛以低廉的价格卖出了数部辛苦收藏的线装书，以助生活之资，至今提及此事，仍是叹息不已。余外表似甚严肃，人多敬而畏之，然余待人实善，与人交往，无论地位高低，贵富贫贱，一以诚信为准则，但也从不拿原则做交易。在任何领导干部面前，不卑不亢，而以其对待中医药事业的态度为去就。余做人"守正为心，疾恶不惧"，对贪污腐败等各种不正之风恨之入骨；对为谋取一己私利而危害中医药事业的当权者更是瞋目而斥；对那些否定中医、排斥中医者，或据理以争，或秉笔直书，虽遭忌恨甚至报复，然余"见势不趋，见威不惕"，对其不屑一顾。

不为名使，不为利役。张仲景在《伤寒杂病论·序》中写道："怪当今举世之士……但竞逐荣势，企踵权豪，孜孜汲汲，唯名利是务。"在当今改革开放、市场经济的撞击下，诸如此类，不乏其人。而余认为，始终保持高尚情操，不为名利所动，当是为医者之本分。20 世纪 80 年代，湖北中医学院曾多次要余出任干部甚至院级领导，余均辞而未就。余现在也的确有很多头衔，然而这些头衔，一非奉承所得，二非金钱所鬻，完全是凭借余之人品、学问获得的，并非刻意追求而来。余凭借能力，完全可以获得更丰富的经济效益，然而余未为焉！余对金钱有一个辩证的看法：没有钱，寸步难行；钱太多也是祸根。所以余的原则是：在政策范围内，归余所得的，即取之，不归余所得的，则毫厘不拿。余曾在一首诗中写道："人奉赵公明，我志独清贫。"所以余终未成为金钱的奴隶，就像李时珍一样："李公纷纷，乐道遗荣。"

仁心仁术，无欲无求。"凡大医治病，必当安神定志，无欲无求，先发大慈恻隐之心，誓愿普救含灵之苦。"余于临证，诚如斯言。余认为，医乃仁术，关乎性命，非一般之举，自当慎之又慎，如临深渊，如履薄冰。所以临证之时，只要是余接诊的病人，均视同一等，热情接待，细心询问诊治，经深思熟虑、反复推敲后方施以汤药。凡经诊治过的病人，余常挂念于心中，无论疗效好坏，都盼能及时得到回音，尤其对于那些一时尚难拿准或重证病人，则更是放心不下。"射，有似乎君子，失诸正鹄，反求诸其身"（《礼记·中庸》）。余从不把疗效不好的责任推向病人或司药，而总是先从自己辨证、选方、遣药等方面找原因。施恩图报非君子，余诊治病人，并非希求病人回报，余曾因辞退病人的谢礼获罪于病人，而余终不悔焉！

汉·刘向有"大功之效，在于用贤"之论，而宋·苏轼则有"任贤使能，天下之公义"之谓。故余对提携后学，寄予厚望。为了中医药事业的发展后继有人，余不仅在学术上着力培养年富力强、专业思想牢固的年轻人，从不怕自己的经验外泄，只虑后生不学，而且在工作中，也总是将年轻人推到峰顶浪尖上，让他们在实际工作中磨炼才干，而自己则甘当人梯，做他们的坚强后盾。在名誉、地位、社会兼职等方面，余也尽力推举年轻人，希望他们能在振兴发展中医药事业方面承上传下，发挥更大的作用。

（李琳、袁思芳、王鹏协助整理）

宋祚民

宋祚民（1925—2019），北京市人。幼读私塾10年，奠定治学基础；痛感庸医误人，15岁立志从医。1944年毕业于北平国医学院，系京华名医孔伯华先生嫡传弟子，于1946年考取中医资格。为北京市第一批名老中医专家，国家第三批带徒名老中医专家。杏林耕耘八十载，在中医理论、临床、教学诸方面均有建树。擅治温热时令病、血液病、心肌炎、肾病、中风、肺炎、脑炎、厌食等内、妇、儿科各种疑难杂证。著作有《中国百年百名中医临床家丛书·宋祚民》《宋祚民医案集》。参主编著作有《中医症状鉴别诊断学》《小儿血液病学》《乙型脑炎证治手册》《大脑发育不全》《孔伯华医集》等。在《中医杂志》等医学专刊、报纸杂志上发表论文数十篇，讲座30余讲。1958年在北京中医进修学校执教，为北京第二医学院客座教授、北京中医药大学特聘教授、国家科委燕京医学院高级研究员。历任中华中医药学会儿科专业委员会委员，北京中医药学会常务理事、儿科委员会主任委员，北京中医医院儿科主任，北京中医医院学术委员会委员，医疗质量管理专家组专家，北京中医研究所顾问，《北京中医》杂志编委，《中级医刊》（现更名为"《中国医刊》"）特邀编审，中华全国中医学会儿科委员会顾问，北京中医药学会顾问。

中医药学博大精深，是华夏文化的重要组成部分。中医医术传承有续，能否发展弘扬事关重大。杏林耕耘六十余载，所学为沧海一粟。回顾历程，点滴体会，愿与同道共勉。

立志从医

1937 年我刚 13 岁，母亲突然患病去世。母亲患的是急性痢疾，并非不治之症，但由于缺医少药，求治无门，只好眼睁睁地看着她离开人间。

母亲病故后不久，我心灵上的创伤尚未愈合，不幸又遭横祸，将腿骨摔伤，卧床难动。父亲请来一位江湖医生为我调治，他用未经消毒的大铁针扎入我的膝盖骨内，致使针眼化脓，伤势益重，最后其逃之夭夭，我的左腿却留下了终身残疾，真是"庸医杀人不用刀"啊！庸医假药，害人误己，尚有天良，切不可为。此二事给了我很大刺激，为我日后涉足医途奠定了思想基础。中医先贤甚多，神农尝百草，以身试毒，辨别药食，为人留福。故从医者，须具仁心立恒志以技济人，否应另择他途。

1939 年，我读完 10 年私塾，具备了文化基础，把想学医的念头说给了父亲，第二年（1940 年）我便被送进了北平国医学院学习。自此，我立志认真学习，力求博览群书、精通医理，成为一个具有济世扶危之术、仁人孝子之心的明医。

国医学院

北平国医学院是我国近代较完善的一所私立中医教学机构。她正式创建于1930 年，结束于 1944 年，历时 15 个春秋，共开设过 11 个班级，先后培养造就出内科、外科、妇产、小儿、针灸、正骨，以及药物、按摩等各类中医药人才700 多名，为继承和发展祖国传统医药遗产，做出过十分有益的贡献。数十年来，该学院毕业生遍及全国各地，大多数人已成为当今医坛骨干，有的还成为国内屈指可数的专家名流。

这所国医学院是跻身"四大名医"之列的萧龙友与孔伯华两位先生倡议主办的。建院之后萧任董事长，孔任院长。我是该院最后一班（第十一班）毕业生。

1929 年，汪精卫出任国民政府行政院长后，做出了"取缔中医"的荒唐决议，并准备实施，激起了中医中药界人士及广大民众的公愤。孔伯华先生作为北平中医中药界的请愿团团长，率队南下，向南京政府请愿。在全国人民的压力下，国民政府不得不收回成命。通过这次请愿斗争，孔伯华先生深感中医中药事业岌岌可危。尽管它历史悠久、传统深厚，但当局一旦运用行政手段，便可能被取缔，要想保存和发展中医事业，必须加紧培养人才，大力壮大队伍，提高人员素质。为此，他与萧龙友先生商定，在北平合办了这所私立国医学院。孔先生是位讲实际的人，他认为，当务之急是得培养出具有真才实学的医生。他呕心沥血、废寝忘食地操办这所中医学院，把自己几乎4/5的诊费收入用在办学事业上，而且十多年如一日，直至国医学院解散为止。

我上学时，孔伯华先生每日应诊之余，便亲临学院理教，不仅参加制定教学计划，安排教学内容，而且亲自四处奔走，约请著名中医来院任课。曾在学院任过教的专家名医有：瞿文楼，主讲儿科；姚季英，主授妇科和诊断学；周吉人，专讲《内经》；安干卿，任教《难经》；陈慎吾，讲授《伤寒论》；赵树屏，讲授《医学史》；宗馨吾，任教《金匮要略》；张菊人，任教《温病学》；孟庆三，专讲药物；焦会元，施教针灸；孔仲华，教授古典文学和中医常用术语等。这些先生们都是经验丰富、学识渊博的社会知名人士，所以课徒授业无不游刃有余，加之学生们大都求知欲很强，故而学习成绩普遍良好，效果颇佳。

1944 年，侵华日军妄图强迫中国的医院人员为其侵略战争服务。国医学院办到第十一期时，日本人软硬兼施，威逼利诱，要孔伯华先生交出国医学院，归伪政府接管，孔师大义凛然，拒绝听命，宣称："余以兢营十五年之学业，不欲委之外人"，从而忍痛解散了这所学校，被人们一时传为佳话。

从师深造

恩师孔伯华先生是一位医德高尚、医道深邃、医理渊博、医术精良的当代名医，他不仅临床经验丰富，而且医疗作风严谨，在辨识病症、因疾下药方面有独特建树，对温病学的研究更是高人一筹。为此深得群众推崇，与萧龙友、汪逢春、施今墨同被誉为"四大名医"。

我在国医学院时常听恩师讲课，毕业实习又随师秉笔抄方，后来独立工作，每遇疑难病症仍常去登门求教。久而久之，对恩师的医德、医道、医理、医术以及身世家况，稍有所知。

恩师长期钻研中医传统理论，并注重结合实践，他常教诲弟子们说："观书者当观其意，慕贤者当慕其心"（语出唐人刘禹锡《辩迹论一首》）。他反对唯古是好和泥古不化。他没有门户之见，常告诫弟子们要博采众长，唯贤是取，不可浅尝辄止。他说："寡取易盈，好逞易穷，驽钝之材也。"（语出宋人岳飞《良马对》）意思是说，刚学到一点本领就满足，刚能辨认疾病就逞强，这是最没有出息的人的行为。

恩师非常推崇医家徐灵胎的《同病人异论》一书，并对徐氏辨证论治、灵活施药的科学理论，做了相当精辟的解释。他本人就是辨证施治的典范，经他诊治的患者，大多效果显著，有的甚至是药到病除。

恩师对病人十分同情体贴，凡登门求治者，无论地位高低、财资厚薄、老叟黄童、轻病顽疾，他都精心调治，一丝不苟。尤其对家境贫寒的患者，非但不收诊费，有时还倒付药资。中华人民共和国成立前经恩师治愈的患者中，有达官贵人，也不乏贩夫走卒；中华人民共和国成立后求恩师诊治的患者中，有中央高级首长，但更多的则是普通工人农民。

蒙恩师孔伯华先生垂爱，收留我在他的医寓里实习抄方，侍案深造，每日亲聆恩师教诲，深受耳提面命之益，使我终生难忘。

初试锋芒

1945年，我在孔师医所实习抄方时，我妻子娘家的一位亲戚突患脑炎，托人捎来口信要我速去看看。我到他家时，患者病势垂危，已穿好寿衣，停放榻上。家人说其已昏迷3日，水米不进。经我观察，发现其面色如土，双目紧闭，脉搏极其微弱，呼吸时断时续，用手指掐按人中穴，毫无知觉，呼叫半天更无反应。这病确实棘手，但作为医生，应千方百计予以抢救。我想起，实习期间有次随孔师会诊，患者也是脑炎，不省人事数日，二便失禁，双目对光反射全无，其危重程度与眼前这位亲戚毫无区别。当时鉴于病人昏迷，不但服药不进，对针刺也全然麻木，孔师决定用新鲜西瓜汁化溶安宫牛黄丸给患者灌入，以起到芳香开窍、清热解毒的作用。药灌入后病人果然微睁双眼，开始清醒了。接着孔师又用生石膏、鲜九节菖蒲根、银花、连翘等数十味中草药搭配调治，几天后患者竟起死回生，病愈出院，上班工作了，而且未留下任何后遗症。想到此，我便试着用这个方子调治，后来这位亲戚也奇迹般地痊愈了，未留任何后遗症。

我的这次初试锋芒被附近的街坊邻居们交口相告，却说名师出高徒，不愧是四大名医孔伯华的传人。于是不断有人求我治病，日久天长自己也逐渐摸索出了一些诊病和治病的经验。但遇有繁复或少见的疑难病还不敢应治，每每都得求教于孔先生，先生始终有求必应，甚至手把手地帮我治疗，向我传经。这为我日后独立悬壶应诊，打下了坚实的基础。

悬壶应诊

1946 年，我参加中医师考试，取得了合格证书，从而有资格正式悬壶应诊，走上了独立工作的道路。我跟孔师的时间较长，耳濡目染，亲传嫡授，掌握恩师的医技稍多一些。由于我从小养成了吃苦耐劳的习惯，所以开业行医后，每天走家串户，风尘仆仆，也不觉苦。再加上受恩师济危扶困行为的影响，自己为贫苦患者送医上门，自觉很坦然，有时遇上十分清贫的患者，也曾免收诊费或倒贴些药资。一个隆冬腊月的深夜，北郊索家坟有位急性腹痛吐泻的患者虚脱昏迷，病势危急，上医院看病无钱，交通又不方便，其家属匆匆跑来敲门求医，我一听立即相随而去。天黑风大，道路凹凸不平，无法骑车，我绕过地雷区，又越过两道冰河，才到了患者家，经过救治，这位急病患者终于痊愈。这件事使我深有感触，但那时不过是凭着良心行医罢了。真正树立起为人民服务的思想，明确治病救人、救死扶伤的观念，则是在新中国成立以后，党和人民政府不断组织开业医生学习，才使我逐渐提高了觉悟。不过那是后话了。

欣逢盛世

由于旧中国不重视人民健康，中华人民共和国成立初期，特别是 1950 年和 1951 年，北郊农村流行的各种传染病较多，尤其在冬季，小儿麻疹合并肺炎发病非常多。这种病现在看来不算太危险，但在当时死亡率很高，对儿童健康威胁甚大。当时防病治病的医疗网点不像现在这样普及，我就每天送医上门，晚上回来还参加政府组织的政治学习和业务学习。这样，我不仅在政治觉悟上有很大提高，而且还比较准确地摸索到一些预防和治疗小儿麻疹合并肺炎的规律。那时，我的工作不分上下班，也没有节假日，每天顶风冒雪地奔走于患儿家中，因此受到患儿家长们的赞誉，也得到了政府有关部门的肯定，被北郊十四区政府指定为卫生委员会委员，后来还被保送参加了卫生部主办的北京中医进修学校和西医预防医学班的学习。这两次学习除了使自己的中医知识有所丰富外，还使我开始接触到一些西医的理论与诊治经验，初步认识到西医的科学性与优越性，掌握了一点西医诊断手段。学习结束后我被聘任为北郊区公安分局嘱托医生。

随着城乡社会主义改造高潮的到来，政府开始对个体开业的医务人员进行集体化的改造。当时我积极响应党的号召，率先组织起德胜门联合诊所，并被同行们推选为所长。1956 年，首都举行庆祝社会主义改造胜利联欢大会，我被特邀登上天安门观礼台，还受到了卫生部门的表彰。

1958 年，我奉调到积水潭医院担任中医师，开始在国家的医疗机构中任职，后来调到北京中医医院附属中医学校，任温病学和儿科学教师。"文革"开始后，我又调到北京中医医院专看儿科门诊兼顾病房会诊。1978 年，我被提升为该院儿科副主任，1981 年晋升为儿科主任，1983 年被评为副主任医师，1987 年升为主任医师。

我的进步成就与中华人民共和国成立后党的各项方针政策有关，若不欣逢盛世，我将一事无成。

辨证论治

孔伯华老师毕生恪守辨证论治与因病施药两条原则。我在他的影响与教导之下，严循师志，也悟到了其中的某些道理。

1962 年，我应邀去天坛医院会诊，患者是一名刚满 6 岁的吴姓女孩。家长述清晨 5 点左右发现孩子突然昏迷，接着出现喷射性呕吐，双目紧闭，嘴唇青紫。8 时许送到医院，患者在路上已停止了呼吸。急救室赶忙进行抢救，11 时左右患儿浑身皮肤发青，脉搏基本停止跳动。经脊髓化验确诊为乙型脑炎并脑疝。当时医院凡能使用的抢救手段，全都使用上了，仍未能使患儿脱险。家长见状，痛哭失声，医生对此也叹无良策。我查看病情之后，觉得患者似乎还有抢救过来的可能。中医认为，"多病无元身，久病无元气"，元气乃生命之本。这个小患者既非"多病"又非"久病"，加上童稚之年生机益然，元气未失便有可能促其生机。目前的状况只是脑功能障碍所致。中医学上管脑叫"髓海"，脑对全身神经系统有主导作用。这位小患者的呼吸停止与昏迷，都是"髓海"功能失灵所致，要想使之复苏必须直接作用其髓海。给药已无可能，针刺或可收到立竿见影之效果。我想起人体后面主管心动和呼吸的中枢穴位"脑户穴"，此穴历来被医家视为禁区，不可擅动。但是我想，眼下患者已停止呼吸数小时，不能安常守故了，应具体情况具体对待，即辨证论治。于是我征得家长同意，大胆地从患儿脑户穴下针抢救。针深至1寸时，患儿突然深呼吸了一下，接着我用捻针法连续刺激。行针1分钟后患者呼吸了2次，继续捻针，并上下反复刺激，呼吸逐渐恢复，1分钟由2次增加到4次、6次……心动也开始加强加快，直到正常。此时，小女孩神志虽略有清醒，但双眼仍然微闭，基本处于昏迷状态。当天，我接着应用九节菖蒲、川郁金、藿香、佩兰、局方至宝丹等数十味中药，给患儿煎服或冲服，以后又不断变换剂量，患儿终于由昏迷转为清醒，后来病愈出院未留任何后遗症。第二年上学念书，其智力与一般儿童无异。家长对此感叹不已，特意给我送来一面锦旗，以表示感谢。

通过这个病例我认识到，对前人的经验应该继承和遵循，但更应该发扬，发扬才是最好的继承。一味墨守成规，不敢越雷池一步，只能使传统失去光彩，这是符合对立统一规律的。

巧诊疑难

由于工作需要，我经常被邀去外院或外地参加会诊，曾先后去过北医一院、北医三院等医院，还去过外地与本市郊区的一些医院进行会诊治疗或讨论病案。这些会诊和讨论，大都针对疑难病证、顽症或危急病证。通过实践，我深深体会到，认清、认准病证便能使中医中药对某些不治之症起到神奇疗效，诚如先师孔伯华所言："医之治病首先在于认症，将症认清，治则如同启锁，一推即开。"

1985年，北医三院患儿王某，出生刚50天，体重只有2kg，患小儿肺炎并发霉菌性肠炎，经多方抢救仍奄奄一息。我去会诊时，患儿在暖箱内输氧输液，骨瘦如柴，面黄如纸。医院和家长都认为希望不大。我诊断后也确感棘手，患儿太小，病势太重。我先给他调养脾胃，固气止泻，保住后天之本，然后经过几次中药灌服，终于使其痊愈出院，这件事曾在医院内外引起一时轰动。

1988年初，有一患儿牟某，每天抽搐、傻笑、两眼发直，语言严重障碍，两手毫无握力，吃饭不知饥饱，经一家市属医院脑神经科诊断为婴儿痉挛症，CT检查确定为脑萎缩。此病当今国内外尚无良好方法治疗，只能用些镇静药物，但多无疗效。我接诊这位小患者时，他不会站立，不会说话，双目呆视，手梢冰冷。经慎重思考后我认为，此病应先镇肝息风、醒脑安神，佐以芳香通络，然后再养血行瘀。所以用生石决明、白蒺藜、钩藤、僵蚕、生鳖甲、鸡血藤等10多味中草药调治。服药几次后患者抽风次数减少，继而抽风停止。再继续服药一月后，能自己拿东西和短时间站立。再经过一段时间治疗，患者开始能迈步走路，并咿呀学语，而后不但会叫爸爸妈妈，而且脑电图检查结果也表明，脑功能已恢复近于正常。因为中外医学界对此病都无良方医治，所以能有此效果也算是一件奇迹吧。

当前，小儿白血病、心脏病、血小板显著减少性紫癜、血友病等，都被视为顽疾，甚至是不治之症，用中医药治疗这类疾病，有的确实效果不错。我接治过不少这种患者，其中数十例效果良好，有几例彻底痊愈，经医院化验检查恢复正常。12岁的患者郭某，小便带血，浑身出血斑，经用中药治疗后痊愈。另外，对于治疗鼻衄、齿缝渗血、眼底出血、咯血等病证，中医中药也都有较好的办法。

运用中医理法方药治疗现代疑难病，是中医药发展的一个重要课题，在多年临床实践过程中，我总结出一套完整的中医论治思路，如巨细胞病毒性脑病（每晚抽风，视力障碍），治以柔肝息风，开窍除痰；帕金森病（全身颤抖激烈，饮食困难），治以填补真阴，潜阳柔肝，镇肝息风，从痿躄论治；病毒性脑炎后遗症（神志不清，情绪激动，失眠烦躁），治以利清窍开痰浊，通脑络化瘀滞。余疑难杂证，不再一一列举。

教学相长

为了使祖国的传统医学代代相传，不断发展，我很愿意把自己的医理医技传授给年轻一代，因此欣然接受了领导的安排，在应诊之余课徒授业。

我曾为西医学习中医进修班第一、二期的 80 多名医疗骨干讲授温病学，并带领他们临床实践；还受聘为北京第二医学院先后 6 个班的学生长期系统地讲授中医学概论（自编讲义）；为北京市郊区县中医脱产进修班讲授中医诊断学；为北京市名老中医著作研究班讲授温病课；为中华医学会北京分会主办的儿科进修提高班讲授临床课；为某部队、陆军总医院及本院（市中医院）举办的历届中医进修班讲授儿科及温病学课等。此外，我还曾应邀去吉林、辽宁、内蒙古、山西、河北、河南、安徽等地讲学。

通过讲课，我不仅传授了自己的经验教训，总结了自己的心得体会，而且博涉了同辈的某些成就，无形中增长了自己的知识，从而充实了临床操作的内容，有利于帮助自己进行中医科研工作，这正是临床、教学、科研三结合的理想办法。几年来，我从三结合中似乎尝到了某些甜头，深悟到，没有教学（理论）和临床（实践）经验，进行科研往往困难甚大，乃至一事无成。

根据临床体会，我发现一些小儿常见疾病，如发热、腹泻等，如今有的竟成了疑难病，过去治疗时大多是药到病除，而今却是久治不愈，甚至药量增加到几乎与成年人无异，仍收效甚微。我认为这主要是人体逐步产生了抗药性的结果。鉴于此，我和同伴们一起，针对新情况、新问题，进行了研究。我们合作研制、改进了一些药剂，如小儿平热散，止泻散，厌食剂，悦脾散，心肌炎Ⅰ、Ⅱ、Ⅲ号，治疗血液病的生血糖浆，育血Ⅰ、Ⅱ号等。这些品种在过去我国传统的中药成药中大都没有，经临床使用后效果满意，有的还被列入药典投入生产。其中育血Ⅰ、Ⅱ号在《小儿血液病》杂志刊登以后，引起了专家们的广泛关注，患者使用后普遍反映效果良好。止泻散在中华全国中医儿科学会展览后，一些老专家们甚是关注，各地广泛采用后，大都认为效果满意。厌食剂研制出后，我自己临床应用 1000 余例，患儿家长纷纷来信反映效果显著。这些研究成果从某种意义上填补了我国中成药的部分空白。为研制这些新成药，我翻阅了不少医籍，并根据当今儿童的体质特点、生活习性、饮食结构等诸多情况，结合自己的临床观察与摸索，反复进行试验。然而仅我一人之力，完成不了这项工作，成绩应归功于大家，这是我和我的同伴们通力合作的结果。

专攻血疾

当今，小儿血液病既是多发病又是疑难病，我注重这方面的研究已有数十年历史，逐步摸索到了一点规律。血小板减少、小儿心肌炎、先天性心脏病等，经过中药治疗后大多数效果理想。个别小儿血癌患者，经用中药治疗后，不少人症状减轻，有的竟至症状消除，血象化验恢复正常。例如患血小板减少的儿童曹某等数人，均经为期3个月的中药治疗，全部恢复正常。患血友病的马某，经治疗后彻底痊愈，一直未再犯，大学毕业参加了工作，并结婚育子，其子血象正常，身体健康。

北京中医医院曾开设小儿血液病治疗专台，由我主诊。数年间应诊者门庭若市，接顾不暇。更多的临床实践为我继续深入探讨小儿血液病的治疗创造了有利条件。这几年我发表了《中西医结合治疗小儿白血病方案的探讨》（见1983年1月《山东医学》杂志）、《血液病治疗撮要》（见1986年3月《北京中医》杂志）、《小儿心肌炎的辨证论治》（见1985年3月《辽宁中医》杂志）及《风湿性心脏病心房颤动伴雷诺综合征》（见1987年3月《北京中医》杂志）等专题论文。这些专论多从较新或全新的角度，探讨并阐述了中药治疗血液病、心脏病的心得体会，尽管它是初步的，抑或说是不很成熟的，但对科研总算是做了一点贡献，使我聊感欣慰。

1984年，我被评为北京市科协积极分子，受到表彰。《血液病治疗撮要》一文获得北京市中医学会论文一等奖。2000年，我撰写的内科血液系统疾病篇《血友病》一文在《中华医学论文集萃》上发表。

点滴体会

1989年，我被评为北京市第一批名老中医专家，同年任北京中医学会儿科专业委员会主任委员；1990年，我被聘为北京市老中医继承工作指导老师，同年获得中国中医文化博览会授予的百名专家荣誉证书；2002年，我被选为"全国500名老中医"继续带教工作。迄今，我已行医60余年，在学医行医、课徒授业中有些心得体会，与诸君共勉。

读书破万卷，疗疾恰好准。业医当先读书，读书当择其善者，以不入邪路，可事半功倍。四部经典是医道之基础，其重点章节应能背诵原文，引经据典指导实践。初读可广而博，以后由博返约，择其精者读之，逐步走向专业。

读书必须结合临诊实践，将自己的体会与经典理论反复印证。儿科古称"哑科"小方脉，因患儿幼不能言，所痛不可自述，病情不易探测。"小儿脉微难见"，辨证较难，治疗亦难，用药权衡轻重尤难。

古人云："有诸内必形诸外。"辨证虽难，但不外六端：表里寒热虚实。治表不犯其里，治里不伤其表，治寒能回其阳，治热顾护其阴，属一般常法；唯虚中夹实，实中有虚，表里皆病，则须详审无误。

望而知之谓之神，望、闻、问、切四诊以望为首。见其色知其病，曰明；按其脉知其病，曰神；问其病知其处，曰工；见而知之，按而得之，问而极之。《素问·玉机真脏论》云："凡治病，察其形气色泽，脉之盛衰，病之新故，乃治之，无后其时。"可见望神色形态的重要性。"赤色出两颧，大如拇指者，病虽小愈，必卒死。"《灵枢·五色》云："大气入于脏腑者，不病而卒死矣……黑色出于庭，大如拇指，必不病而卒死。"《素问·金匮真言论》曰："青色，入通于肝，开窍于目，藏精于肝，其病发为惊骇。"以上几段经文，我都在临床中验证过。其一为现代的爆发性心肌炎，其二为现代的肝硬化（中医称之为"单腹胀"），其三为现代的癫痫，相关病例全都治愈。前人在没有现代诊疗仪器的情况下，能够做出准确诊断，并做出预后猝死，甚令人赞叹，前人观察人体异常的变化，仔细入微，可谓洞察脏腑。故我认为，对于望诊应予以高度重视。

我在实践中共得经典妙用施治八法：提壶揭盖法、釜底抽薪法、逆流挽舟法、增水行舟法、育阴潜阳补脑充髓法、滋胃津益肾液降虚火法、截流固源法、开鬼门发汗洁净府利便法。

总之，要善于学习和吸收前人的经验，及时整理，并升华为理论。

我的每一项进步与成就都是在党和国家的关怀、教育、培养下取得的。党和国家给了我许多荣誉：1986 年，我获北京市卫生局颁发的"从事中医工作三十年"荣誉证书，1988 年获中国中西医结合研究会颁发的"培养中西医结合人才贡献"荣誉证书，1995 年获北京市中医管理局颁发的"北京市老中医工作中做出突出贡献"荣誉证书，2000 年荣获北京中医药学会颁发的建会 50 周年"中医药工作贡献奖"奖杯，2003 年获首都医科大学颁发的"从事中医教育工作 30

年"荣誉证书。

若不欣逢盛世，我未必能有所成就。如今虽然"鬓衰头似雪"，但尚有雄心志，还要"老骥耻伏枥，紧傍千里驹"，再为后人做点贡献。

（宋瑾协助整理）

郭振球

郭振球（1926—2011）中共党员，湖南长沙人。湖南中医药大学教授、博士生导师。系世界传统医学诊断学学科奠基人，微观辨证学的开创者。曾任湖南中医药大学学位委员会副主任、湖南省第六届政协委员、卫生部高等医药学院校中医专业教材编审委员会编审、中国医学百科全书编委、国务院学位委员会博士点通讯评议专家、国家自然科学基金委员会函议专家、世界传统卫生组织诊断学专业委员会主任委员。长期坚持临床一线工作，擅长内、妇、儿科常见病及疑难杂症的辨证论治，经验丰富，疗效卓著。出版《郭振球临床经验辑要》《内科证治学新诠》《妇科证治学新诠》《儿科证治学新诠》《中国现代科学全书·中医儿科学》等专著 18 部，培养博士、硕士及高校师资百余名。完成国家、省、部级科研课题 18 项，并获奖。其中《微观辨证学之研究》，1992 年获国家教委科技进步一等奖，《抗纤灵治血吸虫病肝纤维化对胶原代谢及红细胞免疫的影响》，2002 年获联合国世界和平基金会 21 世纪自然医学优秀成果奖。

我出身中医世家，1941 年承父遗志研读中医，入读长沙精益中医学院中医药学专业，于 1948 年开业行医。1950 年第一届全国卫生会议上，毛主席号召："团结新老中医各部分医药卫生人员，组成巩固的统一战线，为开展伟大的人民卫生工作而奋斗！"引起党中央和政府对中医药的重视与关怀。卫生部门进行了中医师登记，组织成立中医联合诊所，从此我就参加了人民卫生工作，开始了为继承发扬中医学遗产、"加强原始科学创新"的奋斗人生。当时，湖南长沙地区麻疹、流行性感冒、伤寒、肠炎、痢疾等病时有发生，1954 年洞庭湖区水灾之后，急性血吸虫病、传染性肝炎、流行性乙型脑炎流行。我应用《伤寒杂病论》《温病学》之理法方药，辨证论治，屡见良效，得到社会好评。1953年，我入湖南中医进修学校进修，1955年学成后到衡阳市中医院从事中医临床工作。由于我守医德，重技术，以喻昌《医门法律》之"医，仁术也。仁人君子，必笃于情。笃于情则视人犹己，问其所苦，自无不到处"为训，全心全意为病人着想，为病人服务，翌年，光荣加入了中国共产党。1958年衡阳医学院开设中医学课程，某军医院举办西医学习中医班，均聘请我授课带教临床，传授中医诊疗技术。1962年我调至湖南中医学院任医经、诊断教研室主任。为了坚持医疗、教学面向农村，我为学院又编写出版了《中医学基础》《伤寒温病精选教材》，并开办了中医提高班，采用理论联系实践、教学结合临床的方法，开展中医辨治内科系统疾病，如肝炎、肝硬化、肾脏病、中风、心脑血管病等常见病的系统临床观察，取得显著疗效。我同时撰有科学研究论文，为国内同仁所瞩目。

1966年6月，我到浏阳进行巡回医疗，学院59级、60级学生随诊实习，我白天为人诊病，晚上和学生讨论病例。宋·朱熹在《性理精义》中云："为学之道，莫先于穷理，穷理之要，必在于读书。"故我在1967年回院在附一医院从事临床诊疗工作时，充分利用湖南中医学院图书馆丰富的中医药学文献资源，赢得了读书破万卷的大好时机。在此期间，我对临床诊疗经验进行了整理，并于1968年参加了湖南医学院编写《农村医生手册》的工作。1974年2月，根据当时中医学教学、医疗与科研的需要，卫生部批准编辑出版《中医大辞典》，委托中国中医研究院、广州中医学院主编，我被聘为中医大辞典编委委员，我院和辽宁中医药大学主编了其中的《妇儿科分册》。至1992年，合编成一部较全面反映中医学术的综合辞书，以供医疗、教学和科研工作应用，由原中国科学院郭沫若院长生前题字出版（2005年又修订出版）。1975年，为了当时医教与科研的需要，我编著出版了《中医临证学基础》，在西医学习中医普及与培养提高的医疗教学活动中深受学员欢迎，取得了良好的医教作用，并获湖南省人民政府嘉奖。

新中国社会主义建设蓬勃发展，医学科技创新，捷报频传。原卫生部钱信忠部长，根据当时国医药卫生事业发展的需要，在《中国医学百科全书》序中写道："出版《中国医学百科全书》是发展国医药卫生事业的一项基本建设，也是国医学界的一项重大历史使命。60年代初，毛泽东同志曾讲过：可在《医学卫生普及全书》的基础上，编写一部《中国医学百科全书》，百科全书是当代世界公认的知识密集型参考书的最佳形式，是反映一个国家科学文化的窗口。"其同时指出："这是国医学卫生知识领域建设中规模最大的一次系统工程和创造性事业。"1978年我荣幸地被任为全书编辑委员会委员，主编全书的《中医儿科学》部分。回顾中医学发展史，历代都有学者编纂各类"集成"和"全书"的良好传统，但系统、全面地编写符合我国国情和医学科学发展的大型医学百科全书，有史以来还是第一次。在这一系统工程进程中，我深受教育，深受鼓舞，坚定了从事中医临床与科教的信心，我坚持"古为今用，洋为中用""推陈出新"的方针，开展微观证治系统研究的传承与创新。由于敬业精诚、治学严谨、工作成绩显著，1983年我被晋升为教授，1986年成为我国首批中医学博士研究生导师，同年，国务院学位委员会批准湖南中医学院成立第一个中医诊断学博士点，我担任了教学、医疗和科研工作。在研究生教学工作中，我以诊断辨证规范化、微观化为主攻方向，坚持三个面向，以《礼记·中庸》"博学之，审问之，慎思之，明辨之，笃行之"之语为治学态度，以医史文献为先导，以临床为基础，以实验为手段，实施"师者，所以传道授业解惑也"之训，以此建立了师生诚信关系，培养造就了一批博士、硕士和高等中医科教人才。

1998年，卫生部部长崔月犁总结中医临床科学实验成就，组编出版了《全国著名老中医临床经验丛书》，《郭振球临床经验辑要》入选。辑要除撰述了我的临床经验外，尚提出"传统医学的道德准则"，即医者仁术，为人民服务，怀仁厚德，廉洁淳良，求真务实，博学笃行，此即"《大学》之道，在明明德，在亲民，在止于至善"之谓也。"医经经方，性命所系"，非博极群书者，不足以语医，而医术"非精不能明其理，非博不能致其约"。我以宋·王安石"教人治人，宜皆以正直为先"语为律条，精诚执教，以德育人。为了把原始科学创新推向世界，我主编了《世界传统医学诊断学》一书，该书从源溯流，分绪论、诊法学、病证学、病案学和微观辨证学，继承创新，颇切实用，是一部较完整的适于研究生应用的诊断学教材，编成后于1998年由北京科学出版社出版。

《论语》云："学而不思则罔，思而不学则殆。"故我论疾诊病，遵经而不囿于经，师古而不泥古，"不取亦取，虽师勿师"。我国目前正处于疾病模式的变化阶段，表现为传染性疾病发病减少，人的寿命延长，心脑血管病，特别是冠心病、高血压病、脑卒中的发病和死亡率较30年前明显升高，死因亦在国内占第一、二位。因此，我根据《素问》风论、痹论，《灵枢·厥病》真心痛、厥心痛及五脏病机相关理论，对心脑血管疾病的诊病辨证论治，结合现代检测进行了较系统的阐述。我认为，心主血脉而藏神，为五脏六腑之大主，心包络代心受邪致病，其病变除累及气血阴阳和其他脏气失调外，其病因病机之关键为内风旋动，炼液为痰，灼血成瘀，脉络阻痹。中风、心痛、心痹、脉痹等心血管疾病的病理生理基础，往往是阳化内风，脑、心、肝、肾同病，筋脉受累。而风依于肝木，木郁则化风，在症则为眩晕、为肢麻、为痉、为痹、为类中风，这些都是"肝风"之震动。其中，尤其是肝阳化风，上扰清窍，则巅顶头晕，目眩耳鸣，心悸心烦，而成心脑血管受损之证，有高年营液内亏者，水不涵木，火动痰升，灼血为痰，则风、痰、瘀三者互结，在内阻痹脏腑、脑、脑络，在外阻痹经络，而成痹心脉、中脏腑、阻经络之证。高血压病、脑卒中、动脉粥样硬化、冠心病等心脑血管疾病的病机演变，大都可作如是之观。因此，其临床表现以内风、痰浊、血瘀三证为普遍，其演变一般为风→痰→瘀，最后导致营液亏虚，五脏虚衰。在病变过程中，风、痰、瘀、虚可以混合出现，互为因果。故临床辨治上应寓息风、化痰、消瘀于理虚之中，亦能切中病机，以期奏效。当然，要权衡风、痰、瘀、虚之标本先后，孰主孰次，以求中的，亦可视证候之变化，采用息风、化痰、消瘀三法之一法、二法，或三法综合施治。①潜阳息风法：用于高血压、心脑血管疾病内风旋动、肝阳上亢之证，常用珍珠母、天麻、桑椹、钩藤、菊花等药。②化痰消浊法：用于心脑血管疾病痰阻脉痹、痰浊壅滞之证，可见胸闷、呕恶、眩晕、心悸、体肥、苔腻、脉滑等症，常用茯苓、法半夏、瓜蒌、薤白、厚朴、泽泻等品。③消瘀活络法：用于心脑血管病血行不畅、瘀血痹阻之证，常见心痛、胸痹、心痹、唇青、舌紫、脉涩等症，常用丹参、红花、川芎、桃仁、玄胡之属，气虚血瘀者加用黄芪、地龙、人参、苏木、三七之类。这类临证经验，屡用屡验，简易便廉，颇切实用。

建国50周年大庆，全国科学家组编《中国现代科学全书》，我被定为《中医儿科学》主编，本书总结了我国几十年医疗、教学、科研取得的成果，并系统论述了中医儿科辨证论治理、法、方、药的特点、特色和发展趋势，该书作为国庆献礼出版。

我以"学而不厌，诲人不倦"之师范，受到学生好评。为了把研究生教学工作做好，我力主建立了"内科、儿科、妇科证治学新诠"新体系。对其中常见病的诊断标准及证治理法方药，进行了全面规范，并赋以新的诠释：①建立常见病辨证论治电脑网络系统。②成功复制肝纤维化血瘀证模型、鼓胀模型、自发性高血压阴虚阳亢证模型。③开展微观证治和药证学实验。当前慢性病毒性肝炎、肝纤维化发展为肝硬化和原发性肝癌者，屡见不鲜，临床以肝郁脾虚、瘀血阻络证为多。患者细胞功能低下，血黏度升高，血液呈血栓前状态，用益气化瘀的甲芪肝纤宁或新制抗癌方治疗后，明显提高了患者的细胞免疫功能，降低了血黏稠度，改善了血栓前状态。医学实验表明：肝纤宁可降低肝脏组织纤维化积分、胶原蛋白及血清Ⅲ型前胶原含量，提高胶原酶活力，调节红细胞免疫功能，改善肝脏超微结构线粒体、内质网，促进纤维降解或逆转。抗癌方对实验性肝癌还能提高 P21、P53 抑癌基因蛋白表达，诱导细胞凋亡。故本方对中晚期肝癌患者抑制癌灶、改善肝功能、缓解临床症状、提高生活质量、延长生存期等有较好作用。遵照国家中医药管理局"全面真实创新，理论联系实际"的指导思想，我开创和奠定了《微观证治学》和《微观药证学》的临床与实验基础。

1990 年 6 月 13 日国家人事部、卫生部、中医药管理局"关于采取紧急措施做好老中医药专家学术经验继承工作的决定"实施，我被确认为第一批著名中医专家导师之一。1997 年，《中共中央 国务院关于卫生改革与发展的决定》明确提出了"实现中医药现代化"的战略目标。我认为中医微观辨证学及其学科群的崛起，面临着前所未有的挑战和发展空间。为了"加强原始创新"，我经 50 年呕心沥血的医教实践深深体会到：实现中医药现代化，关键在于微观辨证学及其学科群的和谐发展。

"博观而约取，厚积而薄发"，对经典辨证学我首先提出辨证外揣法、整体观、病传论三原则。在几千年历代医家临证实践的基础上，我自制了察舌辨证观仪，自创了血流阻抗平脉辨证法，我以研究诊法学客观化为起点，一方面注重流行病学调查，广收病证治疗资料，荟萃分析，建立证治模型，选择模型构成内科、妇科、儿科证治学新诠新体系；另一方面综合运用细胞生物学和分子生物学等现代科学技术，开创了《微观辨证学》新科学，从而成为微观辨证学学科开创者。1998 年，我面向世界又建立了《世界传统医学诊断学·微观辨证学》新体系。同时，我一直在探索《中医诊断学》学科建设，1981 年完成了《常见病辨证论治系统电子计算机应用研究》，奠定了《中医诊断学》学科基础。

清·陈念祖云："医者，意也。不离古法，不执古方，言贵乎圆通也。谚云：看过王叔和，不如见症多。言贵经验之多，屡获效验。"故我一直坚持临床实践，力求博极医源，治学严谨，在内、外、妇、儿科均有所成，尤对中医辨证学和心血管病、老年病、血吸虫肝病的辨证论治独树创见，疗效尚著。我所研制的有效验方"潜息宁"片、"抗纤灵"方、"天龙定风珠"等也已广泛应用于临床，产生了较好的社会效益和经济效益。

"学以为耕，文以为获"，我曾任卫生部《中国中医百科全书》《中医大辞典》编委和全国高等院校中医专业教材编委委员会编审和主编，主编《中医诊断学》《世界传统医学诊断学》《中国现代科学全书·医学·中医儿科学》，先后出版了《中医临证学基础》《内科证治学新诠》《妇科证治学新诠》《儿科证治学新诠》《郭振球临床经验辑要》等专著，尚完成国家科委、国家自然科学基金委、卫生部和湖南省科研课题18项，科研成果均为国内首创或处于领先水平。其中1979年《中医临床学基础》获湖南省科技成果奖；1987年《常见病辨证论治系统微型计算机的应用研究》获湖南省高校成果二等奖；1993年《微观辨证学之研究》获国家教育委员会一等奖；1997年《益气活血法治疗血吸虫病肝纤维化的临床与机理研究》获湖南省中医科技成果二等奖；2002年《抗纤灵治疗血吸虫病肝纤维化对胶原代谢及细胞免疫的影响》获联合国世界和平基金会21世纪自然医学优秀奖及医学金奖。发表学术论文《微观辨证学与新世纪中医学的发展策略》《新制抗癌方对实验性肝癌抑癌基因的影响》等200多篇。我尚成功研制了察舌辨证和平脉辨证微观化实用系统，开发了防治高血压病的"天母降压片"、防治肝病纤维化的"甲芪肝纤颗粒"等新药和微观证治学新体系。

《列子》云："治国之难，在于知贤，而不在自贤。"故我从事中医医疗教学50多年，强学力行，为国家培养的医学博士、医学硕士和中医高校师资，大都已成为新世纪的中医学科领头人、主任医师、教授和博士生导师。1986年湖南中医学院建立诊断学博士点，成为我国中医诊断学研究所重点学科。我于1991年享受国务院"为发展中国高等教育事业做出突出贡献"特殊津贴；1994年国家人事部、卫生部、中医药管理局确定我为全国继承老中医专家学术经验指导老师，并颁发了"为培养中医药人才做出了贡献"的荣誉证书，湖南省人民政府为我记三等功；1995年以中国医学科学家载入美国《世界名人录》；1999年被湖南省教委评为普通高校科技先进工作者，澳大利亚国际中医药科技研究院聘任我为客座教授；2000年被英国皇家联盟科学院授予荣誉院士；2002年被美国诺贝尔医学研究院聘任为院士。曾应邀赴美国、英国、日本、澳大利亚、韩国、泰国等国家讲学，鉴于我为弘扬中医药学文化做出了贡献，2004年世界教科文卫组织聘任我为医学专家成员。

我所开创的微观辨证学及其学科群的崛起，意在集中西医学精华之大成，汇千家之言于一学，从而促进中医药学现代化的大发展与创新。创新是民族医药的希望和灵魂，创新是中医药研究取之不尽、用之不竭的发展动力。"博学而不穷，笃行而不倦"，希望与中医药界同仁通力协作，在科教兴国的精神鼓舞下，以海纳百川、和合共进的精神，坚持科学发展观，为弘扬中医药学原始科学、攀登世界科技高峰而努力奋进。

（袁肇凯、姚共和、陈新宇、贺泽龙协助整理）

贺普仁

贺普仁（1926—2015），字师牛，号空水，出生于河北省涞水县石圭村，是驰名中外的针灸专家，有"天下第一针"之美誉。自幼师从京城针灸名家牛泽华先生，22岁即悬壶应诊，1956年调入北京中医医院针灸科，任针灸科主任达20余年之久，1990年被卫生部、人事部和国家中医药管理局评为"全国名老中医"。2008年经国务院批准，文化部确定其为第一批"传统医药国家级非物质文化遗产针灸项目代表性传承人"，2009年被北京市卫生局、北京市人事局、北京中医药管理局授予"首都国医名师"荣誉称号，同年被人力资源和社会保障部、卫生部和国家中医药管理局授予"国医大师"荣誉称号。曾任首都医科大学附属北京中医医院教授、主任医师，中国中医科学院学术委员会委员，北京中医药大学客座教授，中国针灸学会高级顾问，中国中医药学术研究促进会理事，北京中医中药研究开发协会名誉会长，北京针灸三通法研究会会长，北京市武术协会委员，北京市八卦掌研究会名誉会长，中国国际针灸考试中心副主任，国际中医中药研究院名誉院长，日本针灸三通法研究会名誉会长，香港针灸协会顾问，南美洲中医研究学会顾问等职。

师从名医　苦学仁术

我幼年体质欠佳，偏食肉荤，厌食蔬菜，得了慢性胃肠病。后来求治于当时北京最负盛名的针灸医生牛泽华，结果手到病除。14岁那年（1940年），我来到北京前门外三眼井49号牛泽华诊所，投在牛泽华门下学习针灸。起步就在名医门下学徒，加上我刻苦学习，大胆实践，虚心求教，认真总结，很快就成了恩师的得意门生。8年间通读诸多医学经典，背诵《内经》等重要经文以及针灸基本理论，跟师期间，不仅得到了恩师的真传，而且受到他高尚医德的熏陶。

（一）背诵经典

经典著作是中医理论的源泉，有了熟读乃至重点篇章能够背诵的硬功，博览各家各派，才能抓住重点。老一辈所以能引经据典，脱口而出，如数家珍，就是因年轻时下过一番苦功。经典读熟了，以后才有豁然贯通之妙。那时学医可跟现在不一样，老师根本不管你能不能理解他所讲的，唯一的要求便是背书。若背不出老师虽不会体罚，但却会瞪着眼训斥："为什么还没背过？"话很简单，但在当时被老师这样责备是比体罚还难受的。古人读书，有"三到"之说，即口到、眼到、心到。口到是指朗诵，眼到是指阅看，心到是指领会和思考。此三者，以口到为首，根据我多年背诵的经验，只有人声朗读后才能背下来，如是在脑子里默默背诵往往效果不佳。

（二）专心一志

我认为要学好医学，首先要专于心，一于志，要有一种献身精神，否则见异思迁，二三其志，就会失诸精专，"妄陈杂术"，终不会有何成就。医疗卫生行业是一个高危行业，它高危在病人的生命安全、健康幸福系于医生之身，它还高危在医生自己的身家性命、荣辱成败系于医生自己的行为之中。医生的一念之差、一时之错不但会害了病人也同样会害了自己。要想不上庸医的耻辱榜，一是要学习，要不断地钻研医疗技术，提高医疗水平；二是要时时处处小心谨慎，戒骄戒躁，认真诊疗。医圣张仲景说：医本仁术，精术而显德。只要我们从事医疗行业一天，我们就没有任何理由放松自己一天，要想不做庸医，我们就得年年如此，月月如此，天天如此，时时如此。做学问必要脚踏实地，扎扎实实，不畏艰苦，步步攀登，"书山有路勤为径"，只有日积月累，循序渐进，才能渐有所得。学习固须勤奋，亦宜讲求方法。俗话说"贪多嚼不烂"，每个人的精力都是有限的，在有限的时间内如何提高学习效果就是一个很重要的问题。我认为可以在"专"字上下功夫，专一研究某方面的问题，重点突破。我以前曾经"专"两项，就是把重点放在"火针"和"放血"上，所以才在长期的医疗实践中创造了"贺氏三通法"。

（三）博览群书

博览群书，为我所用，是我学医历程中的又一体会。拜师学医固然是医学入门的第一步，但从师学习在一生中，毕竟只是短暂的时期，满师之后，贵在自学。且中医理论，博大精深；中医著述，汗牛充栋。如徒执一家之言，则很难窥其全貌，虽得其精髓，临证用之，亦甚感不足。故在学习经典著作的基础上，我感到浏览各大名家著作，受益匪浅。我在临诊中遇到疑难杂证，常从阅读医书中得到启示。我常感到：当今所遇奇症顽疾，均可仿效古方古法的宗旨加以发挥。只看一本书，虽然其中的内容越看越清楚，但眼界越来越小，所以，博览群书可以防止一家之偏见，能不断修正和补充自己的论点。

我1948年开始行医，至1949年已小有名气。取得这点成绩，源于勤奋读书，勇于实践的不懈奋斗，特别是大量阅读专业书籍。说起看书，我常对人说："每日看书到夜里一点，多年成习惯。我们从少年随师学习，起得早，老师养鸟，出去遛鸟，我们早起扫地，擦桌子，做准备，那时每天几十病人，上午门诊，下午学习念书，晚上是挑灯夜读，几十年已习惯。"现在年轻的中医应多看书，尤以《灵枢》为主，应反复揣摩。对古代的有关针灸书籍，要加以分析，最主要的是要有个人的见解。我向大家推荐《针灸甲乙经》，该书是学习针灸的必读书，是我国现存最早的一部针灸学专著，也是收集和整理古代针灸资料最早最多的文献之一。《针灸甲乙经》由三部书组成，即《黄帝内经》《针经》《明堂孔穴针灸治要》。它保存了亡佚的古代针灸医籍《明堂孔穴针灸治要》的精华，虽然源于《内经》，但"若网在纲，披寻既易"，因此《针灸甲乙经》一书，是承前启后的重要医籍，《四库全书总目提要》认为它"至今与《内经》并行，不可偏废，盖有由矣"。

1948年，我在朋友的帮助下，于寒窗8年之后独自创业，租了两间房子开始悬壶应诊，在天桥附近的永安路上开设了自己的针灸诊所—普仁诊所。当时条件十分艰苦，眼看要开业了，桌子、椅子都没有，多亏亲戚朋友帮忙，有的借钱，有的借物，总算开了张。

悟通医武　相得益彰

牛老医师经常告诫弟子在学针灸的同时，一定要练功习武。但是弟子们大多半信半疑，觉得练功习武与针灸并无必然联系。我当时对习武一事也持观望态度，并不力行。2 年后，当我与师兄弟互相扎针，体会针感时，发现有的人进针不痛，针感强，效果好，而有人则不然。再一询问，前者都是谨遵师命认真练武者。于是，我就认识到了武术对针灸独到的妙处。1944 年，我结识了尹氏八卦掌第二代名师曹钟升的高足张晋臣，他见我为人诚实厚道，且聪明好学，是可造之才，就力荐我到曹钟升先生门下学尹氏八卦掌。

在学习八卦掌的过程中，我不抱门户之见，主动向其他门派求教，得以不断进步。后来，我不仅练八卦掌，还练静功，每天都打坐。继而又学练了十八节刀、八卦连环剑、战身枪等器械。就这样武医同修，功夫自成，几十年八卦掌的修炼，练就了一身正气。

古往今来，不少武术爱好者都喜欢研究针灸穴位、脏腑骨骼、偏方验方，不少武术家同时是医生，不少医生也同时是武术家，这充分说明中国武术与中医学的血肉联系，如果我们努力把武术和医学或把医学与武术有机地结合起来，使其形成并蒂莲花同放异彩，我们的武术水平和医疗水平就会不断提高。我认为，从事医学工作者，特别是中医、针灸、正骨大夫都应习练、研究武术，不但可以健身强体，还可以进一步提高疗效。我通过数十年的穷究医理、精研武道，把精妙的医术和深奥的八卦掌原理、拳法、内功有机结合起来，练就神针妙法，治愈了无数的国内外患者。

著书立说　传道解惑

原北京市中医研究所所长赵炳南常爱说一句话："知识不停留，经验不带走。"我认为，对于整理、继承工作，老中医责无旁贷，应该采取积极主动的态度，把自己在实践中积累的知识全部拿出来，哪怕是一点一滴，也能聚沙成塔。

我临证之余，重视临床经验的总结和提高工作，注重针灸医学理论的丰富和整理，潜心研究中医针灸理论，并著书立说，先后发表论文 20 余篇，出版了《针灸治痛》《针具针法》《针灸歌赋的临床应用》《长生食疗神谱》《贺氏针灸三通法》《毫针疗法图解》《火针疗法图解》《三棱针疗法图解》《针灸三通法临床应用》及《灸具灸法》等 11 部专著。1973 年《针灸治疗输尿管结石研究》获北京市科技进步成果三等奖，1998 年学术论文《针灸治疗小儿弱智》获 1998 年香港中医药及中西医结合交流大会优秀论文奖，2001 年《贺氏针灸三通法》获北京市科学技术进步奖，2004 年《贺氏针灸三通法临床应用》一书获中华中医药学会科学技术奖学术著作三等奖。为了让更多的临床针灸医师掌握火针疗法，我多次办班讲授技法，使火针疗法在全国各地和部分国家、地区造福于患者。1991 年我有幸被国家中医药管理局、北京市卫生局指定为国家 500 名名老中医之一，并为我配备国家级徒弟、市级徒弟。我先后带徒 8 名，带教研究生 3 名，所传带硕士研究生及学生达 400 余人，可谓桃李满天下。

理论与实践相结合

理论上有所收益，对于自己来说只是得到一半，更重要的另一半是实践。指导不了实践的理论和实践证明不了的理论，是空头理论，或只是"设想"而已。从前有人说，学习中医要有"十年读书，十年临证"的工夫，读书是掌握理论知识，临证是运用理论于实践。如不掌握一定的基本理论作为实践的根本，比如初学皮毛，辄尔悬壶，以人命为尝试，难免"学医人费"之讥；反之，如有了一定的理论基础，而没有实践经验，纸上谈兵，又易误事，而且理论水平也难于真正提高。青藤书屋有一副对联，写道："读不如行，使废读将何以行；蹶方长智，然屡蹶讵云能智。"这道出了读书和临床两者之间的辩证关系。

理论、实践是一个反复循环、不断提高的过程，要不断总结临床经验，包括失败的经验。而善于总结失败的经验，可以取得教训，使失败成为成功之母，避免"屡蹶"。正反两个方面的经验积累多了，业务水平也就提高了，对理论知识的感受也更深刻了。医学理论必须时时和临床相印证，体会才能深刻。脱离临床而空谈理论是没有用的，必须理论结合临床，希望年轻的同志们能够抓住临床这块阵地，充分发挥自己的专长。

博采众长　旁搜囊括

《礼记·学记》说："独学而无友，则孤陋而寡闻。"学习中医，不能仅靠钻研经典著作和老师的教授指点，还需要有虚怀若谷的精神，乐于拜一切有知识的人为师。当今社会各种新事物不断涌现，新理论、新技术层出不穷，凡是有高明之处，我们都应该虚心学习，充分利用，并不断充实自己。继承与发展中医学，要师古而不泥古，不囿于一偏之见，不执着于一家之言，在博采百家之长，融会剖析的基础上，善于化裁，敢于自己闯出一条路来。

现如今，展现在我们面前的新事物可谓是良莠不齐，这就要求我们能够予以分辨，去伪存真方能不误入歧途，避免上当。在此我介绍一下我对事物进行选择的标准：凡是先人们留下的经验都是可以借鉴的，凡是与古书籍中所记载不符的，均需要认真考虑后再下结论。

医德·医术·医功

我在 60 年的从医经历中，总结提出了"医德、医术、医功"三位一体的针灸医师标准和培养方针。医德是指医生的职业道德，医术是指医生掌握的医疗技术，医功是指针灸医生还需要一定的武术或气功的功力。这三者有机结合才能当好针灸医生。

（一）医德

关于医德，古人认为"医乃仁术"，也就是说，医生应当富有对病人的关怀、爱护、同情之心。我最喜欢孙思邈《备急千金要方·大医精诚》所说："凡大医治病，必当安神定志，无欲无求，先发大慈恻隐之心，誓愿普救含灵之苦。若有疾厄来求救者，不得问其贵贱贫富，长幼妍媸，怨亲善友，华夷愚智，普同一等，皆如至亲之想。亦不得瞻前顾后，自虑吉凶，护惜身命。见彼苦恼，若己有之，深心凄怆，勿避险巇、昼夜、寒暑、饥渴、疲劳，一心赴救，无作功夫形迹之心。如此可为苍生大医，反此则是含灵巨贼……其有患疮痍、下痢，臭秽不可瞻视，人所恶见者，但发惭愧凄怜忧恤之意，不得起一念蒂芥之心，是吾之志也。夫大医之体，欲得澄神内视，望之俨然，宽裕汪汪，不皎不昧。省病诊疾，至意深心，详察形候，纤毫勿失，处判针药，无得参差。虽曰病宜速救，要须临事不惑，唯当审谛覃思，不得于性命之上，率尔自逞俊快，邀射名誉，甚不仁矣！"

1. 诊治认真，不计贫富

当时我的诊所附近有很多有名的中医大夫，如苗振平、沈大海、白守谦等，跟他们一比我不免显得过于年轻。如何能让患者来找我看病，我有自己的主意，那就是：一是从技术上下功夫；二是病人不论白天晚上，何时来何时都要应诊；三是在诊费上不能太认真，有钱没钱都得看。这三点说起来简单，做起来可就不容易了。但我每一点都做到了，尤其是第三点。我曾经算过一笔账，从端午节到中秋节，一个月大约有 600 元没有收，100 天，那就是有 1900 元诊费被免了。这个数字在当时可是天文数字了。凭着疗效突出，服务态度好，以及诊费上的不"认真"，我的名声越传越广。虽然名气大了，但我对老大夫仍然是相当尊重。这种态度使得不少有名的老大夫常把病人介绍到我那里去："那里有位小大夫治得不错，你可以去找他。"从此，"小大夫"的名号不胫而走，许多远方病人慕名而来。我常说："我最大的快乐是看到求医者从病痛中解脱出来。"

2. 救死扶伤，宅心仁厚

有一个姓贾的农村孩子，4 岁时得了百日咳，后转为肺炎，住院后肺炎治好了，但却双目失明了。当时，一家医院诊断为皮质盲，说治不了。患儿家人在绝望之中找到了我。我也没有见过这种病例，但还是大胆地为他进行了针灸，当时孩子就有了视觉，能看见东西，经过 8 次针灸，孩子的视力神奇地恢复了。

我认为，一个合格的医生不仅要有精湛的医术，还要有高尚的医德。当时，天桥地区是穷苦人的聚集地。翻翻当年普仁诊所的账本，欠账百元者有，欠账千元以上者也有，这从不收讨的陈年旧账，道出了芸芸众生，悠悠我心。

3. 老骥伏枥，志在千里

2002 年 6 月 15 日，是我终生难忘的日子。这一天，76 岁的我终于实现了自己的夙愿，成为一名光荣的中国共产党党员。

让中国针灸走向世界，造福全人类，是我奋斗的最高目标。为了这一目标的实现，1991 年 11 月我在《人民日报（海外版）》上撰文《中国针灸发展之我见》。

2003 年，当"非典"肆虐北京时，我向时任国务院副总理吴仪上书，并向北京市委刘淇书记、王岐山市长和国家中医药管理局佘靖局长致函，提出针灸参与治疗 SARS（严重急性呼吸综合征）的建议，制定的针灸取穴方案被卫生部采用并运用于临床治疗，取得良好的效果。

2006 年，我自费十几万铸造现代仿真针灸铜人。我常说：北宋仁宗天圣年间，朝廷命翰林医官王惟一考订针灸经络，著成《铜人腧穴针灸图经》三卷，作为法定教本，官颁全国。在书成的次年，王惟一又 设计并主持铸造了两件针灸用的铜人，铜人与真人大小相似，胸腹腔中空，铜人表面铸有经络走向及穴位位置，穴位钻孔。北宋天圣针灸铜人是世界上最早的人体模型，铜人上总穴位有 657 个，穴名 354 个，开创了应用铜人进行教学的先河，既是针灸医疗的范本，又是医官院教学和考试的工具，在医学史上有重要意义。大约 100 年后，由于靖康之乱，两座铜人散失于民间。后来，我国又铸造了不少针灸铜人，官方修铸的除明正统铜人外，还有明嘉靖铜人、清乾隆铜人、清光绪铜人等。民间所制者亦不鲜见，同仁堂系的乐氏药店在各地有多尊铜人保存至今，其他还有锡、木等材质制成的针灸人体模型散见于民间。朝鲜、日本也有多个产自我国或其自行制造、仿造的针灸铜人。这些都为针灸教学起到了一定作用。我经过考证和研究，自行设计并铸造了针灸铜人，希望能对针灸修习和传承起到一定的作用和贡献。这也是我对针灸事业的一份心愿。

我现已年逾八旬，仍然收徒授业；虽已卧病在床，仍笔耕不辍，亲自指导《中华针灸宝库贺普仁临床点评本》的编写，该书为北京市社科"十一五"重大项目立项，中国中医科学院、北京中医药大学等多位针灸著名学者参与，集中数十人对明、清两代针灸学专著共计 150 余本，进行临床内容的点评，为近现代针灸文献的系统整理填补了空白。

（二）医术

医生要有精湛的临床技术，才能更好地为病人服务。其实，"医术"这东西，很难有一个客观的标准，常常是出于对某人技术职称的想象，因为有一个专家的头衔，想必其"医术"就一定很高明。是否真的能手到病除、起死回生，那还得看他是否具有过硬的真本领。我常说，高超的医术来自人的聪颖和勤奋，但更重要的是来自高尚的品德和情操。要提高医术主要要做到以下几个方面：

（1）掌握医学基础知识和针灸学知识。

（2）熟练运用针灸技术。

（3）对人体和疾病要有全盘的把握度。

（4）把医术当艺术，要以钻研艺术的苦心孤诣来钻研医术。

（5）学习知识，运用技术，提高水平，升华境界，不断进步。

（三）医功

由于武术、气功的功底深厚，我针灸时腕力强，手指稳，手上有一股巧劲，进针顺畅无阻，力度恰到好处。手指上的气感强，气通过针的媒介作用直达穴位，扎针速度极快。

我平素扎针，可说是腕有真劲，手有真气，投之所向，无不如意。既灵活自如，轻妙精细，又蕴涵着一种实实在在、巧发奇中的力量，使针入肌肤时，轻而不浮，实而不拙。经我治疗的患者都反映，针刺手法如蜻蜓点水，进针无痛且针感犹如潮水，渐起至隆盛至减弱。经过我的针治后，病人皆有痛苦消失、轻松自如之感。病人接受我的治疗，不仅疗效显著，而且从此消除了"怯针"的心理障碍。

为了减少患儿在治疗中的痛苦，我还创造了"贺氏飞针法"，在一二秒内完成针灸治疗。此针法主要在于用气，要求技术纯熟，对穴位的掌握及进针深浅，成竹在胸，且要有深厚的气功根底。

最后，我想特别强调中医学习有四点很关键：一是中医基础理论，学医者，需抓住中医基础不放，离开基础都是空谈，凡脱离中医基础的多是旁门左道；二是不能脱离临床；三是摒弃门户之见，广泛涉猎更多的知识，以临床疗效为标志，对各家理论求实择善采之；四是要有老师：韩愈说："古之学者必有师，师者所以传道、授业、解惑也。"又说："巫医乐师百工之人，不耻相师。"求师问业，原是中医的良好传统。所以说，能够遇到一位好老师，确是学习的关键。同时也希望学员们熟读精思、博学强记，跟老师勤奋学习，虚心求教。学问并非尽载名家论著。广采博搜，不嫌点滴琐碎，"处处留心皆学问"。

回顾个人几十年来的治学经历，深感中医学渊源悠久，历代医籍浩如烟海，若要提高业务水平，非得下苦功不可。在求知的征途上，切不可浅尝辄止，亦不可略有所获，便沾沾自喜而停顿不前。愿与同道及后学者共勉，互相学习，共同提高，以求对中医事业做出微薄贡献。

（谢新才协助整理）

任继学

任继学（1926—2010），吉林省扶余韩家油坊人。幼年父亲染湿温之疾，请医艰难，后其病情骤变而死亡，其后伯父患锁喉风而命入黄泉。事实迫使少年任继学始萌悟出医乃仁术，活人大德之天职，故15岁愤而学医，从师于当地名中医宋景峰，共习五年有二，言教身传，命任继学刻苦研读医药经典及诸家论述，除熟读经典外，背诵《医宗金鉴》，且倒背如流，后来师允悬壶诊治疾病，博学旁收，验于临 床，观察其效，受益匪浅。1954年入长春中医学院前身吉林省中医进修学校学习深造，结业后留校并执教于长春中医学院，于1958年赴京到北京中医学院参加全国教学研究班学习，当时深受中医界名宿任应秋老先生青睐，指点，学术锐进。后回长春中医学院先后从事教学、医疗、科研等工作50余年。2009年被评为"国医大师"。任继学博览群书，精通经典，擅长中医内、外、妇儿诸科临床，对内科急证及心、脑、肾、多发、常见、疑难病症颇有研究，成就显著，挽逆救危，活人甚众，颇负盛名，深受广大患者和同道们认可和好评。

继承之路

（一）读经典，跟名师，成了活字典

任老少年时师从著名中医宋景峰，宋师擅长传染病和妇科病治疗。有一次跟师出诊，遇一病人，发热，高烧，咳嗽病重，生命危在且夕。宋师诊脉后不紧不慢地开了两剂汤药，并嘱咐一剂汤药熬4次，每过4个小时服一次。任老瞥了一眼处方，发现宋师竟然用了半斤生石膏，任老心想，这么大的剂量这不是

要命吗？次日天还没亮，任老偷偷跑到病人家窗户底下"打探动静"。任老在窗户上捅了一个窟窿，凑上去一看，病人安然无恙。后来听说两剂药还没服完，患者就退烧，再不发热了，还能喝粥，能安然入睡了。这下任老算是服了，宋师真正把中医药理论融会贯通了，敢治急证、危证，敢用药，用得活，得心应手。任老从此真正品出了中医中药的魅力，从而更加努力地、孜孜不倦地攻读《黄帝内经》《伤寒论》《温病学》《金匮要略》《医宗金鉴》，背诵《汤头歌》《四百味》《脉诀》《经络》《医学三字经》等，80多岁仍能倒背如流。任老有"中医活字典"的美称。这与他从小努力学习，刻苦钻研，背诵经典，跟名师，做临床是分不开的。他禀学渊源，精通中医典籍，临床得心应手，疗效如神。有一次在河北保定召开的全国中医内科会议上，任老40分钟的脱稿发言中居然一口气点出100多条医学经典原文和其书名、作者名字，言语既出，震惊四座。会后有几位天津中医学院研究生根据任老的讲话内容到图书馆一一查对，无半分差错。从那时起任老就赢得了"中医活字典"的美誉。此后在一些学术会议、评审会、讨论会上，无论政府官员，还是参加会议的专家，凡是拿不准的地方就问任老，任老对答如流，他还会说："这个问题在《圣济总录》809页，心脏门中可找到心衰条，回去看看。"同样的一些答辩会上，只要有任老在，硕士、博士生们就变得很紧张，都觉得过任老的关才叫有水平，才叫功夫过硬。

（二）60岁才是医生生涯的真正开始

任老常说："60岁才是行医生涯的真正开始。这不单是我这么说，所有我知道的名老中医都这么说。"任老举例说道：《内经·素问》移精变气论中有一段文字，他50岁还不甚理解，"故毒药不能治其内，针石不能治其外，故可移精祝由而已"。后来慢慢参悟，说的就是对于患有疲劳综合征或处于亚健康状态的人，要转移他的注意力。任老说："对中医的认识需要通过大量临床实践，大量病例，需要几十年从正反两个方面总结经验教训，总结治愈率，不断改进诊疗方法，唯有如此，才能真切地体会到中医的精髓，中医才是真正的哲学科学，很多理论都是超前的，对疑难病症，危重症的诊疗确有过人之处。中医是一个博大精深的完整体系，有些理论不是年轻时就能懂得，大多数人60岁以后才能全面掌握中医理论。""书读百遍，其义自见。"任老好多经典古籍都读坏了，像《黄帝内经》《本草纲目》读坏了10本，不得已用糨糊粘住。"所有古代医书读一遍深入一遍，再读一遍强化一遍，读第三遍才能明白它的精髓，第四遍才能体会它的中心要义，才能写一篇合格的论文，在论文的基础上，才能体会古人论断的正确性。"任老常对弟子们说："中医学无止境，60岁以前别乱说话。"

发扬之路

（一）谁说中医不能治急危重症

任老从小坚定不移地走上了医学之路，又师从当地名老中医宋景峰，宋师擅长急危重病的治疗，奇效如神。由于宋老的影响，任老也擅长疑难急危重病治疗，治疗得心应手，成就显著，挽逆救危，活人甚众，颇负盛名，深受广大患者和同道的好评。在人们的印象中，"中医治慢病，西医治急症"。然而任老不相信中医在急症诊治方面"无能为力"，在治疗慢性病声名远播时，他率先在国内启动中医药治疗内科急症的临床研究工作。他执着地相信古医书里一定可以找到中医治疗急症的依据。于是，他又一头扎进古医书宝库里潜心取经，他发现长白山有一种草药—返魂草，他就自己去长白山区，还深入百姓中了解到返魂草具有起死回生的返魂作用。他就带领全科同志先后多次奔赴长白山深山老林中采返魂草，他们克服种种难以想象的困难，研制出返魂草注射液、返魂草冲剂、返魂草口服液等系列中成药，治疗急性咳嗽、大叶性肺炎、急性咽喉肿痛等急症，仅此一项就为吉林省中药企业创造产值上亿元。

他在多年临床治疗急症经验基础上，组织全国学者开始编写急症书籍，他主编了中国第一部国家规划教材《中医急症学》和中国传统临床医学丛书《中医急诊学》，这是构建中医药急诊学学科体系必须、必不可缺的重大组成部分，对于推动中医急诊学术与临床工作有着深远的意义。他是这样说的，也是这样做的。他的大女儿患出血性中风，脑出血量大，昏迷不醒。西医专家会诊认为生存希望不大，任老亲自抢救，应用自己创立的破血化瘀、泄热醒神、化痰开窍法急救，昏迷72小时的女儿醒过来了，认人了，2周开始说话了，1个月后恢复了健康，这是医学上的又一个奇迹。在SARS（严重急性呼吸综合征）肆虐期间，他亲临第一线，直接接触SARS患者，亲自开方，坚持纯中药治疗，正是这位年逾八旬的老人将多名病人从死亡线上拉回来。其中一名病人，年过八旬，病情危重，肺部90%炎性改变，5次会诊均被宣判为"死刑"，家属绝望了。任老会诊后开了汤药，并从家里无偿拿出紫金锭、梅花点舌丹、六神丸，在常规治疗基础上加服任老的方药，4天后X线胸片显示炎性改变70%消失了，起死回生，抱着死马当活马治态度的家属和这名痊愈的患者，选用了跪拜磕头的最古老的方式向任老表达谢意。在SARS流行期间，这位78岁的高龄老人亲自承担吉林省中医药防治SARS首席专家，24小时应诊，家中两部电话24小时开通，并研制出预防SARS病的预防药"扶正除疫汤"，吉林省有十几万人同时服用，无一例患病。同时他带领弟子们制定出地方性防治方案《吉林省中医药防治SARS型肺炎方案》，整理出10万多字资料，开出120首新处方。后来任老继续就激素后遗症，股骨头坏死，肺间质型纤维化等后遗症进行研究，成果累累。凡与SARS有关的奖项任老都得遍了，还获得"白求恩奖章"。

（二）既是难得的良师，又是和蔼的慈父

任老不仅学习上严格要求弟子们，生活上也像慈父一样关怀自己的学生们。任老30多岁在大学讲台上授课，那时正年轻，他的学术和严格是在全学院出了名的，每次上课，他都先提问，温习前一天所学的知识，让学生们背一段经文、方剂、四百味或脉诀，要是回答有错误，一一纠正，并示范给学生们背一段，学生们过瘾了叫好，有时即刻鼓掌表示敬意。要是学生不回答或不会，就要受到罚站或训斥，而下课后他又主动找学生谈心，告诉其答案。任老讲课生动活泼，条理清晰，重点突出。他倡导学术民主，讲课灵活，他最忌讳死板硬套，他授课不枯燥烦琐，而多为联系实际的生动有效的经验，很多讲解都是书上没有的。同学们都认真做笔记，留下慢慢体会，其中的知识越揣摩越深厚，对后来的工作和研究都具有指导意义。任老的勤奋努力也是学生所钦佩的，执教时任老每天早和晚都要亲自到自习课堂上转一遍，同学们提出的难题当场解答。任老对自己要求也相当严格，严要求，高标准，看书做笔记，一丝不苟地写教案，提出参考书目，每天都备课，看书很晚，一般11点之前不睡觉。

任老在学生们的眼中，既是难得的良师，更是和蔼可亲的慈父。三年困难时期，他工资也不高，家中人口还多，生活较困难。但任老用自己仅有的工资和粮票，悄悄地帮助学生购买衣服和伙食，帮助贫困家庭的学生完成学业，甚至亲自到学生老家农村了解情况，探望学生家长，很多学生知道后，都感动地

流泪。广东中医药大学有一位主任医师、教授在长春跟任老学习，任老担心她是南方人，北方生活不习惯，怕她觉得北方冷，就和老伴买来棉衣服、鞋子，知道她爱吃饺子，就让老伴隔三岔五给她包饺子吃。后来这位教授在寒冷的北方长春，较好地完成了学业，整理了多篇水平较高的学术论文，也撰写了有关任老的记事文章，发表在不同刊物上，影响较大。

严师出高徒，任老亲自培养的范国良、南征、黄永生、盖国忠、赵建军、王中男、宫晓燕、任喜杰、黄燕、蔡业峰等已成为教授、博士生导师，他们已成为教学、临床、科研的骨干，他们正在沿着任老开辟的光明大道为发扬中医事业奋勇前进。

（三）严于律己，为人师表

任老性格鲜明，刚正不阿，既严厉又重情意，严于律己，宽以待人。任老对学生要求严格，学生对老师既敬又怕，却又情同父子。任老高龄时常看书、背书，还学习现代科学知识，同时要求弟子们读经典，做临床，多写论文、心得体会。任老经常随时考考学生，督促学生背经文，背汤头、药性赋、脉诀，任老对弟子们的讲稿字字句句进行严格审查，认真批示补充，对有些讲稿毫不客气地批评修改，甚至重写，直至合格为止。但任老还特别疼爱自己的学生，甚至达到只有他说行，别人不能说他弟子的程度。他每次出差必定到书店自己掏钱买书来分给弟子们，并定期把弟子们召集到家里来讨论讨论经典，谈一谈读书心得，弟子的学识提高很快，经典基础打得牢，基本功过硬，真是严师出高徒。他查房严肃认真，一丝不苟。有一次，一位研究生报告病例时满口西医的一套，中医味道不浓，任老不客气地打断他的话说："你是西医研究生还是中医研究生，你的导师是谁，中医理论不明，证候不清，如何辨证？如何理法方药？动不动用抗生素，你懂不懂什么叫'医害'，什么叫'药害'？你是中医研究生，好好搞中医，为中医争光。"他坚决反对中医西医化，坚决反对弟子背叛中医。任老只不过是恨铁不成钢，他盼望自己的弟子个个成铁杆中医。他当教研主任时，用自己的钱建立内科小图书室，藏书万卷。急用图书资料时，不出科就能解决问题。任老常说："你们好好学，好好干，要啥条件我给你们跑，你们一心一意把中医搞上去就行了。"

(四) 医乃仁术，妙手回春

任老医术精湛，患者接二连三地登门求医，甚至半夜里经常有人敲门求治，他每次都热情接待，从不拒绝，患者们常常感动地热泪盈眶。他还设身处地地为患者着想，经常垫钱送药。有一年冬天，一对延边朝鲜族夫妇背着儿子来看病，儿子患水肿病，腹水明显，病情较重。任老未让排队直接进屋看病，任老对患者详细诊脉、观舌、查体等，开出了"千金鲤鱼汤"等中药方。当询问中得知孩子家长是农民，生活困难，为了给孩子看病几乎倾家荡产，任老拿钱让学生给患者抓药，并亲自把药送到患者手里，叫患者留下详细地址，说是以后随访用。患者家长激动地只说了一句"大夫，谢谢了"就哽咽了，在场的人们无不为之感动。事后任老多次寄去医药费，直到病人病情明显好转。还有一位患者患带状疱疹，屡治不愈，已经花了5000多元钱，左侧胸肋，上臂前臂外侧疼痛难忍，静点口服抗生素、镇痛药均无效，任老处方马莲草熏洗外敷，一周后疼痛消失，并发的感染症状明显减轻，三周后痊愈，只花了挂号费。任老常说："现在好多病人不富裕，看病贵，看病难，我们应尽量用有效且便宜的药品才是。"

(五) 读万卷书，著书立说

任老家藏书数万卷，且多是泛黄的古书。他不仅每一册读遍、批遍，有些经典书还会读数十遍。近前仔细看，每本书上都夹着泛黄的书签，书签上记录了他阅读时的心得体会，在他的书房中万卷书整齐地分门别类地有序存放着，位置不能随意改变或错乱，因为他老人家记得每本书的存放位置。弟子们随意问某书在哪里，任老顺手就可以摸出来。有一次，任老学生看后随手放到别的书架上，任老查找时马上发现书放得不对，他告诉学生，把书放到原位吧！他在家给学生讲经典，感到学生有些听不懂时，便准确地从书框里找出书来，然后再翻到相应的篇章详详细细地讲解，直到听懂。他常常独自埋身于书房之中，在浩瀚的中医古籍里面边读边悟，每有新的感悟，立即用毛笔记录下来，夹于书中。据了解这些书籍大都来之不易，是任老省吃俭用买来的，有些书是在破四旧时提心吊胆地收藏保存下来的，其中有些书是绝版珍品，是任老一生收集的古医籍精华。任老把这个书房起名为言医轩。任老在这里用心写出了《悬壶漫录》《任继学经验集》，写出了《中国名老中医经验荟萃》《中医急诊学》《中医急症学》等。

任老读书、著书、立说的习惯年轻时早就有了。早在 1958 年，他在北京中医学院学习的时候，两年就读遍了图书馆里所有的线装书，当时的工作人员都知道图书馆里任老读书的固定位置，星期六、星期天谁也不占，因为任老总会是按时到图书馆读书的。任老爱读书是有名的，是谁都知道的事，这自有他的天分，也有他的勤奋，这正是天才还要勤奋才能成功。

奋斗之路

任老一度非常繁忙，主持多项国家级、省部级课题，一周出四五次门诊，还要到病房查房，到全国各地出差讲学，甚至有时到北京开会，早晨去晚上回来，著书立说忙到深夜。他打算编出一本大部头的理论、实践、技能三位一体的《中华中医内科学》，编写提纲写出来了，人员组织起来了，他却累倒了，他把自己的整个身心都献给了中医药事业，他为振兴中医药事业不断呐喊，为中医药事业发展不知疲倦。1998 年，任老首先发起全国名老中医高级讲习班，号召全国名老中医到各地聚集讲学，备受欢迎，现在已举办了 13 期。他布道南北，广育弟子，培养了一批人，带出了一个团队，创建了一个学科，甚至影响了一代人。任老对中医药事业爱之深，痛之切，他担心中医前途，忧虑后继乏人乏术，曾于 1990 年参与"八老上书"上书江泽民总书记，1998 年参与"八老上书"上书朱镕基总理，2000 年参与"十老上书"上书李岚清副总理，2004 年 12 月参与"七老上书"上书温家宝总理，可见任老对中医的赤诚之心。任老在中医学界声望之高可以从其他国医大师对其评价中窥豹一斑。中国中医研究员研究生部主任、《实用中医内科学》主编、伤寒论专家、全国名老中医方药中教授在《悬壶漫录》方序中说："长春中医学院任继学教授，步入医林四十余载，四十多年来，任老在中医教学、科研、医疗方面做了大量工作，并取得了很大的成绩，活人无算，桃李满天下，是当代的一位著名中医学家。《悬壶漫录》内容翔实，饶有新意，此书一出，必使杏林春暖，后之学者，有道可循，对于振兴中医大有裨益。"全国名老中医、内科专家、湖南中医学院教授刘炳凡老先生给《任继学经验集》的题词是："医林继创开前景，学术彰明启未来。"南通朱良春教授说：任老精研医理，对中医学之奥意，说理透达，屡创新论，验之临床，疗效卓著。任老反对中医西医化，但绝不因循守旧，愚与之交流切磋，得益甚多，敬仰殊深。广州邓铁涛教授说：我与任继学，一在天之南，一在地之北，相隔数千里，而一见如故，情同手足，志同道合，真同志也。任继学博闻强记，脑中有个中医文库，临床上有套真功夫。北京路志正教授说：其独见令人开阔；思巧者当予效仿；言理者据之有物，发挥升华于其临证实践；突出了中医之优势，于后学多有启迪。浙江何任教授说：任继学造诣专深，毕生求索，议论新警，足以夺目。上海颜德馨教授说：中医学界之巨擘也。在学术上多有发明，如中风病见血不止血，重用"清""通""化""泄"之法，独辟蹊径，所治多验，为世所许。任继学刚正不阿，忠诚捍卫中医事业，在中医界久负盛誉。中国工程院院士王永炎教授说：任继学先生吾辈良师，圆融和合，以平常道平常心培育创新团队，推动学科进步与事业发展，可启社会良知，示学人规矩。任继学在书中说：时代在前进，科技在发展，中医学在进步。在这改革开放的时代，中医学也势必在改革大潮中勇于承传，深入研究运用现代科技方法来武装自己，并找准创新点，扩而充之。如此方能前进，才能发展。中医知识的前进和发展，必须建立在传统之继承与现代科技基础之上。只有将世界先进科技方法和中医理论交融一体，验证于临床实践中，取得有效之处，为我所用，这样中医药学的发展，才能跟上时代的步伐，发扬光大之。在本书中撰写了"中医药高科技内涵初探"等文，试图用现代高科技来验证和说明中医理论之奥妙。这是一种尝试，余深信沿此路走，必有佳境。汉代王充《论衡》中说："为世用者，百篇无害；不为用者，一章无补。"但愿本书之问世能为世所用，于医之后学者，能有所启迪，余之愿足矣。

任老说："我悬壶业医50载，始终遵老师之训，读书不敢有懈怠之暇，临证不敢有粗心之诊，非欲成为名医，只求无愧于患者，无愧于自心而已。"

郑长松

郑长松（1927—2007），山东滨州市滨城区人。念私塾时即兼读医书，17岁开始在故里为乡亲治病，22岁正式调入医疗单位，1991年8月离休。毕生致力于临床实践，以中医妇科为所长。著有《郑长松妇科医案选》《郑长松妇科经验集》，并在京、沪、辽、浙等地发表文章40余篇。历任中华全国中医学会山东分会理事与常务理事、山东省立医院中医顾问、山东省惠民地区人民医院副院长、地区医科所所长、地区中医院名誉院长等职。曾连续三次出席全国群英会，获全国劳动模范、全国先进工作者等荣誉称号，多次受到毛泽东、刘少奇、周恩来等党和国家领导人的接见。

一

1927年，我出生于山东省滨州市滨城区河南郑村。幼年多疾，四岁不行，全家五口人有三人常年闹病，饱尝了久疾之苦，由此激起了我学医的坚强信念。年满6岁，始读私塾，先生崔玉田氏，既通经文，又精医理，跟师8年，我读完了四书、《古文观止》等，并在指导下念了《医学三字经》《景岳全书》《医宗金鉴》等。先生为我题词谓："吾生长松，自从学以来，克勤奋读，尤爱医学，后生定可博取，广济万民。"我14岁考入当地一所官办高学（阳信县育英学校），成绩全校第一。16岁又考入阳信闫马庄乾建中学，因家境贫寒，未待毕业，于17岁辍学在本村小学执教，以维持生计。我教了5年书，习了5年医，并经常在教余为故里乡亲看病。新中国成立前夕请医生看病，病主必备轿车酒饭，而我出诊治病，都是自己徒步往来，一不抽烟，二不用酒饭，且有不少小恙应手而瘥。我18岁时尝治一老妪，其症状为突然腹痛难忍、脐下坚硬、脉微欲绝，问诊得知，大便三日未行，遂用千金温脾汤加减（炮附子、当归、党参、川军、朴硝各三钱，干姜、甘草各一钱），取药一剂，两煎后顿服，一啜即安。人孰无情，我看病不取酬金，且不用酒饭，于是在故里乡间便有了点虚名。1948 年，我参加专署知识分子训练班学习，结业后分配到专署文教科干会计，因于工作中经常有来诊病的乡亲，几个月后组织即调我到当地最大的一家药店"利民中西大药店"任中医。当时自己年纪虽轻，临床经验甚乏，但在读书和教书时文医并进，打下了较厚实的古文化与中医理论基础，所以临诊尚觉轻松，有不少疑难大症亦收效捷彰。如一妇人，婚后 20 多年未孕，屡经药疗，转医无数，均未能遂愿。经诊后进药数十剂，即受妊在怀，喜得一子。这些疑难病证的痊瘥者，竟成了义务宣传员，遝迤来诊的病人日益增多，领导出于对我照顾，每天只限诊 75 个牌。接触病人愈多，困难愈是增大，更多的疑难病证，如脱疽、偏瘫等，每治愈一病我即心窃自喜，若有不效则忧心忡忡，下班后即翻阅医书，寻求方药，俟复诊时用之。这一时期，我常常是鸡叫方上榻就寝，五更就上班应诊，月无暇日，日无暇时。1955 年，我调到惠民地区人民医院工作，初任中医科主任，继之任副院长（1960 年）兼地区医科所所长。十年动乱期间，我被戴上"反动学术权威"和"走资派"的帽子，从医以来记录的验案及精心积累的学术资料被当成黑材料抄走，痛惜之下，积郁成疾，未老先衰，自"天命"之年一直以养病为主。体虽渐衰，壮志仍存，在我病休期间，每日仍坚持看几个病人，整几份验案，指导一下门徒。1981 年 10 月，省卫生厅批准我晋升为副主任医师，1984 年我区中医院成立，组织安排我任名誉院长，并从生活上给予我无微不至的照顾，这愈加激发了我努力为中医药事业多做点工作的信念。

二

我自业医以来，一直从事临床实践，主要做了以下几点工作。

（一）适时选攻专题

随着时代的变迁，在不同的年代、不同的时节、不同的环境，都有不同的多发与疑难病症，只有适时选择主攻专题，才能达到为更多的患者解除病痛的目的。

20 世纪 50 年代，人们把结核病视为不起之恙。诚如《济生方》谓："夫瘵瘵一证，为人之大患，凡受此病者，传变不一，积年染疰，甚至灭门。"因为当时尚乏有效药物，令人颇感辣手。为此，我再三查阅古今文献，寻觅有效方药。屡经验证后，探索出用百部、白及、穿山甲（现用代用品，下同）、牡蛎治疗，效果颇捷，并总结出用茅根、藕节、生地、川军治疗肺痨吐血，有时可取得药到血止的效果。这一研究结果，我在1956年第一次出席全国先进（生产）工作者代表会议时，应卫生部邀请，在医务界分组交流会上做了介绍，赢得了中医学界的高度赞誉。《北京日报》报道说："山东省惠民专区医院中医师郑长松的发言，引起了大家极大的兴趣，他介绍了用白及、穿山甲等几味药治疗肺结核……到会的卫生部、中医研究院的老先生们都仔细地把他所说的药方记在本子上。"（见《中医杂志》1956年第6期282页）

20世纪70~80年代，人们最害怕的疾病是肿瘤。在肿瘤的治疗探索中，我经多年临床实践，自拟了"攻坚散"加减治疗良恶性肿瘤，取得了令人满意的疗效。如一肺癌患者，手术开胸后发现肿瘤蔓延严重，手术无法进行，不得已未行切除而闭胸。术后病情日趋恶化，大夫劝其出院，出院后遂改服中药治疗，用药未及半年，经X线等多方检查证明病已痊瘳，愈后体重明显增加，并能驾车长途行驶，迄今患者仍健壮无恙。又如一鼻腔恶性肿瘤患者，服攻坚散加减治愈后，二十几年来屡经复查未再复发。我认为肿瘤并不可怕，只要我们潜心研究，寓传统的辨证论治于先进的诊疗技术之中，肿瘤难关，攻破有期。

（二）潜心妇科研究

妇女一科，自古号称难治，医界视之为畏途。昔贤尝谓："宁医十男子，莫治一妇人。"数十年来，我除适时所需研究其他科目外，一直致力于妇科病证的学习与研究。妇科病证有经、带、胎、产、杂五大门类，所有这些病证，均有其一定的辨治规律可循。如调经一门，前人分述甚细，诸如经行先期、后期、量多、量少、经期过短、过长、闭经、崩漏等，这些病证皆由胞宫藏泻功能失常所致，其实质不出藏泻之太过与不及两大类型。泻之太过则见月经先期、量多、经期延长、崩漏等；藏之太过，该泻不泻则见经期过短、血来量少、月经后期，以至经闭。将月经不调如此归纳分类，可使繁杂的内容得以高度概括，纲目分明，既方便于辨证施治，又有利于启迪后学。

不孕症是临床上常见的疑难病证，我屡经实践总结出了四点辨证治疗体会，即审月事以辨、随病机而治、善情遣开导、重起居调摄。按以上四点心得，针对病机投用自拟的几个种子方，多能于短期内使之摄精成孕（见《中医杂志》1984 年第 5 期"不孕症的临证经验介绍"一文）。

回顾几十年的行医里程，我在妇科方面积累了一点不成功的经验，其中部分临证心得已由门生整理成文，发表在京、沪、鲁、豫、辽、浙、两广等地的中医药期刊上。在应诊之余，我抽暇撰写了《郑长松女科医案选》（已由地区中医学会内部出版）、《郑长松妇科经验集》（待出版）等著作。

（三）致力"四方"探索

多年来，我在总结临床经验的基础上，通过选方中之优，择药中之效，本着探赜索隐、去粗取精、适当加大剂量、力争缩短疗程的原则，作了临床"四方"的探索。即急性病搞"立效方"，常见病搞"速效方"，慢性病搞"显效方"，颇有效验的搞"固定方"。我认为这是临床实践中的优选法，在整理中寓有提高，在运用中有改有革，既可为后继人才的提高创造条件，又可为中西医结合穿针引线。针对一些急性病搞的几个"立效方"，确有病去霍然之功。如一心肌梗死患者，旧恙未解，新患又至，由溺少艰涩渐至尿闭不行，历经 3 日。胸脘痞闷胀痛，小腹胀满难堪，因前列腺肥大导尿未遂，投以自拟"蓄溺自通散"，药后约 4 小时即尿行如注。近几年，我对临证"四方"进行了整理加工，其中部分处方如治遗尿与小便失禁的"固脬汤"、治流产后胎盘残留的"活血化瘀汤"、治滑胎的"固胎汤"等，均已整理成文向同道做了介绍。

（四）活跃学术交流

自从 1951 年我应东北人民政府卫生部聘请，任《卫生报》社通讯员（聘书第 59 号）以来，即注重做积极的宣传和学术交流工作，撰写了一些稿件，如"瘤简介""验方一束""遗尿治验"等。1958 年，我又应聘任山东省立医院中医顾问，继之担任中华全国中医学会山东分会理事、常务理事，地区医学科学研究所所长等职，使我参加学术活动的机会大大增加。仅在医科所任职的两年间，我就负责编辑出版了《中医验方汇编》《当前疾病防治参考资料》等单行本近十册，并编发《科技简报》数十期，在全国范围内进行了广泛的学术交流，对当时我区中医药学术的发展起到了一定的推动作用。我个人的部分临床经验在学术界交流后亦收到了较好效果。如我自拟治梅毒的"驱毒散"，经山东省性病防治研究所试用后，在 1959 年 3 月 8 日的总结中写道："试用中药驱毒散，治疗隐性梅毒、先天晚期胎传梅毒，初步观察疗效显著。"（见《山东中医药》1960 年第 1 期第 20 页）近年来，我虽百疾缠体，仍在力所能及的情况下积极撰稿，或指导门生整理我的临床经验，以为活跃学术交流做一点工作。反映我临床经验的 40 多篇文章和我的《妇科医案选》一书先后在学术界进行了交流，表达了我为活跃学术气氛的一点心意。

三

通过多年临床实践，我在学术上主要有以下几点认识与体会。

（一）病多情志不遂为因，治要疏肝解郁为先

健康的机体表现为体内既相互对立、又相互统一的阴阳双方处于相对的动态平衡状态，即所谓"阴平阳秘，精神乃治"。这一相互对立统一的相对平衡遭到破坏，即可导致疾病的发生。临证所见，阴阳失衡之肇端，每以情志所伤占居首位。凡情志所伤又每以肝先受邪。肝为风木之脏，喜条达而恶抑郁，主疏理一身之气机。人体五脏之气，如肺气之宣肃，心气之运血，脾气之散精，肾气之封藏，均各司其职，唯有肝气之疏泄，涉及整个机体各器官的生理功能，调节控制整个机体的动态变化。肝气疏泄功能正常则气血和谐，情悦体健。肝者干也，其性好动而干犯他脏，情志不遂则先及肝气，肝气不舒，疏泄失司，即成病害。诚如丹溪先生谓："一旦怫郁，诸病生焉。"故有"万病不离乎郁，诸郁皆属于肝"之说。在临床上，诸凡内、妇科病证，溯本穷源，无不与情志不遂休戚相关，这一点在妇科病证中表现尤为突出。所以我临诊每先叩问患者有否情志因素，治病喜用疏肝解郁之剂，凡遇有情怀不畅者，多在求本方中伍入流动疏理之品，以遂其肝木条达之性。

（二）临证注意言谈举止，寓心疗于药疗之中

诊断的正确与否和治疗效果的好坏与医者之言谈举止有着极为密切的关系。不同的语言表达方式与不同的仪表行为，反映了不同的思想感情与不同的道德风貌。明代医家李中梓即告诫我们，医生必须"宅心醇谨，举动安和，言无轻

吐"。通过长期临床实践观察，我认为，医生要有谨慎的言谈与端庄的举止，这不单纯是道德修养的问题，而是这一特定职责的迫切需要。如果我们注意到了这个方面，病人即感如沐春风，从而才有了祛病愈疾良好希望的寄托。观察发现，有不少病人对医生的言行特别关注，往往以此作为自身疾病的一面镜子，善于从中去揣测预后之吉凶。我们若能紧紧把握住病人的心理活动，根据不同的情况，将恰到好处的情遣开导寓于切合病机的药物调理之中，对于疾病的防微杜渐和促使病人早日恢复健康都有着非常积极的作用。有时因为我们运用了得宜的情遣开导，竟可使部分病人不药而瘥，或成倍地增强了药物所本有的治疗功能。尝治一中年闭经患者，几经转医，服药数十帖不效，后邀我诊治。我运用启发诱导式的诊断方法，让病人尽情陈述病之缘由，将心里的郁结全部倾吐出来，结果用药守原方略事增损，计日即收痊功。中医学一向以"治病必求于本"作为辨证论治的根本总则，我们针对不同心理状态的患者，施以允当的心理治疗，其宗旨亦就是治病"求本"。

（三）效法昔贤纲领准绳，师之莫泥随机应变

在中医学数千年的发展史中，前贤为我们总结出了许多证治纲领准绳，诸如"胎前宜凉""产后宜温"等。所有这些的确值得我们效法，但对于前人的学术观点，无论它是历代沿用已形成的定论，还是存有争鸣的一家之言，我们师之绝不可尽信，亦不可贸然否定，应拿到实践中去验证。效法的宗旨是师其所长，俾之受益。特别是对于一家之言，我们更要高度重视，短短一言，往往是毕生实践经验的总结。经过实践验证后，值得借鉴的我们就要继承运用，倘若有异议，欲正前人之误，必须要持审慎态度，以事实为依据，去修正充实。兹就明·方广撰《丹溪心法附余》中提出的崩漏三大治疗法则，略述己见。

方氏指出："初用止血以塞其流，中用清热凉血以澄其源，末用补血以还其旧。"数百年来一直被医界视为治疗崩漏之规矩。我认为崩漏下血理宜止血塞流为先，但临证见血止血，妄用固塞之剂，仅是权宜之计，势必导致朝止夕发或反不能止。必须把握病机，溯本穷源，以辨证为立法遣药之先导，寓"塞流"于"澄源"之中，源本既得澄清，其流自能遏止。如因瘀血滞留血脉，血不循其正规，离经之血妄行者，妄投止血固塞之品，岂不是闭门留寇，已瘀再瘀，若用活血化瘀之剂，待瘀血一去，血循常道，其血自止。"澄源"亦不能尽用

"清热凉血"。因肇致下血者有寒有热，有瘀有虚，倘若皆用"清热凉血"治之，证属血分有热者为之有幸，证属命门火衰、温煦无能致成崩漏者，譬犹冰冱之地，复遭寒霜，非但无益，反受其害（见《辽宁中医杂志》1983 年第 8 期"郑长松老中医运用崩漏三大治疗法则的经验"一文）。所以说，我们需要效法昔贤纲领准绳，但师之莫泥，必须随机应变。

（四）屡验者拟固定处方，据病情设看家之药

任何疾病都有一定的辨证治疗规律可循。久经临床实践后，虽用药思路愈加宽阔，但择方遣药亦益加精缩，将从中的规律总结加工以后，便可拟出固定处方。这些年，我研究出了部分固定处方，既方便了临床运用，又有利于总结提高。如治遗尿与小便失禁的"固脬汤"（见《湖北中医杂志》1982 年第 2 期）、治肿瘤的"攻坚散"（见《浙江中医杂志》1982 年第 5 期）等均属此类。兹就治疗滑胎的"固胎汤"（见《辽宁中医杂志》1985 年第 6 期），赘述数言。治疗滑胎的基本原则是"保胎"，但其措施不一，朱丹溪主张"大补气血"，傅山倡"安胎重脾胃，补其气不足，泻其火之有余"。我认为保胎的关键在于脾肾。肾为先天之根，安身立命之源，胎居母腹，赖肾以载。脾为后天之本，气血生化之源，胎孕既成，必赖母体气血滋养。立法健脾益肾，奠安两天为主，自拟"固胎汤"加减施治（菟丝子、桑寄生、龙骨、牡蛎、熟地、山药、白术、续断、杜仲、阿胶等），俾肾壮则先天之根不怯，脾健则后天之本雄厚，两天之气安奠，庶无胎元滑堕之虞。

医者在用药上，凡久经临床实践后，常有个人的惯投必用药物，亦即"看家之药"。我认为医者惯用某药，非为嗜好使然，亦不是以一药而应百药，而是说明了医者对某药的功能有着较为全面和深刻的认识与理解，通晓了某药的配伍应用，用于治疗某一类疾患有独特之处。如明代医家张景岳善用熟地，屡起沉疴，被誉为"张熟地"。我在临床上惯用龙骨、牡蛎等味，特别是治疗妇科病证时运用更为广泛。龙、牡二味，同归肝肾，俱主收敛，收浮越之气，敛耗散之血，是"戢阳固阴"之要药。在临床上阴不为阳守、阳不为阴固者屡见不鲜。如阴不守其阳则常见经行头痛、经行发热、经行吐血、自汗、盗汗、惊悸、失寐等证，阳不固其阴则常见经行先期、经来量多、崩漏、带下、阴挺等证。凡属此类，皆投以龙骨、牡蛎，分别伍入各经见证之药，阴既益则阳遂和，阳既

戢则阴自固。两药并用，戢阳固阴，常获阴平阳秘、病痊体泰之效。

以上对我 60 余年杏林生涯中的一点收获与体会，作了一简短回顾。虽说从医 60 余春秋，积累了一点经验，但自赧雕虫小技，微不足道，今聊加陈述，谨祈同道郢正。

徐景藩

徐景藩（1927—2015），出生于江苏吴江盛泽镇的中医世家。1940年起随父从师学中医，1947年行医乡里。1952年报考卫生部"中医研究人员"班被录取，学习5年毕业，1957年到江苏省中医院（南京中医学院附院）工作。历任江苏省中医院院长、江苏省中医药研究所所长。擅长诊疗内科脾胃（消化系统为主）病证及疑难疾患，为国内著名的脾胃病专家。在医疗工作基础上，兼教学、科研任务。发表以脾胃病为主要内容的学术论文百余篇，参编医著十余本，专著《徐景藩脾胃病治验辑要》出版于1999年。获科技进步奖4项。1990年被遴选为全国500名老中医药专家之一，为江苏省名中医。1992年起享受国务院政府特殊津贴，1996年获全国白求恩奖章。曾兼任江苏省中医药学会名誉会长、中华中医药学会理事及脾胃病专业委员会顾问、《中医杂志》特约编审、《江苏中医药杂志》常务编委、《南京中医药大学学报》编委等职。

学医经历

我出生于江苏省吴江县（现吴江区）一中医世家，祖父和父亲均是当地名医。小学毕业后，我随父亲徐省三学医。黎明即起抄书，上午侍诊录方，下午读书。以读书之法莫贵于循序渐进，曾诵读《药性赋》《汤头歌诀》《舌苔大全》《脉诀》等启蒙医书，继而诵读《内经知要》《金匮要略》《伤寒论》《温热经纬》等书。学习时，由父亲按进度先讲解正文，再读自己用毛笔写的小楷手抄本，读熟一本后，再读第二本，同时参阅相关的医籍。第三年起，我随父亲下午出诊，到镇、乡病家诊疗重病人，读书时间以诊余和夜间为主，诊病录方，从不马虎，并摘记父亲的诊疗经验。1944年，我拜师江浙名医朱春庐门下，续学3载。门诊出诊，老师口授我书写脉案方药后，随即速记留底并记录医话，3年将治验病案处方，用毛笔正楷字书写整理，计9万字，装订3册，朱师喜而亲笔提名《验案集萃》，另有个案详录诊疗内容，均保存迄今。3年内我还读了有关《伤寒论》《金匮要略》的诸家注释，学习了历代各家论著。7年后，尽家父及朱师真传，开始了自己的悬壶生涯。在行医之初，我还坚持自学。中华人民共和国成立后，我在业余时间还自学了中学外文、数理化等课程。正如宋·朱熹所云："为学之道，莫先于穷理，穷理之要，必在于读书。"

人的一生，贵在自学，一心学医，恒心不移，自加鞭策，珍惜寸阴。这是我对学医治学的深刻体会。故而，我的座右铭是"认真诊疗，潜心研思，议病议药，提高疗效。学而不厌，诲人不倦，廉洁行医，奉献一生"。

学术思想简述

我从医60余年，在江苏省中医院工作近50年，其中病房一线工作30余年，侧重脾胃（消化系）疾患的诊疗研究，积累了一定的临床经验。

（一）食管疾病

食管位于咽与胃之间，质柔而薄，古称"胃之系"。诸凡气郁、痰滞、里热、血瘀等病理因素及食管通降失常，可致炎症、溃疡，甚则转成顽症，致津液亏乏、干涩阻塞。止病贵在早期发现、及早诊治。治之之法，实者疏瀹（理气、解郁、化痰、清热、行瘀），虚者润养，虚实兼夹者，宜疏润合法。临床一般所见，气郁证治宜理气解郁、和胃降逆；肝胃郁热证宜清泄肝胃，佐以降逆；痰气交阻证治宜理气化痰散结；气滞血瘀证治宜行气化瘀。凡用汤剂，采用一日多次服法，散剂可用噙化之法，亦可佐用代茶频饮之法。个人常据证而配用一些宣通之品，如母丁香、鹅管石、娑罗子、通草、橘络、威灵仙、王不留行、急性子等，择1~3味，可增其效。我从医数十年来，因思利于药达病所，创立了"糊剂卧位服药法"。根据辨证处方，汤药要求浓煎，头煎和二煎各煎成150mL左右，每次药液中加入藕粉1~2食匙（如无藕粉，暂可代以首乌粉或山药粉或糯米粉），充分调匀，文火加热，边煮边搅，煮成薄糊状半流液。盛于碗中，置于床边，病人卧床服药糊，服毕漱口吐出，卧于床，稍稍翻身，睡半小时。若是晚间服药，按上法服完后即睡。藕有清热凉血之功，藕粉性润而黏，兼能"护膜"。若患者诉胸骨后有痛感，可在药糊中调入参三七粉，每次 1～2g。疼痛显著、食管炎症较重者，加入云南白药，每次 0.5g。以上 2 种药末，一般每日 2 次。如诊断为食管憩室炎症者，可按 X 线摄片所示，卧位服药后向憩室突向的一侧睡，腰臀部稍垫高。如憩室较大而呈囊状下垂者，30 分钟后转向对侧卧 30 分钟，此时抽出枕头，使头部位置稍低，20 分钟后再加用枕头。这样可使药物先作用于憩室部，再使之流出，勿使残留过久。按上述方法服药，对食管炎症、溃疡等疾患，可以提高治效。若厌药苦，可以放少许白糖或冰糖溶入，但糖量不必过多，如苔腻胸闷较著、有痰咯出者，不必加糖。

（二）胃病

个人认为，胃的生理功能和特点为：①主纳，能磨谷。②体阳用阴，多气多血。③上清下浊，主降宜和。临床辨证应辨别脏腑病位，重视气血辨证，分清虚实，辨别湿、热、食滞、痰饮。诊查时必须运用腹诊，从而积累诊查经验，特别是腹部分部的重要意义，既利于辨证，又利于辨病，可避免误诊误治。

胃脘痛或胃痞经常发作，确诊为慢性胃炎（慢性浅表性或慢性萎缩性），胃、十二指肠溃疡者，临床甚为多见。我对千例此类疾病患者按主证和兼证分证治疗，效果良好。三个主证，亦即病机归纳且持续存在较久的主要证型为脾胃气虚（简称"中虚"）气滞证、肝胃不和证及阴虚气滞证，分别占 49.3%、38.2%、12.5%。尚有兼证如血瘀证、湿阻证可兼见于三类证型，胃寒证多见于中虚，胃中郁热可见于肝胃不和及阴虚气滞证。食滞在慢性胃炎患者的病程中均可在一定时期内出现，经治疗并注意饮食后，食滞可得缓解。唯有血瘀和湿阻可见于三型且持续时间久，因此，常为主要的兼证。按上述辨证，中虚气滞证治以健脾益气，佐以理气，肝胃不和证治当疏肝和胃，阴虚气滞证应予养阴理气。对出现的兼证，分别随证予以化湿、行瘀、清热、温中、消导等方药。

妇女更年期慢性胃痛、胃痞，以肝胃不和占多，且多气郁或兼营卫、冲任失调，当全面诊察，随证治之，注重解郁、调营、调冲等治法。老年人气血不足，阴液易亏，既患胃病，胃气易虚，胃阴亦每不足，脾胃功能受损，易兼痰、湿、热、食滞、血瘀，尚有肺胃、胆胃、心胃等同病，治疗常须气阴兼顾，然益气勿过温补，养阴勿过滋腻，化湿勿过辛燥，清热勿过苦寒，要重视护膜宁络，以防损络出血。

现在，残胃炎症就医诊治者不少。早期胃癌、溃疡经久不愈或合并消化道出血患者，经胃全切除，胆汁、十二指肠液易反流入残胃腔内，破坏胃黏膜的屏障作用，故多数患有残胃炎症（包括吻合口炎症）。我经百余例诊治观察发现，其病机多数以虚为本，以实为标。治疗大法有四，即益气和胃、降胆疏泄、化瘀泄热和化湿消滞。根据证情，随证选药，我自拟了一常用方，姑名为"残胃饮"，药用炒白术、炒枳壳、制香附、五灵脂、石见穿、刀豆壳、柿蒂等，兼湿盛者加藿香、佩兰、制川朴；兼郁热者加黄连、浙贝母；血瘀明显者加丹参、制军、桃仁；兼阴虚者加麦冬、石斛。

（三）肝、胆、胰病

早在 20 世纪 50 年代后期，在已故名医邹良材主任的指导下，我曾抢救治疗过肝性昏迷患者，运用中医中药，按热郁、湿蒙、痰闭、阴虚辨证治疗，药经鼻饲，汤、散、针刺并进，成功抢救 4 例。对阴虚证肝硬化腹水的患者，我根据"真水虚，邪水盛"的病机，拟定养阴利水方，治疗 40 例，取得良好疗效。

常见病胆囊炎症、结石，临床观察以肝胆湿热导致发作症著者占 60%，慢性期一般为肝郁气滞或脾虚肝郁而兼湿热。肝宜疏，胆腑宜通，湿热应及早、持久予以清化，脾虚宜运宜补。也有部分患者由于素体脾阳不振，易生内寒，与湿相合或因在病程中用过苦寒药物，使脾胃受损，阳气内虚，升降斡旋失常，肝胆经络阻滞，认证为湿从寒化，可运用温通之法治疗。药如制附子配柴胡、白术、姜黄；见黄疸者，制附子配茵陈、鸡内金、海金砂；上腹右胁痛位广者，制附子配苡仁、败酱草；大便不畅，腑实内寒，寒热兼夹者，制附子配大黄；结石未排出者，制附子配皂角刺、路路通、三棱、赤白芍等。治胆病按"腑宜通""胆随胃降"的原则，常配用大黄，一般汤剂用 5 ~ 10g，后下或开水泡焖后，取汁与另外所煎之液相合而服。如大便次数不多、疼痛未消者，另加大黄粉，每次 1 ~ 2g，装入大号胶囊吞服，每日 1 ~ 2 次。但若属于脾虚肝郁证者，当健脾运脾，运中有通，不用大黄，防损脾气。若为胆总管结石或肝内胆管结石者，可在辨证施方的基础上，酌配皂角刺、王不留行、路路通、通草、当归须、泽兰等。

急性胰腺炎患者在住院或急诊过程中，重症一般均采取中西药兼用之法。个人体会，一是以清化通腑消滞法为基本治法，禁食期间，也可服汤药小量（30~50mL），每6小时1次，及时服药可以提高治效，缩短疗程。二是配用外治法，将芒硝打碎，每次50g，布包外敷上腹，每日1次，敷20小时，稍稍清洗皮肤，歇3~4小时后再敷，连用7天，颇有良效。至于慢性胰腺炎或伴假性囊肿，上腹时有隐痛，脾虚肝胆湿热之证者，药用健脾疏肝利胆清化之剂，但不可苦寒过度。脾虚内寒者，同样也应加入制附子，与白术、怀山药、苡仁、良姜、败酱草等同用。治疗胰胆之疾，当认真辨证，若确有内寒，必须"温通""温化"，及时用附子。

（四）慢性泻痢

慢性结肠炎、溃疡性结肠炎症状有泻有痢，但有时并不典型者，按《金匮要略》所称诊断为"下利"，似较恰当。久泻脾必虚，脾虚肝易侮，脾虚可及肾，故治当从脾、肝、肾三经考虑。脾虚生湿，湿郁可以成热，并易兼从口入湿热病邪，治宜重视清化为法。此外，顽疾久泻，可及于血，可配加行瘀之品，若腹痛部位较固定，大便中夹有暗红血者，配加赤芍、紫草、三棱、地榆等品。我常用苦以燥湿、寒能制热的黄连，配加补骨脂温肾止泻，对久泻腹痛不著者颇有良效。我用自拟的"连脂治泻汤"治疗溃疡性结肠炎，辅以"菖榆煎"保留灌肠，临床亦有较好疗效。

汉·杨雄《法言·学行》尝云："务学不如务求师。"上述我对脾胃（消化系统）一些常见疾病的点滴体会和经验，是从长期临床实践、工作与学习中积累的，受益于父亲启蒙传授和朱师的教诲，学习前辈医家李杲、喻嘉言、叶桂、张聿青、费伯雄、马培之等医著并加以分析、研究，并得益于我院已故当代医学家张泽生、颜亦鲁、马泽人、曹鸣高、邹良材等上级医师早年的指导。如今，自己也步入望八之老龄，生也有涯，知也无涯，限于篇幅，谨以片面点滴之意见，就正于医界同道，供参考而请多指正。

刘柏龄

刘柏龄（1927—2022），全国首届"中医骨伤名师"，东北天池骨伤流派"刘氏正骨"第五代传人，长春中医药大学附属医院（吉林省中医院）主任医师，终身教授，研究生导师，国家500名名老中医之一，全国第一、二、三、四批全国老中医药专家学术经验继承工作指导老师，受聘为美国国际中医药学院荣誉博士，中华中医药学会终身理事，中国中医科学院客座研究员，广州中医药大学第二临床学院（广东省中医院）继承国家名老中医学术经验指导老师。为广东省佛山市中医院骨伤科医学顾问、主任导师，河南省洛阳正骨医院继承国家名老中医学术经验指导老师。

1992年起享受国务院政府特殊津贴，是"20世纪中国接骨学最高成就奖"（由吴阶平副委员长颁发，为全国9名中西医获奖专家之一）及全国华佗金像奖和吉林英才奖章获得者。获吉林省人民政府授予的"人民教师"荣誉称号，中华中医药学会授予"国医楷模"称号及"首届中医药传承特别贡献奖"和"成就奖"。国家中医药管理局授予其全国老中医药专家学术经验继承工作"优秀指导老师"光荣称号，还获得"研究生教育成就奖"，为"高校文明杯"竞赛活动先进个人，2010年被评为优秀共产党员。

崇尚"肾主骨"理论，提出"治肾亦即治骨"的学术思想，成为当代的"补肾学派"。从医60余年，获长春发明与革新一等奖1项，国家中医药管理局科技进步三等奖1项，吉林省科技进步一等奖1项、二等奖1项、三等奖3项，吉林省高等院校教育技术成果二等奖1项。获优秀卫生部医学视听教材及CAL课件奖一等奖1项。

坎坷少年立志学医

我于 1927 年 6 月 5 日（农历丁卯年五月初六日）出生于吉林省扶余县（现扶余市）三岔河镇的一个中医正骨世家，祖辈皆以医为业。我 3 岁时父亲因病去世，家里全靠祖父和叔父行医维持生计。

祖父刘德玉是"东北刘氏正骨"第三代传人，他除了行医外，还兼任私塾先生，既教学生学文史，又教念医书，因此，颇受家长欢迎。因为从小受祖父的熏陶，我爱书成癖，从过 5 岁生日时起，祖父就开始教我读书、背书、写字，所教者如《三字经》《百家姓》《千字文》《四百味》《药性赋》《汤头歌诀》等。到七八岁时，继续学习《大学》《中庸》《孝经》《濒湖脉学》等。8 岁上公立小学读书时，祖父刘德玉因病辞世，年幼的我第一次体味到失去亲人的痛苦，恨自己年幼，没有高超的本领挽回恩爷的生命！

祖父的离去，使幼小的我更坚定了学习中医的信念和决心！1939 年，我以优异的成绩从高小毕业，其时凭借自己顽强的毅力，在叔父的指导和帮助下，已基本上读完了中医学的入门书籍，这为之后学医、从事中医学事业奠定了良好基础。同年，我又以出色的成绩考入了伪满新京（长春）国民高等学校。

当时我家里共有八口人，作为家中唯一的男孩，能考上"国高"，对于望子成龙的老人们来说，激动和高兴的心情可想而知。但是为了凑足读"国高"的学费，倾全家所有还是不够，只得把祖父留下的非常珍贵的貉绒皮袄送进了当铺，这样才算凑够了第一年的学费。而第二年的学费很大部分是我大姐订婚时的彩礼钱，第三年的学费也多是从亲朋中借贷来的，就这样家里苦熬 3 年，总算把我供到了毕业。

由于祖辈的影响，特别是祖父对我的疼爱、教诲，我自幼就立下了"继承祖业，以医济世"的决心。"国高"毕业后，便毅然决然地回家乡随叔父学医治病救人。

正式学医是我 16 岁那年，从伪满"国高"毕业回到家乡，投身到叔父身边开始的。我悉心学习中医理论，并跟叔父出诊，立志秉承祖业，用自己的行动实现"不为良相愿做良医"的人生理想。

叔父刘秉衡是"东北刘氏正骨"第四代传人，他医术高明，远近的患者都慕名前来求治，刘家从祖上就传下来一条规矩，看病抓药只取微利，对贫困无着的病人，有时还分文不取。医术高明和医德高尚是刘家的两块金字招牌，因此患者云集，有时看病买药者挤在门口，门都推不开。叔父心肠好，处处为患者着想，能用廉价药的绝不给开贵重药材，这样一来，虽然诊所业务繁忙，但收入却平平，只够全家糊口，勉强维持医业，没有大的发展。

我家的医书很多，是祖上一辈辈积攒下来的，从祖父刘德玉到我这辈，家人随处买书，年年藏书。祖父常说：攒钱不如存书，书多才是一笔永恒的财富。就这样日积月累，各门各类的医书已摆满五六个大书架。书房悬挂着祖父亲笔书写的柳体条幅："书山有路勤为径，学海无涯苦作舟。"每天我都要念诵几遍，作为自己的座右铭。

我苦读医书几乎达到了茶饭不思的地步。我读书有个习惯，爱做笔记、爱思考，弄不懂的就向叔父请教。每当叔父出门给人看病，我就紧随其后，叔父给人切完脉，我也要切一下，把自己的体会记下来，回来的路上，就向叔父求教，揣摩叔父辨证施治的思路。回到家的晚上，再将自己的心得记下来，以便日后反复查看对比。

家里人口多，收入少，靠叔父一个人支撑很不容易。夜里读书，为了节省电费，受匡衡凿壁偷光的启发，我就借窗外路灯的光亮，并用镜子反射路灯的光亮叠加在一起，使光线增强了一倍。这样就可以躺在床上，借着微弱的光线看书了。在清凉如水的夜色中，我就是这样如痴似醉地读了许多医书。

不少医书我读熟了，也会背了，但其中的大部分内容，理解得并不透彻。比如《药性赋》上说"犀角解乎心热，羚羊清乎肺肝"，为什么"犀角解乎心热"？羚羊为什么"清乎肺肝"？我对此很不理解。诸如此类的疑问很多很多。

一次叔父从药店里拿回来一个完整的鳖甲和一个完整的龟甲，让我辨认，哪个是鳖甲，哪个是龟甲。看了半天，我只知道不是一样东西，可就是说不出各自的名字。叔父笑着说："我知道你看了背了不少书了，可是光背还不行，必须与实际的东西联系起来，这样才能在行医时派上用场。"然后就拿起鳖甲和龟甲来，详细讲解它们的区别和各自的药理作用。

接着叔父又语重心长地说："学习要逐渐深入，循序渐进，学有所得，学以致用，每一味药都是跟人的性命相关的！"看着入门的医学书籍学的差不多了，叔父把我领到书架旁，指给我说："从现在开始，你要重点学习《医宗金鉴》，这可是集清朝以前的医学之大成，是一部了不起的医学巨著，是学医、从医者的必读书籍。这里边你首先要读透的是《正骨心法要旨》《外科心法》以及《儿科心法》，这三部书你日后用的地方特别多，也特别重要。"接着，他又告诉我一定要看《黄帝内经》《伤寒论》《金匮要略》《神农本草经》《伤科补要》《疡医大全》和《濒湖脉学》等医典。"这些书要一部一部地读，重点一定要记住，写笔记，还要背诵下来，尤其要念好、背好《濒湖脉学》，这是从医者切脉所必须学会的登堂入室之作！"

从此，我便更加忘我地扑进了中医药学的知识海洋里，日夜苦读。奶奶曾偷偷地问叔父："是你逼柏龄这么拼命学习的吧？可别把他逼傻啦！"叔父说："这孩子自己肯用功，哪用得着我去逼他呀，这是好事。我看他将来会比我强呢。"

中医讲究的就是"望、闻、问、切"四诊，切脉是其中最不容易掌握的。因为脉的切法大有讲究，每个人的病情反映到脉象上都不尽相同。高超的老中医，三指一搭就对病人的病情了然于心，然后再根据脉象，开出针对性极强的药方来，做到药到病除。如果脉象看不准，对病情就无法了解，更无法给病人开出合理的方药来。因此，能够切好脉，是学中医必须迈出的第一步。

切脉在我国出现得很早，据说我国最早开始切脉的人是扁鹊，将其发扬光大的则是王叔和。王叔和不但精通中医经典方书，而且对于脉学也颇有研究，他一生最突出的贡献，就是编撰了中国现存最早的脉学专著——《脉经》。

小时候，我就听过祖父讲的中国古代名医的故事，对扁鹊、王叔和等为中医事业做出杰出贡献的人物，更是崇拜和敬仰，决心长大了也要做像他们那样的人。自从叔父为我指出学习中医的入门著作后，我就反复研读，尤其是《濒湖脉学》，几乎翻烂了，且能熟背下来，可是放下书之后，却不得要领，到了给患者切脉时，更难确定诊断。叔父说这就是中医常说的"指下难明"，并指出："熟读王叔和，不如临证多。学切脉，关键就是要在实践中学习和理解，在实践中掌握和运用！"此后，逢病人我就给人把脉，然后再看叔父把脉，并听叔父讲解病情病理和治疗方法，从中慢慢体会，时间长了，自己就多了切脉的心得体会，对各种脉象渐渐有了些粗浅的认识。

叔父告诉我，浮、沉、迟、数、滑、涩、弦、洪，这些纲领脉必须牢记，另如缓、弱、濡、芤以及促、结、代脉也必须掌握，否则临证时就会指下难明，手足无措，何谈辨证施治？

功夫不负有心人。经过无数次的切脉，日积月累，我逐渐掌握了要领，切脉准确程度越来越高，以至于后来几乎跟叔父切脉的结果一致了。

看着医术精进的侄子，叔父心里由衷地高兴，常拍着我的肩膀说："好样的，再努力就快要赶上我了。等你能独立出诊的时候，我就把这个药箱交给你，我在家坐着接诊，享享清福了。"

学习正骨的重点是正骨手法，所以《医宗金鉴·正骨心法要旨》特别强调："手法者，诚正骨之首务哉！"具体的手法是"摸、接、端、提、推、拿、按、摩八法"。摸法是第一法，是用在术前摸诊和术后检查的手法。叔父说："摸法即用手细细摸其所伤之处，或骨断、骨碎、骨歪、骨正、筋强、筋柔、筋断、筋走、筋寒、筋热，并所患之新旧，先摸其或为跌仆，或为打撞，然后依法治之。"又说："在正骨复位时，必须做到机触于外，巧生于内，手随心转，法从手出，或拽之离而复合，或推之就而复位，或正其斜，或完其阙，则骨之截断、碎裂，筋之弛纵、翻转离合，虽在肉里，以手扪之，自悉其情，法之所施，使患者不知其苦，方称为手法也。"叔父一字一句地说给我听。他还强调指出："至于接、端、提和推拿按摩手法，须在临床实践中体会运用，久而久之，才能得心应手，收到实效。"因此我经常和叔父一起为患者接骨、拿环、顺骨扪筋。

1945 年端午节的第二天是我 18 岁生日，那天下午 1 时许，我和叔父接诊了一个 6 岁儿童，为肱骨髁上骨折。叔父让我给他手法复位。当时，我看着孩子痛苦的表情，不免有些胆怯，叔父看出了我在犹豫，就说："你不是跟我看了多次正骨吗？自己不动手做，永远也学不会。"看到叔父殷切的目光，我鼓起勇气，决心和叔父一起把这个儿童的骨折整复好。我先把用什么手法、怎样进行复位向叔父说了一遍，叔父点头笑着说："很好，就这样。不过，这次正骨咱俩配合，要以你为主。"在叔父的鼓励下，我终于大着胆子，请叔父握住患儿的上臂，自己握住患儿的前臂，作顺势相对拔伸，然后用手挤压远近骨折端，纠正重叠移位，复以两手拇指从肘后推远端向前，两手其余四指重叠环抱骨折近端向后拉，同时用捺正等手法矫正侧方移位，在拔伸下屈曲肘关节，且感到复位的骨擦感而成功。此时，我两会心地笑了——根据以往的经验，知道这例有一定难度的正骨手法一举成功了。这次接骨的过程并不长，所用的力量也不是很大，'但我却累得大汗淋漓。其实并不是因为累，而是第一次以我为主进行正骨，全身紧张的结果。我将患儿的患肢用小夹板固定后，X线摄片检查显示：完全达到解剖复位。这时，我举起了自己的手，左看右看，看得自己都有些不敢相信了——"我会正骨了！我的这双手真的会正骨了！"是的，同样是一双手，昨天和今天已经发生了本质的变化，当时心里真有说不出来的高兴。叔父拍着我的肩膀说："怎么样？我说过了，熟读王叔和，不如临证多。这句话灵验吧！"

随着临床经验的丰富，我的本领也在不断提高，叔父不在的时候，我也能给患者诊治一些常见病。

1946年早春的一天凌晨，天还很黑，就听有人叫门接先生（当地对医生的称呼）。我披衣开门一看，两个农民赶着一辆花轱辘车站在门前，那个年轻的农民急切地说："刘老先生在吗？我们是十六号屯的，我弟弟头部受了重伤，人都快不行了，请刘老先生务必去给看看。"看得出，他们是在焦急万分的情况下，连夜走远路赶过来的。不巧的是，叔叔昨天给人往诊没有回来，今天是否能回来还说不准。那个岁数大的农民得知老先生不在，当时就哭着说："看来这是天意啊，我儿子的命保不住了……"

哭声惊醒了我的奶奶。奶奶一向心地善良，一听这种情况，也跟着着急起来，奶奶对来人说："我们家的老先生虽然不在，可小先生在家。你们要信得过，可以让他先去看看，等老先生回来，再给接着治。"听了这话，那个年岁大的农民犹豫了一下，最后无可奈何地说："那也只好这样了，能不能救过来，就看我儿子的造化了。"接着他又叮嘱道："我儿子伤得很重，你要多带些药，特别是止血药。"看得出这位老人对我不放心，但为了救人，不能推辞。于是，我认真检查了一下药包里的药，就坐上花轱辘车，去病人家了。

到病人家中来不及细问，忙检查伤势，发现病人伤得很重，创面特别大，从左侧眼眶及脸颊至唇上全部被撕裂开了，颧呈凹陷性骨折，而且伤口还在渗血，病人已经处于昏迷状态，脉沉细无力，呼吸微弱，口唇苍白干裂。在一般人看来，这个人就剩一口气了，是否能救治过来，就连他的家人也失去了信心。但凭着跟叔父多年从医的经验，从脉象上推断，这个患者还有救治的希望。我赶忙把大剂量当归补血汤加大剂量人参急煎给病人灌服，紧接着给患者进行创面处理。由于创面很大，处理起来很费事，只能一点一点地清洗，然后敷上止血药。这时我全神贯注地仔细观察病人的神态、呼吸和脉搏。令人高兴的是病人有了好的转机。脉搏虽然仍处于沉细无力的状态，但病人的神态较好，呼吸逐渐变得均匀了。

"现在病人已经脱离危险了！"我兴奋地说。患者全家人都松了口气，他的父亲拉着我的手说："小刘先生，你可是我们的救命恩人啊！没想到他（指他儿子）能活过来，太感谢你啦！"对这种用纯中药抢救危重病人的案例，我也感到不可思议，暗自庆幸中医药抢救危重病人的成功。

回家后，我把这个病人的病情以及自己的治疗方法向叔父做了汇报。叔父听后，奇怪地问："这个病人的病情那么重，你当时就没害怕？"我回答说："当时只顾救人了，没怎么害怕。"叔父又问："你是怎么想到这些救人的方法的？"知道叔父这是在考我，就想了想对他说："病人当时的病情的确很重，已处于昏迷状态，呼吸微弱，脉细身凉，这是失血过多的表现。"我接着说："要是在平时，我也不敢轻易用药，可是医书上不是说了，失血的脉象若见'虚细沉小和缓者生'，若见'浮洪数大实虚促者死'。这个人的脉象，正好属于前者，所以我想，用了咱们的补血药一定能有效。用了之后果然见效了。"

叔父听后大为惊讶，拍着桌子对奶奶和妈妈说："妈，嫂子，这孩子行啦，他今后能独自行医给人治病啦！"叔父几乎是喊着说出这番话的。

当年我19岁，初次独自行医的成功，给了我极大的鼓励，让我对自己的未来充满了信心和希冀。

执业与再学习

叔父对我取得的每一个进步都看在眼里，喜在心上，但流露出来的时候并不多。自从救治了那个被车轧伤的人之后，远近的村民们一传十，十传百，一时间大家都知道了镇上刘家的小先生也是治病的好手。但叔父对我的教育却更加严格了。我常听到的叔父的话就是："别以为自己能处理一些病人，救过危重病人，就了不起了，就放松了学习，那是不行的！你要知道，自己还差得远呢。"其实，我心里明白，这是叔父对我的鞭策，让我不骄不躁继续努力，要不懈地学习和工作实践，尽早学有所成，接过叔父的班。

1946年夏秋之交，我在叔父身边已整整4年。叔父说："柏龄该出师了。我把诊所交给你，你可以独自行医了。从此，你就是'刘氏正骨'第五代传人了。"我做了一些思想上和物质上的准备，于10月初挂起了"刘柏龄中医正骨诊所"的牌子，独立正式接诊病人。不久便遇到了一个特殊的病人，给这个病人诊治的过程，让我终生难忘。

那是一位患重症的女性农民，50多岁，姓程，人称程大妈。她家离我所在的三岔河镇有20多里地。程大妈平时以养猪为业。一次，她去野地里割猪食菜，不慎左前臂被荆棘刺伤。因感染创口恶化，西医认为是"坏疽"，必须去大医院进行手术截肢，否则会有生命危险。因为这个小伤口就得截肢？程大妈宁死也不肯，她的家人也坚决反对做截肢手术，病人抱着最后的希望找到了我，想通过中医再试试看。

来到程大妈家中，我看到程大妈病得确实不轻。当时她已处于半昏迷状态，左前臂肿胀严重，整条胳膊都泛着光亮，不知上边敷的什么药，药的周围还有一些小水疱，触摸创面，有捻发音。由这些来看，程大妈的病势已经非常严重。

我又给程大妈切脉，其脉洪大而数；观其面色灰暗无光泽，舌苔黄而厚腻。急投急救护心散，紧接着又急煎清热解毒汤冲服梅花点舌丹。接着用千分之一的高锰酸钾溶液冲洗创面，然后撒上提毒散。经过一系列中医方法的急救处理后，程大妈的病情竟然有了转机，她的意识也渐渐恢复了，但仍在断断续续地呻吟。这时候再诊脉，发现脉象仍洪大而数，但呼吸较前均匀了，还小解了一次，尿色深黄，量较多，继之又解大便一次。又过了一会儿，程大妈用微弱的声音说："给我点水喝。"她的儿子听到母亲要水的声音，激动得流出了眼泪，喊道："我妈醒了，我妈醒了！"于是，全家人都围拢过来，个个露出惊喜的表情。这时，我对他（她）们说："病人刚醒过来，非常虚弱，你们不要大声惊动她，让她好好地休息，要安静！"虽然病人的病情有了转机，但还没有脱离危险，还需要进一步观察和治疗。就这样，我在病人的家中住了3天，每天都针对患者的不同情况采取相应的救治措施，直到程大妈的病情大有好转，才回到了诊所。之后我每隔两天去观察投药和处理创面一次，直到病人病情稳定逐渐痊愈，才放下心来。

后来，想起这事我就后怕，因为当时不知道是什么"坏疽"，只知道是一种由感染而致的很重的恶疮。在研读《医宗金鉴·外科心法要诀》时，记得上面讲到："痈疽原是火毒生，经络阻隔气血凝，外因六淫八风感，内因六欲共七情，饮食起居不内外（因），负挑跌仆损身形……疽由筋骨阴分发，肉脉阳分发日痈。"由此可知，这个病人左前臂被荆棘刺伤感染，其实是火毒蕴结、经络阻隔不得宣通，导致肿痛、溃疡、蚀筋腐骨；又由于毒火攻心，所以才烦躁不安、身热、呕吐，甚至处于半昏迷状态。我当时按照"蚀筋腐骨的恶疽"和"毒火攻心"的理论辨证施治，故急投急救护心散并予大剂量清热解毒汤（金银花、连翘、蒲公英、地丁、重楼、黄连、黄芩、黄柏、大黄、栀子、天葵子、车前子、牡丹皮、生地、水牛角等）冲服梅花点舌丹；同时创面初敷提毒散，脱腐后用生肌玉红膏加生肌珍珠散的局部处理方法是合理和科学的，才使患者转危为安，及至完全治愈。

经过学习和查阅有关资料，我对此病有了更深的认识和了解，知道它确实是"气性坏疽"，是一种严重的急性特异性感染，由多种厌氧产气杆菌引起，临床特点是起病急，发展快，局部剧烈疼痛、肿胀、产气、恶臭和大块组织坏死，并伴有严重的全身毒血症状，如不及时处理，常会丧失肢体，甚至危及生命。

对这位患者用中药进行急救处理，是一次大胆的尝试。通过治疗的过程，也有了许多体会，为之后行医积累了又一例经验。从一般情况看，遇到危重病人的时候，通常的做法都是求助于西医来解决，而像这样采用中医方法急救者实在少之又少。用中医的方法勇敢大胆地抢救危重病人，必须具备深厚的中医基础理论基本功，且临床辨证须准确。这一次尝试同时也为中国医学增添了治急症的例证。

1948 年初，扶余县第十八区（三岔河镇）中医联合诊所成立。我率先加入了诊所，并将自己诊所以往使用的一些用具、医疗器械和药品投入到诊所，作为股份（最终也没分得红利）。同年参加了卫生工作者协会，被选为扶余县第十八区（三岔河镇）分会组织委员。1951 年，扶余县人民政府将我调到区人民卫生所（今扶余县人民医院）任中医师，从此成为一名国家干部。

随着医术的提高，我的社会知名度也在不断提高（尤其在国家公立诊所），人们都知道三岔河有个小刘先生，开的药确实有药到病除的疗效。所以许多患者从四面八方来三岔河镇找我治病，甚至还有来自榆树、德惠等邻县和黑龙江邻近市县的患者。

虽学有小成，但并不满足，我要在更大的舞台上，为更多的老百姓解除病痛的折磨。正当我专心致志、夜以继日地深入研究常见病和多发病的治疗方法及方药的紧张时刻，扶余县人民政府卫生科通知我报考吉林省中医进修学校。听到这个消息，简直就像做梦一样，根本没想到自己还有再一次读书的机会。

"国高"毕业之后，看着昔日的同学有的上了大学，有的出国留学，心中甚是羡慕，可是由于家庭条件所限，只能放弃了这个美好的梦想。而现在，这种机缘却悄然不觉间又来到身边，我怎能不牢牢地抓住呢？按县政府通知要求的时间，我如期报到迎接考试。当看到考卷时，我就觉得有百分之八十的把握，因为自己念的书较多，考题既有理论又有临床和中药、方剂等。交卷后，县卫生科张科长看后，点点头说："嗯，不错！回去听信吧！"

在急切的等待中，好消息终于来了。1955年8月上旬的一天，我正在认真地为病人做诊查，电话铃响了，拿起一问，原来打电话的人正是县政府卫生科的张科长，张科长告诉我："你被省中医进修学校录取了，赶紧准备一下，9月10日入学。"1955年9月10日上午，从三岔河开往省城长春的火车徐徐地行进，我坐在车厢里，手里拿着中医经典著作——《黄帝内经》，一个人静静地望着窗外。车窗外秋高气爽，铁路两旁是一望无际的田野，大豆玉米已经结出丰硕的果实，秋风送过，令人心旷神怡。

一想到很快就要到达自己梦寐以求的吉林省中医进修学校，我心潮澎湃。高兴之余，我暗自下定决心，一定要好好学习，努力学习，绝不能错过这个好机会，把过去没看明白的、没弄懂的东西，一定要弄懂、弄通、会用，将来更好地为继承和发展中医药事业、为人民的健康做出更新更大的贡献。

学校为办好第一批进修班，聘请了一批当时在全省颇有名望的老师。其中中医老师居多，也有西医老师，他们学识渊博，品德高尚，为了弘扬中医，呕心沥血地忘我工作，毫无保留地介绍他们各自宝贵的临床经验，这种精神深深地感染着我。我如饥似渴地汲取着知识的营养，不管是吃饭、走路，还是上厕所，都手不离书，虽然条件有些艰苦，却丝毫没有影响学习的兴趣。一些中医书籍晦涩难懂，我就将它们记在本子上，第二天找老师问明白。在课堂上，我非常愿意接受老师的提问，甚至主动向老师提问，真诚地向老师们学习、探讨解决一些实际问题。时间长了，老师们都非常喜欢我并愿意向我提问。课余的时间我也不放过，经常和老师们探讨中医、探讨人生，最后我们成了志同道合的好朋友。我的学习成绩不断提高，对大多数新课，都能当堂吸收。

1956年11月，一年的进修学习结束了，我的毕业考试成绩全部合格。在毕业典礼上，我高兴地领取了毕业证书和"品学兼优"的奖状及奖品。正当我准备告别老师和同学时，又一个让我意想不到的好运降临到我的头上。

郭校长笑着对我说:"我告诉你一件好事,学校党委决定让你留校工作,你愿意吗?""校长,我行吗? 我的水平……"我简直不敢相信这个事实。

郭校长接着说:"现在留校这件事已经经过省卫生厅同意,下了调令了,你明天就去教务处报到。学校准备让你教授《中国医学史》。另外,听说你是家传正骨,一定很有临床经验,以后可能还让你教'正骨科'的课程。"

1958 年夏秋之交,我执教已将近两年,卫生部委托北京中医学院举办一期中医教学研究班,主要是继承和发展中医,提高中医理论,培养中青年骨干,为医、教、研增加新的力量,学习内容主要是四大经典等一些中医重要文献。学校领导经过挑选,决定选派我和任继学两名年轻教师去北京深造。

1958 年 8 月 10 日,我俩踌躇满志地踏上开往北京的列车。经过 18 个小时的旅程,终于来到了盼望已久的北京中医学院(现北京中医药大学)。

8 月 12 日,学校举行了隆重的开学典礼。卫生部主要领导到会,并进行了重要讲话,这对每一位来这里学习的学员都是极大的鼓舞。这期的学习班共有 137 名同学,分成 10 个学习小组,每组都选出 1 名学习小组长。我被学校推荐为班级的学习委员。

学习班于 8 月 13 日正式开课,学习内容以中医四大经典为主,还有中医各家学说、五运六气、针灸学、正骨学等课程,以上的主干课在一个多学年的时间内全部授课完毕。之后多数是专题报告。学员写毕业论文,部分学员编写教材。

能有机会跟随全国知名的中医学专家、学者深入地学习,我感到从未有过的自豪和荣幸,惜时如金地在这座知识的宝库中寻求中医的真谛。作为学习委员,我有很多和老师们接触的机会,每当这个时候,我都会带着问题向老师求教,老师们也被我的这种求知精神所感动,经常为我释疑解惑,他们的学识对我的精神世界是一次高尚的洗礼。这一年来艰苦而充满快乐的学习,使我不管在思想境界上,还是医学知识上都有了一次跨越式的提高。正因为这个提高,才使得我有机会在北京学习期间主持并组织编写了全国高等中医院校第一版教材中的《中国医学史讲义》。这次编写教材是在宋向元老师领导并指导下进行的。我先起草编写大纲,确定编写体例,按教学时数决定编写篇幅(字数)等,最后由宋老师审定,分工进行编写工作。

编写第一版全国性教材,是一项很艰苦的工作,虽然有一些可供参考的资料，但究竟怎样把它们组合起来写成一部符合中医学院使用的讲义，实在是一件很难的事，同学们虽然在各自校内写过一些讲义和讲稿，但毕竟是在小范围内应用的。面对这些困难，我丝毫没有退缩，我觉得能有机会编写这个教材，是自己一生的幸事，是一次写作锻炼的好机会，我暗下决心，不管遇到多大的困难，一定不辜负学校的信任，高质量地完成这个任务。

我们编写讲义的同时，正赶上全国大炼钢铁运动。学校提出"上山种树、大炼钢铁、编写教材三不误"。在大炼钢铁期间，动员一部分同学完成北京市委号召的上山种树的任务。而编教材时间紧、任务重，我和编写组的同学丝毫不敢懈怠，夜以继日地工作着。看到我们实在太累，学校又给我们派来6名同学，协助查找资料和抄写初稿。为了增加讲义的深度和内涵，在编写过程中，我带领几位同学采访了医史学家陈邦贤老先生、医史文献学家耿鉴庭先生以及马堪温先生等，充实了许多宝贵资料，也从中学到了书本中不能学到的知识。经过5个月（实际是半学习半编写）的紧张忙碌，我们终于完成了讲义的初稿，由我进行统稿，然后交宋向元老师审定，后来又经全国中医教材会议审定通过，于1962年由人民卫生出版社出版发行。

挑起教学重任

1960年8月，我在北京中医学院学习两年结业。在结业典礼上，我高兴地领取了结业证书和"优秀生"奖状及奖品。

从北京回来的时候，吉林省中医进修学校已经于1958年8月更名为长春中医学院，即现在的长春中医药大学。当时正值暑假，可我一天也没有休息，第二天就去学校报到。校领导见到我非常高兴，并对我的工作早就做了安排，让我担任中国医学史教研室负责人和中医外科教研室主任，并兼管五官科教研室。那时的中医外科教研室包括疮疡外科、骨伤、皮肤和肛肠等科，是全校最大的一个中医教研室（也叫大外科教研室）。

当时的教学所面临的最大困难是急需教材，尤其需要《中国医学史讲义》和《正骨学讲义》，学校决定让我编写这两部教材，因此，那个暑假里我没有休息一天。《中国医学史讲义》好在有我在北京中医学院编写的初稿，也就比较省劲，很快就编写完交给教务处，经教务处主任审批后送公主岭市印刷厂"石印"

出版。

编写临床课《正骨学讲义》要远比编写《中国医学史讲义》麻烦得多，我查阅了大量资料，费了很大周折，才基本成形，后又经过多次修改，终于完成了《正骨学讲义》。一个暑假，编写了两部教材，其劳累和紧张程度可想而知，真可谓"三更灯火，五更鸡鸣"！完成教材的编写，只是重要任务之一，更累的是繁重的教学任务。

在长春中医学院建校之初，由于设备奇缺，人员不足，我一人承担了中国医学史、中医外科学和中医正骨学的教学工作，是三个教研室的负责人。开学第一堂课，我教的是60级的中国医学史，因为是4个班，再加上58、59年级和西医学习中医班的正骨学课程，每天多达6节课（上午4节、下午2节）。我每天总是紧张地查资料、找文献、写讲稿，甚至连吃饭、走路、上厕所时都在备课。中国医学史教学时数不多（36学时），又由于安排得比较集中，很快地就结束了。正骨学教学时数较多，后来又加上了疮疡外科。那一学期我生活的所有内容就是上课、备课，循环往复，单调枯燥乏味，却又紧张得不得了。虽然如此，我也没有向组织提出任何要求，而是以一个人民教师的职责和知难而上的精神，怀着为中医学事业奋斗终生的志向，战胜了一个又一个困难，终于按计划完成了所承担的工作任务。

1967年，根据新的教学精神，我又重编了《正骨学讲义》（大学本科用）和《中医伤科学讲义》（西医学中医用），均由长春中医学院出版。1974年我参加编写全国统编教材《外伤科学》（史称第三版教材），1975年由上海人民出版社出版发行，1980年参加编写全国统编教材《中医伤科学》（业内称第四版教材），由上海人民出版社出版发行。

第四版教材应用时间不久，卫生部于1982年10月在南京召开了全国高等中医院校教材编审会议。会议决定重新编写《中医伤科学》并要求汲取前几版教材长处，力求使新教材保持中医理论的科学性、系统性和完整性；坚持理论联系实际的原则；正确处理继承和发扬的关系等。由广州中医学院主编，我参加了编写工作。该教材史称第五版教材，于1984年定稿，1985年由上海科学技术出版社出版发行。

《中医伤科学》教材应用10余年，它不仅供本科学生用，甚至硕士研究生、博士研究生都在应用。直至1996年，在长春召开的全国高等中医院校骨伤教育研究会会议上，与会代表要求重新编写一部符合现代科学进步和社会发展需求的新的《中医骨伤科学》教材。于是由学会主持，组织全国18所中医院校骨伤科教师组成编写组，分工协作，编写新版《中医骨伤科学》，我担任主编。该教材1998年由人民卫生出版社出版发行，特点是：在《中医伤科学》（第五版）教材基本内容基础上，增加了骨病和创伤急救，充实了基础知识与临床需要，使内容更全面，突出了中医特色，吸收现代医学精华，使内容更加新颖，体现了深厚的基础理论，注重了临床实践和培养学生的实际操作能力，使之更加实用；系统完整，条理层次清晰，语言简练明了，图文并茂，利于现代教学需要。全书60多万字，插图380余幅，供五年制中医专业、针灸专业、推拿专业和骨伤科进修生使用。该教材在全国各高等中医院校应用期间反映较好。

我还主编了全国高等中医院校骨伤专业教材《中国骨伤科学·治疗学》（广西人民出版社，1987）、《中医骨伤科各家学说》（人民卫生出版社，1991年版、1998年二版），自著《刘柏龄治疗腰病手法》（卫生部医学视听教材，DVD光盘，人民卫生电子音像出版社，2005），在中医骨伤科教材建设方面做了一些应做的工作。

确立学术思想与科研创新

在漫长的岁月里，我边学习、边实践、边研究，从中也深刻地体会到，自己所从事的中医骨伤科专业大有可研究的内容。

在实践中，我初步确立了"治肾亦即治骨"的学术思想，这是以"肾主骨、生髓，髓充则能健骨"的理论为指导提出的。

《素问·宣明五气》云："肾主骨"；《灵枢·本神》云："肾藏精"；《素问·六节藏象论》云："肾者……其充在骨"；《素问·阴阳应象大论》云："肾生骨髓……在体为骨"。肾藏精，精生髓，髓养骨，所以骨的生长、发育、修复，均须依赖肾藏精气的滋养和推动。临床上肾的精气不足，可见小儿的骨软无力，行迟，囟门迟闭，以及某些骨骼发育畸形；对成人而言，肾精不足，骨髓空虚，不能养骨，易致下肢痿软而行动困难，或骨质疏松、脆弱，易于骨折等。《诸病源候论·腰痛不得俯仰候》云："肾主腰脚""劳损于肾，动伤经络，又为风冷所侵，气血搏击，故腰痛也"。《医宗必读》认为腰痛的病因"有寒、有湿、有风热、有挫闪、有瘀血、有滞气、有积痰，皆标也，肾虚其本也"。所以肾虚者，易患腰部扭闪和劳损等，而出现腰酸背痛、腰脊活动受限等症状。又如骨伤折断，必内动于肾，因肾生骨髓，故骨折后如肾精不足，则无以养骨，骨折难以愈合。临床治疗时，必须用补肾之药，以续骨、接骨。"治肾亦即治骨"。

20 世纪 60 年代，我对"肾主骨"和"治肾亦即治骨"的理论做了深入研究，认为保养肾的精气，是抵御病邪、防治骨病骨折、延缓衰老的重要措施。如女子七七、男子八八以后，肾脏衰，精少，筋骨、肌肉得不到很好的营养，因而形体皆极，骨质脆弱，易发生骨折，且折后愈合较慢。临床上女性绝经后发生骨质疏松以及男性好发骨质疏松的年龄与《素问·上古天真论》所述"男不过尽八八，女不过尽七七，而天地之精华皆竭矣"的年龄段相吻合。因此，早期调养，保精气，壮筋骨，对防治老年"骨属屈伸不利"和骨折等病患是非常重要的。

在实践中，我用熟地黄、肉苁蓉、淫羊藿、骨碎补、鹿衔草等中药的水醇法提取液，以不同的给药途径（口服及腹腔注射）进行了动物（大鼠）实验。结果表明：①复方及单味药中的熟地黄和肉苁蓉具有抑制炎性肉芽囊的增生和渗出作用。②有一定的镇痛效应。③其抑制增生的作用可能是由于刺激垂体—肾上腺皮质系统释放肾上腺糖皮质激素的结果。所以在临床上，用上述药物的合剂治疗中老年骨质疏松、妇女绝经后骨质疏松以及骨质增生（退行性骨关节病）、骨折迟延愈合和不愈合等骨的疾病，都有较好的疗效。这些都充分说明了"治肾亦即治骨"的正确性和科学性。

自从事中医药教育和临床工作以来，我始终把科学研究工作放在首位，并认识到：不进行科学研究，许多常见病、多发病、疑难病是无法取得满意疗效的，这将是一个医务工作者的失职，是一大憾事。不论我在门诊还是在病房接触的病人，大多数是中老年人罹患腰腿痛（也有部分年轻人），他们多数是体力劳动者，并且也都经过中、西药较长时间的治疗，而疗效并不显著，患者的痛苦难以解除，给生活、生产劳动和日常工作带来很大不便。虽然经过一些理化检查，多数没有异常所见，不过大多数患者经放射科摄片，可见腰椎椎体有唇样增生改变，甚至出现骨刺或骨桥。这样的骨质增生病变，有人不认为是一种病，有病变的经过造影确诊为腰椎间盘突出或腰椎管狭窄，只能手术治疗，并无有效药物可医。于是，我便有意识地对这些疾病做认真的总结、归纳、整理、实践，并查阅大量有关资料，得到了很大启发。并通过《黄帝内经》中"丈夫三八，肾气平均，筋骨劲强"；"四八，筋骨隆盛，肌肉满壮"；"五八，肾气衰，发堕齿槁"，以及"腰者，肾之府，转摇不能，肾将惫矣……骨者，髓之府，不能久立，行将振掉，骨将惫矣"的论述，认识到肾与骨、骨与髓内在的生理、病理变化，充分揭示了由骨质增生引起的腰腿痛的内在因素是由肾气虚不能生髓充骨而致的退变。我紧紧抓住这一机理，经过反复医疗实践，从多次成功的经验和失败的教训中，摸索出对本病的治疗规律，以及治疗骨质增生的新药处方"骨质增生丸"。这样使骨质增生从"不治"向"可治"方面转化，前进了一大步。

为了进一步探索骨质增生丸的作用机理，长春中医学院药理研究室用骨质增生丸复方和各单味药的水醇法提取液，进行了动物实验研究。实验结果表明：该药对中老年骨质增生（退行性骨关节病）、骨质疏松以及妇女绝经后骨质疏松、骨折迟延愈合和不愈合等骨疾病都有较好的治疗效果。临床观察1800例骨质增生病人，总有效率在90%以上。该药经吉林省科委、省卫生厅主持科研成果鉴定，专家们认为：属国内首创，具有国内领先水平。

骨质增生丸从20世纪60年代至现在，已应用了半个多世纪，共治疗骨质增生（退行性骨关节病）病人10多万例，取得较好疗效，总有效率在90%以上，填补了治疗骨质增生病的国内空白。该药应用到现在，疗效不减，信誉不减，销量不减，已纳入《国家药典》，目前国内很多药厂均在批量生产。该成果1987年获长春发明与革新一等奖，1991年获吉林省科技进步一等奖，1992年获国家中医药管理局科技进步三等奖。

20世纪80年代，在骨质增生丸处方的基础上，又研制出了治疗颈、肩、腰、腿痛的新药"壮骨伸筋胶囊"（通化金马药业公司生产）；20世纪90年代研制出治疗骨质疏松症的"健骨宝胶囊"和治疗股骨头无菌性坏死的"复肢胶丸"。这是第二代、第三代科研成果，应用于临床，疗效均较满意。

"健骨宝胶囊"1999年获吉林省科技进步三等奖；"壮骨伸筋胶囊"2000年获吉林省科技进步二等奖，2003年获中华中医药学会科学技术三等奖；"复肢胶丸"2003年获吉林省科技进步三等奖。

为了提高骨折的治愈率，20世纪80年代初，我主动献出治疗骨折的"接骨"秘方"接骨灵"，该药主要应用动物药血肉有情之品的蜥蜴，配合植物药之骨碎补等，经过提取制成片剂，后改名为"接骨续筋片"。该药的动物实验研究结果表明：家兔实验性骨折骨痂中胶原和钙含量，7天时用药组和对照组非常接近，14天和21天两组大幅度增高，用药组尤为显著，两组有显著差异。这说明，投给"接骨灵"后，对促进家兔实验性骨折愈合产生了积极影响。

接骨灵促进成骨活动，和我国传统医学治疗骨折的理论是完全吻合的。中医学特别强调以"活血化瘀为先"和"血不活，则瘀不去；瘀不去，则骨不能接"以及"瘀祛、新生、骨合"，把活血化瘀作为骨折治疗的中心环节。在生理情况下，成骨活动依靠旺盛血循保证营养供应；在病理情况下，骨折愈合对局部血循依赖程度更大。凡能加强局部血运，加速凝血吸收和血肿机化的措施，都会对骨折愈合发挥有利作用。1984年，通过省级科研成果鉴定，专家认为"接骨灵"具有国内先进水平。后长岭制药厂批量生产。

另如对治疗风湿、类风湿性关节炎的"风湿福音丸"（原名"白山蘑菇药"）的研究，该药1985年通过省级科研成果鉴定。专家认为：该药疗效确切，资料完整，数据可靠，无毒副作用，安全可靠，达到国内先进水平。后敦化制药厂批量生产。并于1987年获省科技进步三等奖。与此同时，我还在中医传统外敷药"坎离砂"的治病原理启发下，以发热剂和自拟中药配方研制成了专门治疗软组织伤痛及风湿骨病的"汉热垫"。"汉热垫"具有理疗和药物治疗的双重效果，对风湿、类风湿性关节炎，骨性关节炎以及各种软组织损伤，骨关节损伤的康复期，均有较好疗效。它优于单纯的发热剂和单纯的药物熏洗、熨熁剂。临床观察150例患者，总有效率达90%以上。治疗软组织损伤与麝香虎骨膏（对照组30例）相比差异显著（$P < 0.01$）。

"汉热垫"于1986年通过了吉林省卫生厅、省医药医疗器械工业公司主持的科研成果鉴定，省内外专家审评认为：①此项研究立题可取，设计合理，有可信的科学数据。②该药药理实验证明无毒副作用，无皮肤刺激及过敏反应，使用方便、安全、有效。③该药国内属首创，具有国内先进水平。后经长春长白实业公司投入批量生产，出口日本等多个国家。

紧接着，我还研究了专门治疗风湿骨病和神经痛的"药炷灸"，即用艾绒和自制药物混合制成柱状小艾炷，应用于患者的病变部位或穴位。临床观察发现，疗效非常好。1991年通过省级科研成果鉴定，后吉林益寿灸疗厂批量生产。

另外，我研制的"骨质增生口服液"（经国家药监局更名为"蠲痹抗生酒"）1992 年通过省级科研成果鉴定，现由长春人民制药厂生产。

以上的科研项目，均通过了省级科研成果鉴定。

我承家学而集众长，临床特别强调局部与整体并重，内治与外治兼顾，尤其注重手法的应用与研究，荟萃隋、唐以来骨伤手法之精华，结合家传手技，进行整理、研究实践，自成体系。我把正骨手法归纳为拔伸、屈转、端挤、提按、分顶、牵抖、拿捏、按摩八法，具体地提出治骨与治筋两大类。

在长期的医疗实践中，我自创"二步十法"治疗腰椎间盘突出症、点刺"暴伤点"治疗急性腰肌扭伤、"一牵三扳法"治疗腰椎小关节紊乱症、"旋转牵拉松解法"治疗肩关节周围炎、"理筋八法"治疗慢性腰肌劳损，不仅独具一格，而且疗效卓著。这些手法在我国北方独称一派，特点是：重而不滞，轻而不浮，稳而且准，使患者不感痛苦，每收捷效。尤其"二步十法"治疗腰椎间盘突出症，堪称刘氏手法的代表。

骨质疏松、骨质增生、腰椎管狭窄、腰椎间盘突出症、颈椎病、股骨头无菌性坏死、肩关节周围炎、强直性脊柱炎、滑膜炎、复杂骨折等，既是目前的常见病，也是疑难病。我研制的"骨质增生丸""健骨宝胶囊""壮骨伸筋胶囊""复肢胶丸""颈痛胶丸""骨金丹胶囊""接骨丹""接骨续筋片""风湿福音丸""舒筋片""活血丸"及熏洗药等，对上述骨关节病、风湿病等均有很好疗效，也开辟了无须手术，用中药治好骨伤科疑难病的新途径。

我以继承先贤、启迪后学为己任，半个世纪笔耕不辍，在工作之余，致力于理论著作和实践经验总结，在国内外医学刊物上发表学术论文 40 余篇，并在"肾主骨"方面形成了自己的独特理论，在国内处于领先地位；在骨伤科手法治疗和理论与临床应用方面也形成了自己的一派，并在全国范围内得到了公认与应用。不仅如此，我还以充沛的精力著书立说，先后编著（7 部）、主编（10部）、参编（6 部）出版医学著作共 23 部，这些著述中渗透了我 60 多年的医疗实践理论和 50 多年的教学经验，为现代临床提供了系统的理论和实践技术，对继承和发展中国传统医学起到了一定作用。

医术的神奇

我行医 60 余年，在大量的医疗实践中，熟练地运用中医的各种手法治疗了大量的骨伤疾病。扎实的中医理论功底，准确的辨证，恰当的用药，得到了同行和患者的称赞，下面节选几个医疗片段：

1. 骨伤重患——抢救 11 条肋骨完全骨折，同时发生肩胛骨粉碎骨折合并严重血气胸危重患者

1964 年 10 月 11 日上午，刚一上班，一台四轮车就停在了医院门前。从车上下来两个农村大汉，用担架抬着一个生命垂危的重伤患者走进医院门诊楼，后面跟着两个女人，看样子非常焦急。原来他们是从德惠县（现德惠市）过来的。

患者名叫李尚木，男，52 岁。家住吉林省德惠县达家沟公社。患者于 10 月 10 日下午 3 时许，在秋收劳动中，不慎从车上坠落地面，被载重胶轮车从左肩及胁肋部碾压过去。当时患者痛苦难忍，时而神昏、气促，伤势非常危险，随即到当地医院就诊。医院从来没接治过这么严重的病人，注射镇痛药之后，医院建议到上级医院做手术治疗。他们没有耽误 1 分钟，就找了个四轮车赶往省城长春。先后去了几家大医院，看过患者的伤情后，治疗方案基本上都是进行手术治疗。而且，医生说手术能否成功，还要看他个人的造化。听到医生的这句话，李尚木及其家人都傻眼了，花钱且不说，李尚木是全家的主要劳动力，真要救治不了，一家人的生活可咋办呢？他们前思后想，最后决定，还是不做手术，去看中医吧。于是，他们来到了我所在的长春中医学院附属医院。

医院骨伤科组成了以我为首的医疗抢救小组，开始了紧张的抢救工作。查体：患者营养中等，发育正常，面黄无华色，两目无神，嗜睡，气促烦闷，语声低微，表情痛苦，口唇干裂、色淡，舌质淡，苔黄而糙，脉弦细而数，呼吸 28 次/分，血压 110/80mmHg。血红蛋白 7.5g/dL，红细胞 2750000/mm³，白细胞 7500/mm³。颈部无伤，两上肢肤色苍黄，左侧肤温稍高，左臂因伤痛不能抬举，右臂活动自如，两下肢活动正常，脊柱无伤。少腹稍膨隆，拒按。自述：小便困难，大便未解，口苦不欲饮食，咳嗽，咳时引伤处作痛。

局部检查所见：左侧肩胛骨部按压痛明显，且有清晰之骨擦音，左胸及胁肋部有大面积皮擦伤，并渗血，损伤部压痛面积广泛。第 2～5 肋骨折端高凸畸形，有明显之骨擦音，6～11 肋压痛明显，无畸形，按之有骨擦感，左上胸血肿并有捻发音。X 线摄片：①左侧肩胛骨粉碎骨折。②左侧 1～11 肋骨完全骨折。③左侧血胸。④左侧胸壁软组织内积气。

这是一个非常危重的病例，11 条肋骨完全骨折，同时发生肩胛骨粉碎骨折，合并严重血气胸的危重患者，医院过去不仅没有治过，而且在文献上也没有此类报道。

虽然没有文献（病历）可参考，但我认为，中医学的宝库中总有相类似的治疗方法。凭着自己多年的临床经验，对该患者展开了治疗。

入院当天，我对骨折进行了手法复位，擦伤部以凡士林纱布覆盖保护创面，骨折部以硬纸板压迫稳定，外用多头布带包扎固定。然后，遵照中医学"瘀在上部者，当清上瘀血"，以防败血蕴肺凌心，而致危笃难医的原则，开出内服药处方：全瓜蒌、牡丹皮、赤芍、蒲黄、茯苓、当归尾、五灵脂、刘寄奴、桃仁、红花、柴胡、黄芩、生地、陈皮、甘草。另用血竭、三七粉（共研细面，分 2 次冲服），水煎 300mL，分 2 次早晚服。

10 月 12 日诊查：患者疼痛减轻，咳嗽、胸闷、气短仍然，睡眠不实，多梦，少腹膨隆稍减，小便时阴茎作痛，排尿不畅，尿色黄赤量小，大便未解，食纳不香，口渴不喜饮。舌质淡红，苔黄厚腻，脉弦细而数，呼吸 24 次/分。擦伤部无感染现象，左胸及腋下肿胀仍然，捻发音（＋），触按小腹部疼痛稍减。

服药已奏效，治疗按原方不变，加车前子（包煎）、竹叶、川贝母、厚朴、大黄（后下），水煎 300mL，分 2 次早晚服。

第三天诊查：患者自述伤处已不痛，咳嗽、胸闷稍减，气短仍然，睡眠不实，少腹胀满大减，小便时阴茎已不痛，尿仍赤，量略增，大便未解，饮食略增，口干不喜饮。见其口唇干裂色淡，舌质淡红，舌苔黄腻。脉仍弦细而数，呼吸 21 次/分。外伤情况良好，骨折处无不良变化，擦伤皮肤良好，左胸及腋下肿胀渐消，捻发音（＋）。

虽然病人已经渐趋好转，但气血胸症状仍未完全消退，并数日未解大便，溲赤而涩。遵照"活血化瘀，理气化痰，疏通腑气"的原则，加重前方（12 日方）药量，再进 1 剂。

第四天诊查：患者于昨天下午解大便 1 次，色黑而硬，小便仍赤，量已增多，少腹略感轻松，胸闷气短减轻，咳嗽大减。睡眠仍不实，饮食增加，口干微渴。有时全身不适，轰热，夜眠盗汗，头晕，耳鸣。伤处已不痛。查：舌质淡红，苔薄微黄，脉细数无力，呼吸 20 次/分，血红蛋白 8.0g/dL，红细胞 3740000/mm^3，白细胞 8400/mm^3；局部所见良好，左胸及腋下微肿，捻发音（＋）。

经过 3 天的治疗，病情基本稳定。虽然患者素体健壮，但因伤势过重，气血津液损耗太大。此时当"攻补兼施，不致攻邪而伤正，或补正而留邪"。方用：人参、黄芪、当归、川芎、赤白芍、生地黄、牡丹皮、石菖蒲、远志、茯神、苏木、枳壳、瓜蒌、桃仁、竹叶、大黄（后下）、接骨丹，分两次冲服。水煎300 毫升分两次早晚服。该方服至 11 月 5 日。

经过 3 周多的治疗调养，11 月 6 日诊查：患者精神状态良好，食欲增加，二便调和，呼吸均匀，睡眠安稳，全身无不适感，左胸及腋下肿胀消失，捻发音阴性，局部大面积擦伤已痊愈，骨折处无压痛，左上肢已能抬举和外展，自动或被动活动无疼痛和障碍。实验室检查：血红蛋白 11.5g/dL，红细胞 4100000/mm^3，白细胞 8600/mm^3（11 月 2 日检验）。

患者病情恢复良好，本着"动静结合"的治疗原则，我们协助患者于当日开始坐起，练功活动及深呼吸（15~30 分钟）每日有规律地进行两次。患者除稍感气短外，无其他不良反应。继续按上方治疗（其间稍做加减）至 11 月 23 日，经 X 线摄片检查，骨折已临床愈合良好，血气胸现象已消失。之后，仍遵前法调治，12 月 1 日始，患者能主动做些轻微劳动，如打水、擦地板等，亦无不适感。

经全科医护人员 57 天的全力抢救治疗，12 月 8 日，李尚木痊愈出院。临行前，李尚木特意给医院党委写了一封感谢信，这位做了 20 多年农活的农民老大爷激动地说："都说只有西医才能救急，没想到中医也这么神奇，竟然这么快就把我抢救过来了。都说'伤筋动骨 100 天'，没想到我 50 多天就恢复了正常，身上没动一处刀。我感谢党培养了像刘柏龄这样医术高超的大夫，是刘柏龄给了我第二次生命。"

2. 一针见效——点刺"暴伤点"治疗急性腰肌扭伤

2001 年 3 月 12 日，一个 30 来岁的女患者被一男子背到我的门诊，患者疼痛难忍，面部表情十分痛苦。原来，她在 4 个小时前在工作单位劳动时不慎闪腰，致疼痛，不能活动。

诊查：腰部活动受限，下腰 4~5 及腰 5 骶 1 间压痛（＋），腰肌紧张，直腿抬高试验阴性。上唇系带显露"暴伤点"。

X 线摄片检查：脊柱腰段变直，各椎体未见明显异常。

临床诊断：急性腰肌扭伤。

我决定用点刺"暴伤点"宣通经络，针刺通经，舒筋，解痉祛痛。首先，进行点刺"暴伤点"。针具进行常规消毒后,用左手拇、食指提起上唇即可显露"暴伤点"("暴伤点"是指位于上唇系带中点,"龈交穴"附近的米粒状的白色颗粒),用右手持三棱针将"暴伤点"刺破,同时点刺"龈交穴"至少量出血。然后针刺"人中穴"。让患者仰靠椅上,于人中沟的上、中1/3交界处取穴,局部常规消毒后,用毫针向上斜刺0.5寸,重刺激、捻转,留针20分钟,每5分钟捻转1次,在留针过程中,令患者站起深呼吸并活动腰部。10分钟后,患者腰痛症状消失,并站了起来,像个正常人一样。神奇的疗效让患者连连感激。这一针下去不要紧,在场的人顿时看得惊呆了,他们各个唏嘘不已:"简直就是神针一样!一针见效,真不愧为老专家、老中医,这个专家号不白挂呀!"

急性腰肌扭伤俗称"闪腰岔气",是腰痛中最常见的疾病,多见于从事体力劳动者,或平素缺乏锻炼的人。其发病急,症状重,往往影响人们的正常生活和工作。所以对急性腰肌扭伤的诊断、治疗、预防,是腰痛防治的重点。早期治疗效果好,否则会遗有长期腰痛,造成治疗困难的不良后果。

这个一针见效的"神针"就是我经过多年的临床实践独创的刘氏"一针法",即点刺"暴伤点"(配刺人中穴)治疗。这个针法效果非常理想可靠,立竿见影。大凡急性腰肌扭伤患者,几乎都会在上唇系带上出现"暴伤点",该点位于督脉循行路线的尾端。《难经·二十八难》记载:督脉为阳脉,起于前后二阴之间的会阴穴,上行合并脊柱之中,继而上行至风府穴入属于脑,又经过头顶的百会穴,由鼻柱之中间至上齿龈之"龈交穴"而出。"暴伤点"的出现,可能是由于腰肌扭伤后,行于腰部正中的督脉经气受到损伤。督脉总督一身之阳经,为阳脉之海,阳经受损,均可反映于督脉。经络受损,经气不利,影响气血的运行,循督脉上行传至唇系带(龈交穴)遂现"经结",即"暴伤点"。

点刺"暴伤点"有活血祛瘀、行气止痛之效,符合《内经》"菀陈则除之"的治疗原则。另外,《灵枢·终始》中有"病在上者,高取之"的观点,《玉龙歌》曰:"脊背强痛泻人中,挫闪腰痛亦可针",故配合针刺"人中穴"亦可增强疗效,而"人中穴"亦督脉之络也。如此,可以激发督脉之经气,并借以调节诸阳之气,使气血流畅,从而改善损伤局部的气血瘀滞状态,达到"通则不痛"的疗伤止痛目的。

3. 手法治脊——"二步十法"治疗腰椎间盘突出症

两个月前,42岁的工人王杰在搬家具时扭伤了腰,当时腰痛并不重,但次日清晨突然腰痛剧烈，不敢活动，右腿放射痛。经某医院给服沈阳红药、手法按摩后，症状稍缓解，但仍持续疼痛，近半个月症状加重。

2000年8月11日，王杰来到长春中医学院附属医院我的诊室。诊查：患者脊柱略有侧弯，活动受限，腰4、5椎棘旁（右）压痛明显，并向臀部及右腿后外侧放射，腰背肌紧张，直腿抬高试验：左80°，右40°，右小腿外侧有麻木区，肌张力减弱，沿坐骨神经干有明显压痛，走路轻跛。CT扫描提示腰4～5间盘突出，两侧隐窝狭窄。

临床诊断：腰椎间盘突出症。

辨证：腰伤后致督脉及足太阳膀胱经，两经经气受阻，气滞血瘀，经络运行不畅，不通则痛，致腰痛似折，不可俯仰。

治法：宜按摩手法治疗，按其经络以通郁闭之气，摩其壅聚以散瘀结之痛。

我运用"刘氏二步十法"给王杰按摩30分钟，患者自觉腰腿痛减轻，活动幅度增大，直腿抬高试验左80°，右60°。术后让患者卧床休息30分钟，并嘱每天有规律地做腰背肌锻炼，避免在腿伸直的姿势下搬取重物，以防扭伤腰部，引起病情加重或复发，汗后避风冷，预防感冒。

8月13日，王杰前来复诊，症状明显好转，进行第二次手法治疗，治疗后反应良好。共经1个疗程（10次）手法治疗后，腰腿痛基本消失，脊柱侧弯纠正，直腿抬高双侧均达90°。10天后恢复正常工作。

"刘氏二步十法"：即第一步运用按、压、揉、推、搓5个轻手法，第二步用摇、抖、扳、盘、运5个重手法，按序施术。是在营卫气血、经络学说以及大量临床实践研究的基础上，专门治疗腰椎间盘突出的手法。腰椎间盘突出属于腰背部督脉和足太阳膀胱经两经气血运行失调所致。然本病又多有外伤史，巢氏《诸病源候论》说："伤损于腰而致痛也，此由损血搏于背脊所为。"故出现"背脊强直，腰痛似折，下延胭腨"等症状，非常近似腰椎间盘突出症。基于上述理论基础，而运用手法治疗，使经络气血得以宣通，则骨正筋柔，其痛自止。正如《医宗金鉴》所说："按其经络，以通郁闭之气，摩其壅聚，以散瘀结之肿。"其患可愈。

4. 中药治颈——椎动脉型颈椎病

1999年2月，我为一个名叫李丹的44岁女绘图员治愈了长达10年的颈椎病。病历摘要如下：

近几年，女绘图员李丹经常感到颈肩痛、头晕、头胀、胸闷、恶心、呕吐。

有时右肩酸痛、手麻。要强的李丹开始没拿它当回事，这样一拖再拖，上班时一忙活还好一些，一旦闲下来，症状就明显了，最近三个月反应特别强烈。她曾在某医院看过，确诊为颈椎病。遵照医嘱服过颈复康、颈痛灵等多个疗程的药，但无明显效果。病痛已经折磨得她无法正常工作，每天心情都很坏，吃不好，睡不好，身体渐瘦。在丈夫的催促下，于1999年2月4日来我处诊治。

诊查发现：患者颈活动不受限，颈胸段轻度压痛，压头试验（＋）。X线片显示：颈椎变直，项韧带钙化。斜位片示：颈4~5，颈5~6钩椎关节增生，相应椎间孔变窄。脉弦滑，舌红，苔薄白根稍腻。临床诊断为椎动脉型颈椎病。

椎动脉型颈椎病临床症状较复杂，易与内科、神经科、五官科等多种疾病相混淆，其误诊率在颈椎病各型中占首位。

我认为本病以"眩晕"为主要症状，又因常合并颈肩臂痛，而有"痹证"的特点。因此，本病的眩晕与其他各科之眩晕的病理机制有着很大的区别。故经辨证我认为，该病系痰凝血瘀，经络受阻，髓海失充，肝风内动，风火上扰所致。所以应以"通脉化痰，平肝息风，清眩舒颈"为治疗原则。遂投自拟方"清眩舒颈汤"（天麻、钩藤、石决明、姜半夏、白茯苓、葛根、陈皮、旋覆花、竹茹、天竺黄、丹参、泽兰、僵蚕、全蝎、白芍、甘草），每日1剂，嘱服1周。

2月10日，患者前来复诊，自觉头晕减轻，已不恶心，唯头胀、胸闷仍然。治按前方减旋覆花、竹茹，加菊花、蔓荆子、紫苏梗，再服1周。

2月18日，李丹又来复诊，胸闷减，头胀轻。唯颈僵、肩酸胀时作。嘱按2月10日方连服两周，诸症悉退。后服"颈痛胶囊"两周，以巩固疗效。

我认为椎动脉型颈椎病为本虚标实之证，本虚乃脏腑功能衰弱，标实为经脉阻滞，影响气血津液的正常代谢；则产生痰浊、血瘀等病理产物，阻滞于经脉则影响精血上荣于脑，在脏腑功能衰退、精血虚亏的基础上，进一步加重了脑部失养（供血不足）状态，从而产生"眩晕"等症状，这是本病的基本病理机制所在。

弘扬中医学

在医、教、研第一线勤奋工作的同时，我还主动出去讲学，进行学术交流，并带教外国研究生，弘扬和发展中国中医骨伤事业，让世界真正认识中国中医骨伤科学的神奇魅力。

　　1992年9月我应香港中医学会的邀请进行讲学、会诊，时间长达3个月。在此期间，香港中医学会组织当地中医工作者举办了多次学术讲座和大型会诊，对常见病如颈、腰椎病，肩、肘病等，进行了理论上的阐述，并进行了手法、针刺治疗的演示。同时还接治了一些典型病例，如点刺"暴伤点"治疗急性腰肌扭伤、"一牵三扳法"治疗腰椎小关节紊乱症，都是立见功效。多数患者都是被人抬着或背着进来，经过治疗走着出去的。另如肩周炎、网球肘经过针刺加手法治疗，收效甚速，使中医学者见到了中医正骨的神奇。

　　此次香港讲学，让我在中医正骨界声名鹊起。近到东南亚，远到美国，一些致力于中医正骨的专家、学者，都想方设法与我沟通，切磋医技，甚至想拜我为师。也就是在这期间，我本着将中国中医正骨推向世界的想法，先后在美国、新加坡、马来西亚等国家收了研究生，将自己所专毫无保留地传给了这些海外华人，让中医正骨这朵艳丽的奇葩在世界医学领域绽放。

　　1995年，我将美籍华裔林秋收入门下，这是我在海外收的第一个硕士研究生。林秋是福建省著名骨伤界大师林如高的长孙，是林氏正骨的传人。他毕业于福建中医学院，后来留学美国，入美国籍并在美国开了一家中医正骨诊所，在当地较有名气。为提高业务，集百家之长，他报考了我的硕士研究生。

　　1996年11月，我又赴新加坡讲学。此间，为一个当地很有名气的企业家治好了长达半年之久卧床不起的腰椎间盘突出症，让当地各界认识到中医正骨的神奇。这位企业家60多岁，自从患了腰椎间盘突出症，腰痛，两下肢麻木、胀痛，活动困难，他找了新加坡、美国、法国、德国等很多有名气的这方面的医学专家诊治，吃了很多药，可是效果都不好。就在企业家和他儿子已经绝望的时候，听说来了一位中国中医正骨大师，便前来求治。我在研究生王邦旺医师陪同下来到患者家中，见到这位企业家。先给病人进行了全面检查，并微笑着对他说："不要有什么顾虑，我们努力想办法给你治疗，估计3周左右能见效。"经过针灸、按摩、内服中药，一周左右，他的腰痛明显减轻，腿胀痛也轻了，但还有些麻木。再一周，能活动开了，到第三周的时候，这个在床上躺了半年的企业家，真的能离开床下地了。他简直不敢相信这个事实，激动地握着我的手说："太神奇了！中国中医太神奇了！"

　　一周后，回国临行时，我特地来到这个特殊患者的家中，嘱咐他要多锻炼，并让他继服"壮骨伸筋胶囊"以巩固疗效。1998年，我再一次来到新加坡讲学、带研究生，这个企业家的病已痊愈，并且再没有复发，开始了正常的工作，生意非常红火。当得知给了他健康身体、给他后半生带来无穷快乐的中国老中医又来到新加坡后，他亲自开车前来问候和答谢。

一次次走出国门，一次次的讲学和会诊，使我在世界中医骨伤界占有了一席之地。相继，各地找我的人越来越多，我从不推辞，认真做准备，每到一地，都根据当地实际情况，做不同的讲学、报告、会诊，力求实效，让人看了就有收获，听了就有启发。我虽已是古稀年龄，只要能抽出时间，能走出去，就尽量走出去，利用自己在中国中医骨伤界的影响，宣传中医骨伤事业，推广和弘扬中国中医骨伤技术。

1998 年 8 月，我再一次来到大洋彼岸的美国讲学、考察和带研究生。

2003 年 1 月，再一次赴新加坡讲学、考察和带研究生。

2004 年 8 月，我赴欧洲，先后到法国、德国、荷兰、比利时及卢森堡等国家考察、讲学。

2004 年 10 月，应日本国邀请，赴日本新泻县讲学，发表论文《运用中医肾主骨的理论治疗骨关节病研究报告》。出席日本 21 世纪机能性食品开发国际会议，并在大会上做报告。

2005 年 4 月，应邀赴马来西亚柔佛州中医骨伤科学会讲学并带研究生。会上发表论文《中国骨伤手法治疗的渊源发展及应用》（附"二步十法"治疗腰椎间盘突出症和"一针一牵三扳法"治疗急性腰肌扭伤）。同时出席马来西亚大马中医师公会的讲座。

2005 年，出席中日 21 世纪人类健康论坛大会，报告的题目是《点刺"暴伤点"治疗急性腰肌扭伤》。

每到一处，我都大力弘扬具有悠久历史的中国传统医学对人类繁衍昌盛的保健贡献，以及对世界医学发展的促进作用。通过具体的实践，深得国外学者的信赖和支持。我和他们成为朋友，并真诚地交流学术经验，以不断充实自己的学识。

在美国期间，我被美国国际中医药学院聘为荣誉博士、美国国际华佗中医学院聘为教授兼副院长、美国健康组织协会聘为常务理事，并任美国世界骨伤专家协会副主席等。

（刘茜协助整理）

靳士英

靳士英（1927—　），南方医科大学中西医结合医院教授、主任医师。长春大学医学院、广州中医学院毕业。1948年参军，历任主任、院长、副校长等职。曾任中华中医药学会常任理事，为终身理事；曾任解放军医学科学委员会委员、名誉委员、中医中西医结合专业组长，中医学会副会长；曾任广东省医史学会及中西医结合学会副主委；为《解放军医学杂志》《中华医史杂志》《现代医院杂志》编委；广州中医学院客座教授。一生热衷振兴中医事业，潜心研究中医，发表论文近200篇；出版著作30余部，如《新编中医学概要》《针灸穴位挂图》（全国科学大会奖）、《舌脉诊法的基础研究》（军队科技进步奖），所著《实用针灸穴位手册》《实用耳针手册》《实用头针穴线手册》有中、英、德、法等文本，全球发行。科研方面，获国家科技大会奖2项；获军队科技进步二等奖2项，三等奖8项；获原广州军区先进科技工作者称号、科技人才奖；享受国务院政府特殊津贴；获中华中医药学会成就奖、中国中西医结合学会贡献奖、广东省中西医结合学会贡献奖。

在他80岁时，邓铁涛教授与他共建"振兴中医百岁工程"，要求他老而有为，迄今五年，师徒经常交流心得。这期间，他编著完成了《岭南医药启示录》《南方草木状释析》《异物志释析》《图说针灸经络穴位》等著作。他曾深有感慨地说：自己虽已86岁，还有已97岁高龄的老师教导、督促、鼓励、关怀，实为人生一大幸福。

我是一名老医生（教授、主任医师），今年87岁，师从邓铁涛老师已有54年之久。至今，邓师仍诲我不倦，我80岁时，邓师提出要我与他共建"百岁工程"；我86岁时，邓师又提出要共建"超百工程"。他虽已97岁，但身体硬朗，头脑清晰，精神抖擞，仍能做报告，著书立说。共建"超百工程"，邓师意在"生命不止，战斗不息，我们虽然年事已高，仍应为振兴中医事业做一些有益的工作"。

1959 年，我入广州中医学院高研班（西中班）学习，毕业后，邓师告诉我，你学中医要想登堂入室，必须做好两条：一是，不能脱离临床，中医之所以能传存至今，就是因为它确有疗效，你在临床中可以深刻地体验中医理论的内涵；病人是你的老师，可以提高辨病论治、辨证论治的水平。二是，必须研究医学史，从中了解中医的源流、发展规律、历代成就、各家学说、经验教训，进而掌握中医学的特色和继承发扬的方向。这些内涵后来形成了他所倡导的"临床史观"。

我本是一名西医，20 世纪 40 年代毕业后从军，至今仍是一名职业军医。参加西医学习中医班时，我已是主治医生，其后在 157 医院工作了 17 年，而后调至广州医学高等专科学校工作，同时，还坚持参加教学医院专家门诊看病 31 年，又在南方医科大学中西医结合医院名医工作室看门诊 7 年至今。可以说，我一直未脱离临床，希望高龄还能为患者服务。另一方面，我特别热衷研究中医学史，内容涉及诊断史、疾病史、中日医学交流史等多个方面，先后发表论文百余篇，是《中华医史杂志》的编委。深感我在长期的临床实践与医学史研究的若干成就，主要是贯彻了邓师所倡导的"临床史观"，就是说我是这一学说的受惠者。临床方面的心得，在此不再赘言，只提供一篇 20 世纪 80 年代末写作的医史论文，现又做了一些修订增补，以飨读者。论文的题目是《中医学古代的观察实验研究方法》。1989 年，我向邓师汇报后，他非常欣赏，高兴地说："谁说中医古代没有观察实验，你看文章中提到的事例，在当时世界医学领域中，许多是处于领先地位的，这些材料足以说明中医不仅辨病论治、辨证论治高明，观察实验同样有所作为，这些内容足以提高中医的自信心，只要对中医学宝库努力发掘，加以提高，到处都是宝。"其时，主持广州中医学院社会科学部的邓平修教授与常青教授正在编写《医学方法概论》。邓平修教授邀我到他家，一定要我把这篇论文纳入他的书中，因为它缺少这样一些内容。盛情难却，我将这篇论文作为一节写入他的书中，该书于 1990 年出版。

中医学古代的观察实验研究方法

中医学属于我国的医学科学。我国医家在与疾病做斗争的实践中通过精细的观察，结合古朴的辩证逻辑思维，创立了完整的医学理论体系，特别是在运动变化中如何观察整体、系统的变化规律方面，在根据机体对疾病病因反应的功能状态进行辨证论治方面做出了独创性工作，积累了丰富的经验。与此同时，自《黄帝内经》以来，也开始了若干带有精密性质的观察实验，使我们的认识能逐步具体入微，从而揭示一些未知事物的本质。尽管这些工作开始是粗糙的，发展是迟缓的，主要是直觉的和比较零散的，虽然不能与近现代自然科学以观察实验为基础同严密逻辑体系相结合的全面系统的科学理论相媲美，但是不能不看到它在中医学理论框架构筑和发展中的重大作用。

一、解剖学方法

解剖是医学研究中最古老而又最基本的方法。

（一）大体解剖

远在《黄帝内经》时代，我们的前人就进行了尸体解剖。《灵枢·经水》说："若夫八尺之士，皮肉在此，外可度量切循而得之，其死可解剖而视之。其藏之坚脆，府之大小，谷之多少，脉之长短……皆有大数。"《灵枢·肠胃》还记载了从口腔至肛门消化道器官的长短、大小、容积、重量，其描述大体是正确的。特别值得指出的是，《灵枢》所载食道与肠管长度的比例为 1:35，与解剖学教科书实测相一致，与德国 Spalterhorz 所著解剖学中所载的比例 1:37 十分接近，不能不说这是祖国医家当时精确测量的结果。《难经·四十二难》也有类似的记载。

我国的人体解剖，《黄帝内经》之后未能有长足的发展，王莽时代（公元16年）曾对翟义党徒王孙庆的尸体做过解剖；吴简曾在宋庆历年间（1041~1048年）解剖过广西区希范等 56 人的尸体，并绘有《区希范五脏图》，对心、肝、肾、大网膜的描述较详，此图后来东传至日本，西传至波斯，影响颇广；杨介在宋崇宁年间（1102~1106年）对泗州的处死犯人做过尸解，并绘有《存真图》。实际上，五代道人烟萝子曾绘有烟萝图，今存《道藏·修真十书》中，虽属道家灵图，但内脏结构基本正确，只是肝脾易位。杨介绘《存真图》曾以之为校本。

至于个别器官的解剖有的也较细致。如对眼球的解剖，《灵枢·大惑》说：

"精之窠为眼，骨之精为瞳子，筋之精为黑眼……其窠气之精为白眼，肌肉之精为约束，裹撷筋骨血气之精而与脉并为系，上属于脑。"这里"目系"与现代医学所说的包括视神经、视神经束在内的视路以及眶内肌肉的圆锥相一致，并已认识到眼睛上连脑髓。唐代《外台秘要》（公元 752 年）所引《天竺经论眼》，谢道人对眼球的结构有进一步的认识，指出："夫人眼白睛重数有三，设小小犯触，无过伤损，但黑睛水膜止有一重，不可轻触，致败俄顷。"认识到眼球有三重结构，而角膜只有一层。另外还指出："其眼，根寻无他物，直是水耳。轻膜裹水，皎洁明净，状如宝珠，称白眼珠，实无别珠也。"说明眼内容是一透明的液体。在《眼疾·脑流青盲眼》中还记载了针拨内障术。可见唐代对晶体、虹膜、前房、角膜之间的解剖关系已较清楚。宋以后托名孙思邈所著的《银海精微》对虹膜与瞳孔关系描述比较确切，如说："瞳仁之大小，随黄仁之展缩，黄仁展则瞳仁小，黄仁缩则瞳仁大。"明代《证治准绳》（1607 年）对眼球的解剖描述更为详细，载有华元化云："目形类丸，瞳神居中而前。""内有大络六……中络八……外有旁支细络，莫知其数，皆悬贯于脑。""神膏者，目内包涵膏液，如破则黑稠者是也。""神水者……在目内虽不可见，然使触物破损，则见黑膏之外有似稠痰者是也。"还说：眼球"自圆而长，外有坚壳数重，中有清脆内包黑稠神膏一函"；"膏中一点黑莹……此一点烛照鉴视，空洞无实者，是曰水轮……瞳神非血、非气……非膏……午前则小，午后则大"。王肯堂强调眼球为长圆形，瞳孔是一无实体的结构，称葡萄膜为神膏，玻璃体为神水，外眼肌为大络六条，称视神经血管等为中络八条。

（二）骨度分寸法

《灵枢·骨度》记载了我国创造的体表测量的方法——骨度法。用这种方法描述经脉的走行，经穴的位置。他以 7 尺 5 寸之人（中数）为例，实测出头围、胸围、腰围、头颈、胸背、四肢各个部位的长度（中数）而做出骨度分寸。这些寸数经过《针灸甲乙经》《备急千金要方》《铜人经》《十四经发挥》《针灸大成》的整理，迄今仍为全世界针灸家所应用。它的精髓在于人身高矮不同，某一局部的同身寸不变，而其绝对值则有所不同，因此它可以适用于人身各个部位。

（三）对胰脏的论述

李时珍《本草纲目·兽·豕》条，曾论述到人、物之胰（亦作胰），谓："一名肾脂，生两肾中间，似脂非脂，似肉非肉，乃人物之命门，三焦发原处也，肥则多，瘦则少，盖颐养赖之，故谓之胰。"《难经》云脾有散膏半斤，学者多认为指的就是胰。《本草纲目·兽·犬》条又云："脂并胰，主治手足皲皱。入面脂，去鼾黯，柔五金。"

（四）直观的脏腑病理学

《灵枢·本脏》提出五脏六腑的大小、高下、坚脆、正偏均可致病。如"肝大，则逼胃迫咽，迫咽则苦膈中，且胁下痛；肝高则上支贲，切胁悗为息贲；肝下则逼胃"；"脾大则苦凑眇而痛，不能疾行，脾高则眇引季胁而痛，脾下则下加于大肠"；"肾大则善病腰痛……肾高则苦背膂痛……肾下则腰尻痛"。这些资料似是我国最早大体、直观之脏腑病理学。

二、化学的方法

我国的炼丹家和医药学家，曾进行过诸多的化学实验，制造出许多化学药物，在历史上曾位居世界前列。《周礼·医师章》载："凡疗疡，以五毒攻之。"五毒指石胆、丹砂、雄黄、矾石、磁石，通过升华炼成细粉，用以治疗疮疡肿毒，说明我国早在西周就已经用化学方法制药了。

（一）化学实验技术的创造

古代医药学家与炼丹家创造了许多化学实验技术，如合（指化合），死（指分解），还（指可逆反应），飞、升（指升华），抽（指蒸馏），伏（指反应完成），点（加入少量药物，使多量物质转化），转（指变化次数），养（微热，长时间，促进缓缓发生化学变化），煅（较高温度的煅烧），炙（局部加温），沐浴，研、捣（捣碎），固济（将反应器密闭），淋，浇，造，作，熔，干，煎熬，澄清等。还制造了一些反应器、蒸馏器。分离提纯的技术，主要为蒸馏法、升华法，也有溶解度法。如7世纪初的《黄帝九鼎神丹经诀》载有用朴硝、硝石制造硫酸钾的方法："取朴硝、硝石，无捣筛，粗筛，以汤淋朴硝取汁，澄清者取煮之，多少恒令减半，出置净小盆中，以冷水渍盆中经宿即成。状如白英，大小皆有棱角起。"朴硝是硫酸钠，硝石是硫酸钾，先粉碎，加温水溶解，取上澄液浓缩，再用小盆冷却静置一夜，即有结晶析出。可能析出四种盐类（硫酸钠、硝酸钾、硝酸钠、硫酸钾），硫酸钾溶解度最小，首先析出结晶。

（二）化学物质的识别

在单质方面，对金的化学稳定性有正确的了解，火烧亦不氧化，"虽被火亦未熟"。李时珍还记载了用试金石检验真金的方法。银则有银和汞生成汞齐的描述，陶弘景指出银屑可"以水银研令消"。《唐本草》载有银膏（三元汞齐）的制法，"其法用白锡和银箔及水银合成之，凝硬如银（开始软，后凝结坚实）"，这种三元汞齐是用来"补牙齿缺落"的。此牙齿填充材料的制成，早于欧洲（1819 年）一千余年。对铜则已能区分为赤铜、白铜、青铜，李时珍指出："以炉甘石炼为黄铜，其色如金；砒石炼为白铜；杂锡炼为响铜。"铁，《图经本草》（1061 年）已有生熟之分，用二者杂炼成钢。汞，则认识得更为深刻，如丹砂、升汞、甘汞、汞，与金、银、铜、锡生成的汞齐等。至于各种化合物，了解的有百余种。值得提出的是古代已有药品检验法。如：硝石，《名医别录》载有"烧之紫青烟起，云是真消石也"，是靠硝石中所含钾的火焰鉴定的。《图经本草》载有对绿矾的鉴定法，"取置铁板上，聚炭烧之，矾沸流出，色出如金汁者，是真也，沸定时汁尽，则色如黄丹"。绿矾石为硫酸亚铁（$FeSO_4 \cdot 7H_2O$），加热至 64℃时开始熔融，至 300℃则失水分解，剩余物的外观呈棕红色有似黄丹即三氧化二铁（Fe_2O_3）。

（三）化学药物的提炼

古人进行了化合、分解、置换、复分解等多种化学反应实验，制造了多种化学药物，以汞、砷、铅为例说明。

古人对汞与硫化合形成硫化汞认识最早，魏伯阳（100—170）在《周易参同契》中说："偃月法鼎炉，白虎为熬枢，汞白为流珠，青龙与之俱，举东以合西。"这里白虎为汞，青龙为硫，两物结合就成了丹砂（$Hg + S \rightarrow HgS$）。

晋代葛洪（261—341）注意到了汞和硫与硫化汞的可逆反应，他说："丹砂烧之成水银，积变又还成丹砂"（$Hg + S \rightleftharpoons HgS$），这是硫化汞隔绝空气加热分解时可以变为汞与硫；如果在空气中加热就会"丹砂化汞"（$HgS + O_2 \rightarrow Hg + SO_2$）了。

陶弘景（452—536）讲到汞粉的制法，他说："水银烧时飞着釜上灰，名汞粉，俗呼为水银灰。"（$2Hg + O_2 = 2HgO$）

孙思邈（581—682）在《千金翼方》中载有飞水银霜方，用汞、朴硝、大醋、黄矾、锡、玄精、盐升华而得。锡与汞形成汞齐。参与反应的为汞、食盐、黄矾，低量得无腐蚀性的氯化亚汞，高量得有腐蚀性的氯化汞。

李时珍《本草纲目》（1596 年）所载升炼轻粉法为"用水银一两，白矾二两，食盐一两，同研不见星，铺于铁器内，以小乌盆覆之，筛炉灰，盐水和，封固盆口，以炭打二炷香，取开则粉升于盆上矣，其白如雪，轻盈可爱"。三者比例为 $1:2:1$，其化学反应式为：

$$6Hg + 2K_2SO_4 \cdot Al_2\ (SO_4)_3 \cdot 6H_2O \rightarrow 2K_2SO_4 + 2Al_2O_3 + 3Hg_2SO_4 + 3SO_2 + 12H_2O$$

$$Hg_2SO_4 + 2NaCl \rightarrow Na_2SO_4 + Hg_2Cl_2$$

李氏法较孙氏法前进一步，与现代药典所载方法基本相同。

砷可能为我国首先发现，用三氧化二砷治病也是我国最早。周代用五毒飞炼出来的药物可能就是三氧化二砷，用于治疗疮疡。但是有完整的科学记录的要算孙思邈的《千金要方》，载有太一神清丹，此药"主客忤，霍乱腹痛胀满，尸疰，恶风，癫狂鬼语，蛊毒妖魅，温疟，但是一切恶毒无所不治"，实际上主要用于治疗疟疾。方中有丹砂、曾青、雄黄、雌黄、磁石、金牙，经升华而得。其中雄黄、雌黄为硫化砷；曾青为碱性碳酸铜，烧炼后变化成为氧化铜，与磁石即氧化铁共为催化剂与氧化剂，其反应式：

$$As_2S_3 + 3O_2 \rightarrow As_2O_3 + 3SO$$

炼出来的是氧化砷即砒霜，是剧毒药。孙氏先制成枣泥微型丸，如黍粒大。用法是："空腹服一丸……不差者更服一丸半，仍不差者后日增半丸，渐服无有不差。""其因疟，两胁有癖块者，可服一丸，日日加之，以知为度。"他还提出："凡人禀性不同，不可一概与之，但作黍米大服之为始，渐加，以知为度，药力验壮，勿并多服。"公元 4 世纪的葛洪已经用含有砒霜的蜜丸治疟，孙思邈则用化学的方法制成纯的砒霜来治疗疟疾，而且用逐渐增量法防止中毒，这在当时可能是最为先进的。阿拉伯医生圣阿维森纳（Avicenne，980—1037）曾记载过氧化砷，并指出有毒，后传入欧洲。英人孚勒（Thomas Fowler，1736—

1801）于 1786 年发表用砒霜代金鸡纳皮治疟，也是以逐渐增量法防止中毒取得良好效果的。此事晚于孙思邈已 1000 多年。

古人对铅、胡粉、黄丹、密陀僧、铅霜的关系与制法也很清楚。《本草经》载"铅丹炼化还成九光"，指铅丹（Pb_3O_4）经碳还原可以变为铅。《周易参同契》说："胡粉投火中，色坏还为铅。"胡粉为碱式碳酸铅，加热至 200℃ 分解，颜色发生变化，与碳反应转化为铅。其反应式：

$$Pb(OH)_2 \cdot 2PbCO_3 + \frac{1}{2}O_2 \rightarrow Pb_3O_4 + 2CO_2 + H_2O$$

$$Pb_3O_4 + 2C \rightarrow 3Pb + 2CO_2$$

葛洪说："铅性白也，而赤之以为丹。"张果老（712—755）说："铅可作黄丹、胡粉、密陀僧。"铅与氧的化合，可生成黄丹式密陀僧。

$$2Pb + O_2 \rightarrow 2PbO$$

李时珍记载了铅粉与铅霜的制法。"每铅百斤，熔化，削成薄片，卷作筒，安木甑内。甑下甑中各安醋一瓶，外以盐泥固济，纸封甑缝。风炉安火四两，养一七，便扫入水缸内，依就封养，次次如此，铅尽为度。"实际上是用醋酸蒸气和空气，使铅先变成铅霜即醋酸铅，然后再与炭炉的二氧化碳反应生成铅粉即碱式碳酸铅。李时珍还说："故金公变化最多，一变而成胡粉，再变而成黄丹，三变而称密陀僧，四变而为白霜。"指出了一系列的铅化合物。

在炼丹与制药的实践中，中医家与炼丹家认识到化学反应中化学物质的品质与分量比例的重要意义。魏伯阳说："若药物非种，名类不同，分剂参差，失其纪纲，虽黄帝临炉……亦犹和胶补釜……愈见乖张。"唐代张果老在《玉洞大神丹砂真要诀》中提出的制丹砂的汞、硫比例是"汞一斤，硫黄三两"即 16：3，与按反应式计算的 100∶16 相近，配方中硫的比例大一些，以利于充分利用较贵的汞。

（四）有机物的提取

中医所用的方法有水提、酒提、醋提、蒸馏以及压榨等法。

《本草纲目》载："取蓖麻油法：用蓖麻仁五升捣烂，以水一斗煮之，有沫撇起，待沫尽乃止。去水，以沫煎至点灯不炸，滴水不散为度。"蓖麻子含油 30%～50%，含蓖麻碱约 0.2%，含蓖麻毒素 2.8%～3%，蓖麻毒素为一种毒蛋白，主存于榨油后的蓖麻仁残渣中。李时珍所用蓖麻油提取法为压榨加热水法，通过热水煮沸可把有剧毒的蓖麻碱和蓖麻毒素无毒化，这样内服蓖麻子油治疗"水气胀满"就安全了。

《苏沈良方》载提取性激素，即炼秋石法。其阴炼法："小便三五石，夏月虽腐败亦堪用，置大盆中，以新水一半以上相和，旋转搅数百匝，放令澄清。辟去清者留浊脚，又以新水同搅，水多为妙。又澄去清者，直候无臭气，澄下秋石如粉即止。曝干刮下，如腻粉光白，粲然可爱，都无臭气味为度。再研以乳男子乳，和如膏，烈日中曝干，如此九度。须拣好日色乃和，盖假太阳真气也。第九度即丸之，如梧桐子大，曝干。"

阳炼法："小便不计多少，大约两桶为一担，先以清水，好皂角浓汁，以布绞去滓，每小便一担桶，入皂角汁一盏，用竹篦急搅，令转百千遭乃止。直候小便澄清，白浊者皆淀底，乃徐徐撇去清者不用，只取浊脚，并作一满桶。又用竹篦子搅百余匝，更候澄清，又撇去清者不用。十数担，不过取得浓脚一二斗。其小便，须是先以布滤过，勿令有滓。取得浓汁，入净锅中煎干。刮下捣碎，再入锅，以清汤煮化，乃于筲箕内，丁淋下清汁。再入锅熬干，又用汤煮化，再依前法丁淋。如熬干色未洁白，更准前丁淋，直候色如霜雪即止，乃入固济砂盒内，歇口火煅成汁，倾出。如药未成窝，更煅一两度，候莹白五色即止。细研，入砂盒内固济，顶火四两，养七昼夜，久养火尤善。再研，或用枣肉为丸，如梧桐子大。"

秋石的功效，《证类本草》载："秋石还之丹，大补暖，悦色进食，益下元。久服去面疾，强骨髓，补精血，开心益智（《经验方》）。"《本草纲目》指出："服者多是淫欲之人，借此放肆。"

李约瑟认为《苏沈良方》的炼秋石法是人类人工提取性激素最早的记载，皂角含有皂苷，它可使尿中所含甾体化合物沉淀下来，性激素就是一种甾体化合物，搅拌可促进化学反应更迅速，更充分地把人尿中的性激素更多地提取出来。

《五十二病方·毒乌喙》条载："毒乌喙者，炙□□，饮小童溺。若生茅尺，而以水饮……"这里的毒乌喙，指的就是中射罔的毒箭伤，可知先秦时代我国已能制射罔了。射罔是从乌头提取的乌头总碱，古代用于狩猎，以之涂箭头，"射禽兽十步即倒，中人亦死"。祖国医家用于治疗"尸疰，癥坚，头中风痹痛，瘰疬毒肿及蛇咬"，外用时要求皮肤不能有破损，有出血及新破伤即不可涂，立杀人。提取的方法，陶弘景说："八月采，捣筶茎，取汁，日煎为射罔。"《大明本草》（公元6世纪）载："土附子去皮捣，滤汁澄清，旋添晒干取膏。"李时珍则煎汁浓缩。可见其提取方法有日晒与煎熬两种，均属物理学方法。

《证类本草》载有兔脑髓催生验方，出自《经验方》，其法："腊月取兔头中髓，涂于净纸上，令风吹干，或一或两个，用纸袋盛贮，透风悬，或作成丸剂，催产。"此神仙方绝验。《圣惠方》载类似方两个。其一："取腊月兔脑髓，涂于一张薄纸上，更用一张合拓，像锤纸一般，槌三五十下，每遇难生，看大小书符子，书天生二字，以醋汤下极效。"对制备方法有所补充。今人研究认为，兔脑髓最重要的部分是垂体，其后叶分泌有催产素，所以灵验。《本草纲目》还搜集有催生丹、催生散两方，说明此药用于催生历时很久，它应该是人类用垂休后叶素催生的先河。其制法完全是物理方法。

三、药理学方法

药理学是为临床用药、防治疾病提供基本理论，研究药物与机体间的规律及其原理的科学，其方法主要是实验性的。祖国药学虽未进入近代药理学的水平，但它确实包含着许多科学的实验方法需要进一步研究。

（一）创立药理学说

"气味说"源出《黄帝内经》，历代均有发展，为我国最早的药效学说。其核心有三：一是以气味阴阳、升降浮沉概括药物的有效成分和作用原理。气的寒热温凉平与味的辛酸甘苦咸淡，不同水平的组合形成了千差万别的有效成分与药效。二是以归经、引经概括药物的效应器官。三是以相杀、相须、相使、相畏、相恶概括药物的量效配伍关系。

"英精说"出自沈括《梦溪笔谈》（1166年），为我国最早的药动学说。它阐述了药物在人体内吸收、代谢、分布、排泄等的基本过程。他说："人之饮食药饵，但自咽入胃肠，何尝能入五脏。凡人之肌骨五脏肠胃虽各有区别，其入肠之物，英精之气味皆能洞达，但滓秽即入二肠。凡人饮食及服药既入肠为真气所蒸，英精之气味，以（及）金石之精者如细研之硫黄、朱砂、乳石之类能飞走融结者皆随真气调达肌骨，犹如天地之气贯穿金石土木曾无留碍。自余顽石草木则但气味调达耳。及其执尽则滓秽传入大肠，润湿渗入小肠，不复能变化，唯当退泄耳。凡所谓某物入肝，某药入肾之类，但气味到彼耳，凡质岂能到彼哉。"沈括认为药物口服入胃肠均变化为英精与凡质两部分，英精是药效部分能随真气调达至腑脏肌骨，而凡质即渣滓则从大小便排出体外。

（二）在人身与动物上做了若干药理实验

脚气与食米的关系，在唐代是通过人身与动物实验逐步弄清的。孟诜（621—713）《食疗本草》说："糯米寒，使人多睡，发风动气，不可多食。"陈藏器（713—741）在《本草拾遗》中说："糯米性微寒，妊娠与杂肉食之不利子，作糜粥一斗主消渴。久食之，令人身软。黍米及糯饲小猫犬，令脚屈不能行，缓人筋故也。"《本草纲目》引证时还增有"马食之足重"一句。陈士良（9世纪）谓："积久食，发心悸。"萧炳（10世纪）云："糯米壅诸经络气，使四肢不收，发风昏昏。"古称稻米为糯，久食稻米人畜所见症状"缓筋""脚屈不能行""足重"，今日看来均是维生素 B_1 缺乏所致的多发性神经炎的神经肌肉症状；"心悸""发风动气"乃是心脏损害所致的心悸、呼吸困难等症状；对子不利指的是对胎儿、新生儿的损害。欧洲，直到1896年，荷兰 C·Eijkman（1858—1930）才发现白米饲鸡雏可见多发性神经炎损害，饲糙米或糠则可免除。

宋代《图经本草》载："欲试上党人参者，当使二人同走，一人与人参含之，一人不与。度走三五里许，其不含人参者必大喘；含药气息如常者，人参乃真也。"这是验证上党人参药效有对照的实验，这种方法在当时是居世界前列的。

李时珍在研究曼陀罗花的麻醉作用时，也亲自做过人身实验。他说："相传此花笑采酿酒饮，令人笑，舞采酿酒饮，令人舞，予尝试之，须饮半酣，更令一人或笑或舞引之，乃验也。"说明服曼陀罗花后的精神状态，常常由他人的暗示诱导而出现不同的症状。

四、分类、系统化的方法

现代科学分类是在确认研究对象的主要特征、共同点的基础上，联合为组的；而系统化则更进一步，必须掌握研究对象的全部条件、情况、特征，做出精确的有方向的分析，才能保证分类的正确和组间关系的正确。我国医药学家对药物的分类，经历了"三品分类""药效分类"，逐步过渡到自然分类，至李时珍的《本草纲目》才渐臻于完善科学。

李时珍强调"格物致知"，首先对自己研究的对象进行了文献、实物的调查研究，并结合临床作了鉴别、校证，对品种混淆，归类不当，名称来源不确，药性错误者一一进行了纠正。他对无机物的分类，不拘于五行元素说，而依据各种物质的特性来进行系统分类。如水类 42 种包括天然水与某些溶液；土类 61 种包括各种泥土；金类 28 种，包括金属、合金和某些金属化合物；玉类 14 种，包括某些较纯的硅酸盐类，如青玉、宝石、云母、玻璃等；石类 72 种，包括不溶于水的化合物，如丹砂、雄黄、空青等；卤类包括各种溶于水的盐类，如食盐、硝石、硇砂、绿矾等。对于植物药则根据"从微至巨"的原则主要分为草、谷、菜、果、木等，由于他以形态学特征来分类，所以不少药物与后来的植物分类学相吻合，如菊科、伞形科、大戟科、葫芦科、姜科、百合科、禾本科等植物能集合在一起。对动物药的分类是根据从"贱至贵"的原则，以虫、鳞、介、禽、兽、人分部，大致相当于节肢动物、鱼类、软体动物、两栖类、鸟类、哺乳类，包含了进化论的思想。李时珍对动植矿物的分类有五个层级；界三，只见于凡例；纲即部十六；目即类六十；族在类之下，未尽标出；物即种 1892 种。他的这种析族、区类、振纲、分目的方法达到了相当高的科学水平，因此，为后来西方的生物学家进行分类时所借鉴。

五、集学方法

集学的方法，亦称流行学，它是现代医学中研究疾病的分布和影响分布的因素，借以探索病因和阐明流行规律，并为防治疾病提供数据及进行评估的一种方法。中医学家在古代就应用过类似的方法。

葛洪对脚气的描述很具流行学特色，他说："脚气之病，先起岭南，稍来江东，得之无渐，或微觉痛痹，或两胫小满，或行起忽弱，或小腹不仁，或时冷时热，皆其候也。不治即专上入腹，便发气则杀人。"他道出的流行地区，恰与食米区一致；并将脚气区分为肿、不肿、入腹三种类型。他对天花、沙虱病（恙虫病）也有较细致的流行学描述，而且对恙螨、恙虫病焦痂和症状记载，在世界医学史上也是最早。

唐代孙思邈曾对晋宋以来的疾病谱变化与治疗效果的关系做过分析，他指出春秋以来，"用药不过二三，灸炷不逾七八，而疾无不愈者；晋宋以来，虽复名医间出，然治十不能愈五六，良由今人嗜欲太甚，立心不常，淫放纵逸，有阙摄养所致耳"。强调了心理社会因素引起的虚损病增多，不如以伤寒为主的群体病那样好治，所以治愈率明显下降。孙思邈对于麻风病的预后与心理因素的关系，也做过流行学分析，他说："予尝手疗六百余人，瘥者十分有一，莫不一一亲自抚养，所以深细谙委之。"他统计自己治疗的600余个病例，治愈率约为10%。有些病人治不好的原因主要在于不能和医生合作，他说："此病一着，无问贤愚，皆难与语。何则，口顺心违，不受医教，直希望药力，不能求己。"

李时珍对铅矿、砒矿等都亲自做过调查，曾指出矿工职业病铅中毒的症状，他说："铅生山穴石间，人挟油灯，入至数里，随矿脉上下曲折斫取之。其气毒人，若连月不出，则皮肤萎黄，腹胀不能食，多致疾而死。"对于服水银中毒而死则采用"个案分析法"，连续举出7个中毒致死的病例，包括姓名、职业、居里、中毒经过、症状等以儆世人。他强调"在文书所记及耳闻者不说，今直取目见，亲与之游，而以药败者"。

明代沈之问是麻风病专家，他在《解围元薮》中曾用流行学方法研究过麻风在家庭内传染的重要意义。记载了7个家庭。第一、二个家庭："父患病治愈，其女出嫁不久，婿染大风，但女终身无恙。"第三、四个家庭："夫患疠而死，妻无病另嫁，后夫染同病死亡。"第五个家庭，"父患疠而死，其三子一女皆患疠而死。"第六、七个家庭："父患疠，女无病出嫁，所生外孙幼时即患同病。"沈氏的结论是："凡风劳病人，皆有恶虫于脏腑，代相禀受，传染源流。"强调了家庭内的密切接触、长期接触在传染上的重要意义和子女孩童易于被传染的事实，并提出未病早防、轻病早治的观点。

六、雏形的定性、定量体征观察

中医学家在疾病客观体征观察方面曾做过很大努力，积累了丰富经验。举数例以见一斑。

(一) 以尿染帛 (纸) 观察黄疸进退法

《肘后方备急方》载："比岁有虏黄，初微觉沉沉不快，须臾更见眼中黄，渐至面黄及举身皆黄，急令溺白纸，纸即如檗染者，此热毒已入内，急治之。"

唐初孟诜《必效方》治阴黄方中有"每夜小便里浸少许帛，各书记日，色渐退白则差"。以纸或帛浸尿中染色检查，确定黄疸的进退，以黄色全退为治愈的指征，这在当时是很进步的。

（二）弹踝诊法

《素问·三部九候论》载有弹踝以判断预后的方法。将《黄帝内经太素》与敦煌古医经残卷校对，其文为："以左手去足内踝上五寸，指微按之，以右手指当踝上微而弹之。其脉中气动应生五寸以上，需需然者，不病也（需需者来有力）；其气来疾，手中恽恽然者病也（恽恽者来无力也）；其气来徐徐，上不能至五寸，弹之不应手者死也（徐徐似有似无也）；其肌肉充身，气不去来者亦死（不去来者弹之似无）。"这可能是观察大隐静脉血液再充盈的动态判断预后的方法，再充盈有力者为佳，充盈不良、缓慢或不能充盈者为有病和危兆。与今观察静脉有无塌陷意义一致。

（三）小儿指纹诊法

小儿指纹诊法是从《黄帝内经》络脉诊法演变而来，盛于宋明以后。其法是观察患儿的食指掌侧静脉，主要用于3岁以内的儿童。静脉显现于食指第一节（气关）者为轻，至第二节（气关）者为重，至第三节（命关）者为危。并以淡红、淡紫为正常；寒证淡红，化热紫红；热证青紫、紫黑；虚证多淡；惊证多青。今人研究证实，这一诊法符合临床实际情况，主要能反映小静脉血液有无淤滞，静脉压是否增高，机体是否缺氧等。

（四）摸颊诊法

明代张介宾《景岳全书》（1642年）在痘诊的预后判断上，应用了观察颊部皮肤微循环的方法。其摸颊法是："以手摸面颊，如红色随手转白，随白转红，谓之血活，生意在矣；若揩之不白，举之不红，是谓血枯，纵疏亦危。"实际是医生以指按压患儿面颊，观察微循环再充盈的一种方法。颊部原来红活，指压后由红转白，解除压迫由白转红，是为"血活"，即微循环充盈时间正常为吉兆；面颊有青紫发绀或皮肤花斑，微血管有瘀血，指压不能转白，转白了解除压迫不能转红，是为"血枯"，为微循环再充盈时间延长和障碍的表现，为凶兆。一般正常情况不足 1 秒钟即可恢复，如果 5 秒钟后才能转红，出现皮肤花斑，则出现"揸之不白，举之不红"的现象，这些都是微循环再充盈时间延长的结果。这与现代微循环检查方法完全一致。

（五）落日征

我国医学家在对解颅病人的观察中发现有许多特点。钱乙《小儿药证直诀》（1107 年）对解颅的描述是："年大而囟不合，肾气不成也，长必少笑，更有目白睛多，眺白色瘦者，多恐少喜也。"明代万全《幼科发挥》（16 世纪）的描述是："头缝四破，头皮光急，日渐长大，眼楞紧小。"晋代《范汪方》载："少小脑长大，颅开不合，胫臂小，不能胜头，三岁不合。"解颅即今日之脑积水，其体征是头颅大，囟门开解，相形之下身小头大，颈部难于支持，所以有身不胜头的感觉。"目有白睛多"是眼眶骨由于受到颅内高压，睛珠常向下转，而上面巩膜外露，与现代脑积水所描述的"落日征"一致。

（六）假性动脉瘤的诊断

隋代巢元方《诸病源候论》（610 年）载有创伤所致假性动脉瘤的诊断方法，在《金疮惊痉候》中说："夫金疮愈闭后，忽惊肿动起，沸糜跳手，大者如盂，小者如杯，名曰盗血。"指出局部有一肿物，触之有震颤的感觉，听诊犹如沸粥的杂音，视诊有动脉性的跳动，问诊有外伤史。与今日诊法相同。他进一步阐述说："此由肌未定，里不满，因作劳起早，故会盗血涌出，在人皮中不肯自消，亦不成脓，反牢核。又有加血，加血者盗血之满也。其血凝深，不可妄破，破之者，盗血前出不可禁止，加血追之出，即满疮中便留止，令人短气，须臾命绝。"他警告对动脉瘤千万不可切开，会致大出血死亡。

（七）免疫方法学

《肘后备急方》卷七载有《治卒为猘犬所咬毒方》一条，谓："仍杀所咬犬，取脑敷之，后不复发。"开人工免疫疗法之先河。

中医学的其他传统方法

中医学的其他传统方法有很多，其中应用较多较广的传统方法有试探与猜想，心悟与心法。

一、试探与猜想

关于试探，又叫逐步逼近法，这是一种透过现象来测知本质的方法。中医学的许多理论和实践问题，就是运用了试探的方法，比如中医许多著名的方剂，开始时都是以试探方式提出来的，小柴胡汤为典型的代表。小柴胡汤是治疗邪在少阳的主方，张仲景在《伤寒论》中指出："伤寒中风，有柴胡证，但见一证便是，不必悉具。"这说明以寒热往来，胸胁胀痛，目眩口苦，默默不欲饮食，心烦喜呕数为主证，但是临床上见到其中任何一证便可以使用此方，张仲景是经过反复试探才提出来的。当然，后世的医学家在实践中又不断进行探索，把小柴胡汤的治疗范围又扩大了。对待一些疑难杂证，虽然辨证是正确的，可是按照常规的方法治疗，有时效果并不明显，这时中医常常采用一些其他的、不是常规的方法进行试探，从中找出最有效的治法。这种试探法在中医的许多医案、医话中都有记载。《回澜社医书四种》就记载了叶天士医案一例："一儿周岁时，得水泻，先请他医治之，不效。请予视，则肌肉消削，面色㿠白，时盛夏，凝汁不润，皮肤干燥，发竖，泻时里急后重，此气血俱虚也。按法治之，补中气，利小便，升举其阳，固护其胃，次第调治，略无寸效。或曰何如？予曰：术将穷矣，唯有一法未用耳，仍作痹泻治之，用人参、白术、白茯苓、甘草、陈皮、山药、当归、莲肉、砂仁、诃子、肉豆蔻、黄连、砂仁、木香、干蝉，为末，神曲糊丸，煎四君子汤下。服未二日，肤润有微汗，再一日，头上见出红疮，小便渐多，五日而泻止，后更以参苓白术散作丸服之，调理而安。"这个医案说明解决病证的方法有多种，在没有找到最有效的一种方法时，运用试探的方法，逐步逼近，就可以达到治愈病人的目的。但是运用试探法，并不是盲目侥幸地进行，而是要求一个医生在理论上有很深的造诣，有丰富的临床经验，当遇到疑难复杂的情况时，才能突破难关。

对于猜想的问题，用我们今天的术语来说，它包含着创造性思维的因素。猜想在各个自然科学的研究中运用是广泛的，比如在数学中就有著名的哥德巴赫猜想。中医学在探索中也常常运用猜想的思维方式。古代的医学家们，在当时那种历史条件下，要研究自然、人体以及它们之间的相互关系等复杂问题，没有精密的科学实验设备和手段，这是一个极大的困难和障碍，但是这些困难并没有阻碍古代的医学家们去进行科学的探索。他们就是通过猜想来探索中医理论和实践中的许多问题的。比如在《黄帝内经》中根据"天人相应"的观点，对人体的生理规律作了猜想。《灵枢·岁露论》说："月满则海水西盛，人血气积，肌肉充，皮肤致，毛发坚，腠理郄，烟垢著……至月郭空，则海水东盛，人气血虚，其卫气去，形独居，肌肉减，皮肤纵，腠理开，毛发残，膲理薄，烟垢落。"《素问·八正神明论》又说："月始生，则血气始精，卫气始行。"这里，中医通过猜想，描述了月球绕地球旋转的相对运动所产生的影响，也就是海水受到月球的吸引力而有"西盛""东盛"的潮汐涨落。中医还描述了人体的生理活动也会受到地球与月球之间相对运动的影响，从而产生近似周期节律的变化。随着现代科学的发展，人们通过研究证明，中医的这些猜想是有一定科学性的。广州中医药大学采用了临床、实验与调查等方式，研究了月经周期与月相的关系。这篇论文在瑞典《斯坎的纳维亚妇科学报》发表后，在国际上产生了一定的影响，这说明中医的一些猜想，是能够得到科学实验证明的，我们应当进一步深入研究。

二、心悟与心法

心悟与心法也是中医学创造性思维的一个重要的传统理论。所谓心悟，是指心领神会；而所谓心法，就是指独有心得的方法。我们平时看中医书籍，经常都会看到这两个名词，比如有《医学心悟》，这是清代医家程国彭所著，还有《医宗金鉴·伤寒心法要诀》《医宗金鉴·杂病心法要诀》《医宗金鉴·妇科心法要诀》等临床各科的心法要诀，另外还有《丹溪心法》等书，这说明历代的医学家往往用心悟、心法来概括、整理、研究和总结前人以及自己的学术思想和方法。

心悟和心法，是中医学的基本功，也是中医学方法论不可缺少的部分，实际上它包含有顿悟和灵感的意义。是指医者通过独立思考、深入钻研，善于在高深的医学知识和复杂的生理、病理现象中，抓住要领和精微，把心领神悟、独有见解的东西，变为创造性的观点和方法。我们常常听说，对于中医的一些理论，特别是对于老中医的一些经验，是只能意会，不可言传。但是，这并不是说中医的心悟和心法是神妙莫测的，或者是玄学的。

其实，心悟和心法的实质，是在许多知识因素与思维方法逐渐积累和发展到一定阶段，迅速综合而成的认识过程中的突变。清代温病学家吴鞠通在他所著的《温病条辨》自序中说："瑭进与病谋，退与心谋，十阅春秋，然后有得。"这段话精练地总结了《温病条辨》创造性思维的经验，他强调了既要在临床实践中深入研究疾病，又要善于在独立思考中领悟心法。

心悟与心法主要运用于两个方面，一是探究中医的要旨、精微，并给予创造性地发展；另一方面是用于临床诊治，特别是对于疑难病的临床诊治，有时即使用详尽的成法成方、变法变方，也需要医生有独到的、创造性的心悟和心法，充分发挥顿悟和灵感的作用。我们通常听说，医道医术，是需要大智大悟的，然而大智与大悟常常是紧密相关的，大智常出于大悟，大悟又多生于大智。实践证明，越是善于顿悟、大悟的人，越能产生和积累更大的智慧，而越是善于思考、善于充分调动智慧机能的人，就越容易出现顿悟和大悟。

后记：本文在当年撰写与今次修订时得到靳朴与刘淑婷二同志的帮助，再次表示感谢！

吉良晨

吉良晨（1928—2010），字晓春，晚号蛰龙，满族，北京人。幼承庭训，及长入私塾9年。酷爱方术医药，喜嗜弄拳击剑，为买氏形意四代传人、露蝉门下五世弟子。弱冠兼攻中医经典，博览方书。中医药学业启蒙于其祖父乌里布额尔吉氏程吉顺（子玉），之后师事河北雄县袁鹤侪（晚清御医）、福建闽侯陈慎吾、山东惠民韩琴轩、北京大兴宗维新，由诸师讲授《内》《难》《伤寒》《金匮》《本经》等经典名著及后世医家著述。21岁即悬壶京  都，先后结业于北京中医研究所、北京市中医进修学校。长期从事中医教学、临床工作。从医50余年，汇通诸家，博采众长，学验俱丰。在长期的临床实践中，形成了其独特的有创见的中医医疗风格，尤其对脾胃病等内科疑难杂症，运用补益肝肾、调理脾胃等方法，获得良效。融医、武、气功三法于一身，从而对养生保健、延缓衰老之术亦颇有研究。有《临证治验录》《中国气功萃义》《中国气功探秘》等医学著作出版，发表学术论文数十篇。多次赴日本、美国等国家讲学、会诊、学术交流。原任北京中医医院内科主任医师、教授，中华人民共和国国家基本药物领导小组成员，北京中医药学会理事。曾兼任卫生部药典委员会委员、国家药品监督局药品审评专家、中国中医药学会内科脾胃病专业委员会名誉主任委员、中国医学基金会理事、北京市药品审评专家、北京永年太极拳社终身名誉社长。

学以为耕　文以为获

我1928年2月出生于北京一满族家庭。祖父乌里布额尔吉氏程吉顺（子玉）为清朝御史，平素与宫中御医接触较多，故亦晓医药，我学医多受祖父影响。我幼承庭训，并读私塾9年，自幼酷爱方术医药，《医学三字经》在儿时便已背得滚瓜烂熟。我14岁正式拜御医袁鹤侪为师学习中医，稍后又在《伤寒论》大家陈慎吾及韩琴轩、宗维新诸师门下刻苦攻读，勤奋实践，医术日渐长进，且喜嗜弄拳击剑，尤好道家行气功法，为买氏形意四代传人、露蝉门下五世弟子。我21岁即悬壶京都，先后供职于北京中医研究所（研究员）、北京市中医进修学校（中医师、教师），其后在北京中医医院内科从事中医临床教学工作，擅长中医内科疑难杂病，尤对延缓衰老及养生保健之术有所研究。至今年近八十，仍孜孜不倦忙于诊务、写作、整理书稿，多次被北京中医药大学聘为硕士、博士研究生学位论文答辩委员。曾任中国人民政治协商会议北京市委员会委员、北京中医医院内科主任医师。我曾多次被邀赴日本、美国、泰国、菲律宾、澳大利亚等国家，以及中国香港地区讲学、会诊。1994年和崔月犁、董建华、王雪苔、路志正、焦树德等一起荣获首届《生命杯》世界传统医学大会国际最高个人荣誉金奖，2006年12月在广州获得中华中医药学会首届中医药传承特别贡献奖。

汉代刘向云："少而好学，如日出之阳；壮而好学，如日中之光；老而好学，如秉烛之明。"故唐代韩愈有"学所以为道，文所以为理"之论；宋代欧阳修有"强学博览，足以通古今"之验。我用"务勤不惰、学习不息、临证不已、深化不息"16字座右铭自勉。我对中医典籍烂熟于心，至今既能准确背诵《黄帝内经》《伤寒论》《金匮要略》《药性赋》等经典著作，还能脱口而出任何一味中药的性味、归经、炮制、分类等。诊务之暇，尚勤于笔耕，撰有《内经藏象阐释》《金匮心得》《形意真义》《太极拳图说》等百余万字手稿、讲稿，发表有较高学术水平的论文数十篇；著有《临证治验录》（山西科学技术出版社）、《临证治验录增订版》（中国书店）、《中国气功萃义》（北京学苑出版社）等书，其中《中国气功萃义》后又再版发行，在其基础上经过修订并增加内容又出《中国气功探秘》一书，已由人民卫生出版社出版。

志虑渊微　机颖明发

我在中医教学、临床工作中，宗恽铁樵"医术之精粗，在能辨证；辨证之真确，在能明理"之论，以临证、立法、用方为中医临证之三大关键，治学力求汇集诸家，博采众长，师古而不泥古，在理解和运用中医学理论及前人的经验中，有所领悟，有所创新，对于治疗中医内科疑难杂症，形成了"脾胃为本，脾胃为基"的学术思想和医疗风格。此即"医之为道，必志虑渊微，机颖明发"之谓也。

（一）乙癸同源，法在肝肾同治

"乙癸同源""肝肾同治"是中医五脏相关学说的重要组成部分，它起源于《内经》。肝肾两脏在经络走行上相连相通，在五行关联上水木相生，在脏腑功能活动方面又同属下焦，共寄相火，精血互生，阴阳互济，所以，在病理上则易互济互损，同盛同衰。"同源"决定了"同病"，因此，明·李中梓在《医宗必读》中提出了"乙癸同源，肝肾同治"的证治法则。我正是根据这些中医理论，发展了"乙癸同源，肝肾同治"的治则，将该法广泛应用于各种病证之中，力主"善补阳者，必阴中求阳，则阳得阴助，生化无穷；善补阴者，必阳中求阴，则阴得阳升，而泉源不竭"。从调整肝肾的阴阳入手，调理患者的阴阳、气血、脏腑功能，协调机体内稳机制，达到"阴平阳秘"的目的。在临床上灵活运用滋补肝肾药物，强调治病必求于本，缓缓调补。如女贞子、旱莲草滋补肝肾，可从阴助阳；枸杞子乃阴中之阳品，可滋补肝肾，益精煦阳；淫羊藿为阳中之阴品，能温肾助阳，从阳补阴。我自拟的启阳丸和十子育春丸，即是对该法则的运用，临床多获良效。

阳痿一病，临床较多。此证大多由肾精亏虚，命门火衰，阴虚及阳，致成阳痿不用。因此，治疗阳痿须从补阴为主，加以助阳之药，单纯兴阳补火，势必伤阴，没有阴的物质，又何谈兴阳。我曾治一例患者，王某，男，41岁。阳痿已10余年，下肢酸软无力，手足心热，夜寐不安，多梦纷纭，舌苔薄白微黄，脉沉细略弦。此为肾精亏损，日久阳气虚溃，宗筋失养，以致作强无能，形成阳痿。立法：补益肾精，温助元阳，以充作强，缓缓从治。方用怀生地60g，山萸肉24g，怀山药30g，枸杞子30g，紫梢花120g，炒续断60g，柴狗肾2具。上药共为细末，炼蜜做丸，每重6g，早晚各服1丸，淡盐水送下。药后4天，阳事欣然，一剂服尽，健如常人，10余年之阳痿，竟获痊愈。

对于胸痹，临床多以理气、活血、补气、养阴为治疗大法，其中肝肾两虚者不乏其人，因此不应忽视补益肝肾。我曾诊治一患者，白某，女，43 岁。胸痛 1 年余，间断发作，劳累更甚，状如针刺，腰下沉重，下肢水肿，手颤汗出，脘腹作胀，纳可寐安，脱发较早，舌苔白腻，脉象沉细。此为肝肾两虚，心脾不足，胸络瘀滞，致成胸痹。立法：补益肝肾，养心健运，兼以化瘀。方用怀生地 30g，山萸肉 12g，怀山药 30g，淡泽泻 10g，云茯苓 20g，粉丹皮 10g，紫丹参 30g，炒白术 15g，鸡内金 12g，鸡血藤 30g。服药 4 剂，胸痛大减，7 剂后胸痛消失。继服麦味地黄丸，以巩固疗效。

（二）调护脾胃，功于升降和合

脾主运化，喜燥恶湿，胃主受纳，喜润恶燥，同属中焦。脾胃一脏一腑，一阴一阳，一升一降，一纳一化，一表一里，形成了制约、互用、协调、和合的稳态关系，共同完成后天的受纳、运化、培育、滋养功能，实现"清阳出上窍，浊阴出下窍；清阳发腠理，浊阴走五脏；清阳实四肢，浊阴归六腑"的正常升降运动。因此，脾胃小而言之是纳化升降，大而言之可联系诸脏，畅达六腑，通行经络。根据脾胃的特点，在临床中应尤为注重调护脾胃。"虚则补之"乃是治疗虚证之大法，然而补药用不得当，亦多气壅腻膈，反使脾胃运化呆滞，引起脘胀纳呆，致生变证。因此，在临床辨证用药时，应多加入砂仁、陈皮、生姜、大枣之类，以促进脾胃运化，升发中焦之气机。陈皮"有补有泻，可升可降"，有"调中快膈，导滞消痰"之功，"广中陈久者良，故名陈皮，陈则烈气消，无燥散之患"；生姜"解郁调中，畅胃口，而开痰下食"；大枣乃脾经血分之药，"补剂加运之，以发脾胃升腾之气"，多年久放之不枯，以手揉之软而不硬。姜、枣同用，健运脾胃，温中生津，协调营卫，有异曲同工之妙。

又如阳痿一病，亦应强调注重调理脾胃。阳痿者多见有便溏，一是脾虚不运，水谷难化，导致便溏；二是阴损及阳，命门火衰，火不生土，脾虚运差，导致便溏。对于那些单纯肝肾两虚，而脾胃功能正常的患者，补肾的药物虽可适当重用，但仍应密切留意脾胃的纳化状况，为防止补肝肾药物滋腻碍胃，应尽可能酌情选用那些既补肾又有健脾作用的药物，如怀山药、制黄精、菟丝子、益智仁等；或选用那些补而不腻之品，如炒续断、制首乌等；或在补肾的同时，酌情配用广砂仁、广木香、广陈皮、炒神曲等理气开胃醒脾之品，以助脾运，促进补肾药物的吸收。对于兼有脾虚便溏之人，则辅以炒白术、怀山药，或配合四君子汤、加味保和丸等，调理脾胃，而不囿于补肾一途。

（三）疑难杂证，意在制方有法

孙思邈云："医者，意也。善于用意，即为良医。"而清·许宣治在《怡堂散记·又病制方》中又有"临证要有会意，制方要有法，法从理生，意随时变，用古而不为古泥，是真能用古者"之论。故而，我在对疑难杂证的临证中，锐意进取，努力求索，师经方而不泥于经方，博采众长，兼收并蓄，去粗取精，为己所用，多获奇效。

虚劳一病，临床屡见，病因众多，病机复杂，临证治疗，多感棘手。我每每抓住"五脏俱虚，独取中州"，健脾益气以扶正，通利水湿以祛邪，虚实兼顾，标本兼治，每获良效。患者苏某，女，24岁。患慢性肾炎尿毒症已久，缠绵不愈，几经周折治疗、抢救，病情仍不见好转，故请我往诊。证见面色淡黄，头晕目眩，间有郁冒，语音低沉，闭目懒言，咽中有紧感，胃纳甚少，不时呕逆，口干饮水，胸闷痞塞，四肢懈怠，多作麻木，爪甲不荣，小便不利，尿色淡黄，舌苔白腻，脉象沉而无力。病为虚损。证属久病卧床，气血俱虚，湿阻脾土，膀胱气化不利，清阳不升，浊闭清窍。立法：健运脾土，升清降浊，蒸化膀胱，调补气血，以利水道。方用：川桂枝6g，野党参12g，土白术15g，淡泽泻9g，当归身12g，生麦芽30g，姜半夏6g，云茯苓12g，广砂仁（打）3g。患者药后小便增多，诸症减轻，精神好转，3剂服尽，病情已趋缓和。

鼓胀病往往虚实互见，《素问·至真要大论》曰："诸湿肿满，皆属于脾。"因此，治疗本病应以运脾当先，扶正培本，兼以祛邪。我多选用张氏鸡胵茅根汤加减，多有效验。患者隋某，男，72岁。腹胀肿硬已有月余，不时疼痛，纳少不甘，望之两睛晕黄，阴囊水肿，按之凹陷，便干3日未行，小溲色黄而短。近3年来，咳吐白痰，口干不喜饮水，舌苔白黄厚腻，质地紫暗，脉弦滑数。证属脾被湿困，健运无权，以致水湿郁久，瘀滞化热，下注肾囊，上行熏蒸，形成鼓胀瘀结黄疸之证。立法：健脾散结，利湿行水，理气化瘀。方药：炒白术9g，鸡内金15g，京三棱9g，蓬莪术9g，炒槟榔12g，杏仁泥12g，炒桃仁（打）12g，鲜茅根30g。患者服药3剂，腹痛消失，仍有胀感，目暗色黄，上方去槟榔，加绵茵陈30g，炒谷麦芽各15g，鲜茅根增至60g。3剂后小便已利，腹胀大减，查之舌质紫暗夹有瘀点，继服上方30余剂，腹胀已除，纳食知味，原方去绵茵陈，茅根减至 30g，加生黄芪 30g，续服以固其效。

情志病变，临床屡见不鲜。朱丹溪曰："血气冲和，万病不生，一有怫郁，诸病生焉。"我治疗此证，必用理气、降气之药，使之气顺而消除病症。患者高某，男，14 岁。1 月前，因淘气被家长打后，胸闷憋气，甚则喘气，张口抬肩，其父误认为孩子不服，再次殴打，以致病情加重，时感手足麻木，胸闷欲厥，继而抽搐，视物昏暗，人事不知，醒后如常人，发作频繁。当地医院诊为"癫痫"，给服苯巴比妥、苯妥英钠等药，来京求诊于几家大医院，均诊断如前，效均不显，遂来我院医治。来诊时正值发病，患者双目红赤，舌质略淡，脉沉细稍弦数。此为肝气犯肺、气机不畅之结胸。立法：和肝理气，肃肺宽胸。方药：广郁金 9g，苦桔梗 9g，合欢皮 9g，荷叶梗 9g，生杷叶 24g，丝瓜络 9g，炒莱菔子（打）9g。1 剂药后，矢气甚多，气味秽臭，胸闷减轻。服 3 剂药后，其病未发，状如常人，嘱继服上方 6 剂，隔日 1 次，以巩固其效。

狐惑一病，缠绵难愈，我采用内服与外用同治，多取速效。患者徐某，男，30 岁。口舌咽喉肿痛，阴头睾丸溃疡疼痛 4 月余，在某医院被诊为"白塞综合征"，医治效微，前来就医。诊时畏寒喜暖，小便色黄，舌苔黄滑腻，舌质略红，脉沉细滑。此湿热内蕴，久郁感寒，寒湿热扰，上下腐蚀，致成狐惑。立法：健运中焦，调和寒热，内外相兼，标本兼治。方药：生甘草 12g，野台参 9g，川黄连 9g，条黄芩 9g，干姜片 9g，姜半夏 6g，赤小豆（打）30g，大枣 6 枚，煎汤内服；另以苦参 90g，分 3 次煎煮，熏洗热敷前阴患处；更用锡类散 2 瓶，每以少许外用，吹敷口舌咽喉。服药 5 剂，诸症见减，咽喉肿痛明显减轻，以上方调整剂量，并加生甘草 18g，川黄连 6g，姜半夏 12g，再进。又服 5 剂，病情大减，阴头溃疡已愈，口舌肿痛尚未退尽，于上方川黄连增至 12g，干姜片减至 3g，再服 5 剂。又来诊时精神大增，咽喉溃疡已愈，仅舌尖有少许溃疡面未愈，因便干，将上方中赤小豆易为熟大黄 6g，通行腑气，以利传导。2 剂便通，诸症消失，状如常人，嘱继服 2 剂，以杜后患。

双目失明属于中医眼科的视瞻昏渺，多由肝肾不足，精血耗损，精不荣上，目失涵养所致。患者解某，女，28 岁。因脑膜瘤在某院手术治疗 3 月后，逐渐双目失明，仅稍有光感，不能辨别五色，头晕而紧，心悸时作，夜寐欠安，面带愁容，舌质淡，苔微黄少津，脉沉细无力，在外院被诊为"视神经萎缩"。我认为，此患者系术后伤血，肝肾阴虚，目系失养，致成失明。立法：滋补肝肾，荣养目系。方药：生熟地各 30g，山萸肉 12g，怀山药 30g，甘菊花 12g，甘枸杞 12g，霍石斛 12g，决明子 9g。服药 6 剂，视力有增，上方加生白芍 15g，全当归 9g，加强补养肝血之力。又服 6 剂，视力续增，可自行行走，上方去决明子，继服，并配杞菊地黄丸，每服 2 丸，每日 2 次。半月后，患者可见大字，近距离能辨颜色，走路较稳，头晕心悸大减。上方继服 40 剂，视力、色觉改善均收满意效果，再拟杞菊地黄丸、归芍地黄丸方加减，缓缓调服，以促痊愈。

蛔虫性肠梗阻在卫生条件较差的农村和山区常见发病，因医疗条件所限，难寻驱虫药物。我当年在医疗队曾以豆油加花椒治愈此类患儿，在当地传为美谈。患者崔某，男，11 岁。素有蛔虫，近 2～3 日突然腹痛甚剧，急邀我诊之。患儿平素喜唾多涎，视其腹中凸起，如桃大小，按之疼痛难忍，呻吟不止，且有大便之感，面色苍白，布满虫斑，状如钱癣，舌根苔白，脉象沉弦稍涩，爪甲白点。审系虫多积聚，大肠阻遏，气血壅闭，传导失司，为虫积腹痛之实证。立法：急用下法，驱虫外出。方药：火煎豆油 2 两，油热冒烟放入山花椒 15g，闻香即可，待油温合适时顿服。药后 2 小时，患儿即粪虫交集而下，蛔虫大小长短不一，排出百余条，1 剂腹痛消除，嘱服米汤自调。

肌痹，实属罕见难愈痼疾。我曾诊治一男性 14 岁患者，症见周身关节活动受限半年余，伴见形体消瘦；关节疼痛，晨僵，手指屈伸困难；肩带肌肉困乏，四肢倦惰，动作迟缓；心悸气短，纳呆，吞咽困难，声音嘶哑，低热，畏日光，头发易落，背部瘀斑，下肢肌肤甲错。病前曾多次在河水中游泳，并且夏天长期睡凉地。2000 年 9 月经北京某大医院确诊为多发性肌炎合并硬皮病，医嘱住院治疗，因无床位行院外治疗。经服泼尼松和医院自制的活血化瘀、益气通络中成药，辅以维生素 B_6、维生素 B_2、维生素 E 等，先后治疗 19 个月，疼痛、晨僵有所减轻，但化验指标仍居高不下，求诊于我。证见：激素面容，面红气短，心悸，多汗，动则加重。行走需人搀扶，前臂细，颜色偏暗，皮肤紧绷，不能捏起，十指尖细，甲肉胬出，双手青紫厥冷，下垂益甚。腕、腰、膝、踝关节活动受限，不时疼痛，肘部及膝部屈曲时抽掣刺痛，呈臀部抬高样。头发干而不泽，唇龈色红，口角易流涎。舌红小，左脉浮弦数，右脉沉细。证属肝脾两虚，气阴不足，筋脉失养，致成肌痹之候。立法：益气健脾，养血荣筋，兼通经活络。方药：生黄芪 40g，炒白术 20g，赤白芍各 15g，鸡血藤 30g，制黄精 30g，二门冬各 30g，紫丹参 30g，广陈皮 6g，生甘草 6g。水煎服，10 剂。同时每晚用热水泡脚,适当配合抖手抖脚活动。服药 2 个月后,肌肉有所软化。病情稳定,关节肌肉不痛,口角已不流涎。排便无力,食后饱胀,过后易饥。口唇稍干,不欲饮水,小便通畅,大便尚可,便后稍溏。舌微白,脉沉细稍数,沉取无力。病情逐渐好转,仍主益气健脾、运化养血之品继服。嘱每半月继减激素 1/2 片。1 个月后,仍主以益气健脾、补肾强腰、滋阴清热之品。方药:生黄芪 180g,炒白术 50g,制黄精 60g,女贞子 30g,生白芍 30g,炒谷、麦芽各 15g,鸡血藤 40g,紫丹参 30g,淡竹茹叶各 10g,新会皮 10g。再 1 个月后复诊,病情较为稳定,逐渐撤减激素。方用:生黄芪 200g,炒白术 60g,制黄精 60g,菟丝子 30g,生白芍 30g,炒续断 20g,鸡血藤 40g,新会皮 6g,生牡蛎 40g(先下)。又服药近 4 个月,各项指标显降,有的转向正常,守方化裁,递加黄芪用量,病情较为稳定,仍以益气健脾、充养阴经之品继服,并于递减激素至 3 片时,再进滋补,以助强本之用。方药:生黄芪 360g,炒白术 60g,制黄精 60g,肥玉竹 30g,二门冬各 30g,赤白芍各 15g,嫩桑枝 60g,菟丝子 30g,千年健 15g。10 剂,水煎服。另以生黄芪 500g,制黄精 500g,浓煎去滓,用蜜收膏,代茶饮,辅以益气健脾,调养精血。其后虽停激素有日,但未反弹,病情显见转机,仍主扶正当先,缓调脾胃。方药:生黄芪 30g,炒白术 15g,制黄精 30g,二冬各 15g,川桂枝 10g,生白芍 15g,炙甘草 6g,生姜 3 片,大枣 6 枚。守上方随症出入进退,间日 1 剂。先后 42 诊,历时 3 年 6 个月,其中重用黄芪,累计服用达 98kg 之多,已趋实现临床治愈目标。经多次复查,患者各项生化指标已稳定在正常范围。头发光泽,面色红润,觉有气力,皮肤肌肉恢复正常颜色和弹性,除下蹲尚未达到下限程度外,其他关节活动如常,未再出现过疼痛现象,已恢复了正常的学习和生活。

非常之任　待非常之人

2003 年,"非典"的流行使得人心惶惶,甚至到了谈"非"色变的程度。从"非典"的症状表现来看即中医所说的温病,温病是外感急性热病的总称。温病分为 9 种,即风温、温热、瘟疫、温毒、暑温、湿温、秋燥、冬温、温疟等,还有一种"伏气春温",中医又称为伏邪,"非典"很似此证。

南方气候多潮湿,如广州地区;北方气候多干燥,如北京地区。当然在治疗上要因人、因地、因时、因证制宜。南方也有偏燥证者，北方也有偏湿证者，但总以审证求因，辨证论治。治疗大法应以"急则治其标，缓则治其本""扶正祛邪"或"祛邪扶正"为准则。注意症情的变化，牢牢掌握热则清之，湿则燥之，燥则润之，虚则补之，实则泄之。遇到虚实夹杂、寒热错综之候，亦应辨明邪正关系定出治则。我认为，面对抗击"非典"这场无硝烟的战争，要临阵不乱，中医药人员要挺身其间，屹然不为流俗所惑，必能独辟蹊径，力挽狂澜，战胜病邪。此即"天下有非常之任，必待非常之人。而天下非常之人，乃能克胜天下非常之任"之谓也。

广东地区对此疫情早有准备，尤其是广东省中医医院充分发挥了中医的特色和优势，做了他们应该做的事情，做出了成绩。到 2003 年 5 月 31 日 10 时，内地疫情通报广东病死数仍是 57 例，而北京已达 181 例。这充分说明北京在中医的作用发挥上是认识不足的，中医介入得太晚，如果中医能够早期介入临床治疗，后果绝不会是这样的。其时《科技日报》头版大标题"中医药治非典要早介入"说得是很对的，《现代教育报》也认为"中医能够治疗非典"，都说明了这个问题。所以我认为北京没有很好地发挥中医的应有作用，有些老中医是干着急使不上劲，没有得到应有的重视。有的中医已自觉地、善意地挺身而出，献出了防治"非典"的方药（剂），这是难能可贵的，但他们忽略了北京气候的特殊性，一方怎能统治万人服用呢？当时有些医院、诊所、药店代客煎药非常之忙，昼夜加班还供不应求。但真正有组织的中医投入是没有的，我说的"认识不足"就在于此。全国防治非典型肺炎指挥部总指挥吴仪在 5 月 8 日下午与在京知名中医药专家座谈时强调："中医是抗击非典型肺炎的一支重要力量，要充分认识中医药的科学价值。积极利用中医药资源，发挥广大中医药医务人员的作用。"世界卫生组织专家马奎尔博士在广东省实地考察时由衷地赞叹："中医治疗非典型肺炎的效果非常神奇！"事实胜于雄辩，广东在名老中医邓铁涛教授的指导下，对于"非典"患者停用一切抗生素和激素，全部采用中医治疗，结果患者完全康复。北京有的医院的中医就严格遵循中医理论进行治疗，取得了良好效果，在"非典"一线的救治过程中，面对出现喘憋、呼吸衰竭的危重患者，就是在清·吴鞠通《温病条辨·上焦篇》"太阴湿温，喘促者，千金苇茎汤加杏仁、滑石主之"条文的启示下，依据原方对病人进行了辨证施治，从而挽救了危重病人，这充分说明了中医在"非典"临床第一线发挥着作用。其实，在两千多年前的《素问·刺热论》中就有关于这类病的描述："肺热病者，先淅然厥，起毫毛，恶风寒，舌上黄，身热。热争则喘咳，痛走胸膺背，不得太息，头痛不堪，汗出而寒……气逆则丙丁死。"《内经》所记载的相关内容与"非典"出现的症状如恶寒、发热、咳嗽、头痛、呼吸困难等十分相似，而且提出了如果"气逆"（正虚邪盛），则会病重难以治愈而死。这说明古代已有温病的流行历史和完整记录，这是多么珍贵的资料啊！两千多年来，中医药之所以能够一直延续至今，而没有被消灭，就是因为其在临床实践中有疗效。中医学以调整人体的阴平阳秘为宗旨，正如《内经》所云："阴平阳秘，精神乃治，阴阳离决，精气乃绝。"深入地阐明了阴阳平衡对人的机体的重要性，也说明了中医学是一门整体医学。它通过实践，经过千百万次的锤炼，上升到理论，再通过升华的理论来指导实践，它独特的理论体系就是这样不断完善形成的，有其深厚的物质基础和历史渊源。实践出真知，实践是检验真理的唯一标准，因此，中医学是千真万确的科学。有些人总是对中医"另眼"相看，张口就谈中医没有客观指标，人家不承认，不科学。让谁来承认？承认什么？到底什么是科学？科学的定义是什么？所谓科学者，是以一定之对象为研究之范围，而于其间求统一确实之知识者，谓之科学。从广义而言，则凡知识之有统系，能归纳原理者谓之科学，故哲学、史学等，皆科学也。从狭义而言，则科学与哲学、史学三者又有所不同。科学究其当然，哲学明其所以然，史学述其所已然者也。我认为，真正的科学家讲科学是实事求是的，科学是一门学科的知识、学问，来不得半点虚假，这就是真正科学家、学者的态度。不要走废医存药的老路，不要歧视排斥中医；废医存药是无形的，歧视消灭中医是有形的，然而更是隐匿的。我们要相信真正的科学，不要走被历史抛弃的路子。

老中医担心的是中医的教育，中医的教育存在着严重的问题。西医的教学内容是逐渐增多的，而中医的经典著作筛减又筛减，选读再选读，内容越来越少，都快没得可读了，培养出来的本科生、硕士、博士，又有多少能在临床看病的，疗效又如何呢？从"非典"的疫情观察，中医不是单纯地去杀死病毒，而是通过四诊、八纲，诊断确定疾病的证候，然后定出治疗原则，选方遣药，给予整体调节，这就是理法方药、辨证论治，也是中医学的精髓。而有的人中医理论不扎实，基本功不过硬又缺乏临床经验，只跟着人家跑，真是后继乏术！邓铁涛老教授痛心地说："中医院校目前培养不出来高明的中医，这是带有普遍性的现实，令人可怕的事实！""这是国家中医教育必须改革的重大问题。"我通过临床实践，经常和病人以及所带的学生打交道，对此深有感触，完全同意邓老的意见。中医教育改革的目的，是培养出真正的高明的中医人才，是明医而不是空有虚名的"名医"。只有这样，才能更好地为人类的健康事业做出贡献！西方好的东西、先进的东西，我们要学习，而且要学好，拿来为我所用，充实我们的知识内容，但不要全盘盲目地去追求，否则就是西化了。对于我们自己的东西要很好地继承发扬，要培养真正的中医人才。我们不是保守主义者，而是中华民族灿烂文化的维护者。20 世纪 70 年代，我为章士钊老先生诊病，一天看完病后正和老先生谈论、请教《金匮要略》中的一个字，得知周恩来总理要来看望章老，秘书示意章老让我回避，先生说不要走，要给我介绍一位认识的老朋友，后来才知道是周总理。总理很随和，很健谈，使人没有拘束之感，谈了大约一个小时的时间，当提到中医的问题时，总理深有感慨地说："如果我们不很好地学习中医，将来有可能向外国去学中医。"这句话意味深长，使我至今难忘，并铭刻心中！

我在广东省中医院收了两个弟子，他（她）们都是大学毕业后在临床实践多年的很优秀的中医，中医学基本功很扎实。我要求他们把《伤寒杂病论》的原序背下来，要理解其内容的精神内涵，并对他们说"要做自己的龙头，不当人家的尾巴"。他们不负众望，经得住考验，在防治"非典"的工作中，和全院人一道取得了可喜的成绩，使我心中甚感欣慰。汉·张仲景所著《伤寒杂病论》的原序，对每一位中医来说都是非常有教育意义的，应当认真学习，并值得我们深思。张仲景不但讲述了当时的大疫流行，还谈到了做医生要有高明的医术、医德、医风，并寓有做人的道理，内容深邃，至今仍有其现实意义。如文中云："怪当今居世之士，曾不留神医药，精究方术……以养其生，但竞逐荣势，企踵权豪，孜孜汲汲，唯名利是务"，"余宗族素多，向余二百，建安纪年以来，犹未十稔，其死亡者，三分有二，伤寒（注：伤寒是泛指外感的热性病）十居其七，感往昔之沦丧，伤横夭之莫救，乃勤求古训，博采众方……观今之医，不念思求经旨，以演其所知，各承家技，始终顺旧，省疾问病，务在口给，相对斯须，便处汤药，按寸不及尺，握手不及足，人迎趺阳，三部不参，动数发息，不满五十，短期未知决诊，九候曾无仿佛，明堂阙庭，尽不见察，所谓窥管而已，夫欲视死则生，实为难矣"。以上所引原序片段是多么的精辟。张仲景名机，后汉南阳人，官至长沙太守，他看到当时统治者只知争夺城池，不管人民死活，兵燹战乱，大疫流行，随即弃官从医，专给百姓看病，所著《伤寒杂病论》至今仍是学习中医必读之经典。要成为一名合格的中医，不在于你取得了什么文凭、什么职称、什么学历、什么学位，而要看你专业基本功是否扎实，有没有真才实学，有无过硬的本领。无论是搞教学，还是做研究，都不应该脱离临床，搞临床工作的也不能脱离理论，要不断地学习充实自己，不骄不傲，提高自己的业务水平，真正成为一名理论联系实际、从实战出发、以一变应万变的高才能的中医。我认为只有这样才能在迎敌第一线发挥有效的作用。我不反对西医，但我更相信中医，如果中西医相互尊重，真正发挥两个优势，很好地协作，那将会造福于人民的。

防治"非典"，当以防为主，我国的卫生工作方针早已定出了"预防为主"，这是非常正确的，不要等到大疫流行，再措手不及。在《黄帝内经》中早有明训，其云："圣人不治已病，治未病。"又云："夫病已成，而后药之，乱已成而后治之，譬犹渴而穿井，斗而铸锥（兵器），不亦晚乎！"在《金匮要略》中亦有"上工治未病"的指导思想。唐·孙思邈在他著的《备急千金要方》中也提到了："上医医未病之病，中医医欲病之病，下医医已病之病，若不加心用意，于事混淆，即病者难以救矣。"我们的前贤对于"治未病"思想、"未雨绸缪"的防患于未然的认识是很早的。我认为，一要充分重视中医这支劲旅，有组织地早期投入参与到防治工作中来；二要充分重视中医的后继乏术问题，"要正确处理好继承与发展的关系"；三要号召全民进行体育运动，特别是太极拳的运动，要树立起"正气存内""预防为主"的观念。

人之所以活，全凭一口气，气是有物质基础的。宇宙万物的生长、发展、运动、变化，都是气的作用，人之所以有生命活动，同样也是由于气的活动而维持的，所以明·张景岳在他所著的《类经》中就说过："夫生化之道，以气为本，天地万物，莫不由之……人之有生，全赖此气。""气"，没有一定的形状，看不见摸不着，但它是客观存在的，它是能够自由（然）散布的物质。气息、呼吸都是气，气在人体中是流动的，周身上下内外表里无处不到。人体的气称为"真气"，《灵枢经》中说："真气者，所受于天，与谷气并而充身者也。"说明真气本身是禀受于先天，依赖于后天的，此气又称"精气""正气"。所谈"精气"，泛指生命的精微物质及其功能，是养人的气，是生命的动力。明·张景岳在《类经》中对于"气"描述得很详细，书中云："真气即元气，气在天者，受之于鼻而喉主之。气在水谷者，入于口而咽主之。然钟（集中）于未生之初者，曰先天之气，成于已生之后者，曰后天之气；气在阳分者即阳气，气在阴分者即阴气；气在表曰卫气；气在里曰营气；在脾曰充气；在胃曰胃气；在上焦曰宗气；在中焦曰中气；在下焦曰元阴元阳之气。"由此可知，气的来源虽同，但由于分布和作用不同，其名称亦各异。其中的真气，为诸气的根本，也可以称之为正气（与气相对而言），"精气"也可称之为正气。由此可见，气在人体是极其重要的，人身的气是养人的，所以称之为"正气"是有它一定道理的。所以《素问·刺法论》有"正气存内，邪不可干"，《素问·评热病论》有"邪之所凑，其气必虚"的记载，这充分说明了前者是"正气存内"，所以不受邪的干扰，后者是正气先虚，必然容易受到邪的侵袭。这是正气与邪气的矛盾，不是正气战胜邪气，就是邪气战胜正气，是一场生死的搏斗。总的来说，要取决于正气的虚实，所以正气的强弱是决定因素。"非典"的流行也说明了这个问题。接受《光明日报》主任记者陈光曼女士采访的时候，我强调了正气的重要性，5月2日发表了访问的文章，标题即是"防治非典重在'扶正祛邪'"，阐述了我的观点。"非典"为什么有人得，而有的人不得，除了接触机会多少的原因外，还在于是否具有抵御病邪的能力。也就是说，有抵抗病邪能力的人不得，得病的即为"邪之有凑，其气必虚"者，说明了正气在人体的重要性。因此，锻炼正气、强化正气是我们最最需要的。

怎样才能使自身的正气得到强化呢？我认为除了"食饮有节，起居有常，不妄作劳"，排除情志干扰以外，最主要的就是加强身体的锻炼，强化自身的运动，提高身体素质。身体锻炼的体育运动内容很多，也很丰富，但大都弊多利少，因为大多是剧烈的活动。汉代名医华佗就说过："人体欲得劳动，但不当使极耳。动摇则谷气得消，血脉流通，病不能生，譬犹户枢，终不朽也。"《后汉书·方术列传》载名医华佗"年且百岁，而面犹有壮容"。他的名言是"流水不腐，户枢不蠹"，说明运动要经常性的，不能三天打鱼，两天晒网，更不要超负荷运动。唐·孙思邈有云："气息得理，即百病不生，若调养失宜，则诸疴尽起，善养生者，须知调气方正。"一个人的生命（寿数）延长的因素是多方面的，但不外先天条件和后天条件，人们如能懂得、了解如何充分正确地去利用这些有利条件（因素），就要尽一切可能地去利用。所以中医学"整体观念"的理论，从有病治疗服药到精神情志修养，从起居饮食劳逸到调摄健身养生，无不贯穿着"预防为主"的指导思想。天为一大天，人为一小天，这天人合一，人与自然相应的"整体观念"，正是中医学的核心所在。

谈到身体（心）的锻炼，要阴阳和合，刚柔相济，非剧烈运动的强硬锻炼所能比。锻炼的内容虽多，但应首推太极拳。因为太极拳有它的特殊优势。这项运动柔中有刚，刚中有柔，动中有静，静中有动，举动轻灵，极度敏感，阳刚阴柔，平衡无偏，可强化正气，培养道德，使锻炼者达到身心合一的至高境界，是任何运动无法媲美的。这次"非典"流行，还没听说经常打太极拳的人感染。这是因为他们经常锻炼，不断地强化自身的正气，只有正气充沛才能抵御外侮，才能防疫避病。因此，防患于未然是非常必要的，只有"正气存内"，才能"邪不可干"。这是我们的前人从实践当中总结出来的高度概括，是极为宝贵的经验，不是朴素的辩证，而是唯物的辩证。邓小平同志说"太极拳好"，是带有普遍性的，是很有远见的。太极拳已经走出国门，影响了很多国家的人们，他们在锻炼，在研究，在不断地深化，因为他们知深太极拳的保健作用，甚至不远万里到中国来投师访友，拜师学拳。

太极拳是中华民族的优良传统文化，是极其宝贵的遗产，应当很好地继承发展。太极拳可以说是为人类发挥了她的应有作用，放出了璀璨的光芒。国家很重视太极拳这种运动形式，很早就开展了这项活动，为了便于普及，在杨氏老架太极拳的启示下，删繁就简，编排了简化太极拳（二十四式），后来又根据锻炼群众的不同要求，发展了若干架势的编排，以满足锻炼者的需求，在普及的基础上逐渐提高、深化。很多慢性病患者经太极拳锻炼后，病情都有不同程度的好转；无病体弱者通过太极拳锻炼，亦可逐渐地健康起来。当然，练好太极拳也不是一件容易的事情，要天天练，不可懈惰，太极拳锻炼的至高境界，不是操练肌表筋骨皮的下乘法，亦不是攻防技能搏击的中乘法，而是身心合一、养生长寿的上乘法。太极拳要把架子练好，所谓架子练好，就是姿势要正确，每个架子的动作都是基本功，基本功一定要扎实，要请懂得太极拳的老师指导，按教练的示范动作，多练、多问、多听、多思、多揣摩，同时还要具备一定的悟性，定会有所收获。总之，练习太极拳要天天练，逐步深入，一式练好再练一式，不要急于求成，欲速不达，坚持不间断的锻炼，久之必有体会。要得其要领，掌握太极拳锻炼的特点。

太极拳是根据"太极"阴阳二气的转化、不停运动的原理创造发展起来的，是一种外形内意、动静和合、刚柔相济、内外统一的高级运动方式。太极拳不同于其他运动，它的优势表现在从精神到形体都是处在柔和的动态，采用自我导引行气的形式，通过自我锻炼，达到按摩脏腑、疏通经络、旁达诸节（一枝动百枝摇）的目的。它本乎人生天然之发育，顺乎先天自然之能力，使身心均能得到充分协调的运动，意守拳路不存杂念，做到"精神内守"和"恬惔虚无"。通过身心协调，要求松、整、圆、匀、稳等，这样，意识集中，精神贯注，使心神（大脑）在排除杂念之后，达到"动中求静""静中有动"的境界，是外练其形、内练其气的功能运动。它不仅锻炼了身体，而且培养了道德修养。

怎样才能练好太极拳呢？除了上面谈的以外，最应注意的是"神宜内敛""外示安逸"。外在的动，内在的静，内意外形，时刻纠正不要用拙力，要处于柔和安详的练功态。什么是练功态呢？练功态就是练功的形态，要排除杂念，意守拳路，排除任何干扰，就是不要想乱七八糟的事，将全部意念投入到练拳的路数上，以意念导引使全身放松。练功（拳）中所谓的"三调"即是指此，其一要"调身"，要调整正确的拳式姿势，力求立身中正，要求放松，安定自然（调身以正体）；二要"调心"，要控制意念，意守拳路，要求精神集中，相对入静（调心以凝神）；三要"调息"，要求呼吸自然，姿势动作不可强行与呼吸配合，力求呼吸与姿势协调均匀，逐渐从有声到无声，从粗到细，从短到长，气息平和（调息以行气），此"三调"即练功态也。如能基本掌握好练功态（三调）的要旨，我认为太极拳是可以练好的。

从"非典"的防治，联想到中医学与太极拳，触之有感，不揣冒昧，道出一名年近八十的老中医的心声。

黄明志

黄明志（1928—2004），河南民权人。出生于中医世家，自幼随其父黄雅亭先生学文习医。16 岁悬壶乡里，以疗妇儿科疾病为专长，广拜名师，名噪当地。1950 年获河南省人民政府颁发的执业中医师资格。1952 年 9 月任民权县第一任卫协会秘书。1956 年元月被组织推荐到河南省中医进修学校学习，毕业后不久调入省卫协会任干事。1960 年调入河南中医学院（现河南中医药大学）任《内经》、医史教研室教师。1962 年到河南中医学院一  附院工作，历任中医师、主治医师、副主任医师、主任医师、教授，曾担任儿科主任、儿科教研室主任等行政职务。历任中华中医药学会儿科分会常务理事、河南省中医儿科专业委员会主任委员、河南省首批继承型中医高级人才导师、河南省中医高级职务评审委员会委员、第三批全国老中医药专家学术经验继承工作指导老师等。

黄明志教授从医 50 余载，精于儿科，兼通内科及妇科，对《内经》《伤寒论》《脾胃论》《温疫论》等著作，颇有研究。擅用《内经》理论，探讨发病及脉证机理，强调儿童禀赋特点以及脾胃功能的强弱在发病和康复过程中所起的作用。重视天人相应的整体观念，在治疗上善于把握邪正消长，权衡扶正祛邪疗法，遣方用药，师古而不泥古，并善于从古方中悟出新意。晚年致力于小儿疑难杂症的治疗，对于小儿脑瘫、脑积水、儿童多动症、癫痫、脑炎后遗症的治疗，都取得了较好的疗效。倡导中医儿科外治法，为河南中医学院一附院儿科外治疗法的创始人和奠基者。

幼承庭训　继承家学

先师黄明志，河南省商丘地区民权县人。先师之父讳雅亭，开设私塾，启童蒙而传儒学，为当地很有名望的长者，并工于医，尤擅女科，民国时期在睢县城内立有医馆"文雅堂"，医名颇著，为清末睢郡四大名医之一。

先师自幼聪颖灵敏，记事颇早，6岁时入馆学习，其父雅亭公即是先师的老师。先师习《三字经》，背《百家姓》，8岁时正式背诵四书五经。俗云：门里出身，自会三分。先师读私塾期间，将中医典籍如《药性赋》《汤头歌》《医学三字经》《内经》及《难经》等多种医学名著烂背熟读，又因每日随父诊疾，耳濡目染间得到了许多实践经验，因此打下了坚实的中医基础。先师自此以降，专习岐黄，攻研医理，侍诊病人于父左右，16岁时便能代父出诊，因平时临证甚多，加之禀异厚积，故效验多奇中，久之，人不以年少而有疑，尊称为"少先生"。时当国乱民穷，缺医少药，女人生育频多，小儿发育不良，卫生条件差，故小儿病多难疗易死，夭亡甚多，于是先师攻读幼科，苦学强记，博学而笃志，渐至通灵，抱儿求诊者逐日增多。一日，一小儿病危，众医束手，但见小儿面色灰滞，精神委顿，沉睡昏迷，四肢厥冷，手足蠕动震颤。先师诊为慢脾风危候，速开《福幼篇》"逐寒荡惊汤"，一剂势定脱险，二剂阳回气转，三剂搐止神清，调理而愈。病家举家感恩，奔走相告，先师医名大振，求诊者更多，后屡起危证，名亦远播。先师常说："哑科非难，而专难畏其难者也。"

广拜名师　博采众方

先师的父亲友人很多，有清末的秀才、年长的学究、当地的名医，多是很有学问的人。许多名医是先师幼时认下的义父。当时大多医家恐自教子弟不成才，常把晚辈送至他人处当学徒，先师亦不例外，拜过许多老师。因其性谦体恭，敏而好学，深得诸师喜爱，得度金针。正如唐·韩愈《师说》所云："古之学者必有师。""师者，所以传道授业解惑也。"睢县四大名医有郭、徐、黄、白。郭者，名景曾，字省吾，先师曾师事之。郭先生精于内科病，一生多智，先师评其为"甚聪明，大智慧"。徐者，徐本运，字逢原，为"睢名士也"。徐逢原先生精岐黄，于诸杂症，应手辄效，于温疫攻喉治法尤精。徐先生在睢县、太康县等地，治白喉危症不计其数，其间无人能出其右者。生前传《温疫结喉秘方》，此书重在实用。先师将此书广为传播并运用于临床，故徐氏学术思想对先师影响最深。

1950 年春，睢县城南白楼、施桥等地发生了严重的麻疹、白喉、猩红热等疫情，县政府派先师和三位西医前往救治。西医大夫便委之于先师，经历垂危患者不下百十，运用徐逢原先生的方剂，无不应手奏效，从进入疫区到胜利结束，无一死亡者，深为西医大夫所敬服。先师认为："养阴清肺汤原方是治疗的关键，但徐先生的灵活之极，是因兼证各不相同。"可见险重之病，并非无治法。先师说："言不可治者，未得其术也。"1956 年，先师在河南省中医进修学校进修时，将《温疫结喉秘方》公诸同学照抄；1985 年在河南中医学会儿科委员会召开的学术交流大会上进行了交流；2001 年在甘肃兰州中国中医药学会儿科委员会第十六次学术研究会上将此书作为资料，向全国儿科同道介绍。我当时看到先师拿此参会感到疑问：现麻疹、白喉已被预防，近乎绝迹，为何先师还要"旧事重提"？2003 年春，"非典"的到来使我心疑得释，"干咳、少痰、低热不退、呼吸困难，死亡快、病死率高"，在中医研究几张预防"非典"的中药方中，养阴清肺汤被选入其中。难道先师未卜先知吗？非也，只不过是想告诉我们，中医中药如果运用得当，是可以治疗急危重症的。据先师讲："此本《温疫结喉秘方》得之于睢县名医蒋实卿，蒋先生是余老师和义父。"蒋先生家道殷实，为人厚道，虽较徐逢原年长，但素敬重徐先生，家中但有害疾者，必请徐氏共商，又曾有子孙患白喉，因得以徐君诊治而获命，故举家感之。因此二人为至交。徐逢原先生只看病，不卖药，诊病不索费，凭病家自付"脉礼钱"（即诊金），一生虽不富足，但救人无数；蒋实卿先生虽亦是名医，但性情宽仁，与人为善，独具慧眼，将《温疫结喉秘方》传于先师，使书得其传，名留后世，得益于徐蒋二公。

黄者，乃先师之父黄雅亭先生，精于妇科，兼顾幼科，活人无数，亦为民国年间睢县四大名医，民权及睢县县志均有记载。白者乃白攀桂先生，先师言其甚少。

先师一亲戚姓罗，颇喜中医学，嗜好典籍，博闻强记，通览群书，于医理尤精。其年龄长先生 30 余岁，抄医书上千卷、百余部，并立下读万卷书之志，每日晨起均到睢县城北门桥边背书，寒暑不辍，又喜宏辩，讲起理论来妙语连珠，声响口快，远近诸医鲜有相匹者。先生常去他家听他论讲医理，久之，得益匪浅。罗先生有疑难也请先师会诊。罗先生小孙久泄不止，自制多方而不见功，诚邀先师诊视。先师见此儿大便清水如漏，手足不温，拟定温阳止泻方，罗先生接方后大吃一惊："哎呀！这方是不是太热了，小儿性属纯阳，岂耐此大热之剂乎？你看这人参一味，《笔花医镜》上说'用之而当，砒石亦可见异功，用之不当，人参亦可促人命'，还是用党参吧，再者干姜燥热易伤阴津，孙儿久泄伤阴，不敢用啊！"先师闻听，窃笑其痴书，辩曰："用药贵在对证合机，以偏治偏，此常理也，有病则病当之，此儿睡时漏睛，如不速治，必成慢脾风症！"罗氏听此语，心中害怕，于是狠心用此方，结果方药合机，小儿服药就灵，一剂知，二剂泄大减，三剂泄止而愈。

先师至晚年常以此事警示后学，鼓励我们除学习理论外，更要注重临床实践，这样才能"学验俱丰"，反对读死书和死读书。

先师侍诊过多位老师，收集整理他们的经验、验方，晚年汇成《效蜂集选方》公之于世。先师说：做学问，要学蜜蜂采百花酿蜜的精神，不可拘泥于一家，立门户之偏见，更要注重实践，亦不可辄取一效，便自矜持，而以偏概全。

精研医理　教学相长

河南省中医学院创办之初，条件非常艰苦。先师由河南省卫协会调至中医学院任教，开始连个固定的校园都没有，同时老师少，任务重，教材少，学生又多是从医人员和有一定医学基础的，有的水平很高，并且学习刻苦，求知欲强，这对老师很有挑战性。刚刚而立之年的先师讲授过《医古文》（当时称医学古汉语）、《中医基础》《内经讲义》《中医妇科学》《中医儿科学》《针灸学》等多门功课，常常是"讲了这门换那门，上午讲，下午讲，有时晚上还要加课，很是辛苦"，当时教材编得比较简单，可是学生劲头很大，喜质疑爱问，对老师的考验不小。比如教《医古文》，虽然先师的古汉语知识扎实，但毕竟年轻，缺少授课经验，于是每日白天讲课，夜间加紧学习。先师虚心向同行老师请教，学到许多知识，"虚怀若谷"使先生日有所进。先师在校教学期间，还长期不间断地从事中医妇科、儿科临床工作，"文革"前妇儿科未分家，先师就两科都看，繁忙并快乐着，稍有空闲时间，还主动与当时的名医李雅言先生和儿科名家郑颉云等多位老中医探讨医理，总结他们的临床经验，以取长补短。这些老先生辞世后，先师常把他们的事迹和宝贵经验亲口传授给学生。

20世纪60年代，郑州某大医院院内有众多妇人产后发热不退，已死二人，余亦势危，急求中医会诊。先师往视，先察二死者，见口吐白沫，即知医之误矣！因先师父亲有"产后服凉药，死后吐白沫"经验之谈，询之果然，皆曾服大剂生石膏、金银花等清热药后立转败证不可遏。幸余者未进，速令停物理降温之法，投以大剂生化汤，重用炮姜，皆一服见功，尽剂病愈。先师认为："此乃产后感寒，合病为发热，为假热也，虽数人均见，热势很高，不可误作疫证，当大以补气为本，纵有他症以末治之，愈热而愈加姜，不可误认为温药增温而凉药降温，用西法指挥中药，徒增病毁誉之举，医之罪也。"并以此告诫后学："每看一个病，不能只知其然而不知其所以然，一定要问个究竟，否则至老难明，每开一张处方，必理法方药能自圆其说，辨证用药需有根有据，否则即是猜度。"

勤于临床 善于总结

先师一生可说是"博观而约取，厚积而薄发"。其学验俱丰，对于小儿顽固性高热的治疗，既善用《温疫论》"达原饮"及《伤寒论》"白虎汤""承气汤"，又善用《脾胃论》甘温除热的"补中益气汤"。对于小儿顽固性腹泻，适时采用温运、消补、收敛之法，且善用乌梅治疗各种顽固性腹泻，提出了"泄泻治脾，秋泻疗胃"的学术观点和治疗方法，拟立了"太苍散""梅连散""梅粟散"等疗泻验方，取得了较好的临床疗效。先师晚年致力于小儿疑难杂症的治疗，对小儿脑瘫、脑积水、癫痫、脑炎后遗症的治疗，都取得了较好的疗效。他倡导中医儿科外治疗法，拟立了"暖脐散""敛汗丹""釜底抽薪散"等效验方，为河南中医学院一附院儿科外治疗法的创始人和奠基者。发表学术论文及著述有《治疗大脑发育不全的体会》《效蜂集选方》《儿科医籍选》等。科研课题有"退高热童乐浆治疗小儿发热的临床研究"及"三甲痉瘫康治疗儿童痉挛型脑瘫的研究"等。然而因立言谨慎，加之诊务繁忙，故一生著述不多。归纳起来，先师临证有以下特点：

（一）四诊务必详尽

诊治小儿病，其难就难在诊断上，与大方脉比较，小儿为稚嫩之体，一般讲既无思想忧虑之苦，又无劳务负担，只要诊断明确，往往见药就灵，随拨随效。可是小儿"神识未发"不会言语，或会讲话而诉说不全，"气血未充"又难凭据其脉象，这样就给"识证、知脉"造成了一定困难。先师常说："看病不等于说病，医生不能光听不看，这样用药不大胆，吃药不放心，易犯经验主义的错误。"另加小儿五脏"全而未壮"，"不可仅凭一问"。四诊合参，方不致失手，先生诊病非常仔细，但有一毫异征，不因其细小而不察。

（二）辨证立法要准

先师常讲："西医有对症治疗之说，但决不能同中医的辨证论治画等号。"中医之难也就在于此。辨证灵活准确、立法严谨是先师的临证特色。其"灵"是指在动态中去辨究竟为何证，但绝不是把一种病分几个证型，每一证型用什么方，每个方中有哪些药物那样死搬。其"活"便在这里，不胶柱鼓瑟地去绝对划分证型。临床与书本不符之处多的是，虽有一定规律，但病人所患症状不会与书本上列举的尽相合应。体质有不同，感邪有轻重，得病有久暂，天气有寒暖，五脏有盛衰，要考虑到各种因素的不同影响，从而辨别每个病人的病情，做不到"灵活"二字，也就难以做到辨证的准确。换句话说："想辨证辨得准确，就必须灵活。"证辨错了，立法越严谨越错，实实虚虚，南辕北辙，何病能中？但并非没原则、无根据地去活，原则是有的，法也是可以遵循的。此即"医者，意也。临证要会意，制方要有法，法从理生，意随时变"之谓也。

（三）遣药处方有规程

"夫医之为道，必志虑渊微，机颖明发，然后可与于斯。"先师处方时谨慎而果敢，一毫有疑即不开口论药，大法确定后则一气呵成，决不犹豫。处方时先定药味等，待药全部开完后，再定剂量。先师儿科散剂组方时只开3种，绝对不开第4种，汤剂用药最多13味，绝不多开一味，选药精当之至，药少力专，"宁缺毋滥"。除了个别毒性药品外，由于儿科自身特点，先师用药剂量大，接近等同于成人剂量，因药证合拍，故很少有不良反应出现，效果快而好，大多小儿一诊便会症愈，有的药未服完便已病好，一些常见病和多发病患儿来复诊的很少，包括一些久病者，在其他地方久治不愈者，多能在三五天内治愈。而且先师善治疑难大症，服药后不见效者微乎其微，因而全省各地和外省的患儿求诊者很多。

（四）重疗效精益求精

先师的儿科诊室内经常有成年和老年患者来看病，那是因为他们小时候和年轻时就得到过先师的救治。若效果不好，他们不会有病就来。当然，这也是因为先师知识渊博，诸科兼善。

儿科疾病特点，一是病种不多，病情不复杂，再者有很大季节规律，病情很相似。因此，初跟先师学习时感到很容易，几种散剂变来变去，没有大的出入，甚至说一上午就那么几种病，就那么几种药。时间稍久，才发现其奥妙之处就在于如何把这几个常用配伍灵活准确地分到不同的病号身上。先师常说："中药不传之秘在用量上。三因治宜，用药时不能乍寒乍热，不左就右，应当全面考虑，莫益于此，而失于彼。"比如夏季或长夏之季，往往有感受暑湿之邪而致发热、咳嗽、湿疹、泄泻者，凡出现小便短赤、唇红易惊、舌尖红赤者，多加些益元散以清暑利湿（注意：不是必加）。一日，有位"发热泄泻"小儿，伴舌尖生疮、小便短赤、唇红，按以往习惯，我说："再加些益元散吧？"先师听后说："用苍苓散（苍苓散：苍术、白茯苓、金银花）吧，益元散有些凉，现在菊花开了，虽然是湿热泄泻，但已不是暑湿了。"我方才醒悟：长夏酷暑已过，现已是秋高气爽之节了。先师辨证之妙，由此可窥一斑。我曾把这事讲与一位中医听，他听后甚不以为然，说："一点中药，会有如此差别吗？"这便是红土与朱砂的区别，先师常说："至人可传授，非人莫浪说。"即是此理。

（五）纯中医艺高胆大

先师临证"心细如发，胆大如身，由其胸有灼见也"。先师是位纯正的中医，很少让患者做检查，但对实验室和仪器检查结果以及西医的诊断，先师在诊断时都会参考，如果一旦辨证用药，决不受其影响，而采用地道的理、法、方、药。先师善治疑难杂证，对儿科的稀有病和重顽之症均有一套成熟成功的救治经验，现选其一种详述之。

2002 年 3 月 16 日，先师接诊了新乡一 18 个月大男孩，系足月顺产，产后因骶部肌膜膨出，于3天时手术而愈，4个月后出现脑积水，经多方治疗效不佳。时见患儿头颅大，头围53.5cm，前囟增大，头皮绷紧光亮，双目外突，烦躁，小便量少，夜间偶有惊厥，舌苔白。先生辨证后认为，本病病在肾脾，因肾不能主水，脾不能运水而致，故以健脾为手段，补肾为目的，立健脾补肾、通络利水之治则，处以加味三甲散、起痿散，合白茯苓、白薏苡仁、白通草、丝瓜络煎水内服。配"封囟散"外敷，其方为炉甘石150g，寒水石150g，胆南星60g，冰片10g，共为细末，分10包。用法为取麦糠一碗，水两碗，加入麦糠中泡20～40分钟，放入锅内，加陈醋一碗，煮滚（忌铁器），纱布过滤，拌药面，糊贴前囟，外敷纱布，敷时可外戴帽子以固定，24小时换一次药。此病儿二次复诊时，头围明显减少，经半年调治渐愈。

2002年春夏之交，河南中医学院一附院儿科病房内收治一中牟县"脑积水"患儿，小儿4岁，以频频呕吐入院，入院后每日输液，"利水，降颅压"以缓解病情，但水去复生，反复不愈，请先师会诊。先师在认真询问和检查病情后发现，小儿颅形、舌、脉、吃饭、睡觉、大小便、头发等均正常，基本上没有兼证可辨，入院以来呕吐也被控制。先师认为："此患儿从CT结果诊为'脑积水'，观此儿聪明善思，对答不错，显然智力未受影响，受病暂浅。因此现在主要应解决'水'的问题。水者，湿之总也，其主在肾，其标在肺，其制在脾，故欲去此水，当三阴同治，然病之标在积水，病之本在积水之因，表象在胃，实在于肾。《内经》云：'肾者，胃之关也。'即含此理。"处以"加味白玉液"和"补肾地黄汤"加减：炒白术10g，怀山药15g，山萸肉15g，白茯苓15g，粉丹皮9g，建泽泻9g，薏苡仁3g，怀牛膝6g，白菊花6g，白通草15g，丝瓜络6g，车前子10g，太子参15g。水煎服。当问及方名为"补肾地黄汤"而方中却无熟地时，先师解之："熟地补肾但腻脾，积水多时可暂时不用，此取其义而不泥其方也。"此患儿停用一切西药后，服此方至第2剂即显效，服完3剂后积水减少，连续用至6剂时积水消失，出院巩固疗效，脑积水痊愈。

通过上述二病例的痊愈，可见善医者，法门广大无边，不善医者，小心与大胆均误也。胆大就是要敢于攻克难关，树立必胜的信心。"解颅"为儿科大病，治不得法，多致死残，西医目前对此病无特效疗法，见水利水，颇损儿脑。先师治此证全活甚众，疗效出奇。先师说："脑积水，此病3个月以内而得者十有九死，不死亦难治，8个月以上发者，十不死一，但年龄愈大愈与正常儿显差距，终有后遗症，如智力低、身体残、癫痫等，必坚持治半年方可见成效。"脑积水发现越早，治疗效果越好，如出现"落日眼"时则最难活命。先师说："呼之，目能露黑睛上看，呕吐轻者，尚有生机，呼之，目难抬者，多不成人。"先师治此病，主以三方面着手：一合其颅，二益其脑，三是最关键者，就是消其积水。三者失一则不能收全功。因欲合其颅，水多则溃，欲去其水，必益其脑，否则水去复生；水虽暂去，颅骨不合，前功难久；水去颅合，不益其脑，成一痴物，于人何益？先师用散剂"加味三甲散"补肾强骨以合颅；以参苓白术散健脾补气以杜生水之源；以"起痿散"通督脉、益脑髓、疏脑络；或用补肾地黄汤益元培本；再以汤剂"白玉液"重用白通草，一利积之邪水，二防积水再生成，水去则颅骨易合；三以"兔脑海参汤"久服以益其智，使后遗症尽量减少，以求生活自理。三管齐下，可谓"良方"，但关键是坚持久用。

以上这五个特点是先师临床看病的最基本特色，初看似平淡无奇，可做起来，谈何容易！先师，一凡人也，为何能有如此精湛的医术呢？这与先师的医德是密不可分的。

性善若水　德在艺前

明代孙一奎云："古之医也，以救死扶生为其心，其业专而用方也慎。专而精而造诣入室，慎则审而投药奏功。"先师的医术，用"精湛"二字誉之不为过，但先师之医德，用"高尚"两字评之却不及，只有用"真高尚"三字才恰当。先师诊病特别仔细，查人所未查，问人所未问，思人所未思，极虑专精，从审核病历到辨证下药，及至最后交代服药方法与忌口事项。因为病号过多的原因，先师从早上八点开始诊病，往往一直要到下午四点左右才能结束，中午是绝对不休息吃饭的，还要一刻不停地说话，而且喝水也很少。先师说："病人等着看病心急，少喝水就能少上厕所，少误点时。"每次上班都是这样，下午两点下班就算很早了，其他医生从早上到中午看十几个病人，可先师能看四十多个，病人也情愿等几个小时。先师弱冠之龄即名闻乡里，古稀之年亦如此，此即"桃李不言，下自成蹊"也。

先师常教导学生说："笔尖一动，关乎人命，小儿虽小，人命一条。"又说："拿不准病，不放手；十差九错，只为慌张；儿童不会言语，故当严戒'相对斯须，便处汤药，动数发息，不满五十'那样的诊病方法，当以《大医精诚》所立德范为榜样。宁迟吃一会儿饭，也不能出了差错。"因为"看一千人，一千人都看好也是应该的，但有一个出了错，也是不应该的"。先师告诫学生："威信累在千日，败在一时，成功之难如登天，失败之易如燎毛，所以必须谨慎！"先师之言实在感人肺腑，铭记心中，可受用终生。盖医学通于性命，知医则知命也。正如清·王好古所云："医之为道，所以续斯人之命，而与天地生生之德不可一朝泯也。"先师之心，可谓仁矣。

古人云："医者之言，尤当慎者，不可夸己之长，不可谈人之短，不可浮诞而骇惑病人，不可轻躁而诋诽同类。"先师视此为医生之立品。先师尊重其他医生，见到别人所处之方，从不妄加褒贬，总是说："有贪官赃吏没有脏大夫，医生和病人是一条心，目的都是把病治好，没有想把病治坏的。"并常把病人介绍给有其他专长的大夫。他常说："一人不过二人智，三人顶个诸葛亮。"其他医生也乐意介绍病人找先师看病，每日不绝。先师常说："遇难而荐贤，取长以补短，医学渊博，尽善很难啊！应该知道：生有先后之分，术有专攻之妙。"先师之心，可谓恒德矣。

病人有问，先师总是耐心细致解释，不厌其烦；对待学生，一点一画教导，不知疲倦，从不保守，倾囊授之。先师说："当医生不可嘴懒，为人师理当尽心。"因而无论是病家、学生或同事，多有口皆碑。

先师古稀之年，尚有岳母寿高身健，不愿居于闹市，先生遂其愿，居于乡下，乘车上班甚为不便。先生不违母意，实为大孝之人，五世同堂，先生之福亦为天赐。生前两次心肌梗死，皆大病能愈，造化之至，上善之人，日月增寿延年。

先师对人和蔼可亲，身为儿科老教授、省内外知名儿科专家，却从不摆架子，时时谦虚谨慎，说话办事注意分寸和影响。先师平素生活很简朴，为人处事既有原则性，又不失人情，不计自己得失。尽可能给人方便，搞好医患关系，如同鱼水情深。为医者，当德术兼备，二者并重，不过德在艺前。当先学好医术，精研医理，兼修医德，方能济世活人，而为苍生大医。

先师天资聪颖，记忆力过人，自幼随父学文习医，加之勤奋好学，精极博览，诸家皆通。藉医以立，尤精妇儿。嗜好象棋，为棋坛至高之手。曾问先师："儿科书中，您宗哪一本呢？"先师答曰："我为集多家之长，博览群书，择其善者而从之，其不善者而改之，诸子百家，只要有用，皆可取之，不可拘泥。"这正是"天下之至宝，有心者居之，无心者失之"。可见先师通过多闻博识成为一代名家是不易和可贵的。

言传身教 培养后学

黄明志先师不仅有精湛的医术，还有高尚的品德，他为人谦虚，处事谨慎，待人接物彬彬有礼。对于学生，则有问必答，引经据典，知无不言，对于自己的经验毫不保留，倾囊相教，为中医儿科事业的发展做出了贡献。先师一生致力于为病人解除病痛，一切为病人着想，看病十分认真，对病人百问不厌烦，从服药方法到日常护理，嘱咐详尽周到，在广大患者中间享有很高的声誉。此即"斯文有传，学者有师"之谓也。

先师晚年以诊病授业并为重务，可谓呕心沥血。表面上看，先师体质健康，其实患有很严重的"心脏室壁瘤"，有时会发生"心绞痛"，因此不得不常服用"消心痛"等药品。先师有规定：对于发热的、抽风的或病重患儿实行优先就诊，不论挂号的先后。

先师诊室的实习学生人数是全河南中医院最多的，有一次竟多达 19 人，想想看，一个十多平方米的小屋挤那么多人是个什么情景。因此，办公室工作人员常来诊室往外撵学生。但黄老师从不撵人，故等工作人员走后，学生仍然站在那里记笔记（这些学生大部分不是黄老师应该带的）。

"夫子循循然善诱人"，此《论语》中颜渊评其师之语也。"诲人不倦"乃为师之德，亦先师明志公之谓也。先师对学生的学习认真负责，病历上有错字出现或用词不当时，先师必特意指出，少写了一点一划也不放过，指出时则"客气再客气"，绝无丝毫批评的意思。若病历上的舌象、指纹、脉象写得不准确，先师会有理有据地改正过来，并重点讲解，使人心悦诚服。

先师讲话，必是认真而自然，面带表情，绘声绘色，"非常非常细致"。先师说话，声音微带嘶哑，语气甚是缓和，每言一事，首重真实，很微小的地方也必须交代明白，使前因后果一清二楚，比如讲一则医案，涉及许多经文和典故，必指明出处，以便学生查证。要紧处提笔写于处方之上，笔力遒劲，字势开阔大气。更值得一提的是，先师引诵大段经文时，可做到一字不差！

因为每次下班都很晚，因此学生们不好意思再问许多问题，怕先师劳累，而先师总要提一些问题来讲解。先师说："你们来帮助我看病，陪着我挨饿，我讲点东西，你们听一听，也算补偿吧！"

先师尊重周围任何一个人，记学生名字很准确，呼时喊名字，使人感到很亲切（当然姓名两个字的除外）。每次上班，他早早到诊室做准备工作，学生也陆续来到，向先师问好，先师向他们一个个打招呼，问是否真的吃饭了，"如果没有吃饭的，到食堂吃点饭，不要忍饿，你看我，吃得饱饱的，吃好睡好才能工作好，人是铁饭是钢嘛！"

有一次一位新来的学生写病历，由于不熟练，写得非常慢，先师耐心等待，病人和周围的同学看在眼里急在心里，那个学生也头上冒汗脸发红，写字如"口吃"一样。我指着他旁边的一位学生说："你替他写吧！"话刚出口，先师连忙用手示意，低声说："别，别，让他慢慢写完吧。"每当我回忆起这个情景，想起已故先师，都会禁不住流泪。此正如《礼记·学记》所云："既知教之所由兴，亦知教之所由废，然后可以为人师也。"

作为学生，你不必担心万一说错了话或做错了事而受到严厉的批评，也不必担心老师发脾气而遭遇不快，更不用察言观色，亦不用猜度老师今天心情如何。可以这样说，你只要跟着黄老师，你就只管学习就行了，有的是知识，学也学不完。对于其他一些生活小事，什么"礼节""礼貌"等，先师从来不计较。所以说宽容是先师的又一宝贵品质。

大凡和先师接触过的人都知道，先师是一个"礼节"非常大的人：人来时必起身相迎，人去时必举手送归。无论是朋友、同事、领导，还是学生、病号、家属，包括不认识的人甚至先师的老伴儿，必然是亲切招呼，真诚接待，这是有目共睹的事情。不耐烦和爱理不理的情景在先师身上是绝对看不到的。

就在那个小小的诊室内，先师的言行影响了一届又一届的学生，他不但把自己的经验和阅历毫无保留地传给下一代人，还把中医学院已故的名医以及他们的事迹传播开来。先师随口给我们讲的临证小短语竟有四百多句，言简意赅，易学易记；医案医话近百例，真实精绝，发人深省。这些知识为学生们一生临证点亮了一盏盏明灯。此即《医学探源》"汝辈当为'明医'，精通医理，务尚'名医'"之谓也。

2004年正月初五夜，先生心脏病突发，卒于郑州北郊庙李村家中。先师黄明志公可谓"明医"也。诚如明·龚信《古今医鉴·明医篇》所赞曰："今之明医，心存仁义。博览群书，精通道艺，洞晓阴阳，明知运气。药辨温凉，脉分表里，治用补泻，病审虚实，因病制方，对证投剂，妙法在心，活变不滞。不炫虚名，惟期博济，不计其功，不谋其利，不论贫富，药施一例，起死回生，恩同天地。如此名医，芳垂万世。"

附　方

加味三甲散（注：河南中医学院已故儿科名医郑颉云先生名方）

组成：炙鳖甲15g，炙龟甲15g，炒山甲15g（现用代用品），鸡内金15g，炒大白15g，大砂仁6g，番泻叶1.5g。

功能：健脾开胃，消食化积，宽胸理气，育阴潜阳。

起痿散（注：河南中医学院一附院儿科协定方）

组成：制马钱子0.9g，土元6g，全虫6g，蜈蚣6g，乌梢蛇6g。

功能：强筋壮骨，通经活络。

兔脑海参汤（黄明志经验方）

组成：野兔脑1个，山羊肾（去膜）1对，大海参15个，荷叶蒂3个，青盐3g，味精0.3g，银耳10g，粮食酒1盅。

功能：补益肾气，利水速脑。

主治：脑积水、脑发育不良。

白玉液

组成：白通草15～30g，薏苡仁30g，白茯苓15g。

功能：健脾化湿，利水消肿。

主治：脑积水。

孙 浩

孙浩（1928—2021），江苏省仪征市人，中共党员，主任医师，江苏省名中医。曾任江苏省卫生厅科学技术委员会委员，江苏省中医药学会名誉会长，中华中医药学会儿科专业委员会常务理事，江苏省中医药学会儿科专业委员会主任委员，扬州市中医药学会副会长，《江苏中医药》《中医外治杂志》《中国临床医生》编委。

16岁随其父孙谨臣学医，为仪征中医儿科"臣"字门第五代传人。1948年悬壶于肆，1959年调至市人民医院中医科工作。1966~1984年任仪征市人民医院副院长、院长，分管中西医结合和科研工作，卓有成效，1978年市人民医院在省科学大会上被评为"江苏省中西医结合先进单位"。1986~1994年创建仪征市中医院任院长兼党支部书记。该院连续九年被评为仪征市、扬州市"双文明建设先进单位""先进党支部"。1988~1992年因文明治院、廉洁行医的业绩，被评为仪征市1~3届"双十佳"先进个人、模范党员，扬州市优秀党员，"全国卫生文明建设先进工作者""江苏省中医药系统先进工作者"，1992年荣获国务院政府特殊津贴。

从事中医儿科专业七十余年，长于治疗小儿肺系疾病和脾胃病，并善于运用外治法治疗儿科疾病。如自拟"二子散"贴治汗证，"芦荟粉"外治出血，"藤黄酊"涂治局部急性炎症，"祛暑散热汤"浴治小儿夏季热等，均收到了较好的疗效。在国家级、省级各种医药报刊上发表论文130余篇，著有《孙谨臣儿科集验录》《医学存心录》二书。

余从医64年，6~15岁学习文化，16岁随父学医，为仪征儿科"臣"字门第五代传人，21岁行医，32岁调入县人民医院工作，57岁创建中医院，坚持以诊务为主，66岁退休，仍义诊至今。

回首个人从医经历，大致分四个阶段：

学文化　练背诵　打好基础学中医

中医学是我国传统文化的重要组成部分，它吸收了先秦时期的哲学、天文、地理以及诸子百家学说中的精华，构建了中医学理论体系的基础。特别是儒家学说中"五常"之首的"仁"，成为中医伦理学的核心思想，"儒医""仁术"之称，源本于此。余6岁"开蒙"，即背诵《三字经》《千字文》《百家姓》（旧时启蒙读物），随后又熟读《增广贤文》及"四书"（《大学》《中庸》《论语》《孟子》）。至15岁时，已陆续读完《幼学琼林》《古文观止》《诗经》等书以及唐诗宋词，并锻炼了自己的背诵能力，为学习中医奠定了基础。诚如清代喻昌《医门法律》所云："医之为道，非精不能明其理，非博不能至其约。是故前人立教，必使之先读儒书，明《易》理，《素》《难》《本草》《脉经》而不可少略者何？盖非四书无以道义理之精微，非《易》无以知阴阳之消长，非《素问》无以识病，非《本草》无以识药，非《脉经》无以诊候而知寒热虚实之证，圣贤示人，略审其端而已。后学必须学会群书之长，参所见而施治之，然后为可。"

耐炎暑　抗严寒　抓紧接班学中医

"学向勤中得，萤窗万卷书"。余16岁时，先父已年届花甲，必须抓紧时间接班。按照先父的安排，余先读金代张元素《珍珠囊药性赋》和明代李中梓《医宗必读·本草征要》，同时参阅《神农本草经》《本草备要》《本草从新》《本草求真》《本草纲目拾遗》等书，以丰富药物知识；后读清代汪昂《汤头歌诀》、孙位金《医方诗要》《王叔和难经脉诀规正》，其书皆属歌赋体裁，易于背诵。在读完药性、汤头、脉诀之后，即随父临证、抄方，再读《内经》《伤寒论》《金匮要略》等书，这些书非歌赋体裁，不易背诵，余采取"机械识记"和"意义识记"相结合的方法，耐炎暑，抗严寒，夜以继日反复默记、背诵。读完这四部书后，接着读儿科专著《小儿药证直诀》《幼科发挥》《医宗金鉴·幼科心法要诀》《痧痘集解》《痘疹玉髓金镜录》等书。此类书是自宋以来，集儿科临床经验之大成，具有实际指导意义和实用价值的，必须重点阅读，切实掌握。此外，《小儿卫生总微论方》《活幼新书》《幼科类萃》《婴童百问》《万氏秘传片玉心书》《幼幼集成》及《千金要方》《证治准绳》《温病条辨》中有关少小婴孺部分，则作为必要的参考读物。

1959 年及 1965 年，余曾两次应调去南京中医学院第二期师资班、第五期进修班学习，重温中药、方剂及四部经典。在教师的辅导下，对中医古典医著"博学之，审问之，慎思之，明辨之，笃行之"，从而使余对中医基础理论有了较深入的理解，为余之后的临床再实践，进一步打下了坚实的理论基础。

明理论 重实践 紧贴临床学中医

中医谓："熟读王叔和，不如见证多。"中医师承的方法除读书外，主要是临证。清代吴仪洛认为"夫医学之要，莫先于明理，其次则在辨证，其次则在用药。理不明，证于何辨；证不辨，药于何用"。故余在临证时重在学习先父望诊及辨证的经验。如患儿的面部形色，指纹的部位、色泽、形态，以及舌象、脉象的种种表现，各主何种病证及其治法。旧时天花、水痘常在桑梓流行，麻疹、奶麻、风疹、丹痧等证亦多见到，必须一一辨识清楚。余学医 5 年，亦临证五年，尽得先父真传，并受到先父医德医风的熏陶，以重德轻利为立业之本。余 21 岁离家易地行医，即能较熟练地诊治儿科疾病，后以德技之名而享誉乡里。20 世纪 50 年代末，进入县人民医院中医科工作，当时科内有三位名老中医，诊涉内、外、妇、儿诸科疾病，唯儿科病人较少。余闲时为三老叫号、抄方，从中学习他们的经验，班后抓两头、带中间（即早晚、中午），阅读《外台秘要》《普济本事方》《医学心悟》《医学衷中参西录》《柳选四家医案》《临证指南医案》《时病论》《广温疫论》《审视瑶函》《外科正宗》等书，以填空补缺，"人有知学，则有力矣"。经年余时间，余即能处理各科常见病，逐步拓宽了门诊业务。

学西法 两手抓 借助科研学中医

近代中医学家施今墨先生有云："无论中医西医，其理论正确，治疗有效者，皆信任之。"而时逸人亦有类似的见解："西医论证明确，中医方药有效，必参合双方见解，方能完善。"这些论点，在临床中有效地指导着余开展中西医结合工作。20世纪60年代中期，余进入医院领导班子，分管中西医结合和科研工作。80年代中期调出市人民医院创建中医院，从而有较大的空间和条件，在开展中西医结合的工作中，充分发挥中医药特色。在人民医院工作期间，余和西医合作，以妇产科、外科、传染科为基地，有选择地运用中医中药治疗急腹症和传染病。如在妇产科运用张锡纯的"活络效灵丹"治疗异位妊娠22例，获得了成功（载入《江苏省中西医结合文选》）。在外科运用《金匮》"大黄牡丹皮汤"治疗肠梗阻150多例，免除了手术治疗。还运用自拟"宽中导滞汤"革除腹部手术"两管一禁"，使病人术后早期恢复肠功能（载《中华医学杂志》1977年第4期）。在传染科运用自拟"乙脑Ⅰ号、Ⅱ号方"分别治疗热重型与湿重型流行性乙型脑炎138例，治愈和有效率达98.2%（载《新医学》1973年第8期）。对于急性细菌性痢疾初期，采取"通因通用"的方法，用"木香槟榔丸"导滞通腑，一泻而愈。上述工作得到了西医的支持与认同。1978年余所在市人民医院在江苏省科学大会上被评为中西医结合先进单位，受到了表彰。

"济时之道，莫大于医；去疾之功，无先于药"。1986年，仪征成立了中医院，从而有了一支中医药队伍，并在诊治方法和饮片炮制上坚持传统做法。余鼓励青年中医攻读中医典籍，奖励撰写论文，正规书写病历。医院开设了儿科门诊，医师们总结新老经验，发掘古方古法，研制出多种方药在临床推广运用。如藤黄一药，因其有大毒，临床已很少应用。《本草纲目拾遗》载其外用可治一切无名肿毒，余多方采购用其制成"藤黄酊"，广泛涂治各种局部急性炎症，几无一不效。后又将其用于外科腹部手术切口缝合处，以防止感染，亦甚有效。"藤黄酊"在《中华医学杂志》上公开后，各地医院纷纷采用，屡见报道。芦荟一药，本为清热、凉肝、泻下、杀虫药，多作内服（《医宗金鉴》芦荟肥儿丸，《丹溪心法》当归龙荟丸），极少外用。《本草纲目》谓其"似黑糖"，因思糖性胶黏，可护创止血，余乃试用将其研粉撒敷或溶解滴入，以治外伤、鼻炎、肛裂、痔疮出血及原发性血小板减少症而致之鼻衄、齿衄等，竟能立即止血。小儿多汗，表虚不固，极易外感，余用五倍子、五味子二药等份为散（名二子散），加水调敷脐窝，取二药酸收之性以收肺敛汗，表固则"虚邪贼风"无从而入。苍术"为湿家要药"，善治水肿、泄泻、痰饮、着痹等证。《普济本事方》

中，许叔微用苍术治自身"癖囊"，"胁痛，饮食殊减，十数日必呕数升酸苦水"，服诸药无效，后只用"一味苍术，三月而疾除"，许氏描述其症，与今之胆汁反流性胃炎相似，余用治该病二月，症状消失，胃镜复查已无胆汁反流现象。琥珀有镇惊安神作用，习用于治疗小儿惊风、癫痫之证（琥珀抱龙丸）。另外，琥珀尚有祛瘀止血、泻火止血、通淋止血之用，余常用以治疗小儿急性肾小球肾炎、尿路感染（女孩为多）、过敏性紫癜和单纯性尿血，均能取得较好的疗效。

《谢海洲医话医论》有云："以勤为径，才可能攀登顶峰；以苦为舟，才能达到新的彼岸。医学科学深奥渊薮，非勤苦难成。"在走过64年的从医之路后，余深深地体会到：

（1）中医学渊源于中国传统文化。如没有传统文化的基础，对中医阴阳五行、天人相应、藏象、经络等学说则莫知所云，无从理解。中医的诊法、辨证、治法，如没有长期的临床实践，就不能体会其独特之处。中医学是一门具有中国特色的医学，并以疗效卓著而受到人们的欢迎。那种认为中医不科学，要取消中医的说法是完全错误的。

（2）师承的方法有可取之处，它的优点在于业师的严格要求和勤于检查；在于初读医书之时，即随师临证。读书、临证是学好中医的基本功，缺一不可。但其缺陷是没有现在的中医院校教学的系统性、全面性和多样性。院校的教法如适当结合师承方法，则培养出来的医生更能适应临床的需要。

周仲瑛

周仲瑛（1928— ），江苏如东人。南京中医药大学
教授、主任医师、博士生导师。曾任七届全国人大代表、
国务院学位委员会学科评议组（中医）成员、卫生部药品
审评委员会委员、国家中医药管理局中医药工作专家咨询
委员会委员、国家教委科技委医药卫生学科组组员、国家
自然科学基金委员会评议组成员、中国中医科学院学术委
员、中华全国中医学会常务理事、中华中医药学会终身理
事、中华全国中医学会江苏省分会副会长及名誉会长等职
务等。曾受聘担任美国普士顿大学医学院客座教授、新加坡中医学院客座教授、
广东省中医研究院客座研究员、广东省中医药科学院学术委员会委员、浙江中
医学院（现浙江中医药大学）附属医院学术顾问、天津中医学院客座教授、《美
国中医药研究》杂志编委会编委、《美国综合医学杂志》编委会编委、《中医杂
志》编委会委员兼特约编审、《江苏中医杂志》编委会名誉主编、《南京中医药
大学学报》编委会主任等职务。

周仲瑛教授从事中医临床、教学、科研工作近八十年，学验俱丰，著述等
身，声名远播，桃李满天下。虽年过八旬，仍每周坚持5次门诊。临床能熟练发
挥辨证论治特长，重视辨证与辨病相结合，擅长治疗内科急难病证，疗效卓著，
屡起沉疴，深受病人爱戴。在临床中，善抓病机，以风痰火瘀毒等病理因素为
线索，以脏腑病机为核心，立病机证素新论，重视复合立法的具体应用及其相
互关系，独创"审证求机""辨证五性""内生五气""第二病因""瘀热论"
"伏毒论""知常达变论""药随证转论""复法组方论"及"病机辨证十三条"
等新说，丰富和发展了中医学理论。先后主持国家、部省级课题36项，其中4
项被列为WHO传统医学合作项目；获得科研成果24项，科技进步奖22项（其
中省部级以上13项），创制新药5种，发明专利6项，发表学术论文216篇。

作为新中国中医教育事业和中医内科学科的开拓者之一，周仲瑛教授为我国中医高等教育事业贡献卓著。先后编写《中医内科学》《中医内科急症学》教材及教学参考书共 29 部，培养硕士研究生 11 名、博士生 26 名、博士后 1 名、师带徒弟子 12 名。被评为"国医大师"，享受国务院首批政府特殊津贴。为第一批国家级非物质文化遗产项目"中医诊法"代表性传承人、全国名老中医、首批全国继承老中医专家学术经验导师、江苏省名中医、全国老中医药专家学术思想优秀指导老师、全国优秀中医临床人才研修项目优秀指导老师、全国高等学校先进科技工作者、全国优秀研究生教师，曾获江苏省普通高等学校"红杉树"园丁奖、世界中医药联合会"王定一杯"中医药国际贡献奖、香港紫荆花医学发展成就奖等 15 个荣誉称号。

我业医世家，祖籍浙江宁波府东乡慈溪县车轮桥，后因战乱迁居江苏南通州如皋县（现如皋市）东马塘镇，至先父筱斋公已历五世。受家庭环境的影响，传继家学，济世活人，自然成为我当时唯一的选择。特别是每睹急症之转安，沉疴之复起，未尝不慨然有感于"不为良相，必做良医"之训也。悬壶迄今，忽忽六十春秋。回想初涉医途之时，正值中、西医学碰撞激荡之际，重西轻中思想甚嚣尘上，也曾思想彷徨，徒增路在何方之叹。迨至临证有得，方始恍然感悟，有如咀嚼橄榄，由苦涩渐转为甘甜，倍增传承、弘扬中医学之信心，朝夕揣摩，如今老而弥坚。

近百年来，中医受尽歧视、轻视的不平等待遇。直至中华人民共和国成立后，甚至一度仍有人提出要用西医学改造中医学，中医学界受这种思想毒害的负面影响至深，给中医事业的发展方向与思路造成了困惑与迷茫，并严重干扰了学子的专业思想和自信心，出现"姓中不信中"的怪现象，导致中医自身的弱化、西化、异化和边缘化，虽然培养人才数量不断增长，却形成了后继乏人、乏术的局面。

为了正本清源，必须理解中医学的理论体系是从宏观角度、采用系统方法研究整体层次上的机体反应状态，而西医学注重微观研究，即从构成整体的各个局部的结构与功能分析，两者各有千秋。21 世纪的科学发展，将是微观与宏观相结合、分析与综合相结合的，中医学也必将为医学科学的发展提供新的思维与研究方法。我们没有理由把中医的发展放在西医基础上，用西医理论指导中医临床，替代中医研究，而是应该按照中医学自身发展规律，吸取现代多学科知识为我所用，发展自己。

因此，作为一名中医，应该怎样治学，如何才能成才，究竟路在何方？个人的点滴认识如下：

学先习文

中医学深深植根于中华文化的沃土，与我国古代的哲学、天文、历法、数术、八卦、律吕等传统文化一脉相承，相互渗透，相依共存，浑然一体。综观历史上有创举、有成就的医药学家，诸如张仲景、孙思邈、朱丹溪、李时珍、张景岳等，都无不具有深厚的传统文化素养。根深才能叶茂，源远自然流长。没有传统文化的学养，没有文史哲的功底，没有识文断字的能力，则如同伐根而求木茂，塞源而求流长，要学好中医，要成为苍生大医，是万不可能的事情。

受家庭环境的影响，我的学医之路就是先从习文开始的。先父教导我"业医必先精文"，即"先读文"。读文的内容包括"四书"、《古文观止》、唐诗宋词等，其中对我影响最大的就是《古文观止》。单这一本书，我能背得滚瓜烂熟的就有一百多篇，包括《桃花源记》《归去来兮辞》《师说》等。为什么会这么熟？只因当时老师把全书的篇目拧成一个个纸卷，要求我们摸到哪一个就要能马上背出那一篇。那时虽也感到枯燥，且学习方法很原始，但很有效果，很有价值。这表面上是一种启蒙教育，实际上是终身的知识储备。回头来看，背诵不仅提高了我的文学素养，而且也增强了我对古典医籍的感悟能力。掌握传统文化，精通古代汉语，对中医古籍就容易接受，容易理解，读起来就能得心应手，就能将其变成自己知识的活水源头。

之后我随父学医时需要背诵的中医四大经典和《药性赋》《汤头歌诀》等，也是这样如法炮制。这种背功，是一种非常好的中医基本功训练，影响了我的一生，使我获益无穷。

学贵有德

学医贵在有德，这是一个前提。家父早年行医时就在"济生会"（社会慈善机构）专门为穷人施医舍药，不取分文。自设诊室里常年都有茶水供应，夏天还会用新鲜的藿香、荷叶泡茶给病人喝，以防暑解渴。医者父母心，处处首先应当为病人着想。

1948 年我从上海学成归来，开始在家乡行医时，自己的诊所也只是看病而不带药，虽然中药的利润丰厚，但学医不能追求经济效益。包括对重病人的处理也是开张处方去药店配药，必要时给点成药，不是牟利而是为了应急，包括指点患者自己挖草药。那时医生家常有人半夜敲门，用独轮车、自行车带人出诊，不论刮大风下大雨，都要随时带着急救药去，以防措手不及。比如阿魏丸虽气味很臭，但对秽浊内聚的腹胀、腹痛、腹泻等胃肠道疾病疗效很好；卧龙丹给晕厥的病人吹鼻，取嚏，就可醒神开窍；还有十滴水、纯阳正气丸、辟瘟丹、红灵丹等，疗效都不错，现在好多都慢慢没有了，殊觉可惜。

除家父的影响外，孙思邈《千金要方》的"大医精诚"和张仲景《伤寒论》自序，这两篇有关医德修养的医论到现在还影响着我的人生。我从医 60 余年，始终不脱离临床。即使在担任院长期间，公务再忙，仍按时出诊。80 岁后每周仍坚持 6 次门诊，雨雪寒暑从不间断。偶因外出公干，也争取连夜赶回。由于求医者过多，每每误了午餐时间，但对病人从不敷衍了事，认真、耐心、仔细地看好每一个病人。我认为，做医生首先要有"仁德、仁心"，要全心全意为病人服务，自己有多大的能耐就要出多大的力量，要认真、仔细、一丝不苟地尽自己的最大努力为病人解除痛苦。虽然医生不可能治好所有的病，但对任何一个病人一定要高度负责，不论是达官贵人还是黎民百姓，都要一视同仁，不分贫富贵贱。我认为做医生最基本的修养，离不开这么三条，首先要不断提高医疗质量，其次要对病人认真负责，再次服务要到位，不能急躁，缺乏耐心。

学当求径

从 1942 年开始的三年，我开始全面涉猎中医专著，同时正式随父亲临证出诊，晚上还要听父亲传医论道。学习方法是"从源到流"。所学第一本书是《素灵类纂》（汪讱庵编著），然后读《伤寒论》《金匮要略》《神农本草经》等经典著作；再读《汤头歌诀》《药性赋》《医学三字经》《濒湖脉学》等；第二年读《医学心悟》《医宗金鉴·内科心法要诀》《杂病广要》《类证治裁》《医门法律》；

第三年涉及金元四大学派的《丹溪心法》《东垣十书》《兰台轨范》《河间六书》《张氏医通》，以及温病学派的《临证指南医案》《名医类案》《温疫论》《温病条辨》等。这些著作由浅及深，由医理到临证，讲解清楚，纲领明白，实用性强，特别是对四大经典的背诵，及老师结合临证反复讲解，使得我打下了扎实的中医根底。在之后的临床中，我根据自己的情况选阅了一些代表性著作，如《诸病源候论》《千金要方》《外台秘要》《证治准绳》《古今医统》《景岳全书》等，同时涉猎一些参考工具书，如《本草纲目》《图书集成》等，以及专病专科书籍，如《风劳鼓膈四大证治》《血证论》《外科正宗》《济阴纲目》等，最终达到由博返约，形成了自己所特有的知识结构和体系。

现在看来，学习中医的门径有二：一种是从源到流。也就是我所走过的路，即以四部古典著作奠基，系统学习，然后再下溯历代医著。这种方法能打下较好的理论根基，弄清水源木本，有很充足的后劲。但在初学阶段，会感到枯燥、茫然，难以领悟其中奥义，应联系实际消化吸收。在这一段崎岖的道路上，可能走得非常吃力，尤其在苦背《内经》等典籍时，真有点小和尚念经那样的滋味，但如能把一些主要篇章条目背熟，到临床后则能受到触悟和得益。另一种是从流到源。就是把后世浅近实用的读物，如《汤头歌诀》《药性赋》《医学三字经》《时方歌括》等加以背诵记忆，同时阅读《温热经纬》《温病条辨》《医宗金鉴》《医学心悟》《医方集解》等书，进入临床时再选读 2~3 家医案。这种学习途径容易与临床接近，但理论方面需进一步深化，才能加深功底，否则缺乏后劲。

当前中医高等教育多版系列教材的编写，为培养中医人才铺平了道路，但从总体上评价，应该说还是从流到源的学习门径。从我的学医经历来看，能否在现行高等中医药教育中实行"从源到流"的教学体制改革，能否在部分新生中先进行试点，积累经验，然后再逐步扩大。我认为，重视经典，从源到流，应成为高等中医药教育的主要培养模式；注重实用，从流到源，可作为中等中医药教育、留学生教育及中医普及教育的主要模式。这样才能拉开中医高等教育与中专教育的差距，有利于进一步明确二者的区别与联系，才能为社会培养出符合不同需求的、不同层次的各类优秀中医药人才。

学忌门派

早在 1947 年，我就前往上海新中国医学院（中医师进修班）研修学习，得到了诸多著名老中医的指点，如章次公、朱鹤皋、蒋文芳、钱今阳、秦伯未、黄文东、盛心如等。这些老师们采用自己编写的油印讲义，通过边授课边临床带教的形式，把经典理论、个人见解和临床进行结合分析探讨。这一阶段使得我有机会拓展思路，理解不同学派的特长，最终形成自己独特的辨证论治体系。

1955 年，江苏省中医进修学校（南京中医药大学前身）成立，我通过考试成为该校第一批学员，在那里广览博取，钩沉发微，向名师问业，学有专攻，医术精进。从此，便与南京结下了不解之缘，一年后尚未毕业就进入学校的附属医院——江苏省中医院开始了临床和参与教学工作。

中医学术源远流长，既有伤寒、温病不同学派，又有经方、时方之争，金元四大家流派及众多的学术观点，这其间既有源与流的发展关系，也有独树一帜的贡献。伤寒是温病的基础，六经、卫气营血、三焦辨证虽各有特点，但都属外感病的辨证范畴。寒温两派貌似对立，但二者在发展过程中，可以互为转化，如《素问》中的"人之伤于寒也，则为病热"，即指伏寒化温。《温热论》中的"面色白者，须要顾其阳气"，即指热证转寒。临床应根据病情，综合应用六经、卫气营血、三焦辨证论治，不可拘泥一格。如我在承担出血热科研任务时，既从本地区病情出发，以卫气营血辨证为主导，又结合三焦、六经辨证，在发热期按中焦阳明腑实热结，休克期按热厥、寒厥，少尿期按太阳腑证蓄血、蓄水病机病证立法处方用药，取得优异疗效，切合实用。经方、时方亦为争论之一，药少量大力专的经方，固然常具显效，如承气、白虎、泻心诸方，应该提倡；但对疑难杂病及多疾复合并见者，又不能"执古方以治今病"，可以复法大方多药治疗，只要组合有序，配伍得当，不是杂乱无章，盲目大量，亦无可非议。

历代多家学术流派，都是前人的宝贵经验，如滋阴、补土、攻下、泻火、补肾、祛瘀诸法，理应兼收并蓄，扩大自己的知识面，提高自己的能力，但绝不能迷信一家之言，因"无偏不成派"，做医生的应该胸无成见，"有斯证用斯药"，做到圆机活法，切忌以偏概全。

学要专攻

我在学医过程中，思想上受的磨难或者说曲折是很多的。最初的感觉是中医有危机，国民政府对中医实行的是压制、消极、取缔的政策。中华人民共和国成立后也一度采取了改造中医的政策，我当时是个体中医，因此也是被改造对象，曾经参加过南通地区的中医进修班学习西医，虽然学习西医知识是很有必要的，但当时办班的目的与动机并不这么单纯，不是说让学中医的人增加点西医知识为我所用，而是要把中医改造成一个起码的助医。"文革"期间，强调中西医结合是医学发展的唯一途径。我们南京中医学院和南京医学院合并了8年，从两大体系变成了一个体系，中医处于从属地位，只能发挥辅助作用。甚至还有一批造反派到医院说我是"病区的祖师爷""破坏中西医结合运动"，乘机攻击我强调中医为主的做法。

当前中西医学两种不同医学体系的碰撞，已上升为时代的主要矛盾。从中西医汇通学派起，到今天的开办中西医结合专业高等教育，从中医本科西医课程所占课时比例与西医院校中医课时比较，说明中医并没有因为强调保存国粹，而拒不接受相关西医学科知识，但也反映了"重西轻中"仍然在医卫界大有人在。同时也给我们提出一个值得深思的问题：即两种不同医学模式及理论体系，究竟是互相渗透、启发、促进、提高的关系，还是合二而一，构成一个独立的、源于中西医、高于中西医的新型医学体系，而不是今天的中加西教育即等于中西医结合专业。我认为，在"西为中用"这一思想认识的基础上，既要看到中医的自身特色和优势，如整体恒动观、辨证论治精髓，又要引进有关微观辨病诊断知识及某些实用技能为我所用，这是有利于中医发展的。

近些年，我提出了四句话：源于中医，衷中参西，继承发展，回归中医。我们是从事中医事业的，学些西医知识补我不足，比如辨病问题、检查诊断问题、观察疗效问题等，都是可取的，但一定要走中医自身发展的道路，最终能促进中医理论体系的发展，而不是盲目地用西医来改造、肢解中医。这里就涉及一个问题，就是对中医和西医两套医学理论关系如何处理，一定要以我为主，以中医为主。否则，中医势必变成从属，那就失去自己的本体了，所以位置必须摆正，而位置摆正的根本还是在于思想观念。我们一定要抵御一百多年来民族虚无主义对中医学的冲击和干预。民族虚无主义对中医的危害、毒害很深，一直到新中国成立以后一段时期仍然如此。

从总体上说，扩大学生知识面，应用多学科知识研究发展中医是必要的。从具体措施而言，又必须理解：学好中医专业主干课是首要的重点，要狠抓中医基本理论、基本知识、基本技能相关课程的学习，因为社会需要的是能为他们应用中医技能解决病痛的人才。同时还应掌握西医实用性知识和技能，为我所用。中医院校是行业性很强的专业教育，有其自身的特殊性，不能因只求做大而走综合大学发展的路子。既要扩大外延，又要规模适度，结构合理，突出自身的专业特色；在专业设置上要按科学发展观办事，有所为有所不为，确保中医药应用人才的培养。既要考虑新的专业开拓，更要真正能够围绕中医药这个主体，满足社会对高层次中医药人才数量和质量的需求。西医课程要进行适度精减，重新组合，要围绕中医药教育的需求设置，不能喧宾夺主。专业选修课要偏重应用知识，重在增强学生的中医临床动手能力。培养中西医结合专业人才是带有探索性质的专业方向，不是简单增加几门课的问题，更不能简单理解为中医加西医就是中西医结合。同时还要注意发挥各个中医高校不同的传统特色及优势，既要有总体要求，又要允许各个高校不同办学特色的充分发挥。

学无止境

我在长期医、教、研活动中，注意积累正反面经验，反复揣摩思考，不仅创建内科学总论，确立以脏腑为体系的分类，对临床专业发展分化起到先导作用，而且在多年的科研实践和重点学科建设中，开辟了内科急难病证新的研究方向。

目前，中医治疗急症的阵地日趋萎缩，中医治疗急症的宝贵经验渐致湮没。我认为要继承发展中医急症医学，就必须以中医内科急症为突破口，权衡中西医学之间的长短，才能扬我所长，化短为长，显示中医治疗急症的特殊价值。从1979年起，我曾深入出血热疫区长达十余年，提出流行性出血热"病理中心在气营，重点为营血"、病理因素为"三毒"（热毒、血毒、水毒）的新认识，并针对不同病期及主症特点，制定相应的治法和系列专方，充分体现了中医辨治急重症的优势。继而在出血热研究的基础上，扩大到对乙型脑炎、腮腺炎脑炎、流感等病毒感染性疾病的研究，提出病理特点多为气营两燔，"到气就可气营两清"的新观点，并研制出清瘟合剂、清气凉营注射液等中药新制剂。在治疗出血热中毒性休克的基础上，还从中医厥脱立论，提出"气滞络瘀、内闭外脱"为该病的基本病机，确立了"行气活血、开闭固脱"的标本同治新治则，并研制出抗厥通脉注射液（由枳实、牛膝、山茱萸等组成）等中医辨证急救静脉注射剂3种，以治疗不同类型的休克患者，均取得了明显的临床疗效。

我在长期临床实践中，还观察到在急性外感热病及某些慢性内伤杂病（尤其是疑难病证）发展的一定阶段，许多患者同时表现出血热与血瘀并见，单纯运用清热凉血法或活血化瘀法治疗，往往疗效欠佳。为探求其内在规律，通过复习有关文献，推求病理，并经临床验证和实验研究，我较为系统地提出了"瘀热相搏"这一临床常见的病机病证新概念，指出它是在急性外感热病或内伤杂病病变发展的一定阶段，火热毒邪或兼夹痰湿壅于血分，搏血为瘀，以致血热、血瘀两种病理因素互相搏结、相合为患而形成的一种病机、病证。其病因为火热毒邪；病位深在营血、脉络；病理变化为瘀热搏结，脏腑受损；治疗大法为凉血化瘀。实践证明，用此理论指导处方用药，治疗多种疾病中的瘀热相搏证，临床疗效能获显著提高，从而也反证了瘀热相搏证的客观存在及其理论的实用性。20世纪70年代后期，我开始将"瘀热相搏证"及凉血化瘀治法的应用，从临床引入科研，以"瘀热相搏"主证为基础，根据病证、病位、病理特点，分列若干子证，从最初在流行性出血热急性肾衰的防治中"瘀热水结证"的提出，到后来在重症肝炎治疗中"瘀热发黄证"的发现、出血性病证治疗中"瘀热血溢证"——瘀热型血证的命名、高脂血症治疗中"络热血瘀证"的提出，直到20世纪末对出血性中风"瘀热阻窍证"的确立，继而到近年被列为国家973中医病因理论创新研究项目的"瘀热病因在内科难治病发病中的机制及其分子基础研究"及国家中医药管理局重点研究室（中医瘀热病机）的建立等，显示了以中医病机带动证候研究的特色，逐渐形成了较为系统的"瘀热"学术思想。目前汇集这一研究成果的《瘀热论》一书，已由人民卫生出版社出版。

活到老，学到老，学不了。学无止境，探索无止境。近年来，我从提高中医临床疗效出发，特别注意从制约中医对疑难病证的关键因素入手，又提出病机证素新说。病机证素是指构成中医证候的病机关键因素，它是从中医临床辨证出发，对中医病理因素形成的原因、脏腑病理基础及其发生发展、演化组合规律的高度概括。其内容涉及内外六淫、病理产物、脏腑病机等方面。我认为，中医内科辨证的关键，必须以脏腑病机理论为主导，根据主要症状特征，把握病机所属，辨清病理因素及其多元复合关系，以病机证素为辨证的客观依据，使辨证更加活化，切合临床实用，不致成为僵化的教条，不合实际的标准。为此，我从脏腑病机证素出发，提出"病机辨证十三条"作为辨证的要领，进一步明确病因、病位、病性，明确证候要素的特征，为治疗提供依据，从而构建成中医病机辨证网络系统。概要言之，"病机辨证十三条"的要领是：风病善变，寒多阴伏，火热急速（温暑同类），湿性缠绵，燥盛伤津，痰证多怪，水饮同源，瘀有多歧（血病多瘀），郁病多杂（气病多郁），虚病多久，毒多难痼，疫为戾气，多因复合（风火相煽、瘀热相搏、寒热错杂、湿遏热伏、痰瘀互结）等。

总之，要想成为名副其实的名中医，首先要解决思想认识问题，明确立场观点，拨开云雾，冲出误区，自信自强。我已年逾八旬，回想走过的路，历尽艰辛，细细品味，其乐无穷。若能对后来学医的有识之士有所借鉴与助益，不但能如我所愿，亦颇感欣慰矣。

"古为今用，根深则叶茂；西为中用，老干发新芽；知常达变，法外求法臻化境；学以致用，实践创新绽奇葩。"这是我的座右铭，并愿以此与志士同仁共勉之！

（郭立中、周宁协助整理）

张灿玾

张灿玾（1928—2017），字昭华，号葆真，别号五龙山人、暮村老人、齐东野老。山东省荣成市下回头村人，中共党员。幼处医学世家，四年小学，目方识丁，继逢倭祸，国土沦陷。幸赖共产党领导，家乡解放，复读完高小，即辍学习医，由其祖父士洲公与父亲树乾公（字连三，以字行）教读，继承祖业，悬壶乡里。1955年后，复执业于区联合诊所与卫生所，1958年，被选送  山东省中医进修学校及南京中医学院教研班学习，结业后调山东中医学院工作。在近七十年的医、教、研工作期间，曾任医师、讲师、教授、博导等职称，以及副处长、系主任、院长、中华中医药学会理事、山东省红十字会理事等职务。曾担任过多学科及不同班次的课堂教学和临床带教实习工作。承担过多项国家级及部、省级古籍整理任务，并被卫生部指定为华北山东片学术牵头人。出版过多种中医古籍整理研究类著作及医学专著。医事之余，尤喜琴、石、书、篆等传统文化，并有多种著述，以遣兴抒怀，颐养天年。数十年的工作，党和政府曾给予其多次奖励和多种荣誉称号，享受国务院政府特殊津贴。两次被山东省委和省府选为山东省科技拔尖人才，授予山东省优秀共产党员称号，被评为山东省有突出贡献的名老中医药专家及名中医药专家。中华中医药学会授予其终身理事，人力资源和社会保障部、卫生部、国家中医药管理局授予其"国医大师"荣誉称号。

治身格言：

敏勉好学，克己修身，笃行务本，闻道求真。

习业训词：

厚德怀仁，乐群敬业，医文并茂，理用兼优。

幼承庭训　悬壶乡里

我家祖居山东省荣成市下回头村。祖父士洲（字登瀛）公，父树乾（字连三，以字行）公，世业医。我1936年入小学，小学四年期间，寒假时，由父亲教读《百家姓》及《论语》；业余时间自习《三字经》《千家诗》等。1940年，家乡被日寇侵占，遂辍学。秋，在中国共产党及抗日民主政府领导下，家乡解放，翌年春，成立高等小学，复就读。课程内容及课外活动，均以抗日救国为主。凡学校组织之各种活动必积极参加，课余时间，自习简谱，尤爱音乐、木刻等，并曾参加学校自编话剧的演出。1942年，县府有关部门曾举办过一次县完小观摩大会，我曾入选参加，会间，因敌人开始对胶东大扫荡而中止。此时正处于抗战时期，高小读完后，遂于1943年下半年下学。

下学后，我从祖父与父亲学医，自《医学三字经》《药性歌》《濒湖脉学》读起，继读《医宗金鉴》临床各科诸"心法要诀"，均需背诵。白日则负责司药、制药等工作，农忙季节，还需下农田帮助干农活及场园杂活。

此间，家乡曾两次遭受日寇之屠戮。第一次为1940年2月始，荣成全县沦陷，达半年有余，邻村即建有敌据点，经常下乡扫荡，父亲亦因惊吓而染病在身；第二次为1942年冬，日寇对胶东大扫荡，祖父与父亲均遭毒打，药材亦被破坏，似此国仇家恨，终生难忘。

1944年冬，村中为配合抗日救国宣传工作，成立俱乐部，我应选参加，翌年，担任导演兼乐队领奏。在抗日战争与解放战争期间，曾导演话剧、歌剧、锣鼓剧等数十出；并曾编秧歌剧多出，以配合中心工作。为适应各剧种不同音乐的需要，还曾学习过多种乐器，如二胡、京胡、唢呐、笙、笛、小提琴等。

1946年春，因当时小学教师缺乏，我又应聘为本村小学教师，并继续担任剧团导演。至秋后，因患胃病及膝关节病，遂辞退小学教师职务，仍从父继读医学书籍及文、史方面的有关著作。

1948年，始独立应诊，凡诸疑难复杂病证，仍由父亲指导，年余后，则可自行处理。此后，则对经典著作及历代诸家名著，加以广泛阅览和深入研究，对近现代名家著作，亦有所参阅。同年，我参加区医药联合会，任宣传委员。1949年，作为区医联会代表，出席荣成县第一届各届人民代表大会。此后，除应诊之外，尚需承担一定的卫生防疫工作。1952 年春，抗美援朝时期，为应对美帝国主义对我沿海地区施行的细菌战，县特组成防疫队，我作为崂山区医务人员应选参加，秋后回本区，继续参与预防注射工作。

1955 年，响应政府号召，我带领全区个体医务人员组建了"荣成县崂山区联合诊所"，并被有关部门指定为所长。1956 年，县召开中医代表会议，我作为崂山区代表出席，在大会发言，颇受领导重视。同年 12 月，调至崂山区卫生所任中医师。

我在卫生所工作至 1958 年 2 月，已是一位出身于中医世家，具有 10 年临床经验的中医师了。

总结十年从业的历程，主要有以下几个方面：

1. 在临床方面，已具有对内、外、妇、儿各科常见病与多发病的治疗经验，并掌握了某些疑难重病的处置能力，达到了一个中医师应具有的水平。对于辨证用药、理法处方，不仅继承了我祖父与父亲的实践经验，而且通过 10 年的学习与临床，又进一步取得了一些新的知识和经验。

2. 为适应临床需要，用中西两法治病。在 1958 年以前，我既是祖居于农村，亦是服务于农村，特别是自 1941 年以后，基层医药卫生单位均系公立机构，以西医为主。就医学体系而论，已是中西医并存的时代，就医药卫生事业而论，有些工作，如卫生消毒、疫苗注射、牛痘接种等，亦非单靠中医所能应对。就医患关系而论，中西医亦各有优势，亦各有不足，患者择医，亦自是择优而从，医者疗病，亦当择善而施，由于当时的工作条件，均系中西医合作共事，故需互相学习，互相配合，互相团结，共同完成医药卫生工作者所承担的历史使命，故为了工作的需要，在不断提高中医理论水平与诊疗技术的同时，我也主动学习必要的西医知识与诊疗技术，并主动向同道们请教。如对某些传染病的治疗，凡西药有良效者，可先用之，若西医无良方者，则用中药，有时亦可以中西药配合治疗。尽管如此，我仍清醒地认识到，我的发展方向依然是中医，主要任务是继承和发扬中医药学这一宝贵遗产。

3. 励志图强，勤学不倦。30 岁正处于壮年时期，精力充沛，应该说我在各方面也取得了一定成就，在业务上也打下了良好的基础，但也深知，在人生的历程中，这仅仅是个起点，绝不能满足和停留在这个起点上。因少年时期未能更多地接受学校教育，在文化方面欠缺很多，在专业方面，虽继承有家传经验，自己也有了十年的临床实践。然仅凭这些，欲为良医，还是远远不够的。我自知欲期高师，机遇难得，十年壮志，仅有一搏，唯一的选择是励志图强，苦读勤学。这时诊务工作很忙，只能利用一切余暇，奋力不懈。

读书成癖，惜书如命。我自少年时起，就养成了喜读书的习惯。只要晚间无事，挑灯夜读乃是生活中的常规。由喜读书，进而喜藏书、喜购书，此时我所购藏之书，已不限于中、西医书，兼及文、史、哲、艺、戏曲、音乐等诸多方面。通过勤奋学习，我不仅在学术上有很大提高，也为后来学术领域的全面发展和进一步提高，创造了一定的条件。

向文史方面发展，拓宽知识领域。通过十余年的学习与临床工作，我已充分认识到中国医药学是在中国传统汉文化的基础上成长起来的，是在汉文化的摇篮中哺育起来的，她虽然在发展的过程中，也不断吸收少数民族和国外的某些医药知识和经验，但那些一旦被中医学所吸收或采用，便被中医药理论所溶化和融合，成为中医学体系中的内容。此亦足可证明，中医药与中国文化的关系是密不可分的，也可以说中医药学是中国传统文化的组成部分。因而要深入理解和掌握中医药学，特别是要更好地研读和学习中医重要典籍，则必须具有一定的多方面的汉文化知识。因此，我在此一时期所阅读的图书，便不仅是医学著作，还包括文史方面的古著和今著。

4. 审理病案和认真总结经验教训。自独立应诊以来，我不仅继承了祖父与父亲的临床经验与诊疗技术，而且继承了家传的高尚的医德医风。对每一位患者，均以认真负责的精神，急病人所急，想病人所想，并且能耐心细致地解说病情，解脱病人疑虑，争取他们的信任与合作，从不矜技以自傲，恃技以图报。医疗活动是双边活动。因此，取得病人的信任与合作是十分重要的。对一些疑难病证及复杂病情，每在医事之余，必再进一步审理病案，研究病情，无论有效无效，顺与不顺，均应认真总结经验教训。患者既是我们的服务对象，也是我们的老师，我们的很多经验教训是从病人身上汲取的。结合实践看书研究加深理解，是取得效果的最佳时机。所以在临诊时期，我一直坚持此种学习和研究方法，并留下诸多患者病案、记录和学习笔记。现存医案四册、零散处方一宗及笔记两本，皆当时旧物。

游学金陵　执教省城

1958 年，我刚刚进入而立之年，春节方过，接县卫生局通知，去山东省中医进修学校学习。

山东省中医进修学校当时处省城南长清县（现长清区）境灵岩寺内。开学后，除聆听先生讲授外，均系学员自学讨论，相互交流。同学们怀着同样的感受、同样的愿望，立志不辜负这难得的机遇和美好的时光，希望在中医的经典与理论方面，得到更大的提高。

"五一"节后不久，校领导召我与马龙泉、刘献琳三位同学约谈，告知卫生部委托江苏省中医学校举办一教学研究班，为各省培养师资，现开办第二期，分配给山东省 8 个名额。省卫生厅指示，就在山东中医进修学校选拔人员，你三位先去报到，其余 5 名继续物色。听后，我真是喜出望外，遂即告别母校，准备登程。临别之时，校教务科副主任宋洛川老，特赠《社会发展史》《唯物辩证法》两本小册子，皆普及性读物，并嘱以读此二书，对治学大有益处，我也十分留意宋老的教导，为后来潜心研究哲学起到了引路的作用。

我们三人办好了手续，搭乘火车，直达金陵，来到汉中门内江苏省中医学校（秋后改为南京中医学院）。开学之日，卫生部领导郭子化老亲临讲话，对党的中医政策和中医学术的发展前途进行了详尽的讲解，同学们听后无不为之振奋，澄清了过去的一些糊涂思想，坚定了学习的信念。学校安排的课程，主要有《黄帝内经》《伤寒论》《金匮要略》等经典典籍课程，另有中国医学史、中药学、温病学、针灸学等。政治课内容为毛主席所著《矛盾论》与《实践论》。教学方法为学校教师与第一期教研班学员互任主讲，最后还安排了一段时间由学员自行备课试讲，针灸学还特意安排去农村实习。这一年是我付出最大的一年，春节期间全班同学都回家了，唯有我和另一位同学留校，每月仅靠 30 多元钱来支付用度。一年的勤奋努力，使这一年成为我收获最大的一年。去南京学习，是我医学历程中一个新的转折点，也是一个新的起点。因为：①对中医学的历史地位和现行价值的认识，尤为明确。②对中医学四大经典的学术价值，有了更加深入的理解。③系统地学习了某些新兴学科，如医学史、温病学等。④学习了针灸学的相关知识和刺灸技术。⑤开阔了中医古籍的视野，拓宽了知识层面。⑥认识到学习与研究哲学的重要意义。⑦通过学习《内经》，引发了对运气学说研究的兴趣。⑧初步掌握了备课讲课的基本知识和方法。⑨提高了对中国传统文化修养的自觉性，锻炼了写作能力。⑩激起了对南国风情及六朝古都的文兴艺趣。这些新起点，都对我后来的发展产生了极大的影响。

1959 年 9 月，接调令，我调至山东中医学院工作，从此便永远地离开故乡，开始了医学生涯中的第二个历程，新的任务和考验在等待着我。

自调入山东中医学院任教 50 多年来，我主讲了不同班次的课程。教授的对象和授课内容，各不相同。教授的对象有博士生、硕士生、本科生、夜大生、师资班、进修班、西学中班、中专生等。授课内容涉及的科目有十余种之多，有《伤寒论》、温病学、《黄帝内经》、中医基础、中医文献学、中药学、方剂学、内科学、儿科学、中医学概论。我认为要想取得好的教学效果，首要环节就是要抓好备课这一关。只有自己首先将授课内容吃透读懂，才能谈到教授知识予别人。在教学任务重、备课时间紧的情况下，我每日废寝忘食地工作着，常常备课至深夜。如在《伤寒论》课程的备课期间，我就在《伤寒论》条文上下了大量的工夫。首先是熟读原著，背诵条文，做到对讲课内容了如指掌。最后达到了在一个小时之内，能背名老中医之路续编完《伤寒论》398 条原文的程度。其次是剖析授课内容，寻找规律，使学生便于理解和接受。为了教学的便利，我将《伤寒论》条文按病机、病位、病候、方药等类别，重新进行归类。又如在温病学课程的备课期间，为讲好课，阅读了《通俗伤寒论》《时病论》《温病条辨》《重订广温热论》《伤寒瘟疫条辨》《温热经纬》《温疫论》《中医伤寒与温病》《中国传染病学》《松峰说疫》《温病斑疹辨证》《伤暑全书》《六气感证要义》《鼠疫约编》《湿温时疫治疗法》《温热经解》《中西温热串解》《感证辑要》《金鉴儿科》《喉痧正的》《白喉治法忌表抉微》《六淫条辨》《外台秘要》《医略十三篇》《医学衷中参西录》《顾氏医镜》等 20 多部医学文献，写下数十万字的读书记录。同时，将有关外感温病的防治方法与方药，分门别类地加以总结，为讲解准备了丰富的资料。

注重因材施教，即根据授课对象的不同，适当地调整授课内容与方法。给博士研究生授课的时候，我更多地从方法论的角度，教学生以治学的方法，启迪其思路，培养其独立研究的能力，而不是仅授予一般的知识。在给本科生授课的时候，则将重点放在一般理论知识的讲解上，运用循循善诱、由浅而深、深入浅出的方法，理论联系实践，予以讲解，使学生易于理解和接受。在给西学中班的学生授课时，则需要更多地联系实践，从实践入手来讲解理论。因为西学中班的学员，都是有实践经验的临床医生，脱离实践的纯理论讲解难以收到好的效果。在给中医进修班的学员授课时，则应该多做一些理论方面的讲解。因为过去的中医大夫们缺乏的是理论指导，在授课时，多给他们讲解一些系统化、条理化的理论知识，会帮助他们将过去的零散知识、实践经验，做理论上的总结，拓宽他们的知识面，丰富其中医理论知识，以便更好地指导其临床实践。在给中专班的学生授课时，要顾及他们年龄小、理解能力差的实际情况，将讲授的重点放在一般知识的普及上，教学要形象化，语言要浅显易懂，并将课程的重点内容进行简明的归纳概括，让他们多记忆一些。也就是说，教师在讲课时，要针对不同的对象因材施教，才可能达到预期的教学目的。

教师要注重理论修养。我在任教期间，不仅对本门课程达到熟练掌握的程度，而且对中医其他学科也达到了相应的水平，特别是在理论方面，要达到更加深入理解的程度。古人云：“教焉后知困……知困焉后能自强也。”诚如是也。所以在此期间，我不仅对四大经典下过一番苦功夫，对其他相关学科的著作也进行过深入的研习。如《温病条辨》和《温热经纬》二书，我不仅能熟练掌握其内容，而且能全部背诵。这样，就可以做到理论与实践的结合，在课堂或临床时能更好地指导学生。

作为一名教师，要想讲好一门课，就学术水平而论，需有数倍于教材的知识，还要有实践经验，才能把课讲好讲活，还需掌握教育学的有关知识，遵照教育学提出的诸多原则和规律进行教学，才能成为一名好的教师。晚年，我根据多年教学经验，提出了“厚德怀仁，乐群敬业，医文并茂，理用兼优”的十六字习业训词，作为学生的努力方向，也是我个人追求的目标。

我从事临床、教学和中医文献研究工作60余年，1990年11月经国务院学位委员会批准招收博士生。已培养博士、硕士生多名，已毕业的硕士、博士，均成为本学科的学术带头人或骨干。其中两名现已为博士生导师，为硕士生导师者多名。另有些乡村医生也慕名前来拜师学艺，2009年4月，为响应中央“中医向农村发展”的号召，我新收福建省李宝泉、许文灿两位乡村医生为徒弟，期望通过将自己的学问传授给乡村医生，使基层民众也能享受到较高水平的医疗服务。

受命政务 置身管理

1969 年夏，我在山东中医学院已度过了将近 7 个春秋，如果说在前 10 年在临床工作成功地迈出了第一步，那进入山东中医学院的这段时间，则是我在高校工作迈出的第二步。

"文革"开始后，同全校师生一样，我也经历了运动的考验，至 1969 年春，运动的高潮与斗争形势渐趋稳定之后，逐渐踏上了管理工作岗位，其时遇到了不少困难，都需要我认真应对。

（一）教育革命实践应坚持实事求是的精神

1969 年秋，军工宣队进校，实行大联合，解放干部。我先是被安排做教师排排长，不久，学校组织了部分教师、干部和学生，成立教育革命探索队（后改教育革命实践队），去淄博市博山区源泉公社探索经验，以备将来中医学院去该地办学，我被任命为副队长（队长由学生担任）。至后，经过短时间下乡巡诊，在讨论将来办学事宜时，通过前一段的实际调研我认为该地不具备办大学的条件，并发表了自己的看法，尽管受到某些人的批评，但我始终认为做任何事都必须坚持实事求是的原则。春节后，实践队与博山区卫生局联系，在该地区开办了中西医结合学习班，使厂矿医务工作者及赤脚医生提高了业务水平。至 9 月份，接学校通知，省革委决定将山东中医学院与山东医学院合并，仍名山东医学院，搬至新泰县（现新泰市）楼德公社办学，学习班须提前结束，编好教材，写好总结，返回学校。遵照学校指示，学习班即行结束，经实践队的老师日夜加班，编写了 4 本教材——《中医基础学》《中医方剂学》《内、儿科学》《外、妇科学》，这在当时的在中医高校中，也算是一件开创性的工作。后这 4 本教材由博山区卫生局印行，作为基层医务人员的培训教材使用。通过这一段办班实践，我对中医教育问题进行了认真总结，我认为要搞好中医教育，必须处理好诸多相关的问题，如理论与实践的关系、课堂教学与临床实习的关系、中医与西医的关系、普及与提高的问题，等等。我的想法深得学校领导的重视。

（二）中医专业不能丢

1969 年 9 月，中医学院迁入楼德公社，进行整党建党工作，至 11 月，奉山东省卫生局通知，我省局领导及基层代表同去北京，参加"全国中西医结合工作会议"。此次会议后，在全国发动了一场中西医结合的高潮，医学教育及医院临床都要突出"中西医结合"。

1971 年元月 1 日，山东医学院与山东中医学院正式招生，不再分中医与西医专业，统称中西医结合，另外又成立了药学专业，也不分中药与西药。当时，我已被安排为教革部教育组副组长。5 月，从省里开完会返校后，广大教师和部分职工强烈反映，如此下去，无视党的中医政策，中医有被吃掉的危险。通过调查了解，我多次向教革部及院革委会领导提出以下几点意见：①尽快组织中医教师编写中医教材。②成立中医教研室，为青年教师定专业。③要设置中医专业。这在当时是十分困难的，经过一年多的努力，终于争取到有关部门的同意，1972 年 9 月，校革委会领导（原中医学院党委书记）向克同志特授意我回济南，安排中医专业的各项工作。当时，最严重的问题是：①师资队伍青黄不接和业务水平参差不齐。②实习医院的短缺。那一个多月的工作，遇到的困难是难以想象的。至 10 月 12 日，筹办中医系的几位领导同志向院核心小组汇报工作，我毫不讳言地报告了工作中的困难和问题的严重性是关乎中医存亡的大事。向克同志在讲话中亦提出，现在是应该追查责任的时候了，虽然暂时勉强进行了安排，但问题仍很严重，要向上级写报告，要实事求是地反映情况。形势的发展越来越严重，中医系的老师和全省数十个实习点的同学对当时的情况反映十分强烈。就是在这种情况下，在教学行政方面，靠我一人勉强支撑。尽管如此，我还是紧紧依靠全体教师，坚持继承发扬中医药学这个方向，把基础与临床各学科的教研室初步建立起来了，把各学科的教材也编写完毕，为中医系的进一步完善和发展奠定了基础。1973 年 10 月 20 日，院革委党的核心领导小组终于向省委呈送了《关于分别办好中西医学院的报告》，报告中尖锐指出，两校合并对中医工作是严重的削弱，认真办好中医学院是落实党的中医政策，培养中医新生力量的重要措施。这一《报告》的上呈，是广大中医教师敢于坚持原则、坚持党的中医政策和坚持实事求是的思想路线，努力奋斗的结果。

（三）中医学院应培养高级中医人才

1973 年 4 月，卫生部在武汉召开全国中医学院教改工作会议（中西两院合并的院校的会议另行召开），我校虽属中西两校合并者，经请求有关部门同意去参加会议。学校派我等四人前往，会间就专业方向、培养目标、课程设置、中西医结合、继承与发扬、普及与提高等问题，展开了热烈的讨论。讨论中有两种不同观点，曾引起大家激烈的争论，最后根据大多数人的意见，制定了中医与中药两个专业的教学计划，在专业方向与课程设置方面，均体现以中医为主的专业方向，培养目标则确定为"中医师"与"中药师"。

回校后，我们把会议文件和精神向校领导做了汇报，然后在中医系党总支领导下，提出具体的贯彻意见，并根据会议精神重新调整了教学计划，但是在当时要执行这个计划是十分困难的，我也清醒地意识到，在两校合并的条件下，中医专业只能被削弱，不可能得到加强。我们仍代表中医系广大教职工不断向院领导提出要求和建议，希望中医与西医两种专业能尽快分开办院，以克服当前的艰难局面。

（四）科学的态度，务实的精神，为学院的提高和发展而努力奋斗

1981 年，我被省委任命为山东中医学院副院长兼中医系主任。

1984 年 10 月，省委任命我为山东中医学院（现山东中医药大学）院长，其时，山东中医学院已恢复 8 年有余，由于"文革"期间，合并搬迁，损失惨重，虽经数年复建，初具规模，仍系百废待兴。就任之后，我将暂时可放下之事一概放下，连研究生都不曾再带，全身心地投入工作，我为自己定下了八条戒律，作为行动的准则：①坚持党委领导下的院长负责制。②大事讲原则，小事讲风格。③多做实事，少说空话。④改革发展，审慎从事。⑤加强财务管理。⑥维护领导班子的团结。⑦坚持党的中医政策、知识分子政策和教育方针。⑧正确处理和对待个人与集体、公与私的关系。

我任院长仅有 4 年，后因脑血管病再次发作而辞去所任职务。在任职的 4 年里，通过党政干部的团结努力与配合，在院行政方面也取得了一些成就，主要有以下几个方面：

1. 基本建设。通过各方面争取的经费，特别是省财政厅的支持，主要基建项目有两用堂一幢（下食堂，上会堂，可容纳千人）、教学楼（六层）一幢、学生宿舍楼一幢（可容千人）、教职工宿舍楼两幢半（其中有一幢是与中医研究所合建）。加强校园绿化，在校园路旁种植树木，楼头门前筑以花坛，以美化环境。改建自来水池一处，基本解决了广大教职学工的生活与教学的供水困难。

重新修建了运动场，在全国中医高校中，亦属上流。

2. 加强学科建设。根据中医学院的特点，特为中医教研室划拨了图书资料经费。新增骨伤与针推两个专业。倡导编写中医基础学科分化系列教材一套，首编中医文献学教材一种。

3. 增设中医文献研究所一处（处级，十九人编制），为全国中医院校之首创，亦为我院首次创建专业中医科研单位。经后来不断发展，先为省级重点学科，后又为国家级重点学科。并经国务院学位委员会批准，具有硕士与博士学位授予权。

4. 在外事方面，首次开创接收外国留学生来我院实习，接待外籍学术专家来我院参观访问及学术交流。

5. 主持组织编写了第一本《山东中医学院院志》。

6. 加强财物管理，保持收支平衡。根据需要与叮能相结合的原则及人、财、物的现实条件，有计划地进行发展，并保证原有经济实体如药厂、印刷厂的正常运转。

7. 为加强校际的相互交流，与南京中医学院结为姊妹学校，定期举行会议，总结经验教训。

（五）教材建设是学科建设的重要任务之一

中医教材建设是中医高等教育事业学术方面的基本建设，教材又是传授知识和培养人才的主要工具，因而编写好中医教材是中医学院的一项十分艰巨的任务。"文革"期间，原有的中医教材受到了批判而被废弃，出现了全国没有统编教材、学校也无教材可用的局面。同时，许多老教师也因受到了批判而不敢大胆地工作，中医教育难以顺利开展。在这种形势下，担任系领导的我，一方面要做好老教师的思想工作，帮助他们解除顾虑；一方面又要积极筹划组织编写教材。经过一段时间的工作，终于编写出了一整套从基础至临床的，适合于中医专业使用的教材。这套教材后由山东人民出版社整理出版，包括《中医基础学》《中药方剂学》《中医内科学》《中医外科学》《中医妇科学》《新针疗法》等。这套教材的编写，对当时的中医教育和人才培养起到了极其重要的作用。

1986 年，卫生部中医司在昆明召开了"高等中医教育基础学科建设论证会"，决定对中医基础学科进行分化改革，编写新的系列教材。为贯彻会议精神，我曾亲自率团去兰州对西北片召开的会议进行学习，会后，积极组织学院教师编写了 11 门教材，并亲自题写了"前言"。

山东中医药大学是全国唯一一个具有中医文献专业本科、硕士、博士三级教学的中医药学院校，中医文献学是中医学中的新兴学科，无论本科生还是研究生，均缺乏现成的教材。针对研究生教育的需求，我亲自撰写了《中医古籍文献学》，以供博士、硕士研究生使用。后又主编《中医文献学》《中医文献发展史》，作为山东中医药大学中医文献与信息管理专业（本科）的专业基础课教材。此二书被列为国家"十一五"规划出版教材。

整理医籍　翰墨耕耘

我从事中医文献研究前后达十余年，不仅整理中医占籍，还著有史志著作及中医古籍理论著作，并发表论文一百余篇，综述如下：

（一）古医籍整理研究

新中国成立以后，由政府组织的有规模的中医医籍整理工作有两次，分别为 7 本古医籍的校注语译工作及 11 本古籍整理工作，我均参与其事。

1964 年 3 月，根据国家十年规划第三十六项"整理语译中医古典著作"的精神，卫生部中医司指定由南京中医学院为牵头单位组织实施，其中《针灸甲乙经》的整理研究由山东中医学院负责，后由徐国仟及我等 10 人完成。《黄帝内经素问》与《灵枢经》二书原由河北中医学院负责，后因任务太重，经卫生部中医司同意，《黄帝内经素问》一书转由山东中医学院负责，后由我、徐国仟、宗全和三人主编完成。此二书于 1989 年分别获国家中医药管理局科技进步二等奖与三等奖。本次由政府组织实施的古籍整理工作按统一编写计划完成，是在前人校注的基础上进行的综合性的整理研究，出版后很受读者欢迎，对后来的中医古籍整理研究有一定的影响。

1983 年，卫生部为贯彻 1981 年"中共中央关于整理我国古籍的指示"及国务院古籍整理办公室关于古籍整理会议精神，特成立中医古籍整理出版办公室。同年 4 月，先是在沈阳召开了"中医古籍整理出版座谈会"，落实了卫生部中医司中医古籍整理 11 种重点课题，其中《针灸甲乙经》一书，指定我任主编人。

8 月，卫生部中医司在青岛召开了"全国中医古籍整理出版规划落实工作会议"。此次会议落实了中医古籍整理分片负责、分级管理的组织工作。全国划为10 片，有 10 位学术牵头人，我任华北山东片学术牵头人。

本次承担的《针灸甲乙经》整理研究任务是部级重点课题之一，既不同于一般注解本，也不同于上次《针灸甲乙经校释》本的要求，必须按有关文件规定，本着"辨章学术""复原存真"的精神去完成任务。本次对该书的整理研究主要有以下特点：①版本资料较全，把现存《针灸甲乙经》明清抄刊善本基本收齐。②把《甲乙经》经文与《黄帝内经素问》《灵枢经》及《黄帝内经太素》等经文，详为核定，厘清其相互关系，并注于篇目之下，使读者便于查阅。③在校勘方面，取活校法，加以校断，对经文中存留已久之误文，通过大量书证，加以校改。④在注释方面，坚持"不攘人善"，不"因袭旧说"的原则，对前人注释之精当者，尽按时代顺序加以原义录用，凡难以判断是非者，则众说并存；凡疑惑难解及前人明显误注之处，则充分运用医理、文理、文字、训诂等方面相关知识，予以校正。⑤凡语义隐晦，经文前后不一，历来争议较多者，内容繁复，义有未尽者，则尽可能加"按"说明。

该书稿完成后，经审定稿会议审定通过，并得到评审专家及出版社的高度评价，认为"本书资料丰富，校刊翔实，训解得当，按语精辟，可谓集古今针灸研究之大成……代表了 90 年代初研究的最新水平"。该书 1996 年由人民卫生出版社出版发行，并得到国家古籍整理出版规划小组的资助，1997 年获国家中医药管理局基础研究类二等奖。

（二）古医籍点校

在中医古籍整理研究方面，除卫生部中医司重点课题外，我还与所内其他同志承担了一些部级二类医籍及自选医籍的点校工作，计有《松峰说疫》《六因条辨》《小儿药证直诀》《内经素问吴注》《经穴解》《石室秘录》等书，上书大多由山东省教育厅古籍整理规划资助，由山东科技出版社及人民卫生出版社出版。以上诸书的整理与前述国家规划课题不同，主要是选择善本进行点校，并加以简要的注释，本着普及性的原则，内容言简意赅。其中有些书自问世以来，从未正式刊印过，仅存稿本。幸赖我等点校，方能流传于世。如《经穴解》作者为明末清初山东淄博岳含珍先生，该书现仅存几种抄本，在整理的过程中，还意外得到了岳含珍先生的其他两本著作，即《针灸闻岐》与《幼科闻岐》两种抄本，并将此二书附于《经穴解》之后。该书的出版，不仅有利于针灸学术的研究，且对于保存古籍、防止亡佚起到了重要作用。辛勤劳动换来了累累硕果，《经穴解》点校本获山东省教委科技进步奖三等奖，《松峰说疫》点校本获山东省教育厅哲学社会科学优秀成果奖三等奖，《黄帝内经素问语释》获山东省教育厅科学技术进步奖著作奖一等奖。

（三）史籍著述

除古籍整理外，我还著有史志类著作，如《山东中医学院院志》《忆山东省中医进修学校》《山东省中医研究班纪略》《山东中医药大学文献研究机构纪略》及《荣成市下回头村村志》等，记录了山东中医学院建院及山东中医药人才的培养情况，并为我村修写了一部村志，甚得故乡父老赞赏，从而为下回头村的历史留下了一部文字史料。

（四）中医文献研究理论著作

1998 年，我完成了百万字巨著、中医文献学学科理论著作——《中医古籍文献学》。该书主要有以下几个方面特点：

1. 对于中医文献源流的研究：该书采用断代研究的方法，每一历史时期的文献收集力求全面，文献内容有存世的当代文献，有后世所引前代的文献，有出土文物资料，有书目著录而今已不存世的文献，对中医文献通史研究具有一定的意义。

2. 详细阐述了中医文献的学术价值和中医文献研究的主要任务。

3. 对学术源流的研究：不仅对医书的版本进行了概述，还对作者著书的原因、学术思想、学术价值进行了研究，如对学术流派的学术内容、寒食散与解散类文献、医论、医事制度、经典文献的研究、临床各科的文献总结、法医学文献等方面，大都进行了详细、全面、系统的研究。

4. 对中医的文体进行了研究，指出各个时期的文字气象有所不同。对中医文献中的俗字与书刊匠字进行了研究，指出古籍中有许多常见的不规范字，在明清古医籍中较为常见，该书特对其书写改变情况做了总结，指出有一笔断开者，有二笔连用者，有借代者，有曲直相变者，有行书化者等，此等研究可为读者阅读古医籍提供帮助。

5. 对引书著录的形式、方式进行了研究，并指出其中的文献价值。

6. 对中医文献的版本的名称、书版款式、书形称谓、历代刻本特点、版本的鉴定及源流进行了论述。

7. 集几十年校注中医古医籍的经验，对校勘的方法、注意事项等进行了研究，总结出若干条规律。研究了中医古籍注释的内容及方法，并对旧注误注的原因进行了概括，指出误注的原因有不明体例而释误、异说求同而释误等十例。

该书曾获山东省教委科技进步一等奖，后在其基础上编著了山东中医药大学中医文献与信息工程方向的专业基础课教材——《中医文献学》《中医文献发展史》。

（五）医籍研究专著

2005 年，我又出版了 70 余万字的医籍研究专著——《黄帝内经文献研究》。该书汇集了我 50 余年学习研究《内经》的成果，将《素问》《灵枢》的成书年代、名称及源流、引书引文、不同学派、篇文组合、学术思想、别传本等，进行了全面研究。如对于《黄帝内经》之成书年代，经对该书涉及的天文、历法、文字、音韵等内容的考证，得出了如下结论：取材于先秦，成编于西汉，补亡于东汉，增补于魏晋或南北朝，补遗于唐宋。把前人所谓"非成于一时一人"之说，更加具体化了。

《张灿玾医论医案纂要》是我晚年的著作，该书内容包括中医古籍、中医文献、中医理论、中医临床 4 部分。它是我从医 60 余年，从理论与实践相结合的角度，也就是说从理论如何指导临床和临床如何体现和验证理论的角度，写下的个人的点滴体会和学习心得，2009 年 8 月由北京科学出版社出版。

（六）尚待整理的原始资料

尚有待整医案、医论及文献方面的原始手稿和资料卡片一大宗，也是我数十年从事研究工作积累起来的宝贵财富，以及先父遗稿《病案选录（附验方）》七卷，亟待整理。

多科临证　博采众长

我自调至山东中医学院后，工作以教学为主，并承担过卫生部中医司下达的古籍整理任务。教学之余，还曾多次在附院门诊带学生实习。1964 年，我在济南市传染病医院中医科工作，兼带学生见习，是年夏，济南地区乙脑流行，该院收治乙脑病人的病房，虽由西医管理，但在治疗方面是以中医为主的。是时因中医科主任身体不好，便委托我负责对乙脑的治疗，我便承担了这一重要工作，并顺利完成。"文革"期间，我曾在济南铁厂卫生所边讲课边应诊，亦曾多次带学生去外地医院实习和下乡巡回医疗。"文革"后，我虽在行政岗位任职多年，并再次接受国家中医药管理局的中医古籍整理重点课题，但我始终不曾放弃应诊。一般只能在暇时于家中为患者看病，并始终坚持多科应诊、博采众长的家风。

我通过在高校工作多年，在中医理论、中医文献、中医临床及中国传统文化方面，均有较大的提高，特别是综合知识的修养，促进和带动了临床技术水平，使之更加理论化，而且在理论与实践结合、继承与发展并重的基础上，形成了个人的诊疗思想与治学思想。现论述如下：

（一）辨证宜多面化，临证宜个性化

中医学术流派纷呈，在外感来说，有六经辨证、三焦辨证、卫气营血辨证之别，在内伤来说，有脏腑辨证、经络辨证，又有通行之八纲辨证等。内科方面更是学派众多，既有金元四大家别具特色，又有明代温补学派盛行一时，在外科方面，有全生派、心得派、正宗派等，每一派均有自己的长处与特点。我认为不宜固守一家，宜博采众长，兼收并蓄。若某病是某派擅长的，则宜选用。治疗选方应扬长避短，应根据病证的情况选择用药。我临证既用经方，也用时方，据病情灵活选用，此所谓"辨证宜多面化"。此外，临证宜个性化，同样一种疾病，在不同体质的人身上发病，其症状表现、发展、转归均有所不同，故治疗时应因人而异。如同一感受风寒之证，在阳盛与阳虚的人身上发病，在年老与壮年之人及小儿身上发病，其发病特点、转归均不同，不可固守一方，应灵活辨证施治。故学术可以分派，医者不可守派。

（二）治病宜标本兼顾，急则治其标，缓则治其本

疾病的发展变化是十分复杂的，应分清主次缓急，采用急则治其标，缓则治其本或标本兼顾的原则进行治疗。有些疾病，如咳喘、大出血、剧痛、高热等，若不及时治疗，会危及患者生命，应采用急则治其标的原则进行治疗。待病情相对稳定后，再考虑治疗本病。有些疾病，标病不急，可采用治本或是标本兼顾的原则进行治疗。对于久病之人，应以脾胃为本，因脾胃是后天之本，若脾胃受伤，则化源不足，疾病必迁延难愈。对于老年人的某些病证，治疗时应以肾为本，因肾为先天之本，肾气衰则先天不固，他脏难保。

（三）用药如用兵，治病如执政

用药如用兵，治病如执政的思想，早在《黄帝内经》中已有多处论及。治病用药如用兵，犹如排兵布阵，进退有章有法；治病又如执政，有王道与霸道之分。春秋战国的学术繁荣滋生出"王道"和"霸道"。所谓王道，在于行教化，施仁义，以儒家为代表。所谓霸道，霸道持力，在于行惩戒，施威慑，以法家为代表。陈士铎将其引入到中医治疗中，谓："补正祛邪，王道也；单祛邪不补正，霸道也。补正多于祛邪，王道之纯也；祛邪多于补正，霸道之谲也。补正不敢祛邪，学王道误者也；祛邪又敢于泻正，学霸道之忍者。"对于外感实邪或是热毒炽盛，正气不虚者，应用霸道；内伤多为七情所伤，饥饱劳役，日积月累，正气日渐削夺，其来渐，其势缓，其伤深，应用王道进行治疗。王道荡荡，看之平常，用之奇妙，日计不足，岁计有余，日久必收奇功，此王道之法也。

（四）用药须注重双向及多向配伍

人体健康是一种阴平阳秘的状态，此为阴气平和，阳气固密，阴阳平和协调保持相对平衡。故用药应注重药性辛苦升降的平衡，注重补中有泻，泻中有补，散中有敛，敛中有散，辛开苦降并用，寒热补泻兼施。病程演变是一个多变的过程，特别是那些复杂的疾病，更是充满着变数，所以治疗时必须注意矛盾的复杂性与多变性，才能理法详备，方药中的。

（五）治病善治人

治病应详细询问病人的病情，绝不可"相对斯须，便处汤药"。医生治疗疾病是一个双边活动，不仅医生应认真负责，还应善于作病人的思想工作，争取病人的合作。且有的病是由情志方面的原因引起的，此时更应注意对病人情志的疏导，情志因素解决了，病人甚至可不药而愈，此即"治病善治人"。

通过60余年的行医实践，我形成了个人的诊疗思想，而且在学习与实践的过程中，也形成了我个人的治学思想，主要包括以下几个方面：

第一，基本功的培养和训练是从医的重要基础。青少年时期，我仅读完6年小学，便辍学从医。由父亲教读一些中医启蒙读物，凡是规定要读的书，必须达到能熟练背诵的程度，同时需参阅诸多相关文献。在4年左右的时间里，对中医学的基本理论、基本知识和中医诊疗疾病的一些基本技能的了解和掌握，已经打下了比较好的基础。但这仅仅是开端，还要不断地拓宽和强化。就以《伤寒论》为例，此间仅仅是选读了一部分，通过后来的努力学习，我可以把《伤寒论》398条原文在1个小时内全部背完；对《金匮要略》的大部分经文都能够背诵；对《温病条辨》和《温热经纬》的重要条文，基本上全能背诵；对《内经》的重要章节，亦能背诵。熟背经典的目的是为了活用经典，只有熟悉经典，才能活用经方。因此，我强调对基本功的培养和训练，且认为不能满足于某一阶段的成就，必须通过长期不懈的努力，才能取得满意的效果。

第二，临床实践是体验中医理论和建立中医信念的关键。中医学术是实用之学，必须有坚实而丰富的实践经验。就其疗效而言，也主要是通过病人的感受而加以体验的。因此，如果无切身体验和对病人广泛的观察，也往往会对中医理论和疗效的可信性产生怀疑。我出生于中医世家，亲见祖父和父亲为病人看病的情景，稍长和学医期间，又亲自参与了力所能及的医事活动，司药、制药以及某些饮片的加工炮制、丸散膏丹的制造，主要是由我负责。另一方面，经常闻见祖父和父亲看病时所运用的望闻问切的诊病方法，以及他们对病人的病因病机所进行的理论分析等，都对我有很大的影响。我亲眼看到很多危重病人，通过治疗起死回生。在这个长期的体验中，我对中医的理论和疗效自是坚信不疑的。行医之后，也有不少危重病人，是以中医理论为指导把他们治好的。因此，要建立对中医理论的信念和中医疗效的确认，最好是早临床和多临床。

只有通过实践，才能解开心中的诸多疑惑。所以在我多年的工作中，虽然承担过繁重的教学、科研和行政工作，但始终未放弃应诊。

第三，集临床、理论、文献于一体，是加深掌握中医学的需要。我的从医历程大致可分为三段。第一段，主要是从事临床工作，当时乃是忙于诊务，业余时间仍继续进行业务方面的学习。在农村工作时，接触的病人也不分科，病种范围很广泛，包括内、外、妇、儿、五官等，除正骨、外伤、产育、针灸外，其他学科的常见病、多发病都看过。到中医学院执教后，我又多次带学生在内科门诊实习。"文革"后，虽由于多种原因未能再从事临床工作，但仍不时有亲友及慕名者求诊。通过临床实践，不仅解决了理论和实践的结合问题，而且不断强化了理论对实践的指导，和实践对理论的体验。第二段，主要是从事教学工作。执教后，我从事过本科班、进修班、师资班、西学中班、大专班、中专班、研究生等多层面的多门课程的教学工作。教学工作从基础理论学科来说，是对中医理论的进一步强化和深化；从临床学科来说，是对中医理论的验证和检验，以及对临床指导作用的进一步强化。在教学过程中，对中医理论的运用会有更加深入、广泛的理解，这对全面把握中医学术也是十分有益的。第三段，主要从事中医文献的整理研究工作。文献学作为一个学科，具有自己独特的学术特色。自1964年始，我参与承担古籍课题《针灸甲乙经校释》的编写工作，方留意查阅古今文献学家的文章与著作。之后又参与过大量的文献方面的学术活动，并多次承担过上级指定的古籍整理任务。通过上述种种实践活动，我真正体会到中医古籍整理和中医文献研究有自身的规律、方法和研究对象、研究目的，对继承发扬中医学具有十分重要的意义。通过上述三点，我认为，能把临床研究、理论研究和文献研究结合为一体，方可完整、全面、系统地把握中医学，真正体会到她的博大精深。

第四，医文并重是中医学的一大特色。这里首先要明确医和文的关系。古人有云："文以载道。"前人给我们留下了大量的医学文献，这些医学文献记载着大量的医学理论和医学知识，都是以文字为载体流传下来的。通过这些以文字为载体的医学文献，可以从两个方面来理解医和文的关系：从文字的组合形式来看，有多种文章体裁。概括地说，可以分为散文和韵文两种。不管是散文还是韵文，均有一个共同的特点，辛亥革命以前的古医籍都是以文言文的形式出现的，这些文章中使用的语词、语法、音韵、语义等，也都带有时代的特征。

中医学是在中国传统文化这个大背景下形成的。因此，医学方面所涉及的广泛的内容，与天文学、地理学、历法学、气象学、术数学、哲学等都有密切的关系。所以，要学习和研究中医学，在很大程度上需要借助于文史哲的相关知识，去解释其中的诸多难点、疑点，运用古汉语当中的相关知识，如语音学、语义学、语法学、文字学等，才能扫除文字方面的某些障碍。从而说明对医学问题的研究，要解决某些高难度的问题，离开了文和文献学的知识、思路和方法，都是难以做到的。因此，医文并重对一个高明的医家来说，就显得非常重要。

第五，博览群书，兼容并蓄，是学术水平不断提高的源头活水。在少年时代，父亲就经常要我多读书、勤读书，"开卷有益"。这要从多方面来看。就医学本身来说，从古至今，前人留下了大量的文献，据不完全统计，辛亥革命以前的现存医籍尚有万种左右，其中就包括了不同时代、不同医家、不同学派的著作，其中有理论的、临床的多学科的不同内容。就一个学科来说，它又有诸多学派的不同，所以在学习和研究前人的著作时，不能囿于一家之言，必须兼容并蓄，博览群书。因此，作为一门医术，可以有门派的不同，但不可有门户之见。正由于此，才能把诸多知识熔于一炉，锻造出更高的知识产物。再从医学与其他相关学科的关系来看，也是如此。大量的古医籍中都有诸如儒家、道家、佛家的学术思想，古代反映自然科学方面的诸多内容也不同程度地见于医学著作中。这就要求对医学进行深入广泛的研究时，必须做到博览群书，兼容并蓄。我从少年时起，就养成了喜欢读书和藏书的习惯。通过几十年的收集，我的藏书已有五千余种，为自己创造了一个非常好的研读条件。我的阅读范围也很广泛，除医学之外，对于文史哲、艺术、戏曲音乐等都有兴趣，并从中得益匪浅。就是在临床医学方面，也是如此。正是因为在学习的过程中博览群书，博采众长，提供了源头活水，方可达到健康成长的目的。

第六，坚持继承发扬，是立于不败之地的指导方针。中医学自西学东渐之后，近百年来不断遭到一些人的非议和批判。新中国成立以后，党中央和国务院及中央的很多领导同志都十分关注中医事业的发展，提出了很多方针和指示，使中医事业得到了相应的发展。根据我个人几十年学习和实践的体会，中医学的发展必须遵循中医学自身的规律，在继承的基础上去发扬光大，这是唯一正确的道路。没有继承，就没有发展。没有发展，也就不需要继承。继承和发展是学术发展过程中紧密相连的两个环节，在学术上，任何一个学科都需要不断继承前人的成就，然后再去进行新的发展和新的创造，使它不断地得以提高。况且中医学这个伟大的宝库，谁都不敢说已经完全把它继承下来了，在乏人乏术的情况下，更是如此。因而，继承发扬至少也应该是较长时期发展中医学术的指导方针。

闻道明理　解读国医

在我 60 余年的从医生涯中，从事过临床工作，担任过高校老师，从事过高校管理，也承担过文献研究。对中医学术的认知，在不同的时期有不同的理解，特别是后 20 年，主要置身于中医文献的书山文海之中，阅历更多，涉猎尤广，泛游于传统文化之中，沉浸于杏林经籍之内，通过见闻之不断增长，理解之不断加深，实实感到，仅仅把中医学理解为一种医疗技术是远远不够的。正由于它是在华夏文化的摇篮中哺育和成长起来的一种医学，所以说它是民族文化的精华，是传统医学的宝藏，实不为过也。根据先辈们的论证和我个人的理解，所谓"中医学"，应该从以下几个方面去理解：

（一）中医学的内涵

所谓中医学的"内涵"，即指其所包含之内容，主要有以下几个方面：

1. 中医理论

中医，如果作为一种医疗技术，其所以不似诸多世界或中国的某些民族传统医学，逐渐被淹没于历史的长河中，重要的也是最主要的原因，乃是没有停留在经验的基础上，而是通过大量的、长期的医疗实践，加以理论思维，或者说逻辑思维的抽象，把大量的客观事物的外象、表象、证象及医疗效应等，加以去粗取精，去伪存真，进行系统的概括综合，并借助于各个时期的理论成果，形成了自身的理论基础，用以说明医学方面的有关问题，如中医学中的阴阳学说、五行学说、标本学说、气学说与道学说等，本是先秦时期诸多思想学家共同创造并大量用以说明各种客观事物和自然现象的理论，也可以说在先秦时期即已被广泛运用的辩证法思想，但它一旦与医学相结合，就形成了中医学理论。如《素问·阴阳应象大论》云："阴阳者，天地之道也，万物之纲纪，变化之父母，生杀之本始，神明之府也。治病必求其本。"又云："天有四时五行，以生长收藏，以生寒暑燥湿风；人有五脏化五气，以生喜怒悲忧恐。"这些即属于此。

2. 中医思想

所谓"思想",指客观存在反映在人的意识中经过思维活动而产生的结果或形成的观念,以指导人们的实践。"中医思想",主要是医者在长期医疗实践中,对人们的生理与病理活动、医疗与保健活动所产生的各种反应的认识而形成的各种观念,其中也有某些是借助于人们在认识自然及社会时所形成的观念,而逐步形成了在中医学术领域中的医学思想。如"人与天地相应"的思想,"治未病"与"治病必求于本"的思想,"整体观"的思想,"思外揣内"与"思内揣外"的思想,等等。甚至诸多治国与治军的思想亦溶入了医学思想之中,如《素问·四气调神大论》云:"是故圣人不治已病治未病,不治已乱治未乱,夫病已成而药之,乱已成而后治之,譬犹渴而穿井,斗而铸锥,不亦晚乎。"又如《灵枢经》外揣篇与玉版篇,均以治国、治民的思想,以比拟"针道"。故《汉书·艺文志》中《方技略·序》文曾云:"原病以及国,原诊以知政。"亦属此意。又如"人与天地相应"的思想,本在《国语·越语》及《荀子·天论》中早已提出,后在《黄帝内经》中,有较多处引用此说来说明人与自然界的关系,而成为中医学中论述人与天地相应的一个重要思想。凡此种种,特在《黄帝内经》中有较多的论述,兹不烦举。

3. 中医文化

所谓"文化",乃指人们在社会历史实践中所创造的物质财富和精神财富的总和,其中特指精神财富为主。就此意而言,"中医学"本身,也是精神财富的一个方面。由于中医学本身是在传统文化的环境下成长起来的,医学本身又与客观世界多方面有关,因此,中医学在形成和发展的过程中,必然需要与多学科的文化知识相结合,方可揭示医学本身的问题及与医学相关的问题。因此,本文所谓"中医文化",不仅是医学自身这一精神财富,而又较多的涉及诸多相关学科的精神财富。因此,亦可认为中医文化是中国传统文化的综合反映。如果我们打开中医学宝库,特别是文献宝库,就立即会发现其琳琅满目的多种文化的光芒,不得不使你叹为观止。故中医学不仅是一个医学宝库,也是一个文化宝库,称其博大精深,实不为过。因此,要真正掌握中医学文化,必须对其他学科的文化有一定的了解,方可达此目的。

4. 中医学术体系

中医学术体系,是指中医学术若干方面的内容相互联系而构成的整体学术系统。任何一个学科，在它形成的初始阶段，必然是从感性阶段起步，而且这些感性知识也必然是肤浅的、简单的、零散的，通过长期的实践和对知识的积累和深化，而达到了理性阶段，则属于深入的、复杂的、系统的知识，把这些知识联结为一体，便是学科的学术体系，象征着该学科的成熟或形成。就中医学而言，仍以在西汉早期成编的一部划时代的经典著作《黄帝内经》为例，今存本中的全部篇章虽未曾按系统进行有序的编排，有的篇章内容也有些杂乱。但从全部内容来看，已对医学的各个方面均有了详尽或比较详尽的论述。另有《神农本草经》一书，在本草方面，亦较好地奠定了本草学的基础。后汉末张仲景的《伤寒杂病论》，已成为临床医学、理论与实践相结合的经典医籍。下此而往，复经千余年的临床实践，在前人成就的基础上，又有了全方位的发展，完全形成了自身的学术体系。

5. 中医临床

中医临床，亦即中医实践，是中医诊疗工作最重要的活动之一，是中医学理性认识的基础，是对中医药疗法是否有效的检验，也是对中医理论正确与否的检验，更是中医学是否符合科学理念的试金石，而且通过临床实践，又进一步丰富和发展了中医学的理论和思想。因而，它在中医学术体系中是至关重要的一个环节，故为历代医家所重视。

中医不仅重视临床实践，而且在临床实践中总结出诸多行之有效的原则和方法，如四诊八纲、辨证论治、理法方药及因时因地因人制宜等，从而说明中医临床对中医学的继承与发展是何等的重要。

（二）中医学的特色

所谓"中医学的特色"，并非指中医在诊疗技术方面或理论方面的某些特色，如辨证施治、整体观念等，而是指作为"中医学"这一文化遗产方面的特色。就此而论，主要有以下几个方面：

1. 民族化

中国历来是一个多民族的国家，就其文化体系而言，也必然是多元化的，各民族皆根据本民族的特点，创造了自己的文化体系，如语言、文字、文学、艺术、音乐等，医学也是如此。而通常所说的"中医"，乃是指由汉文化为基础而哺育成长起来的医学体系。因此，它本身必然具有众多汉文化特征。然而，并不否定中医在发展的过程中，也曾吸收过国外和其他民族的医疗技术与药物，但其必定被融入中医的学术体系中并加以理论化。例如中药中有不少药是进口药材，而在运用时，必根据中药"四气五味"理论使之中药化，成为"中药"。在理论方面有时也偶可见到非汉化的内容，如释家"地水风火"学说，但它始终未能成为中医理论的组成部分。因此，中医学的这种"民族化"的特色，就显得十分明显，在当前的条件下，也没有必要去改变它，也正由于它既是民族的富有特色的宝贵财富，也可以为世界所承认和接受，所以它不仅是民族的，也是世界的。

2. 大众化

所谓"大众化"，是指中医学本是植根于大众，面向大众，为人民大众服务的，虽然前面曾引用过《周礼·天官冢宰》的文字，重在说明医学在政府机构中的地位和受重视程度，然医学的服务对象，尤在民众，因此，其采用之医疗手段，则更要符合"简、便、验、廉"。这在诸多中医古文献中，均可得到体现。

如张仲景先生《金匮要略》后三篇，收载了诸多救猝死及解诸毒等简便验廉方，此特举其用地浆水解畜肉及野菌毒方。自我祖父始，我家三世行医，均曾以此法救治过夏秋季因食物中毒引发之吐泻者，无一不愈，又当时在农村行医时，对一般感冒发热的病，均不曾开过方，仅传些偏方，令病家自采些地方产中草药，即可治愈。

又如汉代董奉为人治病，种杏成林，有虎以守之美谈，唐代孙思邈《备急千金要方·大医精诚》言大医治病之操行，晋代葛仙翁所著《肘后方》三卷，特为穷乡僻壤之民，仓促救急而备等。

凡此种种，在古典医籍介绍中及医界前辈执医时，均随处可见，留下美德，有口皆碑。此尽可说明医学一科，非具慈悲恻隐之心，济世救人之德，不可以言医，故医之誉为"仁术"良有以也。

3. 文学化

古人云："文以载道。"中医学之道，亦以文载，在我国传统文化或者说精神财富之载体中，尤多富有文学色彩，此可见于两个方面，一者为汗牛充栋之古医学文献中，均可展现其不同程度的文采。一者为载道之名医国手，堪称"医文并茂"者，诚不鲜见。

以医籍而言，仍以《黄帝内经》为例，全书中显示有关文学色彩者，比比皆是。就文体而论，有散文体，有韵文体，有散韵兼用体，有问答体，有陈述体，有论证体，等等，真可谓绚丽多彩。如《灵枢·玉版》论痈疽文云："黄帝曰：病之生时，有喜怒不测，饮食不节，阴气不足，阳气有余，营气不行，乃发为痈疽。阴阳不通，两热相抟，乃化为脓，小针能取之乎？岐伯曰：圣人不能使化者，为之邪不可留也。故两军相当，旗帜相望，白刃陈于中野者，非一日之谋也。能使其民令行禁止，士卒无白刃之难者，此非一日之教也，须臾之得也。夫至使身被痈疽之病，脓血之聚者，不亦离道远乎！夫痈疽之生，脓血之成也，不从天下，不从地出，积微之所生也。故圣人自治于未有形也，愚者遭其已成也。"此文属于问答式散文体，不仅将痈疽原理论述得十分通透，而且颇富文气，其行文造句用语，酷似文学作品。又如张仲景先生之《伤寒杂病论·序》，全文显示其大家手笔，赞古述今，言医述道，辟谬匡正，叹世风时，文若行云流水，义若弘法释难。故后赞其为"悲天悯人之文字"，为医者所当警，学者所必颂。

其他如各种诗词体、歌赋体、传状体、针铭体等，不一而足，既有利于学者之朗读，又有利于对语言的修饰，更有利于对义理的阐发，故颇为习业者所赏识，亦多被著述家所运用。

4. 哲理化

关于"哲理"或"哲学"的语义，今不去作词语的考证或诠释，意在说明在中医学中所富有的哲学原理。哲学是人们对整个自然界、社会和思维的根本观点的体系，也是任何人在观察和认识自然界、社会和人体自身时无可讳避的问题，但人们在认识自然与社会时所形成的各种不同的哲学观，必有正确与错误之别，正如恩格斯在《自然辩证法》一书中所云："不管自然科学家采取什么样的态度，他们还是得受哲学的支配。问题在于他们是愿受某种坏的时髦哲学的支配，还是愿受一种建立在通晓思维的历史和成就的基础上的理论思维的支配。"恩格斯在此虽仅是对自然科学家而言，是由于他是在《自然辩证法》一书中提及此事，进而言之，对社会学家和医学家，也完全如此。

在中医学早期著作中，便已充分显示出在中医理论方面，已经广泛体现了先秦时期诸多思想学家提出的中国传统的唯物论的观点和辩证法的思想。如《黄帝内经》一书中，多处言气、道、形、神、阴阳等概念，其中固有诸多方面是指具体事物而论。然而不可否认的是有更多浑指或概言处，则属于哲学的范畴。现仍以《素问·阴阳应象大论》为例，如所谓"阴阳者，天地之道也，万物之纲纪，变化之父母，生杀之本始，神明之府也。治病必求于本。故积阳为天，积阴为地，阴静阳躁，阳生阴长，阳杀阴藏，阳化气，阴成形"一段，此中即言及道、变化、生杀、静躁、气形等抽象概念，以论述客观事物之运动变化的一般规律。又"阴阳离合论"云："阴阳者，数之可十，推之可百，数之可千，推之可万，万之大不可胜数，然其要一也。"说明客观存在阴阳对待之无限可分性。然就总体概念而言，则约而为"一"。又如《素问·六微旨大论》中有论天地气化一段，详述自然界变化之升降、出入、成败、倚伏、动静等相互关系，均富有哲理化的特色。故在中医学中，无论言天地、言人事、言脏腑、言病证、言诊法、言治则、言配伍，无不体现唯物辩证之思想。是哲理化也。

5. 人文化

人文者，人事也。繁言之，犹云人间世事也。《后汉书·公孙瓒传论》曰："舍诸天地，微乎人文，则古之休烈，何远之有！"李贤注："人文犹人事也。"医亦人事也。舍人，何以言医。人者，群处也，舍群何以言人。故凡论医者，必及于人事也。如王冰为《素问》作序，云："夫释缚脱艰，全真导气，拯黎元于仁寿，济羸劣以获安者，非三圣道则不能致矣。"又宋林亿等新校正序又云：黄帝与岐伯"上穷天纪，下极地理，远取诸物，近取诸身，更取问难，以福后世……惜乎，唐令列之执技之流，而荐绅先生罕言之"。此皆明言医学亦治世之道，非执技之流。而尤为重要者为《素问·气交变大论》云："夫道者，上知天文，下知地理，中知人事，可以长久。"明确点出，医学之道需通晓天文、地理及人事，方为上工，然竟有人提出中医应回归于纯自然科学，以西医化之的论点，此论谬之特甚也。

以上仅系个人管窥之见，错误或不当之处在所难免，切望批评指正。

敬业乐群　上书献策

通过多年的工作实践，特别是"文革"之后我更加体验到，中医"乏人乏术"的情况十分严重，中医事业的发展，困难重重。为了更好地继承发扬中医药宝贵遗产，我曾以个人或集体的名义，多次上书献策。

1982年，卫生部中医司副司长魏福凯同志来学院检查工作，趁汇报工作之机，我陈述了中医文献整理研究工作的重要意见，魏司长听后很感兴趣，请我写一份文字材料，题名《关于整理中医古籍的几点意见》。写毕，经院领导审阅后，以中医学院（83）院字第 22 号文，上报卫生部中医司，抄报省卫生厅及人民卫生出版社。为了得到上级领导的支持和关照，我多次以口头或文字的形式向有关部门汇报，取得了良好的效果，还曾多次向有关部门提出"抢救名老中医经验"的建议。

1984 年，在北京参加卫生部中医司古籍整理办公室召开的"11 种重点中医古籍样稿审定会"，会间，我和史常永、沈炎南 3 人经过酝酿，拟将中医工作当前存在的问题和建议，向国务院上书。经讨论后，由史常永撰稿，特就党对中医事业的领导、中医管理机构的建立、制定中医事业实施办法、财力与物力的支持等，提出建议，最后由与会者 11 人签名上呈。

2005 年，鉴于当时中医工作中存在的问题，我特上书国务院吴仪副总理，就中医理论、人才培养、临床疗效、财物保证、政策导向等五个问题及八个关系，提出了意见和建议。其后，复将此文上呈卫生部副部长、国家中医药管理局局长佘靖，深受佘局长重视，并亲自登门拜访我。上书全文如下：

本人从事中医的医疗教学科研及管理工作，已 60 余年，对中医事业所取得的新进展，倍感高兴，然对于中医工作方面所存在的问题，亦深感忧虑，现仅就中医工作的五个问题和八个关系，聊陈管见。

（一）五个问题

1. 理论是基础

中医学术之所以能够存在于今，特别是在近百年来，在各种思潮的冲击之下，仍能生存下来，就是因为它有独特的理论体系作为中医学术的坚实基础。然而，近些年来，大有忽视中医理论的倾向，重蹈废医存药之覆辙。若基础一垮，大厦必倾，这是十分危险的，吾意必须进一步强调，加强对中医理论的学习与提高。方保无虞。

2. 人才是根本

中医事业之振兴，靠的是人才，不管历史或者现实，都足以说明，数千年来中医事业之所以能够传承下去，靠的是一支坚信中医而又有真才实学的人才队伍。然而，目前的中医队伍十分复杂，有相当一部分人，既无真才实学，也不相信中医的科学性，因此，必须对现有人员进行整顿和再学习，以解决中医乏术的问题。现行教育制度，从课程设置到教学内容，都存在不少问题。学生的专业思想亦不稳固。在办学方针和教育思想方面，都应该进行反思，认真总结经验教训。把握好教学的方向和宗旨，方能培养出合格的中医人才。

3. 疗效是关键

中医得以存在的关键问题，是中医自身的优势和临床疗效，否则，就没有存在的必要。然而，我们的医疗单位，当然有很多还是很受群众信任的，但也确有不少医院，由于种种原因，的确不尽如人意，甚至西化的情况日趋严重，有些中医从业人员中医水平不高，疗效较差，仅靠一知半解的西医知识来支持，因此，中医疗效不高，故中医院必须进一步强调，保持中医特色，发挥中医优势，提高中医疗效。

4. 财物是保证

目前，我们的中医医疗机构，大多数都具有先天不足、后天营养较差的缺陷，甚至有些基层中医院是由某个西医门诊部或门诊所改头换面成立起来的，在物质基础方面，十分简陋，在人员方面，从业者中医水平很低，甚至仍是以西医为主，在财力方面，难以得到相应的资助和扶持，显得十分紧张。以这样的条件，如何能承担起发展中医事业的历史重任呢，故建议有关部门，务需对中医机构在财物方面给予必要的资助，在人员配备方面进行适当调整，且应委派坚信中医的同志担任领导。

5. 政策是导向

毛主席早就指出，"政策和策略是党的生命"。中华人民共和国成立初期，当卫生部门个别领导人对中医进行改造和否定之时，正是党中央和国务院及时制定了正确的中医政策，才挽救和保护了中医，使中医学术得到了继承和发扬，中医事业得到了发展和提高，中医队伍得到了扩大和进步。然而，近些年来，在贯彻党的中医政策方面，政令难行，提法不一。甚至有个别领导都不知道什么是中医政策。因此，对发展中医的指导思想，显得有些混乱，甚至提出一些不切实际的要求，产生脱离中医自身发展规律的思想，建议中央领导重申党的中医政策，统一思想，统一认识，遵循中医自身的发展规律，去发展中医。

（二）八个关系

1. 继承与发扬的关系

中医学术源远流长，是中国优秀传统文化的重要组成部分，就以现存古籍来说，以辛亥革命为限，就有万余种之多，这是祖先给我们留下的宝贵遗产，其中有丰富的理论知识和宝贵经验。还有在诸多名老中医的头脑中，也保留有大量的知识和经验，对他们进行继承和抢救，是历史赋予我们的重要使命，我们必须很好地加以继承。只有在这个基础上，才能得到健康的发展，才能够加速发展。然而，近些年来，有些人却不重视继承的问题，枉谈发扬，长此以往，中医岂不成了无源之水、无本之木。

2. 传统与创新的关系

所谓传统，是指中医自身原有的学术基础，是我们的祖先几千年来智慧的结晶，只有在传统的基础上，有所发现，有所发明，有所创造，有所前进，才能促进事业的发展，我们的祖先就是如此，使中医学术不断地向前推进的。我们今天仍应遵循这一原则，在传统的基础上进行创新，如果不很好地继承传统，奢谈创新，岂不是空中楼阁，数典忘祖。

3. 中医与西医的关系

中医与西医是客观存在的两种医学体系，我们的《宪法》总纲第 21 条明确规定了"发展现代医学和我国传统医学"。就目前的情况而言，两种医学各成体系，不能互相代替。作为中医机构，我们的任务就是发展中医。当然，在学术发展的进程中，两种学术的互相借鉴和互相补充是允许的。但是，把中医医疗单位进行西化，那是严重的错误，更谈不到发展中医了。

4. 理论和实践的关系

如前所述，理论是中医学术的基础，理论也是从实践当中产生的，反过来又以理论指导实践，这就是中医学发展的辩证法。中医理论之所以得以存在，就是因为它能够指导实践，中医疗效得以提高也是由于有中医理论的指导，现在之所以有些中医的疗效不高，正是由于理论基础的欠缺和削弱。故从事临床工作的同志，必须进一步加强理论方面的学习，才能更好地提高疗效；从事理论工作的同志，则应该多进行些临床实践，才是检验与发展理论的最好途径。

5. 古籍与今著的关系

大量古籍，尤其是所谓诸多经典性著作，是前人留下的宝贵财富。今著是指今人的著作，当然，它包含着某些今人的经验。但就目前而言，很多古籍与经典著作更有着不可估量的价值，更应该大力去发掘。我们的许多名老中医，都在这方面有很好的根基。但是，目前的情况是，有不少中青年医生却很少去阅读古书，甚至在图书馆中，古籍已成为尘封之物，有些经典著作，在高教课程中也成了阳春面上的葱花，实在令人遗憾。

6. 中药与中医的关系

中药与中医本是不可分割的整体，只有在中医理论的指导下运用中药，才能很好地发挥中药的作用，才能更好地提高疗效。但是，目前对中药的研究，脱离了中医和中药的理论，单独追求化学成分，研究的结果还能代替中医吗？比如黄连素能够代替黄连吗？因此，对中药的研究，必须在中医和中药的理论指导下，才能对中医中药的发展做出贡献。

7. 中文与外文的关系

中医高教事业，自建院以来，就规定了有医古文这一门课，这是根据学习中医的需要而设置的。另一方面，教育部门又规定了高校学生必须学习外语，因此，加之其他因素，中医院校的学生负担很重。我的意见是：就当务之急而言，中医院校的学生首先是要学好中医，要学好中医，就必须学好医古文。但是，就目前中医高等院校的情况而言，由于新增加的课程较多，如外语过级、计算机过级、选修课增多等，把中医及医古文的课时大为压缩，因此，就很难培养出高水平的中医人才，建议有关部门务须重视此事，予以妥善解决。

8. 理论思维与实验研究的关系

理论思维是人类在知识和经验的基础上形成的认识事物本质规律和普遍联系的一种理性思维。古人所谓"医者意也"及"有诸内必形诸外""司外揣内、司内揣外"等，颇富这方面的含义，也很符合中医学的思维方法。当然中医学也不曾拒绝某些实验和直观的方法。实验研究是现代研究方法之一，有时用实验方法得出的数据并不一定符合中医的理论和要求。因此，对中医学的研究，当然可以有条件的采用实验研究的方法，但绝不可忽视理论思维的培养。

文兴艺趣 摄生养性

我的少年时代适逢乱世，也未能受过正规的中高等教育，而且自小学毕业，便进入繁忙的习医及社会活动中去，成年之后，家事、医事积于一身，离家之后，进入高校教学、临床、科研、政管等，承担着巨大的工作压力和家庭的经济负担。但我不仅不曾被困难所压倒，反而变压力为动力，出于工作和学习的需要，培养和激发了多种兴趣与爱好，使生活的内容更加丰富，生活质量更加优异。同时，在艰难、压力、病伤的干扰下，善于化解矛盾，克服困难，调节生活，保养形神，以享天年。

（一）文学艺术的修养

我在文学艺术方面的爱好与修养，虽最初是受家庭与社会的影响，但更多的是之后在学习与工作中，因接触和需要激发而起，主要有以下几方面：

1. 诗词、散文

少年时习读白话注解《千家诗》，觉得朗朗上口，饶有兴味，后读《唐诗三百首》及《古唐诗合解》等，兴趣倍增；青年时期，在旧书摊购到《白香词谱》一本，后又得《词选》一本，又别有韵味；壮年习格律，渐识规矩，初知章法。之后由于工作的关系，曾行遍大江南北、长城内外，所到之处，常信口而吟，或有感而发，时为报刊或诗集录用。积之既久，纂而成册，名曰《暮村吟草》，既为遣兴抒怀，亦可知踪迹所及也。

其有诗词意犹未尽时，亦常别撰散文，借壮山河之多姿，凭吊古今遗事，以抒胸膺，如《泰山游记》《灵岩寺游记》《忆冒雨游西湖》《扬州游记》《金陵游记》《新疆纪行》《粤海纪行》《出塞纪行》等皆是。

自著有《琴石书屋医余吟草》《暮村吟草》等，在报刊及诗集中录用者达数百首。

2. 音乐、歌曲

我在读完小时，即已识简谱，常得先生赏识，下学后，曾任村剧团导演兼司乐队，为了工作需要，学奏过诸多民族乐器，如笙、管、笛、箫、唢呐、二胡等，后习西洋乐器小提琴，并自学五线谱。晚年又习古琴，领略我国数千年雅乐风韵，为晚年生活复增更多乐趣。

我一生喜爱歌曲，尝思我杏林春风，惠及苍生，然古今作曲者，无人惠及，于是自度多曲，以颂岐黄大业，如"杏林习业歌""医圣赞""杏林颂歌""杏林春""医学经典赞"等，以示对中医学之热爱。又常谱"江山多娇""可爱的故乡""山东是个好地方"等，体现爱国、爱乡之情。2008 年"七七事变"纪念日时，忆昔年日寇入侵，山河破碎，国仇家恨，刻骨铭心，特谱"战歌""战斗的号角"二曲，以示不忘国耻也。

3. 戏剧

因受家庭影响，我自幼喜爱京剧，对文武场活，均可操作，尤擅京胡（包括琴师应工之大笛、横笛等）。若逢节假日或纪念活动组织演出，每邀我参加。来济后，由于业务工作繁忙，演出机会不多，偶为票友清唱伴奏。晚年兴至时，则偶或操琴自娱。

4. 书法篆刻

在上完小时我曾跟同学于本明学刻印章，跟刘玉生先生学刻板画。青年时期稍习书法，盖彼时中医处方皆用毛笔。来济后，执教于杏林，我认为作为一名高校老师，在各方面均应为学生师表，然自知在书写艺术方面还远远不够，虽欲作书法家，绝非易事，但只要努力学习，写得好一些，在规范的基础上加以美化，还是可以做得到的。于是自1960年至1966年夏，无论是备课、临诊或办公时，尽用毛笔。暇时或操管临仿，或依案读帖。古人云：字无百日丑，积时既久，果有长进。做书家一要靠才气，二要靠工夫。我们哪有许多的时间去练字，只求写得好些罢了。在练习书法的同时，亦及于篆刻。篆刻不仅是书法的另一种美化艺术，亦可借诸篆刻，设计内容，遣兴抒怀，自言其志。所以暇时读些篆刻技法书籍及印谱，自学操刀，亦可体现我的文情艺兴。自集80余方自治印谱，题名《篆刻学步》，其内容除名章外，大量为闲章及藏书章。

5. 赏石抒怀

自少年时起，我便喜欢游山玩水，家乡虽无名山大川，但登上村周的丘峦岭岗，就有一种说不出的快感。14岁那年的夏天，我和几位同学去看望已调至崂山村的老师，有缘登上崂山（这是家乡最高的一座山），见山上怪石嶙峋，奇峰叠嶂，蔚为壮观，从而便激起了我爱石之灵根。但在壮岁之时，工作繁忙，无暇顾此，迨至晚年，偶有闲情，喜自制山石盆景，以小见大，聊寄情怀。后渐及于对奇石之观赏。极尽大自然之工力，鬼斧神凿，浑然天成。或似物，或寓意，或出景，或寄情，不一而足。晚年有藏石百余件，俱为题名，且赋诗自赏，故别号"百石翁"。又别撰"石论"一篇，后路公志正读后云："古之学者，多以琴棋书画并优，而老兄尤于诗石……而'石论'已具人性，顽石知音，琴说焦桐，古今辉映。"亦可谓深解其意。

（二）形神兼养，尤重养神

养生之道，前人论者甚多，流派甚广，法术亦众。然知其道者，习之有益，不仅可健身，亦可延年。就医家而论，历代著述，所传法术，亦有异同，自当因时、因地、因人而用，不可以贪欲之心，强求其功，反易为患。

我本不善此道，然80余年之岁月，疾病缠身时有之，生活困扰时有之，悲欢离合时有之，外邪冒犯时有之，此皆人生之难以逃遁者。必经心以应对之，方可保此五尺之躯、方寸之心。就医家所论，我谨遵《黄帝内经》所谓"人与天地相应"及"形神兼养"之法则，在工作、学习与生活的诸多方面，进行适当调节而已，别无异术可传。若概而化之，主要有以下几点：

1. 勤于书卷，情趣务多

随父学医之际，我一方面背诵医书，一方面补习文化，因而养成一种勤于书卷的习惯。若一时不读，则惘然如失。故一生中最大的兴趣，莫过于读书藏书。积年累月，共得五千余种。读书对我来说，乃是一种最大的乐趣，也是最好的享受。遇有不快之时，常读书自慰，遇有不眠之夜，则挑灯再读。根据多年的体会，我认为读书不仅是知识的积累，也是智慧的源泉，同时也是养神的良策。宋人尤袤，孝宗时名臣，一生好读书，常谓"饥读之以当肉，寒读之以当裘，孤疾读之以当友朋，幽忧读之以当金石琴瑟也"。善读书者，自知其言之不谬也。

我在精神世界方面亦有多种爱好。少年时期爱看戏，爱听音乐，学习过多种乐器的演奏，如京胡、二胡、笙管、笛、箫、唢呐、小提琴、口琴及锣鼓打击乐等，晚年复习古琴，喜爱奇石。生活，工作，学习，虽然很紧张，但并不枯燥，亦不单调，精神上也很舒畅。这与此种多情趣的调节作用不无关系。此后，我又不断发展多种爱好和多边活动，诸如书法、绘画、诗词、篆刻等，亦皆染指。这些爱好可使精神负担得到不同程度的缓解，减少疲劳，使脑力得到适当地休息。此亦养神之一法也。

2. 调气应时，起居适度

人之生机，随春夏而生、长，随秋冬而收、藏，这种周期性活动是自身的一种规律，故必应之而行，则人体安和。我在日常生活中十分注意气候变化，随时调节衣着，尤其注意保温。

《吕氏春秋·本生》云："出则以车，入则以辇，务以自佚，命之曰招蹶之机；肥肉厚酒，务以自强，命之曰烂肠之食；靡曼皓齿，郑卫之间，务以自乐，命之曰伐性之斧。"虽然只提出了三个方面的问题，但说明了一个很重要的道理，就是在生活方面不可过分贪求优越。我的生活习惯是：饮食以清淡为主，五谷杂粮皆用，菜类则以蔬菜为主，既有利于身体，又可保持肠胃通畅，故脾胃健康，食欲常盛。食量不减，可以保证后天之本。衣着不求华美，只求四时可更换为是。少壮之时，坚持骑自行车，既可锻炼身体，又可以活动关节。住处不尚豪华，只求工作方便。保持简朴，唯行俭约，既不丧志，又可养形。

3. 知足常乐，乐以忘忧

此所谓知足，非指不求上进，不求提高，不求发展也。就是说对一般的现实生活条件自当满足。我的一生，从不放弃奋斗目标，而去追求不必要的奢望，这就是我在物质生活方面坚守的原则。因此，也就不会有过多的烦恼。

安乐，是每个人都向往的。孔子曾自言为"发愤忘食，乐以忘忧，不知老之将至"，说他的得意弟子颜回，"一箪食，一瓢饮，居陋巷，人不堪其忧，回也不改其乐"。忧患与安乐，是人生不可避免的矛盾，问题在于如何认真地对待和妥善地处理。孔子所说的就是把忧患转化为安乐的实例。我一生也遇到过多次忧患，如青年时因膝关节病几至致残，中年时期两次住院，及至影响工作能力。在患病期间，尤须记取诸名人名言，效仿先辈正确对待忧患的态度，激发起各种情趣和爱好，在忧患中寻求安乐。所以在多次忧患中，我终能争取身心不受大的影响。

4. 忙里偷闲，能忍自安

人之生也，亦百代之过客，匆匆一世，瞬息而逝，欲有所为，忙亦必然。然而人的精力与体力毕竟有限，欲以有限之体力与精力去完成无限的事业，就需合理的安排、科学的调节，才可保证精力与体力久用而缓衰，才有可能既不伤体亦不劳神。我在青少年时期，农忙季节下田劳动，都带一本书在休息时读。工作忙碌时，也利用休息时间读一点提神的书，阅读专业书籍劳累时，可以改读专业外的书。由此完成兴趣的交替，兴奋点的转移，日久自成习惯，既不劳累，又可休息。

我的家族历来人支旺盛，丁口众多。祖孙三代都曾经历过四世同堂的阶段，也基本上是这样去对待一些琐事。就是在社会活动中，凡非原则性的重大问题，也是以忍让为是，所以未曾发生过人际关系过度紧张的局面。凡非原则性要事，可行则行，不可行则止，不强加于人，可以避免招致不必要的麻烦，造成身心不快。此亦养性之法。

我认为养生是一个比较复杂的问题，它包括养形与养神两个方面，而养神尤为重要。神虽寄于形，然形常随神而动，凡神伤者，形难健。故必寓养生于生活、工作、学习之中，凡事顺其自然，衣食温饱亦足矣。适寒暑，节哀乐，劳逸适度，动静结合，再辅之以必要的身体锻炼，则长生虽不可及，而长寿亦能有望。

我的一生，是工作的一生，学习的一生，也是奋斗的一生，我经历过乱世风云，也承受过艰难困苦，然而都挺过来了。曾自治一印"穷莫坠青云志，老当怀骐骥心"作为自己的座右铭。我追求的是知识，热爱的是事业，奉献的是技艺，胸怀的是民众。

八十春秋回首往事，我首先是一个共产党员，在政治上是党培养了我，使我懂得了人生的价值；我只读过 6 年小学，我必须不停顿地坚持学习，努力奋斗，去克服困难，完成自己的历史使命；我从事的是"救死扶伤"的职业，这不是一种生财致富之道；公私难以兼顾，忠孝不能两全。这就是我自己一生的总结。

执业六旬，岁月匆匆，时不我待，琐事多多。承蒙世不我弃，身许于国，唯当鞠躬尽瘁，毕吾所能。然材力有限，阙漏甚多，智能有限，过错难免。犹自不改初衷，保持晚节，愿献老躯，继步来程。切望顾我师友，不吝赐教，知我罪我，翘首以盼。慎哉，勉哉！

（张增敏协助整理）

张鸣鹤

张鸣鹤（1928—　），男，原籍浙江省嘉善县。山东中医药大学附属医院风湿科教授、主任医师，全国名中医。1955年毕业于山东医学院医疗系，1961年毕业于山东中医学院"西医学习中医班"。历任山东中医药大学中医内科教研室主任兼附院内科主任，山东省中医风湿病专业委员会主任委员等。任中国中西医结合学会风湿病专业委员会顾问，世界中医药学会联合会风湿病专业委员会顾问，山东省中医风湿病专业委员会名誉主任委员。

长期以来，张教授一直从事中医内科的教学工作和中西医结合的临床工作，对内科的许多疾病积累了丰富的临床经验。从1964年起他开始创建风湿病专科，逐渐摸索出一套自己独特的治疗方法，尤其对风湿及类风湿疾病、强直性脊柱炎、系统性红斑狼疮、皮肌炎、大动脉炎、白塞病、血管炎、痛风、银屑病、哮喘、干燥综合征等风湿免疫性疾病更为擅长。

张教授主编《中医内科学》教材，并编写《清热解毒法治疗风湿病》专著，发表论文40余篇。曾获1978年山东省科学大会成果奖，山东省科委科技进步三等奖2项和山东省医药科技进步二等奖1项。被评选为"山东省优秀科技工作者""山东省卫生系统先进工作者""山东省职业道德标兵""医师楷模""山东省有突出贡献的名老中医药专家"和"全国卫生系统模范工作者"称号，享受国务院政府特殊津贴。2017年5月被评为"全国名中医"。

我的一生经历有些坎坷，也有一些经验和教训。我把它写出来也许对一些年轻人会有帮助。我想谈2个问题，第一是在选择职业时要有明确的目标，执着地去追求，相信机遇是给有准备的人提供的；第二是在从医的道路上知识面要力求宽广，必须先博而后专，只有这样才能触类旁通，而有所发明创新。

一、明确目标，执着地去追求

我幼年经历了家人因病去世和疾病被治愈。我 3 岁丧母，母亲死于急性细菌性痢疾，我的大姐死于急性阑尾炎，我的小哥哥死于肺结核。这些疾病现在来说是根本不会死人的，但是在我的童年时代，科学还相当落后，青霉素才刚刚研制出来，其他抗生素是一片空白。我 5 岁时患肠伤寒，当时持续高热，不思饮食，正是得益于当地的一位名中医，他用中药把我治好了。我父亲背上生了一个很大的疮痈，溃破后有大量脓液溢出，中医称之为"发背"，也是靠中医内治与外治相结合治好的。中国老百姓能够繁衍生息，主要是靠中医中药。因此，我对医生这个职业很早就十分向往，尤其对中医更是情有独钟。

1947 年我高中毕业，由于家中经济条件所限，上学只能选择包吃、包住、包分配工作的学校，于是报考并被录取到上海电信学校，经过 8 个月的培训，我被分配到福州市电信局当了一名报务员。半年后又被下调到福建福安市电信局工作，直到 1949 年 9 月，福安市和平解放。因为心中有学医的目标，我毅然决定辞去报务员工作，踏上回家的路程。当时的交通情况非常差，要从福安由陆路返回我的家乡浙江省嘉善县，先是徒步翻山越岭从福安走到温州，然后挤上船来到金华，又乘火车到杭州，辗转终于回到了家，可谓是历尽艰辛。

回到老家后正值新中国成立，举国上下一片欢腾。我也到县城里找到一份工作，在小学里当上了一名代课教师，直到学期结束。寒假期间，全县将所有教师集中起来政治学习，学习结束时进行考核，我的成绩优秀，受到县教育局的重视，第二学期我被正式聘任为杨庙镇小学老师，担任五、六年级的班主任（当时的名称是级任教师）。这对于一个没有教学经验的青年来说是一个严峻的考验，我努力地备课讲课，管理班级，完成教学计划。在工作完成之余，又念念不忘抽时间学习准备高考复习。终于迎来了 1950 年的暑期。暑假期间县里又集中对五、六年级班主任还有校长及教导主任进行学习培训，在参加集训期间，我请假到上海参加了全国统一高考，辛勤的努力终于获得了有效的回报，我被山东医学院录取了，成为一名医疗系的大学生。在大学我又得益于学校助学金的资助，顺利地完成了 5 年的大学深造，实现了多年以来从事医生职业的梦想。

二、从医的道路上知识面要力求宽广，必须先博而后专

毕业后，我被分配到山东医学院附属医院（现山东大学齐鲁医院）当了一

名内科住院医师。1958 年 12 月新的机遇又来了，北京、上海、天津等地的中医学院纷纷响应号召，开始举办"西医学习中医班"，山东中医学院也不例外，从全省各个西医医院抽调了近 60 名青年医师离职学习中医，我又荣幸地被选为其中的一员。经过两年半的专业学习，绝大多数学员都回到原单位工作，而我被留任到山东中医学院附属医院，当上了一名中西医结合的内科主治医师，有了西医的功底，确实能够很大程度地拓宽传统中医辨证施治的思路。从 1966 年开始，为了响应毛主席的指示，我 7 次跟随本单位派出的医疗队奔赴山东的惠民、无棣、宁阳、平阴、历城等地，进行农村巡回医疗。当时的农民一听说由省里派来的医生给他们治病，蜂拥而至，什么病都要找我们看，这使我极大地拓宽了医疗范围，积累了临床经验。由于当时农村的经济相当贫困，我就尽量使用针灸和单方、验方等进行治疗，同时我所开具的中药方也从此练就出了"简""验""廉"等特点。

1978 年起我担任了山东中医学院中医内科教研室主任兼附属医院内科主任，当时内科各个专业分工还没有现在那样明确。因此，各个系统的疑难病人都要我组织会诊从而确定治疗方案，这也极大地提高了我的诊疗范围，使我积累了很多宝贵经验。1964 年受到上海光华医院专治风湿病的启示，我在省中医院首先成立了风湿病专科。由于风湿病与免疫学有着密切的联系，我又去上海接受为期 1 周的基础免疫学培训，以后又去山东医科院的基础免疫实验室学习了 3 个月。由此我在治疗风湿病的过程中逐渐摸索出了一套独特的治疗方法。这在我的专著《清热解毒法治疗风湿病》中有详细的论述，在此不再赘述。在治疗风湿病所造成的四肢大关节屈曲固定畸形时，我又发明了利用工具牵引过渡到在腰麻或臂丛麻醉下实施手法牵拉矫形的成功经验。

20 世纪 90 年代，中央电视台（现中央广播电视总台）《中华医药》栏目的记者对我进行专访和报道，引起了国内外的注意。2001 年，来自加拿大的华人企业家唐某通过中央电视台向我发出信函求治。他的夫人得了一种比较罕见的疾病自身免疫性血红蛋白尿，经加拿大、美国的名医治疗无效，也曾到香港地区找中医治疗过，却仍然需要依靠激素和不断输血才能维持生命。他同时寄来了大量化验检查资料，对于诊断是确信无疑的。但这毕竟是少见的疑难疾病，谁也拿不准有多少把握，我初步确定这属于气血亏虚、阴虚内热、血热妄行的中医病机，从而制定以清热凉血、益气养血、和血止血为主的治疗原则，给他寄去了第一张处方，以后只是在电话中根据病情变化加以调整用药，果然收到了很好的疗效，病人能够逐渐摆脱激素，并且停止了输血，经过一年半的治疗终于完全康复，至今没有复发。

1991年，台北商人陈某的女儿因患有系统性红斑狼疮合并肾功能衰竭，大量蛋白尿，病情难以得到控制，慕名前来求治，经过一个多月的住院治疗，病情得到稳定，出院后也是通过信件往来联系，以中药为主治疗，疾病完全治愈。

偏远地区的许多病人不能前来就诊，只好慕名来信求医问药，我都一一建立档案，给予处方治疗，许多疑难杂症是在没有见面的情况下，通过这种方式治好的，我也从中得到了欣慰和乐趣。

这些年我得到了许多奖励和荣誉称号，这一切既是鼓励也是鞭策，我虽已年迈，但余力犹存，定当继续竭诚为广大病员效力。薪火相传，培育后辈也是我义不容辞的责任，希望继承者能够青出于蓝而胜于蓝。

李 鼎

　　李鼎（1929—2022），字养元。生于浙江省永康县（现永康市）厚仁村。少年时在乡村就学，抗日战争胜利后至上海学医，入四川刘民叔医家之门。1954年进入上海市卫生局中医门诊所（后改为第五门诊部）工作。1956年调到上海中医学院，为筹备教学工作人员之一，任基础课和针灸学教师，后兼附属第五门诊部和龙华医院针灸科医师，中医研究所文献理论研究室副主任，其后任针灸教研室主任，针灸文献教研室主任，中国针灸学会理事和针灸文献研究会副理事长。1982年被卫生部聘为全国高等中医药教材编审委员会委员，《经络学》主编；1992年又被聘为普通高等教育中医药类规划教材编审委员会委员，《经络学》主编；1991年被国家中医药管理局聘为中国国际针灸考试委员会委员，针灸水平考试参考书《针灸学》主编。1992年10月起享受国务院政府特殊津贴，为上海中医药大学专家委员会委员。2004年，被聘为上海中医药大学李鼎名师工作室导师。

家教师传

　　我的老家在浙江农村，祖父是地道的农民，能做各项粗细农活，农闲时喜看书，家里的《三国演义》《聊斋志异》《康熙字典》等书就是祖父添置的。他还会吹拉民族乐器和绘画，老家墙头的壁画就是祖父和小叔公亲自绘制的。父亲是乡村教师，也研习医书，常义务给人开方治病。二叔公在镇上开设了一间"道生堂"药店，以医药为业。我少年时在镇上读书，学医识药，为以后的习医建立了基础。家中书多，有祖父和叔公一辈医卜星相的书，有父亲购买的经史子集，更有在那抗日战争时期，上海商务印书馆为了避乱搬迁，搬运者将整批图书抛弃在公路旁，父亲从而往家搬回的一大批商务版新书，称之为"拾遗"。其时，浙江省政府从杭州迁到永康方岩五峰书院，县城中学也迁到乡间，给农村儿童的学习带来了方便。抗战后期，父亲到上海一家书局工作，带我出来学医，书局的藏书十分丰富，商务印书馆的《四部丛刊》《丛书集成》等一应俱全，为我的阅读提供了方便。

到上海后，我考入刘民叔创办的华阳中医专科学校，入刘老师之门。刘老师名复（1897—1960），为四川名医，原籍双流华阳镇，后迁居成都。1926年始客居上海，寓南京路保安坊，达三四十年。早期出版的著作有《时疫解惑论》《伤寒论霍乱训解》《素问痿论释难》，以善用附子、石膏著称，又对虫类药、攻下药，治疗鼓胀、肿瘤等有独到经验。1954年，我曾为刘老师整理出版过《鲁楼医案》及《华阳医说》，记录了他的临床经验和医学见解。刘老师还出版过一本《神农古本草经》，这是根据王湘绮（闿运）在成都尊经书院时的校刊本重校出版的。我在诵读《本经》时，完成了《本草经校义》书稿，1952年在《医史杂志》上发表了《本草经药物产地表释》一文。此外，刘师选用宋版《伤寒论》和《金匮要略》进行讲授，倡导经方治病，在上海医界独树一帜。他引用皇甫谧《针灸甲乙经》序文的话，"伊尹以亚圣之才，撰用《神农本草》以为《汤液》"，认为这是"农伊学派"的经方家，与黄帝学派的医经家有所不同。刘老师的同学杨绍伊老师原名回庵，因推崇伊尹而改名"绍伊"。我同时也向杨绍伊老师学习，曾帮助其整理出版《伊尹汤液经》一书，这是一部对张仲景《伤寒杂病论》的研究具有非常重大意义的编著。刘、杨二位老师都师从四川井研廖季平先生，廖是近代著名经学家，曾潜心医学经典，对杨上善《太素》《明堂》等均有研究，出版了《六译馆丛书》。那时的上海医界，西医如丁福保、余云岫，中医如恽铁樵、陆渊雷等，都有良好的文字素养，同时中西医的争论也十分激烈，我就是在老一辈的论争中学习进取的。听从刘、杨二位老师的指导，我掌握了考证派的治学方法，凭借从小学习文字学和国学经典打下的功底，并汲取日本汉医的经验，以发皇古义、融会新知为宗旨。日本江户时代的汉医曾受清代考据学风的积极影响，写下了不少有价值的医学著作。上海的陈存仁、张赞臣等前辈曾系统出版过他们的著作。当时上海中西医界都是以日本为例证展开论争的，但也有联合的一面，西医界成立中华医学会，下设医史分会，其会员就吸收中医。分会所办的《医史杂志》登载中西医史方面的来稿，我早年向《医史杂志》投稿，与范行准先生等交往，范是浙江汤溪人，与永康同属金华地区。章次公、张赞臣先生还介绍我加入中华医学会医史学会，成为早期会员。

进修教学

中华人民共和国成立初期，上海医务界纷纷组织起来，举办进修学习，以适应社会主义建设的需要，先有市卫生工作者协会办的进修班，后又有各区中医学会办的进修班，随后有为市卫生局主办的医学进修班。我连续参加进修，至1954年4月完成，随后进入上海市公费医疗中医门诊所工作，时陆渊雷任所长，全所汇聚了上海市的主要中医名家，针灸家陆瘦燕、杨永璇等定时来诊。由于奚永江医师的积极推荐和陆瘦燕等前辈的鼓励，我从此改变方向，走上研习针灸的道路。我认为针灸学首先是中医学的理论基础，其次才是临床上大有发展前景的治疗技术。在门诊部，我不仅随同老一辈医师从事针灸临床，还配合他们举办的针灸带徒班和针灸学习班的教学工作。

1956年6月，上海市卫生局接受了筹建上海中医学院的任务。此前先举办了西医离职学习中医的上海市中医研究班，其时中医教师多来自个体开业诊所，先兼课兼职，至1958年才全部结束私人开业，进入公家机构工作。那时研究班的经络课由顾坤一老师主讲，我协助编写讲义，后来整理成《经络概论》一文，发表在钱今阳、章次公主编的《新中医药》杂志1957年第2~3期上。文中对十二经脉分布规律的分析颇为深入，如以膈上膈下分辨脏腑的位置、以横断面表示三阳三阴的划分等，成为以后经络教材的范本。

1958年上半年，我和奚永江老师同去南京江苏省中医学校针灸学教研组进修，该教研组由李春熙老师任组长。其时，江苏省中医学校于出版《针灸学》等书之后，进一步开展中医进修教育，学员招收由江苏省扩展到面向全国，受卫生部委托，第一期、第二期全国中医师资进修班先后开学。首届西医学习中医研究班学员也来南京进行临床实习或下乡巡回医疗。我和奚永江医生先后从上海来到南京，初时在汉中路校部报到，先安排同中医研究班学员一起活动，参加点穴、听课。时由崑校长来班级巡视，了解到我们的情况，第二天就通知我们迁到位于石婆婆庵巷内的针灸教研组所在地，让我们在楼上一间小房内住下。我们深感由校长的优待，得以直接到教研组进修。那时在校部担任教学工作的老师属于"教学组"，而远在校外进行教材编写研究的老师才属于"教研组"。也可说，"教研组"的任务分为教学和研究，突出了研究的重要性。

4月的一天，我们来到针灸教研组同各位老师会面，办公室墙上挂有承淡安校长遗像，李鸿逵老师代表教研组向我们赠送了学校新出版的《针灸学》以及几本关于《伤寒论》《金匮要略》和《温病学》的专著，显示了学校对中医学教学研究的全面开展。

南京新版的《针灸学》一改过去的风格，从肯定中医传统理论入手，直接就中国的针灸经典文献（《黄帝内经》《难经》《针灸甲乙经》《千金要方》《千金翼方》《外台秘要》《铜人腧穴图经》《针灸大成》和《循经考穴编》等）中有关经络腧穴的内容进行系统的考察和全面的分析，埋清了经络循行与腧穴部位和主治病证的关系，从而总结出"经络所通，主治所在"的规律。经络联系是腧穴主治规律的联系，这一结论使经络学说重新恢复了生机。

李春熙老师亲自为我们指导点穴定位，把十四经穴逐一作了"检阅"。这就是所说的"循经考穴"，把范行准先生新影印出来的前人手抄本《循经考穴编》来了个身体力行，实践教学。

1958年5月，上海派出陆瘦燕、黄羡明两位针灸前辈专程赴江苏省中医学校参观访问，由崐校长组织接待座谈，这次上海、南京两地针灸教研组人员的会合具有历史意义，表明上海和南京在针灸的教学研究方面已经走在一条大路上了。由陆、黄两人署名，我执笔的《针灸医学的发展道路》一文在《江苏中医》的针灸专号（1958年5月）上发表；回沪之后，上海针灸教学研究工作全面展开。

循经考穴

1955年，范行准先生将他收藏的写本《循经考穴编》影印出版，受到针灸界的极大重视，南京《针灸学》一书即以其为主要参考书，并以"循经考穴"作为针灸取穴的原则，由此论证了"经络所通，主治所在"；上海在此基础上将经穴理论的研究逐步引向深入，于1956年秋创办了上海中医学院，开展中医研究班的针灸教学，也可说是"循经考穴"工作的开始。

1958 年 3 月，我写的《论背俞——关于背部经穴的探讨》一文在《中医杂志》发表，从"纵""横"两方面讨论了各家背俞的异同，又从"廿一椎"分析为"上七椎""中七椎""下七椎"，对应三焦分部与经穴的关系，均具有创新意义。

1958 年下半年，陆瘦燕、裘沛然等老师已正式到校任职，首期的工作就是下乡，到上海塘湾镇为农民治病。我当时普及针灸的教课任务比较多，主要是校外的课程，如市办针灸训练班，卫校、二军大等都开设了针灸课；又与市医学模型厂合作研制针灸经穴模型；同时还开展了经穴皮肤电阻测定的研究，一时针灸的医、教、研工作全面开展。《上海中医药杂志》1958 年出版的"针灸专号"，发表了我写的《经络含义的讨论》一文。

1959 年《上海中医药杂志》第 1~2 期又登出《内经中营气卫气说的探讨》一文，第 5 期登出《关于"是动、所生病"的探讨》一文，这对于经络理论的研究有重要意义。"营""卫"是"血气"的分化，也是"气"的分化，是《内经》经络理论的主要内容，文章就其生理意义、病理意义及临床意义做了全面的探析，以图表来表示营卫的气化和运行等，颇有新意。十二经脉的"是动、所生病"自《难经》以来众说纷纭，文章毫不含糊地对各家说法逐一评议，首次把《灵枢·经脉》篇的原文体例、用词特点考释清楚，不再是随意曲解、不辨是非，文章得到多数老师的赞同，这也表示上海对针灸基础理论的研究不断深化。

这一时期，我又与本院解剖教研室的姜开采、刘芳稿、王铎等老师合作进行了十二经各穴的解剖研究；后来又与上海第一医学院郑思竞教授等合作，再次做全面的解剖研究，从此我国有了自己的经穴解剖资料，为教材和专著的编写出版建立了基础。以往针灸著作中的经穴解剖资料都是沿用日本的资料。1913 年日本文部省特设经穴调查会对经穴进行了解剖研究，1931 年日本针灸专门学院德田慈司的《简明改正孔穴学》及孔穴图，就将经穴内容分列为部位、解剖、疗法（针灸）、主治证几项，这一体例为近代的各针灸经穴书籍所沿袭。经我国对经穴进行重新解剖研究后，纠正了以前的一些混乱现象，如手太阴肺经的天府、尺泽、鱼际穴下不应当是正中神经的分布等，可见原来将手太阴经与手厥阴经的定位混淆了。通过重新解剖才做出了订正，使经穴部位更为明确；

并从体表定位到深部结构，有了完整的位置概念。

我与上海医学模型厂合作研制完成的"经络经穴玻璃人模型"是当时的攻关产品，制成后，一具放在我校针灸示教室，用于示教和展览，另一具参加了上海市工业展览会展出，1963 年获卫生部全国工业产品成果二级奖。另外，我们又制作了大、中、小号的普通针灸经穴模型，大量销行国内外。

这一年，上海中医学会连续举办经络学说讲座，程门雪院长大力倡导，我承担了重要工作，事后由学会汇集成《经络学说的理论及其运用》一书，1960 年由上海科学技术出版社出版。

1959 年 9 月，接卫生部中医司下达的任务，我赶赴北京集中编写对外针灸教材。以李春熙老师为主，负责审稿；北京、南京、上海三家中医学院各一人，即程莘农、袁九楼和我共三人承担编写任务，初时集中住在北京后海北河沿的卫生部宿舍，分工草拟初稿；隔了两年，再次集中住在海运仓北京中医学院的工字楼。书稿完成后，提议定名为《中国针灸学概要》——因为这是代表国家的，必须加"中国"二字。其时中医司的路志正同志负责联系，书稿最后报请吕炳奎司长、郭子化部长助理审定。人民卫生出版社于 1964 年 6 月出版，这就是北京、南京、上海三处"国际针灸班"所用的教材。

1960 年 3 月，我校针灸学教研组的陆瘦燕、裘沛然老师主持编写的《针灸学讲义》由上海科学技术出版社正式出版，程门雪院长题写书名。这是我校正式出版的第一本教材，初用于 64 级针灸课。这一年我校的《学报》创刊，发表了《十二经脉循行部位及其穴位与人体结构关系的解剖观察》一文。同时，我们还有《针刺对部分去神经肌肉功能恢复的作用》《针刺膀胱张力的作用》《针刺对肾脏泌尿活动影响的初步报告》及《不同针刺手法对直肠机能影响的初步观察》等文登载在学院《科研论文汇编》第三期（1960 年 7 月）上。

1961 年，《六经皮部、根结与关阖枢》一文在《哈尔滨中医》第 6 期发表，这些都是经络学说中向来被人们忽视的内容，经过教学的阐发，文中绘图的列表，具有首创性。特别是将皮部的名称与"关、阖、枢"联系起来，纠正了王冰以来《内经》各注家的误解。

1962 年 2 月，人民卫生出版社出版了我们编写的《针灸学（一）·经络学说》。这是我校创办针灸专业（针灸系）所用的教材之一，经络在针灸学中原先只是些简单的条文和图表，现在分化出来成为专业基础课，在全国针灸教学中居领先地位。接着《针灸学（二）·腧穴学》也于年内出版。经穴的排列为先正中、后两侧，即先督脉、任脉，后手足三阴、三阳，更能适合教学顺序。这是第二门专业课。

1963 年，我写的《略论腧穴的类别及其与经络的联系》一文在《上海中医药杂志》第 9 期发表。《针灸学（三）·刺灸法》于 1963 年 12 月出版，这是集合刺法、灸法内容编写的第三门专业课。1964 年 6 月，我在《上海中医药杂志》发表《针刺补泻与营卫说及补泻法的组合问题》一文，在《中医杂志》发表《关于轻重刺激与补泻法》一文。同时，《中国针灸学概要》一书正式由人民卫生出版社出版。其时针灸教研组下放至临床，先迁到第五门诊部，第二年又迁到龙华医院。《针灸学（四）·治疗学》于 1965 年 3 月出版。至此，我校针灸专业的四门教材全套出齐。这套教材比南京 1957 年版的《针灸学》在基础理论上大为深化。

1976 年，《经络十讲》和六大张一套的《十四经穴位解剖挂图》由上海人民出版社出版，后者以中、英、日、德、法各种文本刊印，后来又改绘成《针灸经穴图》出版，以适应国际针灸培训教学的需要。同时由上海教学模型厂制成各种模型，除光身的中型针灸经穴模型之外，还有小型的局部解剖经穴模型和第二代大型的场致发光玻璃人模型，1982 年获轻工业部重大科研成果三等奖。后又制成了 46cm 针灸经穴解剖玻璃人模型，1985 年获上海市中西医结合科研成果一等奖。此外，我主编的针灸教学片《经络》和《针刺手法》经上海科教电影制片厂摄制完成，用于北京、南京和上海三处的国际针灸培训教学。

1973 年底，长沙马王堆三号汉墓出土了大量帛书，其中有很多古医书，后出版名《五十二病方》。就此研究，我撰写了《从马王堆汉墓书看早期的经络学说》一文，发表于《浙江中医学院学报》1978 年第 2 期；《〈素问·脉解篇〉新证——读帛书"经脉篇"札记》发表于《上海中医药杂志》1979 年复刊号，这是经"文革"十年后重新写出的经络文章，将简帛医书的研究引向了深入。在同年第 5 期上，我又发表了《叶天士对经络学说的运用与发挥》一文，对叶氏"久病入络""八脉隶乎肝肾""厥阴之阳"等理论做了剖析。

1982 年，我被卫生部聘为全国高等中医药教材编审委员会委员，主编《经络学》一书，该书于 1985 年由上海科学技术出版社出版。

我与安徽中医学院合作编写的《针灸学辞典》，经过多年努力，于 1982 年完稿，至 1987 年出版，1988 年获华东优秀图书一等奖，1990 年获全国优秀科技图书二等奖。

对外针灸教材《中国针灸学概要》又经增修补充，改名为《中国针灸学》，仍由我统一定稿。此时始署名程莘农"主编"，我列为"审订"。此书于 1987 年出版，并以英文版向国内外发行。

1989 年，国家中医药管理局下达任务，由我与安徽高忻洙、陕西陈克勤集中北京一起完成经穴部位标准化的研究课题，我三人以中医研究院针灸研究所为工作基地，按计划完成了研究工作。1990 年 9 月，中华人民共和国国家标准《经穴部位》由中国标准出版社出版。另外，《经穴部位考与解剖》一书由中国中医药出版社出版。《经穴部位》标准化项目 1992 年获国家中医药管理局科技进步（部级）一等奖。目前进行的《中华人民共和国针灸穴典》的课题项目是该项研究工作的继续。

1990 年，我还接受音像教材《中国针灸学·导论》的主编任务，使针灸音像教学有所创新，后经评审，获得中国科协"科蕾杯"二等奖。

《针灸学辞典》完成后，上海科学技术出版社约请裘沛然教授主编一部大型针灸学著作，我也接受任务，定名为《新编中国针灸学》，与此前的《概要》和《中国针灸学》相比各有特色，显示了针灸学科的不断发展。我负责全书统稿，该书 1992 年出版，是当前总结针灸学术最为全面的一部编著，各篇的主笔张令铮、吴绍德、翁恩琪等人都是倾力以赴的。

中国针灸学会经络研究会于 1988 年倡议编写一部有关经络文献的著作。1992 年，我和黄龙祥接受整理统稿和审定的任务，完成了《中国针灸经络通鉴》一书，1993 年由青岛出版社出版。此后，中医研究院针灸研究所继续完成了《中国针灸腧穴通鉴》《中国针灸刺灸法通鉴》和《中国针灸证治通鉴》。

1992 年高校教材修订，我又被聘为全国中医药类规划教材编审委员会委员，主编新版《经络学》。该书于 1995 年出版，1999 年获上海市科学技术进步三等奖。

1991 年，我被国家中医药管理局聘为中国国际针灸考试委员会委员，主编针灸水平考试参考书《针灸学》，该书于 1995 年由人民卫生出版社出版。

1986 年，我校成立出版社，出版了我的新书《针灸学释难》等。该书后在台湾"再版"。之后我参加国家攀登课题"经络的研究"，就"经络学说的形成和历史发展的研究"完成有关项目，写成多篇论文，为修订《针灸学释难》建立了基础。1997 年该书修订本出版；2000 年 1 月，日译本于东京出版。2006 年再次修订，重修本《针灸学释难》在我校建校五十周年的日子里印行。

调气治神

对针灸学基础理论的研究，着重在循经考穴；对针灸临床治疗的研究，着重在调气治神。只有将两方面结合起来，才能照顾全局，推进学科的发展。下面就谈谈针灸中的调气治神。

（一）分析气血

针刺的作用，总的说来都是调理气血。《内经》中对气血的论述主要是从针刺出发，其认识是从针刺实践中来的。通过刺血络而认识血的特点，就是很好的例证，所谓"刺其血者"，或说"取血于营"；关于气就较为抽象，但这是指可感知的有动态的现象。针刺中的感觉和反应（简称感应）就称为"气"。古代刺法就有"取血"和"取气"的不同，在"取气"中还要区分各种"气"。现在有人把针刺取气、得气的概念局限化了，以为针刺出现酸、胀、重、麻的感觉就叫"得气"，解释为"针感"。有人还主张用"针感"一词取代"得气"，这种说法不全面。"得气"可以说针刺感应，不能只注意"感"而不注意"应"。当然在病人身上不是都能既有感又有应，如痿证的局部是有感而无应，瘫痪的局部常少感而乱应，甚至无感无应。《金针赋》中的"死生贵贱，针下皆知"，虽然说得玄妙，但病情的轻重，体质的强弱，在针下的感应是有所不同的，医者必须注意分辨。

人体不同部位的气血分布不相同，这可结合解剖特点去认识。对于血管神经的分布，针灸施术者是应具体了解的。古代所说的各经气血的有多有少，实际是从针刺临床得来的。血多者适宜取血，气多者适宜取气；血少者不宜取血，气少者不宜取气。对这一理论诠释得比较完整的是《灵枢·九针论》。

候气、得气是否都要达到针下出现酸、麻、胀、重和沉、紧、涩的要求呢？并不都是如此。根据临床实践和经典理论，人体的"气"分为多个层次，不同层次的感应是不同的。如刺皮肤层有轻微的痛感，不会出现酸、麻、胀、重，可出现些皮肤潮红而不会有沉紧涩的反应；有的话那就是沿皮下透刺，如刺百会穴等；也有很快透过皮肤，沿皮下浅刺，不引起酸胀等感觉的，如"腕踝针"刺法。这种刺皮肤或刺皮下的刺法是否算得气呢？这也是得气，是得浅层的"卫气"。七星针叩得轻些是微痛，叩得重则出血；针刺到血管壁时也出现痛感，并引起出血，这是否不算得气呢？这也是得气，是得较深层的"营气"。这就是《灵枢》所说的"刺营者出血，刺卫者出气"和《素问》所说的"取血于营，取气于卫"。在皮肤针刺法中就包括这两项内容，不能把这些刺法排除在"得气"之外。

针刺痛觉算不算得气呢？这也属于得营卫之气。《太素》中说"卫气虚则不仁而不用"，麻木不仁者是卫气虚的表现。"痛则神归之"，痛能引神气，如针刺人中的痛觉就能起到醒神的作用，说明针刺并不是一概避免痛，感觉到了沉重的程度都可成为痛。针刺治疗在于掌握不同部位和不同程度的感觉，有分析地加以运用，以起到良好的效应。

针刺痛觉也属于得气，这可从末端部位的一些用穴来说明。四肢末端的井穴，可用于取血和取气，取气多数是刺痛感觉。《难经》说的"诸井者，肌肉浅薄，不足使也"，就是指其不便于用针。耳郭部也是一样，以痛感为主而不是酸麻等感觉，也不会有针下沉紧等反应。但这些部位同样能调营卫之气。可见浅层的感应是针刺治疗的重要方面，而深层的得气则属于"谷气"。

谷气是指"分肉"或称"筋肉"（现称肌肉）中间的气，一般所说的得气主要指此。《灵枢·官针》中说："已入分肉之间，则谷气出。故《刺法》曰：始浅刺之，以逐邪气，而来血气；后刺深之，以致阴气之邪；最后刺极深之，以下谷气。此之谓也。"这里说的是先刺到卫气，再刺到营气，随后刺到谷气，有浅深、大小的不同。"下谷气"，说明谷气是有通导作用的。所谓"气下乃止，不下复始"，都是指的谷气。"谷气顺脉，卫气逆行"，指顺着经脉传导的是谷气，而卫气则可不顺经脉走。谷气在筋肉间，针下出现的沉紧感即由此而来。《标幽赋》中所说的"气之至也，如鱼吞钩饵之沉浮；气未至也，如闲处幽堂之深邃"，即指谷气而言，将此作为主要的得气是对的，但不应忽视得卫气、得营气也是得气，只是浅深和感应程度有所不同，随证施用，都能取得疗效。

对谷气的掌握，根据传统观点，要求感应的出现较为和缓，酸胀沉重为病人所能耐受，一般不用激烈过强为病人难以耐受的电麻样感觉。以往陆瘦燕前辈就不赞成刺激神经干的强刺法，认为这是暴气。《灵枢》中说过"邪气来也紧而疾，谷气来也徐而和"，徐缓而调和的感应为病人所能耐受，且能反复行针，可延续较长的时间，有利于作用的积累。紧张而急骤的麻电样感应，古人可能视之为"邪气"，对正气是一种损害。临床上须持续行针的针麻镇痛所得的气就需要这种徐而和的谷气。

气的感应主要因部位的解剖特点不同而不同，还因体质和病情的关系而敏感程度各有差异。感觉过敏的，有所谓"神动而气先针行"；正常的人是针入而气至；迟钝的人经多次才有所感觉，所谓"数刺乃知"。在年龄方面，儿童时灵敏，至老年则趋于迟钝。有些人因疾病而感觉迟钝或缺失，自然就不能很好得气，对这类病人可采用附子饼灸法以温运其阳气，这是取"寒痹者纳热"之意。

通过刺卫、刺营、刺谷气而达到调气治神，所说"神气"就包括卫气、营气和谷气。穴位是"神气之所游行出入"之处，也是"卫气之所留止"的所在，这是外的部分；"神气舍心"和"头者精明之府"以及"脑为元神之府"，是指其内的也是高的部分。《灵枢》说的"凡刺之法，必先本于神"，以"神"为本抓住了总的要领。

（二）配合呼吸

针刺治疗要不要配合呼吸，历来有不同的看法。《素问·离合真邪论》最早提出呼吸补泻，主张补法要随着呼气进针，随着吸气出针；泻法则于吸气时进针，当呼气时出针。到了《难经》则提出"补泻之法，非必呼吸出内针也"，强调了手法的重要性，而把呼吸放在不完全必要的地位。窦汉卿也说过"非呼吸而在手指"。我对此结合临床应用做出了分析：古人对气的认识可以说是从呼吸之气开始，进而探究人体精微之气、饮食之气和感觉之气。呼吸影响全身的活动，从而以吐故纳新作为养生的方法，针灸结合呼吸来应用也是很自然的事。《素问·刺志论》中提到"夫实者，气入也；虚者，气出也"，吸气时使气入，呼气时使气出。人体当吸气足时，气得到补充，神情显得兴奋、紧张，全身处于一种"实"的状态；当呼气尽时，气得到排出，神情显得低沉、松弛，全身处于一种"虚"的状态。人体深呼吸时，随着肺脏的一张一弛，横膈的一降一升，腰脊的一伸一屈，胸腹的一起一伏，影响范围是很广的。由此可知，呼吸对调整全身生理功能有重要作用，特别是对脏腑和脊背活动有直接的影响作用。

《素问》的呼吸补泻法，是按顺其气为补、逆其气为泻的原则，故当其在呼气而虚的情况下进针，通过留针，当其吸气而实的情况下出针，这是补虚法；而当其在吸气而实的情况下进针和转针，当在呼气而虚的情况下出针，这是泻实法。后来的医家以呼气时转针为补，吸气时转针为泻，即由此而来。《内经》所言的补泻法，是从针刺前后的全过程来考虑的，并不是只抓住一点而分补泻。近人分成若干所谓"单式补泻法"，有的割裂了原意，不切合实际应用。《素问》对呼吸出入针原也是结合手法应用，故后来《难经》强调了手法而不以呼吸为重。如果我们认识到呼吸的机理，针刺治疗时配合病人的呼吸动作是有积极作用的。

古代医家将呼吸分为"自然之呼吸"和"使然之呼吸"。补泻转针用的是"使然之呼吸"，即指使病人呼气或吸气以配合针刺手法。这首先能起到"专意一神，令志在针"的使病人全神贯注的作用；又能起到"以移其神，气至乃休"的移神行气作用。古书所说的"留几呼""泻几吸"，结合《素问》的呼吸补泻法，对于虚证病人，一般于四肢取穴，随着病人虚咳一声进针（咳也是一种短暂的呼气），得气后手仍持针不动或少动，让病人缓缓地呼吸 7~10 次，使保持沉紧的得气感，即古人所说的"得气留补"和"留几呼"，之后可"针留手不留"，到适当的时间轻快出针。

例如对一受寒而发胃痛的女患者，其双手捧腹，不能直立，即予坐位治疗，取两足三里以理胃，随咳进针，针下得气后，手仍持针，询问病人的感觉，并嘱其缓缓呼吸，吸时伸腰，呼时放松，经 10 次呼吸后，胃痛缓解，俯仰自如，略予转针后随其吸气出针。

对实证痛证的病人也常于四肢取穴，随病人的吸气进针，深部得气后继续转针，让病人深呼吸 7~10 次，配合吸气转针以增强得气感，即古人所说的"得气即泻"和"泻几吸"，可间歇进行到适当时间后随着吸气出针。

又如对一急性腰扭伤的腰痛患者，其腰部弯曲不能直伸，不能平卧。即采取坐位治疗，取两手腕骨穴以疏调太阳筋脉，随着进针而吸气，转针时感应加强，嘱其用力吸气并伸动腰部，呼气时放松。经转针 7 次呼吸后，仍留针，嘱病人起立继续做呼吸俯仰动作，伸腰情况大为好转。后再坐靠椅上，加针人中穴以通调督脉，随针加深吸气而后仰伸腰，重复数次，再起立做下蹲伸腰动作，伸展情况复常，后随呼气出针。

这种呼吸补泻中间的"留几呼""泻几吸"的伸展动作是主要的，不应只看到进出针时的配合呼吸。可能《难经》中"非必呼吸出内针也"也是针对这一点来说，强调手法和得气作用的重要性，我们要掌握这一中心内容来分补泻；得气留针，感应较轻；得气转针，感应较重。在《灵枢》中，以"微旋而徐推之"的手法为补，以"切而转之，气出乃疾"的手法为泻，都是以轻手法为补，重手法为泻，这切合临床应用。如配合呼吸则可使内呼吸外针气结合、动静结合，医者与病人配合起来，自然能提高针刺治疗的效果。

中医学对呼吸的重视是不言而喻的。呼吸是气血活动的契机，杨继洲说："欲治经脉，须调荣卫；欲调荣卫，须假（借助）呼吸。"荣卫血气的运行须借助呼吸的推送，针刺治疗的得气与呼吸之气结合起来运用自有其合理之处。其理与导引行气相通，只是近代医家对此没有很多关注。经过这样解释，我认为针刺与呼吸的配合是很值得研究的。

（三）运用手法

自窦汉卿把《难经》中有关条文简化为"补泻之法，非呼吸而在手指"之后，就有"手指补泻"十四法的提出，后人所称"手法"和"指法"多指此而言，只是内容上有分有合，有繁有简，名称和方法也有不少演变。

《灵枢》最早提出"右主推之，左持而御之，气至而去之"，已指明右手持针进退，左手把握穴位，配合针刺取气。至《难经》"知为针者信其左，不知为针者信其右"，更强调左手配合的重要作用。这些都说明刺法不仅是针起作用，手指的摸穴按压等动作更为重要。针刺与按压手法要结合起来，如《灵枢·杂病》说："按已，刺，按之立已；不已，上下求之，得之立已。"就是说，在针刺之前先按，刺后又按，一定见效；如不效，再上下按寻，如取得就能见效。在后人所述针刺手法中就有属于针刺前后的手法，有属于针刺过程中的手法，将这些手法都称为"补泻"是扩大了补泻的概念。

（四）辨别补泻

补虚泻实这一概念来源于《孙子兵法》和《老子》。《孙子兵法》虚实篇讲到"知有余不足"，《老子》中有"有余者损之，不足者补之"的语句，在汉墓出土的《脉书》中则载有"治病者取有余而益不足"。这些语句都是一脉相承，早出于《内经》。"刺法论"在此启示下提出了补虚泻实的原则。病证以有余为实，不足为虚，实者须损，称为泻；虚者须益，称为补。最初是用灸法和砭法调气血，如《脉书》"气者利下而害上，从暖而去清，故圣人寒头而暖足"。这样用灸来温暖引气，可说有补的作用；用砭法来放血排脓，当然是泻的作用。但同样是灸，有灸多灸少的区分，同样是砭，也有砭深砭浅的不同，都得随病而施，这就是补泻。自有了九针之后，针具分化了，对气血各有不同的作用。刺血排脓和深刺的针，如镵针、锋针、铍针、圆利针、长针、大针多用于泻，而不入皮肤的和针身细小的，如圆针、鍉针和毫针多用于补。圆针是揩摩肌肤，鍉针是按压体表以"致其气"，毫针能"微以久留""出针而养"而不伤正气。可知针具本身功能就有泻与补的不同，这种不同是由针具的粗细、大小、长短和刺入的深浅以及取血、取气、感应强弱的不同而决定的。针刺补泻又从方法方面做出细致的区分以适应病情需要，这是合理的。《内经》所提的补泻法比较朴素，金元以后医家所论则趋于烦琐化，这中间应作具体的分析。把刺法简单化是不好，但趋于烦琐化也会脱离实际。本人就《灵枢》所论补泻法进行对比，认为补法是一些较轻的刺法，泻法是一些较重的刺法。

怎样解释补泻与轻重刺激的关系？还得参照杨继洲"刺有大小"的观点。杨氏提出："有平补、平泻，谓其阴阳不平而后平也。阳下之曰补，阴上之曰泻。但得内外之气调则已。有大补、大泻，唯其阴阳俱有盛衰，内针于天地部内，俱补俱泻，必使经气内外相通，上下相接，盛气乃衰。"

平补、平泻，就是小补、小泻，加上大补、大泻，即补泻法各分大小或轻重。杨氏称之为"平"，可能还有平常的意思。这是种不分层的常用补泻法，运用徐疾、提插、捻转等法使内外之气平调。大补、大泻，可称重补、重泻，这是分层进行（即分天、地二部或天、人、地三部）的不常用的补泻法。既要分层，就只能用在较深的四肢部穴，不宜用于头面、胸腹和肢端各穴。补泻手法主要得根据穴位特点来选用。

《内经》《难经》的捻转运针原无左转右转的区分，《灵枢》以"微旋而徐推之"为补，"切而转之"为泻，也即以捻转的大小来区分；《难经》的"推而纳之"与"动而伸之"，推和动也可从推移、摇动解释，即在按纳或伸提时可带些捻转动作。临床应用时，一般以大指向前，带着推动往下按，为补；大指向后，带着转动往上提，为泻。这比单纯的提插更符合《难经》原意。

本人认为，刺法之分补泻是由气血而来，其区分是相对的。表明治疗方法应随证情不同而有所不同，《灵枢》所谓"随变而调气"，是其基本的主导思想。针刺的补泻自不同于药物的补泻，有人拿药物的补泻来对比针刺补泻，引朱丹溪的话，说"针法浑是泻而无补"。由于两者性质不同，故不应以药物的补来要求针灸的补，也不能以针刺的泻来要求药物的泻。药物能以其气味补益身体，针灸虽说无气无味，但确能激发人体的一些机能，这不能不算是"补"，说它泻而无补也过于片面。问题是补泻的方法与所要求达到的补泻效果是否一致？如"针转千遭，其病自消"的针法属补还是属泻？这些情况是需要深入研究的。

（五）掌握穴性

针灸的作用是通过针灸的方法施行于穴位而取得的。《难经》"迎随补泻法"的内容包括"子母补泻法"在内，是说腧穴具有补泻的性能，谈补泻不能忽视穴位的特性。"随而济之"和"迎而夺之"原是指补泻法的总则，适用于各项补泻法。后人将迎随补泻只看成是针的顺逆，我认为这是片面的。针向的顺逆与针刺深浅一样，主要看穴位局部的解剖特点，不是各穴都可随便顺斜刺或逆斜刺的。针的斜向与掌握针刺感应有关，或是为了针向病所，而不必以顺斜为补，逆斜为泻。例如刺翳风穴，治耳病，上斜向耳部；治面瘫，向前斜向面部；治咽喉病，向下斜向喉部，如说分顺逆就不好掌握。

穴性是穴位局部的特点与针灸方法结合而发挥出的作用，离开治法就不成其为穴性。对穴性的探讨是近代针灸家提出来的。穴性不同于药性，不能用药性的概念来随便套用，应当在历代大量治验的基础上总结出来，以便从理论上更好地加以掌握。例如足三里一穴，文献记载最为丰富，早在《内经》中就有多处论述，在后世的针灸歌赋中也反复提到，是临床最常用的经穴之一。历代对足三里穴治疗作用的认识就是逐步扩展和加深的。《内经》主要阐述了足三里对胃肠的调整作用，凡是"邪在脾胃"，无论虚实寒热都可"调于三里"；对"邪在胆，逆在胃"的呕逆证，还可"取三里以下胃气逆"。《明堂》《甲乙》所载治证，主要补充足三里泻阳明经热的作用，以治狂歌、妄言、口噤、喉痹、乳痈有热等。至三国时，华佗才提出"疗五劳羸瘦，七伤虚乏"；南北朝时，秦承祖认为足三里"诸病皆治"，说明那时已开始强调足三里的补虚、益气作用。《外台秘要》中说："人年三十以上，若不灸三里，令人气上冲目。"后人即据此常灸足三里以防治中风，或称为"保健灸"。宋代张杲《医说》载："'若要安，三里莫要干'。患风疾人宜灸三里者，五脏六腑之沟渠也。常欲宣通，即无风疾。"说明历代对三里的治证逐步扩展，且将其功用从治疗发展为预防保健。但三里用于"气上冲目"，主要指情志所伤的上盛下虚证，而不是外感风邪之证。元代李东垣因而指出："六淫客邪，及上热下寒、筋骨皮肉血脉之病，错取于胃之合（足三里），大危。"辨明表里，又使对经穴主治作用的掌握更趋明确。

根据有关记载，定足三里的性能为：①调胃肠，降气逆。②泻热，清神。③补虚，益气。这些提法又是与三里穴所属经脉和特定归类相结合的。穴性应有其分经属性、类别属性，更有其调气的基本特性。调气，是指不论是偏补的穴，还是偏泻的穴，都具有"调"的作用，至于调哪一经、哪一脏腑器官，则需加分析。足三里的"调胃肠"则指出了其重点所在，"泻热"则联系阳明经的所过部位，"补虚"则与经和腑都有关系，这样去掌握穴性就抓住了要领。

对五输穴中的子母补泻穴不应绝对化，补穴也可用于泻，泻穴也可用于补，要随证施用。例如手太阴肺经的太渊是母穴，对于肺气虚的虚喘、气短，可用得气留针的补法，但对"气刺两乳求太渊，未应之时泻列缺"，则宜用得气转针和提针的泻法。"气刺两乳"指的是"妒乳"气痛的见症，并不是有人所误解的气病刺两乳中间的膻中穴。"气会太渊"，既用于补气，也可用于泻气。肺经的尺泽是子穴，对实证喘咳，可用得气转针的泻法；但对虚证"吐血定喘补尺泽"，则可用得气留针的补法。

本人对五输穴性能的分析，主要是注重其井、荥、输、原、经、合的类别，同一类的穴有其类似的性能，《灵枢》和《难经》所说的五输主病是其基本要点。

1. 井穴

"病在藏者取之井"和"井主心下满"，说明井穴主脏病和热证。脏病指涉及神志的证候，宜取阴经的井穴，如涌泉用于厥逆昏迷，大敦、隐白用于肝脾气郁，中冲、少冲用于心烦热盛，少商用于肺热神昏等。阳经热证则泻阳经井穴，阳明热，取商阳、厉兑；太阳热，取少泽、至阴；少阳热，取关冲、窍阴。对于热邪在上者，井穴是上病下取的要穴，能起泻热宁神的作用。

病案举例

一神经官能症患者，心神不宁，夜不安卧，多梦易惊，头昏心烦，大便不化，苔薄白而脉细数。因从心脾论治，取神门、三阴交以理脾安神，交替取厉兑、隐白以清脾胃二经烦热，配足三里以和胃肠，并取印堂以凝神定志，用得气久留针之法而奏效。

2. 荥穴

"荥主身热"，阴经的荥穴多主各脏的内热，如鱼际清肺热，劳宫、少府主清心火，大都除脾热，行间泻肝火，然谷泻肾火；阳经的荥穴多主各外经之热，如内庭、二间泻阳明经热，侠溪、液门泻少阳经热，通谷、前谷泻太阳经热，而以足阳经的荥穴较常用，意指热发于上，取足部是引而下之。

病案举例

陈某，男，有高血压史。近头晕、眼蒙、发胀，视力减退，大便不畅，口苦，苔黄，脉弦。因从肝胆论治。上取双风池以疏泄肝阳，下取外关、光明以泻少阳络气，配侠溪、行间疏肝利胆以明目，引热下行，用伸提泻法。

3. 输穴

"输主体重节痛"，是指阳经的输穴主治时轻时重的关节筋骨痛证。因阴经的输穴即原穴，应从原穴掌握其性能。阳经的输穴，如三间、陷谷用于阳明经的筋骨痛证；中渚、足临泣用于少阳经的筋骨痛证；后溪、束骨用于太阳经的筋骨痛证。上下肢分别选用，作远取法，为远近主应配穴的重要方式，具有舒筋解痛的作用，对头肩上部的急性痛证多用之。

病案举例

许某，女，有三叉神经痛史。左面颊痛，时有发作。晨起因洗漱不适又发剧痛，颊肉眴动，泪出，有碍饮食，即从阳明经论治。远取三间、陷谷，用捻转泻法，间歇运针；近取颊车穴，得气留针 30 分钟。疼痛遂见缓解。

4. 经穴

关于"经"穴的主病，《灵枢》说是"病变于音者"，《难经》说是"主喘咳，寒热"，《素问》说是"浮肿者治其经"。"经"穴的类别特性，似不如其他类穴明确。就病证的部位归纳，主要是在咽喉部以及各经的肿胀，如经渠主喘咳、喉痹，间使、灵道主暴喑；阳溪、支沟、阳谷均主咽喉痛；在足经中，商丘主呕吐，中封、复溜主嗌干，解溪主腹胀呕吐，阳辅主腋下肿、喉痹，昆仑主暴喘等。"经"穴有平气降逆作用，在足部者还用治水肿。

病案举例

王某，农妇，二日来寝卧不安，食少，不语，不能对答，由其夫诉述所苦。神志清楚，自感胸臆不舒。苔薄腻，脉弦缓。是由心情抑郁，致成喑哑，即从心肾施治。取间使配灵道以通调心神，行捻转泻法，嘱配合吸气。经 10 次呼吸后，再加针人中，上按，使吸气，口欲出声而不畅，再嘱张口发"啊"声，意在诊视其喉舌。数次后发音渐清，能说"痛"。再加针复溜，得气留针 10 分钟，对话复常，自感心胸结气得到舒畅。

5. 合穴

关于合穴，《灵枢》中认为"经满而血者，病在胃，及以饮食不节得病者取之于合"。这里说了两层意思：一是外经受邪而侵犯血分的病证，一是病在胃肠以及饮食不节而得的病证。后者即包括《难经》所说的"逆气而泄"，概括说成"腑病取合"，指的是六腑下合穴。其余合穴则以其经为主，手三阳的合穴，曲池、天井、小海，主手三阳外经病；手三阴的合穴，尺泽、曲泽、少海，主胸部症；六腑下合穴，足三里、上巨虚、下巨虚、委中、委阳、阳陵泉各主六腑病；足三阴的合穴，阴陵泉、曲泉、阴谷，主腹部症。手足合穴各有不同的主治重点。

病案举例

李某，农民，自诉"发痧"，心胸烦闷，厌食，大便溏泄，腹隐痛，时嗳气。苔薄白，脉濡。治以宽胸调胃肠和营血之法。先以七星针叩击曲泽周围至潮红微出血，以起宽胸和营作用；再针足三里、上巨虚，使感应下传，留针 15 分钟，以调理胃肠，症情随见缓解。

对四肢穴要以五输、原、络、郄穴为代表，掌握其穴性；躯干部穴则以背俞、募穴为代表，掌握其穴性。会合各家有关俞募的不同记载，在此特别从背俞的定位分析其理论与临床意义。《灵枢·背俞》以"焦"字代"椎"字，从而证明上、中、下三焦实际与上、中、下三段脊椎相联系：上七椎前对胸部，属上焦；中七椎前对上腹部，属中焦；下七椎前对下腹部，属下焦。这一分法，对按二十一椎高度所分布的穴起到提纲挈领的作用。上部肺、心、心包；中部肝、胆、脾、胃；下部肾、大小肠、膀胱、胞宫，所列脏腑各与腧穴相应。背后为背俞，腹前为募穴，两旁各穴作用也相类似。将这一具体部位与标本、根结、气街、四海等概念沟通起来，加深了对经络理论的全面理解，并可应用于临床实际。《素问》说的"治藏者治其俞，治府者治其合"，是指治五脏病以背俞为常用，而六腑病以其下合穴为常用。俞募穴是邻近脏腑的穴，五输等穴则是远离脏腑的穴。如何用好近取、远取，是针灸治疗必须加以注意的选穴配穴问题。或近取，或远取，或远近配合，以发挥"本标相应"的作用，这是针灸用穴的大法。

以下举例以说明头、胸、腹、胫四气街穴的应用。

病案举例

石某，女，30多岁，头晕欲呕，不能食，目不欲张，两腿痿软不能行。有汞中毒史，症情时有起伏。脉沉细，苔薄黄。阳气不运，足不任身。即嘱伏案坐位，与针两天柱，按纳取气，以调足太阳之经；再针大椎，用微旋法以运阳气，即感气舒呕止。留针15分钟后，神情大见好转，并以方药调治。因"气在头者，止之于脑"，故从头项施治。《灵枢》云："上寒下热，先刺其项太阳，久留之，已刺则熨。"不熨而刺大椎也是取其通阳作用。"上虚则眩"，于近部取穴属"推而上之"的用法。

赵某，男，56岁。清晨咳嗽、气喘，近年秋凉后辄发，多痰沫，不耐风寒。苔薄白，脉濡缓。寒袭于中，肺气失宣。嘱俯首坐位治疗，先针大椎，入一寸，用微旋法以运阳气；继针左右大杼、肺俞，用微旋徐推补法，针入一寸，以宣行肺气。留针15分钟，因不便施行灸法，去针后即利用辣椒风湿膏2张敷贴于背旁针穴部，以起温运作用。至隔日复诊，患者自感咳喘大减，再施以上法，逐见好转。针刺结合敷贴，其效着重在经穴，这是"气在胸者，止之膺与背俞"，胸中肺心之病须从上焦部近取，治法则可随症变通。敷贴近似温灸，对寒甚者宜以灸法收效。

张某，女，35岁，患泥沙样胆结石，于过食油腻与情绪不快时辄发脘胁间绞痛，漾漾欲吐，心痛彻背，辗转不安。脉紧，苔黄，按其背，七八椎右侧酸痛明显。与针双侧阳陵泉后，痛稍缓；随针胸7~8夹脊，左右均取以起协同作用。行切而转之，其感应达右胁，痛随之缓解。留针30分钟，并作间歇转针以增强效果。中焦原以中七椎定位，我结合临床实际，将其位提高二椎，即以胸1~6椎属上焦，胸7~12椎属中焦。也即肝、胆、脾、胃的病痛反映部位一般较高，故其取穴可从高考虑，不是局限于原定的背俞，而随其按压反应定穴。《灵枢》

所说"气在腹者，止之于背俞与冲脉"即指背与腹部前后相应的关系。

　　孙某，女，44岁。诉左腿前部酸痛，起于产后，伴腰楚，午后加重，上楼特感疲乏。其病位居前，应属阳明腰腿痛。嘱伏卧针治。先针左肾俞、气海俞，直入2寸，行导气法，使感应达股前，留15分钟后起针；再加针左冲门、伏兔穴，从太阴、阳明施治，以前后上下配合而奏效。取足太阴冲门而不取足阳明气冲，是因冲门更有利于行气下传，以达病证所在。《灵枢》说："气在胫者，止之于气街。"气街应是包括腹股沟部各穴，不限指气冲。身前气街与其后的髀枢都是当髋股关节部，关系着整个下肢。阳明腰腿痛当以冲门为要穴，少阳、太阳腰腿痛以环跳为要穴（交会穴），太阳腰腿痛则以秩边为要穴。所说"承山、踝上以下"是指其下部的有关经穴，也不是只指足阳明经穴。取这些穴是为了达到"气下乃止"，以起"引而下之"的作用。

（徐半、张潮协助整理）

叶景华

叶景华（1929—　），上海市人，主任医师，上海市名中医。毕业于上海中医学院，师从沪上名医丁济万，中华人民共和国成立后又系统学习现代医学。历任上海市第七人民医院中医科主任、上海市第七人民医院副院长、上海市中医药学会常务理事、上海市中医肾病专业委员会主任委员、全国中医肾病专业委员会委员，享受国务院政府特殊津贴。1978 年被评为"上海市卫生先进工作者"，1986 年被评为"全国卫生先进工作者"，1993 年被评为"有贡献的专家"，1995 年被上海市卫生局授予"上海市名中医"称号，并于2006 年成立了上海市"叶景华名中医工作室"。1993 年被聘为上海市继承老中医学术经验继承班指导老师，2003 年被聘为全国第三批老中医药专家学术经验继承工作指导老师，2006 年被聘为上海市老中医药专家学术经验继承工作指导老师，2008 年被聘为第四批全国老中医药专家学术经验继承工作指导老师。

注重医德，律己及人，提出"做医先做人，修术先修德"的理念，关心病人，常教导后学：作为一名医生，应从病人和其家属的立场考虑，应当以家属般的心情来关心患者。从事中医临床工作七十余年，积累了丰富的临床经验。20 世纪 50 年代以白头翁治疗原虫性痢疾取得疗效。对外感高热，提出按辨证用汗、清、下、和四法，一日服药 2 剂，每 3 小时服 1 次，病势急重者多途径给药，除口服外并以中药煎剂保留灌肠及采用外治法，如针刺、脐疗等，以增强药力，顿挫其病势，争取较快取得疗效。对肺脓肿治疗有研究，通过大量的病例实践，总结出清热解毒、祛痰排脓两大治法，制定出复方鱼桔汤，在临床上取得较好的疗效。敢于创新，勇于实践，在 20 世纪 80 年代率先成立中医肾病研究室，一方面进行临床观察，一方面开展实验研究。以中医药治疗肾病，取得了不少经验，对慢性肾炎的治疗提出"益肾清利，活血祛风"的治疗大法，并积极开展实验研究，取得了可喜成果，创立了"慢肾方"；对慢性肾衰竭的治疗，提出综合性、一体化、个体化治疗方案，以扶正解毒、化瘀泄浊利湿立法，组成肾衰甲方和肾衰乙方，并配制出用于外治的肾衰酊，不仅取得了很好的临床疗效，而且通过实验研究，初步阐明了其作用机理。开展的"益肾清利、活血祛风为主治疗慢性肾炎（110 例疗效观察和实验研究）""以肾衰方为主结合外治法治疗慢性肾衰竭（97 例临床观察和实验研究）"研究分别于 1993 年和1996 年获上海市卫生局中医药科技进步三等奖。在给药方法上，讲究多途径给药，灵活机动，形成了系统的静脉、口服、灌肠（灌胃）、皮肤（熏蒸、湿敷）、穴位（脐疗、注射）等给药方法，成为叶氏治疗肾病的一大特色。在临床和科研之余，还笔耕不辍，发表学术论文 60 余篇，出版了《叶景华医技精选》《简明中医诊疗手册》等著作。在长期的临床工作中，培养了一批中青年中医，既能运用中医辨证论治，又掌握现代医学知识和常用检查操作，能用中西两法抢救危重病人。为了中药在临床上使用方便，研制了 30 余种中成药（院内制剂），如解热合剂、尿感合剂等，皆有较好疗效。

幼承岐黄　学从名师

我出生于中医之家，父亲是擅长内、妇科的中医师，兼营一家中药铺。我自幼与中医中药密切接触，少年时，父亲请他的好友，一位前清的秀才为我教授《论语》《孟子》等，学习孔孟之道，同时，也开始读《医学心悟》《汤头歌诀》《药性赋》等中医入门书籍。及稍长，父亲教我怎样诊治病人、开处方及怎样配中药，为之后从事中医工作打下了基础。抗日战争胜利时，我报考了上海中医学院，因在中医学上已有一定的基础，故插班在二年级就读。在这一时期学习了《黄帝内经》《伤寒论》《金匮要略》《神农本草经》和温病学等中医经典著作及其他有关课程。读至三年级后，拜院长丁济万先生为师，跟师实习，学习丁师的临床诊治方法和处方用药。在读书期间，抄写了一部丁甘仁医案，由此对丁氏的学术思想有了一定的了解，遗憾的是该书在"文革"期间散失。从中医学院毕业后，我就在父亲诊所协助处理诊务。

临床实践 自信自强

1952 年，我参加了上海市卫生局举办的医学进修班学习西医学，1954 年毕业，分配至上海市第七人民医院工作。这是一所市立的综合性医院，当时医院无中医科，我就在内科做住院医生，管病床，看门诊、急诊，边工作边学习，掌握了内科常见病的诊断和治疗方法。

在内科工作将近半年时，病房收治了一批痢疾患者，都是修理海塘的工人，他们集体生活，故互相间极易传染疾病。经检查，这些患者所患的是急性原虫性痢疾，治疗需用西药吐根素（依米丁）、卡巴砷，这些药物有一定的毒性。由于一下子来了不少病人，为此科室进行了讨论，商量除上述药物外，是否还有其他的治疗方法。在讨论中，我提出中医的白头翁汤是治疗痢疾的有效方剂。曾有报道，方中白头翁对原虫性痢疾有效，不妨一用。最后科室决定用白头翁单味药来治疗这些患者。经试用，确实有效。一般病例平均治疗 1 周左右痊愈，病情重者，除口服外，加用白头翁煎剂保留灌肠，也可取效，能较快地改善症状，使下痢次数减少，发热渐退。该药价廉而无副作用，使用方便。这些情况，曾在华东地区中医工作会议上做过介绍，引起很大反响，报纸也进行了登载。有些慢性原虫性痢疾患者也闻讯前来就诊，其中有一个病例给我留下了深刻印象。这是位 50 岁的男性患者，20 多年前患该病，每至秋季复发，曾经各种治疗未能根除。这次发作已 2 周，脐周疼痛，腹泻红白黏冻，里急后重。初时一昼夜泻 6 ~ 7 次，后增至 10 余次，甚至多达 20 余次，纳呆，乏力，无发热。住院后，检查血、尿常规无异常，大便脓血状，红细胞（＋＋），白细胞（＋），黏液（＋＋），发现很多阿米巴滋养体，大便细菌培养均阴性，直肠镜检见距肛门 4 ~ 10 厘米处有许多点状溃疡，周围黏膜充血，直肠黏膜活检为慢性炎症，诊断为原虫性痢疾。即给予白头翁汤内服，治疗 1 周后，情况好转，大便次数减少，但大便中红色黏冻和阿米巴滋养体仍多。乃加用白头翁煎汤保留灌肠。连续治疗 2 周，症状虽有好转，但大便中仍可找到原虫。考虑到患者病程长，病情比较复杂、顽固，须加强药力，故又加用鸦胆子仁 0.4g 装入胶囊内服，1 日 3 次，2 天后，大便次数由每天 8 ~ 9 次减为 2 ~ 3 次，大便中红色黏冻明显减少，原虫也找不到了。5 天后，症状消失，复查直肠镜见肠壁溃疡显著减少。继续治疗 2 周后，再次复查直肠镜见肠壁溃疡已消失，黏膜完全恢复正常，患者情况良好，体重增加 4 千克，病愈出院。这个久治未愈的病例用中医药治疗而获得成功，极大地增强了我对中医药的自信心和进行深入研究的兴趣。

1956 年，为了贯彻党的中医政策，医院开设了中医科，从此我归队从事中医工作，医院还聘请开业中医师加入中医科，如殷品之先生（后来他去了上海中医学院任教）。中医科开设门诊，并参与各科会诊。当时没有单独的中医病房，病人借住在内科病房，由我来负责。尽管条件较差，但有了中医药临床实践的基地，可以收治比较急重的患者，有机会系统观察病人病情的变化。一次我们收治了一位肺脓肿病人，该病属中医肺痈范畴。参考有关文献后，考虑用鱼腥草、桔梗治疗。鱼腥草有清热解毒、排脓消痈之功，桔梗能宣肺祛痰排脓，用来治疗肺脓肿是适合的。初次应用，效果良好，更进一步增强了我对中医的信心。我将这个病例作了整理，写了一篇报道发表在《中医杂志》，这是我在 20 世纪 50 年代第一篇公开发表的文章。之后，中医科将肺脓肿作为重点观察病种。但在治疗过程中发现，鱼腥草、桔梗这两味药对重症病例不能取效。因此，我认真翻阅了历代医家治疗肺痈的理法方药记载，并结合临床体会进行分析，认为肺痈的形成主要由于外邪袭肺，郁久不解，邪蕴生毒，酿成脓肿，是内痈重症，治宜清热解毒、祛痰排脓。清热解毒是清解蕴结在内的邪毒，不使其燔灼肺叶，祛痰排脓是祛除已酿成的脓痰，使其不再潴留在肺内为患。将张景岳的如金解毒散、千金苇茎汤、银花汤合方，再加入鱼腥草、桔梗，组成复方鱼桔汤，有清热解毒、祛痰排脓的功效，临床运用时随症加减，病重者一日服药两剂。按此思路和方法，我们连续治疗了一批肺脓肿患者，皆取得了较好的效果。

在临床实践中，我运用中医辨证论治的原则和丰富多样的诊疗方法，治好了不少病人，深深体会到中医药确实是一个伟大的宝库，值得深入研究，发扬光大。

研究肾病　结合科研

1978 年，医院领导决定成立中西医结合病房，由我负责。病房共有 32 张床位，我当时立下宗旨：以中为主，收治各种内科病人。后来医院新建的病房大楼落成，中医科病房床位增至 88 张，并有加床 10 张，能收治 68 位病人，这样，中医科的业务工作得到了较大的发展，收治的病种也不断增多。在病房工作的开展过程中，发现急慢性肾炎、尿路感染等泌尿系统，疾病为多，由此，我将肾病作为重点在临床观察的病种，以总结中医药治疗的经验。通过反复实践和不断总结，在中医药治疗肾病方面积累了一些经验。如对于慢性肾衰竭，归纳出抓标本，抓虚实，内外结合的诊治要点。抓标本：由于该病临床表现变化多端、虚实夹杂、寒热兼见、表里同病，因此，辨证治疗时必须抓住急则治标、缓则治本的原则。慢性肾衰的标本有两种情况：一种情况是脾肾两亏，阴阳气血俱虚为本，湿浊邪毒滞留为标；一种情况是慢性肾衰为本，新感外邪为标。抓虚实：慢性肾衰治疗须虚实兼顾，慢性肾衰按中医辨证皆属虚实夹杂，本虚标实。但是虚实的程度各有不同，有的以正虚为主，邪实为次；有的以邪实为主，正虚为次。在同一个病例病变过程中有时以正虚为主，以邪实为次，有时以邪实为主，正虚为次。一般慢性肾衰病例病情比较稳定阶段多表现正虚为主，病变在进展阶段往往表现邪实为主（浊邪壅盛或感受外邪），治疗时须虚实兼顾。但根据正虚和邪实的不同情况，补虚和攻邪的侧重点有所不同。在病情稳定时以补虚为主，佐以祛邪；在病变进展时，一般攻邪为主，佐以补虚。内外结合：慢性肾衰的治疗须采取内治与外治相结合的综合措施。慢性肾衰是重症，一般仅以内服药治疗往往药力不够，且慢性肾衰病人多有泛恶呕吐，不少病例因呕吐而停服中药。因此，必须结合外治法的综合措施。除口服外，同时给予中药保留灌肠，丹参静脉滴注，外治法常用二黄膏（大黄、黄栀子、大蒜）敷两侧肾区，对尿少病人有一定的利尿作用。亦可用风寒砂敷两肾区和在两侧腰部拔火罐，对改善腰部酸痛有一定效用。另外一种方法是脐疗，用甘遂、丁桂散敷脐有利小便作用。总之，对慢性肾衰的治疗，特别是在病变进展时，仅以中药口服是不够的，必须采取综合措施以提高疗效。

慢性肾衰病程长，治疗不易速效，必须坚持长期系统治疗，这是取得疗效的一个重要问题。若急于求效而杂药乱投，或缺乏长期治疗的耐心，不坚持遵照医嘱用药，则不易取得疗效，有的还会因杂药乱投而导致病情迅速恶化。此外，饮食问题亦不可忽视。

同时，我们对肾病的主要症状如水肿、血尿、蛋白尿、高血压等的治疗也取得了一些成功的经验。

在探索临床经验的同时，我们也进行相关的科研工作，建立了肾病研究室，开展了两个课题研究：一是"益肾清利，活血祛风为主，治疗慢性肾炎 112 例疗效观察和实验研究"；一是"以肾衰方为主结合外治法治疗慢性肾衰竭 97 例临床观察和实验研究"。两项课题皆获市卫生局科技进步三等奖，这是我和同事们几年努力的结果。事实证明，临床与科研结合，对于提高中医药的诊疗水平及疗效是十分重要的。

理论实践"三论"为宝

反复实践，不断思考，我总结出"三论"。

（一）两点论

1. 阴与阳的对立统一

古人云：阴阳者一分为二也。阴阳是对自然界相关联的事物对立双方的概括。人是一个整体，有统一也有对立，在临床上要从两方面考虑，遵循"两点论"。

我认为两点论的观念在《内经》理论中占有主导地位。《素问·阴阳应象大论》中人体观的两点论如"阳化气，阴成形"，疾病观的两点论如"阴胜则阳病，阳胜则阴病，阳胜则热，阴胜则寒"，《素问·调经论》中辨证观的两点论如"阳虚则外寒，阴虚则内热。阳盛则外热，阴盛则内寒"，《素问·四气调神大论》中治疗观的两点论如"从阴阳则生，逆之则死。从之则治，逆之则乱"，《素问·阴阳应象大论》中用药观的两点论如"味厚者为阴，薄为阴之阳。气厚者为阳，薄为阳之阴。味厚则泄，薄则通。毛薄则发泄，厚则发热，气味辛甘发散为阳，酸苦涌泄为阴"，这些都对临床治疗有重要的指导意义。我在辨证时识阴阳盛衰，在处方时度药物的四气调整阴阳平衡，以希疾病痊愈。

2. 古与今的对立统一

我认为中医经历了几千年的发展历程，在不同时期人的生命质量发生不同的变化，须辩证看待古与今。如经方是古人宝贵经验的结晶，应认真传承，但也必须考虑今天的临床实际，应多方位辨证，探求疾病的本质，处方用药应以证为凭，灵活化裁。既不能独言发扬摒弃继承，则发扬将成无源之水、无本之木；也不能一味尊古，不敢越雷池半步，犹同作茧自缚难以创新。如用《伤寒论》中承气汤治疗慢性肾功能不全，适时补泻，便是一种尝试。

3. 中医和西医的对立统一

我认为中西医是认识人体生理、病理的两大体系，它们的终极目标是为了人的健康，这是矛盾的统一。现代医学的理论体系是在自然科学的层面发展而来的，是从细胞理论研究人的本质。中医是在朴素的哲学思想中在特定的历史条件下形成的，是经过长期临床实践不断充实而形成的理论体系，以阴阳理论为基础，治疗中"追求本源""燮理阴阳"，调整体内阴阳的消长，使之恢复阴平阳秘。

我认为，无论中医还是西医，研究的对象都是人，作为临床医生要从这两点出发认识疾病、解决疾病，现代的中医要在西医的高度上发挥中医优势治疗疾病。

（二）平衡论

平衡论是中医学的灵魂。疾病就是体内自身平衡关系被破坏，治疗的目的在于调节机体求得动态的平衡以维持人体的生命活动。阴阳代表着两个不同的对立的方面，两者既是对立的，又是统一的，两者之间相互依存、相互消长、相互转化的规律，构成了平衡统一。不仅人体内部的阴阳要协调平衡，而且还要和外界大自然的阴阳互相协调，保持机体外环境的衡定性，达到机体内外动态的平衡，即所谓"天人相应"。在治疗上"谨察阴阳所在而调之"，分清正邪盛衰的相互关系，权衡脏腑功能情况，判断阴阳失调的特征和发展趋向，以药物的性质调补平衡。在调整平衡时，我始终以阴阳协调为纲，脏腑虚实为目，治疗慢性肾脏病强调扶正与祛邪并用，分清主次，补肾同时兼顾祛风通络，补益同时兼顾清热、化湿，以冀阴阳平衡。

（三）结合论

中医的发展过程是不断结合各种知识演变的过程。我认为有结合就会有创造。从医 60 年，我始终坚持中医为主的治病理念，治疗白血病、阿米巴痢疾、肺脓肿、尿毒症等疾病都强调用中医中药治疗，但是，我并不排斥西医西药。临床上，我主张中医与西医结合、宏观与微观结合、内治和外治结合、专病专方结合、辨证与辨病结合、局部与整体结合。目前正在临床上探索用益肾祛风、清热化瘀法治疗 IgA 肾病，观察肾穿后慢性肾脏病的中医疗效，探索宏观与微观辨证的新模式。在给药途径上也采用结合的方式，如治疗尿毒症时用内、外结合的方法，常用口服中药、灌肠、熏蒸、敷脐等方法，通过多渠道、多靶点结合以攻克顽疾。

杏林传薪　培育后学

中医工作需要培养年轻人才，我十分重视这项工作，因为只有优秀的人才不断充实到临床一线，中医事业才能持续发展。1993 年我被上海市人事局、卫生局确定为继承老中医药专家学术经验指导老师，带教两位继承者，是我本院中医科的两位骨干医生；2005 年我被人事部、卫生部和国家中医药管理局确定为全国第三批老中医药专家学术经验继承工作指导老师，继承者一位是本院中医科的青年中医，一位是华东医院的青年中医；2006 年上海市卫生局举办老中医药专家学术经验高级研修班，我担任导师，带教本院一位中医硕士生；2006 年医院成立叶景华名中医工作室，传承的工作面进一步扩大，科室内主要几位医生皆为继承者；2007 年上海市卫生局正式批准建设工作室；2008 年国家中医药管理局确定我为全国第四届中医药专家学术经验继承班导师，带教两位副主任医师。通过多年的带教工作我体会到，工作室是一个很好的平台，许多工作可以在这个平台上开展。传承是传授和继承两方面的工作，传授是要真心诚意地带教，继承需要虚心认真地学习，要能真正学到一些东西，在思考领悟的基础上有所创新。

几年来，传承工作通过门诊、查房、病例讨论、小讲课的方式，使继承者树立起对中医学的自信心和自强心，进一步认识到中医药的博大精深，提高了辨证论治水平，对一些专科专病的诊治方法也有所思考。同时，继承者们也不断整理医案，写心得，总结经验。

中医药是前人在临床实践中积累的宝贵经验，我们在学习前人经验的基础上再实践，同时可以运用现代科技知识来阐明其作用，以便在继承的基础上进一步创新。因此，对诊治的病例有必要仔细观察，不断整理、总结经验，不断改进，这样才能不断有所创新。多年来，我撰写发表论文 60 余篇，并编写了《叶景华医技精选》《简明中医临床应用手册》，带动科室内医生学习，读书、写文章蔚然成风。

我深深感到，传承工作中极为重要的方面是：在传授业务技术的同时，更应该使继承者重视中华文化传统精神，重视为人行医的道德准则。国家中医药管理局提出的中医药文化核心包括仁、和、精、诚。仁者爱人，医生应以救死扶伤、济世活人为宗旨；和，即中医崇尚和谐的价值取向，表现为天人合一的整体观，以及医患信和、同道谦和的道德观；精，即医道精微，精勤治学，精研医道，追求精湛的医术；诚，即人格修养的最高境界，要求心怀至诚于内，言行诚谨，表现在为人处事、治学、诊疗、著述、科研等方面贵诚笃，戒弄虚作假。作为一名中医工作者，这些是十分重要的，是一切工作的基础。

几点体会

1. 从事中医工作须树立自强心和自信心

从事中医工作有了自强心和自信心，才能勇于实践，不断钻研，不断提高自己的业务水平。要树立自强心和自信心，首先要不断学习，博采众长，提高自己的诊治水平和临床疗效。不少西医药未能治好的病人，经中医药治疗取得效果，从临床实践中真正看到中医药的特色和优势，这是使自己树立起自强心和自信心的主要原因。曾经遇到一例难治的肺脓肿，该患者为男性，65岁，发热，咳嗽，咳黄黏痰2周。入住内科病房经X线拍片、气管镜等检查，诊断为肺脓肿，用各种抗生素治疗2月余未见好转，仍发热、咳嗽，复查肺部病灶仍在。乃请中医会诊，转入中医科病房。患者发热朝轻暮重，体温38℃上下，咳嗽，胸痛，有黄脓痰，X线拍片示：左肺脓肿，有空洞、液平，周围炎症。患者因病久精神疲软，纳呆，二便尚可，舌苔薄腻，质红，脉细数。中医辨证为病久正气亏虚，邪毒脓液蕴阻，拟扶正祛邪，用复方鱼桔汤加黄芪、北沙参等扶正之品，一日服2剂药，分4次服。经治1周，发热渐退，2周后热退清，咳嗽、咯脓痰减少，X线拍片复查，肺部空洞中液平消除，炎症有所吸收，患者一般情况好转。继续服中药调治4周，再次复查，肺部空洞闭合，周围炎症大部分消散，出院。隔半月后复查，患者情况良好，X线拍片示肺部病灶消失，残留纤维阴影。

一般而言，肺脓肿用抗生素治疗有较好的疗效，但对该病例却疗效不佳，经中医药治疗获愈，不仅解除了症状，而且肺部病变也完全消除，有客观依据。虽然像这样的例子不是很多，但事实证明中医药是有独特作用的，由此更提高了我对中医辨证论治优势的认识。

近年来，随着科学技术的迅速发展，西医药的水平也在快速提高，但是医学领域中的许多问题仍无法解决，而中医药是中华民族千百年来在与疾病斗争中发展形成的传统医学，有独特的理论体系和丰富的诊治方法，在防治疾病方面有其独特的长处。科学家钱学森先生曾说过，"21 世纪医学发展的方向是中医"，"中医理论是自然哲学，它独立于现代科学之外"，"中医要是真正搞清楚了，以后要影响整个科学技术，要引起科学革命"。

2. 既要坚持中医特色，又要懂得现代医学

我担任中医科主任近 30 年，深感在综合性医院里开展中医病房工作有一定的难度。医院管理要按西医的一套方法，如书写病历既要西医的一套，又要中医的一套，还有完成病床的使用率、周转率等规定。

对收治的病人在治疗上我们尽可能以中医为主，发扬中医药特色，每个新病人入院后首先用中医药的治疗方案，如果要用西药必须与负责医生共同讨论后决定，一般对症处理也尽可能用中药。因此我们想了不少办法，研制了 30 多种供内服、外用的院内制剂，如治疗外感发热的解热合剂，针对头痛的芎芷丸，适用于胃痛的延桂丸，用于尿路感染的尿感合剂，消除脘腹胀满的消胀散，还有治疗急慢性肾病的肾炎合剂、肾 II 方、肾衰甲方、肾衰乙方等。这些院内制剂在临床中应用方便，有较好的疗效，受到医生和病人的欢迎。

要坚持中医特色，核心是要掌握辨证论治。根据长期的临床实践，我归纳为"五要"：①症候错综，要抓主症。一个病人往往有许多症状和体征，旧病加新病，或几种病同时存在，情况错综复杂，但其中必有一个是主要症候。在临诊时，必须善于抓住主症，针对主症治疗，才能取得良效。②要分清邪正主次。疾病发展过程中邪和正两个方面是不平衡的，其中必有一方面是主要的，他方面是次要的。临床要找出其主要方面，治疗才能取效。③要在共性中找出个性。一种疾病的发生和发展及临床表现有其共性，但对于具体病人，由于病情轻重、体质强弱、年龄大小或素有某种慢性疾患等不同情况，就形成了其个性。临床诊治不但要掌握每一种疾病的发生和发展及临床表现的共性，还须找出每个病人的特殊性，治疗才能取得较好的效果。④要注意病变的阶段性。在疾病发展过程中，由于邪正的消长和体内的变化，形成不同的阶段，从而表现出不同的情况，应采取不同治疗措施。⑤要全面考虑局部和整体情况。局部和整体是对立的统一，是相互关联的。局部病变可以影响整体，整体病变也可以影响局部。因此，临诊要全面考虑局部和整体的关系，不能注重一方而忽视另一方。但临床上在局部病变为主的情况下，往往只着眼于局部而忽视整体。

住院病人的诊断须有现代医学的病名，因此，管理病房的中医师须掌握现代医学知识和诊断技术，如骨穿、胸穿、腰穿、直肠镜检查等。住院病人的病情经常会有变化，当班医生必须及时处理，如遇到心衰、昏迷、休克等危急重症则须中西医结合抢救。因此在中医病房工作的医生要有中西医两套本领。多年来，我们一方面通过查房带教、病例讨论、每周定期业务学习，一方面外出进修，不断提高诊治水平，已培养了一批能够管理病房的中青年中医师。

在综合性医院里，西医是多数，中医是少数，但医院领导在工作上的要求对中医科是一样的，我凭着对中医的自强心和自信心，力争把所负责的中医科病房工作做好，发扬中医特色和优势，超额完成医院规定的病床使用率和周转率，并开展临床科研工作，重视医德医风，改善服务态度。经过长期努力，中医科的服务质量不断改善，得到院内外的一致好评。

3. 医生须关心病人，取得病人的信任

不少慢性病人需要长期坚持治疗才能取得疗效。病人能长期坚持来就诊，是对你医生的信任，作为医生必须有强烈的责任感，要认真诊治，多想办法。例如，有一外地来沪的病人，患膜性肾病。经西医用激素、环磷酰胺等治疗效果不好，来求诊中医。病人浮肿甚，且蛋白尿多，血脂高，血浆白蛋白低。根据辨证，给予健脾温肾利水法治疗，服药1月余，疗效不明显。但是患者坚持来诊治，经反复分析研究，改进治法方药，重用温阳之品。2周后来复诊，浮肿渐消退。前方续进。又过1月来诊，浮肿已消，蛋白尿明显减少，血脂下降，血浆白蛋白升高，病情缓解。按辨证调整处方，以益气健脾补肾活血调治。3个月后复诊，一般情况好，各项实验室指标皆正常。之后4~5个月复查1次，也均正常。这是个难治病例，因医患间能互相信任、配合，坚持诊治，不断改进治疗方案，故而能取得良效。

因此我认为，作为一名医生不仅要有高超的理论水平和精湛的医术，而且还必须注重医德，真心诚意地关心病人，我对科室内医务人员提出，"作为一个医生，应以患者家属的心情来关心病人"。

（叶进整理）

郭维淮

郭维淮（1929—2016），生于洛阳市孟津县平乐镇，主任中医师，全国著名中医骨伤科专家，洛阳平乐郭氏正骨第六代传人，人事部、卫生部、国家中医药管理局首批名老中医，我国中医药界首位"白求恩奖章"获得者。曾任河南省洛阳正骨医院、河南省正骨研究院名誉院长，中华中医药学会终身理事，《中医正骨》杂志主编，全国高等中医院校骨伤教育研究会副会长，河南省中医学会副会长，河南省中医骨伤科学会主任委员等职。
1956 年、1959 年分别被评为全国先进工作者，出席全国先进工作者代表会议和全国劳动模范群英会。为全国第五届、第六届人大代表，河南省第七届人大代表。

平乐正骨创始于清代乾嘉年间，至 20 世纪初四世家传名医郭聘三（祖父），已在国内享有较高声誉。民国时期五世传人我的父亲郭灿若、母亲高云峰于家行医，谨遵祖训不论贵贱求医问药一视同仁，时逢乱世，广大群众无钱治病者甚多，无偿为其治伤除疾不计其数，素以手法独特、疗效卓著、为医清廉而饮誉中原，全国各地慕名求医者众，门庭若市，被群众誉为平乐正骨的正宗。但旧社会囿于传子不传女的陋习，加之时局动乱，行医济世得不到任何保障，平乐正骨医术只能隐秘地口传心授，多少年来只是在自己的大门楼里、老槐树下，利用一床一椅、两条凳、黑白布、拌药碗之类为患者接骨治伤。

1929 年 8 月，我出生在洛阳市孟津县平乐镇这个正骨世家，自幼在父亲郭灿若、母亲高云峰孜孜不倦的教诲和口传手授下习医。初学时，白天侍诊，接待病人，抄写处方。早晨和晚上读医书，黎明即起，洗漱之后，端起书本，朗朗阅读，晚间则挑灯夜读，直到三更。1945 年，16 岁的我便开始独立应诊，并相继研读了中医古籍四大经典及《医宗金鉴·正骨心法要诀》《外台秘要》《正体类要》《千金要方》等中医著作和医学院校系列教材，将理论与临床实际融会贯通，继承和发扬了家传的正骨医术。

母亲高云峰十分开明，中华人民共和国成立后在党和政府的中医政策感召下，在我的动员和支持下冲破祖训技术私有、秘不外传的陈规陋习，将家传秘方接骨丹、展筋丹等公之于世，献给国家。我1952年走出家庭诊所参加工作，历任洛阳专区医院中医门诊部副主任、主任，洛阳市第二人民医院骨科主任。1956年，母亲高云峰作为全国政协会议的特邀代表到北京参加会议，受到了毛主席、周总理的亲切接见，主席高兴地说："你就是那个名扬天下的河南洛阳平乐郭氏正骨传人，你的技术很高，医术要公开哟！多带徒弟，好好为人民服务。"母亲深受鼓舞，回来后与我商讨具体实施办法，并在地方政府支持下克服重重困难把家庭诊所扩建成正骨医院，创建了以洛阳平乐郭氏正骨为特色的河南省洛阳专区正骨医院，母亲高云峰任院长兼研究所所长。我作为洛阳平乐郭氏正骨第六代传人，肩负着弘扬家学、振兴中医骨伤科事业之重任，深感任重道远，决心励精图治。在中医骨伤科医疗、教学、科研、管理一线辛勤耕耘60年，我深得家学之精粹，且能用现代科学技术进行大量深入研究，使家传的平乐正骨术不断完善提高，形成了一个在海内外享有较高声誉、理论体系完整、学术内涵丰富、临床疗效独特的全国重要的中医骨伤科学术流派。回顾数十年来的行医历程，主要体现在如下方面。

办大学教书育人、传授医技

1958年，经国家和省政府有关部门批准创办了全国第一所中医骨伤科大学——河南平乐正骨学院，当值国家困难时期，条件艰苦，我们自编教学计划及大纲，并主持编写了《正骨学讲义》等一系列教材。我历任讲师、骨科教研室主任，开创了一整套洛阳平乐郭氏正骨教学法，使中医骨伤学走上了正规化教育之路。又因学院是全国招生的正规本科院校，虽仅办了几年，但中国中医正骨界的"平乐学派"却由此蔚然而起，并成为中医正骨重要学派。至20世纪90年代全国各大正骨医院、综合医院正骨科或中医学院的正骨专业负责人或业务骨干，70%都是"平乐出身"。河南平乐正骨学院被誉为"新中国正骨学界的黄埔军校"，培养出的学生遍及全国各地，并大都成为当地知名的专家教授。1959 年，中国医学科学院河南分院正骨研究所成立。1981 年至今，受卫生部委托河南省洛阳正骨医院主办了一年一届的全国骨伤科医师进修班。1994 年开始与河南中医学院联办成人中医骨伤专业大专班，我亲自授课并指导学生实习。自 1958 年至今为国家培养了中医骨伤科人才近 3000 名。为加强学术交流，1989 年我创办了国家级学术刊物——《中医正骨》，并担任主编。1983 年至今，每 2 ~ 3 年我都主持召开一次全国性的平乐正骨学术研讨会。1994 年 10 月，由国家中医药管理局主持、我院筹办召开的"94 洛阳中医骨伤国际培训暨学术研讨会"获得成功，对促进和推动中医骨伤科学的国内、国际交流做出了突出贡献。根据人事部、卫生部、国家中医药管理局的部署，我已连续带徒培养了两批全国老中医药专家学术经验继承人。学术继承人有郭艳丝、张梦环、郭艳锦、郭艳幸等，她们都能继承和发扬洛阳平乐郭氏正骨特色，在骨伤科领域颇有建树。1960 年我主持整理出洛阳平乐郭氏正骨经验并编写成《正骨学讲义》，1976 年又组织编写并由河南人民出版社出版发行了《简明正骨》；1988 年，参与编写出版了《中医骨伤科学》和《中国骨伤科学·诊断学》；1989 年，参与编写审定了全国高等中医院校骨伤专业系列教材；1995 年主编并由中国中医药出版社出版了《平乐正骨》，2008 年人民卫生出版社再版并更名为《洛阳平乐正骨》。发表学术论文 30 余篇。

整理总结临床经验，确立平乐正骨理论体系

平乐郭氏正骨在历代的医疗实践中乃秉《内经》之宗旨，折中诸先哲奥秘，自成体系，独树一帜。我自己在行医过程中，总结出"三原则、四方法"，确立了平乐正骨治疗体系。三原则即整体辨证、筋骨并重、内外兼治与动静（功能锻炼）互补。四方法即治伤手法、固定方法、药物疗法和功能疗法。经过不断努力，将过去支离破碎的家传正骨手法进行系统总结，归纳为平乐正骨八法，即拔伸牵引法、推挤提按复位法、折顶对位法、嵌入缓解法、回旋拨槎法、摇摆推顶法、倒程逆施法和旋撬复位法，可据不同病证而选用。但需遵循复位越早越好、强调无创整复、整复尽可能在无损伤或尽量少损伤下进行、复位时以子求母、尽可能良好复位、手法是正骨首务的原则。在筋伤治疗方面，中医伤

科很重视活筋治疗，手法虽相似，但各有千秋。我提出以展筋丹按摩病患部，而后活筋，再配合中药内服或外用。总结治则、方法、适应证、禁忌证，临床上一直沿用至今，取得良好的疗效。我又将母亲高云峰的活筋手法加以整理分析，总结出独具特色的"点穴按摩法""揉药按摩法""活血理筋法""拍打叩击法"及"自身练功法"，丰富了中医学在筋伤治疗方面的内容。我曾多次应邀赴京为李先念、彭真等党和国家领导人疗疾治病，获得满意效果。在中医骨伤诊断方面提倡突出整体辨证，重视运用现代科学诊疗技术设备，有效提高了临床诊断治疗准确率。

在骨伤科及骨科杂症内外用药方面，我于外治法注重对家传外用药物如活血接骨止痛膏、展筋丹、展筋酊等治疗方法的总结与完善，于内治法提出了以调理气血为骨伤科疾病治疗的总则；治气以补为要，治血以活为旨；疑难杂病以调理气血为要，顾护脏腑为重；掌握调理气血与整体辨证的关系；久病虚阻从肝脾肾、气血论治等骨科疾病辨证论治理论。我又进一步指出治伤"破、活、补"三期用药原则，即骨伤早期气血瘀滞，用药以破为主，祛瘀生新，亡血者补而兼行；中期气血不和经络不通，用药以和为主，活血接骨；后期久病体虚，用药以补为主，益气养血，滋补肝肾，壮筋骨，利关节的辨证施治法，使骨折的中医药治疗有章可循，提高了临床疗效，减少了骨折后遗症的发生。

我针对损伤而致的发热临床比较多见的情况，在平乐正骨"活血化瘀"为骨伤治则指导下，按病因病机将其分为实热和虚热两大类，治宜实则逐而行之，虚则补而行之。在颈椎病的用药中提出了以下原则：①活血祛风为先。②用化痰利湿之药相助。③益气养血扶正。④温通督脉固本。⑤重视兼邪，再配合揉药、理筋、活筋、通络法，疗效显著。我将强直性脊柱炎分为阴虚型和阳虚型，阴虚型以滋阴清热、益肝肾、通经络之法，方用滋阴除痹汤加减；阳虚型用祛风除湿、温经散寒、益气养血之法治疗，自拟益气温经汤加减。同时注意调理脾胃，效果良好。股骨头缺血坏死在分型治疗的基础上，常用益气健脾之法，效果良好。如瘀滞型用复活汤；痰阻型用通阻豁痰汤；气虚肾亏型用益气填髓汤。我强调骨折迟延愈合、不愈合的治疗必须在良好固定和有效功能锻炼基础上进行，用药原则主要从瘀血、气滞、气虚、肝肾不足、脾胃虚弱五个方面着手。据患者临床证候和病机的不同，将其分为血瘀气滞、气虚血瘀、脾肾两虚、肝肾不足和固定不当五型。审证求因，辨证施治，对不同证型，施以针对性药物治疗，重视气血作用，以理气为纲，以祛瘀、养血、培补肝肾为目，纲举目张，每收佳效。针对创伤后神经损伤，我在治疗时常配合应用全蝎、僵蚕、地龙、土鳖虫、蜈蚣等虫类药物，因虫类药物为血肉有情之品，善行而走窜，有较强的疏经通络之功，有利于通畅经脉，濡养皮肉筋骨，效果良好。创伤后关节僵硬是骨伤科常见病，我将其分为血瘀凝结，肝肾不足和气虚血滞，筋骨失养两型。前者自拟舒筋散结汤加减内服，后者自拟益气松粘汤加减内服，配合按摩痛点、弹拨肌肉筋腱、活动关节、点按穴位、加压牵引、环转摇晃等手法进行治疗，外用中药熏洗、功能锻炼，均取得了良好疗效。腰痛是临床常见病、多发病，其病因病机较复杂，我将其分为四型：①瘀滞型治以活血祛瘀，益气通经，用益气活血通经汤加减。②气虚型或肾虚型，自拟补气壮腰汤加减。③痹阻型方拟肾着汤加减。同时配合适当功能锻炼，使脊柱平衡恢复，经络通畅，肌肉、肌腱、韧带强健，才能获得更快、更好、更巩固的疗效。

科研创新、勇攀高峰

在正骨手法方面，我总结出牵拉复位、推挤提按、成角折顶、回旋拨槎等八法应用于临床，提高了骨折复位率。陈旧性关节脱位，超过3周就难以手法复位，我在原治则基础上运用手法整复治疗外伤性、陈旧性关节脱位，使2个月以内的脱位均可得到满意的整复效果，而且比手术切开复位功能恢复得快且好，这项"中西医结合手法复位治疗外伤性陈旧性关节脱位"的研究荣获了1978年全国科学大会重大科技成果奖。肱骨外髁翻转骨折，由于外力和附着于骨折块上的肌肉牵拉力造成的翻转移位很难复位，西医主张手术切开复位，我在运用郭氏正骨手法基础上，结合局部解剖结构特点，总结了该骨折的三种类型以及相应手法，在全国最早通过手法复位、小夹板固定而成功治愈。此项"中西医结合手法整复肱骨外髁翻转骨折"获得1978年全国医药卫生科学技术大会重大科技成果奖。在骨折固定方面，我改进了家传的固定器具，研制设计了系列适合全身各部位骨折及不同年龄组骨折病人使用的小夹板及外固定器具，研制出的"超踝夹板"，用于不稳定性踝部骨折的治疗，固定优良率及功能恢复率都优于其他疗法，该项研究于1985年获卫生部乙级成果奖。参与完成的"平乐内服接骨丹对骨折愈合作用的临床及实验研究"于1986年获卫生部乙级成果奖，

"筋骨痛消丸的实验及临床研究"获河南省 1998 年度科技进步二等奖。由我主持完成的"平乐郭氏正骨经验整理研究"获 1999 年河南省中医药科技进步一等奖，主编的《平乐正骨》荣获 2000 年河南省科技进步一等奖。

回顾 60 多年的行医历程，我以对技术精益求精，对工作极端负责的标准严格要求自己，始终把救死扶伤、全心全意为人民服务作为自己的行为准则。把医德高尚、医术精湛作为自己追求的目标。把家传秘方、正骨技术无私奉献给国家。在中医骨伤科学方面做出了自己应有的贡献，先后被选为第五届、第六届全国人大代表，河南省第七届人大代表，1991 年被国务院授予国家有突出贡献专家的荣誉称号，1993 被河南省委、省政府评为省管优秀专家，1995 年荣获人事部、卫生部、国家中医药管理局颁发的全国卫生系统的最高荣誉——"白求恩奖章"，这些荣誉使我深受感动，但晚年体力不济，力不从心，深感遗憾。愿以"立身求真务实，处事淡泊名利，弘扬正骨医术，矢志健康人生"与同道共勉。同时要不断学习同道专家的经验，使之发扬光大，亦真切希望后学者在以后的工作学习中励精图治、艰苦创业，以不计名利、刻苦钻研、勇攀高峰的良好作风努力把中医骨伤科医疗技术和服务水平提高到一个新的高度。

张 磊

张磊（1929—　），主任医师，河南固始县人。幼入私塾，诵读经史，受儒学之熏陶，崇尚致中和平。18 岁师事于当地老中医张炳臣门下，出师后在家悬壶。1952 年加入联合诊所，1953 年加入区卫生院工作。1958 年考入河南中医学院本科，毕业后留校任教，历任教研室主任，医教部副主任，教务处副处长、处长，河南省卫生厅副厅长等职。为中国共产党第十一届党代表大会代表。曾任河南中医学会会长，中药学会会长，《河南中医》编委，《中医研究》顾问，河南省中药新药评审委员会委员。国家二部一局第二批师承制导师，系"十五"国家攻关"名老中医学术思想、经验传承研究"课题的名老中医。首届全国中医药传承特别贡献奖获得者，荣获越人杯河南省优秀医师奖及河南中医事业终身成就奖。《张磊学术思想及临床经验》获 2009 年度中华中医药学会科学技术奖二等奖。先后在杂志上发表了多篇学术论文，注释了《产鉴》，并著有《张磊临证心得集》和《张磊医馀诗声》。

由于长期从事教学和临床工作，经过众多名医的教诲，加之治学严谨，攻读勤奋，注重务实，故而医理纯熟，医术精湛，积累了丰富的临床经验，尤其擅长内科杂病的治疗。临证之余，常写写字，写写诗，拉拉二胡，自得其乐，陶冶情操。

学医和行医历程

我幼入私塾，寒窗苦读，读完了四书五经和其他一些书籍。这些书在当时皆得"包本"。所谓包本，即每本书皆得从头到尾、一字不漏、一字不错地背诵下来。这样老师才能允许你读下一本书（换新书）。读到一定时候才给开讲，并逐步教你写文章和诗词。下学后我又教了3年私塾。这些积淀，为后来学习中医奠定了良好的古文基础。我是17岁时出馆教书的，次年拜在当地老中医张炳臣门下开始学医。学医的同时，为了生计，在家附近借房设塾两年。此间虽拜师学医，但不在老师家里住，由老师指导学习，有时跟师侍诊。3年出师，在家行医。那时我掌握知识虽不多，但毕竟入了医学之门，运用所学知识也能治好一些病人。一位陈姓患者，阴囊肿大如茄子，舌苔厚腻，卧床不起，十余日大便未行，痛苦不堪，曾经两位中医治疗无效，乃邀我诊治。据其脉症，诊为肝经实火所致，投以当归芦荟丸原方，重用麝香四分（按现在计算为1.2g），服两剂大便通，阴囊肿消而愈。患者对我大加赞扬，乡里皆知。

中华人民共和国成立后，县内各区成立了卫生所，而后部分集镇也成立了联合诊所。我于1952年加入了联合诊所。当时诊所医生虽不多，但都是当地的名老中医，经验非常丰富，我向他们学了不少东西。有一次一位子肿患者，症状比较奇特，自双足向上肿，逐日向上肿一段，病人非常害怕，谓肿到"心口"为"毒气攻心"要死掉。我出诊至其家，见其肿已至腹部，而且肿到哪里，痛到哪里。经我用药无效，遂请所内一位老中医治疗，一剂药肿即停止，继服肿消。予观其方，除利水药外，还用了一味大黄，这就是他的胆识与经验，对我启发很大。他对我说：只利水而没有大黄推荡，使之下行，难以遏止其上行之势，正所谓"有故无殒，亦无殒也"。当时，我就缺少这种胆识和经验。

1953年，我参加区卫生所工作，成为国家正式工作人员。1956年组织上调我去另一个大乡卫生院任院长，边行管边诊疗。1958年，经组织上推荐考试，我考入了河南中医学院，成为首届六年制本科生。毕业后留校任教，讲授中医基础和《内经》。除授课外，我一直坚持临床治疗，即使到省卫生厅工作期间也未完全脱离诊治病人。5年离任后即去医院坐诊，转瞬间至今已22年了，记得在离任时曾写了一首诗："年将花甲意如何，忆昔思今感慨多。退政谁云无事事，重操医技镜新磨。"回忆过去，屈指算来，从医至今已62年了，虽未成大器，但岁月年轮仍推着我在不停地前进。

学医指导思想

读书人学医，是一条比较好的归宿之路，我走的就是这条路。医是传统文化的一部分，古来就有"大医必大儒"之说，我虽不是大儒大医，但也算初步进入了儒和医之门。在旧社会学医，主要是为了生计，也讲济世活人。中华人民共和国成立后我参加了工作，又光荣地加入了中国共产党，受党的培养教育，树立了为人民服务的思想。几十年来我一直是按照这种思想前进的，为了更好地为人民服务，不断在提高为人民服务的本领。古人云："学如逆水行舟，不进则退。"又有联云："水唯就下能成海，山不矜高自极天。"这些话激励我干到老学到老，活到老学到老。学无止境，学海无涯，我在读书有感中写道："医道精深学莫休，学如逆水荡行舟。书中要语多圈点，点点圈圈心上留。"又自戒诗云："日日年年诊事忙，遣方用药费思量。深知医道无穷尽，岂敢轻心妄自狂。"我非常注重实际、实效，力戒浮躁。就求实而言，有以下几点作法：

1. 求基本功之实

各行各业都有各自的基本功，基本功是慢慢夯起来的。我在学医之后，尤其是在河南中医学院的 6 年学习中，始终注重这个问题。那时学校强调学生要打好基本功，要有朗朗读书声，对经典重点条文皆要背诵，我能熟背 500 个方子，就是基本功之一。之后在临床上深深体会到，打好基本功，才能有后劲。1978 年，我曾治愈一例小便点滴不通的患者。患者为 6 岁半的女孩，某日白天去电影院看电影，电影为上下集，时间较长，正在高潮时，欲解小便，其小姑（年龄也不大）让她憋住，到实在憋不住时，才带她出去小便，因急于看电影，患者小便尚未解出，其小姑就连催促带吓唬，因此患儿小便未能排出，又继续看电影，至电影结束回家后，小便点滴不出，痛苦不堪，先请某中医用通利之剂无效，遂紧急入某医院住院，先用速尿针剂无效，继给导尿，得以缓解，但导尿管一拔出，仍点滴不出，用了许多药皆无效，X 光片未见异常。十余天来，医生愁，病家忧，束手无策。一天由别人引荐，患者父亲来到我家，叙述经过，我亦奇之，从未治疗过这样的病证，寻思其理，可能为肺气壅滞，肝失疏泄，而致气机升降失常，膀胱气闭，小便不通，属于癃闭证。应用提壶揭盖法治之，以冀"上窍开，下窍泄"，也是"欲求南风，先开北窗"之意。方用麻黄 3g，杏仁 6g，升麻 4.5g，柴胡 3g，生白芍 9g，牛膝 9g，生甘草 3g，水煎服，嘱其服药后约 10 分钟探吐，并嘱其先把导尿管拔出，以验药效。过了两天，其父又来我家，问其服药情况，他说药尚未服，怕拔掉导尿管被医生批评。我说很简单，医生若果责问，就说孩子小，不懂事，没注意她自己把导尿管拔掉了。他回去按照我的意见给患者服药，出乎意料的是，当即尿如泉涌，因来不及去厕所，裤子湿了一大片，从此不需再导尿了，观察数日后，出院回家。患儿随父母到我家，让我诊视。患儿面色较淡，脉象乏力，小便有次多量少之象，尿道不痛，尿色不黄。予补气养阴兼疏利之剂，药用生黄芪15g，生白芍9g，干地龙6g，怀牛膝9g，琥珀1g（冲服），滑石9g（包），冬葵子6g，生甘草3g，水煎服，数剂痊愈。我用此法也是有来历的，记得读陈修园书时，其癃闭诗曰："癃闭似淋点滴无，只求利水法全迂。柴升探吐针机转，麻杏行阳阴气濡。肾气龙腾泽自沛，通关云合雨时敷。二冬杏菀参桑白，海蜇荸荠亦可需。"同时释曰："又有巧法以施，譬之滴水器，闭其上而倒悬之，点滴不能下也，去其上之闭，而水自通流，宜以补中益气汤提之。"即以此药再煮服尽，以手探吐，顷刻即通。而更有启其外窍即以开其内窍之法。麻黄力猛，能通阳气于至阴之下，肺主皮毛，配杏仁以降气，肺气下达州都，导水必自高原之义也。假若我没读此书，没记此法，就很难说了。由此可见，打好基本功，是非常重要的。

2. 求读书之实

书要多读勤读，但要得读书之要。中医书籍如汗牛充栋，不可能尽读，可以把自己要读的书分为精读和粗读两大类。粗读的书可以一览而过，精读的书则要口诵心记，反复读，正如孔子所说"学而时习之"。但须注意，精读的书也有粗的部分，粗读的书也有精的部分。这样分，既能多读些书，又能收到好的效果。有人云："聪明难，糊涂难，由聪明转入糊涂更难。"前两句是从浅处说的，后两句是从深处说的，是进入大智若愚的境界了，我们应当努力向这个境界迈进。自满是学习的敌人，人若自满了，就意味着在落后，不能强调工作忙，无暇读书，展卷还是可以的，展卷即可得益。医案医话之类的书，也应多读，能给人很多启发，使人汲取很多宝贵经验。

3. 求临床之实

他人云："熟读王叔和，不如临证多。"我则曰："熟读王叔和，还得临证多。"书固然要多读，若不临床，不能学以致用，则"理论一大套，看病汗直冒"，这是讽刺那些徒有虚名的医生的。诚然，一个医生不可能把各样疾病都能治得好，但应是手眼俱高，不遗人夭殃。临床功夫是练出来的，没有长期的临床积累，经验是不会丰富的。因此，要在"实"字上下功夫。所谓实就是踏踏实实，扎扎实实，实实在在地看病，当一个名副其实的临床家。我认为临床要走长征路，一步一个脚印，踏破铁鞋，才能收获更大。

4. 求医术之实

各个门类，皆有其术。只有术精，才能兴业，医不例外。而且对于医术的要求则更高，因为医的对象是人，人的生命至贵，岂可忽乎者哉。绝不可满于现状，不求进取，甚至以术杀人。病人就医要选择医术高明的医生，张仲景曾告诫云："赍百年之寿命，持至贵之重器，委付凡医，恣其所措，咄嗟呜呼。"张景岳也曾说："病不贵于能延医，而贵于能延真医。"并对医术要求也有明确之言，"医有慧眼，眼在局外，医有慧心，心在兆前。使果能洞能烛，知几知微，此而曰医"。为医者要向慧眼、慧心方面努力，不断提高自己的医术，精益求精，永不懈怠。我虽不敏不才，但始终都是按照这个方向往前走的，而且将一直走到终点。

5. 求疗效之实

中医之所以经久不衰，就在于他的疗效，疗效就是经久不衰的根本。作为一个医生，衡量你医疗水平高低的就是疗效这把尺子，尤其是对疑难病证和大症，那就要看你的本领了。这些病人往往处在生死边缘，治疗得当就把他拉过来了，否则，就把他推到绝壁之下，送到死亡之海了。我在学医时，老师曾说过一个顺口溜："闲来无事下南坡，旧坟没有新坟多，新坟都是我治死，旧坟吃的是俺老师的药。"这话听起来很好笑，但却是诙谐犀利的警戒之语，李东垣曾说："实实虚虚，如此死者，医杀之耳。"

2005年9月，有位高龄吴姓脑病患者住本院治疗，在治疗中出现危象，经抢救仍无起色，医院下了病危通知，家属询其预后，医生说看他的造化了。患者儿子邀我往诊，果然出现危象，急用参附重剂，迅速转危为安。细思，当时若诊断含糊，用药失当，病人很可能生命告止。现在一些重急病都去西医院了，当然是好事。但中医在治疗危症、重症方面的长处就得不到发挥了。事实上，在西医治疗无措时，经中医抢救过来的病人，也不乏其例。现在有种倾向，认为中医只能治慢性病，不能治急性病，再加上有些中医不够"铁"，急症便成了中医的"软肋"。

6. 求水平之实

上述医术和疗效，归根结底就是水平问题。就此问题，再谈点个人经验。为了不断提高个人医疗水平，我常采取就高的方法。所谓就高，即上至岐黄，中至仲景，后至历代大医家以及近现代大医家，皆作为最高标准衡量自己，这无异于天壤之别。人家知道了会笑你狂妄，不知天高地厚，我觉得这是个人的内在活动，也是内在动力。知己知彼，知低知高，同时也可避免自大和自卑。人贵有志，人贵有恒，虽然终生比不上他们的水平，但总算是心中有数，有个最高奋斗目标，催人奋进。实事求是地说，我的水平并不高，但有自知之明，也算是一点长处吧。这是个人的心声，请同道们知我罪我。

7. 求创新之实

继承与创新是个大课题，又是一个大难题，我从医 60 余载，虽不断努力，但所得甚微，实在汗颜，只是有点肤浅的体会，主要有"辨证思维六要"和"内科杂病治疗八法"。六要即辨证中之证与证外之证；辨静态之证与动态之证；辨有症状之证与无症状之证；辨宏观之证与微观之证；辨顺易之证与险恶之证；辨正治之证与误治之证。八法即轻清法，主要用于因风热之邪伤于头部的疾患；涤浊法，主要用于诸多浊阻之病；疏利法，主要用于水湿失于运化之症；达郁法，主要用于郁证；运通法，主要用于腑气不通，脾失健运之症；灵动法，主要用于小虚小实之证；燮理法，主要用于阴阳、气血、脏腑功能失调的病证；固元法，主要用于久病，或正气内夺，或正虚似邪的病证。以上八法，依据病情，可单用，可合用，亦可交替使用灵活掌握。这些是我临床的一点心得体会，谈不上创新，本人仍有创新的愿望。综观中医发展史，就是不断创新的过程，没有创新，就没有发展，没有发展，就没有前进。创新是在传统基础上创新，包括理论、学术和经验上的创新，否则，创新可能会变味。

学术思想与治病原则

我自学医以来，认真学习经典著作，广采众家之长，不囿门户之见，勤于临床实践，不断总结得失，逐渐形成了动、和、平的学术思想，即和态下运动发展观，和态失常的疾病发展观，病证变化的动态观，动态的和平辨治观，动态的求本治本观和临床用药动、和、平观。这个思想。一直贯穿在我临床的各个方面，常收到较为满意的效果。主要体现在以下几个主要方面：

1. 凡病偏必辨其偏。是偏盛还是偏衰，是气血阴阳的偏盛偏衰，是脏腑的偏盛偏衰，还是邪正的偏盛偏衰，偏盛偏衰到什么程度，如此等等，只有明其偏才能纠其偏，只有纠其偏，才能得其平。

2. 凡病必辨其真。疾病千变万化，往往呈现夹杂现象，但皆有其真。所谓真就是疾病的本质，只有抓住其最本质的东西，才能治得其当，使问题迎刃而解。我始终遵循《内经》"谨守病机，各司其属，有者求之，无者求之，盛者责之，虚者责之，必先五胜，疏其血气，令其条达，而致和平"之旨，进行辨证治疗，我在中医学院的毕业论文，就是"疏其气血，令其条达"。

3. 凡病必把握其势。疾病是动态的，不同阶段有不同变化，尤其是急性病变化更迅速，有些病在用药以后，往往有新的变化。症变治亦变，就是这个道理。

4. 凡病必平其心。心，包括病人之心和医者之心。人在患病之后，往往考虑的过多，尤其是大病和难治之病，更有精神方面的疾病，患者思想情绪往往很不稳定。从临床上看，因郁致病者有之，因病致郁者亦有之，遇到这样的病人，除开给有药处方外，还须开出无药处方，就是动之以情，晓之以理，使病人心得其平。所以我常说，医生既要开好有药处方，又要开好无药处方，方为至善。如一位女患者，心情烦躁，寐少梦多。因夫病早逝，伤痛久不能平所致。复诊时我赠诗一首："陈罢病情述病因，病因不幸久伤神。应将往事全抛却，面对青山总是春。"又复诊时，患者心情果然大好。

医生是治疗疾病的主动者，病人是被动者，医生对待病人要有仁慈之心、平静之心和平等之心，不要被势位富厚、贫贱丑陋所影响，更不能以术谋私。医德体现在各个方面，要落到实处。我有几句话作为自己的行医格言："书要多读，理要精通，自知不足，勤学莫止。医德务必高尚，医术力求精湛。病人为本，热诚清廉。"我的治病思想原则，也有几句话："辨病机之要，调邪正之偏。轻病轻取，重病重求。攻邪勿释正，扶正莫留邪。守法不泥法，有方若无方。"

以上是我从医和思想认识的历程，"路漫漫其修远兮，吾将上下而求索"。限于个人水平，不当之处，请批评指正。

柴嵩岩

柴嵩岩（1929—　），女，辽宁省辽阳市人，大学本科学历，首都医科大学附属北京中医医院主任医师，教授，博士研究生导师。

1948 年拜师近代伤寒大师陈慎吾，1950 年考取中医师资格，1952 年就读于北京医学院全国首届中医药专门研究人员班。从事中医药工作 70 多年，现89 岁高龄仍坚持临床工作。1997 年、2002 年、2008年 3 次被评为全国老中医药专家学术经验继承工作指导老师；1990 年、2003 年 2 次被评为北京市老中医药专家学术经验继承工作指导老师；2009 年，被北京中医药大学聘为第四批中医师承教育中医妇科学专业博士指导老师，近 30 年师带徒 10 人。5 次获先进老中医药专家学术经验继承工作指导老师表彰。获北京市卫生局"三八红旗手"、国务院"有杰出贡献专家"、北京中医药学会"从事中医药工作 60 年特殊贡献奖"、中华中医药学会"妇科名师"、北京市中医管理局"首都国医名师"、中国福利会"宋庆龄樟树奖"等社会荣誉，2017 年获国家中医药管理局"国医大师"荣誉称号。

创建"柴嵩岩中医妇科学术思想及技术经验知识体系"，以"柴嵩岩月经生理理论""肾之四最""二阳致病""妇人三论"理论学说为核心，以顺应周期规律、顾护阴血津液、用药以柔克刚、调整气化功能、补肺启肾为临证思辨特点，以舌诊、脉诊经验为特色诊断技巧，是当代中医妇科学奠基者之一。

面对妇科疑难病证，柴嵩岩执着研究，不懈探索。精通经典，注重"天人合一"理念，强调"三因制宜"；尤重阴血，调理气机，恢复气化；组方灵活，选药广泛，性味平和，药少效宏；辨舌诊病，辨舌立法，辨舌给药，个体化治疗。她在现代中医妇科界独树一帜，自成一家。

屈指算来，我的岐黄之旅已经整整 70 年了。这期间，我经历了时代变迁。我感慨当下中医药事业遇上了一个伟大的时代，中医人赶上了好时候，让我们能潜心成就。我欣慰我取得的成就。我特别想告诉青年后学们，如果成功也有秘诀，那就是一生的坚持与学习。坚持并不简单，要有信念，成长就在一点一滴的时间中积累，坚韧的意志力助你达到理想的目标。持续学习，亦非易事。"活到老学到老"确是世间真理，广泛涉猎，精于思考，能让我们的头脑不落伍于时代，与时俱进。

一、拜师陈慎吾

我生于 1929 年 10 月，辽宁省辽阳市人。儿时家境不富裕。10 岁那年，父亲早逝，母亲带着我们姊弟寄居外祖父家，一直到后来我离开家乡。除操持好一大家人的生活，母亲还要兼做些缝补、浆洗活计补贴家用。母亲不曾抱怨过，只听她常说："流自己的汗，吃自己的饭。"母亲送我们去读书，希望我们能快点长大，有能力主宰自己的生活。回忆少年时期的日子，留给我最深刻的印象是淳朴、敦厚的家风。父母常教导我们姊弟，要乐于助人，要做一个正直的人。

17 岁那年，因战乱我被迫退学。抱着去北京继续求学的念头，我孤身一人离开了家乡。初到北京才发现，没有经济来源，生活举步维艰，求学几近不能。"首先要解决生活问题"，我这样对自己说。当年在学校读书留下的功底帮助了我。几经周折，我找到了平生第一份工作，在当时北京的东单月河寺小学教"小四门"，就是当时小学里书法、手工、音乐和体育这四门功课。虽然收入微薄，但是解决了一时温饱，我感到了一丝快意，又有一丝忧愁，因为读书才是我的梦想。1948 年，我偶然得知陈慎吾先生创立"私立北平中医研究所"的消息，辗转经人介绍，终于来到伤寒大家陈慎吾先生门下，被收为入室弟子，我从此踏上了岐黄之路，中华人民共和国成立后，带徒传艺变为集体授课，一面给学生讲授《伤寒论》《金匮要略》，一面带学生临床实习。

陈慎吾先生出身书香门第，幼读经史子集，精于儒书。曾拜唐宗海弟子河南名医朱壶山为师。1936 年，因感到中医事业日渐衰弱、后继乏人，遂于临床之余，致力中医教育，白日临诊，夜晚课徒，以研究、主讲《伤寒论》闻名后世。

当时，我白天随师应诊，抄方抓药，读书主要在早晨和晚上，苦中作乐。

我的想法很朴素，我遇到了大师，一定要利用这个条件学点医学知识，将来为社会做点什么。先生生活简朴，组方小而精，严谨、价廉。他常说，医生治病，不能以挣钱为目的。我耳濡目染了先生做人的品德与风范，开始理解"医生的职责是为别人解决痛苦"的意义。1950 年 12 月，还在跟随先生学习期间，我正式考取了中医师资格。我记得那年考试，先生的两所中医学校学员 30 余人报考，通过考试者达 23 人，成绩骄人。先生教学之精，学生学习之用心，可见一斑，也就是从那次考试以后，我便可以独力行医，悬壶于世。

陈先生让我读书。无丝毫中医学理论基础我，初读《内经》《伤寒论》，只有一种"茫若望洋，淡如嚼蜡"的感觉。陈先生教学很有方法，有详细的教学计划，讲课时会把每一章节的内容表格化、提纲化，把它挂出来，讲给学生听。先生认为，张仲景确立的辨证论治法则揭示了证、方、药三者之间的关系。他教导学生，从方药之间的关系可以看出，有药无方只能治症，而不能治病，有方无药，不会随证化裁，则不能适应临床变化的需要，所以治病必须有方有药。只有掌握了《伤寒论》六经病脉证并治，才能以不变应万变，临证得心应手，运用自如。他认为，《伤寒论》中的方药，验之临床，无不有效。至于制方调剂，规律严谨，一药之差，或分量之变，则方义不同，治疗亦因之而异。用方应有"方证"，即用方的证据。证据既包括了病机，也包括病机反映在外的证候。先生崇尚仲景学说并以之指导临床，如常用桂枝汤、当归芍药散、桂枝茯苓丸、桃核承气汤、抵挡汤、四逆散、半夏厚朴汤、温经汤、芎归胶艾汤等辨治妇科疾病。比如，柴胡这味药，先生认为可以升清阳，但也能启相火。这一观点，是后来我临床治疗小儿性早熟强调小儿慎用柴胡类制剂的渊源。

从《伤寒论》出发，我对中医学的认识经历了从懵懂走向悟道、知晓、彻悟的必由之路，为日后形成我的学术思想，以及顺应周期规律、顾护阴血津液、用药以柔克刚、调整气化功能、补肺启肾等具有我个人独特风格的辨证思辨特点，奠定了扎实的基础。

1956 年，陈慎吾先生汇集对《伤寒论》一生的研究、教学资料，编纂《伤寒论讲义》一书时，提携我与先生之子陈大启、之女陈燕金及同门学友赵仲寿、付中立、蔺友良、杨庆昶等人共同参与辑录，我参加了其中《伤寒论讲义·太阳篇（上）》的编写。后因历史原因，《伤寒论讲义》一书未在陈慎吾先生生前出版成为憾事。2008 年，经陈大启先生主持重新校对、整理，《伤寒论讲义》终于在陈慎吾先生诞辰一百一十周年之际面世。

二、我考入全国首届中医药专门研究人员班

时间到了 1952 年 7 月，我再次遇到了人生中的一个重要机遇，国家要开办"全国中医药专门研究人员班"，由当时的北京医学院面向全国招收、培养年轻的中学西本科生，培养现代医学思维。全国总计招收 43 人，北京 4 个名额，我幸被录取。

我们的文化基础课由北京师范大学刘世知教授讲授。转入专业课学习时，我国著名医学科学家、医学教育家、两院院士吴阶平先生担任我们的班主任，授课老师还有王光超、李家忠、严仁英等医学前辈。

当年的学习经历并不轻松。一直奉《内经》《伤寒论》为经典，看病以望、闻、问、切为手段的我们，面对现代医学思维，面对几乎从未接触过的解剖学、手术学，手足无措。那时考试很严格，补考不及格就面临淘汰。我在班里不是高才生。我知道抱怨与放弃不会给我带来任何价值，只能如饥似渴地学习。晨曦初露的校园一角，更阑人静的走廊之隅，常常可以看到我读书的身影。

吴先生性格儒雅谦和，治学严谨周密，对我们的学风影响很大。他教会我们如何心怀善意、尊重科学。一次见习手术给我留下深刻印象。那是我作为助手，跟随吴先生与外科专家李家忠教授的一次手术。李教授指示我过去拉钩。忙乱之中我忘记了操作规范，正确的做法应该是背靠背过去，自己的正面是禁区，我却径直朝着李教授走了过去，这违背了手术的无菌要求。李教授着急了，直接让我下去。我愣在那里，羞愧与尴尬让我满脸通红。寂静中，吴先生小声向李教授"请求"："让她加一件衣服再上来吧。"那个年代手术室里没有空调，也不能用电扇，非常热。再套一层手术服继续手术，加上紧张，我汗流浃背。但我知道，吴先生这么做，是在为我保留这次学习的机会。李先生的严厉与吴先生的包容，是对原则与责任的坚持，也是对后学的爱护，让我感恩并终生难忘。这场"挨骂"与"罚站"对我影响很大。患者安全无小事，执行规范要百分百，锤炼技术不能打折扣，这个理念，以后便融入了我的血液。

回忆成长之路，全国首届中医药专门研究人员班的学习经历，对于我意义非凡。这个经历开拓了我的医学视野，为我打下了较为扎实的现代医学理论基础。功夫没有白费，经过 5 年的严师锤炼、寒窗苦读，1957 年 9 月，中医药专

门研究人员班学员中 38 人学成毕业，成为我国首批获得精中通西双重学历的新一代高级优秀中医人才。当时和我同在全国首届中医药专门研究人员班的同学，后来多数成为现代中医药事业的中流砥柱，为后世景仰。

三、我的早期杏林生涯

1957 年 10 月，我进入北京中医医院工作。选科的时候我想，我在学西医妇科和妇产科时发现，那个年代，很多患有女性生殖内分泌疾病的患者，不能得到很好的治疗。就我学习多年中医的心得，感觉到中医在调经、治疗妇女病方面有优势。如果去搞妇科专业，或许能发挥些作用。就这样，选定我一生的职业方向。

当时正值北京中医医院建院不久，名家荟萃，仅妇科就有刘奉五、王志敏享誉京城。医院传承风气开明、治学氛围浓厚，科室之间、专家之间的学术交流、交叉带徒非常普遍。这样的环境，为我提供了博采众家之长、广泛深入学习的有利条件。老大夫对我们都非常好。当时的儿科主任祁振华老先生常常跟我讲临床用药的心得。祁先生用药简练而药力专攻，组方常三四味药而已，重症亦不过五六味药，疗效奇佳。他常讲"药无贵贱，得当就好"。后来成为国医大师的贺普仁老先生，给我们讲治疗心脏病的独特治法。有"金针"美誉的王乐亭老先生，用金针治疗淋巴结核，手把手教我怎么用针。近代名医刘奉五老先生教我妇科病证辨证，告诉我治疗妇科疾病要分主次，还有姚正平老先生，曾亲手递给我一张纸，纸上字迹满满，记录着姚老从医几十年来治疗肾病的秘方。我求知若渴，向名家学习，多跟师、多临床实践、多积累。我总是随身携带一个本子，每遇典型病例、单方验方、前辈点拨、自身感悟，记载于上。经年累月，这样的本子换了一个又一个，逐渐成堆，至今已成资料，保留在我的储藏室里。我的诊疗水平提升很快，虽然工作很累，每有患者反馈疾病治愈时，我便受到了鼓舞，格外有干劲，愈发热爱中医。

靠着勤于临证、勤奋好学、善于总结的坚持，临床积累渐丰，我开始慢慢有了自己的思想。20 世纪 80 年代初起，我开始撰写医学心得，陆续发表于国内期刊，其中的部分观点，应该是后来形成"柴嵩岩中医妇科学术思想及技术经验知识体系"的端倪。

1982 年 3 月国家改革开放之初，受卫生部派遣，我赴日本讲学，讲授"中医学对闭经的辨证治疗"。吉良晨先生和我同为陈慎吾先生弟子，与我同行，讲授中医治疗心血管疾病。代表团足迹遍及东京、名古屋、横滨、大阪等6个城市。因观点从实践中来，一时新风蔚然。有听者一路跟随代表团足迹，多次聆听。这次讲学，较为系统、全面地阐述了我对女性生理"肾生最先""肾足最迟""肾衰最早"的认识观点，并提出了具有我个人风格的女性疾病（与女性生理相关的疾病）证治原则，其核心在于，针对女性不同生命进程时期之肾气特点，对不同年龄阶段的女性疾病采用相应治则治法。这次讲学的部分观点，经以后完善、发展，最终成为之"肾之四最"理论学说。

四、我的学术观点

1. 女性月经生理理论及"肾之四最"学术思想

《景岳全书》语"经本阴血何脏无之"，是我的女性月经生理理论及"肾之四最"学术思想之理论渊源。

我认为，阴血与脏腑是"局部本源"与"整体环境"的关系。"经本阴血"，指出月经之本源即为阴血所生；"何脏无之"，非言任何脏腑皆可产生月经，而强调阴血在每一脏腑都有。阴血濡养五脏。阴血充盛、五脏调和，女性生理维系正常。基于这样的认识，我认为，凡女人之证（与女性生理相关之疾病），皆不能离开女人之阴血问题。《内经》有"五脏六腑皆令人咳"之说，我说，五脏六腑皆可令女人致月经病。

禀受于父母之精，生命始即形成。胚胎在母体发育，人出生之后孩提（女孩）之时，心、肝、脾、肺、肾五脏腑都已在发挥各自的生理功能，而独无月经现象出现。《素问·上古天真论》说，"女子七岁……齿更发长"，《沈氏女科辑要》描述，"孩提能悲能喜，能怒能思，而绝无欲念"，这样的现象都在提示，女性生殖内分泌发育直至成熟，是隐在的、随年龄渐近形成的，月经的产生需要条件。

冲脉充盛为月经之本，冲脉无所继则无所溢。冲脉起于胞中，为十二经脉之血海。冲为血海之说，表明冲脉之浩大。五脏六腑余之血灌注于冲脉，脏腑功能调和，精血旺盛，则冲脉充盛。月经之血来于冲脉，冲脉不充，月事不来；若经后空虚之冲脉不再得五脏六腑有余之血之补充，血海无继，则继发闭经。

我以"杯中之水"为喻，形象描述、理解"月事以时下"之生理过程。一只空水杯，水被逐渐注入杯中，杯中水位增高，杯满，水溢出，水杯空；水继续被注入杯中，杯中水位再增高，水杯再满，水再溢出……周而复始。在一定的时间周期内，杯中之水由空、渐满、满而溢出之过程，便犹如女性月经由空渐满、由满而溢、溢而泻下之过程。在这个比喻中，水杯就好比冲脉（血海）；被注入杯中之水，就好比五脏六腑有余之血；杯中水位之高低，可比作阴血之充实程度。

正常之"月事以时下"，不是简单的一次或数次月经按期来潮。一定需要保持有规律的、持续不断的阴血充入血海，就如同需要有源源不断之水，被补充、注入水杯。阴血充盛，是维持女性正常月经生理的关键条件之一，就如同杯中没有水，或即便有水不能达到一定水位，水难至满而溢。血海有继，是维持女性正常月经生理关键条件之二，亦如杯中之水，如果不能有外来之水被持续注入杯中，杯中之水则不能一而再再而三至满、溢出。

肾气盛，地道通。仍以"杯中之水"为喻。杯中之水位不会自动增高。水位逐渐增高至杯满之过程，需要动力。相对女性月经生理而言，冲脉为阴，处于相对静止状态，有余之血注于冲脉泻下，需要动力之"鼓动"。此泻下之动力，便是肾气。肾气属阳，阳气有动，伺"天癸至，任脉通，太冲脉盛"之条件成熟，月事则以时下。

关于月经生理之"动力"——主管性征之肾气，从生理规律上看，在女子之不同年龄段是有区别的。

肾为先天之本，禀受于父母之精，胚胎形成之前即已存在，待人出生后继得后天水谷之精充养方逐渐成熟，此乃"肾生最先"。肾气禀受父母之精而来，但在出生之后的一段时间内并无具体表现，相对于心、肝、脾、肺、肾五脏功能，实在是"迟到"矣。至"二七"天癸至，下部脉道通畅，肾气旺盛鼓动充实之太冲脉，方有女性性征、"月事以时下"的生理现象出现，此乃"肾足最迟"。女子经过经、孕、产、乳阶段或屡患疾病致体虚，肾气耗损，待40岁左右肾气逐渐减弱，面部、头发、肌肤均已明显看出肾气不足之征，待50岁左右肾气衰退，而此时人之五脏依然可正常发挥各自之功能，此为"肾衰最早"。进而，由"肾生最先""肾足最迟""肾衰最早"之现象及规律，探及整个女性之生理进程，肾气盛衰之程度，是因时、因地、因生活状态而动态改变的。凡治女人之证（与女性生理相关之疾病），皆要了解并掌握女性肾气盛衰之规律，时时注重维护肾气，补益肾气，维持气血阴阳之平衡，以维持正常月经生理与生殖机能。由此对女性而言，相对于心、肝、脾、肺等其他脏腑功能，"肾最需护"。

五脏六腑功能正常、关系协调，乃阴血充盛所需之大环境。仍以"杯中之水"为喻。一只空水杯，杯中之水从何处而来？水一定来自水杯外部，即有水之源头。与月经生理密切相关之机体环境——心、肝、脾、肺、肾诸脏及其他各腑，便构成所谓"有余之血"产生的外部环境，为阴血之本源。脏腑功能正常，则阴血充盛，杯中之水则成为有源之水。

心属火，为阳中之阳脏，心病则一身之血脉功能受影响。肾属水，为阴中之阴脏。心肾相交，水火互济，女性生理得以维持正常。肺主气，心主血，气血相互为用，才能循环运行不息。肺朝百脉，与肾"金水相生"。肾为先天之本，主藏五脏之精气，脾乃后天之源，输水谷之精微以养五脏。生命活动之维持，赖先后二天之合作。脾又统血，脾之功能失调，则化生和统摄阴血的功能失调。肝藏血，肝之疏泄功能对血之布散发挥着作用，与脾统血功能相制相承。肝为刚脏，属木，体阴而用阳，肝木需要肾水的涵养，若肾水不足，水不涵木，则"肝无所索则急"，影响藏血之功能。故五脏六腑功能正常，精血充盛，有余之血注入血海（冲脉），冲脉有济而"月事以时下"。否则便"冲脉无所济则无所溢"致闭经。

我的关于"肾之四最"的学术观点，源于古人。经考证，现存中医文献史料涉及"肾生最先""肾足最迟""肾衰最早"三最观点之论述，唯见清代沈又彭《沈氏女科辑要》一书论"经水"一节。沈氏先引《素问·上古天真论》"二七而天癸至……月事以时下"之经文后加按，继有王孟英参注沈氏按，"盖人身五脏，惟肾生最先，肾足最迟，肾衰独早"，原意是对"天癸"之本质、产生、与月经关系的探讨。据近代名医何时希著《女科一知集》卷三，何氏辑古人"奇经脏腑全身与月经之关系"之论述，引《素问·上古天真论》之经文："有其年已老而有子者……此其天寿过度，气脉常通，而肾气有余也，此虽有子，男不过尽八八，女不过尽七七。"何氏加按曰："故明人易思兰曾谓：肾生最先（先天之本，常先身生），肾足最迟（谓男子二八，女子二七），肾衰最早（谓男八八，女子七七）。"可以推测，明代医家易思兰可能是最早提出"肾之三最"观点雏形者。惜易氏无著书存留，仅医案数则传于后世，其详今已无从考证。除上述王氏、何氏寥寥数语，史籍鲜有医家对"肾之三最"观点再以阐述及发挥。

我对女性月经生理的认识，并提出"肾之四最"学术观点，承古人而有发挥。我从"经本阴血何脏无之"基本观点出发，以"肾之四最"之学术观点为理论支撑，揭示冲脉、阴血、肾气、脏腑功能诸要素与月经的本质关系，形成了较为完整的、具有个人独特见解的女性月经生理理论。同时，基于"肾气"在女性不同生命时期的动态改变，以辩证唯物主义的物质观、发展观，将女性生理病理以"肾生最先""肾足最迟""肾衰最早"三个不同时期区分认识，提出"肾最需护"的女性一生防病、治病原则。

我提出了对女人之证（与女性生理相关的疾病）的总体治疗原则，不同的年龄阶段之女性，同一疾病之病理改变的生理基础不同，在辨证的同时，须充分考虑到女性不同年龄时期的不同生理特点，组方用药须具有针对性。

"一七"阶段，为女子生长发育初期。肾气尚未充实，易受其他因素干扰。此阶段宜保护肾气，养益冲任，最忌兴阳。禽类、虾皮、海米、羊肉等食品，性温热，有兴阳之弊，少年女童宜慎用。柴胡味微苦，性平，禀少阳生发之气。"其气于时为春，于五行为木"。因有升阳之性，可启动肾阳，致相火妄动不安，此年龄阶段须慎用。小儿属稚阴稚阳之体，肾阴尚未充盛，肾气过早充盈，气旺化火，肾阴又相对不足，无力制约，相火偏亢。过早启动肾阳，违背正常之生理状态，或致小儿性早熟。

"二七"至"五七"阶段，逐渐为生理、生育旺盛期。这一时期过度劳役、大汗出、久视、熬夜或房劳过度，耗伤肾阴。应从肾的角度考虑病机，主张在此阶段注意保养阴血，顾护肾气，补益肾阴，调理冲任。常药用寄生、续断、杜仲、菟丝子、女贞子、枸杞子、熟地黄、何首乌、当归、阿胶珠等滋肾养血；或药用北沙参、百合、麦冬等补肺金，启肾水，养阴增液；或药用太子参、茯苓、山药、白术等健脾益气，化生气血。

"七七"之后，已至中老年时期。此阶段女子肾气衰，天癸竭，形坏而无子。此时肾阴匮乏，强调在注意肾阴不足的同时，或因水亏不能上制心火而出现心肾不交之病理改变，见五心烦热、失眠多梦等症。此时组方在补肾养血基础上，亦应考虑交通心肾，清泻虚火，常药用女贞子、墨旱莲、莲子心、浮小麦、远志、百合、合欢皮、地骨皮、莲须等。此阶段切要避免损伤肾气、阴血，不可妄用破血、通利及辛散之品。

2. "妇人三论"学说

针对女性不孕症，我提出了"水库论""土地论""种子论"之"妇人三论"学术思想，用以表达女性生殖环节中各要素——阴血、血海、胞宫、孕卵、胎元之间的相互关系，表达各要素病理改变对女性生殖功能的影响，并由此形成了具有我个人风格的女性不孕症中医辨证治则。

"水库论"：这依然是一个阴血的问题。阴血、血海与胎元有如下关系：十二经有余之阴血下注冲任血海，下聚胞宫，为月经之生化、胚胎之孕育提供物质基础；脏腑功能失常，阴血不足，血海空虚，阴血不得下聚胞宫，可致月经稀少甚或闭经、不孕，或虽孕胎失所养致胎萎不育。我将阴血、血海之于女性生殖功能作用，比喻以"水""水库"与水库中"鱼"之关系。以"水库"喻冲任血海，以库中之"水"喻阴血，以库中之"鱼"喻胎元。则"水库论"可被描述为：水库为蓄水之用，水满当泻。藏蓄、满盈、溢泻是一个积累的、量变的过程。"水库"水少或无水，应蓄水；若强行放水，必致水库干涸，鱼亦无存。对治疗过程而言，"水库"蓄"水"之过程，即阴血调养，血海填充之过程；血海按期充盈，"水库"有"水"，继而阴极转阳，满极而溢，则有规律月经；阴血盈盛，孕育成熟优质之卵子方有受精之可能，方有孕育、滋养胎元之基础，正如库中之"鱼"无水不可活，"水"浅或"水"少，"鱼"可渐大，但"鱼"之长养受限。

从"水库论"之学术思想出发，针对现代女性之阴血维护，我提出了阴血"暗耗"之观点。现代女性患闭经、不孕症，与阴血"暗耗"密切相关。所谓阴血之"耗"，即通常意义上的阴血耗伤。"暗耗"，则指不易察觉的失血、伤阴之过程。在现代社会，多由于中医学所谓"因逆"的致病因素，如性生活过早、过频，多次人工流产，过度脑力劳动而承受超负荷工作压力，盲目无节制减肥，不恰当服用补品，过度激烈运动致大汗出，熬夜、昼伏夜出等不良起居习惯。此"暗耗"之过程，无一不耗伤阴血，在经年累月、不自觉之中发生。女子本"阴常不足"，阴血暗耗，阴愈不足，阴血亏虚，冲任血海不足，则致月经量少、稀发，甚或闭经。对此类病因，若见"闭"就通，不察"水库"之"水"情，滥用活血、破血、通利之品，恰似"水库"已近无"水"而放"水"，疾病未愈，而阴血再伤。治疗应据辨证，顺其自然，循序渐进，收水到渠成之效。临床中，我常根据脉象判断阴血受损程度，调整治法用药。脉见沉细无滑象，提示血海受损严重，药用阿胶珠、制何首乌、当归、熟地黄、女贞子、墨旱莲、石斛、天冬、枸杞子等滋阴养血。经过治疗，脉象由沉细逐渐见滑象，提示血海渐复，可酌情加大活血药之比例，常药用桃仁、益母草、丹参、苏木、茜草、川芎等，以期因势利导，致"水满则溢"之效。血海恢复过程时间相对较长，医者切不可急功近利。对既往胎孕失败者，阴血为胎元养育之本。素体阴血不足或暗耗致阴血亏损，胎元失养，临床可见胚胎停止发育、胎萎不长等病证。对既往有胎停育史之患者，临证嘱其切勿急于计划下次妊娠，应结合基础体温之监测，先予冲任气血之调理，蓄"水"待其满，"水"足再养"鱼"，此时治则、用药可与治疗闭经相参。对既往有胎萎不长史之患者，孕后以早期保胎为佳，以健脾补肾、养血育胎治法为主，补益气血，以挽救"鱼"苗于涸塘之中。

"土地论"：胞宫，包括了解剖学上所指子宫、输卵管及卵巢，是女性特有内生殖器官之概称，胞宫之功能涵盖内生殖器官的所有功能，法象大地，生养万物。所谓"土地论"，即胞宫及其内部环境之于女性生殖功能的作用，被喻之以"土地""土壤质地"土地上的"乱石杂草"与土地上收获"庄稼"的关系。喻中，以"土地"喻女性之胞宫，以"土壤质地"喻胞宫条件之优良程度，以土地上的"乱石杂草"喻子宫、内膜、输卵管或卵巢存在的病灶，以土地上能生长出的"庄稼"喻宫中之胎儿。如此，"土地论"之含义即在肥沃的土地上才能生长出茂盛的庄稼，在乱石杂草丛生之贫瘠土地上种庄稼，则难以收获。不孕症之治疗，就如同农民对土地辛勤、不断之耕耘，改善土壤上的环境，以收获庄稼。因而，不孕不育之治疗过程，不可急于求成。应该根据辨证，首先调理脏腑气血之阴阳，气血调畅，阴平阳秘，卵巢排卵正常，输卵管通畅，子宫内膜受容性良好，方可备孕。

从"土地论"的阐述不难看出，在期待庄稼丰收时，拔苗助长，则苗或不可活；苗或勉强生存，终不能强壮；庄稼长势不佳，施肥以助长，或可暂时受益，却使土壤进一步碱化，如此循环，最终成了不毛之地（盐碱地）而不致收获。由此启示，产生下述相应治疗原则：对"盐碱地"，即子宫内膜或输卵管、卵巢存病灶之患者，治疗之要务乃调理气血以改善卵巢功能，恢复宫内环境，增加子宫内膜的容受性，为胎儿准备一个良好的生长环境。如同农民开荒，要先去除土地上的乱石杂草，耢地使土地松软，再适量施加肥料，方能使种子在土壤中吸取足够之营养，生根发芽，茁壮成长。故临床中，对于迫切要求怀孕者，并不一概施以补肾之法，常依辨证之不同，或以车前子、茵陈、扁豆、薏仁米诸药清热利湿；或以桔梗、浙贝母、桂枝数味调理气机；或以夏枯草、合欢皮、川楝子、郁金、白梅花一众疏肝理气；或以金银花、生甘草、连翘、黄芩之品清解血热。诸治则，皆似"耨地"之举，去除"乱石杂草"，改良或提高土壤质地，以期达到改善胞宫内环境之目的。

"种子论"：所谓"种子论"，既卵子、胎元与胎儿之关系，如同"种子"与"花"之关系。此喻，以"花"喻腹中之胎儿，以花之"种子"喻卵子及胎元。花之"种子"质量不好，"花"终难成活。凡胎停育或复发性流产者，或与此同理。父母之精气不足，两精相搏虽结合，但禀赋薄弱，卵子或精子质量不佳，进而受精卵先天缺陷，终不能成实。治疗需先通过气血之调养，以改善卵子之质量为要。我在临证时，常通过基础体温监测，判断患者近期卵巢功能及卵子质量，调整治则用药。

我提出"水库论""土地论""种子论"之概念，用以表达女性生殖环节中各要素——阴血、血海、胞宫、孕卵、胎元之间的相互关系，表达了各要素病理改变对女性生殖功能的影响，并由此形成了具有我个人风格的女性不孕症中医辨证治则。

从"种子论"得到启示，优质的卵子亦同样需要精血之供养，如同种子之培育必需有养分。临证中，我注重基础体温监测，并参考激素水平，评估卵巢功能。卵巢功能降低，卵子质量即差，即使借助辅助生殖技术，获得卵子之数量、成胚及囊胚发育也往往会出现问题，妊娠率降低。若见基础体温双向不够典型，血清促卵泡生成激素（FSH）大于 10mU/L，不建议急于备孕甚或人工促排，应首先在辨证之基础上，积极调养肝肾、顾护冲任，致胞宫气血调畅，功能恢复，增加可获取优质卵子的概率，最终收获成功之妊娠。强调肾精之顾护，肝肾阴血之调养，常药用熟地黄、菟丝子、续断、杜仲、女贞子、墨旱莲、制何首乌、枸杞子、山萸肉、桑椹子、白芍等。

3. "二阳致病"学说

"阳明"，即十二经脉中手阳明大肠经和足阳明胃经。早在春秋战国时期，古人即发现了"阳明病变"与女性月经生理的关系，《素问·阴阳别论》即有"二阳之病发心脾，有不得隐曲，女子不月"之论述。古代医家对阳明病变与月经病变的因果关系存在着不同理解。在20世纪80年代，我曾对200例月经病患者进行临床观察，发现65.38%患者存在饮食、大便之异常改变。其中纳呆者21.25%，消谷善饥者15.64%，大便秘结者45.23%，大便溏薄者8.39%。在以后的临床探索中，我逐渐提出"二阳"（足阳明胃、手阳明大肠）功能正常与否，影响女性月经生理与生殖功能，即"二阳致病"学术思想。强调阳明经腑证对月经病诊治的特殊意义，为妇科疾病的治疗提出了新的思路。

足阳明胃经为水谷之海，与任脉交会于"承浆"，与冲脉交会于"气冲"，乃多气多血之经，通过冲、任二脉与胞宫相联系。胃主受纳，腐熟水谷，为气血生化之源，所化生之气血为胞宫经、孕、乳所必需，胃中水谷之气盛，则冲脉、任脉气血充盛，为胞宫的功能提供物质基础。若暴饮暴食，胃受纳过盛，腐熟水谷功能失常，蕴积而成浊热。阳明腑实则浊热积聚，久而溢入血分（冲为血海，隶属阳明故也），血海伏热可灼伤津液、暗耗气血，致月经量少、闭经、不孕不育。阳明腑实，浊热积聚，亦可迫血妄行而致月经先期、月经量多，甚至崩漏不止。阳明腑实可壅遏气血，气血不畅而致经行腹痛或经前头痛、身痛。若节食减肥，胃受纳不足，气血生化之源匮乏，冲脉隶于阳明，阳明经腑之气血虚则无余以下注血海，血海不足，则致月经量少、月经后期，甚至闭经、不孕。手阳明大肠经与肺经相表里，为传导之官化物出焉，同时又可通调腹部气机，若传导不畅，腹气不通，浊热积聚而便秘，阳明腑实，大便秘结，腹气不通，亦致胃不受纳，二阳积热进一步加深而成恶性循环，最终影响气血的化生，致冲任的失养，进而引发月经失调。

临证月经病，我注重从问诊中了解患者饮食、大便情况及乳房症状，参考舌象、脉象，判断阳明胃肠之虚实。临证妇科出血性月经病（月经先期、月经量多、崩漏），兼见纳呆、口臭、食后腹胀，大便干或黏滞不爽，舌苔黄厚或苔白不洁，脉沉滑有力或滑数者，考虑为阳明腑实，浊热积聚，热入血室，破血妄行。固冲止血治法治疗的同时，应注意荡涤阳明腑实，清利浊热，药用瓜蒌、枳壳、茵陈、荷叶、黄连、地榆炭、槐花等药。临证月经量少、月经后期、闭经等病，兼见纳呆，口干苦，食后腹胀，便秘，舌苔黄厚，脉沉滑无力，亦考虑为阳明腑实，浊热积聚。本已受纳受限，气血化源不足，加之浊热耗伤阴血，致冲任血海不足，治疗在调理冲任，填充血海时注意不用过于滋腻之品，否则滋腻碍胃，加重阳明胃肠传导阻滞，可药用鸡内金、生麦芽、莱菔子等消导化浊，药用当归养血活血又可润肠通便。临证月经量少、月经后期、闭经等病，兼见消谷善饥，唇红干裂，大便数日不解，舌白而干或中心无苔，脉细数者，多为胃热灼伤阴液，阴血亏虚，治疗可药用瓜蒌、石斛、知母、玉竹、芦根、枳壳等养阴清胃、润肠通腑。闭经溢乳或乳房胀痛者，亦常伴便秘，乃因乳房属胃，土壅木郁使然，治疗多在通导阳明之时，加用疏肝解郁或柔肝养血之品，如瓜蒌、枳壳、柴胡、郁金、合欢皮、当归、芍药、何首乌、夏枯草、丝瓜络等。

4. 从气化论治妇科病

我注重对中医气化理论的探索与实践。临证妇科病，主张在女性生理功能的表现中去体会气化之正常状态，在妇科疾病的病理变化中洞察气化之异常趋势，通过生理功能与病理变化的对照加深对气化规律的辨析。

从脏腑调整气化。三焦作为气化运行的空间场所，在调整气化过程中有重要意义。但三焦有名而实难寻，往往缺乏直接的"抓手"。调整气化时，可从脏腑功能特性、脏腑关系之协同与制约的角度出发，辨析气化运行之状态。如肺之宣发与肃降，肝之疏泄与生发，脾之输布与升清，胃之受纳与顺降，肾之封藏与鼓动；肺与肾金水相生，心与肾水火既济，肝与肾水木涵养，肝与脾土木生克等。此以脏腑特性引领三焦气化，调整气化之"升、降、出、入""动、静、聚、散"，脏腑功能得以维系，三焦气化长治久安。

肺之宣降功能正常，宣升肺气，凝降精微，通调水道，补养肾气。常药用北沙参、百合、浙贝母、桔梗、桑白皮等，宣发上焦之气化。脾居三焦之中宫，为三焦气化运转之枢纽，脾气升清，输布精微，运化水液，常药用冬瓜皮、薏仁米、茯苓、白术等健脾益气、利水行湿，防中土水湿阻遏气机。肝藏血，主疏泄，喜条达，恶抑郁，肝气郁结不舒，或横犯克伐脾土，或化火刑上肺金，或耗阴内生风火，可致气化紊乱，喜于方中佐合欢皮、绿萼梅、月季花、香附等，疏解肝郁，以保气化过程顺畅。肾藏精，主生殖，主水液，虽为水脏却寓涵真阳，借以蒸精化气，推动生命发展，促进生殖繁衍，完成水液代谢。常在补肾养精基础上，药用蛇床子、巴戟天、桂枝等少量，达到温动下元气化之效。

从生理周期调整气化。女性之月经周期，是肾-天癸-冲任-胞宫生殖轴气化运行状态之外在的时间特征表现。其内在本质，天癸从积蓄到发动、血海由平静至满溢之过程，伴随着气化过程从"聚"到"散"、由"静"转"动"、从"升"到"降"、由"入"到"出"的动态周期变化。调整气化时，可依据天癸、血海之周期性变化规律制定阶段性目标，因时而异。天癸积蓄、血海酝酿之时（卵泡期），注重养护阴血、补益肾气，蓄势不发、少用兴动。天癸发动、血海氤氲之刻（排卵期），可着意鼓动肾气、活血理气，勿用凝滞。天癸上升、血海饱满之期（黄体期），需适时巩固肾气、增益血海，寄望妊娠、慎用破血。天癸退隐、血海溢泻之间（月经期），要顺势而为、荡涤瘀滞，推陈出新。

以药性调整气化。从气化论治妇科病，除需谙熟中药性味归经、功能主治外，还要熟悉不同药物对疾病气化方向的影响。调整气化用药之选择，既要发挥单味药之个性，又要多味药相互配合、相得益彰、相反相成，共施于气化调整之大局。可以选用的药，具"走上""走中""走下"之性，或具"敛""散""固"之性，用其"走气""动血""走胃肠""走四肢"，或"缓急迫"或"动一下"等，需究个中三昧。

闭经或月经错后患者调整气化，以促进经血下行为要。宜选择具有趋下走行之性的药物组合，如三棱、茜草、桃仁、川芎、瞿麦、车前子等。避免选择具凝滞收敛之性之品阻碍气化运动。月经先期和淋漓不尽患者，以暂缓经血来潮为要，选择具有固摄收敛之性的药物组合，如生牡蛎、墨旱莲、白芍、山萸肉、覆盆子、椿皮等，以推迟气化运动之下行趋势。避免任何兴发扰动之品。妊娠病、先兆流产患者，在养血补肾、清热止血治法下，以保护胎元为要，常用覆盆子、菟丝子、白术、山药、侧柏炭、莲须等，以固守气化运动之稳定状态。避免选用当归、杜仲、阿胶珠、仙鹤草等下气滑降之品，以防血随气下导致滑脱。

气化亦需适度。方药宜始终保持对气化运动的均衡引导，药力作用宜均衡，去性存用、相反相成。以益母草、茜草、桃仁活血通经，常佐以阿胶珠滋阴养血，既祛瘀滞，又可避通利太过之弊。药用熟地黄、阿胶珠滋阴养血，则配伍枳壳、地骨皮、青蒿，以佐治补益之品滋腻助热之痹。多囊卵巢综合征治疗的特定时期，常于补肾养血、利湿化浊方中加入桂枝少量，以期启动卵巢生机，恢复排卵功能。盆腔炎性后遗症经清热解毒治疗仍久治不愈者，常佐荔枝核一味，温化湿浊以达促进炎症消退之目的。治疗羊水过多症，主以茯苓皮，以其淡渗化利之性缓去胎水，而不以重剂攻逐，谨防脾肾受损，气化失权。更以宣肺、健脾、舒肝、补肾等法，意在调整脏腑气化，防胎水再生于未然。

气化运行因病理干扰而紊乱。经治疗，纠正致病因素后恢复气化正常运行当是理想之举。然致病因素消除后，尚可因动力不足致气化运行不能恢复正常，此时患者往往出现萎靡不振之"疲态"。若存在因残留瘀血痰浊阻滞之病机，此时提振气化当属必须。提振气化应珍视固有之生理状态，既做到有效调整气化，又要防止过度或持续的干扰。切不可因主观臆断或急功近利，破坏了既有气化运行恢复而来之不易的生理平衡。"气"具有阳动之属性，"化"乃变化。不仅是无形生理功能的调整，更是有形病理的形质转化。如子宫内膜异位症之瘀血阻络，多囊卵巢综合征之痰浊结聚等，调整气化均以适度的阳动实现生理功能和病理形质的良性转化。

5. 我的舌诊经验

我重舌诊，强调辨舌诊病，辨舌立法，辨舌用药。我感觉，现今舌诊的应用，多数仍停留在单纯辨证、认证阶段，与治疗的结合尚不够紧密，尤其在对具体病证治疗中的指导应用可能更少。从 20 世纪 50 年代起，我便开始探究妇科疾病的舌象规律，持续至今，近 40 年，积累舌诊资料近 3000 份。我分析、归纳、总结这些资料，逐渐总结出妇科疾病"舌象 – 病机 – 治则 – 用药"的粗浅规律。以以下妇科舌象特征为例，进行简单阐述。

嫩淡舌

病机：①闭经患者见此舌象，多应考虑存在阳气不足、血虚、湿盛为主的病机，以脾肾阳虚证为常见。阳气主温煦，推动脏腑。阳气不足脏腑功能低下，精血生化迟缓，又会加重血海亏虚。若由于脏腑功能低下，代谢产物不能及时清除而瘀滞下焦，致气血经脉运行不畅，最主要的产物便为"湿"，故见舌嫩。患者多见经少闭经、不孕、畏寒、腰膝酸软、四肢不温、精神萎靡、性欲减退诸症，病史多有节食减肥、劳倦、忧思因素。治以健脾补肾、除湿养血之法。脾为后天之本，脾虚运化不利，气血乏源，冲任血虚，血海不能按时满溢，加以肾气不足，冲脉不盛，则症状益明显。②嫩淡舌兼见舌形肥胖，即应考虑存在阳气不足、血虚病机，还要考虑有水湿、痰湿、湿浊等兼夹病机的可能。临证应加强化湿、祛痰、温阳等药之应用。

用药：对以嫩淡舌为主要舌象表现的患者，临证用药多选菟丝子、云苓、杜仲、太子参、蛇床子、桃仁、当归、川芎、薏苡仁、冬瓜皮、益智仁等，或单味，或 2～3 味组合而用。菟丝子、杜仲、蛇床子，温补肝肾。太子参、云苓、益智仁，健脾益气。菟丝子、杜仲性平，助阳、益精，不燥不腻，为平补脾肾之良药。仙茅、淫羊藿辛热、性燥，壮肾阳，但有伤阴助火之弊，须慎用。临证见淡舌，亦应避免选用乌梅、白芍、五味子等酸敛之品，以防敛邪。湿浊较重见舌体淡白，则以选用扁豆、香薷、木香为佳，不宜过用补阴之品以防滋腻。

淡暗舌

病机：闭经患者见此舌象，应考虑存在阳气不足、血虚、血瘀病机，或气化不利、水湿内蕴阻碍气血运行之病机。以脾肾不足、气虚血瘀、血海亏虚诸证为常见。治以健脾益气、补肾养血、祛湿化瘀之法。

用药：多选用续断、杜仲、益智仁、蛇床子补肾温阳。太子参、云苓、薏苡仁、冬瓜皮健脾益气利湿。当归、桃仁、川芎养血活血化瘀。

嫩红舌

病机：闭经患者中较常见。红舌为有热之舌，嫩舌为虚证之舌。两种舌象特征共同出现在月经过少或闭经患者时，提示存在血海亏虚，阴血不足，兼有虚热之病机。嫩舌同时提示有气虚水湿不化病机。辨证一般考虑脾肾不足证、脾虚湿盛证、气血两虚证、血虚有热证等，可根据偏红、偏嫩之程度，具体辨证。

用药：临床见嫩红舌时用药应考虑以下几点：①选择健脾益气化湿药物，药性以平为主，不宜偏温补，以避免再伤阴血。常用太子参、茯苓、山药、荷叶等平和之品。②选择补血养阴药时，为避免滋腻生湿瘀滞，多配伍理气化浊之品共用。如药用阿胶珠、女贞子、墨旱莲、熟地黄滋阴养血，配伍少许陈皮、枳壳、荷叶理气。③清热药物不宜过用，以避免阳气受损，导寒湿凝聚。常用药为金银花、玉竹、槐花等。④补肾选用平缓而非过补之品，多用菟丝子、续断、枸杞子等平补之品。⑤不宜选用酸敛之品，以避免收敛太过不利病情恢复。

肥红舌

病机：闭经患者，嫩红舌辨虚，肥红舌辨邪实。相应治法则是嫩红舌以补虚为主，肥红舌则以祛邪为主。要点在于，虽见肥红舌，对月经量少或闭经者，邪热伤阴又伴脾肾不足，致阴血化生不足仍是主要病机因素，故此时之治法仍需兼顾补虚。治法为健脾补肾，清热利湿，选用健脾补肾药物，需配合利湿理气之品。一方面水湿困脾，舌肥有水湿不化之象，健脾同时需利湿；另一方面补肾药多滋腻，配伍理气化湿药物可防滋腻生瘀滞。清热药的选用需注意不宜太过寒凉，以防损及阳气。

用药：多用太子参、茯苓、薏米、冬瓜皮健脾利湿清热。以菟丝子、枸杞子、女贞子、续断补肾，并配伍枳壳、荷叶、泽兰之品理气化浊。以金银花、玉竹、莲子心、地骨皮、生甘草、芦茅根、生槐花等平和之品清热，用量需轻，避免日久伤阳气。血分药之选择亦应回避辛热之品，以免生热伤阴，多用当归、丹参、月季花、桃仁等品，一般在方中作为佐助之品。

红绛舌

病机：血枯闭经中，阴血耗伤、血热伤阴致冲脉血海不足而引发闭经者，常见红绛舌。热盛则舌偏红。邪热深入血分伤及脏腑阴血较重，则更偏见于绛舌。伴随症状除表现为闭经或月经过少外，或出现脏腑不同程度受损的临床表现，如可见心慌、心烦、失眠、口舌生疮等心血不足、心经有热之症，或见痤疮、便秘、毛发干枯、皮肤干燥等肺阴不足、阴液耗伤之症；或见头痛易怒、口苦便秘、胁痛腹胀等肝血不足、肝脾不和、阳明积热之症；或见腰膝酸软作痛、下肢无力、足跟痛、白带减少等肾阴不足之症。

用药：治疗总以清热养阴、调和脏腑功能为主要治法。治疗应分阶段，初期以祛邪为主兼调和脏腑功能，少用滋阴养血之品以避免滋腻留邪；后期可适时、适度加大滋阴养血力度，又要配合理气化瘀之品，以免脾胃负担过重，影响脏腑功能协调，同时应避免选用温燥之品以防再伤阴血。

暗红舌

病机：闭经患者见暗红舌，辨证时需参考多方面信息。以月经少或闭经为主证的一类疾病，目前之病因病机与古代时相比已变得复杂，这与当今女性社会参与度较古代大大增加有关。不能单纯以血枯闭经、血瘀闭经病机简单认识发生在现代女性身上的疾病。从临床实践中已经见到此类疾病多以虚实夹杂为主，辨证复杂。舌偏红、偏暗，多与年龄有关。青年女性体力旺盛，正常舌色多偏红。若青年女性患者舌偏暗，提示多有气血瘀滞病机。中年女性体力渐衰，正常情况下舌色多会略偏暗，辨证还需要观察舌象中的其他伴随征象，如是否见舌边瘀斑、是否有齿痕等。中年女性患者舌暗红有红瘀斑，提示存在瘀血或气虚之病机；舌暗红有齿痕，则提示存在因虚致瘀或因湿致瘀之病机。此外，闭经患者见暗红舌辨证时除考虑年龄因素外，还要注意舌象中是以红为主还是以暗为主。暗红舌以色红为主，年轻患者辨证多考虑存在邪热伤阴致气血运行不畅之病机；中年患者辨证多考虑存在阴虚内热致血瘀不畅之病机。暗红舌以色暗为主，舌色仅仅略偏红，年轻患者辨证多考虑存在气虚血瘀之病机；中年患者辨证多考虑存在脾肾不足，气血推动无力，气血运行不畅而瘀滞生热之病机。

　　用药：据暗红舌具体舌象特征及患者年龄情况，分别施以活血化瘀、清热养阴、健脾益气、补肾活血等治法思路。因病机为虚实夹杂，治法中常存在着一定的矛盾性，临床选药非常重要，做到化而不散、补而不腻、清热不伤阳气、补气而不壅滞。同一种疾病、同施补肾养血治法于不同患者，可能一位患者因舌象偏嫩暗选用温肾之品助阳，而另一位患者因舌绛红则选用养阴清热补肾之品。

（滕秀香整理）